KB205731

고려신학대학원에서
24년간 교수 사역을 하시고
2016년에 명예롭게 은퇴하신, 누구보다 교회와 제자들을
사랑하신 **현유광 교수님께 이 책을 바칩니다.**
현유광 교수님의 겸손하고 온유한 성품은
매 순간마다 마음을 잡아 주는
양심의 거울이 됩니다.

성도를 위한
365 통독 주석
개정판

세움북스 는 기독교 가치관으로 교회와 성도를 건강하게 세우는 바른 책을 만들어 갑니다.

성도를 위한
365 통독 주석 개정판

초　판 3쇄 발행　2019년 4월 15일
개정판 1쇄 발행　2022년 12월 25일
개정판 2쇄 발행　2024년 12월 15일

지은이 | 김태희
펴낸이 | 강인구

펴낸곳 | 세움북스
등　록 | 제 2014-000144호
주　소 | 서울시 종로구 대학로 19 한국기독교회관 1010호
전　화 | 02-3144-3500
이메일 | holy-77@daum.net

교　정 | 김민철
디자인 | 참디자인

ISBN 979-11-91715-60-6 (03230)

* 이 책은 신저작권법에 의하여 국내에서 보호를 받는 저작물입니다.
　출판사와의 협의 없는 무단 전재와 무단 복제를 엄격히 금합니다.
* 책값은 뒷표지에 있습니다.
* 잘못된 책은 교환하여 드립니다.

성도를 위한

365 통독 주석

김태희 지음

개정판

세움북스

『성도를 위한 365 통독 주석』
평신도를 넘어서기 위한 책입니다.

『성도를 위한 365 통독 주석』
가정 예배의 도구로 사용하신다면,
인도자에게 필요한 매일의 본문과 해설을 제공받을 수 있습니다.

『성도를 위한 365 통독 주석』
성경통독 교재로 사용할 수 있습니다.
본문의 순서를 따라 성경을 묵상하면 공동체가 매일 같은 본문으로
1년 동안 성경을 1독할 수 있습니다.

『성도를 위한 365 통독 주석』
하나님의 언약을 중시합니다.
이것은 하나님의 언약이 역사를 움직이는 동력이라는 관점에서
기록되었다는 뜻입니다.

『성도를 위한 365 통독 주석』
과거의 사건도 현재 시점으로 설명하곤 했습니다.
과거의 사건이지만,
지금 우리를 위한 말씀임을 강조하고 싶었기 때문입니다.

머리말

PREFACE

『성도를 위한 365 통독 주석(개정판)』은 모든 신자를 위한 책입니다. 흔히 주석은 목회자를 위한 책이라고 생각하기 쉽습니다. 하지만 성경 읽기가 모든 신자의 의무라는 점에서, 성경 주석은 모든 사람을 위한 책이 되어야 합니다. 그러자 지금까지 누구나 읽을 수 있는 쉬운 성경 주석이 없었던 것이 현실입니다. 바로 그것이 『성도를 위한 365 통독 주석(개정판)』을 집필하게 된 동기입니다. 『성도를 위한 365 통독 주석(개정판)』은 누구나 이해할 수 있는 쉬운 주석입니다. 초등학교 고학년 정도만 되어도 충분히 이해할 수 있습니다.

『성도를 위한 365 통독 주석(개정판)』은 가정 예배를 위한 책입니다. 하나님은 자녀 신앙 교육의 책임을 부모에게 맡기셨습니다(신 6:7). 따라서 모든 부모는 자녀에게 성경을 가르쳐야 합니다. 하지만 자녀에게 성경을 가르치기란 쉽지 않습니다. 그래서 대부분의 부모들이 자녀 신앙 교육의 책임을 전적으로 교회에만 맡기고 있는 실정입니다. 그러나 『성도를 위한 365 통독 주석(개정판)』을 사용하면, 누구나 자녀에게 성경을 가르칠 수 있습니다. 온 가족이 정해진 날짜에 따라 정해진 본문을 읽으면 됩니다. 그러면 일 년 동안 성경을 일독할 수 있고, 성경의 전반적인 내용을 파악할 수 있습니다. 여러 번 반복하면, 성경 중심의 자녀로 양육할 수 있습니다.

『성도를 위한 365 통독 주석(개정판)』은 성도의 교제를 위한 책입니다. 대부분의 신자들은 주일마다 사도신경을 고백합니다. 사도신경의 아홉 번째 항목은 '성도의 교제'입니다. 사도신경에서 성도의 교제를 고백하는 이유는, 성도의 교제가 그만큼 중요하기 때문입니다. 그런데 성도의 교제는 세상의 교제와 다릅니다. 세상의 교제는 먹고 마시는 것이 중심이지만, 성도의 교제는 하나님의 말씀이 중심입니다. 그래서 성도의 교제가 제대로 이루어지려면, 같은 말씀을 묵상하고 나누는 일이 필요합니다. 그런 점에서 한 해의 성경 본문과 성경 해설이 모두 담겨 있는 『성도를 위한 365 통독 주석(개정판)』은 성도의 교제를 위한 매우 유용한 도구입니다. 모든 성도가 함께 『성도를 위한 365 통독 주석(개정판)』을 사용하면, 일 년 동안 같은 본문을 묵상할 수 있기 때문입니다.

『성도를 위한 365 통독 주석(개정판)』은 그리스도 중심적이고, 구속사 중심적이며, 개혁주의적이고, 복음주의적입니다. 구약과 그리스도의 관계를 상세히 설명한다는 점에서 그리스도 중심적이고, 구원의 점진적인 역사를 보여 준다는 점에서 구속사 중심적이며, 성경으로 성경을 해석한다는 점에서 개혁주의적이고, 성경의 단어 하나하나까지도 영감 된 하나님의 말씀이라고 믿는다는 점에서 복음주의적입니다. 따라서 『성도를 위한 365 통독 주석(개정판)』은 누구에게나 안심하고 권할 수 있는 책입니다. 특히 교회의 새 가족에게 선물하기 좋은 책입니다.

추천사

김태희 목사님에게는 탁월한 은사가 하나 있습니다. 어려운 내용을 아주 쉽게 풀어내는 은사입니다. 마치 딱딱한 먹을거리를 잘게 부수어 아이들도 쉽게 먹을 수 있도록 요리하는 특별한 재능입니다. 이미『처음 시작하는 기독교강요』를 통해 그 재능이 입증된 바가 있습니다. 읽어 본 독자들은 느꼈겠지만, 칼뱅의 심오한 진술들을 누구라도 이해할 수 있도록 쉬운 언어로 요약하며 간단히 풀어냈습니다.

역시 이번에도 엄청난 일을 해내고 말았습니다.『성도를 위한 365 통독 주석(개정판)』이 그 결과물입니다. 이 책은 성경 전체를 쉽게 접근할 수 있도록 목자의 심정으로 차근차근 풀어내는 안내서입니다. 저는 이 책을 살피면서 부모와 같은 저자의 마음을 읽을 수 있었습니다. 일반 성도들이 성경을 읽다가 혹시 잘못된 길로 가지는 않을까 염려한 흔적들이 역력하게 보였습니다.

즉, 성경의 각 권을 시작하기 전에 한 페이지로 한눈에 볼 수 있도록 요약하고, 성경의 모든 장을 질문과 답변 형식으로 그 내용을 정리하고 있습니다. 마치 일종의 교리문답처럼 체계적인 느낌입니다. 그리고 페이지마다 날짜가 적혀 있어 해당 분량의 본문을 통독하면서도 일종의 '큐티'를 병행할 수 있도록 구성되어 있습니다. 가히 '통독 주석'이라는 명칭을 왜 붙였는지 실감할 수 있었습니다.

요즘 갈수록 성경 외에 다른 책에 집중하려는 분위기가 보입니다. 다양한 읽을거리가 넘쳐나기 때문입니다. 이런 분위기 가운데 김태희 목사님의『성도를 위한 365 통독 주석(개정판)』은 우리가 성경과 좀 더 가까워지는 데 꼭 필요한 책이라고 확신합니다. 물론 성도뿐만 아니라 사역자들에게도 참으로 유용한 도구라고 판단됩니다. 평소에 성경을 가르치는 목사로서 모든 성도들에게 이 책을 적극 추천합니다.

▎권율 목사 (부산 세계로병원 원목,『올인원 사도신경』,『올인원 주기도문』 저자)

『성도를 위한 365 통독 주석(개정판)』의 저술과 출간을 축하드립니다. 저자 김태희 목사님은 이미 몇 권의 저술들을 통해서 기독교 독자들에게 나름 이름을 알린 저자입니다. 저자는『소요리문답 16주 완성』,『시끌벅적 소요리문답 가정 예배』,『쉽게 배우는 하이델베르크 요리문답』 등을 통해서 개혁 교회와 장로교회의 표준 문서들을 쉽고 친절하게 안내하는가 하면,『처음 시작하는 기독교강요』를 통해서는 말 그대로 칼뱅의 대작을 처음 읽는 초심자들에게 가장 간결하면서도 핵심적인 내용을 전달하는 일을 해 주었습니다. 그런가 하면 구약 전공자답게『삶을 위한 성경 공부』와 이번에 출간되는

『성도를 위한 365 통독 주석(개정판)』을 통해서는 성경을 어떻게 잘 읽을 것인지 안내하는 역할을 잘 감당해 줍니다.

본서는 성경 전체를 365개의 단락으로 나누고, 각 단락의 본문을 언약과 하나님 나라라는 관점으로 해설해 줍니다. 정해진 본문과 함께 매일 성경을 읽다 보면, 일 년에 성경을 일독할 수 있을 뿐만 아니라 각 본문이 담고 있는 성경적 의미를 정확하게 파악할 수 있도록 만들어졌습니다. 또한 저자는 어려운 개념들이나 배경 설명이 필요한 부분들을 간단한 주석 형태로 제시하고 있습니다. 따라서 이 책은 성경을 처음 읽는 성도나 성경의 핵심 메시지를 간단명료하게 파악하고자 하는 열의를 가진 독자들에게 탁월한 가이드북이 되어 줄 것입니다.

새해를 맞이하면서 본서의 첫 부분부터 시작하여 하루에 한 페이지씩 숙독해 보기를 권합니다. 개인적인 용도로 사용할 수도 있겠지만, 가정 예배 시 함께 사용하는 것도 유익할 것입니다. 그리고 1주일에 한 번씩 모여 그룹 바이블 스터디 용도로 사용할 수도 있을 것입니다. 특히 성경을 읽어야지 하면서도 미루고 있는 신자들이 있다면 이 편리한 지팡이를 의지하여 성경 1독에 다시 도전해 보시고, 이왕 도전하는 김에 성경 66권의 기본적인 개요 지식을 획득하는 일에도 성공하시게 되기를 바랍니다. 하나님의 말씀에 대한 지식이 자라갈수록 우리 신앙의 확신도 굳세어질 것이기 때문에 많은 독자들 손에 들려져 애용되기를 바랍니다.

| 이상웅 교수 (총신대학교신학대학원, 조직신학)

한국 교회에서 뿌리내린 두 가지의 경건 전통을 든다면 새벽기도와 큐티일 것입니다. 그런데 이 두 경건 전통의 절정이자 결정체는 가정 예배가 아닌가 생각합니다. 개인 경건 훈련이 공동체 경건 훈련으로 귀결되어야 하는데 그 정점에 가정 예배가 있습니다. 지난 20년 이상 제자 훈련을 목회 철학으로 삼고 달려온 현장 목회자로서 모든 경건 훈련의 최종 종착지는 가정 예배라는 결론에 도달했습니다. 그런 의미에서 금번에 출간되는 『성도를 위한 365 통독 주석(개정판)』은 이 모든 거룩하고 유익한 경건의 연습(딤전 4:7)을 돕는 든든한 도구가 될 것입니다. 말씀과 기도는 영적인 생존 장치입니다. 왜냐하면 영혼을 위한 양식과 호흡이기 때문입니다. 그러나 일반 신자들이 스스로 성경을 읽고 해석하여 적용에 이르는 과정에는 친절한 지침서나 길잡이가 있어야 합니다. 그런데 마땅히 곁에 두고 성경을 통독하고 가정 예배를 준비하는 데 실질적 도움을 줄 만한 도구가 전무한 상황에서『성도를 위한 365 통독 주석(개정판)』의 출간은 추수 때의 얼음냉수와 같은(잠 25:13) 소식이 아닐 수 없습니다.

1541년 장 칼뱅은 자신의 모국어로 기독교강요 프랑스어 초판을 출간하면서 서문에 '나는 이 책이 모든 하나님의 자녀에게 성경을 제대로 바르게 이해할 통로를 제공하는 하나의 열쇠요 시작과도 같다고 약속할 수 있다'라고 썼습니다. 나는 저자인 김태희 목사님께서 이토록 방대한 통독 주석을 집필하신 것에 먼저 경의를 보내고 싶습니다. 그리고 모든 신자들이 부드럽게 성경에 다가갈 수 있도록 깊이 있고 친절하게 쓴 집필 의도를 보면서 칼뱅의 염원과 그 결이 연결되어 있다고 느꼈습니다. 종교 개혁의 모토(Ad Fontes)와 같이 지금 우리 시대도 성경으로 돌아가야 합니다. 바라건대 금번에 출간된『성도를 위한 365 통독 주석(개정판)』이 성경 읽기와 가정 예배의 길잡이로서 모든 가정마다 성경 곁에 나란히 놓여지기를 간절히 소망합니다.

▎임종구 목사 (푸른초장교회 담임,『칼빈과 제네바 목사회』저자)

김태희 목사님과 일면식도 없는 관계지만,『성도를 위한 365 통독 주석(개정판)』저자로서 그분은 하나님의 말씀인 성경을 사랑하고 교회를 사랑하고 독자를 사랑하는 사람임에 분명하다. 먼저 성경 66권 전체에 관한 유기적인 이해가 돋보인다. 특정한 본문에 의미를 제한하지 않고 권과 장의 울타리를 넘어 성경이 성경을 해석하는 종교 개혁 해석학의 관행을 구현한다. 자칫 문맥 이탈로 의미 왜곡을 가져올 수도 있는데 저자는 과하지도 빈하지도 않으려고 해석의 적정선 유지에 노력한다. 권별로 특징을 소개하고 장별로 핵심적인 내용을 요약하되 요약의 끝자락에 유효한 적용점을 제시한다. 그리고 현대 성서학 분야에서 논란이 되는 부분을 인지하고 간략하게 언급은 하되 저자 자신은 최대한 보수적인 스탠스를 유지한다. 끝으로 저자 자신이 의도한 것처럼 주석의 일반적인 느낌과는 달리 문장들이 난해하고 건조하지 않고 정말 쉽고 따뜻하다.『성도를 위한 365 통독 주석(개정판)』은 탁월한 기획이며 간결한 통독용 주석으로 적격이다. 가족들 혹은 교회 공동체가 함께 성경을 통독하며 벗으로 삼기에 최적이다.

▎한병수 교수 (전주대학교 신학대학원, 교의학,『거인들의 예정』저자)

목차

CONTENTS

목차를 '성경읽기표'로 활용하셔서도 좋습니다.

1월 — January

- [ ] 1일 창세기 1-3장 * 16
- [ ] 2일 창세기 4-6장 * 17
- [ ] 3일 창세기 7-9장 * 18
- [ ] 4일 창세기 10-12장 * 19
- [ ] 5일 창세기 13-15장 * 20
- [ ] 6일 창세기 16-18장 * 21
- [ ] 7일 창세기 19-21장 * 22
- [ ] 8일 창세기 22-24장 * 23
- [ ] 9일 창세기 25-27장 * 24
- [ ] 10일 창세기 28-30장 * 25
- [ ] 11일 창세기 31-33장 * 26
- [ ] 12일 창세기 34-36장 * 27
- [ ] 13일 창세기 37-39장 * 28
- [ ] 14일 창세기 40-43장 * 29
- [ ] 15일 창세기 44-47장 * 30
- [ ] 16일 창세기 48-50장 * 31
- [ ] 17일 출애굽기 1-4장 * 34
- [ ] 18일 출애굽기 5-8장 * 35
- [ ] 19일 출애굽기 9-12장 * 36
- [ ] 20일 출애굽기 13-15장 * 37
- [ ] 21일 출애굽기 16-18장 * 38
- [ ] 22일 출애굽기 19-21장 * 39
- [ ] 23일 출애굽기 22-24장 * 40
- [ ] 24일 출애굽기 25-27장 * 41
- [ ] 25일 출애굽기 28-30장 * 42
- [ ] 26일 출애굽기 31-33장 * 43
- [ ] 27일 출애굽기 34-37장 * 44
- [ ] 28일 출애굽기 38-40장 * 45
- [ ] 29일 레위기 1-3장 * 48
- [ ] 30일 레위기 4-7장 * 49
- [ ] 31일 레위기 8-10장 * 50

2월 — February

- [ ] 1일 레위기 11-13장 * 51
- [ ] 2일 레위기 14-16장 * 52
- [ ] 3일 레위기 17-19장 * 53
- [ ] 4일 레위기 20-22장 * 54
- [ ] 5일 레위기 23-25장 * 55
- [ ] 6일 레위기 26-27장 * 56
- [ ] 7일 민수기 1-4장 * 58
- [ ] 8일 민수기 5-7장 * 59
- [ ] 9일 민수기 8-10장 * 60
- [ ] 10일 민수기 11-13장 * 61
- [ ] 11일 민수기 14-15장 * 62
- [ ] 12일 민수기 16-18장 * 63
- [ ] 13일 민수기 19-21장 * 64
- [ ] 14일 민수기 22-25장 * 65
- [ ] 15일 민수기 26-28장 * 66
- [ ] 16일 민수기 29-31장 * 67
- [ ] 17일 민수기 32-34장 * 68
- [ ] 18일 민수기 35-36장 * 69
- [ ] 19일 신명기 1-3장 * 72
- [ ] 20일 신명기 4-6장 * 73
- [ ] 21일 신명기 7-10장 * 74
- [ ] 22일 신명기 11-13장 * 75
- [ ] 23일 신명기 14-16장 * 76
- [ ] 24일 신명기 17-19장 * 77
- [ ] 25일 신명기 20-22장 * 78
- [ ] 26일 신명기 23-25장 * 79
- [ ] 27일 신명기 26-28장 * 80
- [ ] 28일 신명기 29-31장 * 81

3월 — March

- [ ] 1일 신명기 32-34장 * 82
- [ ] 2일 여호수아 1-3장 * 84
- [ ] 3일 여호수아 4-6장 * 85
- [ ] 4일 여호수아 7-9장 * 86
- [ ] 5일 여호수아 10-12장 * 87
- [ ] 6일 여호수아 13-15장 * 88
- [ ] 7일 여호수아 16-19장 * 89
- [ ] 8일 여호수아 20-22장 * 90
- [ ] 9일 여호수아 23-24장 * 91
- [ ] 10일 사사기 1-2장 * 94
- [ ] 11일 사사기 3-5장 * 95
- [ ] 12일 사사기 6-8장 * 96
- [ ] 13일 사사기 9-12장 * 97
- [ ] 14일 사사기 13-16장 * 98
- [ ] 15일 사사기 17-18장 * 99
- [ ] 16일 사사기 19-21장 * 100
- [ ] 17일 룻기 1-4장 * 102
- [ ] 18일 사무엘상 1-3장 * 104
- [ ] 19일 사무엘상 4-7장 * 105
- [ ] 20일 사무엘상 8-12장 * 106
- [ ] 21일 사무엘상 13-15장 * 107
- [ ] 22일 사무엘상 16-19장 * 108
- [ ] 23일 사무엘상 20-23장 * 109
- [ ] 24일 사무엘상 24-27장 * 110
- [ ] 25일 사무엘상 28-31장 * 111
- [ ] 26일 사무엘하 1-3장 * 112
- [ ] 27일 사무엘하 4-6장 * 113
- [ ] 28일 사무엘하 7-10장 * 114
- [ ] 29일 사무엘하 11-13장 * 115
- [ ] 30일 사무엘하 14-16장 * 116
- [ ] 31일 사무엘하 17-20장 * 117

4월		*April*
☐ 1일	사무엘하 21-24장 ▪ 118	
☐ 2일	열왕기상 1-3장 ▪ 120	
☐ 3일	열왕기상 4-6장 ▪ 121	
☐ 4일	열왕기상 7-8장 ▪ 122	
☐ 5일	열왕기상 9-11장 ▪ 123	
☐ 6일	열왕기상 12-14장 ▪ 124	
☐ 7일	열왕기상 15-18장 ▪ 125	
☐ 8일	열왕기상 19-22장 ▪ 126	
☐ 9일	열왕기하 1-2장 ▪ 127	
☐ 10일	열왕기하 3-5장 ▪ 128	
☐ 11일	열왕기하 6-8장 ▪ 129	
☐ 12일	열왕기하 9-11장 ▪ 130	
☐ 13일	열왕기하 12-14장 ▪ 131	
☐ 14일	열왕기하 15-17장 ▪ 132	
☐ 15일	열왕기하 18-20장 ▪ 133	
☐ 16일	열왕기하 21-23장 ▪ 134	
☐ 17일	열왕기하 24-25장 ▪ 135	
☐ 18일	역대상 1-3장 ▪ 138	
☐ 19일	역대상 4-6장 ▪ 139	
☐ 20일	역대상 7-9장 ▪ 140	
☐ 21일	역대상 10-12장 ▪ 141	
☐ 22일	역대상 13-16장 ▪ 142	
☐ 23일	역대상 17-20장 ▪ 143	
☐ 24일	역대상 21-22장 ▪ 144	
☐ 25일	역대상 23-26장 ▪ 145	
☐ 26일	역대상 27-29장 ▪ 146	
☐ 27일	역대하 1-3장 ▪ 147	
☐ 28일	역대하 4-6장 ▪ 148	
☐ 29일	역대하 7-9장 ▪ 149	
☐ 30일	역대하 10-12장 ▪ 150	

5월		*May*
☐ 1일	역대하 13-15장 ▪ 151	
☐ 2일	역대하 16-18장 ▪ 152	
☐ 3일	역대하 19-21장 ▪ 153	
☐ 4일	역대하 22-24장 ▪ 154	
☐ 5일	역대하 25-27장 ▪ 155	
☐ 6일	역대하 28-30장 ▪ 156	
☐ 7일	역대하 31-33장 ▪ 157	
☐ 8일	역대하 34-36장 ▪ 158	
☐ 9일	에스라 1-3장 ▪ 160	
☐ 10일	에스라 4-6장 ▪ 161	
☐ 11일	에스라 7-10장 ▪ 162	
☐ 12일	느헤미야 1-3장 ▪ 163	
☐ 13일	느헤미야 4-7장 ▪ 164	
☐ 14일	느헤미야 8-10장 ▪ 165	
☐ 15일	느헤미야 11-13장 ▪ 166	
☐ 16일	에스더 1-3장 ▪ 168	
☐ 17일	에스더 4-6장 ▪ 169	
☐ 18일	에스더 7-10장 ▪ 170	
☐ 19일	욥기 1-3장 ▪ 172	
☐ 20일	욥기 4-7장 ▪ 173	
☐ 21일	욥기 8-10장 ▪ 174	
☐ 22일	욥기 11-14장 ▪ 175	
☐ 23일	욥기 15-17장 ▪ 176	
☐ 24일	욥기 18-19장 ▪ 177	
☐ 25일	욥기 20-21장 ▪ 178	
☐ 26일	욥기 22-24장 ▪ 179	
☐ 27일	욥기 25-27장 ▪ 180	
☐ 28일	욥기 28장 ▪ 181	
☐ 29일	욥기 29-31장 ▪ 182	
☐ 30일	욥기 32-34장 ▪ 183	
☐ 31일	욥기 35-37장 ▪ 184	

6월		*June*
☐ 1일	욥기 38-40:5 ▪ 185	
☐ 2일	욥기 40:6-42장 ▪ 186	
☐ 3일	시편 1-3편 ▪ 188	
☐ 4일	시편 4-8편 ▪ 189	
☐ 5일	시편 9-14편 ▪ 190	
☐ 6일	시편 15-18편 ▪ 191	
☐ 7일	시편 19-21편 ▪ 192	
☐ 8일	시편 22-25편 ▪ 193	
☐ 9일	시편 26-30편 ▪ 194	
☐ 10일	시편 31-34편 ▪ 195	
☐ 11일	시편 35-37편 ▪ 196	
☐ 12일	시편 38-41편 ▪ 197	
☐ 13일	시편 42-46편 ▪ 198	
☐ 14일	시편 47-50편 ▪ 199	
☐ 15일	시편 51-55편 ▪ 200	
☐ 16일	시편 56-60편 ▪ 201	
☐ 17일	시편 61-64편 ▪ 202	
☐ 18일	시편 65-68편 ▪ 203	
☐ 19일	시편 69-72편 ▪ 204	
☐ 20일	시편 73-75편 ▪ 205	
☐ 21일	시편 76-78편 ▪ 206	
☐ 22일	시편 79-83편 ▪ 207	
☐ 23일	시편 84-89편 ▪ 208	
☐ 24일	시편 90-94편 ▪ 209	
☐ 25일	시편 95-100편 ▪ 210	
☐ 26일	시편 101-105편 ▪ 211	
☐ 27일	시편 106-110편 ▪ 212	
☐ 28일	시편 111-114편 ▪ 213	
☐ 29일	시편 115-118편 ▪ 214	
☐ 30일	시편 119편 ▪ 215	

7월		*Jily*	8월		*August*	9월		*September*
☐ 1일	시편 120-124편	216	☐ 1일	이사야 28-30장	254	☐ 1일	에스겔 4-7장	289
☐ 2일	시편 125-129편	217	☐ 2일	이사야 31-33장	255	☐ 2일	에스겔 8-11장	290
☐ 3일	시편 130-134편	218	☐ 3일	이사야 34-35장	256	☐ 3일	에스겔 12-14장	291
☐ 4일	시편 135-137편	219	☐ 4일	이사야 36-39장	257	☐ 4일	에스겔 15-17장	292
☐ 5일	시편 138-141편	220	☐ 5일	이사야 40-42장	258	☐ 5일	에스겔 18-21장	293
☐ 6일	시편 142-145편	221	☐ 6일	이사야 43-45장	259	☐ 6일	에스겔 22-24장	294
☐ 7일	시편 146-150편	222	☐ 7일	이사야 46-48장	260	☐ 7일	에스겔 25-28장	295
☐ 8일	잠언 1-4장	224	☐ 8일	이사야 49-50장	261	☐ 8일	에스겔 29-32장	296
☐ 9일	잠언 5-7장	225	☐ 9일	이사야 51-53장	262	☐ 9일	에스겔 33-36장	297
☐ 10일	잠언 8-9장	226	☐ 10일	이사야 54-57장	263	☐ 10일	에스겔 37-39장	298
☐ 11일	잠언 10-13장	227	☐ 11일	이사야 58-60장	264	☐ 11일	에스겔 40-42장	299
☐ 12일	잠언 14-16장	228	☐ 12일	이사야 61-64장	265	☐ 12일	에스겔 43-45장	300
☐ 13일	잠언 17-19장	229	☐ 13일	이사야 65-66장	266	☐ 13일	에스겔 46-48장	301
☐ 14일	잠언 20-22장	230	☐ 14일	예레미야 1-3장	268	☐ 14일	다니엘 1-4장	304
☐ 15일	잠언 23-24장	231	☐ 15일	예레미야 4-6장	269	☐ 15일	다니엘 5-8장	305
☐ 16일	잠언 25-29장	232	☐ 16일	예레미야 7-10장	270	☐ 16일	다니엘 9-12장	306
☐ 17일	잠언 30-31장	233	☐ 17일	예레미야 11-13장	271	☐ 17일	호세아 1-3장	308
☐ 18일	전도서 1-2장	236	☐ 18일	예레미야 14-15장	272	☐ 18일	호세아 4-7장	309
☐ 19일	전도서 3-5장	237	☐ 19일	예레미야 16-17장	273	☐ 19일	호세아 8-10장	310
☐ 20일	전도서 6-8장	238	☐ 20일	예레미야 18-20장	274	☐ 20일	호세아 11-14장	311
☐ 21일	전도서 9-12장	239	☐ 21일	예레미야 21-24장	275	☐ 21일	요엘 1-3장	314
☐ 22일	아가 1-4장	242	☐ 22일	예레미야 25-28장	276	☐ 22일	아모스 1-2장	316
☐ 23일	아가 5-8장	243	☐ 23일	예레미야 29-32장	277	☐ 23일	아모스 3-6장	317
☐ 24일	이사야 1-3장	246	☐ 24일	예레미야 33-35장	278	☐ 24일	아모스 7-9장	318
☐ 25일	이사야 4-6장	247	☐ 25일	예레미야 36-38장	279	☐ 25일	오바댜 1장	320
☐ 26일	이사야 7-9장	248	☐ 26일	예레미야 39-41장	280	☐ 26일	요나 1-4장	322
☐ 27일	이사야 10-12장	249	☐ 27일	예레미야 42-45장	281	☐ 27일	미가 1-3장	324
☐ 28일	이사야 13-16장	250	☐ 28일	예레미야 46-48장	282	☐ 28일	미가 4-7장	325
☐ 29일	이사야 17-20장	251	☐ 29일	예레미야 49-52장	283	☐ 29일	나훔 1-3장	328
☐ 30일	이사야 21-23장	252	☐ 30일	예레미야애가 1-5장	286	☐ 30일	하박국 1-3장	330
☐ 31일	이사야 24-27장	253	☐ 31일	에스겔 1-3장	288			

10월	*October*
☐ 1일	스바냐 1-3장 * 332
☐ 2일	학개 1-2장 * 334
☐ 3일	스가랴 1-4장 * 336
☐ 4일	스가랴 5-8장 * 337
☐ 5일	스가랴 9-11장 * 338
☐ 6일	스가랴 12-14장 * 339
☐ 7일	말라기 1-4장 * 342
☐ 8일	마태복음 1-4장 * 346
☐ 9일	마태복음 5-7장 * 347
☐ 10일	마태복음 8-10장 * 348
☐ 11일	마태복음 11-13장 * 349
☐ 12일	마태복음 14-17장 * 350
☐ 13일	마태복음 18-20장 * 351
☐ 14일	마태복음 21-24장 * 352
☐ 15일	마태복음 25-28장 * 353
☐ 16일	마가복음 1-3장 * 356
☐ 17일	마가복음 4-6장 * 357
☐ 18일	마가복음 7-10장 * 358
☐ 19일	마가복음 11-13장 * 359
☐ 20일	마가복음 14-16장 * 360
☐ 21일	누가복음 1-3장 * 362
☐ 22일	누가복음 4-6장 * 363
☐ 23일	누가복음 7-9장 * 364
☐ 24일	누가복음 10-12장 * 365
☐ 25일	누가복음 13-15장 * 366
☐ 26일	누가복음 16-18장 * 367
☐ 27일	누가복음 19-21장 * 368
☐ 28일	누가복음 22-24장 * 369
☐ 29일	요한복음 1-3장 * 372
☐ 30일	요한복음 4-6장 * 373
☐ 31일	요한복음 7-8장 * 374

11월	*November*
☐ 1일	요한복음 9-10장 * 375
☐ 2일	요한복음 11-12장 * 376
☐ 3일	요한복음 13-14장 * 377
☐ 4일	요한복음 15-16장 * 378
☐ 5일	요한복음 17-18장 * 379
☐ 6일	요한복음 19-21장 * 380
☐ 7일	사도행전 1-3장 * 382
☐ 8일	사도행전 4-6장 * 383
☐ 9일	사도행전 7-8장 * 384
☐ 10일	사도행전 9-10장 * 385
☐ 11일	사도행전 11-13장 * 386
☐ 12일	사도행전 14-16장 * 387
☐ 13일	사도행전 17-18장 * 388
☐ 14일	사도행전 19-20장 * 389
☐ 15일	사도행전 21-23장 * 390
☐ 16일	사도행전 24-26장 * 391
☐ 17일	사도행전 27-28장 * 392
☐ 18일	로마서 1-4장 * 394
☐ 19일	로마서 5-8장 * 395
☐ 20일	로마서 9-12장 * 396
☐ 21일	로마서 13-16장 * 397
☐ 22일	고린도전서 1-4장 * 400
☐ 23일	고린도전서 5-7장 * 401
☐ 24일	고린도전서 8-10장 * 402
☐ 25일	고린도전서 11-13장 * 403
☐ 26일	고린도전서 14-16장 * 404
☐ 27일	고린도후서 1-3장 * 406
☐ 28일	고린도후서 4-6장 * 407
☐ 29일	고린도후서 7-9장 * 408
☐ 30일	고린도후서 10-13장 * 409

12월	*December*
☐ 1일	갈라디아서 1-3장 * 412
☐ 2일	갈라디아서 4-6장 * 413
☐ 3일	에베소서 1-3장 * 416
☐ 4일	에베소서 4-6장 * 417
☐ 5일	빌립보서 1-4장 * 420
☐ 6일	골로새서 1-4장 * 422
☐ 7일	데살로니가전서 1-5장 * 424
☐ 8일	데살로니가후서 1-3장 * 426
☐ 9일	디모데전서 1-3장 * 428
☐ 10일	디모데전서 4-6장 * 429
☐ 11일	디모데후서 1-4장 * 432
☐ 12일	디도서 1-3장 * 434
☐ 13일	빌레몬서 1장 * 436
☐ 14일	히브리서 1-5장 * 438
☐ 15일	히브리서 6-9장 * 439
☐ 16일	히브리서 10-13장 * 440
☐ 17일	야고보서 1-5장 * 442
☐ 18일	베드로전서 1-5장 * 444
☐ 19일	베드로후서 1-3장 * 446
☐ 20일	요한일서 1-5장 * 448
☐ 21일	요한이서 1장 * 450
☐ 22일	요한삼서 1장 * 452
☐ 23일	유다서 1장 * 454
☐ 24일	요한계시록 1-3장 * 456
☐ 25일	요한계시록 4-5장 * 457
☐ 26일	요한계시록 6-7장 * 458
☐ 27일	요한계시록 8-10장 * 459
☐ 28일	요한계시록 11-13장 * 460
☐ 29일	요한계시록 14-16장 * 461
☐ 30일	요한계시록 17-19장 * 462
☐ 31일	요한계시록 20-22장 * 463

구약

THE OLD TESTAMENT

한눈에 보는 창세기

핵심	네 가지 사건 (1–11장)	네 명의 족장 (12–50장)
사건	창조 타락 홍수 바벨탑	아브라함 이삭 야곱 요셉
주제	초기 역사	구원 역사
장소	온 세상	가나안
기간	약 2000년	약 300년

저자: 모세

모세오경으로 불리는 다섯 권의 성경(창세기, 출애굽기, 레위기, 민수기, 신명기)은 전통적으로 모세의 저작으로 인정받아 왔으며, 예수님 역시 모세를 성경의 저자로 말씀하신 바 있다(요 5:46). 모세오경은 동일한 신학과 연결된 줄거리를 가지고 있으므로, 만약 모세가 다섯 권 중 한 권의 저자라면 다섯 권 모두의 저자임도 분명하다. 그런데 민수기와 신명기는 저자가 모세임을 명시하고 있으므로(민 33:2, 신 31:24) 모세 이외의 다른 저자를 생각할 수 없다. 하지만 모세오경의 모든 부분을 모세가 기록한 것은 아니다. 모세의 죽음에 관한 기록은 후대에 첨삭되었을 것이다. 도시 이름도 후대의 지명으로 변경된 부분이 있다.

기록 목적

시작을 뜻하는 '창세기'는 본서의 내용에 비추어 볼 때 매우 적합한 제목이다. 창세기는 만물의 시작을 보여 주기 때문이다. 특히 중요한 것은 '죄'와 '이스라엘 민족'의 기원이다. 창세기는 죄가 어떻게 이 세상에 침투했는지, 그 결과가 무엇인지, 하나님께서 죄를 어떻게 다루시는지를 상세하게 기록한다. 또 아브라함을 선택하셔서 그를 통해 이스라엘 민족을 형성하시는 과정을 구체적으로 묘사하고 있다. 그러므로 모세가 창세기를 기록한 목적은, 하나님의 백성인 이스라엘이 자신들의 기원과 사명을 깨닫도록 하는 것이라 볼 수 있다.

통독 길잡이

창세기는 두 부분으로 나눠진다. 첫째 부분은 1-11장으로, 창조와 함께 영광스럽게 시작된 하나님 나라가 인간의 죄로 말미암아 붕괴되는 과정이다. 둘째 부분은 12-50장으로, 하나님 나라가 재건되고 회복되는 과정이다. 그리고 하나님 나라 재건에 부름받은 자들이 아브라함과 그의 후손(이스라엘 민족)이다.

창세기 1-3장

하나님 나라의 시작과 아담과 하와의 타락

1장　왜 모세는 하나님의 말씀이 가져온 변화를 소개하는가?

1-23 모세는 하나님의 말씀이 가져온 놀라운 변화를 소개합니다. 하나님이 빛이 있으라 하시자 빛이 생기고, 해와 달과 별이 있으라 하시자 해와 달과 별이 생깁니다. 말한 대로 이루어지는 존재는 왕을 의미합니다. 모세는 지금껏 애굽의 바로를 왕으로 알고 살아왔던 이스라엘에게, 하나님만이 참된 왕이라고 선포합니다. 특히 빛과 물은 애굽 사람들이 신으로 여기는 대상입니다. '빛'은 애굽 최고의 신으로, '나일강'은 생명의 근원으로 추앙받았습니다. 모세는 그것들조차 하나님의 피조물에 불과하다 말함으로써, 하나님만이 유일한 신이심을 강조합니다. 과학을 맹신하는 현대인들은 하나님의 창조를 믿지 않습니다. 하지만 창조주가 없다는 것이 더 비과학적입니다. 우주는 놀라울 정도로 정교하게 작동합니다. 1조 개 이상의 은하가 질서정연하게 움직입니다. 우주의 배후에 창조주가 계시지 않고서는 있을 수 없는 일입니다. **24-31** 하나님이 사람을 하나님의 형상으로 창조하십니다(27절). 이는 사람을 당신의 대리 통치자로 세우시기 위함입니다(28절). 따라서 사람은 하나님의 뜻대로 세상을 가꾸어야 합니다. 하나님의 법에 위배되는 것들을 개혁해야 합니다. 이것을 일반적으로 '문화 명령'이라고 합니다.

2장　왜 하나님은 일곱째 날을 복되게 하셨는가?

1-3 하나님이 일곱째 날을 복되게 하십니다. 일곱째 날을 하나님의 소유로 구별하시기 위해서입니다. 따라서 주일은 하나님을 위해서 살아야 합니다. 하나님을 예배하는 일에 최선을 다해야 합니다. **4-7** 하나님이 '흙'으로 지어진 사람에게 '생명'을 불어넣으십니다. 이 장면은 인간의 존귀함과 한계를 동시에 보여 줍니다. 인간은 하나님 안에 있을 때는 존귀한 '생명체'이지만, 하나님을 떠나서는 한낱 '흙'에 불과합니다. **8-17** 하나님이 사람에게 에덴동산을 경작하며 지키는 사명을 주십니다(15절). 최초의 노동이 시행되는 장면입니다. 기쁨의 동산인 에덴에도 노동이 존재했습니다. 노동은 하나님이 주신 신성한 사명입니다. 땀 흘려 성실하게 사는 것은 그 자체로 하나님께 영광 돌리는 행위입니다. **18-25** 하나님이 결혼 제도를 제정하십니다. 따라서 결혼은 신성한 제도입니다. 이것은 사람이 홀로 살 수 없다는 것과 남자는 여자의 도움이, 여자는 남자의 도움이 필요하다는 것을 보여 줍니다. 하지만 하나님은 특별한 경우에 독신의 은사를 주시기도 합니다(고전 7:7).

3장　왜 하나님은 선악과를 만드셨는가?

1-24 아담은 창조 세계의 우두머리이지만, 왕은 아닙니다. 그는 왕이신 하나님을 대신하는 대리 통치자입니다. 아담으로 하여금 그 사실을 깨닫게 하는 것이 선악과입니다. 아담은 선악과를 먹으면 안 된다는 법의 제약을 받습니다. 다시 말해서 선악과는, 아담이 하나님의 통치를 받는 백성임을 보여 줍니다. 안타깝게도 아담은 하나님의 통치를 거역합니다. 세상 왕에게 반역하는 것도 큰 죄일진대, 온 우주의 왕에게 반역하는 것은 얼마나 큰 죄이겠습니까? 이로써 아담뿐만 아니라 모든 인간이 하나님의 저주 아래 놓이게 됩니다. 이것은 아담이 모든 인간의 대표이기 때문입니다(롬 5:12). 이때 하나님은 여인의 후손이 뱀의 머리를 부술 것을 약속하십니다(15절). 이것을 '원시 복음'이라 합니다. 여인의 후손은 사람으로 오실 그리스도를 의미하며, 뱀은 사탄을 의미합니다. 사탄이 승리의 노래를 부르고 있을 때에, 하나님은 당신의 아들을 희생하심으로써 어리석고 미련한 인간들을 구원할 계획을 선포하셨습니다.

죄의 영향력

4장   왜 하나님은 가인의 제사는 받지 않으시는가?

1-15 4-6장은 죄가 가진 강력한 영향력을 강조합니다. 4장 전반부는 아담의 죄가 가인에게 유전된 것을, 4장 후반부는 가인의 폭력적인 성향이 라멕에게 유전된 것을, 6장 전반부는 죄가 온 세상에 가득하게 된 것을 보여 줍니다. 하지만 더 중요한 것은 여자의 후손(창 3:15)이 올 수 있도록, 믿음의 계보를 지키시는 하나님의 은혜입니다. 하나님은 노아를 선택하셔서, 그를 통해 하나님 나라의 계보가 이어지게 하십니다. 가인과 아벨이 제사를 드리는 모습은 예배에 관한 중요한 지침이 됩니다. 하나님은 아벨의 제사는 받으시지만 가인의 제사는 받지 않으십니다. 가인이 타락한 삶을 살았기 때문입니다. 가인은 선을 행하지 않았고, 죄를 다스리지 않았습니다(7절). 예배의 기준은 지금도 동일합니다. 하나님은 우리의 삶 전체가 예배가 되기를 원하십니다(롬 12:1). 매일 매 순간 죄와 싸우기 위해 노력하지 않는다면, 주일에 드리는 예배 역시 그 의미를 잃어버립니다. **16-25** 하나님이 가인에게 표를 주십니다. 이 표는 하나님이 가인을 지키신다는 증거입니다(15절). 하지만 가인은 하나님을 의지하는 대신, 에녹이라는 이름의 성을 쌓습니다(17절). 하나님을 의지하기보다 하나님의 대체물을 찾는 것은 타락한 인간의 본성입니다.

5장   왜 "죽었더라"는 말씀이 반복되는가?

1-3 아담은 하나님의 형상으로 창조되었습니다. 하지만 아담의 아들인 셋은 하나님의 형상이 아니라 아담의 형상으로 태어났습니다(3절). 이것은 그가 죄인의 형상으로 태어났음을 의미합니다. 아담의 범죄로 말미암아 인간은 하나님의 형상을 대부분 상실했습니다. 이것이 원죄의 근원입니다. **4-32** 아담의 족보에는 "죽었더라"는 말이 8번이나 반복됩니다. 이 세상에 죄가 들어온 결과를 보여 주기 위함입니다. 인간은 죄로 말미암아 하나님과 멀어졌고, 이제 죽음 외에는 아무것도 기대할 수 없게 되었습니다. 하지만 아담의 족보와 대비되는 또 하나의 족보가 있습니다. 바로 예수님의 족보입니다. 마태복음 1장에 기록된 예수님의 족보에는 "낳았더라"는 기록만 있을 뿐, 죽음에 관한 기록이 전혀 없습니다. 아담은 죽음을 가져왔지만, 예수님은 생명을 가져오셨습니다.

6장   왜 노아는 의롭다는 평가를 받았는가?

1-8 '하나님의 아들'과 '사람의 딸'이 누구인가에 대해 큰 논쟁이 있습니다. 일반적으로 하나님의 아들에 관해서는 다음과 같은 견해가 있습니다.[1] 첫째, 타락한 천사들. 둘째, 왕이나 재판관들. 셋째, 경건한 셋의 후손들입니다. 신뢰할 만한 해석자들은 이 가운데 세 번째 주장을 지지합니다.[2] 그렇게 본다면 6장의 강조점은 믿음을 지켜 오던 경건한 셋의 후손들이, 불경건한 가인의 후손들에게 마음을 빼앗긴 데 있습니다. 성경의 기록에 따르면 오직 노아만이 당대의 만연한 죄악으로부터 스스로를 지켰습니다. **9-22** 노아는 죄에 물든 사람들과 구별되었습니다(9절). 이는 노아가 죄를 하나도 짓지 않았다는 것이 아닙니다. 삶의 목적이 세상 사람들과 달랐다는 것입니다. 노아가 하나님과 동행하였다는 말씀처럼(9절), 노아는 하나님의 뜻에 자신의 뜻을 일치시키기 위해 노력했습니다.

하나님의 은혜

7장　왜 정결한 짐승을 더 많이 모았는가?

1-24 아담과 하와가 죄를 지었을 때, 하나님은 그들에게 은혜를 베풀어 주셨습니다. 아담이 땀 흘려 일하기만 하면(창 3:19), 하와가 고통을 견디고 자녀를 출산하기만 하면(창 3:16), 인류의 혈통이 끊어지지 않을 것이며, 그 후손 가운데서 메시아가 탄생할 것이라고 약속해 주셨습니다(창 3:15). 오늘 본문에서도 동일한 은혜를 발견할 수 있습니다. 하나님이 노아를 통해 예비하신 방주는 타락한 인간들에게 주신 또 한 번의 기회입니다. 비록 방주에 탄 사람은 노아와 그의 가족뿐이었지만, 방주는 변함없는 하나님의 은혜를 상징합니다. 하나님은 정결한 짐승은 암수 일곱씩, 부정한 짐승은 암수 둘씩 모으라고 하십니다(2절). 정결한 짐승은 먹거나 제사할 때 사용해야 했으므로 더 많이 필요했습니다. 정결한 짐승과 부정한 짐승에 관한 자세한 규정은 이후에 나오지만(레 11장), 제사에 합당한 짐승에 관한 지식은 일찍부터 존재했습니다.[3] 모세는 7장에서 노아의 홍수와 관련한 구체적인 날짜들을 기록합니다. 이것은 노아의 홍수가 실제 발생한 사건임을 강조합니다. 노아의 홍수는 신화적인 사건이 아닙니다.

8장　왜 모세는 홍수 사건을 창조 사건으로 묘사하는가?

1-19 모세는 노아의 홍수 사건을 두 번째 창조로 묘사합니다. "하나님이 바람을 땅 위에 불게 하시매"라는 표현(1절)은, 창세기 1장 2절의 "하나님의 영은 수면 위에 운행하시니라"라는 표현의 반복입니다. "땅에서 생육하고 땅에서 번성하리라"라는 표현은(17절), 창세기 1장 28절의 반복입니다. 모세가 노아의 홍수를 두 번째 창조로 묘사하는 이유는, 노아의 홍수 사건이 새로운 시작임을 나타내기 위함입니다. 이제 하나님은 노아를 통해 새로운 역사를 시작하실 것입니다. **20-22** 노아가 하나님께 번제를 드리는 장면은 구원 역사에서 중요한 전환점을 이루는 사건입니다. 하나님은 번제를 받으신 후에 다시는 전 지구적인 홍수가 임하지 않을 것이라고 약속하십니다. 이것은 제사가 하나님의 진노를 가라앉히는 역할을 할 것을 의미합니다.[4]

9장　왜 노아 언약이 중요한가?

1-17 1절부터 17절까지의 핵심은 '노아 언약'입니다. 하나님은 전 지구적인 홍수가 다시는 반복되지 않을 것을 약속하시고, 그 증표로 무지개를 주십니다. 무지개가 이때 처음 나타났다는 것이 아니라, 이미 존재하던 무지개를 언약의 증거로 사용하신 것입니다. 노아 언약이 중요한 이유는, 이 언약이 예수님이 이 땅에 오실 수 있는 기초가 되기 때문입니다. 만약 노아 언약이 없었다면, 인류는 예수님이 오시기 전에 죄로 말미암아 심판 받고 사라졌을 것입니다. **18-29** 노아는 술에 취합니다. 함은 아버지를 존중하지 않습니다. 이것은 홍수 이후에도 죄가 사라지지 않았음을 보여 줍니다. 비록 악인들이 모두 사라졌지만, 노아와 그의 가족 마음에는 여전히 악이 남아 있었습니다.[5] 25절은 자주 오해되는 말씀입니다. 이 구절은 인종 차별과 노예 제도를 지지하는 데 부당하게 악용되었습니다.[6] 하지만 노아의 저주는 흑인이 아니라 가나안 민족을 향한 것입니다. 노아의 저주는 여호수아의 가나안 정복으로 성취되었습니다.

004

1월 4일

창세기 10-12장

아브라함의 생애가 보여 주는 진리⑴

10장   왜 니므롯을 강조하는가?

1-32 10장은 노아의 후손들이 온 세상에 흩어지는 과정을 보여 주며, 11장은 그렇게 흩어지게 된 이유를 설명합니다. 그러므로 11장은 10장보다 시간적으로 앞선 사건이며, 10장은 11장의 결과입니다. 노아의 후손 가운데 특별히 강조되는 인물은 '니므롯'입니다. 그는 "여호와 앞에서 용감한 사냥꾼"이라는 별명을 가지고 있습니다. 이는 긍정적인 의미보다는 포악함을 강조하는 표현입니다. 니므롯을 강조하는 이유는, 그가 11장에 소개되는 바벨탑 사건의 핵심 인물이기 때문입니다. 니므롯이 세운 도시의 목록에는 앗수르와 바벨론이 포함되어 있습니다(10-11절). 이후에 이들은 각각 북이스라엘과 남유다를 멸망시키는 악한 제국이 됩니다.

11장   왜 바벨을 심판하셨는가?

1-9 어떤 사람들은 바벨이 하늘에 닿을 정도로 높았기 때문에 하나님이 그 교만함을 심판하신 것이라고 생각합니다. 하지만 바벨의 높이는 하나님의 심판과 아무 상관이 없습니다. 하나님이 바벨을 심판하신 이유는, 그것을 건설한 이유와 목적 때문입니다. 하나님은 태초에 "생육하고 번성하여 땅에 충만하라"(창 1:28)고 말씀하셨습니다. 온 세상으로 흩어지라는 뜻입니다. 그런데 사람들은 흩어짐을 면하고자 바벨을 건설합니다(4절). 바로 이것이 바벨이 심판 받은 이유입니다. 하나님의 심판은 '언어의 혼잡'입니다(9절). 언어가 나뉘짐으로써 죄가 순식간에 퍼지는 것을 막을 수 있기 때문입니다. 모든 사람이 동일한 언어를 사용하면 죄가 쉽게 전파되겠지만, 언어를 경계로 민족과 국가가 나누어지면 죄가 확장되는 데 상당한 시간이 걸립니다. 그런 점에서 국가는 죄를 억제하는 하나님의 도구입니다(롬 13장). **10-32** 하나님은 아담이 타락한 직후에 여자의 후손을 약속하셨습니다(창 3:15). 여자의 후손은 예수님을 의미합니다. 본문의 족보는 아담과 아브라함이 연결되어 있음을 보여 주고, 예수님은 아브라함의 후손으로 오셨습니다(마 1:1). 따라서 본문의 족보는 하나님이 예수님을 세상에 보내시기 위해 일하고 계심을 보여 줍니다. 우리가 보지 못하는 곳에서 하나님은 우리를 위해 일하십니다. 특히 우리의 구원을 위해 일하십니다.

12장   왜 아브람에게 땅과 민족을 약속하시는가?

1-9 아담의 타락으로 위기를 맞은 하나님 나라는 아브람의 등장으로 전환기를 맞이합니다. 아브람은 하나님 나라를 회복하기 위한 하나님의 도구입니다. 이것은 하나님과 아브람이 맺은 언약 속에 분명하게 나타납니다. 하나님은 아브람에게 땅과 민족을 약속하십니다(1-3절). 땅과 민족은 국가를 세우는 데 필요한 요소입니다. 따라서 하나님의 뜻은 아브람과 그의 후손을 통해 당신의 나라를 세우는 것입니다. 이러한 하나님의 뜻은 구약 시대에는 이스라엘을 통해, 신약 시대에는 교회를 통해 성취됩니다. **10-20** 가나안에 기근이 찾아오자 아브람은 애굽으로 이동합니다. 애굽에는 나일강이 있었으므로, 기근을 견디기에 최선의 장소였습니다. 하지만 이것은 하나님의 보호하심을 신뢰하지 않은 인간적인 판단이었습니다. 애굽에 도착한 아브람은 두려움 때문에 아내를 여동생이라고 말합니다. 이 거짓말 때문에 아브람은 아내를 빼앗길 위기에 처합니다. 만약 아브람이 아내를 빼앗긴다면, 하나님이 약속하신 '큰 민족'의 언약은 성취될 수 없습니다. 그래서 하나님은 아브람의 삶 속에 개입하십니다. 애굽 왕으로부터 아브람의 아내를 구해 내십니다. 아브람은 어리석었지만, 하나님은 신실하셨습니다.

아브라함의 생애가 보여 주는 진리②

13장　왜 롯은 아브람을 떠났는가?

1-13 롯은 하나님이 아브람에게 주신 언약을 잘 알고 있었습니다. 만약 롯이 세상이 주는 복이 아니라 하나님이 주시는 복을 기대했다면, 아브람을 떠나 소돔으로 가지 않았을 것입니다. 어떻게 해서든 아브람 곁에 머무르려 했을 것이고, 양과 소를 줄이는 희생도 감수했을 것입니다. 하지만 롯은 소돔의 풍요를 하나님의 언약보다 소중하게 생각합니다. 그래서 일말의 주저함 없이 소돔으로 향합니다. 그런데 이상합니다. 번영을 꿈꾸며 아브람을 떠난 롯은 시간이 갈수록 어려움을 겪는 반면, 아브람은 시간이 갈수록 복을 받습니다. **14-18** 아브람은 하나님께 순종했습니다. 가나안에 계속 남았습니다. 더 좋은 조건을 찾아다니지 않았습니다. 그러자 하나님이 아브람을 찾아오셔서 위로해 주십니다. 그리고 롯이 추구했던 것과는 비교할 수 없이 큰 복을 약속하십니다. "보이는 땅을 너와 네 자손에게 영원히" 주겠다고 하십니다(15절). 이 약속은 여호수아를 통해 일부 성취되었고, 다윗을 통해 상당히 성취되었으며, 장차 새 하늘과 새 땅에서 완성될 것입니다(계 21-22장).

14장　왜 아브람은 소돔 왕의 제안을 거절했는가?

1-16 아브람은 강력한 연합군에게 사로잡힌 롯을 구해 냅니다. 사실 이것은 불가능한 일입니다. 객관적으로 아브람의 군대는 보잘것없었습니다. 그러나 아브람에게는 하나님의 언약이 있었습니다. "너를 축복하는 자에게는 내가 복을 내리고 너를 저주하는 자에게는 내가 저주하리니"(창 12:3)라는 하나님의 약속이 있었습니다. 아브람의 승리는 하나님이 약속을 지키신 결과였습니다. 그리스도인의 능력은 하나님의 약속을 신뢰하는 데서 나옵니다. 하나님을 굳게 믿을 때 세상을 두려워하지 않고, 이웃을 위해 희생하는 용기를 낼 수 있습니다. **17-24** 이 단락에는 전혀 다른 두 왕이 등장합니다. 살렘 왕과 소돔 왕입니다. 살렘 왕 멜기세덱은 아브람의 승리를 통해 하나님께 영광을 돌립니다(19절). 하지만 소돔 왕은 아브람이 획득한 전리품에만 관심을 가집니다(21절). 주목할 것은 아브람이 소돔 왕의 제안을 거절한 사건입니다. 소돔 왕은 사람을 제외한 모든 전리품을 아브람에게 돌립니다. 아브람이 이 제안을 받아들인다면, 그는 엄청난 거부가 될 것입니다. 아브람에게는 일생일대의 기회입니다. 하지만 아브람은 소돔 왕의 제안을 거절합니다. 그랬다가는 하나님이 아니라 소돔 왕이 아브람에게 복을 주었다는 소문이 날 수 있었기 때문입니다. 아브람은 하나님의 영광을 소돔 왕이 가로채기를 원하지 않았습니다.

15장　왜 하나님은 홀로 지나가셨는가?

1-21 아브람은 연합군의 보복을 두려워합니다. 그러자 하나님이 말씀하십니다. "뭇별을 셀 수 있나 보라 … 네 자손이 이와 같으리라"(5절). 하나님이 반드시 아브람을 지키시고, 아브람의 자손을 크게 번성하게 하신다는 약속입니다. 아브람이 여전히 두려워하자 하나님이 친히 언약식을 이행하십니다. 당시 왕들은 쪼갠 짐승 사이를 함께 지나가는 언약식을 시행하곤 했습니다. 약속을 지키지 않을 경우에는 쪼갠 짐승처럼 될 것이라는 경고를 담은 의식이었습니다. 그런데 하나님은 아브람과 함께 지나가지 않으시고, 홀로 지나가십니다. 이것은 아브람의 부족함 때문에 언약이 파기되는 경우는 없음을 의미합니다. 어떤 일이 있어도 언약을 이루시겠다는 하나님의 강력한 의지를 보여 주신 것입니다.

아브라함의 생애가 보여 주는 진리③

16장   왜 하나님은 이스마엘을 아브람의 장자로 인정하지 않으시는가?

1-16 하나님은 아브람에게 큰 민족을 약속하셨습니다 (창 12:2). 하지만 10년(3절)이 지나도록 큰 민족의 언약은 성취되지 않았습니다. 이에 아브람은 인간적인 방법을 시도합니다. 본처인 사라가 아니라 첩인 하갈을 통해 자식을 낳습니다. 이것은 당시의 일반적인 관행입니다. 따라서 아브람은 이것을 심각하게 생각하지 않았습니다. 하지만 하나님 생각은 달랐습니다. 하나님은 아브람 마음에 자리 잡은 불신을 아셨습니다. 아브람 마음속에 하나님을 향한 불신이 있음을 아셨습니다. 그래서 하나님은 이스마엘을 아브람의 장자로 인정하지 않으십니다. 하나님을 불신하고 인간적인 방법으로 세운 것들은 반드시 무너집니다. 그 어떤 이유도 불순종을 정당화할 수 없습니다.

17장   왜 하나님은 13년간 침묵하셨는가?

1-8 16장은 아브람 나이를 언급하며 본문을 끝내고, 17장은 아브람 나이를 언급하며 본문을 시작합니다. 아브람 나이가 이 본문 주제를 파악하는 중요한 단서입니다. 핵심은 16장과 17장의 시간 간격인데, 무려 13년입니다. 그렇다면 13년이라는 시간은 무엇을 의미할까요? 하나님은 아브람에게 큰 민족을 약속하셨습니다. 시간이 지날수록 이 약속이 이루어지는 것은 불가능해 보였습니다. 그래서 아브람은 인간적인 방법을 시도하기도 했습니다. 그 결과가 13년의 침묵기입니다. 하나님이 침묵하신 13년 동안, 아브람은 자신의 무능력을 깨달았을 것입니다. 하나님 외에는 아무런 소망이 없음을 알게 되었을 것입니다. 그러므로 13년은 하나님 외의 모든 것을 내려놓게 하는 성찰의 시간이었습니다. **9-27** 17장 후반부는 새로운 전환점을 보여 줍니다. 하나님은 아브람의 이름을 아브라함으로 바꾸시고, 그에게 할례를 명하십니다. 할례란 남자의 생식기 일부를 자르는 의식입니다. 당시 남성의 생식기는 생명과 힘을 상징했으므로, 할례는 생명과 힘이 하나님께만 있음을 상기시키는 의식이었습니다. 하나님은 13년의 침묵기와 할례 의식을 통해 오직 하나님께만 소망을 두도록 아브라함을 연단하셨습니다.

18장   왜 하나님은 소돔과 고모라를 심판하시는가?

1-15 세 명의 나그네가 아브라함을 방문합니다. 그중 한 분은 하나님이며(1절), 둘은 천사입니다. 아브라함이 그들을 "내 주여"라고 부르는 것으로 보아(3절), 아브라함은 나그네들의 정체를 알고 있었던 것 같습니다. 아브라함은 하나님을 위해 풍족한 음식을 준비합니다. 그리고 하나님이 식사하시는 동안 곁에 서 있습니다. 이것은 종이 주인에게 하는 행동입니다. 이때 하나님은 다시 한 번 자손의 언약을 말씀하십니다(10절). 일 년 후 아브라함이 아들을 얻을 것이라고 말씀하십니다. 그 말은 들은 사라는 웃음을 터뜨립니다. 불신의 웃음입니다. 사라는 임신할 수 있는 나이가 훨씬 지났기에 하나님의 말씀을 도무지 믿을 수 없었습니다. 하지만 하나님이 하시지 못할 일은 없습니다. 하나님은 반드시 언약을 이루실 것입니다. **16-33** 하나님은 아브라함을 통해 정의롭고 공평한 나라를 세우려고 하십니다(19절). 따라서 하나님이 소돔을 멸하시는 장면은 아브라함을 향한 메시지입니다. 하나님은 소돔과 고모라의 멸망을 통해 정의롭지 않고 공평하지 않은 나라는 반드시 심판하신다는 것을 경고하십니다. 하나님의 의도를 알게 된 아브라함은 의인들도 함께 멸망될 것을 염려합니다. 물론 여기에는 자신의 조카 롯도 포함되어 있습니다. 아브라함은 조심스럽게 의인들을 보호해 주실 것을 간구합니다. 이에 하나님은 단 열 명의 의인만 있어도 소돔을 심판하지 않겠다고 하십니다.

아브라함의 생애가 보여 주는 진리⑷

19장   왜 소돔은 심판을 받아야 했는가?

1-11 본문은 소돔이 멸망한 이유를 보여 줍니다. 소돔 사람들은 롯을 찾아온 방문자를 희롱하려고 합니다. 이것은 소돔이 약자에 대한 억압과 착취가 일상화된 도시라는 증거입니다. 5절에서 "상관하리라"로 번역된 히브리어 '야다'는 '성관계'를 의미합니다. 소돔 사람들은 롯을 찾아온 손님들을 성적 착취의 대상으로 여겼습니다. **12-29** 아브라함과 롯의 삶은 대조가 됩니다. 하나님의 언약을 떠나 소돔이 주는 풍요로움을 쫓아간 롯은 한순간에 모든 것을 잃어버립니다. 반면 하나님의 언약을 믿고 약속의 땅 가나안을 지킨 아브라함은 자손의 언약이 성취되는 기쁨을 누립니다. **30-38** 이 단락은 어떤 과정을 통해 롯이 모압과 암몬의 조상이 되는지를 보여 줍니다. 근친상간으로 출생한 두 아들은 모압과 암몬의 시조가 됩니다. 두 나라는 아브라함의 후손인 이스라엘에게 눈앞의 가시 같은 존재였습니다.

20장   왜 아브라함은 거짓말을 했는가?

1-18 오래전 아브라함은 자신의 생명을 보존하기 위해 아내를 여동생으로 속였습니다(창 12장). 많은 시간이 지났지만 여전히 아브라함은 그때의 연약함을 극복하지 못하고 있습니다. 아브라함은 하나님을 의지하기보다 거짓말을 하는 것이 더 좋은 방법이라고 생각합니다. 하지만 아브라함은 거짓말 때문에 아내를 빼앗기게 됩니다. 이것은 구속사적으로 심각한 문제입니다. 예수님이 아브라함 후손으로 오시는 것이 하나님의 계획이었기 때문입니다. 결국 하나님이 개입하십니다. 사라는 안전하게 구출됩니다. 이 사건은 아브라함의 중보 기도로 마무리됩니다. 아브라함이 아비멜렉을 위해 기도하자 그동안 닫혀 있던 태의 문이 열립니다(17절). 신자가 세상에서 복의 근원이 되는 방법은 세상을 위해 중보 기도하는 것입니다.

21장   왜 하나님은 이스마엘을 추방하셨는가?

1-7 드디어 아브라함과 사라 사이에 아이가 태어납니다. 하나님이 '큰 민족'을 약속하신 때로부터 무려 25년만입니다. 당시 75세였던 아브라함은 벌써 100세가 되었습니다. 아브라함은 아들에게 '이삭'이라는 이름을 지어 줍니다. '웃다'라는 뜻입니다. 처음에 아브라함과 사라는 믿지 못해 웃었지만(창 17:17, 18:12), 이제는 은혜에 감격하여 웃습니다. **8-21** 아브라함의 웃음은 오래가지 못합니다. 이삭과 이스마엘 사이의 갈등 때문입니다. 본문은 갈등의 원인을 이스마엘이 이삭을 놀렸기 때문이라고 말합니다. '놀리다'로 번역된 히브리어 '차하크'는 '비웃다' 또는 '조롱하다'를 의미합니다. 바울은 이것을 이스마엘이 이삭을 박해한 것으로 해석합니다(갈 4:29). 이스마엘의 행동은 단순한 장난 수준이 아니었습니다. 자칫하면 가인과 아벨 사건이 재현될 수 있었습니다. 하나님은 언약의 계승자인 이삭을 보호하시기 위해 이스마엘을 추방하십니다. **22-34** 블레셋 왕과 그의 군대 장관이 아브라함을 찾아옵니다. 아브라함이 가나안 땅에서 상당한 세력을 형성했음을 보여 줍니다. 이는 하나님께서 "내가 너로 큰 민족을 이루고 네게 복을 주어 네 이름을 창대하게" 하시겠다는 언약을 신실하게 이행하고 계시다는 증거입니다(창 12:2).

이삭의 생애가 보여 주는 진리

22장 왜 하나님은 아브라함을 시험하셨는가?

1-19 하나님이 아브라함을 시험하십니다(1절). 사랑하는 아들을 번제로 바치라고 하십니다. 주목할 부분은 아들을 바치라고 하신 장소입니다. 그곳은 모리아 지방에 있는 한 산으로서, 아브라함이 꼬박 3일을 걸어야 갈 수 있는 곳입니다. 단순히 이삭을 바치기만 하는 것이 하나님의 뜻이었다면, 그렇게 먼 곳으로 가라고 하시지 않았을 것입니다. 아마도 하나님은 3일 동안 아브라함이 깊이 성찰하기를 원하셨던 것 같습니다. 다음 말씀들이 그 증거입니다. "그가 하나님이 능히 이삭을 죽은 자 가운데서 다시 살리실 줄로 생각한지라"(히 11:19). "내 아들아 번제할 어린 양은 하나님이 자기를 위하여 친히 준비하시리라"(8절). 아브라함은 3일의 시간을 통해 죽은 자를 살리시는 하나님, 친히 필요한 것을 준비하시는 하나님을 깨닫게 되었습니다. 그리고 결정적으로 아들보다 하나님이 더 중요하다는 사실을 알게 되었습니다. 하나님의 시험은 아브라함의 성장과 성숙을 위해 꼭 필요한 일이었습니다. **20-24** 이 단락은 아브라함에서 이삭으로 넘어가는 전환점입니다. 장차 이삭의 아내가 될 리브가가 소개됩니다(23절).

23장 왜 아브라함은 가나안에서 아내의 매장지를 마련했는가?

1-20 23장은 연단의 과정을 통과한 아브라함의 믿음이 얼마나 성숙한 경지에 이르게 되었는지를 보여 줍니다. 당시 아브라함은 가나안의 나그네에 불과했습니다. 그럼에도 그는 다른 곳이 아니라 가나안에 아내의 매장지를 마련합니다. 그것도 매우 부당한 대우를 받으면서 말입니다. 아브라함이 지불한 은 사백 세겔은 지나치게 많은 금액입니다(15절). 예레미야는 은 십칠 세겔만으로 밭을 구입했습니다(렘 32:9) 비록 시기 차이가 있지만, 고대 사회에는 물가 변동이 거의 없었다는 점을 감안할 때 아브라함이 가나안 토착 세력들에게 부당한 대우를 받고 있다는 점은 분명합니다. 그럼에도 불구하고 아브라함이 아내 매장지를 가나안에 마련한 이유는, 가나안을 하나님이 주신 언약의 땅으로 믿었기 때문입니다.

24장 왜 아브라함은 고향 땅에서 며느리를 구하는가?

1-67 아브라함은 어떤 일이 있어도 가나안이 아니라 자신의 고향 우르에서 이삭 아내를 구하려고 합니다. 우르를 떠나 가나안으로 오는 여인만이 이삭 아내가 될 수 있다고 말합니다. 왜 아브라함은 '우르'를 떠나는 것을 며느리 조건으로 삼을까요? 아브라함은 하나님 때문에 우르를 떠나 가나안으로 왔습니다. 아브라함은 고향에 있는 모든 것보다 하나님을 더 소중하게 생각했습니다. 지금 아브라함은 며느리에게도 동일한 믿음을 요구합니다. 하나님 때문에 고향을 떠날 수 있는 여인만이 자신의 며느리가 될 수 있다는 것입니다. 아브라함의 종은 아브라함의 의도를 정확하게 파악했습니다. 그래서 아브라함의 종은 아름다운 외모나 많은 재산이 있는 여성을 만나게 해 달라고 기도하지 않습니다. 대신 나그네뿐만 아니라 가축에게도 물을 제공하는 선한 여성을 만나게 해 달라고 기도합니다(14절). 리브가가 하나님이 예비하신 이삭의 배우자라는 점은, 그녀의 내면 아름다움을 통해 입증됩니다. 리브가는 오랜 여행으로 목말라하는 나그네와 가축을 위해 자발적으로 신속하게 물을 준비합니다. 이처럼 배우자의 일차적인 조건은 '신앙'이어야 합니다. 돈과 외모와 지위는 일차적 조건이 될 수 없습니다. 또 그런 것들이 가정의 행복을 담보해 주지도 않습니다. 행복이란 인간 힘으로 만들어 낼 수 있는 것이 아니라 경건한 자들에게 주시는 하나님 선물이기 때문입니다.

창세기 25-27장

야곱의 생애가 보여 주는 진리(1)

25장 왜 야곱을 장자로 선택하시는가?

1-18 아브라함에게는 여러 명의 자손이 있었습니다(1절). 하지만 모세는 이삭을 제외한 다른 자손들은 매우 간단하게 소개합니다. 오직 이삭만이 언약의 자손이기 때문입니다. 하나님이 언약을 성취하심으로 태어난 사람은 이삭이 유일합니다. **19-26** 야곱과 에서가 태어납니다. 여기서 핵심은 장자의 언약입니다. 당시 장자는 부모의 유산을 두 배로 받고, 집안의 제사장이 되는 권리를 누렸습니다.[7] 이 권리는 당연히 형의 것입니다. 그런데 하나님은 "큰 자가 어린 자를" 섬길 것이라고 말씀하십니다. 이것은 하나님이 동생 야곱을 이삭 가문의 장자로 선택하셨으며, 야곱이 소유하고 누리게 될 모든 것이 전적으로 하나님의 은혜라는 의미입니다. 바울은 이 사건을 근거로, 구원이란 인간의 행위나 조건과 상관없는 하나님의 주권적인 선택이자 은혜임을 설명했습니다(롬 9:10-13). **27-34** 야곱은 장자의 명분을 소중하게 생각하는 반면, 에서는 장자의 명분에 관심이 없습니다. 하나님은 아브라함을 통해 하나님의 나라를 세우겠다고 언약하셨고(창 12:1-2), 야곱과 에서는 아브라함의 자손입니다. 따라서 가문의 장자가 되는 것은 아브라함 언약의 계승자가 되는 것입니다. 에서가 장자의 명분을 소홀히 여긴 것은 하나님 나라에 무관심했음을 보여 줍니다.

26장 왜 하나님은 애굽으로 가지 말라고 하시는가?

1-33 이삭이 살고 있는 가나안에 흉년이 찾아옵니다. 이삭은 가나안을 떠나 먹을 것이 풍부한 애굽으로 이주하려고 합니다. 그때 하나님이 말씀하십니다. "애굽으로 내려가지 말고 내가 네게 지시하는 땅에 거주하라"(2절). 더 좋은 환경을 찾아다니지 말고, 가나안에 머물게 하신 하나님의 뜻에 복종하라는 의미입니다. 결국 이삭은 하나님 말씀에 순종합니다. 황량한 가나안을 떠나지 않습니다. 그 결과 이삭은 놀라운 기적을 경험합니다. 이방 왕으로부터 아내를 지킬 뿐만 아니라, 백배나 되는 열매와 심히 많은 양과 소를 얻게 됩니다. 심지어 왕과 상호 보호 조약을 맺기까지 합니다. 이것이 순종의 열매입니다. 하나님은 '말씀'을 기억하고, 그 '말씀'대로 살아가는 자들을 절대 외면하지 않으십니다. **34-35** 에서는 가나안 여인들과 혼인함으로써 하나님 나라에 아무 관심이 없음을 스스로 드러냅니다.

27장 왜 이삭은 야곱을 축복해야 하는가?

1-46 이삭은 야곱을 축복해야 합니다. 하나님이 야곱을 이삭 가문의 장자이자 아브라함 언약의 계승자로 선택하셨기 때문입니다. 그런데 이삭은 야곱이 아니라 에서에게 장자의 축복을 선언하려고 합니다. 이에 리브가는 이삭을 속여서 야곱이 장자의 축복을 받도록 합니다. 이삭은 하나님의 뜻보다 자신의 뜻을 이루려고 했다는 점에서 잘못되었고, 리브가는 하나님의 뜻을 이루기 위해 속임수를 사용했다는 점에서 잘못되었습니다. 결과적으로 야곱은 자신이 원하던 대로 장자의 축복을 받았습니다. 하지만 그는 다음과 같은 대가를 치러야 했습니다. 첫째, 다시는 어머니를 보지 못합니다. 둘째, 형과 원수 지간이 됩니다. 셋째, 삼촌 라반에게 고통당합니다. 만약 야곱이 하나님의 뜻대로 문제를 해결하려고 했다면 이런 비참한 일들을 겪지 않았을 것입니다.

야곱의 생애가 보여 주는 진리⑵

28장   왜 하나님은 사닥다리 환상을 보여 주시는가?

1-9 야곱은 에서의 위협 때문에 부모의 집을 떠납니다. 이삭은 다시 한 번 야곱을 축복합니다. 두 번째 축복에서는 '아브라함 언약'이 강조됩니다(4절). 이삭은 비로소 야곱을 아브라함 언약의 정당한 계승자로 인정하게 되었습니다. **10-22** 야곱은 정든 고향을 떠나 외삼촌이 있는 하란으로 향합니다. 야곱의 마음은 두렵고 초조했을 것이 분명합니다. 고향에서 하란까지의 거리는 900킬로나 되기 때문입니다. 바로 이때 하나님이 '사닥다리' 환상을 보여 주십니다. 개역성경은 사닥다리라고 번역하였지만, 사실 계단이 더 적절한 표현입니다. 계단은 분리된 공간을 연결하는 역할을 합니다. 하늘과 맞닿은 계단은 하나님과 야곱이 연결되어 있음을 나타냅니다. 이

것은 야곱의 변화를 촉구하는 환상입니다. 지금껏 야곱은 하나님의 도움을 구하지 않았습니다. 자신과 함께하시는 하나님을 찾지 않았습니다. 야곱은 하나님이 자신과 함께하신다고 생각하지 않았습니다. 야곱은 하나님이 자신의 힘과 능력이 되신다고 생각하지 않았습니다. 바로 이것이 하나님이 사닥다리 환상을 보여 주신 이유입니다. 하나님은 사닥다리 환상을 통해, 당신과 동행하고, 당신을 의지하라고 말씀하십니다. 하나님은 사닥다리 환상과 함께 아브라함 언약을 재확인시켜 주십니다(13-15절). 하나님이 아브라함에게 약속하셨던 복을 야곱에게도 주실 것을 약속하십니다.

29장   왜 야곱은 무사히 목적지에 도착할 수 있었는가?

1-20 야곱은 라반의 집을 향해 길을 나섰습니다. 하지만 라반이 어디에 살고 있는지는 알지 못했습니다. 그런데 야곱은 넓고 넓은 광야 한가운데서 라반의 가족을 만나게 됩니다. 어떻게 이런 일이 가능했을까요? 언약의 성취입니다. 하나님은 야곱과 함께하시며, 야곱을 지켜 주시겠다고 언약하셨습니다(창 28:15). 야곱이 무사히 목적지에 도착한 것은 하나님이 언약을 이루신 결과입니다. **21-35** 야곱은 라헬과 사랑에 빠집니다. 야곱은 라헬과

결혼하기 위해 라반에게 7년을 봉사합니다. 아마 야곱은 7년이 지난 후 라헬과 함께 고향으로 돌아가려고 했을 것입니다. 하지만 야곱의 계획은 물거품이 되었습니다. 라반이 야곱을 속였기 때문입니다. 오래전 야곱은 자신이 에서인 것처럼 이삭을 속였습니다. 이제 라반은 레아가 라헬인 것처럼 야곱을 속입니다. 결국 야곱은 7년을 더 봉사하게 됩니다.

30장   왜 하나님은 야곱과 라반을 만나게 하셨는가?

1-24 야곱은 그 이름처럼 다른 사람을 속이며 살아왔습니다. 하지만 이제는 라반에게 속임을 당합니다. 이것은 하나님의 섭리입니다. 하나님은 야곱이 라반을 통해 자신의 죄를 깨닫게 되기를 원하셨습니다. 하나님은 라반을 야곱을 연단하시는 도구로 사용하셨습니다. 때때로 우리는 원하지 않는 고난과 시련을 당합니다. 그것은 하나님의 섭리입니다. 하나님은 고난과 시련이라는 연장을 통해 우리의 모난 부분을 다듬어 가십니다. 하나님의

연장은 우리를 부수지 않고, 도리어 더 아름답게 합니다. **25-43** 여전히 야곱은 하나님을 의지하지 않습니다. 그는 얼룩무늬 양을 얻기 위해 껍질 벗긴 가지를 사용합니다. 이것은 고대 미신입니다.[8] 결과적으로 야곱의 방법이 성공한 듯 보이지만, 그 둘 사이에 인과 관계가 있는 것은 아닙니다. 야곱의 소유가 번창하게 된 것은 하나님의 은혜이지, 야곱이 사용한 미신 때문이 아닙니다.[9]

야곱의 생애가 보여 주는 진리(3)

31장　왜 야곱은 몰래 라반을 떠나는가?

1-55 라반은 계속해서 야곱의 노동력을 착취하고, 라반의 아들들은 야곱을 시기합니다(1절). 야곱의 고난이 극에 달한 이때, 하나님이 말씀하십니다. "네 조상의 땅 네 족속에게로 돌아가라 내가 너와 함께 있으리라"(3절). 이제 가나안으로 돌아갈 때가 되었다는 것과 가나안으로 가는 동안 하나님이 야곱을 지켜 주신다는 뜻입니다. 이에 야곱은 가족과 함께 가나안으로 향합니다. 하지만 야곱은 하나님을 의지하지 않습니다. 야곱은 여전히 하나님보다 자신의 능력을 신뢰합니다. 아직까지도 야곱은 속임수로 문제를 해결하려고 합니다. 바로 그것이 몰래 라반을 떠난 이유입니다. 야곱이 떠난 것을 알고 분노한 라반은 단 칠 일 만에 야곱을 찾아냅니다. 하지만 라반은 야곱에게 아무런 해도 끼칠 수 없었습니다. 하나님이 라반에게 야곱을 해하지 말 것을 엄중하게 경고하셨기 때문입니다(24절). 결국 문제를 해결한 것은 '야곱의 속임수'가 아니라 '하나님의 은혜'였습니다.

32장　왜 야곱은 하나님의 사자들을 만난 곳을 '마하나임'이라고 부르는가?

1-12 야곱이 에서를 피해 고향을 떠난 지 20년이 흘렀습니다. 야곱은 다시 에서를 만나러 떠납니다. 야곱의 마음은 두려움으로 가득했습니다. 야곱은 에서의 복수가 두려웠습니다. 바로 이때 하나님은 야곱으로 하여금 하나님의 사자들을 보게 하십니다. 하나님의 사자들과 조우한 야곱은 비로소 자신이 혼자가 아님을 알게 됩니다. 하나님이 진실로 자신과 함께하시고 자신을 지켜 주신다는 사실을 알게 됩니다. 지금껏 야곱은 자신이 혼자이고, 혼자 힘으로 세상을 살아야 한다고 생각했습니다. 그래서 자신의 능력을 벗어나는 문제 앞에서는 늘 속임수와 불법을 행했습니다. 야곱은 자신의 깨달음을 '마하나임'이라는 용어로 표현합니다. 마하나임은 두 개의 군대라는 뜻입니다. 하나의 군대는 야곱 자신을, 또 하나의 군대는 하나님을 의미합니다. **13-32** 하나님이 인간의 모습으로 야곱을 찾아오십니다. 야곱은 그가 하나님이라는 사실을 알고, 자신을 축복하기 전에는 놓아 주지 않겠다고 합니다(30절). 지금껏 야곱은 사람과 씨름하며 살아왔습니다. 처음에는 에서와 씨름했고, 이후에는 라반과 씨름했습니다. 하지만 이제는 알게 됩니다. 그가 정말 씨름해야 할 대상은 사람이 아니라 하나님임을 말입니다.[10] 하나님의 백성은 속임수와 불법으로 복을 얻으려 해서는 안 됩니다. 하나님의 방법을 떠나 세상의 방법으로 성공하려 해서도 안 됩니다. 모든 복의 근원은 하나님입니다. 우리는 하나님과 씨름함으로써 복을 누려야 합니다. 하나님은 이 사실을 야곱에게 각인시키기 위해 그에게 새로운 이름을 주십니다. '하나님과 씨름하다'라는 뜻의 '이스라엘'입니다.

33장　왜 에서는 변화되었는가?

1-20 에서는 야곱을 극진하게 맞이합니다. 야곱은 에서의 환대에 놀랍니다. 야곱의 예상과 달리 에서는 전혀 다른 사람이 되어 있었습니다. 야곱의 눈앞에 있는 에서는, 야곱을 죽이려고 했던 20년 전의 에서가 아니었습니다. 에서를 변화시킨 것은 무엇일까요? 야곱의 선물일까요? 아닙니다. 에서는 야곱의 선물에 전혀 관심이 없습니다(9절). 그러면 무엇일까요? 야곱과 함께하신 하나님의 능력입니다. 야곱은 에서와 화해하기 위해 여러 가지 잔꾀를 썼지만, 진정한 화해는 하나님의 은혜로 이루어졌습니다.

야곱의 생애가 보여 주는 진리⑷

34장　왜 야곱의 가정에는 끔찍한 일들이 연거푸 일어났는가?

1-31 야곱의 가정에 연거푸 끔찍한 일들이 발생합니다. 딸 디나는 세겜 지역의 추장에게 강간을 당하고, 아들들은 여동생의 복수를 명분으로 무차별적인 살인을 저지릅니다. 이 때문에 야곱의 가정은 가나안 족속들에게 공공의 적이 됩니다(30절). 하지만 이 모든 사건의 근본 원인은 야곱 자신입니다. 원래 야곱은 세겜이 아니라 벧엘에 정착했어야 합니다. 무사히 가나안으로 돌아오면, 벧엘에 하나님을 위한 전을 쌓겠다고 서원했었기 때문입니다(창 28:19-22). 하지만 야곱은 가나안에 온 지 무려 10년이 지났음에도, 그 서원을 이행하지 않았습니다. 그리고 야곱의 아들들이 세겜 주민을 속인 사건도 일정 부분은 야곱의 책임입니다. 다른 사람을 속이는 태도는 아버지 야곱에게서 배웠을 가능성이 크기 때문입니다.

35장　왜 르우벤은 아버지의 첩과 동침했는가?

1-15 하나님은 야곱에게 벧엘로 가라고 하십니다(1절). 하나님과의 약속을 지키라는 뜻입니다. 이에 야곱은 불순종의 죄를 회개하고, 벧엘로 떠납니다. 그러자 비로소 하나님은 아브라함에게 약속하신 복을 야곱에게도 주시겠다고 말씀하십니다(11-12절). 이처럼 회개는 부끄러운 일이 아닙니다. 참으로 회개할 때 하나님의 은혜가 회복되고, 다시 시작할 수 있는 힘을 얻습니다. 야곱은 벧엘로 가기 전에 하나님을 만날 준비를 했습니다. 야곱은 가족들에게 이방 신상들을 버리라고 명령했습니다. 야곱의 가족들은 하나님 외에 다른 신들을 섬기고 있었던 것입니다. 야곱의 가족은 디나 사건을 통해 하나님만을 섬기는 유일신 신앙을 회복했습니다. **16-29** 두 개의 죽음이 등장합니다. 라헬은 열두 번째 아들을 출산한 후에 죽음을 맞이하고, 이삭은 늙고 기운이 다하여 죽습니다. 라헬은 이스라엘 열두 지파의 기초를 만든 후에 죽음을 맞이하고, 이삭은 오래도록 하나님의 복을 누리다가 평안히 죽음을 맞이합니다. 르우벤에 관한 짧은 기록은 잘못된 선택의 파국적 결과를 보여 줍니다. 르우벤은 아버지의 첩과 동침합니다. 아마도 르우벤은 장자의 지위를 과시하기 위해 그렇게 했을 것입니다. 당시 장자는 최고 지위와 두 배의 유산을 상속받았습니다. 하지만 르우벤은 이 사건 때문에 장자의 특권을 박탈당합니다. 대신 요셉이 장자의 지위를 상속받습니다. 죄는 우리를 행복하게 하지 않습니다. 죄는 언제나 심각한 결과를 가져옵니다.

36장　왜 야곱과 에서는 큰 민족의 조상이 되었는가?

1-43 야곱과 에서가 어머니의 태중에 있을 때, 하나님이 말씀하셨습니다. "두 국민이 네 태중에 있구나 두 민족이 네 복중에서부터 나누이리라"(창 25:23). 핵심은 두 가지입니다. 첫째, 야곱과 에서가 나누어진다는 것. 둘째, 야곱과 에서가 각각 큰 민족의 조상이 된다는 것입니다. 36장은 이 말씀의 성취를 보여 줍니다. 첫째, 야곱과 에서는 그들의 많은 소유 때문에 함께 거할 수 없었으므로 나누어지게 됩니다(7-8절). 둘째, 야곱이 이스라엘의 조상이 되는 것처럼, 에서는 에돔 민족의 조상이 됩니다.

요셉의 생애가 보여 주는 진리(1)

37장　왜 요셉의 삶을 한 사람의 성공기로 보아서는 안 되는가?

1-36 창세기에서 요셉이 차지하는 분량은 무려 열네 장이나 됩니다. 요셉의 중요성을 알 수 있는 부분입니다. 요셉의 삶에는 극적인 요소가 많습니다. 아버지의 총애를 받았지만 형들의 모략으로 하루아침에 종이 된 것과 억울한 누명을 쓰고 감옥에 갇혔지만 결국에는 애굽의 총리가 된 것이 대표적입니다. 그래서 많은 사람들이 요셉의 삶을 어려움을 극복한 한 인간의 성공기로 봅니다. 그러나 요셉의 일대기를 한 인간의 성공 이야기로 보아서는 안 됩니다. 성경이 궁극적으로 나타내려고 하는 것은 요셉의 성공이 아니라 '아브라함 언약'의 성취이기

때문입니다. 요셉을 선대한 보디발은 복을 받지만, 이스라엘을 억압한 바로는 벌을 받습니다. '복'에 대한 언약의 성취입니다(창 12:3).[11] 요셉으로 말미암아 아브라함 후손은 애굽에 정착하고, 거기서 큰 민족을 이룹니다. 큰 민족과 관련한 언약의 성취입니다(창 12:2). 큰 민족을 이룬 이스라엘은 마침내 출애굽하여 가나안을 정복합니다. 땅과 관련한 언약의 성취입니다(창 12:1). 이처럼 요셉의 삶은 반드시 아브라함 언약의 관점에서 해석해야 합니다.

38장　왜 유다의 음란한 삶을 소개하는가?

1-30 유다의 음란한 삶은 하나님이 요셉을 애굽으로 보내신 이유를 보여 줍니다. 당시 가나안은 매우 음란한 곳이었기에 아브라함 후손들이 가나안에 계속 머물 경우 그곳의 타락한 문화에 물들 가능성이 상당히 높았습니다. 이것은 거룩하고 정의로운 나라(창 18:19)를 만들고자 하시는 하나님의 계획에 심각하게 방해가 되는 일입니다. 그래서 하나님은 요셉을 통해 아브라함 후손들을 애

굽으로 이주시키십니다. 이제 애굽은 아브라함 후손들이 큰 민족을 이룰 때까지 그들을 보호하는 역할을 하게 됩니다. 또 하나의 중요한 주제는 구원과 관련한 하나님의 은혜입니다. 시아버지 유다와 며느리 다말을 통해 베레스가 태어나는데, 이후에 베레스는 예수님의 직계 조상이 됩니다. 이것은 구원이 인간의 자격과 조건이 아니라 오직 하나님의 은혜에 달린 것임을 보여 줍니다.

39장　왜 요셉은 복의 통로가 되었는가?

1-18 요셉은 가족과 생이별을 당했습니다. 요셉은 혈혈단신으로 애굽에 왔습니다. 하지만 요셉은 혼자가 아니었습니다. 하나님이 요셉과 함께하셨습니다. 그래서 요셉은 복을 가져다주는 사람이 되었습니다. 요셉으로 말미암아 보디발이 복을 받았고(5절), 이후에는 애굽이 복을 받았으며(창 41:54), 결국에는 온 세상이 복을 받았습니다(창 41:57). 이처럼 그리스도인은 세상에 복을 가져다주는 사람입니다(창 12:3). 하나님의 은혜는 특히 요셉의 인격에 부어졌습니다. 그 결과 요셉은 정직하고 성실한 사람으로 정평이 났습니다. 또한 요셉은 순결한 사람이었습니다. 그는 보디발의 아내가 유혹할 때 단호하게 거절했습니다. 요셉은 하나님 앞에서 죄를 짓고 싶지 않았

습니다(9절). 이처럼 요셉의 가장 큰 능력은 고결한 도덕성이었습니다. **19-23** 요셉은 억울한 누명을 쓰고 감옥에 갇힙니다. 놀랍게도 요셉은 절망적인 상황에서도 무너지지 않습니다. 요셉은 주어진 현실 안에서 최선을 다합니다. 요셉의 기이한 태도는 곧 간수장의 눈에 띕니다. 요셉은 감옥을 관리하는 사람이 됩니다. 미래가 절망적으로 보일 때가 있습니다. 그때 우리가 해야 할 일은, 절망적인 상황 속에도 하나님의 뜻이 있음을 믿는 것입니다. 그리고 지금 할 수 있는 일에 최선을 다하는 것입니다. 그러면 언젠가는 하나님께서 우리의 삶을 역전시켜 주실 것입니다.

요셉의 생애가 보여 주는 진리②

40장   왜 요셉은 석방되지 못했는가?

1-23 두 관원장은 왕이 먹는 음료와 음식을 관리하는 사람입니다. 고대에는 왕이 독살당하는 일이 많았으므로, 이 두 직책은 왕이 가장 신뢰하는 사람에게만 허락되었습니다. 오늘날로 치면 대통령의 비서실장 정도 되는 지위입니다. 요셉이 이들을 통해 석방의 희망을 품은 것도

무리는 아닙니다. 하지만 술 맡은 관원장이 요셉을 잊음으로써 요셉의 기대는 물거품이 됩니다. 이것을 그저 비극적인 일로만 여겨서는 안 됩니다. 하나님의 때가 아직 이르지 않았을 뿐입니다.

41장   왜 요셉은 13년 동안이나 고난을 겪어야 했는가?

1-57 아무도 바로의 꿈을 해석하지 못합니다. 바로는 혼란스러워합니다. 바로 그때 술 맡은 관원장이 요셉을 떠올립니다. 드디어 하나님의 때가 임했습니다. 요셉을 대면한 바로는, 그가 비범한 사람임을 깨닫습니다. 바로는 즉시 요셉을 총리로 임명합니다. 이때 요셉의 나이는 30

세입니다(46절). 요셉은 17세에 애굽에 왔습니다. 요셉은 무려 13년을 종과 죄수로 살았습니다. 요셉은 오랜 시간 고난을 겪었습니다. 오늘 본문을 통해 하나님이 요셉을 연단하신 이유가 분명해집니다. 하나님은 요셉을 애굽의 총리로 준비하고 계셨습니다.

42장   왜 요셉은 시므온을 인질로 잡는가?

1-38 가나안에도 기근이 찾아옵니다. 야곱은 아들들을 양식이 있는 애굽으로 보냅니다. 애굽에 도착한 요셉의 형들은 곡식을 얻기 위해 총리에게 절합니다. 이로써 하나님이 꿈을 통해 계시하신 일이 이루어집니다(창 37:6-7). 형들도 모르는 사이, 요셉은 형들의 절을 받습니다. 형들은 애굽 총리가 요셉이라고는 상상도 하지 못합니다. 형들이 요셉을 마지막으로 본 것은 최소한 20년 전이기 때문입니다. 요셉은 형들에게 정탐꾼이라는 누명

을 씌웁니다. 형들의 마음을 알아보기 위해서입니다. 요셉은 자신을 버렸던 형제들이, 또다시 다른 형제를 버리는지를 확인하고자 했습니다.[12] 요셉의 형들은 자신들이 겪는 어려움이 하나님의 섭리라고 생각합니다. 자신들이 요셉에게 행한 일 때문에 하나님께 벌을 받는다고 생각합니다. 형들은 20년 동안 계속해서 양심의 가책을 받고 있었습니다.

43장   왜 유다의 지도력을 강조하는가?

1-34 야곱은 베냐민을 애굽으로 보내지 않습니다. 야곱은 베냐민을 잃어버릴 것을 두려워합니다. 르우벤이 아버지를 설득하지 못하자 유다가 나섭니다(3절). 유다는 자신이 모든 책임을 지겠다고 아버지를 설득합니다. 결국 야곱은 베냐민이 애굽에 다녀오도록 허락합니다. 장

자인 르우벤을 대신해서 유다가 지도력을 발휘합니다. 이것은 장차 유다 지파가 이스라엘에서 으뜸가는 지파가 될 것을 예표하는 사건입니다.[13] 다윗은 유다의 후손이며, 예수님은 다윗의 후손으로 오셨습니다.

창세기 44-47장

요셉의 생애가 보여 주는 진리(3)

44장 왜 요셉은 베냐민에게 누명을 씌우는가?

1-34 요셉은 의도적으로 동생 베냐민에게 누명을 씌웁니다. 형들이 베냐민을 어떻게 대하는지 알아보기 위해서입니다. 형들은 자신의 옷을 찢으면서 깊은 슬픔을 나타냅니다. 더 나아가 베냐민과 함께 노예가 되겠다고 합니다. 특히 유다는 베냐민을 풀어 주기만 한다면 자신이 베냐민 대신 종이 되겠다고 합니다(33절). 요셉의 형들이 보이는 모습은 20년 전 요셉을 노예로 팔아넘기던 때와 극명하게 대조됩니다. 요셉의 형들은 과거의 실수를 반복하지 않으려고 합니다.

45장 왜 요셉은 형들을 용서할 수 있었는가?

1-28 요셉은 지금껏 자신의 정체를 숨기고 형들을 시험했습니다. 이제 요셉은 형들이 과거의 일을 깊이 반성하고 있음을 알게 되었습니다. 요셉은 더 이상 자신의 정체를 숨길 필요가 없습니다. 요셉은 감정을 주체하지 못하고 크게 울면서 형들에게 자신의 정체를 밝힙니다. 요셉은 크게 놀라는 형들을 향하여 그들의 죄를 지적하거나 그들의 행동을 비난하는 말은 한 마디도 하지 않습니다. 대신 하나님의 섭리만 말합니다. 하나님이 세상을 구원하시기 위해 자신을 도구로 삼으셨다고만 말합니다(7절). 요셉의 말은 전부 사실입니다. 요셉의 형들은 요셉을 죽이고 싶었습니다. 하지만 요셉을 도구로 사용하시려는 하나님을 막을 수는 없었습니다. 하나님은 역사의 주관자입니다. 하나님의 계획은 인간의 행동에 영향을 받지 않습니다.[14]

46장 왜 하나님은 야곱과 그의 가족을 애굽으로 보내시는가?

1-34 하나님은 이삭이 가나안을 떠나 애굽으로 가는 것을 금하셨습니다(창 26:2). 하지만 지금은 야곱이 가나안을 떠나 애굽으로 가는 것을 허락하십니다(3절). 그 이유는 크게 두 가지입니다. 첫째, 아브라함 언약을 성취하시기 위해서입니다. 하나님은 아브라함에게 큰 민족을 언약하셨습니다. 애굽 고센 땅은 아브라함 후손들이 큰 민족으로 성장하기에 가장 적당한 장소였습니다. 고센 땅은 목축하기 좋을 뿐만 아니라 세속적인 이집트 주류 사회로부터 멀리 떨어져 있었습니다. 둘째, 하나님을 구원자로 계시하시기 위해서입니다. 장차 하나님은 이스라엘 민족을 애굽의 종살이에서 구원하실 것입니다. 이스라엘 민족은 애굽을 탈출하는 과정에서 구원자이신 하나님을 만나게 될 것입니다.

47장 왜 야곱은 가나안에 매장되기를 원하는가?

1-12 야곱과 그의 가족이 애굽에 정착하는 과정에서 고센 땅이 강조됩니다(1절). 고센 지역은 목축에 적합했는데, 애굽인들은 목축을 가증하게 여겼습니다. 결과적으로 고센은 애굽인들의 거주지와 문화적으로 구별되었습니다(창 46:34). 이로써 이스라엘 민족은 애굽의 우상 숭배에 물들지 않고, 언약 백성의 정체성을 지킬 수 있었습니다. **13-26** 이 단락은 애굽이 기근을 극복한 이유가 요셉 때문임을 보여 줍니다. 애굽 사람들이 굶주림을 면할 수 있었던 것은 전적으로 요셉의 지혜 때문입니다. 물론 이 지혜는 하나님이 주신 것입니다. **27-31** 야곱의 마지막 부탁은 언약적으로 중요한 의미를 가집니다. 야곱은 풍족한 애굽에서 살면서도 약속의 땅 가나안을 잊지 않습니다. 심지어 자신의 매장지는 반드시 가나안이어야 한다고 말합니다. 야곱은 장차 가나안 땅에 세워질 하나님 나라를 잊지 않았습니다.

요셉의 생애가 보여 주는 진리④

48장   왜 야곱은 므낫세와 에브라임을 축복하는가?

1-22 야곱은 므낫세와 에브라임을 축복합니다. 두 사람은 야곱에게 축복을 받는 유일한 손자입니다. 야곱은 므낫세와 에브라임이 자신의 소유가 될 것이라고 말합니다(5절). 이것은 두 사람이 마치 야곱의 아들인 것처럼 야곱의 유산을 상속받는다는 뜻입니다. 결과적으로 요셉은 다른 형제들보다 두 배의 유산을 상속받을 것이고, 이것은 야곱이 요셉에게 장자의 지위를 부여한 것이나 마찬가지입니다. 특이하게도 야곱은 장자인 므낫세가 아니라 차자인 에브라임을 오른손으로 축복합니다. 실제로 에브라임은 12지파 가운데 가장 영향력 있는 지파로 성장합니다. 에브라임은 여호수아가 속한 지파로서 가나안 정복 전쟁에서 주도적인 역할을 감당했습니다. 그들이 차지한 땅은 이스라엘 전체에서 가장 비옥했으며, 북이스라엘의 첫 번째 왕 여로보암도 에브라임 지파 출신입니다. '에브라임'은 '이스라엘'과 동의어로 사용되기도 했습니다.[15]

49장   왜 야곱은 유다의 후손을 강조하는가?

1-33 야곱은 열두 아들을 축복합니다. 야곱의 축복이 문자적으로 성취된 경우가 많다는 점에서 그의 축복은 예언적 성격을 가집니다. 그런데 야곱의 축복은 시적 언어를 많이 사용하고 언어유희가 다수 포함되어 있다는 점에서 모든 구절을 문자적으로 해석해서는 안 됩니다. 야곱의 축복에서 가장 핵심적인 인물은 유다입니다. 야곱은 유다의 후손이 구속사에서 핵심적인 역할을 감당할 것이라고 말합니다. 실제로 다윗 왕조가 유다 지파에서 나왔으며, 예수님도 유다의 후손으로 오셨습니다. 르우벤은 축복이 아니라 저주를 받습니다. 아버지의 첩을 범했기 때문입니다(창 35:22). 실제로 르우벤 지파에서는 단 한 명의 사사와 선지자도 배출되지 않았습니다. 시므온과 레위도 비슷합니다. 야곱은 그들이 흩어질 것이라고 말하는데, 실제로 레위 지파는 모든 이스라엘 가운데 흩어져 살게 되고, 시므온은 유다 지파에 흡수되어 사라집니다. 스불론은 해변에 거한다는 축복을 받는데, 실제로 스불론 지파는 지중해 근처에 정착합니다. 아셀의 축복은 풍성한 수확인데, 실제로 아셀 지파는 지중해 연안의 평야 지대를 차지합니다. 야곱은 각 사람의 성품에 근거하여 축복합니다. 신실한 자에게는 복을 기원하고, 악한 자에게는 저주를 기원합니다. 이처럼 현재의 행동은 미래의 결과에 영향을 미칩니다. 선한 선택은 선한 결과를 가져오지만, 악한 선택은 악한 결과를 가져옵니다.

50장   왜 야곱은 애굽이 아니라 가나안에 매장되는가?

1-14 야곱이 숨을 거둡니다. 그는 생전에 자신의 시신이 애굽이 아니라 가나안에 매장되기를 원했습니다(5절). 아브라함 언약 때문입니다. 야곱은 아브라함 언약에 근거하여, 앞으로 하나님의 구원 역사가 애굽이 아니라 가나안에서 펼쳐질 것을 믿었습니다. 칠십 일의 애도 기간은 이집트 왕실에서 행해지던 관습입니다.[16] 당시 요셉이 왕족에 버금가는 존경을 받았음을 알 수 있습니다.

15-26 요셉이 숨을 거둡니다. 요셉 역시 야곱처럼 자신의 시신을 가나안에 묻어 달라고 요청합니다(25절). 요셉의 유언은 모세에 의해 성취됩니다. "또 이스라엘 자손이 애굽에서 가져온 요셉의 뼈를 세겜에 장사하였으니"(수 24:32).

한눈에 보는 출애굽기

핵심	하나님의 구원 (1–18장)	하나님의 율법 (19–40장)
사건	박해받는 이스라엘 모세를 준비하시는 하나님 출애굽	율법을 주시는 하나님 율법을 어기는 이스라엘
주제	애굽에서의 구원	구원받은 성도의 삶
장소	애굽	시내산
기간	430년	10개월

저자: 모세

모세오경으로 불리는 다섯 권의 성경은 전통적으로 모세의 저작으로 인정받아 왔으며, 예수님 역시 모세를 성경의 저자로 말씀하신 바 있다. 하지만 모세오경의 모든 부분을 모세가 기록한 것은 아니다. 모세의 죽음에 관한 기록은 후대에 첨삭되었을 것이다. 도시 이름도 후대의 지명으로 변경된 부분이 있다.

기록 목적

모세는 하나님께서 이스라엘을 당신의 백성으로 삼으셨으므로, 이제부터 이스라엘은 세상의 종교와 관습을 버리고 십계명으로 요약되는 율법을 따라 살아야 한다는 사실을 가르치기 위해 본서를 기록했다.

통독 길잡이

출애굽기 근저에 흐르는 신학은 '아브라함 언약'이다. 하나님은 아브라함 후손이 '큰 민족'을 이루게 될 것을 언약하셨고, 출애굽 사건을 통해 그 언약을 성취하셨다. 당시 최고 제국이었던 애굽은 이스라엘을 억압하고, 심지어 출산을 방해하기까지 했다. 그럼에도 불구하고 이스라엘은 장정만 60만에 이르는 '큰 민족'으로 성장했다. 하나님께서 신실하게 언약을 지키신 결과다. '십계명'은 출애굽기 후반부의 중요한 주제다. 이것 역시 하나님 나라와 관련하여 이해해야 한다. 하나님 나라가 현실 세계 위에 건설되기 위해서는 '백성'과 '땅'과 '법'이 있어야 한다. 하나님께서 주신 '땅'에서, 하나님의 '백성'들이, 하나님의 '법'을 지켜야, 실로 하나님 나라가 건설되었다고 볼 수 있다. 그러므로 십계명은 '하나님의 땅'에서 살아갈, '하나님의 백성'들에게 주어진, '하나님 나라의 헌법'이다.

큰 민족에 대한 언약의 성취

1장　왜 악의 세력들은 이스라엘 후손을 말살하려 했는가?

1-7 야곱과 함께 애굽에 들어간 사람은 70명에 불과했습니다. 400년이 지난 지금은 남자 장정만 60만에 이르는 엄청난 규모가 되었습니다. 이것은 하나님이 아브라함과 맺으신 큰 민족에 대한 언약이 성취되었음을 보여줍니다(창 12:2). **8-22** 사탄의 공격도 만만치 않습니다. 사탄은 바로를 통해 이스라엘을 학대하고(11절), 이스라엘 후손을 말살하려 합니다(16절). 이스라엘 후손 가운데 예수님이 오실 것이기 때문입니다. 하지만 바로의 시도는 연약한 여인들에 의해 무산됩니다(17절). 바로는 하나님의 계획을 막으려 했지만, 정작 좌절된 것은 바로의 계획이었습니다.

2장　왜 모세는 궁을 떠나 이스라엘 민족과 가까이 지냈는가?

1-10 잘생긴 남자아이가 출생합니다(2절). '잘 생긴'으로 번역된 히브리어는 '토브'입니다. 창세기 1장 "하나님이 보시기에 좋았더라"에서 '좋았더라'로 번역된 단어입니다. 이 아이는 단순히 외모가 특출했던 것이 아니라, 하나님이 보내신 구원자로 생각될 만한 비범함을 가지고 있었습니다. 그렇지 않고서는 부모가 아이를 그냥 강가에 떠내려 보낼 리 없습니다. 하나님의 섭리 안에서 이 아이는 애굽의 공주에게 발견됩니다. 공주는 강에서 건져 낸 아이라는 뜻으로, '건져 내다'라는 의미의 모세라는 이름을 부여합니다. 이제 모세(건져 내다)는 이스라엘을 애굽에서 '건져 내는(모세)' 하나님의 도구가 될 것입니다. **11-25** 약 40년이 지났습니다. 장성한 모세는 왕궁을 떠나 이스라엘 민족과 가까이 지내기 시작합니다. 모세는 공주의 아들로서 편하게 지내기보다 하나님의 백성들과 고난받기를 원했기 때문입니다(히 11:24-25). 모세는 자기 나름의 작은 출애굽을 시작하기 위해 애굽 사람을 살해합니다.[17] 결과적으로 모세의 노력은 실패로 돌아갑니다. 그는 미디안 광야의 목자로 전락합니다.

3장　왜 하나님은 80세 노인이 된 모세를 찾아오시는가?

1-22 하나님이 80세 노인이 된 모세를 찾아오십니다. 이스라엘을 건져 낼 하나님의 때가 이르렀기 때문입니다. 그런데 모세는 하나님의 부르심에 즉각 순종하지 않습니다. 도리어 "내가 누구이기에 바로에게 가며 이스라엘 자손을 애굽에서 인도하여 내리이까"라고 반문합니다(11절). 그러자 하나님이 답하십니다. "내가 반드시 너와 함께 있으리라"(12절). 이 대화는 좀 이상합니다. 모세는 내가 누구냐고 물었는데, 하나님은 내가 너와 함께한다고 답하십니다. 이것은 동문서답이 아닙니다. 하나님의 대답은 이것입니다. '네가 누구냐고 물었느냐? 너는 내가 함께하는 사람이다.' 이것은 모세의 새로운 정체성을 나타냅니다. 왕자 모세는 하나님 '없이' 실패했습니다. 이제 목자 모세는 하나님과 '함께' 성공할 것입니다.

4장　왜 하나님은 모세를 죽이려고 하시는가?

1-31 하나님이 모세를 죽이려 하십니다(24절). 참으로 이상한 일입니다. 모세는 무려 세 번이나 애굽으로 가지 않으려 했습니다(1, 10, 13절). 그때마다 하나님은 모세를 설득하셨습니다. 그런데 이제 와서 모세를 죽이려고 하시는 이유는 무엇일까요? 십보라의 행동에서 그 답을 찾을 수 있습니다. 십보라가 아들에게 할례를 행하자 비로소 하나님이 모세를 놓아주십니다(26절). 지금껏 모세는 할례의 명령에 불순종하고 있었던 것입니다. 이 사건은 두 가지 교훈을 보여 줍니다. 첫째, 모세는 출애굽의 필수 조건이 아닙니다. 하나님은 모세 없이도 당신의 뜻을 이루실 수 있습니다. 둘째, 순종하지 않는 자는 하나님께 쓰임 받을 수 없습니다.

하나님께서 애굽에 내리신 재앙(1)

5장　왜 순종해야 하는가?

1-22 모세는 바로에게 하나님의 메시지를 전달합니다. 그런데 전혀 예상치 못한 결과가 발생합니다. 바로는 이스라엘에게 더 힘든 노동을 요구합니다. 결과적으로 이스라엘은 모세를 원망하고, 모세는 혼란에 빠집니다. 때로는 하나님께 순종하는 것이 더 큰 손해를 가져오기도 합니다. 하지만 우리가 하나님께 순종하는 것은 더 큰 이익 때문이 아닙니다. '순종' 그 자체가 옳은 일이기 때문입니다.

6장　왜 하나님은 아브라함 언약을 상기시키시는가?

1 모세의 사명은 작은 일이 아닙니다. 출애굽은 모세 혼자서 감당할 수 있는 일이 아닙니다. 그래서 하나님은 '강한 손'을 사용하겠다고 하십니다. 크신 능력으로 모세를 돕겠다고 하십니다. 우리 앞에 커다란 문제가 있다고 좌절할 필요는 없습니다. 하나님은 어떤 문제보다 강하십니다. **2-13** 하나님은 모세에게 아브라함 언약을 상기시키십니다(4절). 모세에게 용기를 주시기 위해서입니다. 아브라함과 그의 후손에게 가나안 땅을 주겠다고 언약하신 분은 하나님이십니다(4절). 따라서 이스라엘은 반드시 출애굽을 할 것입니다. 반드시 가나안을 정복할 것입니다. **14-30** 갑자기 모세와 아론의 족보가 소개됩니다. 이 족보는 모세와 아론이 레위의 후손임을 보여 줍니다. 이것은 장차 모세와 아론이 제사장 가문을 형성할 것임을 보여 줍니다.

7장　왜 열 가지 재앙은 자연재해가 아닌가?

1-13 하나님이 애굽에서 행하신 이적들이 차례차례 소개됩니다. 소위 '열 가지 심판'입니다. 그런데 이 사건들은 '표적' 또는 '이적'으로 불리고 있으며(출 4:21, 7:3, 7:9, 8:23), 저마다 고유한 의미를 담고 있기 때문에, 지팡이가 뱀으로 바뀌는 사건까지 포함하여 '열한 가지 이적'으로 부르는 것이 더 적절합니다.[18] 바로의 왕관에는 뱀의 형상을 한 이집트의 수호신 '와디에트'가 새겨져 있었습니다.[19] 그런 점에서 모세의 뱀이 바로의 뱀을 삼킨 것은 앞으로 일어날 일들에 대한 전조입니다. **14-25** 나일강이 피로 바뀌는 이적을 기점으로 본격적인 심판이 시작됩니다. 어떤 사람들은 열 가지 심판이 단지 자연재해일 뿐이었는데, 거기에다 모세가 신학적인 의미를 부여한 것이라고 주장합니다. 하지만 각각의 심판은 구체적인 예언과 함께 시작되며, 어떤 재앙은 애굽 사람들에게만 임했습니다. 열 가지 심판은 하나님이 행하신 초자연적 이적입니다.

8장　왜 열한 가지 이적을 행하셨는가?

1-32 본문의 이적들은 단순히 애굽을 징벌하는 의미만 가지고 있는 것이 아닙니다. 각각의 이적들은 하나님이 애굽의 우상들을 벌하시는 의미를 가지고 있습니다(출 12:12). 다음과 같이 정리할 수 있습니다.[20] 〈464쪽 부록 1 참조〉

하나님께서 애굽에 내리신 재앙(2)

9장　왜 애굽 사람들은 자신들의 가축을 피신시켰는가?

1-7 재앙의 강도와 심각성이 더욱 커집니다.[21] 이전 재앙들은 불편하거나 불쾌한 수준이었지만, 다섯 번째 재앙은 가축들의 죽음을 불러옵니다. 주목할 부분은 애굽 가축들과 달리 이스라엘 가축들은 재앙에서 살아남았다는 점입니다(6절). 자기 백성들을 보호하지 못한 바로와 달리, 하나님은 당신의 백성들을 보호하십니다. **8-12** 요술사들의 무력함이 부각됩니다. 자기 백성들을 보호하지 못한 바로처럼 요술사들은 자기 몸을 보호하지 못합니다(11절). **13-35** 하나님이 우박으로 애굽 전역을 심판하겠다고 하십니다. 그러자 애굽 사람들도 자신들의 가축을 피신시킵니다(20절). 이제 애굽 사람들도 하나님만이 참되고 유일한 신이심을 알게 되었습니다.

10장　왜 애굽 사람들은 재앙 앞에서 무력한가?

1-29 여덟째 재앙인 메뚜기 심판이 닥칩니다. 메뚜기들이 그나마 남아 있던 식량마저 먹어 치우는 동안 애굽 사람들은 아무것도 하지 못합니다. 아홉째 재앙인 어둠 심판이 닥칩니다. 애굽 전역이 어둠에 덮인 삼 일 동안 애굽 사람들은 아무것도 하지 못합니다. 애굽 사람들이 재앙 앞에서 무력했던 이유는, 그들이 믿고 따랐던 왕과 신들이 무력한 존재였기 때문입니다. 재앙이 애굽 땅에 임할 때마다 애굽 사람들은 자신들의 왕과 신들이 얼마나 무력한지 깨닫습니다. 이처럼 각 재앙은 애굽 왕과 신들에 대한 도전이었습니다.

11장　왜 바로는 완악한 마음을 고치지 않았는가?

1-10 애굽 땅에 아홉 가지 재앙이 임했습니다. 애굽은 거의 망하게 되었습니다. 하지만 바로는 완악한 마음을 고치지 않습니다. 고대의 왕들은 자신들이 최고 존재라고 생각했습니다. 애굽 왕은 그중에서도 으뜸이었습니다. 지금껏 자신이 신적 존재라고 생각했던 바로는 하나님이 자신보다 위대한 존재라는 사실을 믿지 못합니다. 잘못된 신념은 바로의 마음을 완고하게 만듭니다(10절). 특이하게도 본문은 하나님이 바로의 마음을 완고하게 하셨다고 말합니다(10절). 이것은 죄의 원인이 하나님께 있다는 뜻이 아닙니다. 하나님은 누군가가 죄를 짓도록 강요하시지 않습니다. 다만 당신의 뜻을 이루시기 위해 죄인들을 내버려 두실 뿐입니다(롬 1:24).

12장　왜 어린양의 피를 문설주에 발라야 하는가?

1-51 유월절이 제정됩니다. 유월절은 히브리어로 '페사흐', 즉 '넘어가다'라는 뜻입니다. 하나님이 넘어가셨다는 것은 크게 두 가지를 의미합니다. 첫째, 하나님이 이스라엘의 장자를 심판하지 않고 넘어가셨음을 의미합니다.[22] 둘째, 하나님이 당신의 백성들이 거주하는 곳으로 넘어가서 그들을 지키셨음을 의미합니다(23절).[23] 하나님은 '유월절 어린양'의 피를 문설주에 발라야만 생명을 보존할 수 있다고 하십니다. 그 이유는 유월절 어린양이 예수님을 예표하기 때문입니다. 예수님은 "세상 죄를 지고 가는 하나님의 어린양"이시며(요 1:29), "흠 없고 점 없는 어린양"이시고(벧전 1:19), "우리의 유월절 양"이십니다(고전 5:7).

처음 난 모든 것은 다 거룩히 구별하여 내게 돌리라

13장 　왜 하나님은 이스라엘을 느린 길로 인도하시는가?

1-16 하나님이 사람과 짐승을 막론하고 처음 난 것은 하나님의 것으로 구별하라고 하십니다(2절). 이것은 하나님이 애굽의 장자들을 치시던 날에, 이스라엘의 장자들을 보호하신 것을 상기시키기 위한 것입니다. 하나님이 무교절을 지키라고 하십니다(3절). 무교절은 이스라엘이 새해를 맞이하는 의식입니다. 우리가 떡국을 먹으며 새해를 기념하듯, 이스라엘은 무교절을 통해 새해를 기념합니다. 무교절에는 누룩이 들어간 빵을 먹을 수 없습니다. 부드러운 빵이 아니라 단단한 빵을 먹어야 합니다. 애굽에서의 고난을 기억하고 출애굽의 은혜를 기념하기 위해서입니다(3절). 이스라엘은 이 절기를 통해 자신들이 세상과 구별된 하나님의 백성임을 확인했습니다. **17-22** 하나님은 이스라엘을 빠른 길 대신 느린 길로 인도하십니다(11절). 아마 많은 사람들이 하나님께 불평했을 것입니다. 하나님이 느린 길로 인도하신 데는 특별한 이유가 있었습니다. 빠른 경로에는 블레셋이 자리 잡고 있었기 때문입니다. 이스라엘은 몰랐겠지만, 하나님은 그들을 블레셋의 공격으로부터 보호하고 계셨습니다.

14장 　왜 하나님은 이스라엘을 홍해로 인도하시는가?

1-31 하나님은 이스라엘을 홍해로 인도하십니다. 결과적으로 이스라엘은 광야와 홍해 사이에 끼인 형국이 되고 맙니다. 이 점이 바로를 자극합니다. 바로는 지금이야말로 노예들을 되찾을 수 있는 절호의 기회라고 생각합니다. 바로는 자신만만하게 전쟁을 시작합니다. 바로는 자신의 승리를 의심하지 않습니다. 병거 때문입니다. 병거는 말이 끄는 수레인데 주로 두 사람이 탑승했습니다. 한 사람은 운전을, 한 사람은 전투를 담당했습니다. 병거는 당대 최신 무기였습니다. 하지만 바로가 싸움을 건 상대는 창조주 하나님입니다. 하나님은 창조 세계의 일부인 홍해 바다 속에 애굽의 전차 부대를 전멸시키십니다. 결과적으로 하나님이 창조 세계의 주인이라는 사실이 만천하에 알려집니다(4, 8절). 바로 이것이 하나님이 이스라엘을 홍해로 인도하신 이유입니다.

15장 　왜 우리는 하나님을 찬양해야 하는가?

1-21 모세는 하나님의 승리를 노래합니다. 이후에도 모세처럼 하나님의 승리를 노래하는 자들이 등장합니다. 대표적인 사람이 한나(삼상 2:1-10)와 마리아(눅 1:46-55)입니다. 그들 역시 가장 어두운 영적 침체기에 하나님의 승리를 노래했고, 그 노래는 현실이 되었습니다. 아무리 현실이 비참할지라도 하나님 이름을 기억하고, 하나님 이름을 노래하는 자들에게 하나님의 도움은 멀리 있지 않습니다. 미약한 이스라엘과 새로운 시대를 시작하신 하나님은 오늘날에도 하나님을 찬양하는 자들을 찾으십니다. **22-27** 출애굽한 지 보름 정도가 지났습니다. 준비한 물은 모두 바닥났습니다. 기껏 찾은 물은 마실 수 없는 쓴 물이었습니다. 이스라엘은 불평하기 시작합니다. 이때 하나님은 쓴 물을 단물로 바꾸십니다. 마실 수 없는 물을 생수로 바꾸십니다. 우리도 이스라엘처럼 성급하게 불평할 때가 많습니다. 쉽사리 불평하기보다 잠잠히 하나님의 도움을 기다려야 합니다.

021

하나님의 연단

16장   왜 적게 거둔 자들도 부족함이 없었는가?

1-36 아마 이스라엘은 출애굽과 함께 '고생 끝 행복 시작'을 기대했을 것입니다. 그런데 마라의 '쓴 물'(출 15:23), '배고픔'(3절), '목마름'(출 17:1)과 같은 문제들이 연이어 터지자 불평이 쏟아져 나옵니다. 이때 하나님이 말씀하십니다. "내가 너희를 위하여 하늘에서 양식을 비같이 내리리니"(4절). 여기서 중요한 것은 '하늘'이라는 단어입니다. 우리를 먹이시는 분은 하늘에 계신 하나님이십니다. 사방이 막힌 상황에서도 하늘에 계신 하나님은 우리를 먹이십니다. 그래서 우리는 어떤 상황에서도 하나님만을 의지해야 합니다. 하나님이 주시는 최고의 양식은 예수님입니다. 예수님은 우리에게 영생을 주시는, "하늘에서 내려온 살아 있는 떡"이십니다(요 6:51).

만나는 한 사람당 한 오멜씩만 거두어야 했습니다(16절). 대략 2리터 정도 되는 양입니다. 특이하게도 "많이 거둔 자도 남음이 없고 적게 거둔 자도 부족함이" 없었습니다(18절). 많이 거둔 자들이 적게 거둔 자들에게 자신의 것을 나누어 주었기 때문입니다. 바울은 이 사건을 근거로, 넉넉한 자는 부족한 자와 나누어 공평함을 이루어야 한다고 가르쳤습니다(고후 8:15). 하나님은 이스라엘이 광야에서 지내는 동안 쉬지 않고 만나를 공급하셨습니다. 만나는 이스라엘이 가나안 땅의 소산물을 처음으로 먹던 날까지 공급되었고, 그 이후로 다시는 보이지 않았습니다(수 5:12).

17장   왜 우리는 불평 대신 기도를 해야 하는가?

1-7 모세와 이스라엘 사이의 갈등이 심화됩니다. 2절에서 '다투어'로 번역된 히브리어 '리브'는 심한 언쟁을 의미합니다. 심지어 이스라엘은 하나님에게까지 불만을 쏟아 놓습니다(2절). 아마 이스라엘은 모세에게, 하나님을 눈으로 보게 해 달라고 요구했던 것 같습니다(7절). 모세는 불평하는 이스라엘에게 "너희가 어찌하여 여호와를 시험하느냐"라고 말합니다(2절). 하나님은 믿음과 기도의 대상이지, 불평의 대상이 아니라는 뜻입니다. 우리는 불평하고 싶을 때 단호하게 기도하려고 노력해야 합니다.[24] 기도는 우리의 생각과 감정을 진정시키고, 하나

님의 뜻을 알 수 있도록 준비시킵니다. **8-16** 모세가 손을 들면 이스라엘이 이기고, 손을 내리면 아말렉이 이깁니다. 여기에는 크게 두 가지 해석이 있습니다. 첫째, 손을 드는 것은 하나님께 기도한다는 의미입니다.[25] 실제로 시편에는 손을 들고 부르짖는 성도의 모습이 여러 차례 등장합니다(시 28:2, 77:2, 134:2). 둘째, 들어 올린 손은 하나님의 지팡이를 보이기 위한 도구였습니다.[26] 이스라엘은 하나님의 지팡이를 보며, 승리를 주시는 분이 하나님이심을 깨달았습니다.

18장   왜 도덕적인 기준을 따라 지도자를 선출하는가?

1-12 모세를 찾아온 이드로는 하나님의 이름을 찬양합니다. 이스라엘 민족이 아니라 이방인이 하나님을 찬양했다는 점에서, 출애굽 사건을 통해 하나님의 이름이 온 천하에 전파되었음을 알 수 있습니다. 이것은 하나님의 목적이기도 했습니다(출 9:16). **13-27** 모세는 이드로의

조언을 통해 중간 지도자를 세우는데, 이로써 이스라엘은 국가 체계를 갖추어 갑니다. 주목할 부분은 모세가 주로 도덕적인 기준을 따라 지도자를 선출한다는 점입니다(21절). 하나님의 일을 할 때 성품과 인격이 실력보다 중요합니다.

시내산 언약

19장 왜 하나님은 이스라엘을 시내산으로 인도하시는가?

1-25 이 부분은 출애굽기의 중요한 이정표입니다.[27] 전반부 핵심이 출애굽 사건이었다면, 후반부 핵심은 언약식 체결입니다. 하나님은 이스라엘을 최종 목적지인 가나안이 아니라 정반대인 시내산으로 인도하십니다. 그곳에서 '시내산 언약'을 맺기 위해서입니다. 시내산 언약의 핵심은 '제사장 나라'와 '거룩한 백성'입니다(5-6절). 이스라엘이 제사장 나라가 된다는 것은 하나님을 섬기는 자들이 된다는 뜻이고, 거룩한 백성이 된다는 것은 하나님을 섬기기 위해 세상에서 구별된다는 뜻입니다. 그런데 세상과 구별되기 위해서는 구별된 지침이 필요합니다. 바로 이것이 다음 장에 십계명이 등장하는 이유입니다. 십계명은 모든 율법을 요약한 하나님 나라 헌법입니다. 따라서 하나님의 백성들은 반드시 십계명을 준수해야 합니다. 그래야만 세상에서 구별되어 하나님을 섬기는 삶을 살 수 있습니다.

20장 왜 십계명에 순종해야 하는가?

1-26 십계명은 하나님이 직접 써 주신 말씀입니다(출 31:18). 따라서 십계명의 권위에 대해 어떠한 의심도 있을 수 없습니다. 십계명은 하나님을 향한 의무와 이웃을 향한 의무를 포괄합니다. 바로 이것이 하나님이 두 개의 돌판에 십계명을 적어 주신 이유입니다. 십계명의 내용과 십계명에 순종해야 할 이유는 〈464쪽 부록 2〉를 참고하십시오[28]

21장 왜 노예 제도를 가장 먼저 다루는가?

1-11 하나님이 이스라엘에게 명하신 율법은 생명을 소중하게 여기고 계급에 따른 차별을 반대한다는 점에서 당대 법규들과 상당히 다릅니다. 이처럼 하나님 나라는 생명과 인권을 소중하게 여기는 나라입니다. 21장부터 소개되는 율법들은 이 사실을 잘 보여 줍니다. 가장 먼저 소개되는 율법은 노예에 관한 법규입니다. 노예 제도를 가장 먼저 다루는 이유는 당시에 사회적으로 가장 약한 존재가 노예이기 때문입니다. 그런데 이스라엘의 노예제는 강제 노동이나 인신매매와는 상관이 없습니다. 이스라엘 사람들은 극도의 경제적 위기에서 살아남기 위해 자발적으로 노예가 되었습니다. 따라서 노예제는 극빈층을 보호하는 제도였습니다. 그래서 율법도 노예를 비인격적으로 다루는 것을 금지합니다. 대표적인 것이 노예 고용 기간을 제한하는 법규입니다(2절). 이것은 기독교가 세상에 만연한 계급 차별을 반대하는 것을 보여 줍니다. **12-36** 노예 제도에 이어서 폭행과 보상에 관한 법규가 소개됩니다. 율법이 폭행과 보상을 말하는 이유는 생명과 인권의 소중함 때문입니다. 이스라엘은 하나님이 중심이 되는 '하나님 나라'이지만, 사람의 생명과 인권에 무관심한 나라가 되어서는 안 됩니다. "눈은 눈으로, 이는 이로"(24절)라는 법규도 마찬가지 맥락입니다. 이것은 복수를 장려하기 위한 것이 아니라 가혹하고 부당한 처벌을 반대하기 위한 것입니다.

하나님 나라는 적극적으로 선을 행하는 나라

22장　왜 전당 잡은 옷을 당일에 돌려주어야 하는가?

1-15 배상에 관한 규정이 소개됩니다. 당시 보편적 기준은 "눈은 눈으로, 이는 이로"(출 21:24)였습니다. 하나님은 사회적 통념을 넘어서는 기준을 제시하십니다. 예를 들어 소 한 마리의 피해는 소 한 마리가 아니라 소 다섯 마리로 갚아야 합니다. 이것은 하나님 나라인 이스라엘이, 세상 나라보다 도덕적으로 더 탁월한 나라가 되어야 함을 의미합니다. **16-31** 이스라엘은 과부와 고아 그리고 나그네와 같은 사회적 약자들을 보호해야 합니다(21-22절). 하나님은 사회적 약자들에게 특별한 관심을 가지고 계시고, 그들을 학대하는 자들을 벌하십니다(24절). 불행히도 이스라엘의 지도자들은 사회적 약자들을 학대했습니다. 이것은 하나님이 이스라엘을 심판하신 이유였습니다(암 6:6-7). 해가 지기 전에 전당 잡은 옷을 돌려주어야 했던 이유는 다음과 같습니다(26절). 당시 이스라엘 사람들에게 겉옷은 가장 소중한 재산이었습니다. 겉옷은 외투로 사용되었을 뿐만 아니라, 물건을 옮기는 자루, 앉을 때 사용하는 방석, 그리고 추위를 막아 주는 이불로 사용되었습니다.[29] 가난한 자들을 보호하기 위한 목적으로 전당 잡은 옷은 반드시 당일에 돌려주어야 했습니다.

23장　왜 칠 년 중 한 해를 쉬어야 하는가?

1-19 하나님의 백성들이 어떻게 살아야 하는지를 말합니다. 첫째, 하나님의 백성들은 정의를 굽게 해서는 안 됩니다(6절). 정의란, '선'을 선하다 하고, '악'을 악하다 하는 것입니다. 따라서 정의를 굽게 하는 것은, 선한 것을 악하다 하고, 악한 것을 선하다 하는 것입니다. 예를 들어 악인과 한편이 되는 것(1절), 다수를 따라 악을 행하는 것(2절), 약자를 억울하게 하는 것입니다(6절). 둘째, 하나님의 백성들은 자비를 행해야 합니다. 자비란, 세상의 도덕 기준을 뛰어넘는 하나님 나라의 행동 기준입니다. 하나님이 우리를 대하신 것처럼, 우리도 다른 사람을 대하는 것입니다. 대표적인 것이 원수를 대하는 방식입니다. 세상은 '이에는 이, 눈에는 눈'의 원칙으로 원수를 갚으라고 말합니다. 하지만 하나님 나라는 원수에게도 자비를 베푸는 나라입니다(4-5절). 안식일 규정도 자비와 관련되어 있습니다(10-13절). 이스라엘은 반드시 칠 일 중 하루, 그리고 칠 년 중 한 해를 쉬어야 합니다. 그 이유는 가난한 자들에게 먹을 것을 주기 위해(11절), 그리고 종들의 휴식을 위해서입니다(12절). **20-33** 하나님이 십계명을 지키는 자가 받게 될 복을 말씀하십니다. 핵심은 풍요와 건강과 다산(多産)입니다. 하나님이 이러한 복을 약속하시는 이유는 가나안의 우상 숭배 때문입니다. 가나안 사람들은 풍요의 신, 건강의 신, 다산의 신이 각각 따로 존재한다고 믿었습니다. 대표적인 것이 풍요의 신 바알, 다산의 신 아세라입니다. 하나님은 이러한 우상들로부터 당신의 백성들을 보호하시기 위해 모든 복의 근원이 하나님 당신임을 명백하게 밝히십니다.

24장　왜 피의 언약식을 맺으시는가?

1-18 하나님이 이스라엘의 대표자들과 '피의 언약식'을 체결하십니다(6-8절). 고대에는 종주권 언약을 맺을 때 피를 사용했습니다. 종주권 언약이란 백성들이 왕에게 절대적으로 복종할 것을 맹세하는 언약입니다. 왕에게 불순종할 때는 피가 상징하는 죽음을 받아들이겠다는 엄숙한 언약입니다. 따라서 하나님도 이스라엘과 종주권 언약을 맺기 위해 피의 언약식을 행하신 것으로 볼 수 있습니다. 실제로 하나님이 이스라엘과 맺은 언약은 여러 측면에서 종주권 언약과 유사합니다. 하나님은 자신만을 섬길 것을 명령하셨고(출 20:3), 순종과 불순종에 대하여 축복과 저주를 약속하셨습니다(신 28장). 이스라엘이 정기적으로 암송했던 신명기 6장 4-5절의 쉐마도 종주권 언약을 반영한 것입니다.

성소의 의미

25장 왜 성소를 건축하라고 하시는가?

1-8 하나님이 성소 건축을 명하십니다. 성소는 문자적으로 '거룩한 장소'인데, '성막' 또는 '회막'으로도 불립니다. 중요한 것은 하나님이 성소 건축을 명하시는 이유입니다. 하나님은 다음과 같이 말씀하십니다. "내가 그들 중에 거할 성소를 그들이 나를 위하여 짓되"(8절). 이처럼 성막은 하나님의 임재를 상징하는 집입니다. 따라서 하나님이 성소를 지으라고 하신 이유는 하나님이 이스라엘과 함께하신다는 증거를 보이시기 위함입니다. 하나님이 성막 건설에 사용하라고 하신 재료는 하나같이 진귀한 것들입니다. 일반적인 건축물이 아니라 왕궁처럼 특별한 건축물에 사용된 재료입니다. 이것은 성소가 하나님의 지상 왕궁임을 나타냅니다. **9-40** 성막 내부에 비치될 세 가지 기구를 말씀하십니다. 증거궤(10-22절)와 진설병을 두는 상(23-30절)과 등잔대(31-40절)입니다. 증거궤는 가장 먼저 언급된 기구로서 언약궤(신 10:8) 또는 속죄소(출 25:17)로도 불립니다. 언약궤로 불린 것은 그 안에 언약의 말씀인 십계명을 안치했기 때문이고, 속죄소로 불린 것은 용서를 상징하는 피를 그 위에 뿌렸기 때문입니다(레 16:15). 상과 등잔대는 가정집에 필수적인 기구로서, 하나님이 성막에 거주하신다는 사실을 암시합니다.[30] 등잔대가 나무 모양인 것은 아마도 생명나무를 상징하기 때문일 것입니다.

26장 왜 성소와 지성소 사이를 휘장으로 막아 두었는가?

1-37 성막은 천과 가죽과 금으로 이루어진 천막입니다. 성막의 크기는 길이 13.7미터, 너비 4.6미터, 높이 4.6미터입니다. 성막은 성소와 지성소로 나누어집니다. 성소는 하나님께 제사를 드리는 장소로서, 진설병을 두는 상과 등잔대가 비치됩니다. 지성소는 대제사장이 일 년에 한 번 출입하는 장소로서, 하나님의 임재를 상징하는 언약궤가 비치됩니다. 주목할 것은 성소와 지성소를 나누는 휘장입니다(31절). 하나님의 임재를 상징하는 지성소가 휘장으로 막혀 있다는 것은, 하나님과 사람 사이에 죄의 장막이 있음을 의미합니다. 그런 점에서 예수님의 십자가 사건 때 성전 휘장이 찢어진 것은, 하나님과 신자 사이에 있던 죄의 장막이 사라졌음을 의미합니다.

27장 왜 성막 입구에 제단을 두시는가?

1-8 하나님이 성막 입구에 제단을 설치하라고 하십니다. 제단은 제물을 불태우는 석쇠입니다. 따라서 제단은 사람이 하나님께 나아가기 위해 제물의 죽음이 필요함을 의미합니다. 이제는 하나님께 나아가기 위해 제물의 죽음이 필요하지 않습니다. 예수님이 십자가 위에서 당신의 몸으로 영원한 제사를 드리셨기 때문입니다. 이제 우리는 '제물의 죽음'이 아니라, '예수님의 십자가'를 의지하여 하나님께 나아갑니다. **9-19** 성막을 둘러쌀 담을 만들라고 하십니다. 담의 크기는 길이 45.7미터, 너비 22.9미터, 높이 2.3미터입니다. 이 담은 성막을 보호하기 위한 것이라기보다 이스라엘 민족을 보호하기 위한 것입니다. 만약 성막을 둘러싼 담이 없었다면, 부주의하게 하나님의 영광을 침범하여 죽임을 당하는 사람들이 속출했을 것입니다. **20-21** 순수한 기름으로 등불을 켜라고 하십니다. 기름에 오염물이 적고 순수할수록 그을음이 적게 생기기 때문입니다.

거룩하게 하는 순종

28장 왜 제사장은 거룩한 옷을 입어야 하는가?

1-5 대제사장의 옷은 거룩한 옷이라고 불립니다(4절). 거룩한 옷이라고 불리는 것은 그 재료가 성막의 재료와 동일하기 때문일 것이고, 거룩한 옷을 입어야 하는 이유는 대제사장이 거룩한 장소에서 봉사해야 하기 때문일 것입니다. 신발에 관한 규정이 없는 것은 대제사장들이 맨발로 섬겼음을 암시합니다. 하나님이 불타는 떨기나무 가운데 나타나셨을 때, 모세가 그의 신발을 벗어야 했던 것과 같은 이유일 것입니다(출 3:5). **6-14** 에봇은 다른 예복 위에 입는 조끼입니다. 에봇에는 이스라엘 열두 지파의 이름이 새겨진 두 개의 돌이 달려 있습니다. 아론이 이스라엘 열두 지파를 대표하여 하나님 앞에서 섬기는 것을 상징합니다.[31] **15-30** 흉패는 가슴 위에 입는 정사각형 주머니입니다. 여기에도 이스라엘 열두 지파를 상징하는 열두 보석이 달려 있습니다. 이것 역시 이스라엘을 대표하는 아론의 역할을 상징합니다. **31-43** 하나님께 경외심 없이 나아가면 죽임을 당한다고 하십니다(35절). 이것은 예배의 태도를 나타냅니다. 하나님은 경외심 없이 습관적으로 드리는 예배는 받지 않으십니다.

29장 왜 평범한 사람과 물건들이 거룩해지는가?

1-37 29장부터는 성막에서 섬길 사람과 도구에 관한 법규입니다. 이 단락의 핵심은 '거룩'입니다. 제사장은 성막에서 섬길 사람이기에 거룩해야 하고, 제사에 사용하는 도구 역시 하나님을 위해 사용될 것이기에 거룩해야 합니다. 주목해야 하는 것은 '어떻게 평범한 사람과 물건들이 거룩하게 변화되는가?'입니다. 본문은 그것을 '순종'이라고 말합니다. 하나님이 정하신 복잡한 절차에 의심 없이 순종할 때 평범했던 물건은 거룩한 물건이 되며, 비참한 죄인은 거룩한 제사장으로 거듭납니다. 우리 역시 마찬가지입니다. 거룩한 사람은 일시적인 의식이나 행사로 만들어지지 않습니다. 우리를 거룩하게 하는 것은 하나님께 순종하는 매일의 삶입니다. 모세는 제사장을 거룩하게 하기 위해 귀와 손과 발에 피를 뿌립니다. 귀는 하나님의 말씀을 들으며, 손은 하나님의 일을 하며, 발은 하나님의 길을 걷도록 독려한 상징적 행위로 볼 수 있습니다.[32] **38-46** 매일 드릴 번제가 소개됩니다. 구약 시대에는 매일 번제를 드려야 했습니다. 하지만 지금은 매일 번제를 드리지 않습니다. 예수님이 당신의 몸으로 영원한 제사를 드리셨기 때문입니다(히 10:14).

30장 왜 모든 사람이 생명의 속전을 바쳐야 하는가?

1-10 30장의 제단은 27장의 제단과 다릅니다. 27장의 제단은 성막 뜰에서 사용하는 제단이고, 30장의 제단은 성막 안에서 사용하는 제단입니다. 성막의 제단은 일 년에 한 번 속죄일에 사용했습니다. 속죄일은 이스라엘 민족 전체의 죄를 위해 속죄 제사를 드리는 날입니다. 대제사장이 지성소에 들어갈 수 있는 유일한 날이기도 합니다. 이때 대제사장은 이스라엘 민족 전체를 대표해서 사죄의 기도를 드렸습니다. **11-16** 이스라엘 민족은 누구든지 생명의 속전을 하나님께 드려야 합니다. 일종의 인구 세입니다. 이것은 모든 사람에게 구원이 필요하다는 것을 의미합니다. **17-21** 물두멍은 제사장들이 씻는 도구입니다. 물두멍은 하나님 앞에서 순결해야 함을 의미합니다. **22-38** 거룩한 향은 하나님께 상달되는 성도의 기도를 의미합니다. 하나님은 거룩한 향이 미신적인 도구로 사용되지 않도록, 성전 안에서만 사용하게 하십니다(36절).

광야에서 행해진 배교

31장 왜 성령으로 충만해져야 하는가?

1-11 성막에서 사용할 기구들을 말씀하신 다음에, 그것들을 제조할 장인을 선별하십니다. 이름이 언급되는 두 사람은 '브살렐'과 '오홀리압'입니다. 이들은 성령이 충만한 사람으로 소개됩니다(3절). 여기에서 성령으로 충만함이 성경 처음으로 언급됩니다. 성경에서 성령의 충만함은 보통 하나님을 섬기기 위해 하나님께 받은 능력을 말합니다.[33] 우리는 하나님을 섬기기 위해 더욱 성령으로 충만해져야 합니다. **12-17** 하나님은 안식일에 대하여 "너희를 거룩하게 하는" 날이라고 말씀하십니다(13절). 하나님의 백성들은 주일을 거룩하게 구별함으로써 하나님 앞에서 거룩한 사람으로 구별됩니다(18절). 하나님이 두 개의 돌판에 십계명을 써서 주십니다(18절). 아마도 하나에는 하나님에 대한 율법(1-4계명)이, 다른 하나에는 사람에 대한 율법(5-10계명)이 기록되어 있었을 것입니다.

32장 왜 이스라엘은 제2계명을 위반했는가?

1-24 아론은 하나님을 송아지 형상으로 만들어서 예배합니다. 아론은 하나님을 예배했다는 점에서 제1계명을 어기지 않았다고 변명하겠지만, 하나님을 눈에 보이는 형상으로 제작했다는 점에서 명백하게 제2계명을 위반했습니다. 이스라엘이 제2계명을 어긴 이유는 "우리를 위하여"라는 말씀에서 찾을 수 있습니다(1절). 이스라엘은 하나님을 위해 자신들이 존재하는 것이 아니라, 자신들을 위해 하나님이 존재한다고 생각합니다. 바로 이것이 (인간을 섬기는) 가축의 형상으로 하나님을 제작한 이유입니다. 이스라엘이 하나님을 올바르게 예배하고자 했다면, 하나님을 가축의 형상으로 제작할 것이 아니라 하나님의 지상 보좌인 성막에서 예배했어야 합니다.[34] **25-35** 계명을 위반한 자들 중 일부는 끝까지 회개하지 않았습니다. 모세는 그들이 '방자'했다고 말합니다(25절). 이것은 히브리어 '파라'를 번역한 것으로, 제멋대로 날뛰었다는 뜻입니다. 아마도 자신들이 신으로 여기는 송아지 형상을 파괴하자 폭동을 일으킨 것 같습니다.[35] 이에 레위 지파는 모세와 함께 그들을 처단합니다.

33장 왜 모세는 하나님이 동행하시기를 기도하는가?

1-6 하나님이 이스라엘과 동행하지 않겠다고 하십니다. 역설적이게도 그 이유는 이스라엘을 보호하시기 위해서입니다. 이스라엘의 죄가 하나님의 거룩한 진노를 촉발하는 순간, 이스라엘이 진멸될 수 있기 때문입니다(3절). 하지만 모세의 끈질긴 중보 기도로 말미암아 하나님은 다시 이스라엘과 동행하겠다고 하십니다. 그러면서 하나님은 장신구를 제거하라고 하십니다(5절). 금으로 하나님의 형상을 제작하려는 시도를 미연에 방지하신 것으로 볼 수 있습니다. 아론의 금송아지 사건은 다시는 재발해서는 안 되는 끔찍한 사건이었습니다. **7-23** 모세의 간절한 기도가 보여 주는 것처럼 성도에게 가장 중요한 것은 하나님과의 동행입니다. 모든 것을 소유해도 하나님이 함께하시지 않는다면 아무것도 없는 것이나 마찬가지이고, 모든 것을 잃은 순간에도 하나님만 함께하신다면 모든 것을 가진 것이나 마찬가지입니다.

자발적인 마음으로 만들어야 하는 성막

34장 왜 하나님은 깨어진 언약을 다시 세우시는가?

1-35 이스라엘은 금송아지를 예배함으로써 하나님과 맺은 언약을 깨뜨렸습니다. 하지만 하나님은 자비롭고 은혜로운 분이시기에(6절), 깨어진 언약을 다시 세우십니다(10절). 하나님은 이스라엘의 실패에도 불구하고, 그들을 영원히 버리지 않으십니다. 많은 사람이 구약의 하나님을 두려워해야 할 진노의 하나님이라고만 생각합니다.[36] 그러나 하나님 본성의 핵심은 사랑입니다. 하나님은 언약을 다시 세우시면서 이스라엘의 의무를 강조하십니다. 핵심은 우상 숭배입니다. 이스라엘은 음란한 우상 숭배로 하나님의 거룩한 질투를 유발하지 말아야 합니다(14절).

35장 왜 자발적으로 예물을 바쳐야 하는가?

1-19 성막을 제작하기 위해서는 많은 예물이 필요합니다. 하나님은 많은 예물을 얻기 위해 헌신을 강요하지 않으십니다. 하나님은 "마음에 원하는 자"만 이 일에 동참하라고 하십니다(5절). 하나님이 원하시는 것은 수동적인 헌신이 아니라 자발적인 헌신이기 때문입니다. **20-35** 이에 반응하여 이스라엘은 자발적으로 예물을 바칩니다. 수많은 예물을 성막 건축을 위해 헌금합니다. 그런데 이스라엘은 이 수많은 예물을 어디서 얻었을까요? 애굽입니다. 이스라엘 민족이 애굽을 떠날 때, 애굽인들은 이스라엘 민족이 달라고 하는 것은 무엇이든 주었습니다(출 12:35-36). 그들이 떠나야만 애굽이 살 수 있다고 생각했기 때문입니다.

36장 왜 우리는 사명을 감당할 수 있는가?

1-38 이스라엘은 본격적으로 성막을 제작합니다. 하지만 이스라엘은 이와 같은 성막을 제작해 본 적이 없을 뿐만 아니라, 제작에 필요한 여건을 갖추지도 못했습니다. 그럼에도 불구하고 이스라엘은 하나님 마음을 흡족하게 할 만큼 거의 완벽한 성막을 만들었습니다. 그 비결은 무엇일까요? 하나님이 주신 지혜와 총명입니다(1절). 하나님은 그들에게 성막 제작이라는 사명만 주신 것이 아니라 지혜와 능력도 함께 주셨습니다. 이처럼 하나님이 주시는 사명은 무거운 짐이 아닙니다. 우리가 하나님을 위해 사명의 짐을 진다면, 하나님은 그 짐을 감당할 수 있는 지혜와 능력도 함께 주십니다.

37장 왜 언약궤가 중요한가?

1-29 십계명 돌판을 담을 언약궤(1-9절), 진설병을 놓을 상(10-16절), 그리고 지성소를 밝힐 등잔대(17-24절)와 분향단(25-29절)이 제작됩니다. 특히 중요한 것은 언약궤입니다. 언약궤는 하나님과 이스라엘의 친밀한 관계를 보여 줍니다. 하나님은 시내산에서 다음과 같이 말씀하셨습니다. "너희가 내 말을 잘 듣고 내 언약을 지키면 너희는 모든 민족 중에서 내 소유가 되겠고 너희가 내게 대하여 제사장 나라가 되며 거룩한 백성이 되리라"(출 19:5-6). 이처럼 언약궤는 하나님은 이스라엘의 왕이 되시고 이스라엘은 하나님의 백성이 된다는 것을 상징적으로 보여 줍니다. 언약궤를 덮는 덮개를 속죄소라고 합니다. 속죄소는 그룹으로 장식되어 있습니다. 그룹은 하나님의 영광을 수호하는 천사입니다. 대제사장은 일 년에 한 번 언약궤가 있는 지성소에 들어갔습니다. 그리고 백성들의 죄를 속하기 위해 속죄소 위에 피를 뿌렸습니다. 그날을 대속죄일이라고 합니다.

오실 예수님을 예고하는 성막

38장　왜 번제단과 물두멍이 성막 입구에 있어야 하는가?

1-31 지금까지는 성막 안에서 사용되는 기구들을 제작했습니다. 이제부터는 성막 바깥에서 사용될 기구들이 제작됩니다. 여기서 소개되는 것은 번제단과 물두멍입니다. 이것들은 성막 출입구 정면에 위치합니다. 희생 제물을 바치는 번제단과 몸을 씻는 물두멍이 성막 입구에 놓여 있었다는 것은, 누구라도 죄를 해결하지 않고는 하나님께 가까이 갈 수 없다는 사실을 의미합니다. 오늘날에도 번제단과 물두멍이 필요할까요? 그렇지 않습니다. 번제단과 물두멍보다 더 탁월하게 우리 죄를 해결해 주시는 예수님 때문입니다. 그런 점에서 성막은 예수님을 희미하게 보여 주는 그림자입니다.

39장　왜 하나님은 성막을 기쁘게 받으셨는가?

1-43 39-40장은 출애굽기의 결론으로서, 모든 작업을 마친 후 하나님께 성막을 봉헌하는 과정입니다. 이 단락에서 유독 강조되는 주제는 순종입니다. 39장에는 '하나님이 모세에게 명령하신 대로 하였다'는 표현이 8번 등장합니다. 40장에는 '하나님이 모세에게 명령하신 대로 되었다'는 표현이 7번 등장합니다. 하나님의 말씀대로 제작되었는지가 성막의 완성도를 측정하는 기준입니다. 이처럼 하나님이 성막에 임재하시고 당신의 영광을 나타내신 근거는 성막의 웅장함과 화려함에 있지 않습니다. 사실 하나님의 성막은 이방인들의 신전에 비하면 그 규모가 매우 작습니다. 그럼에도 불구하고 하나님이 성막을 기쁘게 받으신 이유는, 이스라엘이 하나님의 말씀대로 성막을 제작했기 때문입니다. 가장 가치 있는 삶은 하나님께 순종하는 삶입니다. 하나님께 순종하는 사람이 세상에서 가장 가치 있는 사람입니다.

40장　왜 모세는 하나님이 명령하신 대로만 실행하는가?

1-33 성막을 지을 재료들이 모두 구비되었지만, 최종적으로 완성하고 봉헌하는 과정조차도 모세가 임의로 결정할 수 없습니다. 하나님은 모세에게 성막을 세우는 날짜와 과정까지도 세세하게 지시하십니다(2-8절). 지나치다 싶을 정도의 간섭입니다. 하지만 모세는 하나님이 명령하신 대로 실행합니다. 하나님의 말씀에 순종하는 것이 최고의 원칙이요, 목표이기 때문입니다. 우리의 마음이 복잡해지는 것은 순종이라는 단순한 원칙을 망각했기 때문일 경우가 많습니다. 순종보다 성공이 더 중요한 기준이 되다 보니, 진리는 사라지고 변칙과 꼼수만 남아 우리 삶을 꼬인 실타래처럼 만드는 것입니다. 이제부터 단순하게 생각합시다. 순종과 진리가 최고의 가치입니다. **34-38** 시내산 위에서 하나님의 영광을 비추었던 구름이, 이제는 성막에서 하나님의 영광을 드러냅니다. 거룩하신 하나님의 임재로 말미암아 모세조차도 성막에 가까이 가지 못합니다. 영광의 구름은 이때부터 이스라엘과 계속 함께합니다(36절). 이후부터 구름은 이어지는 이스라엘의 모든 여정을 인도합니다. 이 모든 것은 하나님이 성막을 기쁘게 받으신다는 것과 하나님이 모세의 간구를 들으셨음을 의미합니다. 모세는 하나님이 이스라엘과 동행하시기를 기도했습니다(출 33:15). 영광의 구름은 그 기도의 응답입니다.

한눈에 보는 레위기

핵심	제사 (1–16장)	거룩한 삶 (17–27장)
사건	다섯 가지 제사 제사장 임직 정한 것과 부정한 것의 구분	거룩한 삶의 규칙들
주제	죄를 용서받는 법	죄를 용서받은 자의 삶
장소	시내산	
기간	약 1개월	

저자: 모세

모세오경으로 불리는 다섯 권의 성경은 전통적으로 모세의 저작으로 인정받아 왔으며, 예수님 역시 모세를 성경의 저자로 말씀하신 바 있다. 특히 레위기는 하나님과 이스라엘 사이의 중보자가 모세였음을 여러 차례 거명한다(1:1, 4:1, 6:8-9). 이 점에서 레위기의 저자는 모세임이 분명하다.

기록 목적

하나님께서 최종 목적지인 가나안이 아니라 시내산으로 이스라엘을 인도하신 이유는 무엇일까? 그곳에서 레위기 말씀을 전하시기 위해서다. 레위기는 하나님 나라의 법이다. 만약 레위기라는 법이 없었다면, 이스라엘은 가나안의 법을 자신들의 규칙으로 삼았을 것이다. 그렇다면 이스라엘은 새로운 가나안 백성이 될 뿐, 하나님의 백성이 될 수는 없었을 것이다.

통독 길잡이

레위기 말씀을 오늘날 우리 삶에 섣불리 적용해서는 안 된다. 예를 들어 레위기에 기록된 율법 중 '시민법'은 신정 국가 이스라엘이 신약 시대의 교회로 대체되면서 사라졌다. 그러므로 '서로 다른 재료를 섞은 옷을 입지 말라'(19:19), '장애인은 하나님 앞에 나오지 말라'(21:17)와 같은 말씀은 이제 더 이상 지킬 필요가 없다. 또 '하나님을 모독한 자를 돌로치라'(24:16)와 같은 말씀도 문자적으로 실행해선 곤란하다.

'제사법' 역시 오늘날 그대로 따라야 할 필요가 없다. 그것들은 예수님을 보여 주는 희미한 그림자였으므로, 예수님이 오신 지금에는 전혀 지킬 필요가 없는 것들이다(히 9장). 하지만 레위기의 제사 제도를 묵상하고 연구하는 것은 여전히 중요하다. 이것들이 예수님의 구속 사역을 이해하도록 돕기 때문이다. 예를 들어 레위기의 희생 제사를 제대로 이해하지 않고는, 예수님의 십자가를 올바르게 이해할 수 없다.

029

제사의 의미(1)

1장　왜 지금은 제사가 필요하지 않은가?

1-17 레위기 1-7장은 성막에서 드리는 다섯 가지 제사와 구체적인 제사법을 소개합니다. 제사는 이스라엘이 하나님께 나아가는 방식, 하나님과 교제하고 하나님을 예배하는 방식입니다. 물론 지금은 제사가 필요하지 않습니다. 제사가 아니라 예수님을 통해 하나님께 나아가기 때문입니다. 1장은 번제를 소개합니다. 번제는 짐승을 제단에서 태우는 제사입니다. 번제로 사용할 수 있는 짐승은 소와 양입니다(2절). 그중에서도 가장 좋은 것입니다(3절). 하지만 이스라엘은 흠 있는 제물을 하나님께 드리곤 했습니다(말 1:7-8). 번제는 히브리어로 '올라가는 것'을 뜻합니다. 향기가 하나님께 올라가듯, 하나님께 상달되는 예배와 기도를 상징합니다(계 5:8). 만약 하나님께 소나 양을 바칠 수 없을 정도로 가난한 사람은 새를 대신 드릴 수도 있습니다. 놀랍게도 하나님은 새를 바친 제사도 "향기로운 냄새"라고 하십니다(17절). 하나님은 물질적인 가치가 아니라 예배자의 마음을 보시기 때문입니다.[37] 예배자가 번제물에 안수했던 것은(4절) '대리' 또는 '동일시'를 뜻합니다. 짐승의 죽음은 사람을 대신한 대속적 죽음입니다.[38]

2장　왜 소제는 고운 가루로만 드려야 하는가?

1-16 소제는 히브리어로 '선물'을 뜻합니다. 소제는 곡식으로 드리는 제사입니다. 따라서 소제는 하나님이 당신의 백성들에게 먹을 것을 주시며, 하나님이 당신의 백성들을 돌보신다는 것을 상기시켜 줍니다.[39] 소제는 피가 없는 유일한 제사입니다. 주로 속죄제나 화목제와 함께 드립니다. 소제는 곡식을 고운 가루로 만든 다음에 드려야 합니다(1절). 곡식을 가루로 만드는 과정에는 시간과 노력이 들어갑니다. 이것은 예배에 신자의 정성이 담겨야 함을 의미합니다. 소제에는 반드시 소금이 들어가야 합니다. 부패를 방지하는 소금의 특성은 하나님과 그분의 백성이 영원히 연합되어 있음을 상징합니다.[40] 소제에는 절대로 누룩을 넣을 수 없습니다. 누룩은 곰팡이의 일종이며, 따라서 죄를 상징합니다.[41]

3장　왜 기름은 반드시 하나님께 드려야 하는가?

1-17 화목제는 히브리어로 '평화'를 뜻합니다. 화목제물은 제사가 끝난 후에 먹을 수 있습니다. 화목제는 거룩한 식사이며, 따라서 하나님과의 교제를 의미합니다. 새는 화목 제물로 바칠 수 없습니다. 아마 나누어 먹기에 너무 작기 때문일 것입니다. 화목제를 드릴 때 기름은 반드시 하나님께 드려야 합니다(3-4절). '기름'은 가장 맛있고 즙이 많은 부위를 의미합니다. 따라서 기름을 하나님께 드리는 것은 하나님을 높이고 공경한다는 의미입니다(말 1:6-7). 홉니와 비느하스는 가장 좋은 부위를 하나님께 드리지 않았다가 심판을 받았습니다(삼상 2:29-34).

제사의 의미(2)

4장　왜 하나님은 우리의 죄를 용서해 주시는가?

1-35 지금까지와는 성격이 다른 제사가 소개됩니다. 속죄제입니다. 앞서 소개된 제사들은 자발적으로 드리는 제사였지만, 속죄제는 의무적으로 드려야 합니다. 부지중에 하나님의 계명을 어겼을 때는 반드시 속죄제를 드려야 하고(2절), 속죄제를 드림으로써 하나님께 죄 용서를 받는 것이 가능합니다. 신약에서 예수님은 우리의 죄를 뒤집어쓰신 속죄 제물로 일컬어집니다(롬 8:3; 고후 5:21). 하나님이 우리를 용서하시는 것은 예수님이 우리의 속죄 제물이 되셨기 때문입니다. 일반적으로 경제력에 따라 예물을 구분하지만, 속죄제는 죄를 지은 사람이 누구인가에 따라 예물의 종류가 달라집니다. 예를 들어 제사장은 수송아지를 바쳐야 하지만(3절), 족장은 숫염소를(23절), 평민은 암염소를 바쳐야 합니다(28절).

5장　왜 죄를 자백해야 하는가?

1-13 1-4절에는 네 가지 유형의 범죄가 소개됩니다. 범죄의 유형은 다르지만, 죄를 해결하는 방식은 동일합니다. 첫째, 속죄제를 드려야 하고(6절), 둘째, 죄를 자백해야 합니다(5절). 만약 속죄제만 드리고 죄를 자백하지 않는다면, 그 제사는 죄인을 도울 수 없습니다. 오늘날 우리는 예수님의 십자가 덕분에 속죄제를 드릴 필요가 없습니다. 하지만 죄를 자백하는 것은 여전히 중요합니다. 죄의 자백은 첫째, 죄를 인정한다는 것, 둘째, 죄에서 돌아서기 원한다는 것, 셋째, 하나님의 자비를 요청한다는 것을 보여 줍니다(레 5:14-6:7). 속건제가 소개됩니다. 속건제는 이웃에게 물질적인 피해를 입혔을 때 드리는 제사입니다. 성막에서 봉사하는 레위인의 재산에 피해를 끼쳤거나(15절), 이웃의 재산에 피해를 끼친 경우입니다(레 6:2). 이때는 자신이 끼친 피해에 20%를 더해서 보상해야 합니다.

6장　왜 번제단의 불을 끄지 말아야 하는가?

8-30 5대 제사(번제, 소제, 화목제, 속죄제, 속건제)를 소개한 후, 각각의 제사에 관한 구체적인 지침이 소개됩니다(레 6:8-7:38). 두 가지만 살펴보겠습니다. 첫째, 번제단의 불은 절대 꺼져선 안 됩니다(9절). 번제단의 불은 하나님과 이스라엘 사이의 영원한 관계를 상징하기 때문입니다.[42] 둘째, 제사장은 성막 안에서는 세마포를 입어야 하지만, 성막 바깥으로 나갈 때는 반드시 평상복으로 갈아입어야 합니다(11절). 이것은 거룩한 것과 세속적인 것의 구분을 강조하는 것으로서 이스라엘이 세상과 구별된 나라임을 나타냅니다.

7장　왜 피와 기름은 먹을 수 없는가?

1-10 속건제의 규례입니다. 속건제의 고기는 제사장과 그의 가족의 생계를 위해 사용될 수 있지만, 기름은 반드시 하나님께 바쳐져야 합니다. **11-38** 화목제의 규례입니다. 특이하게도 피와 기름이 금지됩니다(22-27절). 피가 생명을 상징하기 때문입니다(레 17:14). 하나님은 육식을 허락하셨지만, 짐승의 생명을 함부로 대할 수 있는 권리까지 주시지는 않았습니다. 그런 점에서 '동물 인권'도 그리스도인이 주의를 기울여야 할 중요한 주제입니다. 기름을 금하신 이유는 가장 좋은 부위이기 때문입니다. 가장 좋은 것은 하나님께 드려야 합니다.

031
1월 31일

여호와의 영광과 심판

8장　왜 같은 말씀을 일곱 번이나 반복하는가?

1-36 아론의 제사장 위임식이 거행됩니다. 본 단락에는 '여호와께서 모세에게 명령하신 것과 같았더라'는 말씀이 7번이나 반복됩니다(4, 9, 13, 17, 21, 29, 36절). 모세는 하나님이 출애굽기 29장에서 말씀하신 대로, 제사장 위임식을 거행했습니다. 성경에서 일곱이라는 숫자는 완전성을 상징합니다. 따라서 본 단락의 강조점은 모세가 하나님의 말씀에 철저하고 완전하게 순종했다는 데 있습니다. 그리고 바로 이것이 하나님이 영광을 보이신 이유입니다(레 9:23). 아론은 제사장 직분을 수행하기 위해서 특별히 제작된 옷을 입었습니다. 제사장의 복장은 제사장직의 권세와 위엄을 나타냅니다. 동시에 제사장이 도덕적·영적으로 구별되어야 함을 강조합니다.[43] 만약 제사장이 스스로를 거룩하게 구별하지 않으면 어떻게 될까요? 10장에서 그 답을 확인할 수 있습니다.

9장　왜 예배를 드려야 하는가?

1-24 아론과 그의 아들들이 제사장 사역을 시작합니다. 아론이 하나님께 처음 드린 예물은 송아지입니다. 아마도 아론은 자신이 만든 금송아지 우상을 떠올렸을 것입니다. 송아지 우상을 만들어 하나님의 진노를 촉발했던 사람이, 송아지 예물을 하나님께 드리는 것은 크나큰 역설입니다. 동시에 하나님의 자비를 강조하는 일입니다. 성경에는 이와 같은 역설이 자주 등장합니다. 예를 들어 최고의 '복음 전도자'였던 바울은 한때 최고의 '복음 방해자'였습니다. 하나님은 순종으로 드려진 제사에 당신의 영광으로 화답하십니다. 이스라엘은 제사를 통해 하나님의 임재를 강력하게 체험합니다. 바로 이것이 예배의 목적입니다. 예배는 참석이 목적이 아닙니다. 예배를 통해서 하나님을 만나고, 하나님 안에서 기뻐하는 것이 예배의 참된 목적입니다.[44]

10장　왜 하나님의 심판이 임했는가?

1-20 순종이 7번이나 강조되었던 8장과 달리, 10장에는 순종이라는 단어가 일절 발견되지 않습니다. 대신 하나님의 명령을 어겼다는 사실이 강조됩니다. 향로에는 번제단에서 가져온 불을 담아야 합니다(레 16:12). 하지만 나답과 아비후는 번제단이 아닌 다른 곳에서 가져온 불을 사용합니다. 하나님이 말씀하신 절차와 방법이 아니라 자신들의 생각과 기준을 따라 제사를 드립니다. 바로 그것이 하나님의 심판이 임한 이유입니다. 모세가 곧바로 포도주와 독주를 금한 것으로 보아(9절), 나답과 아비후는 술에 취한 상태로 제사장 직분을 수행했던 것으로 보입니다. 애초에 그들에게는 제사장으로서 거룩하게 구별되려는 마음이 없었습니다.

거룩하신 하나님, 거룩한 백성

11장   왜 정한 짐승과 부정한 짐승을 구별하시는가?

1-47 어떤 짐승은 왜 정결하고, 어떤 짐승은 왜 부정한지 알 수 없습니다. 하지만 이 규례가 의도하는 것은 명백합니다. 먹을 수 있는 음식과 먹을 수 없는 음식을 분별하며 사는 것은, 도덕적인 영역에서도 정결한 것과 부정한 것을 분별하며 살아야 한다는 사실을 끊임없이 상기시켜 준다는 것입니다.[45] 이런 율법을 시민법이라고 하는데, 이제는 폐지되었습니다(행 10:9-28). 신정 국가(종교와 정치가 하나인 국가 형태)로서의 이스라엘이 사라졌기 때문입니다. 그리고 하나님이 어떤 짐승을 부정하다 하

신 것은 그 짐승이 악하다는 의미가 아닙니다. 부정한 것으로 구별된 짐승 역시 창조 세계의 일부분으로서 "보시기에 좋았더라"(창 1:25)는 평가를 받았습니다. 다만 영적인 순결을 가르치기 위한 도구로 사용되었을 뿐입니다. 특이하게도 모든 것을 부정하게 만드는 주검이 샘물과 웅덩이는 부정하게 할 수 없습니다(36절). 이것들은 정결함의 원천이기 때문입니다. 마찬가지 이유로 예수님은 죽은 자나 병자를 만져도 오염되시지 않습니다. 예수님은 정결함의 원천이시기 때문입니다.[46]

12장   왜 이해되지 않는 말씀에도 순종해야 하는가?

1-8 토끼와 돼지를 먹으면 왜 부정해지는지 알 수 없는 것처럼, 아이를 낳으면 왜 부정해 지는지도 알 수 없습니다. 본문은 그 이유에 대해 침묵하고 있습니다. 하지만 분명한 것은 거룩하게 되는 일이 순종과 깊은 관련이 있다는 것입니다. 하나님은 정한 것과 부정한 것의 구별을 지시하신 다음, 곧바로 이렇게 말씀하십니다. "내가 거룩하니 너희도 거룩할지어다"(레 11:45). 이스라엘 역시 정함과 부정함의 구분을 납득하기 어려웠을 것입니다.

그럼에도 불구하고 순종하는 사람은 거룩하게 되었습니다. 우리 역시 그러해야 합니다. 하나님은 이해가 되어야만 신뢰할 수 있는 존재가 아닙니다. 하나님께 순종하는 일은 선택이 아니라 필수입니다. 순종할 수 있는 말씀에만 순종한다거나 순종할 수 있는 상황과 여건이 될 때만 순종하는 것은 참된 순종이 아닙니다. 다니엘은 부정한 음식을 먹지 않기 위해 목숨을 건 결단을 했고, 하나님은 그에게 복을 주셨습니다.

13장   왜 피부병 환자는 죽음을 애도하는 행위를 해야 하는가?

1-59 나병에 관한 규례가 소개됩니다. 나병이 의복에 발생할 수는 없으므로, 본문의 나병은 피부병과 곰팡이 등을 포괄하는 용어입니다. 피부나 의복에 나병이 생긴 사람은 부정한 사람으로서, 정결한 사람들과 접촉할 가능성을 차단해야 합니다. 이것은 일면 위생적인 의도로 보이지만, 근본적인 의도는 종교적입니다. 피부병에 걸린 사람은 옷을 찢고 머리를 풀며 윗입술을 가려야 합니다(45절). 죽음을 애도하는 행위입니다.[47] 즉, 피부병은 죽음

이 몸에 침투했음을 보여 주는 상징으로 사용되었습니다. 이것이 피부병 환자가 공동체와 격리되어 죽음을 경험해야 했던 이유입니다. 참으로 비극적인 일이지만, 그렇기에 다시 한 번 이 규례가 종교적인 의미를 가진 것임을 되새겨야 합니다. 이스라엘은 이러한 규례를 통해 죽음을 불러오는 죄에 대해 더 큰 경각심을 가질 수 있었을 것입니다.

제사 제도가 보여 주는 것

14장 왜 진영 밖으로 새를 날려 보내는가?

1-57 13장이 부정한 사람을 공동체로부터 격리시키는 것에 관한 법규라면, 14장은 격리되었던 사람을 공동체로 돌아오게 하는 것에 관한 법규입니다. 피부병에서 회복된 사람이 공동체에 들어오는 것과 반대로, 정결 의식에 사용된 새는 공동체 밖으로 날려 보내야 합니다. 이때 새는 죄를 상징하는 것으로 볼 수 있습니다.[48] 부정한 사람은 죄를 상징하는 새를 날려 보낸 후에야 공동체로 돌아올 수 있습니다. 이것은 교회가 죄와 구별되어야 한다는 그림 언어입니다. 하나님이 죄와 구별될 것을 요구하시는 이유는, 거룩하지 않은 공동체에 하나님의 영광이 거할 수 없기 때문입니다. "나는 여호와 너희의 하나님이라 내가 거룩하니 너희도 몸을 구별하여 거룩하게 하고"(레 11:44).

15장 왜 몽정과 생리를 부정하다 말하는가?

1-32 15장의 '살'과 '몸'은 남자와 여자의 생식기를 가리키는 완곡어법입니다.[49] 따라서 15장은 남자와 여자의 생식기에서 유출되는 것, 예를 들어 몽정과 생리, 그리고 정액에 관한 법규입니다. 레위기에서 질병이 죄를 상징한다는 점에서 본문의 유출병도 죄를 상징하는 것으로 볼 수 있습니다. 따라서 몽정과 생리는 그 자체로 부정한 것이 아니라 죄를 상징한다는 점에서 부정합니다. 본문은 유출병이 다양한 경로를 통해 다른 사람에게 전달될 수 있음을 강조합니다. 이것은 죄의 강력한 전염성을 경고합니다. 정액의 유출이 부정한 것으로 설명된다고 해서(16-18절), 부부의 잠자리를 악한 것으로 생각해서는 안 됩니다. 부부 사이의 성관계는 하나님이 세우신 창조 질서의 일부입니다. 이것은 성적인 기능을 어떻게 사용할 것인가에 대한 최종적인 권리도 하나님께 있음을 상기시키는 의미로 보아야 합니다.

16장 왜 이스라엘은 속죄일을 지켜야 하는가?

1-34 이스라엘은 일 년에 한 번씩 속죄일을 지켜야 합니다(34절). 속죄일이 제정된 이유는 아론의 두 아들이 부정한 상태로 하나님께 나가다가 죽음을 맞이한 것처럼 이스라엘이 부정한 상태로 하나님 앞에 나가는 것을 방지하기 위한 것입니다(2절). 이스라엘은 속죄일을 통해 과거의 죄를 청산하고 새로운 미래로 나아갈 기회를 얻었습니다. 속죄일 규례의 첫 번째 단계는 대제사장 아론이 자신의 정결함을 위해 수송아지와 숫양을 제물로 드리는 것입니다. 두 번째 단계는 이스라엘 전체의 정결함을 위해 숫염소 두 마리와 숫양 한 마리를 제물로 드리는 것입니다. 이때 숫염소 한 마리는 광야로 보내야 하는데, 이 염소를 아사셀이라고 합니다. 이것은 '염소'를 뜻하는 '에즈'와 '떠나가는'을 뜻하는 '아젤'의 합성어입니다.[50] 아사셀 염소는 이스라엘의 죄를 흡수한 존재로서(21절), 우리 죄를 대신 지신 예수님을 예표합니다(사 53:6).

거룩함을 위한 실제적 지침들

17장   왜 제물을 성막에서만 잡아야 하는가?

1-9 제사는 반드시 성막에서 드려야 합니다(4절). 다른 곳에서 제사를 드리면, 이방인들의 우상 숭배에 오염될 수 있기 때문입니다(7절). 성막에서는 제사장들과 함께 제사를 드리기 때문에 우상 숭배에 물들 위험이 훨씬 적었습니다. **10-16** 피 또는 피가 들어 있는 고기를 먹어서는 안 됩니다(10절). 이유는 두 가지입니다(11절). 첫째, 피는 생명을 상징하고, 생명은 소중하기 때문입니다. 둘째,

피는 죄 사함을 상징하고, 우리는 그것을 깊이 감사해야 하기 때문입니다. 피에는 이처럼 중요한 상징이 담겨 있기에, 피를 함부로 다루어서는 안 됩니다. 물론 지금은 피를 먹어도 상관없습니다. 예수님이 친히 십자가에서 영원한 제사를 드리신 이후로, 제사와 관련한 율법은 폐지되었기 때문입니다(히 10:18).

18장   왜 우리는 거룩하게 살아야 하는가?

1-30 18장은 "나는 여호와 너희의 하나님이니라"라는 말씀으로 시작합니다(2절). 바로 이것이 기독교 윤리의 근거입니다. 우리는 하나님의 백성이기 때문에 거룩하게 살아야 합니다. 우리는 하나님께 속한 자이기 때문에 세상과 구별되어야 합니다. 세상은 항상 우리에게 압력을 가합니다. 음란한 문화와 이기적인 사상을 따르라고 요구합니다. 우리는 하나님께 영광을 돌리기 위해서 그러한 요구에 저항해야 합니다. 18장이 금하는 관행은 다음과 같습니다. 근친상간, 간음, 우상 숭배, 그리고 동성

애입니다. 이런 관행들은 전혀 유익하지 않습니다. 이것들은 개인의 삶을 파괴하고, 가정을 무너뜨리며, 사회를 붕괴시킵니다. 현대 사회는 이런 관행들을 가볍게 여기고 심지어 당연한 것으로 받아들입니다. 동성애가 대표적입니다. 하지만 이것들은 하나님이 보시기에 심히 더럽고 추한 것입니다. 우리는 세상의 기준이 아니라 하나님의 기준을 따라서만 살아야 합니다. 하나님이 부정하게 여기시는 것은, 우리에게도 부정합니다.

19장   왜 떨어진 이삭은 수확하지 말아야 하는가?

1-37 우리는 거룩하게 살아야 합니다. 우리의 하나님이 거룩하시기 때문입니다(2절). 어떤 사람들은 거룩하기 위해서 주일 예배를 잘 드려야 한다고 주장합니다. 사실입니다. 주일 예배는 거룩한 삶의 핵심입니다. 하지만 거기에 그쳐서는 안 됩니다. 우리는 나머지 육일 동안에도 거룩하게 살아야 합니다. 그래서 레위기 19장은 우리의 거룩함이 삶의 모든 부분에 걸쳐 드러나야 한다고 말합니다. 그중 몇 가지만 살펴보겠습니다. 5-8절은 화목제의 규례입니다. 특이하게도 화목 제물은 반드시 이틀 안에 먹어야 합니다(6절). 화목 제물로 바친 소나 양을 혼자서 이틀 안에 먹는 것은 불가능합니다. 화목 제물로 바친

짐승을 이틀 안에 먹기 위해서는 이웃과 나누어 먹어야 합니다. 그런 점에서 화목제는 하나님과 화목하기 원하는 사람은 이웃과도 화목해야 한다는 사실을 교훈합니다.[51] 9-10절은 재물에 관한 규례입니다. 하나님은 밭모퉁이에 있는 곡식과 떨어진 이삭은 수확하지 말고, 가난한 사람들에게 나누어 주라고 하십니다(9-10절). 재산의 일부는 우리의 것이 아니라 가난한 사람들의 것이라는 뜻입니다. 이처럼 하나님이 우리에게 주신 재산에는 가난한 사람들의 소유가 이미 포함되어 있습니다. 그런 점에서 교회가 가난한 사람들을 돕는 것은 선택이 아니라 필수입니다.

특별한 거룩함

20장 왜 부모를 저주한 자를 죽음으로 벌하는가?

1-27 20장은 18장을 반복하면서 죄에 대한 처벌을 강조합니다. 반드시 죽음으로 다스려야 하는 범죄 가운데, 부모를 저주하는 행위가 포함된 점이 특이합니다(9절). 이것은 이스라엘이 하나님과 언약을 맺은 국가였고, 그 언약은 주로 가정을 통해 계승되었기 때문입니다(출12:26). 부모의 권위를 무시하는 것은 하나님의 권위를 무시하는 것과 동일한 행위로 여겨졌습니다.[52] 근친상간, 동성애, 수간 역시 죽음으로 다스려집니다. 단지 가나안의 풍습이기 때문만은 아닙니다. 이것들은 성경적인 세계관과 완전히 대치되는 것으로서, 한 가지 공통된 세계관을 공유하고 있습니다. 바로 경계선을 인정하지 않는 것입니다.[53] 세상의 경계는 우연히 만들어진 것이 아닙니다. 가족이라는 경계, 여자와 남자라는 경계, 사람과 짐승이라는 경계는 하나님이 정하신 것으로, 반드시 지켜져야 합니다.

21장 왜 제사장에게는 훨씬 엄격한 규칙이 적용되는가?

1-24 21-22장은 제사장과 관련된 규례입니다. 특이하게도 제사장에게는 훨씬 엄격한 규칙이 적용됩니다. 이스라엘이 모든 민족 가운데 구별된 것처럼, 제사장은 이스라엘 가운데 구별된 자이기 때문입니다. 제사장은 죽음을 애도하는 의미로 자기 머리털을 깎거나 수염 양쪽을 깎아서는 안 됩니다. 이와 같은 행위는 가나안의 장례 풍습이었기 때문입니다. 비록 우상 숭배 행위와 직접 관련된 것이 아니라 할지라도, 제사장은 가나안의 풍습 앞에서 더욱 엄격해야 했습니다. 제사장은 결혼과 관련해서도 신중해야 했습니다. 제사장은 창녀와 이혼한 여인과의 결혼도 금지되었습니다. 율법적으로 이상적인 삶을 살아야 할 의무가 있었기 때문입니다. 대제사장의 경우에는 더욱 엄격한 기준이 제시되었습니다. 과부와의 혼인이 금지되고 처녀하고만 결혼할 수 있을 뿐 아니라(13-14절), 부모의 시체를 만지는 것조차 금지되었습니다(11절). 하지만 신약 시대에 이르러 이러한 구분은 사라졌습니다. 지금은 만인 제사장 시대입니다(벧전 2:5, 9). 구약 시대에는 왕·선지자·제사장이라는 구별이 있었지만, 예수님이 구속 사역을 완성하신 이후에는 그러한 구분이 필요하지 않습니다. 오늘날은 교회 안에서 특별한 직분을 맡은 자만이 아니라 구원받은 하나님의 백성이라면 누구나 제사장과 같은 존재입니다. 그러나 신약 시대의 지도자들은 자발적으로 높은 도덕적 기준을 따르는 것이 마땅합니다(딤전 3:1-13, 딛 1:5-9). 직분의 구별은 사라졌지만, 지도자에게 더 높은 도덕적 기준이 요구된다는 점은 동일합니다.

22장 왜 어미와 새끼를 함께 잡을 수 없는가?

1-16 성물을 먹는 규례입니다. 성물은 제사에 사용된 거룩한 음식입니다. 부정한 사람은 성물을 먹을 수 없습니다(3절). 하나님은 거룩한 것과 불결한 것이 섞이지 않기를 원하십니다. **17-33** 하나님께 드리는 제물에 관한 규례입니다. 특이한 것은 어미와 새끼를 같은 날에 잡을 수 없다는 조항입니다(28절). 동물의 생명을 함부로 다루지 말고, 인도적으로 대하라는 뜻입니다. 비슷한 율법으로 "염소 새끼를 그 어미의 젖으로 삶지" 말라는 말씀이 있습니다(출 23:19).

희년을 선포하는 그리스도인

23장 왜 절기를 지켜야 하는가?

1-44 지금까지 이스라엘을 거룩하게 하는 '행위'를 말씀하신 하나님은 이제부터 이스라엘을 거룩하게 하는 '시간'을 말씀하십니다. 절기의 기간과 의미는 다음과 같습니다.[54] 〈465쪽 부록 3 참조〉

24장 왜 범죄자에게 안수하는가?

1-9 등잔불은 하루에 한 번, 떡은 일주일에 한 번씩 새 것으로 교체해야 합니다. 그 이유는 하나님이 성막에 실제로 임재하시기 때문입니다. 성막은 하나님이 실제로 거하시는 하나님의 지상 궁전입니다. **10-23** 하나님의 이름을 모독한 자가 처벌을 받습니다. 특이한 사실은 그 사실을 알고 있는 모든 사람이 범죄자의 머리에 손을 얹어야 한다는 것입니다. 이것은 희생 제사에서 짐승에게 안수하여 죄를 전가하는 것과 같은 의미입니다. 하나님을 모독하는 행위는 개인적인 부패를 넘어서서 이스라엘 전체를 부패시킨 행위입니다. 그래서 안수를 통해 공동체의 죄를 범죄자에게 전가하는 행위가 필요합니다.[55]

25장 왜 희년을 지켜야 하는가?

1-55 25장은 두 가지 중요한 해를 다룹니다. 안식년과 희년입니다. 안식년은 칠 년마다, 희년은 오십 년마다 돌아오는 절기입니다. 이 두 절기에는 농사를 지어선 안 됩니다. 생명의 근원이 땅과 노동이 아니라 하나님께 있음을 확인하기 위해서입니다. 그리고 이 기간에 저절로 자라난 곡식과 과일은 가난한 사람들과 나누어야 합니다. 가난한 사람들도 안식과 기쁨을 누리도록 하기 위함입니다. 특히 희년은 자유와 해방의 절기입니다. 가난 때문에 어쩔 수 없이 땅을 판 사람은 희년이 되면 아무 조건 없이 돌려받을 수 있습니다. 자기 자신을 종으로 판 경우도 마찬가지입니다. 이로써 이스라엘은 빈익빈 부익부가 고착화되지 않는 공평하고 정의로운 나라가 될 수 있었습니다(창 18:19). 만약 이스라엘이 희년을 잘 지켰다면, 약하고 가난한 자들이 보호받는 모습을 보며 하나님의 백성이 되고자 하는 이방인들이 적지 않았을 것입니다. 안타깝게도 성경에는 이스라엘이 희년을 지켰다는 기록이 단 한 번도 등장하지 않습니다. 오늘날 희년을 문자적으로 지키기란 불가능합니다. 우리에게는 국가가 정한 토지법이 있고, 이 법에 순종하는 것 역시 우리의 의무이기 때문입니다(롬 13:1-7). 하지만 약자를 배려하는 정신은 이어 가야 합니다. 희년을 통해 가난이 대물림 되지 않았던 것처럼, 교회는 가난의 악순환에서 벗어나지 못하는 자들을 섬겨야 합니다. 더 중요한 것은 희년의 영적 의미입니다. 예수님은 당신을 희년의 성취자로 선언하셨습니다(눅 4:18-21). 참된 희년은 예수님을 통해서만 누릴 수 있다는 뜻입니다. 그러므로 교회는 소외된 자들과 가난한 자들을 섬기되, 복음 안에서 섬겨야 합니다. 복음이 없는 곳에는 참된 자유와 해방도 있을 수 없습니다.

037

언약의 축복과 저주

26장 왜 심판하시는가?

1-46 고대 사회에서 국제 조약 같은 중요한 법적 문서들은 그것을 지켰을 때 받는 혜택과 어겼을 때 받는 저주를 상기시키는 것으로 마무리되었습니다. 이 형식이 레위기 26장과 신명기 28장에 적용되어 있습니다. 본문의 강조점은 순종하여 받는 복이 아니라 불순종하여 받는 저주에 있습니다. 양적인 측면에서 저주에 대한 부분이 복에 대한 부분보다 세 배나 많습니다. 이것은 하나님이 이스라엘의 타락한 심령을 잘 아시기 때문입니다. 또 타락을 미연에 방지하시기 위함입니다. 저주의 언약은 다섯 단계로 구성되어 있습니다. 〈465쪽 부록 4 참조〉 저주의 언약에서 무려 네 차례나 "일곱 배나 더"라는 표현이 사용됩니다(18, 21, 24, 28절). 불순종을 멈추지 않으면, 심판의 강도가 점점 더 강해진다는 뜻입니다. 이스라엘이 궁극적으로 받을 심판은 가나안에서 추방되는 것입니다(33절). 이스라엘은 실제로 가나안에서 추방되어 이방 나라에서 유리하게 됩니다. 하나님이 심판하시는 목적은 이스라엘의 교만을 꺾는 것입니다(19절). 이스라엘의 교만한 마음을 낮추시는 것입니다(41절). 따라서 하나님의 심판은 심판 그 자체가 목적이 아닙니다. 하나님은 심판조차도 우리의 선을 위해서 행하십니다.

27장 왜 처음 난 가축은 서원의 대상이 될 수 없는가?

1-25 하나님께 바치기로 서원한 것은 특별한 경우를 제외하고는 철회할 수 없습니다. 만약 서원을 철회하려면 정해진 가격에서 20%를 더해서 내야 합니다. 따라서 이 단락의 강조점은 하나님께 무언가를 서원할 때는 신중해야 한다는 것입니다. 서원하지 않는다고 비난받지는 않지만, 서원하고 지키지 않는 것은 심각한 문제입니다 (신 23:21-23; 전 5:2-7; 잠 20:25). **26-27** 처음 난 가축은 서원의 대상이 될 수 없습니다. 처음 것은 원래부터 하나님의 것이기 때문입니다(출 13:2). **28-29** 하나님께 온전히 바친 것은 무를 수 없습니다. **30-34** 십일조는 하나님의 것입니다. 특별한 경우를 제외하고 서원을 철회할 수 없는 것처럼 십일조는 반드시 하나님께 드려야 합니다(30절). 이스라엘이 하나님께 드린 십일조의 종류는 크게 세 가지입니다. 첫째, 레위인들 생활을 위해 드린 십일조입니다(민 18:21). 둘째, 성소 유지를 위해 드린 십일조입니다(신 14:22). 셋째, 가난한 자들을 돕기 위해 삼 년에 한 번씩 드린 십일조입니다(신 14:28-29). 이스라엘은 십분의 일만 하나님께 드린 것이 아니라, 최소 십분의 이를 하나님께 드렸습니다.

한눈에 보는 민수기

핵심	출애굽 1세대의 불순종 (1-12장)	광야 생활 40년 (13-25장)	출애굽 2세대의 승리 (26-36장)
사건	제1차 인구 조사 가데스 바네아 사건	고라의 반역 모세의 불순종	제2차 인구 조사 모세의 후계자 여호수아 미디안 전쟁 승리
주제	실패	방황	준비
기간	약 1개월	약 40년	약 5개월

저자: 모세

모세오경으로 불리는 다섯 권의 성경은 전통적으로 모세의 저작으로 인정받아 왔으며, 예수님 역시 모세를 성경의 저자로 말씀하신 바 있다. 특히 모세는 자신이 민수기 저자임을 직접 밝히고 있다(33:2, 36:13, 44:2). 이 점에서 민수기 저자는 모세임이 확실하다.

기록 목적

'민수기'는 문자적으로 '백성의 숫자에 관한 기록'을 뜻한다. 민수기에 기록된 두 차례의 인구 조사를 반영한 제목이다. 인구 조사를 시행한 이유는 아브라함 언약의 성취를 증명하기 위해서다. 하나님은 아브라함에게 큰 민족을 언약하셨는데, 민수기에 기록된 두 번의 인구 조사를 통해 그 언약의 성취를 확인할 수 있다.

통독 길잡이

민수기에서 가장 핵심적인 사건은 두 차례의 인구 조사다. 제1차 인구 조사 때는 남자 장정만 약 60만 명으로 집계되었다. 제2차 인구 조사는 약 40년간의 광야 생활을 마친 후에 시행되었는데, 이때도 남자 장정의 수는 약 60만 명이었다. 두 차례에 걸친 인구 조사는 하나님의 신실하심을 보여 준다. 남자 장정만 60만, 여자와 아이와 노인을 합하면 200만 명에 이르는 수많은 사람들이 광야에서 40년 동안 생존하는 것은 불가능하다. 그것은 하나님께서 지키신 결과다. 그렇다면 하나님께서 광야의 이스라엘을 지키신 이유는 무엇일까? 아브라함에게 하신 언약 때문이다(창 12:1-3). 하나님은 아브라함에게 별처럼 많은 자손을 언약하셨다(창 15:5). 하나님은 아브라함 언약을 애굽뿐만 아니라 광야에서도 성취하셨다. 그런 점에서 민수기의 주제는 이스라엘의 불순종이 아니라 하나님의 능력과 자비다.

038

하나님의 군대, 이스라엘

1장 왜 인구 조사를 시행하는가?

1-46 본문의 인구 조사는 크게 두 가지 의미를 지닙니다. 첫째, 아브라함 언약의 성취입니다. 하나님은 아브라함에게 하늘의 별처럼 많은 자손을 언약하셨습니다(창 15:5). 민수기의 인구 조사는 이 언약이 성취되었음을 입증합니다. 둘째, 전쟁 준비입니다. 싸움에 나갈 수 있는 군인의 숫자를 파악하는 것은 전쟁을 준비하는 기본 단계입니다. 인구 조사에서 가장 두드러지는 지파는 유다 지파입니다. 유다 지파는 열두 지파 가운데 가장 숫자가 많을 뿐만 아니라(27절), 가장 앞장서서 이스라엘을 이끕니다(민 2:9). 이것은 야곱의 축복이 성취된 것입니다(창 49:8-12). 야곱의 축복은 유다 지파 출신인 다윗왕을 통해 본격적으로 성취되며, 만왕의 왕이신 예수님을 통해 궁극적으로 성취됩니다. **47-54** 레위 지파는 인구 조사에 포함되지 않습니다. 전쟁에서 제외되기 때문입니다. 대신 그들에게는 더 중요한 역할이 맡겨져 있습니다. 성막, 즉 하나님의 지상 보좌를 보필하는 임무입니다. 이스라엘 승리는 하나님 도움에 달려 있었으므로, 하나님의 임재를 상징하는 성막을 책임지는 일은 그 어떤 역할보다 중요했습니다.

2장 왜 하나님이 진영의 중앙에 계시는가?

1-34 2장은 이스라엘의 진영 형태를 보여 줍니다. 진영 한 가운데 성막이 위치하고, 열두 지파는 그 성막을 둘러싸고 있습니다. 이것은 고대의 일반적인 관습입니다. 고대의 왕들은 자신의 장막을 군대가 둘러서 진 치게 했습니다.[56] 그런 점에서 이스라엘 진영의 모습은 이스라엘이 하나님의 군대라는 사실을 나타냅니다. 열두 지파 진영이 성막으로부터 멀리 떨어져야 했다는 사실도 중요합니다. 레위인 외에는 누구도 성막 가까이 올 수 없었습니다. 이것은 이스라엘이 두렵고 떨림으로 하나님을 경외해야 한다는 사실을 나타냅니다. 하나님께 절제되지 않는 친밀함을 나타내는 것은 어리석은 일입니다.

3장 왜 레위인 인구 조사를 시행하는가?

1-51 하나님은 열 번째 재앙을 통해 애굽의 모든 장자를 심판하셨습니다. 이때 이스라엘 장자들은 죽음을 면하는 대신 당신의 소유로 삼으셨습니다. 3장에서 레위인 인구 조사를 시행하는 이유는 바로 그것 때문입니다. 레위인은 이스라엘의 장자를 대신하고, 레위인의 가축은 이스라엘의 처음 난 모든 가축을 대신합니다(41절). 레위인은 하나님의 것입니다(8, 45절).

4장 왜 고핫 자손이 가장 먼저 소개되는가?

1-49 레위인의 역할은 크게 세 부분으로 나누어집니다. 첫째, 고핫 자손입니다. 이들은 성막 안에서 사용하는 거룩한 기구들을 운반합니다. 고핫이 장자가 아님에도 불구하고 가장 먼저 언급되는 이유는, 고핫 자손이 거룩한 기구들을 운반하는 역할을 맡았기 때문입니다. 둘째, 게르손 자손입니다. 이들은 성막 덮개와 휘장들을 운반합니다(21-28절). 셋째, 므라리 자손입니다. 이들은 성막의 목재 구조물을 운반합니다(29-33절).

거룩하신 하나님과 사는 것

5장 왜 부정한 자를 추방해야 하는가?

1-4 나병, 유출증, 주검. 이 세 가지 중 하나라도 해당되는 사람은 이스라엘 진영에서 추방되어야 합니다. 이 세 가지는 죄를 상징하고, 이스라엘 진영 한가운데에는 하나님의 성막이 있기 때문입니다. 하나님은 거룩하시기에, 죄와 관련된 것은 이스라엘 진영에 머물 수 없습니다. **5-10** 이스라엘 진영은 거룩하게 유지되어야 합니다. 그 중심에 하나님의 성막이 있기 때문입니다. 따라서 죄를 지은 사람도 추방되어야 합니다. **11-31** 아내의 간통을 밝히는 절차는 남성 위주의 율법처럼 보이지만 사실은 여성을 위한 율법입니다. 고대에는 남자들이 절차 없이 아내를 버리는 경우가 허다했습니다. 따라서 이 법은 이스라엘 여성들을 불의한 학대로부터 보호해 주었습니다.

6장 왜 나실인은 머리를 자르지 않는가?

1-21 나실인은 하나님께 특별히 헌신된 사람입니다. 삼손처럼 태어나면서부터 나실인으로 구별된 사람을 제외하고, 대부분의 사람들은 특정 기간 동안만 나실인으로 살겠다고 서원했습니다. 나실인이 지켜야 하는 규칙은 크게 세 가지입니다. 첫째, 머리를 자르지 않습니다. 긴 머리가 나실인임을 나타내는 표식이기 때문입니다. 둘째, 포도주를 먹지 않습니다. 포도주가 세상의 기쁨을 상징하기 때문입니다. 셋째, 시체를 가까이하지 않습니다. 시체가 부정함을 상징하기 때문입니다. **22-27** 제사장 축복이 소개됩니다. 제사장 축복은 하나님께 복을 비는 기도입니다. 이 축복 기도는 세 개의 간구로 구성되어 있습니다. 첫째 간구는 '하나님의 보호'입니다. "여호와는 네게 복을 주시고 너를 지키시기를 원하며"(25절). 이것은 모든 복의 근원이신 하나님께서, 모든 종류의 공격으로부터 보호해 주시기를 구하는 것입니다. 둘째 간구는 '하나님의 얼굴'입니다. "여호와는 그 얼굴을 네게로 향하여 드사"(26절). 이것은 자비로운 하나님께서, 이스라엘을 항상 바라봐 주시기를 구하는 것입니다. 셋째 간구는 '하나님의 평강'입니다. "평강 주시기를 원하노라"(26절). 이것은 하나님과 화목하게 지내기를 구하는 것입니다.

7장 왜 고핫 자손은 소와 수레를 제공받지 않는가?

1-89 각 지파의 우두머리들은 레위 지파를 위해 수레 여섯 대와 소 열두 마리를 제공합니다. 게르손 자손은 성막 덮개와 휘장들을 운반해야 했으므로, 수레 두 대와 소 네 마리를 제공받습니다. 므라리 자손은 성막의 목재 구조물을 운반해야 했으므로, 수레 네 대와 소 여덟 마리를 제공받습니다. 하지만 고핫 자손은 수레와 소를 제공받지 않습니다. 고핫 자손은 성막 안에서 사용하는 거룩한 기구들을 담당했기 때문입니다. 거룩한 기구들은 반드시 어깨로 메어서 운반해야 했습니다(9절). 웃사가 하나님의 심판을 받은 이유가 바로 여기에 있습니다(삼하 6:6). 웃사는 언약궤를 어깨로 메어 옮기지 않고, 소가 끄는 수레에 실었습니다.

광야의 이스라엘

8장　왜 성막의 등불이 꺼지지 않도록 해야 하는가?

1-4 성막의 등불을 켜는 것에 관한 규례입니다. 성막의 등불은 끊임없이 타올라야 합니다(출 27:20). 불이 켜진 것이 누군가 집에 있다는 증거인 것처럼, 끊임없이 타오르는 등불은 하나님이 성막에 임재하신다는 증거이기 때문입니다.[57] 항상 타오르는 성막의 등불은 하나님이 이스라엘과 항상 함께하신다는 표시입니다. **5-26** 레위인을 성별하는 의식이 소개됩니다. 성별 예식을 거쳐야만 봉사를 시작할 수 있다는 사실은 레위인에게 맡겨진 책무가 얼마나 중요한지를 보여 줍니다.

9장　왜 하나님은 구름으로 자신의 영광을 감추셨는가?

1-8 유월절 규례가 소개되지만, 첫 번째 유월절과는 의미가 다르다는 점이 중요합니다. 첫 번째 유월절에는 어린양의 피를 문에 바르는 의식을 행해야 했지만, 두 번째 유월절부터는 그 의식을 행하지 않습니다. 이제부터는 첫 번째 유월절을 그대로 반복하는 것이 아니라, 첫 번째 유월절을 기념하고 회상하기 위해 시행됩니다. **9-14** 몇 가지 부속 조항이 언급됩니다. 특별한 사정으로 유월절을 지키지 못한 사람은 한 달 후에 유월절을 지킬 수 있습니다. 하지만 정당한 이유 없이 유월절을 지키지 않는 사람에게는 하나님의 심판이 임합니다(13절). 이스라엘과 함께 살고 있는 외국인은 원하기만 한다면 유월절 의식에 동참할 수 있습니다. 이때 본토인과 동일한 규례대로 따라서 행해야 합니다. **15-23** 성막을 덮은 구름에 관한 말씀입니다. 이 구름은 기둥 형태였으며, 밤에는 불기둥처럼 보였습니다(16절). 하나님을 직접 보는 사람은 살 수 없습니다. 그래서 하나님은 구름으로 당신의 영광을 감추십니다. 구름 기둥은 출애굽할 때 처음 등장했고, 시내산에서 언약을 체결할 때 나타났으며, 성막이 세워졌을 때 다시 나타났습니다. 하나님은 구름 기둥을 통해 이스라엘을 인도하셨습니다. 이스라엘은 구름 기둥이 움직일 때 출발했고, 구름 기둥이 멈추는 곳에서 머물렀습니다.

10장　왜 나팔을 불어야 하는가?

1-10 200만에 이르는 거대한 무리가 한 번에 이동하는 것은 위험한 일입니다. 자칫 무질서한 사태가 발생하면 끔찍한 희생을 초래할 수도 있습니다. 이에 하나님은 나팔을 사용하도록 하십니다. 이스라엘은 나팔 소리에 맞추어 질서 정연하게 이동합니다. 동시에 나팔 소리는 하나님의 도움을 구하는 기도입니다(9-10절). 이스라엘이 나팔을 불 때, 하나님은 이스라엘을 기억하시고 도우셨습니다. **11-28** 둘째 해 둘째 달 스무날이라는 기록은(11절), 이스라엘이 거의 일 년 동안 시내산에 머물렀음을 보여 줍니다. 이스라엘은 이 기간 동안 율법을 배우고 익혔습니다. 이제 구름 기둥이 움직이기 시작했으므로, 이스라엘은 지체 없이 구름을 따라 이동해야 합니다. **29-36** 모세는 광야를 안전하게 통과하기 위해 호밥에게 도움을 구합니다(29절). 호밥은 모세의 처남입니다. 민수기 본문은 호밥의 반응을 기록하고 있지 않지만, 사사기 1:16을 통해 호밥이 모세의 요청에 응했음을 알 수 있습니다. 이후에 호밥은 유다 지파와 함께 가나안 정복 전쟁에 동참하여 약속의 땅을 차지하는 복을 누립니다.

이스라엘의 불순종

11장   왜 심판이 임한 지역의 이름을 '기브롯 핫다아와'라고 짓는가?

1-15 이스라엘은 출발한 지 얼마 되지 않아 하나님을 원망하고(1절), 시간이 잠시 지난 후에는 고기를 먹지 못한다는 이유로 또다시 하나님을 원망합니다(4절). 이스라엘은 하나님의 인도하심에 감사하지 않고, 하나님이 공급해 주실 것을 신뢰하지 않습니다. 이스라엘은 하나님이 공급해 주시는 만나에 만족하지 않고, 더 많은 것을 원합니다. 그 결과 하나님의 심판이 임합니다. 이스라엘은 심판이 임한 두 지역의 이름을 각각 '다베라'와 '기브롯 핫다아와'로 짓습니다. 다베라는 '불에 탄 장소', 기브롯 핫다아와는 '탐욕의 무덤'이란 뜻입니다. 미래 세대에게 경각심을 일으키기 위해 이러한 지명을 남긴 것으로 보입니다. **16-35** 하나님이 칠십 명의 지도자를 세우십니다. 지친 모세를 도울 사람들이 필요했기 때문입니다. 한 사람이 모든 짐을 지는 것은 하나님의 뜻이 아닙니다. 하나님의 뜻은 모두가 짐을 나누는 것입니다.

12장   왜 미리암은 심판을 받는가?

1-16 아론과 미리암이 구스 여자를 빌미로 모세의 권위에 도전합니다. 구스 여자가 누구인가 하는 데에는 두 가지 견해가 있습니다. 첫째, 모세의 첫 번째 아내인 십보라가 곧 구스 여자라는 것입니다(출 2:21). 둘째, 모세가 구스 지역에서 새롭게 취한 두 번째 아내라는 것입니다. 둘 중 무엇이 사실인지는 정확하게 알기 어렵습니다. 하지만 구스 여자의 정체는 중요하지 않습니다. 아론과 미리암이 구스 여인을 문제 삼은 것은 핑계에 불과하기 때문입니다. 사실 그들의 목표는 모세가 가진 권위를 찬탈하는 것입니다. 결국 이 일로 말미암아 미리암은 나병에 걸립니다. 지나친 징벌이라고 생각할 수도 있지만, 하나님이 직접 세우신 모세를 거역한 일은 하나님을 거역한 것이기도 하다는 점에서 정당한 처벌이라고 할 수 있습니다.

13장   왜 가나안 입성이 좌절되는가?

1-33 가데스 바네아 사건은 상당히 자세히 다루어집니다. 이 사건의 중요성 때문입니다. 하나님은 정탐꾼들을 가나안으로 보내시면서, "내가 이스라엘 자손에게 주는 가나안 땅"(2절)이라고 말씀하셨습니다. 가나안은 이미 정복한 것이나 마찬가지라는 의미입니다. 그런데 정탐꾼들은 정반대의 사실을 보고합니다. 자신들이 가나안에서 받은 충격과 두려움을 반영하여 매우 과장되게 말합니다. 결론적으로 정탐꾼들의 보고는 하나님이 가나안 정복을 약속하셨을지라도 현실적으로는 불가능하다는 취지로 마무리됩니다. 정탐꾼들은 하나님의 약속을 믿지 않고, 하나님의 능력을 신뢰하지 않습니다. 이스라엘의 불신앙으로 말미암아 출애굽 1세대의 가나안 입성은 좌절됩니다.

042

여전히 언약을 기억하시는 하나님

14장 왜 가나안 입성이 좌절되는가?

1-25 거듭되던 이스라엘의 불신앙은 가데스 바네아에서 절정에 이릅니다. 정탐꾼들의 부정적인 견해를 들은 이스라엘은 곧바로 하나님을 원망합니다. 하나님이 자신들을 죽이려고 이곳까지 인도하셨다는 말도 서슴지 않습니다(3절). 심지어 하나님이 세우신 모세를 부정하고, 다른 지도자를 세우려고까지 합니다(4절). 대다수 이스라엘 사람들은 하나님이 언약을 이루시는 것이 불가능하다고 결론을 내립니다. 반면 여호수아와 갈렙은 하나님을 거역하지 말자고 외칩니다. 하나님께서 원하시기만 하면 능히 가나안을 정복할 수 있다고 말합니다. 하지만 온 회중은 여호수아와 갈렙의 말을 듣지 않습니다. 오히려 그들을 돌로 쳐 죽이려고 합니다. 아이러니하게도 돌로 치는 것은 우상 숭배자에게 내려지는 형벌입니다(레 20:2). **26-45** 하나님은 이스라엘을 진멸하시고 새로운 나라를 만들겠다고 말씀하십니다(12절). 그러자 모세는 금송아지 사건 때와 마찬가지로 하나님께 이의를 제기합니다. 요지는 만약 하나님이 이스라엘을 진멸하시면 하나님의 영광이 훼손된다는 것입니다. 이방 민족들이 "여호와가 이 백성에게 주기로 맹세한 땅에 인도할 능력이 없었으므로 광야에서 죽였다"(16절)라고 비웃을 수 있다는 것입니다. 놀랍게도 하나님은 모세의 간구를 들으시고, 이스라엘의 죄를 용서하십니다(20절). 하지만 가나안 입성이 다시 허락된 것은 아닙니다. 이제 이스라엘은 그들의 죗 값을 치러야 합니다. 출애굽 1세대는 가나안을 보지 못하고 죽을 것입니다.

15장 왜 이 시점에서 제사 규례가 다시 소개되는가?

1-31 하나님의 심판이 임한 직후에 제사에 관한 규례가 다시 소개됩니다. 여기서 소개되는 규례는 레위기 1-7장의 내용과 약간 다릅니다. 가장 큰 차이는 레위기에서 요구하지 않았던 고운 가루와 기름과 포도주가, 번제와 화목제의 예물로 소개된다는 점입니다. 이렇게 차이가 나는 이유는 레위기의 규례가 광야 생활을 반영한 것인데 반해, 여기서는 가나안에 들어간 이후를 전제하고 있기 때문입니다. 고운 가루와 기름과 포도주는 광야에서 구하기 힘든 물품입니다. 하지만 가나안에 들어간 이후에는 충분히 구할 수 있을 것입니다. 우리가 주목할 것은 이 규례가 선포되는 시점입니다. 왜 하나님은 가나안 입성이 좌절된 바로 이 시점에 이런 규례를 말씀하실까요? 가나안을 주신다는 약속을 다시 한 번 상기시키시기 위해서입니다. 가나안 입성이 좌절된 이스라엘은 '과연 40년 후에는 가나안에 들어갈 수 있을까?' 하고 의문을 가질 수 있었습니다. 그래서 하나님은 이스라엘이 이미 가나안에 들어간 것처럼, 가나안에서 지켜야 할 규례를 말씀하신 것입니다.[58] **32-36** 안식일에 일한 자를 돌로 쳐 죽이는 사건은(32-36절), 이스라엘의 마음이 해이해지지 않도록 다잡는 의미가 있습니다. 가나안 입성이 좌절되었기 때문에 여호와의 율법이 가볍게 여겨질 수 있었기 때문입니다. **37-41** 하나님은 옷단에 술을 만들고 거기에 청색 끈을 더하라고 말씀하십니다. 고대 사회에서 술이 달린 옷은 높은 신분에 속한 사람들에게만 허락되었습니다. 이것은 이스라엘이라면 누구든지 하나님의 백성으로서 고귀한 존재라는 의미입니다. 청색은 성소와 제사장의 옷에 사용된 색깔입니다. 이것은 이스라엘 민족 한 명 한 명이 모여 '제사장 나라와 거룩한 백성'(출 19:6)을 이룬다는 사실을 상기시키는 역할을 합니다.[59]

고라의 반역

16장　왜 고라는 모세를 거슬렀는가?

1-50 고라는 레위인이었지만, 제사장은 아니었습니다 (10절). 아론의 자손만 제사장이 될 수 있었기 때문입니다(출 28:1-3). 이것이 고라의 시기심을 촉발시켰습니다. 고라는 제사장이 되기 위해 소동을 일으켰습니다. 250명이나 되는 사람들을 모아서 모세를 거슬렀습니다. 결과적으로 고라는 하나님의 심판을 받았습니다. 제사장이 되어 하나님을 섬기겠다는 고라의 주장은, 자신의 권력욕을 채우려는 거짓 명분에 지나지 않았기 때문입니다. 성경적 원리에 따르면 하나님 앞에서 더 귀하거나 더 높은 직분은 없습니다. 무슨 일을 하느냐보다 어떤 마음가짐으로 하느냐가 더 중요합니다. 예수님은 30세까지 목수로 사셨습니다. 예수님은 거룩한 목수였습니다. 만약 고라가 자신의 직분을 성실하게 감당했다면, 하나님은 그를 모세와 아론처럼 귀하게 여기셨을 것입니다.

17장　왜 아론의 지팡이에서 싹이 나게 하셨는가?

1-13 하나님은 고라와 그 무리를 일반적인 심판이 아니라, 땅이 입을 열어 삼키는 특별한 심판으로 벌하셨습니다(민 16:33). 하나님이 친히 세우신 모세와 아론에게 저항하는 일이 얼마나 심각한 범죄인지 깨우치시기 위해서입니다. 그런데 이튿날이 되자 사람들은 또다시 모세와 아론을 원망합니다. 심지어 그들은 하나님이 아니라, 모세와 아론이 그들을 죽였다고 주장합니다(민 16:41). 아마 그들은 모세와 아론이 애굽의 마술사들처럼 흑마술을 사용했다고 생각한 것 같습니다.[60] 그래서 하나님은 특별한 이적을 한 번 더 보여 주십니다. 지팡이에서 싹이 나는 이적입니다. 지팡이에서는 싹이 날 수 없습니다. 생명이 없기 때문입니다. 그러므로 지팡이에서 싹이 났다는 것은 하나님이 직접 개입하셨다는 증거입니다. 즉 이 사건은 하나님이 친히 아론을 제사장으로 구별하셨음을 입증하는 사건입니다.

18장　왜 제사장과 레위인의 직무를 소개하는가?

1-32 16장과 17장에서 무수히 많은 사람들이 죽음을 맞이했습니다. 그 결과 살아남은 사람들도 언제 죽을지 모른다는 두려움에 빠지게 되었습니다. 바로 이것이 18장에서 제사장과 레위인의 역할을 소개하는 이유입니다. 제사장은 성막 내부에서 하나님의 영광을 수호하는 자들이며(5-7절), 레위인은 성막 외부에서 하나님의 영광을 수호하는 자들입니다(3-4절). 이로써 외부인의 침입은 차단되고, 이스라엘은 하나님의 진노로부터 안전할 수 있었습니다(5절). 하나님이 제사장과 레위인을 구별하여 세우신 것은 이스라엘을 보호하시기 위한 자비로운 행위였습니다.[61]

044
2월 13일

광야 생활 끝자락에 있었던 일들

19장 왜 정결하게 하는 재가 필요한가?

1-22 19장은 두 부분으로 되어 있습니다. 정결하게 하는 재를 만드는 방법(1-10절)과 시체를 만져서 부정하게 된 자를 깨끗하게 하는 방법입니다(11-22절). 정결하게 하는 재는 반드시 "온전하여 흠이 없고 아직 멍에 메지 아니한 붉은 암송아지"로 만들어야 합니다(2절). 멍에를 메지 않은 암송아지는 가장 활력 있는 상태로서 '생명'을 상징하고, 붉은색은 '죄를 대속하는 피'를 상징하기 때문입니다.[62] 중요한 것은 '정결하게 하는 재'가 필요한 이유입니다. 그 이유는 다음과 같습니다. 시체는 사람들을 부정하게 하고(레 21:1-4), 재는 사람들을 부정으로부터 정결하게 하기 때문입니다. 그런 점에서 붉은 암송아지의 재는 예수님을 예표합니다(히 9:13-14).

20장 왜 모세는 가나안에 들어가지 못하는가?

1-13 40년의 광야 생활 동안 출애굽 1세대는 거의 다 사라졌습니다. 하지만 불평하는 습관은 사라지지 않았습니다. 출애굽 1세대처럼, 출애굽 2세대도 물이 없다는 이유로 하나님을 원망합니다. 그럼에도 불구하고 하나님은 심판이 아니라 자비를 베풀어 주십니다. 하나님은 모세에게 두 가지를 명하십니다. 첫째, 반석이 물을 내도록 명령하라고 하십니다(8절). 둘째, 그리하여 하나님의 거룩하심을 나타내라고 하십니다(12절). 하지만 모세는 하나님께 불순종합니다. 첫째, 모세는 반석에게 명령하는 대신 반석을 지팡이로 내리쳤습니다(11절). 둘째, 모세는 하나님의 거룩하심을 나타내는 대신 분노를 표출했습니다. 그 결과 모세는 가나안에 들어가지 못하는 징계를 받습니다(12절). **14-21** 이스라엘은 가나안을 향해 서 행군하고 있습니다. 가나안으로 가는 가장 빠른 경로는 에돔 땅을 가로지르는 것입니다. 하지만 에돔 왕은 이스라엘의 통과를 거부합니다. 아마 이스라엘이 마음을 바꾸어 자신들을 공격할지도 모른다고 생각했던 것 같습니다. 결국 이스라엘은 에돔 땅을 우회하는 더 긴 경로로 이동하게 됩니다. **22-29** 아론이 죽고, 아론의 아들 엘르아살이 새로운 대제사장이 됩니다. 엘르아살은 아론의 셋째 아들이었습니다. 하지만 두 명의 형이 하나님께 심판을 받음으로써(레 10:1-7), 아론의 후계자가 되었습니다. 아론이 모세의 동역자였던 것처럼, 엘르아살은 여호수아의 동역자였습니다. 엘르아살은 여호수아를 도와 하나님의 백성을 약속의 땅으로 인도했습니다.

21장 왜 하나님은 불뱀으로 심판하셨는가?

1-3 21장에는 세 번의 전투가 기록되어 있습니다. 첫 번째 전투는 호르마에서 시작되었습니다(1-3절). 이곳은 40년 전, 하나님 허락 없이 정복 전쟁을 시작하다 패배를 경험한 장소입니다(민 14:45). 이번에는 이스라엘이 승리합니다. **4-20** 에돔을 우회하는 길은 척박한 광야였습니다. 광야는 먹을 것과 마실 것이 부족합니다. 이스라엘은 또다시 하나님을 원망합니다. 이에 하나님은 불뱀으로 이스라엘을 심판하십니다. 그러자 모세가 하나님께 중보 기도하고, 하나님은 자비를 베풀어 주십니다. 하나님은 놋뱀을 바라보는 자들을 살려 주셨는데, 예수님은 믿음으로 얻는 구원을 설명하시면서 놋뱀 사건을 예로 드셨습니다(요 3:14-15). **21-35** 다음 전투는 가나안 동쪽에서 일어났습니다. 원래 이스라엘에게는 아모리와 바산을 공격할 의도가 전혀 없었습니다. 이스라엘은 조용히 통과하려 했습니다. 그런데 아모리 왕 시혼과 바산 왕 옥이 먼저 공격을 감행합니다. 결국 이스라엘은 아모리와 바산의 땅이었던 가나안 동쪽 지역을 정복하고, 이 지역은 이스라엘이 처음으로 정착한 땅이 됩니다(25절).

발람의 유혹

22장 왜 하나님은 발람을 죽이려고 하시는가?

1-40 이스라엘은 모압을 공격할 의도가 전혀 없었습니다. 하지만 모압 왕 발락은 이스라엘이 두려웠습니다. 그래서 발락은 발람을 통해 이스라엘에게 저주를 내리려고 합니다. 발람은 당시 상당한 명성을 가진 점술가였습니다. 본문에는 한 가지 특이점이 있습니다. 하나님은 발람이 발락에게 가는 것을 허락하셨습니다(20절). 그런데 다음 날이 되자, 발람이 발락에게 가려고 한다는 이유로 발람을 죽이려고 하십니다. 왜 하나님은 하루 만에 생각

을 바꾸셨을까요? 사실 하나님은 생각을 바꾸시지 않았습니다. 생각을 바꾼 것은 하나님이 아니라 발람입니다. 하나님은 발람에게 하나님의 말씀만 전하라고 명령하셨습니다(20절). 그런데 발람은 하루 만에 태도를 바꾸었던 것으로 보입니다. 발락이 충분한 대가를 지불하기만 한다면, 발락의 요구에 따라 이스라엘을 저주하려고 했던 것입니다(벧후 2:15).

23장 왜 발람은 이스라엘을 저주할 수 없는가?

1-30 발람은 이스라엘을 향해 네 개의 예언을 합니다. 첫 번째 예언(민 22:41-23:12)은 이스라엘이 하나님의 은총 안에 있다는 것(8절)과 이스라엘의 인구가 심히 많다는 것입니다(10절). 이것은 아브라함 언약의 성취를 말합니다(창 12:1-3). 두 번째 예언(13-26절)은 하나님은 신실하셔서 반드시 약속을 지키신다는 것(19절)과 하나님이 이스라엘과 함께하신다는 것입니다(21절). 이 사건의 핵심

은 다음과 같습니다. 발락은 발람을 통해 하나님을 조종하려고 했습니다. 하나님을 조종해서, 이스라엘이 저주를 받게 하려고 했습니다. 하지만 발람은 이스라엘을 저주할 수 없었습니다. 하나님은 사람에게 조종당하시는 분이 아니기 때문입니다. 누구도 하나님이 당신의 뜻을 꺾도록 할 수 없기 때문입니다.

24장 왜 발람을 통해 발락에게 메시지를 주시는가?

1-25 첫 번째와 두 번째 예언은 현재에 대한 묘사였던 반면, 세 번째와 네 번째 예언은 미래에 대한 묘사입니다. 세 번째 예언(민 23:27-24:9)은 이스라엘이 가나안을 정복할 것이고, 그곳에서 번성하고 형통하게 된다는 것입니다. 네 번째 예언(10-25절)은 이스라엘에서 한 왕이 나온다는 것입니다. 별과 규는 왕을 상징합니다(17절).

이 왕은 1차적으로는 다윗을, 궁극적으로는 다윗의 후손으로 오실 예수 그리스도를 가리킵니다. 그렇다면 하나님이 발람을 통해 발락에게 이런 메시지를 주시는 이유는 무엇일까요? 이것은 발락을 향한 경고 메시지입니다. 하나님의 백성들과 싸우기를 중단하고, 하나님을 예배하는 편에 서라는 것입니다.

25장 왜 이만 사천 명이나 되는 사람들이 죽음을 맞이했는가?

1-18 발락은 발람을 통해 이스라엘을 저주하려고 했습니다. 하지만 그 계획은 실패로 돌아갔습니다. 이제 발락은 다른 방식으로 이스라엘을 혼란스럽게 합니다. 발락은 매력적인 여성들을 통해 이스라엘이 우상 숭배에 빠지도록 만듭니다. 이 궤책을 낸 사람은 발람입니다(민 31:16, 계 2:14). 여인들의 유혹에 빠져 하나님의 심판을

받게 된 이스라엘을 곤경에서 구한 사람은 아론의 손자 비느하스입니다. 금송아지 사건으로 하나님의 심판이 임했을 때 레위인들이 이스라엘을 구원한 것처럼, 이번에도 레위인인 비느하스로 말미암아 이스라엘이 구원을 얻습니다. 하지만 이미 이만 사천 명이나 되는 사람들이 우상 숭배 탓에 죽음을 맞이한 이후였습니다.

두 번째 인구 조사가 의미하는 것

26장 왜 두 번째 인구 조사를 시행하는가?

1-65 두 번째 인구 조사가 시행됩니다. 첫 번째 인구 조사가 전쟁 준비를 위한 것이었다면, 두 번째 인구 조사는 가나안 정착 준비를 위한 것입니다. 가나안을 정복하면 각 지파별로 땅을 분배해야 하기 때문에, 미리 각 지파의 규모를 파악한 것입니다. 그러므로 두 번째 인구 조사는 약속의 땅으로 들어갈 때가 되었음을 나타냅니다. 주목할 것은 인구 조사 결과입니다. 이스라엘은 40년 동안 광야를 방황했습니다. 광야는 사람이 살기 힘든 곳이므로, 이스라엘 인구는 크게 줄어야 정상입니다. 하지만 이스라엘 인구는 거의 변하지 않았습니다(51절). 비결은 무엇일까요? 하나님이 아브라함에게 하셨던 언약, "내가 너로 큰 민족을" 이룰 것이라는 말씀을 기억하셨기 때문입니다.[63]

27장 왜 슬로브핫의 딸들은 모세에게 억울함을 호소하는가?

1-11 슬로브핫의 딸들이 모세를 찾아와 억울한 처지를 호소합니다. 아버지에게 아들이 없기 때문에 가문의 땅이 아버지 형제들에게 넘어가게 되었다는 내용입니다. 전통적으로 부모의 땅은 아들이 물려받았고, 아들이 없는 경우에는 아버지 형제들에게 주어졌습니다.[64] 이 때문에 아들이 없는 경우에는 딸이 아버지 땅을 물려받는 새로운 규정이 세워집니다. 주목할 것은 슬로브핫의 딸들이 가지고 있는 믿음입니다. 이들은 아직 정복하지 않은 가나안을 이미 정복한 것처럼 믿고 있으며, 아직 분배 받지 못한 땅을 이미 분배받은 것처럼 여기고 있습니다.

12-23 하나님은 모세가 약속의 땅에 들어갈 수 없다고 하십니다. 모세가 신 광야에서 하나님께 불순종했기 때문입니다(14절). 그러자 모세는 이스라엘이 목자 없는 양처럼 되지 않도록, 지도자 한 사람을 세워 달라고 간구합니다. 이에 하나님은 여호수아를 새로운 지도자로 지목하십니다. 여호수아는 성령으로 충만한 사람이었으므로(18절), 모세를 이어 이스라엘의 지도자가 되기에 적합했습니다.

28장 왜 절기에 관한 규례를 다시 한 번 말씀하시는가?

1-31 여호수아가 새로운 지도자로 선출됩니다. 그러자 하나님은 이전에 말씀하셨던 절기 규례를 다시 한 번 말씀하십니다. 여호수아가 새로운 지도자로 세워지자마자 절기에 관한 규례를 다시 말씀하신 것은, 여호수아의 사명이 무엇인지 일깨우시기 위해서입니다. 이스라엘은 하나님의 백성이고, 여호수아는 이스라엘의 지도자입니다. 따라서 여호수아 역할은 이스라엘을 하나님과의 친밀한 관계로 인도하는 것입니다. 그러기 위해서 여호수아는 절기를 잘 지켜야 했습니다. 각 절기마다 어떤 희생 제물을 드려야 하는지가 상세히 소개됩니다. 특이한 것은 제물의 양이 상당히 많다는 것입니다. 본문(민 28-29장)에 나온 희생 제물을 모두 더하면, 수송아지 113마리, 어린양 1,086마리, 고운 가루 1톤 이상, 그리고 1,000병이 넘는 기름과 포도주가 필요합니다. 이것은 이스라엘이 반드시 가나안을 정복할 것과 그곳에서 풍요로운 농경 사회를 건설할 것을 의미합니다.[65] 따라서 이것은 무리한 요구가 아니라 하나님의 은혜를 상징합니다.

047

2월 16일

거룩한 전쟁

29장　왜 일곱째 달에 나팔을 부는가?

1-6 나팔절 규례입니다. 나팔절은 일곱째 달이 시작되었음을 나팔을 불어 알리는 절기입니다. 일곱째 달을 특별히 기념하는 이유는 속죄일과 장막절이 일곱째 달에 포함되어 있기 때문입니다. 유대인들은 일곱째 달을 한 해의 시작으로 여깁니다. **7-11** 속죄일 규례입니다. 속죄일 규례는 레위기 16장에서 자세히 설명합니다. 속죄일의 목적은 이스라엘을 죄로부터 정결하게 하는 것입니다. 이날에는 세 가지 의식을 행합니다. 첫째, 대제사장은 속죄의 피를 지성소에 뿌립니다. 그리하여 이스라엘의 죄가 초래한 더러움을 하나님의 집에서 씻어 냅니다. 둘째, 대제사장은 이스라엘의 죄를 아사셀 염소에게 전가합니다. 아사셀 염소는 이스라엘의 죄를 짊어지고 광야로 떠나갑니다. 셋째, 대제사장은 속죄가 이루어졌음을 강조하기 위해 번제를 드립니다. 이스라엘은 속죄일 의식들을 통해 죄에서 정결하게 되었고, 새로운 마음으로 한 해를 시작했습니다. **12-40** 장막절 규례입니다. 장막절은 수장절이라고도 하는 추수 절기입니다. 이날을 장막절이라고 하는 이유는 광야 40년을 기념하기 위해 일주일 동안 장막에서 지냈기 때문입니다. 이스라엘이 광야에서 40년을 지낼 수 있었던 것은 하나님의 공급하심과 보호하심 때문입니다. 이스라엘은 장막절을 통해 하나님이 은혜로운 공급자이실 뿐만 아니라 강한 보호자이심을 기념했습니다.

30장　왜 서원을 지키는 일에 예외를 두는가?

1-16 원칙적으로 서원은 반드시 지켜야 하지만(전 5:4-6), 특별한 예외가 있습니다. 아마도 서원을 지킬 수 없어 죄책감에 시달리는 여인들과 가정의 평화를 위해서일 것입니다.[66] 그런데 여자가 남자의 권위 아래 있다는 말씀이 신약 시대에도 유효할까요? 사도 바울은 그렇다고 말합니다(엡 5:24). 하지만 남편들은 아내의 순종을 요구하기에 앞서, 먼저 목숨을 걸고 아내를 사랑해야 합니다(엡 5:25). 본문 내용을 표로 정리하면 아래와 같습니다.

〈466쪽 부록 5 참조〉

31장　왜 모압이 아니라 미디안을 공격하라고 하시는가?

1-12 본문에는 한 가지 특이점이 있습니다. 브올에서 이스라엘을 유혹한 것은 모압이었는데, 왜 미디안을 공격하는가 하는 점입니다. 그 이유는 다음과 같습니다. 미디안은 아브라함 후처 그두라의 후손입니다(창 25:1~4). 당시 미디안은 통일된 국가를 이루지 않고, 여러 국가 가운데 흩어져 살았습니다.[67] 따라서 여호와께서 공격을 명하시는 대상은 미디안 민족 전체가 아니라 모압에 속해 있는 미디안 민족입니다. 당시 미디안과 모압은 긴밀한 관계에 있었습니다(민 22:3-4). 바로 이들이 발람의 계책을 쫓아 이스라엘을 우상 숭배에 빠지게 만들었습니다(민 25:6). 그래서 미디안이 심판을 받는 것입니다. **13-54** 일반적으로 전쟁 포로가 된 여자는 살려 두는 것이 관례임에도, 모세는 여인을 살려 준 지휘관들을 책망합니다. 이 여인들이 브올에서 이스라엘을 유혹한 자들이기 때문입니다(민 25:1). 하지만 "사내를 알지 못하는 여자들"은 살려 두라고 합니다(18절). 성행위는 바알 숭배의 핵심 요소이기에, 사내를 알지 못하는 여자는 바알브올 사건에 연루되지 않았을 것이기 때문입니다(민 25:3).

요단강 동쪽에 정착한 지파

32장 왜 요단강 동쪽에 정착하는가?

1-42 이스라엘은 바산 왕 옥과 아모리 왕 시혼의 땅을 점령했습니다(민 21장). 그 땅은 가축을 키우기에 매우 좋은 조건을 가지고 있었습니다. 마침 르우벤 지파와 갓 지파는 가축이 심히 많았기 때문에(1절), 이곳을 자신들의 정착지로 삼고 싶어 합니다. 이 요구를 들은 모세는 상당히 분노합니다. 그들이 요구한 땅은 약속의 땅(가나안)이 아니었기 때문입니다. 가나안은 요단강을 기준으로 서쪽인데 반해, 그들이 요구한 땅은 동쪽이었습니다. 그래서 모세는 르우벤 지파와 갓 지파의 행동을 이전에 열

명의 정탐꾼이 했던 것과 똑같은 것으로 간주합니다. 열 명의 정탐꾼 때문에 가나안 입성이 실패로 끝난 것처럼, 이제 두 지파 때문에 하나님의 진노가 임할 것이라고 말합니다. 이에 두 지파는 자신들이 가장 앞장서서 가나안 정복 전쟁을 수행할 것이고, 전쟁이 끝나기 전에는 요단강 동쪽 지역으로 돌아가지 않을 것이라고 말합니다. 모세는 이 요구를 받아들입니다. 그리하여 이스라엘 열두 지파 가운데, 르우벤 지파와 갓 지파, 그리고 므낫세 지파의 절반이 요단강 동쪽 지역에 정착하게 됩니다.

33장 왜 모세는 광야 일지를 남겼는가?

1-56 33장은 애굽에서 가나안까지의 여정을 간략하게 요약한 것입니다. 다시 말해서 33장은 40년간의 광야 생활을 요약한 '광야 일지'입니다. 그런데 모세가 가나안 입성을 눈앞에 두고, 40년의 광야 생활을 기록으로 남긴 이유는 무엇일까요? 그 이유는 다음과 같습니다. 광야에는 먹을 것과 마실 것이 없습니다. 광야는 사람이 살기 힘든 곳입니다. 그런 곳에서 이스라엘은 무려 40년을 살았습니다. 한두 사람도 아니고, 200만 명에 이르는

사람들이 광야에서 그렇게 오랫동안 생존하는 것은 불가능한 일입니다. 불가능을 가능하게 한 것은 하나님의 은혜였습니다. 즉, 모세는 이 광야 일지를 통해, 광야에서 이스라엘을 돌보신 하나님의 은혜를 후대에 전하고자 한 것입니다. 약속의 땅에 들어가서도 우상이 아니라 여호와 하나님만을 바라보기를 촉구하는 마음을 이 광야 일지에 담은 것입니다.

34장 왜 약속의 경계와 실제 경계 사이에 차이가 있는가?

1-29 하나님은 아브라함과 그의 후손들에게 가나안 땅을 약속하셨지만, 그 땅의 정확한 경계를 말씀하신 적은 한 번도 없었습니다. 이제 비로소 정확한 경계가 선포됩니다. 대략적으로 설명하면 남쪽은 신 광야, 북쪽은 호르산, 동쪽은 요단강, 서쪽은 지중해입니다. 그런데 역사적으로 이스라엘은 본문에 소개되는 땅을 전부 차지한 적

이 한 번도 없습니다. 심지어 다윗과 솔로몬 때에도 말입니다. 여기에는 두 가지 해석이 있습니다. 첫째, 경계선 자체가 불분명하다는 것입니다. 시간이 흐르면서 지명이 바뀔 수 있기 때문입니다. 둘째, 이스라엘의 믿음이 부족했다는 것입니다. 믿음을 가지고 정복했어야 함에도 불구하고, 그렇게 하지 않았다는 것입니다.

이스라엘의 도피성

35장 왜 도피성을 만드는가?

1-34 열두 지파에게 땅을 분배할 때 레위 지파는 제외되었습니다(민 18:23). 레위 지파에게는 땅 대신 각 지파의 십일조가 제공되었기 때문입니다(민 18:24). 하지만 레위 지파에게도 거주를 위한 성읍은 제공되어야 했습니다. 그래서 하나님은 각 지파마다 레위인을 위한 성읍을 구별하게 하십니다. 그 결과 48개의 성읍이 레위 지파에게 제공됩니다. 이 중 6개는 도피성입니다. 도피성은 실수로 살인한 자들이 복수자로부터 보호받을 수 있는 곳입니다(11절). 만약 살인 행위가 고의가 아닌 실수였음이 입증된다면, 살인자라 할지라도 도피성에서 안전하게 살 수 있었습니다. 하지만 고의로 살인을 저지른 자는 도피성에서 보호받을 수 없었습니다. 그런 사람은 반드시 처형되는 것이 하나님의 정의입니다. 그렇다면 가나안에 도피성이 필요한 이유는 무엇일까요? 하나님이 가나안 땅에 함께 거하시기 때문입니다(34절). 하나님이 거하시는 곳에, 살인이 또 다른 살인을 낳고, 복수가 또 다른 복수를 낳는 일이 일어나서는 안 됩니다. 만약 그런 일로 하나님의 임재가 훼손된다면, 가나안은 이스라엘을 토해낼 것입니다(레 18:28).

36장 왜 므낫세 지파는 딸이 땅을 상속받는 규정의 문제점을 제기하는가?

1-13 슬로브핫의 딸들은 자신들이 겪고 있는 억울함을 호소하였고, 이에 모세는 그들을 위한 특별한 규정을 세웠습니다(민 27장). 땅을 물려받을 아들이 없을 경우에는 딸이 대신 물려받는 규정입니다. 그러자 므낫세 지파의 지도자들이 이 규정의 문제점을 제기합니다. 만약 슬로브핫의 딸들이 다른 지파의 남자들에게 시집간다면, 하나님이 므낫세 지파에게 주신 땅도 다른 지파로 넘어가게 된다는 것입니다. 이런 일이 비일비재하게 발생한다면, 각 지파는 하나님이 주신 땅을 잃어버릴 수도 있었습니다. 그래서 모세는 이런 경우에 반드시 동일한 지파 안에서만 시집가야 한다는 규정을 세웁니다. 이 사건은 두 가지 교훈을 전해 줍니다. 첫째, 성도의 교제는 하나님 뜻에 국한되어야 합니다.[68] 만약 슬로브핫의 딸들이 다른 지파의 남자와 혼인하겠다고 주장했다면 어떻게 되었을까요? 하나님의 진노가 임했을 것입니다. 이 원리는 오늘날에도 동일합니다. 성도의 결혼은 하나님의 뜻에 복종하는 가운데서 행해져야 합니다. 둘째, 각 지파에게는 하나님이 주신 땅을 소유할 권리가 있습니다. 강한 지파가 약한 지파의 땅을 강탈할 수 없습니다. 그 결과 이스라엘에서는 힘 있는 지파가 약한 지파를 착취하는 일이 원천 봉쇄되었습니다. 우리 역시 이 원리를 따라 약한 자의 권리를 보장해 주어야 하고, 빈익빈 부익부가 고착화되지 않도록 노력해야 합니다.

한눈에 보는 신명기

핵심	첫 번째 설교 (1–4장)	두 번째 설교 (5–26장)	세 번째 설교 (27–34장)
내용	불순종하여 심판받은 과거를 기억하라	하나님께 순종하는 삶을 살아라	하나님께 순종하지 않으면 저주가 임할 것이다
특징	역사적 설교	십계명 설교	예언적 설교
장소	가나안을 마주보는 모압 평지		
기간	약 1개월 (주전 1400년경)		

저자: 모세

모세오경으로 불리는 다섯 권의 성경은 전통적으로 모세의 저작으로 인정받아 왔으며, 예수님 역시 모세를 성경의 저자로 말씀하신 바 있다. 특히 신명기 본문(31:9)은 명백하게 저자를 모세로 밝히고 있으며, 구약과 신약의 여러 곳에서도 신명기 저자가 모세라고 말한다(수 23:6, 왕상 2:3, 마 19:7). 모세가 죽은 이후의 사건은 다른 누군가가 첨삭했을 것이다.

기록 목적

'신명기'는 모세가 죽음을 앞두고 남긴 말씀이다. 모세가 신명기를 유언으로 남긴 목적은 크게 세 가지다. 첫째, 율법의 중요성을 강조하기 위해서다. 만약 이스라엘이 가나안에서 율법을 지키지 않는다면, 그 땅에서 쫓겨난 원주민처럼 이스라엘도 쫓겨나게 될 것이다(28:36). 둘째, 하나님의 약속을 신뢰하는 믿음을 위해서다. 신명기에는 하나님께서 가나안을 선물로 약속하셨다는 사실이 25번에 걸쳐 강조된다. 비록 군사력은 이스라엘이 현저하게 약하지만, 이 약속을 믿기만 한다면 이스라엘은 가나안 정복 전쟁을 승리로 이끌 수 있을 것이다. 셋째, 이스라엘의 번영을 위해서다. 이것은 28장의 '저주와 복의 언약'에서 가장 두드러진다. 이스라엘이 번영하기 원한다면 반드시 하나님과 바른 관계를 가져야 한다.

통독 길잡이

신명기를 제대로 이해하기 위해서는 두 가지를 명심해야 한다. 첫째, 신명기가 모세의 유언적 설교라는 것이다. 신명기에는 모세의 위대한 설교 세 편이 기록되어 있다. 둘째, 신명기는 십계명을 자세히 풀어 설명한 책이라는 것이다. 우리는 십계명에 관한 가장 권위 있는 해설을 신명기에서 발견할 수 있다. 마지막으로 생각해 볼 것은, 신명기의 율법이 오늘날에도 유효한가 하는 점이다. 대답은 '그렇다!'이다. 오늘날 교회의 쇠퇴는 상당 부분 신명기가 경고하는 도덕적 타락에 근거하고 있다(마 5:13-16). 우리는 구원을 위해서가 아니라 하나님의 영광과 거룩한 삶을 위해 신명기의 율법에 귀를 기울여야 한다.

두려워 말라

1장 왜 모세는 실패의 역사를 언급하는가?

1-8 이 단락은 신명기를 이해하는 중요한 열쇠입니다. 여기서 모세는 화자와 청자가 누군지를 밝히고 있습니다. 화자는 죽음을 앞둔 모세이며, 청자는 가나안을 눈앞에 둔 이스라엘 백성들입니다. 그러므로 신명기는 이제 곧 가나안 정복 전쟁을 시작할 이스라엘 백성들에게 남긴 모세의 유언입니다. **9-18** 하나님은 아브라함 후손이 큰 민족을 이룰 것이라고 하셨습니다(창 12:2). 그 약속은 성취되었습니다. 아브라함 후손인 이스라엘 백성들은 하늘의 별과 같이 많아졌습니다(10절). 결과적으로 모세는 혼자서 많은 백성들을 재판할 수 없었습니다. 그래서 모세는 자신을 도와줄 지도자들을 세웠습니다. 지도

자들의 역할은 공정한 재판을 통해 정의로운 나라를 세우는 것입니다. 하나님 나라인 이스라엘은 세상과 구별된 정의로운 나라여야 했기 때문입니다. **19-46** 모세는 실패 역사를 언급합니다. 출애굽 2세대가 동일한 실패를 반복하지 않기를 원하기 때문입니다. 출애굽 1세대가 가나안 정복에 실패한 이유는 하나님께 불순종했기 때문입니다. 이제 출애굽 2세대는 출애굽 1세대와 동일한 위치에 서 있습니다. 만약 출애굽 2세대가 하나님께 온전히 순종하기만 한다면, 그들은 반드시 가나안을 정복할 것입니다.

2장 왜 모세는 에돔과 모압과 암몬이 땅을 정복한 역사를 소개하는가?

1-23 모세는 에돔과 모압과 암몬이 땅을 정복한 역사를 소개합니다. 에돔은 세일 지방을 정복했고(5절), 모압은 아르 남쪽 지방을 정복했으며(9절), 암몬은 아르 북쪽 지방을 정복했습니다(19절). 세 족속이 땅을 차지할 수 있었던 것은 하나님이 그들을 도와주셨기 때문입니다. 하나님은 친히 세 족속에게 땅을 선물로 주셨습니다. 모세가 세 족속이 땅을 정복한 역사를 소개하는 이유는, 하나님의 약속을 신뢰하도록 하기 위함입니다. 하나님이

에돔과 모압과 암몬에게 땅을 선물로 주셨다면, 이스라엘에게도 반드시 가나안 땅을 선물로 주실 것입니다. 하나님이 그렇게 하시겠다고 약속하셨기 때문입니다. **24-37** 이스라엘은 헤스본 왕 시혼을 물리쳤습니다. 객관적인 전력은 헤스본이 훨씬 강했습니다. 하지만 헤스본은 이스라엘의 적수가 되지 못했습니다. 하나님이 그들의 마음에 두려움을 심어 주셨기 때문입니다(25절). 하나님은 앞장서서 이스라엘을 위해 싸우셨습니다.

3장 왜 모세는 바산의 강대함을 강조하는가?

1-11 바산 왕 옥과의 싸움은, 이스라엘이 요단강 동쪽에서 거둔 두 번째 승리입니다. 이 단락은 바산이 얼마나 강대한 나라였는지를 강조합니다(5절). 그 이유는 이스라엘이 거둔 승리가 하나님의 은혜였음을 나타내기 위함입니다. 따라서 이스라엘 백성들은 가나안 정복 전쟁을 두려워하지 말아야 합니다. 하나님이 은혜를 베풀어 주신다면, 바산을 정복한 것처럼 가나안도 정복할 것입니다. **12-22** 르우벤, 갓, 그리고 므낫세 반 지파는 요단강

동쪽에 정착했습니다. 하나님이 요단강 동쪽 땅을 정복하도록 도와주셨기 때문입니다. 이스라엘 백성들은 요단강 동쪽에서 거둔 승리를 통해, 요단강 서쪽에서도 승리할 것이라는 믿음을 가졌을 것입니다. **23-29** 모세는 자신의 실패담을 전합니다. 모세 역시 하나님께 불순종했고, 그 결과 모세는 가나안 입성이 금지되었습니다. 모세는 자신의 실패담을 통해 순종의 중요성을 강조합니다.

어떻게 살 것인가?

4장 왜 하나님의 규례와 법도를 준행해야 하는가?

1-14 1-3장은 지난날의 역사, 특히 광야에서의 삶을 회고하는 설교였습니다. 이제부터는 미래 지향적 권면이 이어집니다. 핵심은 두 가지입니다. 첫째, '어떻게 가나안을 정복할 수 있는가?'입니다(1-14절). 그 비결로 제시되는 것은 군사적인 전략이 아닙니다. 하나님의 규례와 법도를 듣고 준행하는 것입니다(1절). 삶의 모든 영역에서 세상 정신과 관습을 배격하고, 말씀이 제시하는 방향과 기준을 따르는 것이 승리의 비결입니다. 말씀을 대하는 자세도 중요합니다. "가감하지 말고"(2절)라는 권면

은 말씀의 절대성을 강조합니다. 부분적인 순종은 불순종이나 마찬가지입니다. **15-49** 둘째, '가나안에서 어떻게 살아야 하는가?'입니다(15-40절). 이것은 우상을 숭배하지 않는 것으로 요약됩니다. 하나님은 "소멸하는 불"이시며 "질투하시는" 분입니다(24절). 만약 이스라엘이 우상을 숭배한다면, 가나안 원주민처럼 쫓겨나게 될 것입니다(27절). 하지만 쫓겨나는 것이 마지막은 아닙니다. 만약 진심으로 뉘우치고 회개한다면 하나님은 그들을 약속의 땅으로 다시 불러 모으실 것입니다(29절).

5장 왜 하나님의 저주가 삼사 대에 미치는가?

1-33 십계명이 소개됩니다. 십계명은 출애굽기의 율법 단락에서 가장 먼저 설명된 주제인데, 신명기에서도 마찬가지입니다. 십계명이 모든 율법의 요약이기 때문입니다. 모세는 십계명을 소개하면서, 과거 세대가 아니라 지금 세대와 세운 언약이라고 말합니다(3절). 십계명이 모든 세대에 적용되는 절대적인 도덕 원칙이라는 뜻입니다. 십계명은 하나님이 구원자이심을 선포하는 것으로 시작합니다(6절). 십계명이 구원의 수단이 아니라는 것을 강조하기 위해서입니다. 십계명은 이미 구원받은 자들이 하나님께 영광을 돌리는 수단입니다. 불순종한

죄를 삼사 대까지 갚으신다는 말씀(9절)은, 약간 오해의 소지가 있습니다. 이것은 부모의 죄 때문에 자녀가 심판을 당한다는 의미가 아닙니다. 이것은 두 가지 측면에서 해석할 수 있습니다.[69] 첫째, 하나님이 부모의 죄를 심판하실 때, 그 부정적인 영향이 자녀에게도 미친다는 의미입니다. 예를 들어 엘리야 시대에 3년간 가뭄이 임한 것은 부모 세대의 불순종 때문이지만, 자녀 세대도 함께 고통을 겪었습니다. 둘째, 자녀 세대가 부모의 불순종을 본받을 수 있다는 의미입니다. 그렇다면 자녀 세대 역시 부모 세대와 동일한 심판에 처하게 될 것입니다.

6장 왜 하나님을 마음을 다해서 사랑해야 하는가?

1-25 신명기 6장은 4절의 첫 단어 때문에 '쉐마'로 불립니다. 쉐마는 '들으라'는 뜻입니다. 정통 유대인들은 매일 신명기 6장 4-9절을 암송합니다. 예수님도 이 본문의 특별함을 강조하셨습니다(막 12:29-30). 쉐마의 핵심은 마음을 다해서 하나님을 사랑하는 것입니다(5절). 하나님께 드리는 사랑은, 평범한 사랑이 아니라 최고의 사랑이어야 한다는 것입니다. 하나님은 유일한 신이시기 때

문입니다(4절). 따라서 이스라엘은 세 가지를 배격해야 합니다. 첫째, 하나님보다 우상을 사랑하는 우상 숭배. 둘째, 하나님보다 돈을 사랑하는 물질 숭배. 셋째, 하나님보다 자기 자신을 사랑하는 교만입니다. 모세는 7장에서 우상 숭배를, 8장에서 물질 숭배를, 9장에서 교만을 다룹니다.

052

광야에서의 삶을 기억하라

7장 왜 가나안 원주민을 진멸해야 하는가?

1-11 이스라엘은 가나안 원주민을 진멸해야 합니다. 이방 종교의 위험성 때문입니다. 가나안 군대보다 위험한 것은 가나안의 우상입니다. 이스라엘이 가나안의 우상을 숭배한다면, 하나님의 진노가 이스라엘에게 임할 것입니다(4절). 이스라엘이 우상 숭배자가 되는 순간, 이스라엘을 도와주셨던 하나님이, 반대로 이스라엘을 공격하실 것입니다(4절). 그래서 이스라엘은 가나안 원주민을 진멸해야 합니다(2절). 가나안에서 우상 흔적을 모두 제거해야 합니다. **12-26** 하나님께 순종할 때 받게 되는 복이 소개됩니다. 하나님께 순종하는 것은 풍요와 건강을 가져다 줄 것입니다(13-15절). 하나님께 순종하는 것은 승리와 번영을 가져다줄 것입니다(17-24절). 따라서 이스라엘은 우상 숭배를 배격하고, 오직 하나님께만 순종해야 합니다(25-26절).

8장 왜 하나님을 기억하라고 말하는가?

1-20 모세는 하나님을 기억하라고 말합니다(18절). 가나안은 하나님을 잊어버리기 쉬운 곳이기 때문입니다. 광야는 모든 것이 부족한 곳입니다. 그래서 이스라엘은 광야에 있는 동안 하나님만 바라보았습니다. 광야에서 살았던 40년 내내 하나님만 의지했습니다. 반대로 가나안은 모든 것이 풍족한 곳입니다(9절). 그래서 이스라엘은 가나안에 정착한 후에 하나님을 잊어버릴 가능성이 높았습니다(14절). 가나안의 물질문명에 젖어서 하나님을 망각하고, 교만하기 쉬웠습니다(14절). 바로 이것이 모세가 하나님을 기억하라고 말하는 이유입니다.

9장 왜 이스라엘은 교만하지 말아야 하는가?

1-29 고대 사회에서 전쟁 승리는 사람의 의로움에 대한 신들의 선물로 여겨졌습니다.[70] 고대인들은 신이 도덕적으로 우월한 자들에게 승리를 준다고 생각했습니다.[71] 하지만 이스라엘은 결코 그렇게 생각하지 말아야 합니다. 이스라엘은 전쟁에서 승리한 후에 도덕적 우월감에 고취되지 말아야 합니다(4절). 이스라엘의 승리는 의로움에 대한 보상이 아니기 때문입니다. 이스라엘 백성들이 의로웠기 때문에 하나님이 승리를 주신 것이 아니기 때문입니다. 사실 이스라엘은 목이 곧은 백성입니다(13절). 그럼에도 불구하고 이스라엘이 승리한 것은 두 가지 이유 때문입니다. 첫째, 하나님이 가나안 원주민들을 심판하실 때가 무르익었기 때문입니다(4절). 둘째, 하나님이 아브라함과 이삭과 야곱에게 가나안 땅을 주시겠다고 언약하셨기 때문입니다.

10장 왜 이스라엘은 하나님을 사랑해야 하는가?

1-22 지금까지 모세는 이스라엘이 하지 말아야 하는 세 가지를 말했습니다. 7장에서는 우상 숭배를, 8장에서 물질 숭배를, 9장에서는 교만을 멀리해야 한다고 했습니다. 이제 10장에서는 이스라엘이 해야 하는 다섯 가지를 말합니다. 이스라엘이 해야 하는 것은 첫째, 하나님을 경외하는 것, 둘째, 하나님의 도를 행하는 것, 셋째, 하나님을 사랑하는 것, 넷째, 하나님을 섬기는 것, 다섯째, 하나님의 명령을 지키는 것입니다(12절). 사실 다섯 가지는 하나로 통합됩니다. 하나님을 사랑하는 것입니다. 이스라엘이 하나님을 사랑해야 하는 이유는 분명합니다. 하나님이 먼저 이스라엘을 사랑해 주셨기 때문입니다(15절). 아무 자격 없는 이스라엘을 당신의 백성으로 선택해 주셨기 때문입니다(15절).

모세의 십계명 해설⑴

11장 왜 모세는 가나안의 풍요로움을 묘사하는가?

1-7 모세는 하나님을 사랑하라고 말합니다. 하나님을 사랑하는 것은 모호한 일이 아닙니다. 하나님의 계명에 순종하는 것이 곧 하나님을 사랑하는 것입니다(1절). 그렇다면 하나님을 사랑하지 않는 자들은 어떻게 될까요? 모세는 두 가지 사례를 제시합니다. 첫째, 바로입니다. 바로는 하나님께 불순종하여 심판을 받았습니다(3절). 둘째, 다단과 아비람입니다. 그들 역시 하나님께 반역하여 심판을 받았습니다(6절). 모세가 두 가지 사례를 제시하는 이유는 하나님을 사랑하지 않을 때 일어나는 일을 경고하기 위함입니다. **8-32** 모세는 가나안의 풍요로움을 묘사합니다(11절). 가나안 정복 전쟁에 긍정적인 동기를 부여하기 위함입니다. 하지만 가나안에서의 풍요는 조건적입니다. 하나님의 계명에 순종할 때에만 가나안에 비가 내릴 것입니다(13-14절). 가나안의 우상을 멀리할 때에만 저주가 아닌 복이 임할 것입니다(26-32절).

12장 왜 우상 제단을 파괴해야 하는가?

1-32 12장부터 26장까지는 십계명의 순서를 따라 해설하고 있습니다. 12장은 하나님을 어떻게 예배해야 하는가를 다룹니다. 제1계명을 자세하게 설명한 것입니다. 이스라엘이 가나안을 정복한 후 첫 번째로 해야 하는 일은 우상 제단을 파괴하는 것입니다(2-3절). 하나님만을 섬기라는 첫 번째 계명을 지키기 위해서입니다. 만약 가나안 땅에 우상 제단이 그대로 남아 있게 된다면, 이스라엘은 우상을 섬기려는 유혹을 받게 될 것입니다. 따라서 이스라엘은 우상을 숭배하도록 유혹할 만한 것은 하나도 남기지 말아야 했습니다. 현대인들은 돈과 명예와 권력을 하나님처럼 여깁니다. 하나님보다 성공과 물질과 쾌락을 더 중요하게 생각합니다. 따라서 이러한 것들이 현대의 우상입니다. 우리는 제1계명에 순종하기 위해 이러한 것들로부터 마음을 지켜야 합니다. 오직 하나님만을 섬겨야 합니다.

13장 왜 우상 숭배하는 가족을 죽여야 하는가?

1-18 13장은 이스라엘이 우상 숭배에 빠질 수 있는 세 가지 경우를 제시합니다. 첫 번째는 선지자를 자처하는 자들의 유혹입니다(1-5절). 심지어 그들은 기적을 행하기도 합니다. 하지만 기적을 행하는 것은 선지자의 자격이 될 수 없습니다(2절). 애굽의 요술사나 마술사 시몬도 기적을 행한 바 있습니다(출 7:22, 행 8:9). 선지자의 기준은 '하나님의 말씀을 올바르게 전하는가?'입니다. 두 번째는 더 위험한 경우입니다(6-11절). 유혹하는 자들이 가족이나 친구이기 때문입니다. 그래서 하나님은 더 철저한 대응을 요구하십니다. 용서 없이 그들을 죽여야 합니다. 심지어 자기가 먼저 돌을 들어야 합니다. 하나님이 가족이나 친구보다 더 중요하기 때문입니다. 세 번째는 앞의 두 경우와 조금 다릅니다(12-18절). 이번에는 한 성읍 전체가 우상 숭배에 빠진 상황입니다. 이럴 때에는 그 성읍 전체를 진멸해야 합니다(15절). 이것은 그들을 가나안 원주민처럼 여기라는 뜻입니다.

모세의 십계명 해설(2)

14장 왜 십일조를 드리는가?

1-29 14장은 제3계명 해설입니다.[72] 제3계명은 "너는 네 하나님 여호와의 이름을 망령되게 부르지 말라"입니다. 제3계명이 요구하는 것은, 하나님의 백성으로서 하나님 이름에 합당한 삶을 사는 것입니다. 모세는 크게 세 가지를 강조하고 있습니다. 첫째, 죽음(1-2절). 둘째, 음식(3-21절). 셋째, 십일조(22-29절)입니다. **1-2** 여기서 금지하는 것은 가나안의 애도 관습입니다.[73] 하나님의 백성들은 죽음을 대하는 방식도 불신자들과 달라야 합니다. **3-21** 이스라엘 백성들이 먹을 수 있는 것과 먹을 수 없는 것들이 소개됩니다. 하나님의 백성은 음식을 먹는 것도 이방인들과 구별되어야 한다는 뜻입니다. 이것은 음식을 먹는 것처럼 일상적인 일들도, 하나님의 뜻 안에서 행해져야 한다는 사실을 의미합니다. 사도 바울도 동일하게 가르쳤습니다(고전 10:31). **22-29** 이스라엘 백성들이 물질을 사용하는 방법이 소개됩니다. 이스라엘 백성들은 매년 수입의 십분의 일을 하나님께 드려야 합니다. 삼 년에 한 번씩은 가난한 사람들을 위해 십일조를 한 번 더 드려야 합니다. 모세는 십일조를 드리는 목적이 하나님 경외하기를 배우기 위해서라고 말합니다(23절). 십분의 일을 하나님께 드리는 것은, 하나님께 먼저 드리고 남은 것으로도 충분히 살 수 있다는 것을 배우는 과정입니다. 그러므로 십일조는 이 시대에도 반드시 지켜야 할 보편적 규례입니다(마 23:23).

15장 왜 7년에 한 번씩 모든 빚을 면제해 주어야 하는가?

1-23 15장은 제4계명 해설입니다. 제4계명은 "안식일을 기억하여 거룩하게 지키라"입니다. 15장은 제4계명의 실천을 이웃을 섬기는 것으로 확대하고 있습니다. 하나님의 백성들은 안식일을 지킬 뿐만 아니라 다른 사람이 안식을 누리도록 도와주어야 합니다. 모세는 크게 두 부류의 사람들을 소개합니다. 첫째, 빚진 사람(1-11절), 둘째, 노예가 된 사람(12-18절)입니다. **1-11** 이스라엘 백성들은 7년에 한 번씩 모든 빚을 면제해 주어야 합니다(1절). 빈익빈 부익부가 고착화되지 않도록 하기 위해서 입니다(5절). 이웃의 빚을 면제해 주는 행위에는 하나님의 복이 약속되어 있습니다(5절). **12-23** 이스라엘 백성들은 7년에 한 번씩 노예들을 해방시켜 주어야 합니다(12절). 노예는 그 사회에서 경제적으로 가장 취약한 존재입니다. 극심한 경제적 어려움은 하나님 안에서 안식하는 것을 어렵게 만듭니다. 그러므로 그리스도인들은 경제적으로 어려움을 겪는 신자들을 도와주어야 합니다. 이런 자들에게는 하나님의 복이 약속되어 있습니다(18절).

16장 왜 절기의 제물을 이웃과 함께 나누어야 하는가?

1-17 16장도 제4계명 해설입니다. 15장이 안식일의 의미를 실천적으로 확대했다면, 16장은 안식일의 의미를 시간적으로 확대하고 있습니다. 모세가 소개하는 절기는 세 가지입니다. 유월절(1-8절), 칠칠절(9-12절), 초막절(13-17절)입니다. 유월절은 유대인들의 첫째 달인 아빕월에 지킵니다. 따라서 유월절은 이스라엘의 새해맞이 절기입니다. 칠칠절은 맥추절로도 불리는데, 곡식을 거두는 시기에 지킵니다. 양식을 주신 하나님께 감사하는 절기입니다. 초막절은 장막에서 지내기 때문에 장막절, 곡식을 창고에 저장하는 시기이기 때문에 수장(거두어 간직한다는 의미)절로도 불립니다(출 34:22). 주목할 부분은 절기의 제물을 어려운 이웃들과 나누어야 한다는 것입니다. 하나님 사랑은 이웃 사랑으로 표현되고 증명되기 때문입니다(마 25:40).

모세의 십계명 해설(3)

17장 왜 이스라엘 왕은 평생 율법을 가까이해야 하는가?

1-13 16장 18절부터 18장 22절까지는 제5계명 해설입니다. 제5계명은 "네 부모를 공경하라"입니다. 제5계명이 요구하는 것은 하나님이 세우신 권위자들을 공경하는 것입니다. 따라서 이스라엘 백성들은 부모를 공경하듯, 하나님이 세우신 지도자들을 공경해야 합니다. 가장 먼저 소개되는 지도자는 재판관입니다. 재판관의 역할은 공의를 이루는 것으로 요약됩니다(신 16:20). 공의란 선을 장려하고, 악을 벌하는 것입니다. 따라서 재판관은 뇌물을 받지 말고(신 16:19), 오직 율법으로만 선과 악을 분별해야 합니다. 또한 억울한 피해자가 발생하지 않도록, 자세한 조사(4절)와 두 명 이상의 증인(6절)이 뒷받침되어야 합니다. **14-20** 왕의 자격이 소개됩니다. 이스라엘 왕은 다섯 가지 자격을 갖추어야 합니다. 첫째, 하나님이 선택하신 사람이어야 합니다(15절). 이스라엘 왕은 하나님을 대리하는 존재이기 때문입니다. 둘째, 군사력을 상징하는 말을 늘리지 않아야 하고(16절), 셋째, 외교력을 상징하는 아내를 많이 두지 않아야 하며(17절), 넷째, 경제력을 상징하는 은금을 많이 두지 않아야 합니다(17절). 이스라엘은 군사력, 외교력, 경제력이 아니라 하나님만을 의지하는 나라가 되어야 하기 때문입니다. 다섯째, 율법을 곁에 두고 평생 묵상하며 지켜야 합니다(19절). 이스라엘 왕은 백성들의 통치자인 동시에 하나님의 종이기 때문입니다.

18장 왜 다른 지파가 레위 지파에게 먹을 것을 공급해 주어야 하는가?

1-14 18장도 제5계명 해설입니다. 왕 다음으로 소개되는 지도자는 레위인입니다(1-8절). 레위인은 생계유지를 위한 땅을 분배받지 못했으므로, 다른 지파가 먹을 것을 공급해 주어야 합니다. 안타깝게도 이 규정은 잘 지켜지지 않았습니다(느 13:10). 오늘날 이 율법은 교회의 전임 사역자에게 적용될 수 있습니다. 교회는 전임 사역자가 말씀을 전하는 일에 전념할 수 있도록 배려해 주어야 합니다(고전 9:9; 행 6:4). **15-22** 다음으로 소개되는 지도자는 선지자입니다. 당시 이방 민족들은 점성술사나 무당을 통해 신의 소리를 들을 수 있다고 생각했습니다. 하지만 이스라엘 백성들은 오직 선지자의 소리만 들어야 합니다(15, 19절). 선지자를 공경하는 방법은 이방 선지자를 멀리하고(9 14절), 거짓 선지자를 분별하는 것입니다(15-22절). 하나님은 장차 참 선지자가 올 것이라고 말씀하셨는데(18절), 베드로는 그 선지자가 예수님이라고 하였습니다(행 3:22).

19장 왜 도피성을 세워야 하는가?

1-14 19장은 제6계명 해설입니다. 제6계명은 "살인하지 말라"입니다. 제6계명이 요구하는 것은 생명을 존중하는 것입니다. 하나님이 도피성을 세우라고 명하시는 이유도 마찬가지입니다. 도피성은 실수로 살인한 자가 복수를 당하지 않도록 보호하는 장소입니다. 도피성은 살인이 또 다른 살인을 불러오고, 복수가 또 다른 복수를 불러오는 것을 방지하는 장소입니다. **15-21** 이 단락은 증인의 자격을 말합니다. 도피성이 생명 존중을 위해서 필요하듯이, 증인도 생명 존중을 위해서 필요합니다. 누군가에게 유죄 판결을 내리려면 반드시 두 명 이상의 증인이 있어야 합니다(15절). 거짓 증언을 하는 증인은 반드시 엄한 처벌을 받아야 합니다(19절). 이로써 이스라엘 백성들은 억울한 처벌을 피할 수 있었습니다.

모세의 십계명 해설④

20장　왜 두려워하는 자는 전쟁 참여가 금지되는가?

1-20 20장의 주제는 전쟁이며, 제6계명을 해설하는 단락에 포함되어 있습니다. 아이러니하게도 제6계명은 "살인하지 말라"입니다. 그러므로 20장은 전쟁에 따른 인명 피해를 최소화하기 위한 율법입니다.[74] 따라서 이스라엘은 평화를 깨뜨리는 전쟁을 해서는 안 됩니다. 전쟁보다 앞서는 것은 화평을 선언하는 일입니다(10절). 하지만 가나안 원주민들은 심판의 대상이기에 반드시 진멸되어야 합니다(16-18절). 전쟁과 관련한 첫 번째 율법은 '두려움 금지'입니다(1절). 심지어 두려워하는 자는 전쟁에 참여하는 것이 제한되기까지 합니다(8절). 두려워한다는 것은 하나님의 약속을 신뢰하지 않는 것이므로, 하나님께 불순종하는 일입니다. 하나님은 그런 사람이 하나님의 영광을 위한 전쟁에 참여하는 것을 원하지 않으십니다.

21장　왜 살인자를 알 수 없는 사건이 발생했을 때 속죄 의식을 치러야 하는가?

1-9 21장도 제6계명 해설입니다. 제6계명은 "살인하지 말라"입니다. 살인자는 반드시 엄중한 처벌을 받아야 합니다(신 19:13). 그렇다면 살인자를 알 수 없는 시체가 발견되었을 때는 어떻게 해야 할까요? 그때는 공동체 전체가 속죄 의식을 치러야 합니다. 생명의 소중함을 일깨우기 위함입니다. 이스라엘 백성들은 속죄 의식을 통해 생명의 소중함을 깨달았을 것이고, 억울한 죽음이 발생하지 않도록 노력했을 것입니다. **10-14** 전쟁 포로에 관한 규례입니다. 전쟁이 발생하면 가장 큰 피해를 입는 것은 주로 여자입니다. 고대인들은 전쟁에서 사로잡은 여자들을 노예로 삼고 학대했습니다. 하지만 이스라엘은 포로가 된 여성들의 인권을 무시하지 말아야 합니다. **15-17** 이 단락의 주제는 장자의 상속권입니다. 핵심은 자녀 중에 누군가를 더 편애하지 않는 것입니다. 생명 존중 사상은 가정에서도 적용되어야 합니다. **18-23** 부모에게 반항하는 자녀들은 돌로 쳐서 죽여야 합니다. 물론 이 규례를 신약 시대에 문자적으로 실천해서는 안 됩니다. 핵심은 자녀들이 부모에게 불순종하는 것을 그대로 용인해서는 안 된다는 것입니다.

22장　왜 남녀 간의 잠자리는 부부 사이에서만 가능한가?

1-12 22장은 주로 제7계명 해설입니다. 제7계명은 "간음하지 말라"입니다. 제7계명이 요구하는 것은 성적으로 순결하게 사는 것입니다. 성적으로 순결하게 살기 위해서는 하나님이 정하신 범주를 넘지 말아야 합니다. 남자는 남자로 살아야 하고, 여자는 여자로 살아야 합니다. 이 범주를 넘어서서 남자가 여자처럼 행동하거나 여자가 남자처럼 행동해서는 안 됩니다(6절). **13-30** 남녀 간의 잠자리는 부부 사이에만 가능합니다. 그것이 하나님이 세우신 창조 질서이기 때문입니다. 동성 간의 사랑이 하나님의 창조 질서를 깨뜨리는 행위인 것처럼, 배우자 외의 다른 사람과 잠자리를 갖는 것도 하나님의 창조 질서에 반하는 행위입니다. 만약 누군가가 배우자가 아닌 사람과 잠자리를 갖다가 발각되었다면, 마을 사람들은 그 사람을 돌로 쳐서 죽여야 합니다(21절). 그리하여 공동체의 성적 순결을 보존해야 합니다.

모세의 십계명 해설(5)

23장　왜 사생자는 하나님의 백성이 될 수 없는가?

1-8 이 단락은 하나님의 백성이 될 수 있는 자격을 다룹니다. 제7계명을 설명하다가 갑자기 하나님의 백성이 될 수 있는 자격을 다루는 이유는, 이스라엘이 하나님과 언약적으로 혼인한 관계이기 때문입니다(호 3:1). 음경이 잘린 자(1절)와 사생자(2절)는 하나님의 백성이 될 수 없습니다. 그들은 우상 숭배자이기 때문입니다. 신체의 일부를 자르는 것은 이방 종교 의식 가운데 하나였고, 사생자는 이방 여인을 통해 출생한 사람을 말합니다. **9-14** 진영을 거룩하게 하는 규례입니다. 이스라엘 진영은 하나님이 함께하시는 거룩한 곳입니다. 그곳에서는 어떠한 불결함도 발견되지 않도록 조심해야 합니다. **15-25** 이제부터 제8계명 해설입니다. 제8계명은 "도둑질하지 말라"입니다. 제8계명이 요구하는 것은 물질을 거룩하게 사용하라는 것입니다. 그래서 이스라엘 백성들은 악한 방법으로 돈을 벌지 말아야 합니다(17절). 가난한 이웃에게 이자를 받지 말아야 합니다(19절). 이웃 재산에 피해를 주지 말아야 합니다(25절).

24장　왜 노동자의 품삯은 반드시 당일에 지급해야 하는가?

1-4 구약 성경에서 유일하게 이혼에 대해 설명하는 구절입니다. 바리새인들이 이혼을 옹호하는 근거로 사용한 말씀이기도 합니다(마 19:7). 예수님은 혼인한 부부는 한 몸이므로 이혼하지 않는 것이 하나님의 뜻이라고 선언하셨습니다(마 19:4-6). **5-7** 제8계명을 일상에 적용한 것입니다. 5절은 갓 결혼한 여인에게서 남편을 빼지 말라는 것이고, 6절은 가난한 자에게서 생필품을 빼지 말라는 것입니다. 7절은 인신매매를 금하는 구절입니다. 인신매매는 용서할 수 없는 범죄로 극형에 처해야 합니다. **8-22** 제8계명은 물질을 거룩하게 사용할 것을 요구합니다. 특히 이 단락은 물질을 가난한 자들을 위해서 사용할 것을 요구합니다. 겉옷을 전당물로 취했을 때에는 해가 지기 전에 돌려주어야 합니다(12-13절). 가난한 사람에겐 겉옷이 곧 이불이기 때문입니다. 노동자의 품삯은 반드시 당일에 지급해야 합니다. 그들에겐 하루 먹을 양식이 급하기 때문입니다(14-15절). 나그네와 고아와 과부를 보호해야 합니다(17-18절). 그들에겐 스스로를 지킬 힘이 없기 때문입니다. 곡식을 수확할 때에는 일부분을 남겨 가난한 사람들이 먹을 수 있게 해야 합니다(19-22절). 종합하면 그리스도인은 사회적 약자들이 최소한의 인권을 보장받을 수 있도록 노력해야 합니다. 바로 그것이 교회가 세상의 빛과 소금으로 존재하는 길입니다.

25장　왜 매를 40대로 제한하는가?

1-4 죄를 범한 자는 합당한 처벌을 받아야 합니다. 하지만 40대 이상의 태형을 가해서는 안 됩니다. 그 사람의 존엄성을 보호하고, 이후에 언약 공동체에 복귀하는 것을 돕기 위해서입니다.[75] **5-10** '수혼법'(levirate marriage)규례입니다. 수혼법은 남편이 아들 없이 죽었을 경우, 남편의 형제를 통해 아들을 출산하는 것입니다. 수혼법은 과부를 보호하며 가문의 대를 잇기 위해 시행되었습니다. **11-16** 남자의 생식기를 공격하는 것을 금합니다. 생명을 주시는 하나님께 도전하는 행위이기 때문입니다. 상거래에서 상대방을 속이는 것을 금합니다. 하나님의 나라는 정의로운 나라여야 하기 때문입니다. **17-19** 아말렉 족속은 이스라엘 가운데 지치고 약한 자들을 은밀하게 공격했습니다. 하나님은 이런 행위를 미워하십니다. 하나님이 아말렉을 심판하시는 것은 그들이 행한 악행 때문입니다.

신명기 26-28장

모세의 십계명 해설(6)

26장 왜 탐심을 극복하기 위해서 하나님의 은혜를 생각해야 하는가?

1-11 26장은 제10계명 해설입니다. 제10계명은 "네 이웃의 집을 탐내지 말라"입니다. 제10계명은 탐심에 지배당하지 않을 것을 요구합니다. 탐심을 극복하기 위해서는 첫째, 하나님의 은혜를 생각해야 합니다. 하나님이 우리에게 필요한 것들을 공급해 주신다는 사실을 믿는 사람은 탐심에 지배당하지 않기 때문입니다. 하나님은 이스라엘 백성들이 가나안 땅에 들어간 다음, 첫해에 수확하는 첫 열매를 당신께 바치라고 하셨습니다(2절). 그리고 당신이 지금까지 베푸신 은혜를 고백하라고 하셨습니다(5-9절). 이처럼 탐심을 극복하기 위해서는 하나님의 은혜를 생각해야 합니다. **12-19** 탐심을 극복하기 위해서는 둘째, 가난한 자들에게 베풀며 살아야 합니다. 자신의 사명이 약자들을 섬기는 것임을 아는 사람은, 탐심에 지배당하지 않기 때문입니다. 하나님은 이스라엘 백성들이 가나안 땅에 들어간 다음에 삼 년에 한 번씩은 가난한 자들을 위해 십일조를 하라고 하셨습니다(12절). 이처럼 탐심을 극복하기 위해서는 도움이 필요한 약자들을 생각하며 살아야 합니다.

27장 왜 율법을 새긴 비석과 제단을 만들어야 하는가?

1-10 하나님은 가나안 땅에 들어가면 율법을 새긴 비석(2절)과 하나님을 예배하는 제단(5절)을 만들라고 하십니다. 이 두 가지가 하나님이 이스라엘을 선택하신 목적을 보여 주기 때문입니다. 이스라엘 백성들은 율법에 순종하는 사람으로, 하나님을 예배하는 사람으로 부름받았습니다. 주목할 것은 제단의 모양입니다. 하나님은 다듬지 않은 돌로만 제단을 만들라고 하십니다(6절). 제단 자체를 우상시하여 그것을 화려하게 꾸미기 위해 노력하지 말라는 것입니다. **11-26** 앞에서 큰 돌 위에 율법을 기록하라고 하신 하나님은(3절), 이제 율법을 어겼을 때 받게 될 저주를 말씀하십니다(13절). 레위 사람들은 큰 소리로 율법을 어겼을 때 받게 될 저주를 선포하고(14절), 모든 백성들은 아멘으로 화답합니다(15절). 이것은 율법에 불순종 할 때, 하나님의 저주를 기꺼이 받아들이겠다는 엄숙한 언약식의 모습입니다. 핵심은 26절입니다. 율법을 다 지킬 수 있는 사람은 아무도 없으므로, 모든 사람이 하나님의 저주 아래 있습니다. 예수님은 우리가 받아야 할 저주를 대신 받으셔서, 우리를 하나님의 저주에서 해방시켜 주셨습니다(갈 3:13).

28장 왜 하나님은 당신의 백성에게 저주를 약속하시는가?

1-68 모세는 십계명 해설을 마무리하면서, 십계명에 순종하는 자가 받게 될 복과 불순종하는 자가 받게 될 저주를 말합니다. 주목할 점은 저주를 말하는 분량이 거의 세 배 가까이 많다는 것입니다. 하나님은 왜 당신의 백성에게 저주를 약속하실까요? 하나님의 저주는 복의 근원이신 하나님과 멀어질 때 발생하는 결과를 경고하기 위해 필요합니다. 불행하게도 이스라엘 백성들은 하나님의 경고를 진지하게 받아들이지 않았습니다. 결국 이스라엘 백성들은 하나님이 경고하신 저주의 내용들을 고스란히 겪어야 했습니다. 하나님의 말씀 가운데 상당수는 경고 형태를 취하고 있습니다. 하나님의 경고는 순종을 강요하는 것이 아닙니다. 하나님 안에서 사는 것이 얼마나 복된 삶인지를 강조하고, 하나님과 멀어진 삶의 실체를 일깨우기 위한 것입니다.

모세의 마지막 설교

29장 왜 모세는 이스라엘의 미래를 염려하는가?

1-29 신명기에는 모세의 설교 세 편이 기록되어 있습니다. 29장은 그 가운데 세 번째 설교입니다. 첫 번째 설교(1-3장)가 과거를 잊지 말라는 것이었고, 두 번째 설교(4-28장)가 현재를 거룩하게 살라는 것이었다면, 세 번째 설교(29-30장)는 미래를 바라보라는 것입니다. 이스라엘의 미래를 결정하는 것은 순종입니다. 하나님의 말씀을 행하는 것입니다(9절). 그러면 이스라엘은 번영할 것입니다. 참된 성공을 경험할 것입니다. 하지만 모세의 권면에는 장밋빛 기대보다는 염려와 불안이 가득합니다(18절). 지금까지 수없이 많은 실패와 불순종을 보았기 때문입니다. 모세가 우상 숭배의 위험성(14-21절)과 하나님의 엄중한 심판(22-29절)을 강하게 경고하는 것은 바로 그런 이유 때문입니다.

30장 왜 모세는 염려하면서도 소망을 가지라고 하는가?

1-20 29장의 강조점이 미래에 대한 염려였다면, 30장의 강조점은 미래에 대한 소망입니다. 이 소망은 근거 없는 소망이 아닙니다. 모세는 하나님의 자비로운 성품에 근거하여 미래에 대한 소망을 가집니다(3절). 만약 이스라엘이 하나님께 불순종한다면, 하나님은 정의로운 성품에 근거하여 이스라엘을 심판하실 것입니다. 하지만 이스라엘이 다시 하나님께 돌아온다면, 하나님은 자비로운 성품에 근거하여 이스라엘을 다시 받아 주실 것입니다. 하나님의 자비는 우리의 상상을 초월하기 때문입니다. 하나님은 당신의 백성들이 고의로 죄를 지었을지라도, 그들이 다시 돌아오기를 원하십니다. 하나님은 당신의 백성들이 멀리 떠났다 할지라도, 그들이 다시 회복되기를 원하십니다. 그것이 하나님의 자비입니다.

31장 왜 모세는 순종을 강조하는가?

1-29 하나님은 모세를 새로운 지도자로 세우십니다. 이제부터 여호수아가 이스라엘 백성들을 이끌며 가나안 정복 전쟁을 수행할 것입니다. 모세는 지도자 자리에서 물러나면서 마지막 말을 남깁니다. 핵심은 두 가지입니다. 하나님께 순종하는 것(5절)과 가나안 사람들을 두려워하지 않는 것(6절)입니다. 이 두 가지는 분리된 것이 아닙니다. 하나님께 순종하는 자는 두려워하지 않습니다. 순종하는 태도 안에는 하나님의 능력을 신뢰하는 자세가 내재되어 있기 때문입니다. 반대로 두려움이 가득한 사람은 하나님께 순종할 수 없습니다. 두려워하는 마음 안에는 하나님을 향한 불신이 내재되어 있기 때문입니다.

060

모세의 죽음

32장　왜 하나님은 이스라엘을 '여수룬'이라고 부르시는가?

1-52 32장은 하나님이 주시고, 모세가 기록한 노래입니다. 이 노래는 이스라엘의 과거를 돌아보고, 미래를 내다보는 예언적인 성격을 가지고 있습니다. 하나님은 이스라엘에게 큰 은혜를 베풀어 주셨습니다. 사람이 눈동자를 소중히 다루듯이 이스라엘을 소중히 다루어 주셨고(10절), 독수리가 새끼를 돌보듯이 이스라엘을 돌보아 주셨습니다(11절). 그러나 그 결과는 이스라엘의 배교이며,

우상 숭배일 것입니다(15절). 모세는 배교와 우상에 빠질 이스라엘을 '여수룬'이라고 부릅니다(15절). '올바른 사람'이라는 뜻으로 이스라엘의 불순종을 강조하는 반어법입니다.[76] 하나님은 이스라엘을 사랑하시기에, 배교와 우상 숭배에 빠진 이스라엘을 그냥 내버려 두시지 않을 것입니다. 거룩한 분노로 징계하셔서(21절), 참된 신은 하나님 한 분밖에 없음을 알게 하실 것입니다(39절).

33장　왜 레위 지파를 향한 축복이 가장 많은 비중을 차지하는가?

1-29 야곱이 죽기 전에 모든 자손들을 축복했던 것처럼, 모세도 죽음을 앞두고 모든 지파를 축복합니다. 32장의 주제가 이스라엘의 어두운 미래였다면, 33장의 주제는 이스라엘 승리와 번영입니다. 모세의 축복은 이스라엘이 원수들을 이길 것이라는 약속으로 끝납니다(29절). 이

것은 원시 복음(창 3:15)에 기록된 하나님 나라의 궁극적인 승리와 사탄의 나라의 영원한 패배를 암시하는 것입니다. 특이하게도 레위 지파를 향한 축복이 가장 많은 비중을 차지하고 있습니다(8-11절). 레위 지파가 이스라엘의 경건을 책임지는 제사장 지파가 되었기 때문입니다.

34장　왜 신명기는 모세와 같은 선지자가 다시는 없을 것이라고 말하는가?

1-12 모세는 이스라엘을 축복한 후 느보산으로 향합니다. 가나안 땅을 마지막으로 바라본 후 죽음을 맞이하기 위해서입니다. 여기서 모세는 '여호와의 종'으로 불립니다. 여호와의 종이라는 호칭은 여기서 처음으로 사용되었습니다. 이 호칭은 신실한 지도자들에게 부여되는 것으로, 여호수아가 죽을 때도 사용되었습니다(수 24:29). 모세는 죽기 직전까지도 매우 건강했습니다(7절). 이는 모세의 죽음이 고령이나 질병 때문이 아니라 하나님의 심판 때문임을 보여 줍니다. 신명기는 모세와 같은 선지

자가 다시는 없을 것이라는 아쉬움으로 마무리됩니다(10절). 하지만 이 아쉬움은 소망으로 바뀔 것입니다. 모세를 넘어서는 선지자가 오실 것이기 때문입니다. 바로 예수님입니다. 구약의 어떤 선지자도 모세와 비견할 수 없었지만, 예수님은 모세를 능가하셨습니다. 모세는 하나님을 대변했지만, 예수님은 하나님을 보이셨습니다. 모세는 한 민족을 구원했지만, 예수님은 모든 민족을 구원하셨습니다.

한눈에 보는 여호수아

핵심	가나안 정복 (1:1–13:7)	가나안 분배 (13:8–24:33)
사건	전쟁 준비 중부 지역 정복 남부 지역 정복 북부 지역 정복	요단강 동편 분배 요단강 서편 분배
주제	율법에 순종할 때 승리한다	하나님께서 안식을 주신다
장소	가나안	
기간	약 7년	약 8년

저자: 여호수아

여호수아서의 저자는 명확하지 않다. 여호수아가 율법을 기록했다는 언급은 있지만(24:26) 여호수아서를 기록했다는 언급은 없다. 하지만 저자가 '우리'라는 표현을 자주 사용한다는 점, 홍해 사건을 경험한 사람이라는 점(4:23), 요단을 건넌 사람 중 한 명이라는 점(5:1), 여호와께서 여호수아에게 직접 말씀하신 내용들이 기록되어 있다는 점(1:1, 3:7)을 종합적으로 고려한다면, 여호수아가 저자일 가능성이 높다. 그렇다면 여호수아 사후의 내용은 후대에 보충되었을 것이다.

기록 목적

여호수아서는 가나안을 정복하고 분배하는 것에 관한 이야기나. 여기서 강조되는 것은 가나안 정복 전쟁이 하나님의 언약에 근거한 행위라는 데 있다. 여호수아가 수행한 전쟁은 제국주의적 영토 확장이 아니라 하나님의 약속을 성취하는 과정이었다. 그러므로 여호수아서의 중요한 주제는, 가나안 정복 전쟁이 여호와의 영광을 위한 성전(聖戰)이라는 점과 가나안은 빼앗은 땅이 아니라 하나님께 선물로 받은 땅이라는 점이다. 물론 이런 관점이 이 시대에도 유효한 것은 아니다. 구약적 관점의 이스라엘, 즉 하나님 나라와 동등한 의미를 가지는 이스라엘은 이제 존재하지 않는다. 그런 점에서 현대 이스라엘이 가나안 땅을 정복하고 보존하기 위해 팔레스타인 난민을 군사적으로 억압하는 것은 전혀 성경적이지 않다.

통독 길잡이

여호수아서를 끔찍한 전쟁 이야기로 생각하는 사람들이 있다. 특히 여자와 아이들까지도 무차별적으로 살인한 본문에 이르면, 이것이 정말 성경에 기록될 만한 이야기인지 의문을 품게 된다. 이런 생각은 본문의 전쟁을 '인종 청소'와 같은 부당한 사건으로 생각하기 때문이다. 실제로 교회가 그런 실수를 범한 적이 있다. 대표적인 예가 십자군 전쟁이다. 하지만 가나안 정복 전쟁은 그런 전쟁들과 구별된다.[77] 첫째, 이 전쟁은 창조주 하나님께서 직접 지시하신 전쟁이다. 둘째, 이 전쟁은 창조주께서 죄인을 심판하시는 사건이다. 셋째, 가나안 원주민이라 할지라도 라합처럼 회개하는 사람은 심판을 피할 수 있었다.

여호수아의 가나안 정복 전쟁

1장 왜 율법에 순종하는 것이 승리를 위한 전략이 될 수 있는가?

1-18 모세는 호세아를 여호수아로 불렀습니다(민 13:8). 여호수아는 '여호와께서 구원하신다'는 뜻입니다. 여기서 헬라어 '예수스'와 영어 '예수'라는 말이 나왔습니다. 하나님은 여호수아와 동일한 이름을 독생자에게 주셨습니다(마 1:21). 이것은 하나님이 첫 번째 여호수아를 통해 하셨던 일을, 두 번째 여호수아(예수 그리스도)를 통해 완성시킬 것을 염두에 두신 행위입니다.[78] 여호수아가 가나안을 정복한 구원자라면, 예수님은 죄를 정복한 구원자이십니다. 여호수아는 애굽에서는 종이었고, 광야에서는 모세의 수종자였으며, 아말렉과 싸울 때는 지휘관이었습니다. 그리고 모세 사후, 그의 나이 약 80세 중

반이 되었을 때, 모세를 이어 이스라엘의 지도자가 됩니다. 1장은 하나님이 여호수아에게 하신 말씀입니다. 당시 여호수아는 전쟁을 눈앞에 두고 막중한 부담감과 두려움을 가지고 있었습니다. 하나님은 그런 여호수아에게 이상한 전략을 말씀하십니다. 율법을 묵상하고 지켜행하라는 전략입니다(8절). 어떻게 이것이 전쟁에서 승리하는 전략이 될 수 있을까요? 가나안은 군사력으로 정복할 수 있는 땅이 아니라, 하나님이 은혜로 주시는 선물이기 때문입니다. 하나님은 순종하는 자에게 승리를 선물로 주십니다.

2장 왜 라합은 하나님의 심판을 받지 않는가?

1-24 여호수아는 두 명의 정탐꾼을 가나안으로 보냅니다. 이들은 모세가 보낸 정탐꾼들과 정반대의 보고를 합니다. 첫 번째 정탐꾼들은 가나안을 정복하는 것이 불가능하다고 말했지만, 두 번째 정탐꾼들은 하나님이 가나안을 주셨다고 말합니다(24절). 여호수아가 보낸 정탐꾼들은 가나안에서 라합이라는 여인을 만납니다. 라합은 여관의 주인이었던 것으로 보입니다(1절).[79] 아마 정탐꾼들은 라합의 여관에 머물면서 가나안 정보를 수집했을

것입니다. 라합은 우상이 가득한 가나안 사람입니다. 하시만 그녀는 대다수의 가나안 사람들과 달리 하나님에 대한 믿음을 가지고 있었습니다. 심지어 하나님이 가나안을 이스라엘 백성들에게 주셨다는 언약의 내용까지 알고 있었습니다(9절). 이러한 믿음으로 말미암아 라합은 하나님의 심판을 받지 않습니다. 심지어 예수님의 족보에 기록되는 영예를 얻습니다(마 1:5).

3장 왜 하나님은 발로 밟는 땅을 주겠다고 하셨는가?

1-17 하나님은 이스라엘 백성들이 발로 밟는 땅을 주겠다고 하십니다(3절). 하나님이 가나안 땅을 주겠다고 약속하셨을지라도, 이스라엘 백성들이 책임감을 가지고 땅을 차지하기 위해 노력해야 한다는 사실을 가르치시기 위해서입니다. '요단강 도하 사건'이 그러한 실례를 보여 줍니다. 요단강은 이스라엘 백성들이 건너기 전에, 미리 멈추어 서 있지 않았습니다. 요단강은 제사장들이

발로 밟는 순간부터 멈추어 섰습니다. 요단강은 곡식을 거두는 시기가 되면(15절) 매우 위협적으로 수량이 불어나곤 하기에, 이것은 상당한 용기를 요하는 행동이었습니다. 이처럼 하나님의 은혜에는 우리의 책임이 따릅니다. 하나님의 은혜를 지속적으로 누리기 위해서는 하나님의 뜻에 항상 순종하며 살아야 합니다.

여리고성 전쟁

4장 왜 열두 개의 돌을 기념비로 세우라고 하시는가?

1-24 하나님은 요단강이 흐르지 못하게 하셨습니다. 방금까지 강물이 흐르던 곳은 마른 땅이 되었습니다. 이스라엘 백성들은 물 한 방울 묻히지 않고 마른 땅을 통과했습니다. 주목할 것은 제사장들의 태도입니다. 제사장들은 위험을 무릅쓰고, 마지막까지 강 한가운데 서 있었습니다. 만약 강물이 쏟아진다면 생명을 잃을 수도 있었습니다. 제사장들은 자신들의 생명을 하나님께 의탁했고, 하나님은 제사장들의 생명을 지켜 주셨습니다.

마침내 제사장들이 육지로 올라오는 순간, 요단강은 다시 세차게 흐르기 시작했습니다. 이때 하나님은 열두 개의 돌을 기념비로 세우라고 하십니다. 요단강이 멈추어 서서, 마른 땅을 밟고 지나간 사건을 후대에 전하기 위해서입니다(21-22절). 이처럼 교회는 하나님이 하신 일을 기억하고, 하나님에 대한 지식을 후대에 전하는 공동체입니다.

5장 왜 전쟁을 앞두고 할례와 유월절을 시행했는가?

1-12 이스라엘 백성들은 무려 40년을 광야에서 보냈습니다. 이스라엘 백성들은 요단을 건너서 가나안을 정복할 날을 손꼽아 기다렸습니다. 드디어 그날이 왔습니다. 기적적으로 요단강을 건넌 직후라, 이스라엘 백성들의 사기는 하늘을 찔렀을 것입니다. 그런데 하나님은 전쟁과 전혀 상관없어 보이는 두 가지 일을 시행하게 하십니다. 할례와 유월절입니다. 왜 하나님은 서둘러 전쟁을 준비해도 부족할 시기에 할례와 유월절을 시행하도록 하셨을까요? 심지어 할례는 극심한 고통을 수반하므로 전투력을 상실하게 만들 수도 있었는데 말입니다. 그 이유는 할례와 유월절이 하나님과의 특별한 관계를 보여 주기 때문입니다. 할례는 하나님이 생명의 주관자가 되심

을 보여 주고, 유월절은 하나님이 이스라엘의 구원자가 되심을 보여 줍니다. 즉, 전쟁을 앞두고 무기와 식량을 준비하는 것보다 하나님을 향한 믿음을 확인하는 것이 더 중요했던 것입니다. **13-15** 여호수아는 여호와의 군대 대장에게 아군인지 적군인지를 묻습니다. 이때 여호와의 군대 대장은 둘 다 아니라고 말합니다. 적군이 아니라는 것은 이해가 가지만, 아군도 아니라는 것은 납득이 가지 않습니다. 이 대화에 담긴 의미는 다음과 같습니다.[80] 하나님이 언제나 우리 편이기를 원하는 것은 우리의 위치를 오해한 것입니다. 하나님의 뜻은 하나님이 우리 편이기를 주장하기 이전에 우리가 먼저 하나님의 편에 서는 것입니다.

6장 왜 여리고를 정복하는 이야기에 라합의 구원 이야기가 포함되어 있는가?

1-27 마침내 이스라엘 백성들은 여리고에 도착합니다. 여리고는 성벽 위에 집이 있을 정도로 거대한 성입니다(수 2:15). 이제 막 광야를 벗어난 이스라엘 백성들에게, 두꺼운 성벽으로 둘러싸인 여리고는 난공불락의 요새처럼 보였을 것입니다. 하지만 두꺼운 성벽은 여리고 백성들을 지켜 주지 못했습니다. 하나님이 두꺼운 성벽을 무너뜨리셨기 때문입니다. 하나님은 이스라엘 백성들에게 승리를 주셨고, 이스라엘 백성들은 믿음으로 승리

를 쟁취했습니다. 여리고를 정복하는 이야기에는, 라합이 구원받는 이야기가 포함되어 있습니다. 이것은 하나님의 뜻은 심판이 아니라 구원임을 보여 줍니다. 사실 모든 여리고 사람들이 라합처럼 행동했어야 합니다. 그렇다면 여리고 사람들은 심판이 아니라 구원을 받았을 것입니다. 여리고 사람들은 라합처럼 믿음의 영웅이 될 수 있는 기회를 스스로 저버렸습니다(히 11:31).

063

3월 4일

여호수아 7-9장

아이성 전투

7장 왜 한 사람의 범죄에 대해 이스라엘 전체가 공동 책임을 지는가?

1-26 영광스런 승리 뒤에 비참한 패배가 찾아옵니다. 아간이라는 한 사람의 범죄 때문입니다. 그런데 두 가지가 특이합니다. 첫째, '죄를 지은 사람은 아간 혼자인데, 왜 하나님은 이스라엘 전체에게 진노하시는가?' 하는 것이고, 둘째, '하나님은 아간이 범죄자인 것을 이미 알고 계시면서, 왜 이스라엘 전체가 나와서 제비를 뽑게 하시는가?' 하는 것입니다. 그 이유는 다음과 같습니다. 하나님이 당신의 백성들을 보실 때, 구별된 개인으로 보시는 것이 아니라 연합되고 하나 된 공동체로 보시기 때문입니

다. 바로 그런 이유로 아간 한 사람의 범죄에 대해 이스라엘 전체가 공동 책임을 지는 것이고, 그 사실을 깨닫게 하시려고 이스라엘 전체가 하나님 앞에 나와서 제비를 뽑도록 하셨던 것입니다. 하나님의 백성들이 한 몸이라는 사실은 신약 시대에 이르러 더욱 중요해진 진리입니다. 신약의 교회는 예수님 보혈의 공로를 함께 입고 있기 때문입니다. 그래서 사도 바울은 분열되고 찢겨진 고린도교회를 치유하기 위해, 그들이 그리스도 안에서 한 몸임을 기억하라고 외쳤습니다(고전 12:26-27).

8장 왜 실패는 유익한 경험이 되는가?

1-35 첫 번째 아이성 전투(7장)에는 하나님이 전쟁을 지시하시는 장면이 등장하지 않습니다. 이스라엘은 여리고 승리에 도취되어 하나님 도움 없이도 승리할 수 있다고 생각했습니다. 그래서 하나님께 묻지 않고 전쟁을 시작했습니다. 그 결과는 끔찍한 패배였습니다. 두 번째 전쟁(8장)은 하나님이 전쟁을 구체적으로 지시하시는 장면

으로 시작됩니다. 어떻게 싸워야 할지를 하나님께 물었던 결과입니다. 이제 이스라엘은 아무리 약해 보이는 상대라도, 하나님 도움 없이는 이길 수 없음을 깨닫게 되었습니다. 이처럼 실패는 그 자체로 유익합니다. 똑같은 상황이 찾아올 때, 더 잘 대처할 수 있도록 도와주기 때문입니다.

9장 왜 기브온 주민들은 심판을 받지 않았는가?

1-27 이스라엘은 두 번의 전쟁에서 큰 승리를 거두었습니다. 가나안의 여러 민족들은 단독으로는 이스라엘을 이길 수 없음을 알게 되었습니다. 그래서 가나안 원주민들은 연합군을 형성하여 이스라엘과 싸우기로 합니다(2절). 이때 가나안 원주민들과 정반대로 행동한 사람들이 있습니다. 기브온 주민들입니다. 그들은 이스라엘과 싸우는 것이 아니라 이스라엘과 화친을 맺기로 합니다. 그래서 기브온 주민들은 자신들이 가나안 원주민이 아니라 먼 지역에 사는 사람이라고 이스라엘을 속입니다. 놀

랍게도 이것은 신명기 20장의 말씀에 근거한 행동입니다. 여기서 모세는 가나안에 사는 사람들은 진멸하되, 가나안 밖에 사는 사람들과는 화평하라고 명한 바 있습니다. 바로 이것이 기브온 주민들이 생존할 수 있었던 이유입니다. 그들은 다른 가나안 원주민들과 달리 하나님을 경외하는 마음이 있었고, 하나님의 말씀을 믿는 믿음이 있었습니다. 이후에 기드온 거민은 후손 대대로 여호와의 성전에서 봉사하는 축복을 받게 됩니다(27절).

064

3월 5일

군사력이 아니라 은혜로 승리한 가나안 정복 전쟁

10장 왜 하나님은 가나안 남방 민족들이 연합군을 형성하게 하셨는가?

1-43 기브온은 상당한 힘과 권세를 가진 성읍이었습니다(2절). 그런 기브온이 이스라엘에게 항복하자 나머지 왕들은 큰 두려움을 느끼게 되었습니다. 그리하여 가나안 남방 국가들은 연합군을 형성하기로 마음을 모읍니다. 이것은 이스라엘에게 심각한 문제였습니다. 이스라엘의 실제 군사력은 작은 아이성 하나도 스스로 점령할 수 없을 만큼 미약했기 때문입니다. 하지만 연합군이 형성된 것은 하나님의 섭리였습니다. 만약 연합군이 형성되지 않았다면, 이스라엘은 개별적으로 그들을 상대해야 했을 것입니다. 그렇다면 여호수아 생전에 정복 전쟁을 끝내기란 불가능했을 것입니다. 본문에 기록된 전쟁은 성경에서 가장 유명한 전쟁 중 하나입니다. 하나님은 하늘에서 우박을 내리셨을 뿐만 아니라(11절), 태양을 멈추어 세우셨습니다(12절). 결과적으로 낮이 더 길어졌고, 이스라엘은 더 오랫동안 싸울 수 있었습니다.

11장 왜 하나님은 노획한 말의 힘줄을 끊으라고 하셨는가?

1-23 여호수아가 남부 연합군을 격파하자, 하솔 왕 야빈을 중심으로 북부 연합군이 결성됩니다. 아마 북부 연합군과의 전쟁은 남부 연합군과의 전쟁보다 훨씬 더 치열했을 것입니다. 북부 연합군의 규모가 훨씬 더 컸기 때문입니다(4절). 그런데 북부 연합군과의 전쟁은 상당히 간략하게 소개됩니다. 그 이유는 본문의 강조점이 전쟁의 과정이 아니라 전쟁에서 승리한 비결에 있기 때문입니다. 그 비결은 15절에 요약되어 있습니다. 여호수아가 하나님의 뜻에 온전히 순종한 것, 바로 그것이 승리의 비결입니다. 그런데 왜 하나님은 노획한 말의 힘줄을 끊고, 병거를 불사르라고 하셨을까요(6절)? 이스라엘이 말과 병거를 의지하는 일을 방지하시기 위해서입니다(신 17:16). 계속되는 승리를 통해 이스라엘은 상당히 많은 말과 병거를 모았을 것입니다. 그러다 보면 자연히 하나님보다 말과 병거를 의지할 위험이 있었습니다.

12장 왜 가나안 정복 전쟁의 기간을 7년으로 추정하는가?

1-24 드디어 정복 전쟁이 종결됩니다. 본문은 정복 전쟁을 마무리하며, 이스라엘이 점령한 지역을 요약적으로 소개합니다. 1-6절에 소개되는 지역은 요단강 동쪽이며, 7-24절에 소개되는 지역은 요단강 서쪽입니다. 동쪽에서 정복한 왕은 시혼과 옥 2명이며, 서쪽에서 정복한 왕은 모두 31명입니다. 본문이 전쟁 과정을 워낙 단순하게 묘사하고 있어서 순식간에 전쟁이 끝난 것으로 생각하기 쉽지만, 사실 가나안 정복 전쟁은 무려 7년에 걸쳐 진행되었습니다. 7년이라는 시간은 갈렙의 나이를 통해 추정한 것입니다. 갈렙이 가나안을 정탐할 때의 나이는 마흔이었습니다(수 14:7). 이후 광야를 방황한 시간이 38년이었으므로, 가나안 정복 전쟁을 시작할 때 갈렙의 나이는 일흔여덟이 됩니다. 전쟁이 끝나고 땅을 분배받을 당시 갈렙의 나이는 여든 다섯이었으므로(수 14:10), 가나안 정복에 걸린 시간은 7년으로 볼 수 있습니다.

약속의 땅을 분배함(1)

13장　왜 아직까지 정복하지 않은 땅이 남아 있는가?

1-33 여호수아서 전반부의 주제가 약속의 땅을 정복하는 것이라면, 후반부의 주제는 약속의 땅을 분배하는 것입니다. 그런데 특이한 내용이 눈에 띕니다. 아직도 정복하지 않은 땅이 많이 남아 있다는 것입니다(1절). 여호수아서 저자는 분명히 정복 전쟁을 다 끝냈다고 말하지 않았던가요(수 11:23)? 그 이유는 다음과 같습니다. 지금까지의 전쟁은 각 민족 주력 부대와의 싸움이었지, 실제로 가나안 전체를 정복한 것은 아니었습니다. 예를 들어 일본이 러시아 함대를 일본 근해에서 격파함으로 러일 전쟁에서 승리했지만, 러시아 본토에는 여전히 러시아 국민들이 살고 있었던 것과 같습니다. 하지만 주력 부대가 궤멸되었기에, 이제 이스라엘의 가나안 정복은 시간문제였습니다.

14장　왜 85세 갈렙은 자신이 강하다고 주장하는가?

1-15 본격적인 땅 분배가 시작됩니다. 여기서 강조되는 것은 두 가지입니다. 첫째, 땅 분배에 제사장 엘르아살이 동참했다는 것이고(1절), 둘째, 제비뽑기를 통해 땅을 분배했다는 것입니다(2절). 둘 다 땅 분배가 하나님의 지시대로 진행되었음을 의미합니다. 본문에 묘사되는 갈렙의 모습은 상당히 특이합니다. 그는 85세나 되었음에도 자신이 여전히 강하다고 주장합니다(11절). 또 자신의 권위를 근거로 땅을 요구하면서 정복하기 쉬운 땅이 아니라 정복하기 어려운 땅을 요구합니다(12절). 사실 갈렙의 육체는 그리 강하지 않았습니다. 옷니엘을 자기 대신 전쟁에 보낸 것이 그 증거입니다(수 15:16). 왜 갈렙은 자신이 강하다고 주장했을까요? 성도의 진정한 힘이 믿음이라고 생각했기 때문입니다. 갈렙에게는 하나님의 약속을 믿는 믿음이 있었습니다. 하나님이 약속하셨기에, 아무리 어려운 땅이라도 능히 정복할 수 있다는 믿음이 있었습니다. 바로 이것이 갈렙이 생각한 힘이었습니다.

15장　왜 유다 지파는 여부스 족속을 쫓아내지 못했는가?

1-12 유다 지파의 땅 분배가 소개됩니다. 이것은 분배된 땅에 대한 최초의 기록이며, 가장 완벽하고 자세한 기록입니다.[81] 이것은 유다 지파가 가지고 있는 특별한 지위를 강조하는 것입니다. 장차 다윗과 그리스도는 유다 지파의 계보에서 출생할 것입니다. **13-19** 갈렙이 헤브론과 드빌을 정복합니다. 갈렙은 정복 전쟁에서 큰 공을 세운 옷니엘에게 자신의 딸을 시집보냅니다. 갈렙의 딸 악사는 아버지 갈렙에게 지참금으로 샘물을 요구합니다. 중동 지방에서 샘물은 큰 재산입니다. 이것은 하나님이 갈렙에게 주신 복을 상징합니다. **20-63** 유다 지파는 분배받은 땅에서 여부스 족속을 쫓아내지 못합니다(63절). 이스라엘이 여부스 족속을 정복한 것은 상당한 시간이 흐른 후, 무려 다윗 시대에 이르러서였습니다(삼하 5:6-10). 유다 지파가 하나님의 능력을 신뢰하지 않고, 하나님의 말씀에 순종하지 않은 결과입니다. 이것은 모세가 경고한 일이기도 합니다. 모세는 이스라엘이 가나안에 동화될 것을 염려했습니다. 그 염려는 조금씩 현실이 되고 있습니다.

약속의 땅을 분배함②

16장 왜 에브라임 지파는 가나안 원주민을 쫓아내지 못했는가?

1-10 유다 지파와 마찬가지로 에브라임 지파도 가나안 원주민을 모두 쫓아내지 못합니다. 철 병거에 대한 두려움 때문입니다(수 17:16). 만약 에브라임 지파가 용기를 내어 철 병거와 맞서 싸웠다면 어떻게 되었을까요? 틀림없이 승리했을 것입니다. 가나안 원주민들에게는 철 병거가 있었지만, 에브라임 지파에게는 하나님이 계셨기 때문입니다. 에브라임 지파가 가나안 원주민을 쫓아내지 못한 것은 군사력 문제가 아니라 두려움 때문이었습니다. 많은 경우, 성도의 삶이 신실하지 못하고 경건하지 못한 것은 두려움 때문입니다. 먹고사는 문제에 대한 두려움, 미래에 대한 두려움, 주위 시선에 대한 두려움 등이 성도의 삶을 무기력하게 만듭니다.

17장 왜 여호수아는 두려워 말라고 말하는가?

1-18 에브라임과 므낫세 지파는 인구가 많았습니다(14절). 제비 뽑아 얻은 땅으로는 부족했습니다. 그래서 여호수아는 스스로 개척할 것을 요구합니다(15절). 하지만 두 지파는 주저합니다. 철 병거에 대한 두려움 때문입니다(16절). 주저하는 이유를 간파한 여호수아는 가나안 족속이 강할지라도 능히 이길 수 있다고 말합니다(18절). 여호수아가 이렇게 말할 수 있었던 근거는 하나님의 언약 때문입니다. 사실 가나안과 이스라엘의 군사력은 비교가 되지 않았습니다. 가나안 백성들이 가지고 있는 철 병거는 오늘날로 치면 최신 장갑차와 같았습니다. 하지만 이스라엘 백성들에게는 하나님의 언약이 있었습니다. 가나안을 주겠다고 언약하신 하나님을 믿고 싸운다면, 언약에 신실하신 하나님이 도와주실 것은 분명했습니다. 하지만 이스라엘은 주저했고, 주저했기에 하나님의 도움을 경험하지 못했습니다.

18장 왜 이스라엘은 주력 부대를 잃어버린 가나안 원주민과의 싸움을 주저했는가?

1-28 이스라엘은 가나안의 주력 부대를 모두 격파했습니다. 가나안 원주민들이 여전히 자기 지역을 차지하고 있었지만, 주력 부대가 소멸되었기에 가나안 점령은 시간 문제였습니다. 그런데 이스라엘은 분배받은 땅으로 나아가기를 주저합니다. 왜 이스라엘 백성들은 주력 부대를 상실한 가나안 원주민과의 싸움을 주저했을까요? 두려움 때문입니다. 두려움은 우리의 눈을 가려 하나님을 보지 못하게 만듭니다. 대신 문제는 더 크게 보이게 합니다. 그래서 이스라엘은 하나님은 보지 못하는 대신, 철 병거는 더 크게 보았던 것입니다.

19장 왜 여호수아는 에브라임 산지를 요구했는가?

1-51 이스라엘 땅 분배는 가족 수와 제비뽑기라는 두 가지 원칙에 따라 시행되었습니다. 가족 수에 따라 분배했기에 공평했고, 제비뽑기로 결정했기에 공정했습니다. 차별과 배제가 없었으며, 빈익빈 부익부는 원천적으로 봉쇄되었습니다. 또 하나 주목할 것은 여호수아의 행동입니다. 지도자였던 여호수아는 다른 지파들이 땅을 모두 분배받은 다음에 자기 땅을 분배받았습니다. 심지어 여호수아가 분배받은 '딤낫 세라'는 에브라임 산지 남쪽에 위치한 외진 곳입니다. 그는 하나님이 주신 권리를 사사로운 이익을 위해 사용하지 않았습니다.

약속의 땅을 분배함(3)

20장 왜 도피성을 만들었는가?

1-9 도피성은 살인한 자가 피신할 수 있는 곳입니다. 하지만 모든 살인자가 도피성으로 피할 수 있는 것은 아닙니다. 도피성에 피신할 수 있는 자격은 "부지중에 실수로 사람을 죽인 자"(3절)로 제한됩니다. 고의로 살인한 자는 도피성으로 피신할 수 없습니다. 도피성이 존재하는 또 다른 목적은 공정한 재판의 시행입니다(6절). 살인자는 공정한 재판을 받기까지 도피성에서 보호 받을 수 있었습니다. 이스라엘에 도피성이 있어야 했던 이유는 무엇일까요? 하나님 나라는 생명을 소중하게 여기는 나라, 재판이 공정하게 시행되는 나라이기 때문입니다. 그런 점에서 그리스도인들은 생명을 살리기 위해 노력해야 합니다. 생명의 존엄성을 침해받는 자들과 공정한 재판을 받지 못하는 자들을 섬기며 살아야 합니다.

21장 왜 레위 지파는 모든 지파 가운데 흩어져 살아야 했는가?

1-42 레위 지파는 땅을 기업으로 받지 못했습니다. 하지만 레위 지파에게도 거주할 공간은 필요했습니다. 그래서 열두 지파는 자신들이 분배받은 땅에서 마흔여덟 성을 레위인에게 제공했습니다. 레위 지파는 그핫 족속, 게르손 족속, 므라리 족속으로 나눌 수 있는데, 이 중 그핫 족속은 가나안 중남부, 게르손 족속은 가나안 북부, 므라리 족속은 요단강 동쪽 지역의 땅을 분배받았습니다. 그 결과 레위 지파는 이스라엘 전체에 흩어져 살게 되었고, 각 지파의 영적인 활동을 보조하며 우상 숭배 위험으로부터 이스라엘을 보호할 수 있었습니다. **43-45** 21장은 땅 분배를 마무리하는 동시에, 땅에 대한 하나님의 언약이 모두 실행되었음을 확인하는 장면으로 끝납니다. 하나님은 오래전 아브라함에게 하신 약속, 약속의 땅에 대한 언약을 한 번도 잊지 않으셨고, 이제 온전히 실행하셨습니다. 이스라엘은 수없이 하나님을 떠났지만, 하나님은 한 번도 이스라엘을 떠나지 않으셨습니다.

22장 왜 동쪽 지파는 제단을 쌓았는가?

1-9 르우벤, 갓, 므낫세 반 지파는 가장 먼저 땅을 분배받았습니다. 가나안을 정복하기 전에 이미 요단강 동쪽 지역을 차지했습니다. 그럼에도 이들은 나머지 지파를 위해, 땅과 가족을 뒤로 하고 가나안 정복 전쟁에 동참했습니다. 이제 가나안 주력 부대와의 전쟁이 마무리되었으므로, 요단강 동쪽 지파는 자신들 땅으로 돌아갑니다. **10-34** 동쪽 지파는 자신들 땅으로 돌아가면서 요단강 근처에 제단을 쌓았습니다. 서쪽 지파는 두려움을 느꼈습니다. 만약 동쪽 지파가 쌓은 제단이 우상 숭배를 위한 것이라면, 하나님의 진노가 이스라엘 모든 백성에게 미칠 것이기 때문입니다(18절). 대제사장 비느하스는 대표단을 이끌고 동쪽 지파를 방문했습니다. 자초지종을 들은 비느하스는 동쪽 지파가 쌓은 제단이 우상 숭배를 위한 것이 아님을 알게 되었습니다. 동쪽 지파가 제단을 쌓은 이유는, 하나님을 기억하기 위해서였습니다. 이로써 민족상잔의 위기는 사라지고, 이스라엘은 다시 하나가 되었습니다.

여호수아의 마지막 유언

23장 왜 여호수아는 이스라엘의 안식이 영원하지 않을 것이라고 말하는가?

1-16 23장은 여호수아의 유언입니다. 당시 여호수아 나이가 110세였으므로, 그가 요단강을 건넌 지 30년, 가나안을 정복한 지 7년 정도가 지난 시점입니다. 이때 이스라엘 백성들은 정복 전쟁을 마무리하고 안식을 누리고 있었습니다(1절). 하지만 여호수아는 이 안식이 영원하지 않을 것을 알았습니다. 외부의 공격이 아니라 내부의 타락 때문에 말입니다. 그래서 여호수아는 우상을 멀리 하라고 말합니다. 이스라엘 백성들이 우상을 숭배한다면, 하나님이 직접 그들을 심판하실 것이기 때문입니다. 실제로 이스라엘 백성들은 우상 숭배 때문에 하나님의 심판을 받고 약속의 땅에서 추방당했습니다. 이처럼 교회의 가장 큰 위협은 정치나 경제적인 요소가 아니라 영적인 요소입니다. 역사적으로 교회는 외부의 공격이 아니라 내부의 타락 때문에 무너졌습니다.

24장 왜 여호수아는 백성들을 세겜으로 모았는가?

1-33 여호수아는 백성들을 세겜으로 모읍니다. 고고학적 연구에 따르면 당시 세겜은 가나안 우상 숭배의 핵심이었습니다. 학자들은 이곳에서 정교하게 요새화된 성읍과 넓은 뜰을 가진 여러 개의 웅대한 신전을 발견했습니다.[82] 아마 세겜 주신이었던 바알을 숭배하던 장소였을 것입니다. 그러므로 여호수아가 세겜으로 모든 지파를 모으고, 바로 이곳에서 하나님만을 섬기라고 외친 것은, 이스라엘 백성들이 여호수아 사후에 하나님을 버리고 바알 숭배할 것을 염려한 의도적인 행동으로 볼 수 있습니다. 이때 여호수아는 이방 신들을 제거하라고 말합니다(23절). 이것이 이스라엘 가운데 우상이 있다는 뜻은 아닙니다. 22장의 '제단 사건'으로 볼 때, 이 시기에 이스라엘 가운데 우상이 존재하기란 불가능했습니다. 더욱이 여호수아가 생존하고 있었기에 그런 일은 용인될 수 없었습니다. 그렇다면 여호수아는 어떤 우상을 치우라고 말하는 것일까요? 마음의 우상입니다. 눈에 보이는 우상은 없었지만, 눈에 보이지 않는 우상은 여전히 백성들의 마음에 자리 잡고 있었습니다. 성공에 대한 욕망, 돈을 사랑하는 마음, 자기 자신에 대한 지나친 연민 같은 것들입니다.

한눈에 보는 사사기

핵심	실패 (1:1-3:4)	배교 (3:5-16:31)	타락 (17:1-21:25)	
사건	완전 정복에 실패함	반복되는 7번의 악순환 (타락 ⇨ 심판 ⇨ 회개 ⇨ 구원 ⇨ 평화 ⇨ 타락)	결론 1	결론 2
			종교적 타락	도덕적 타락
주제	타락의 원인: 가나안 원주민과의 동거	타락의 결과: 이방 나라의 압제	타락의 상태: 가나안화 됨	
장소	가나안			
기간	약 350년			

저자: 확실하게 알 수 없음 (사무엘일 가능성이 있다)

사사기 본문은 저자에 관해 아무런 언급을 하지 않는다. 추측할 만한 근거조차 없다. 아마 복수의 사람들이 사사 시대 역사를 기록으로 남겼고, 후대의 누군가가 정리하였을 것이다. 유대교 전승은 마지막 사사인 사무엘이 사사기 저자라고 한다.

기록 목적

사사기 기록 목적은 크게 두 가지로 볼 수 있다. 하나님을 떠나 우상을 숭배할 때 어떤 일이 일어나는지를 보여주는 것이고, 이스라엘을 하나님께로 인도할 의롭고 경건한 왕의 필요성을 강조하는 것이다. 두 번째 목적은 결론에서 특히 강조된다(21:25).

통독 길잡이

사사기는 서론을 구성하는 두 개의 사건(1:1-2:5, 2:6-3:6)과 결론을 구성하는 두 개의 사건(17-18장, 19-21장)이 본론을 에워싸고 있다. 서론은 앞으로 일어날 끔찍한 역사를 예고하며, 그 이유가 이스라엘의 타락 때문임을 보여준다. 본론에 등장하는 12명의 사사는 갈수록 타락하는 현실을 반영한다. 첫 번째 사사 옷니엘은 가장 이상적인 사사였고, 마지막 사사 삼손은 가장 끔찍한 사사였다. 옷니엘은 구별된 사사였지만, 삼손은 자발적으로 가나안 사람과 혼인하였다. 본론은 이스라엘의 타락, 타민족의 억압, 여호와께 호소, 여호와의 구원, 그리고 다시 타락으로 이어지는 악순환을 보여준다. 하지만 단순한 반복이 아니라 점점 타락을 향해 나아가는 양상이다. 결론을 구성하는 두 개의 사건은 시간적으로는 매우 이른 시기에 발생한 것이다. 사사기 저자는 이 두 사건이 사사기의 주제를 잘 보여준다고 생각하여 의도적으로 결론 부분에 배치했을 것이다. 첫 번째 사건은 이스라엘의 종교적인 타락을, 두 번째 사건은 이스라엘의 도덕적인 타락을 보여준다. 타락이 절정에 이른 사사 시대에도 하나님은 이스라엘을 포기하지 않으셨다. 그런 점에서 사사기는 하나님의 놀라운 은혜를 보여 주는 성경이다. 심지어 하나님은 이스라엘을 통해 당신 뜻을 이루시는 일에도 실패하지 않으셨다. 여전히 이스라엘은 하나님의 백성이었고, 그 민족을 통해 예수 그리스도께서 이 땅에 오셨다.

069

비극의 시작

1장 왜 여호수아의 후계자에 대해서는 전혀 언급하지 않는가?

1-36 여호수아의 죽음을 말하면서 후계자에 대해서는 전혀 언급하지 않습니다(1절). 앞으로 반복해서 나타날 무질서와 배교를 넌지시 예고하는 것입니다.[83] 이스라엘 전체를 통솔하고, 그들을 하나님께로 인도할 지도자가 없다는 것. 바로 이것이 이스라엘이 끝없는 나락으로 떨어진 근본적인 이유였습니다(삿 21:25). 각 지파가 가나안 원주민을 몰아내는 과정은 세 단계로 기술됩니다. 1단계는 쫓아내는 단계입니다(1-20절). 유다 지파는 시므온 지파와 연합하여 가나안 원주민들을 쫓아냅니다(19절). 2단계는 쫓아내지 못하는 단계입니다(21-33절). 베냐민, 므낫세, 에브라임, 스불론, 아셀, 납달리 지파는 가나안 원주민들을 쫓아내지 못합니다. 가나안 원주민들은 이스라엘 백성들 가운데 거주합니다(21절). 3단계는 쫓겨나는 단계입니다(34절). 단 지파는 가나안 원주민을 쫓아내기는커녕 오히려 그들에게 쫓겨남을 당합니다. 가나안 원주민들은 결심하고 단 지파의 땅에 계속 거주합니다(35절). 종합하면 이스라엘 백성들은 가나안 원주민들을 완전히 쫓아내지 못했습니다. 이스라엘 백성들은 가나안 원주민들을 쫓아내기보다 그들과 함께 사는 것을 선택했습니다. 가나안 원주민들을 모두 쫓아내는 것보다 그들의 노동력을 이용하는 것이 더 이득이었기 때문입니다(30절). 하지만 결과는 심각했습니다. 가나안 원주민들은 이스라엘 백성들 마음을 바알에게로 돌이키는 데 성공합니다. 결국 이스라엘 백성들은 우상 숭배 탓에 하나님의 심판을 받고 멸망합니다. 가나안 정복 전쟁은 이스라엘이 승리했지만, 영적 전쟁에서는 가나안 원주민들이 승리했던 것입니다.

2장 왜 하나님은 이스라엘을 '이 백성'이라고 부르시는가?

1-23 하나님이 친히 당신의 사자를 보내십니다(1절). 앞으로 발생할 끔찍한 일들의 원인이 결코 군사적이거나 경제적인 데 있지 않음을 미리 밝혀 두시기 위해서입니다(1-5절). 이 경고처럼, 이스라엘은 사사기 전체를 통틀어서 단 한 번도 군사적인 문제로 패배한 적이 없습니다. 언제나 근본적인 원인은 하나님을 떠난 영적 음행에 있었습니다. 교회의 쇠퇴 역시 동일한 측면에서 보아야 합니다. 교회는 경제적인 문제로 무너지지 않습니다. 교회가 쇠퇴하는 근본 원인은 영적 타락과 불순종입니다. 사사기 저자는 여호수아 이후 세대를, '다음 세대'가 아니라 '다른 세대'(10절)라고 표현합니다. 그들에게 하나님을 아는 지식이 없었기 때문입니다(10절). 그러므로 계속되는 배교 행위의 근본 원인은 하나님을 아는 지식을 다음 세대에게 성실하게 가르치지 않은 이전 세대에게 있었던 것으로 보아야 합니다. 이처럼 부모 세대가 자녀 세대를 위해 해야 할 가장 중요한 일은, 하나님을 아는 지식을 전수하는 일입니다. 하나님이 이스라엘을 '이 백성'이라고 부르시는 것도 주목해서 보아야 합니다(20절). '이 백성'이라고 번역되었지만, 히브리어 원어를 직역하면 '이 나라'입니다. 성경 저자들이 주로 이방 민족을 가리킬 때 사용한 표현입니다. 이제 하나님은 타락한 이스라엘을 이방 나라처럼 여기십니다. 관계의 단절. 바로 이것이 최고의 심판인 줄 사사 시대의 이스라엘은 알지 못했습니다.

은혜로 말미암은 승리

3장   왜 하나님은 삼갈을 사사로 세우셨는가?

1-6 하나님이 남겨 두신 이방 민족 목록이 소개됩니다 (1-6절). 하나님이 의도적으로 그들을 남겨 두신 이유는 이스라엘 백성들을 시험하시기 위해서입니다. 하지만 이 시험을 유혹과 동의어로 생각해서는 안 됩니다. 하나님은 이방 민족과의 전쟁을 통해 당신을 의지하는 법을 가르치고자 하셨습니다(2절). 하나님이 이스라엘 백성들을 시험하신 목적은 고난을 통한 연단과 성숙입니다. 하지만 이스라엘 백성들은 이 시험을 통과하지 못합니다 (6절). **7-11** 첫 번째 사사인 옷니엘이 등장합니다. 유일하게 결점이 소개되지 않는 사사입니다. 옷니엘 이후 사사들은 저마다 결함과 부족함을 지니고 있으며, 마지막 사사인 삼손에 이르러 절정에 달합니다. **12-30** 에훗은 모

압 압제에서 이스라엘 백성들을 구원합니다. 에훗은 왼손잡이로 소개됩니다(15절). 왼손잡이로 번역된 히브리어는 '오른손에 장애가 있다'는 뜻입니다. 에훗은 자신의 장애를 딛고 일어서서 이스라엘의 구원자가 되었습니다(31절). 세 번째 사사인 삼갈은 아낫의 아들로 묘사됩니다. '아낫'은 가나안 여신의 이름입니다.[84] '삼갈'이라는 이름도 이스라엘에서는 볼 수 없는 형태입니다.[85] 따라서 삼갈은 이스라엘이 고용한 용병이거나 개종한 가나안 사람일 것입니다.[86] 하나님이 이방 사람을 사사로 세워야 할 만큼 당시 이스라엘은 극도로 부패해 있었습니다.

4장   왜 하나님은 시스라를 기손강으로 인도하셨는가?

1-24 이스라엘 백성들은 가나안 왕 야빈의 압제를 받습니다(2절). 이번에도 압제의 원인은 하나님을 향한 불순종입니다(1절). 야빈은 엄청난 수의 철 병거를 소유한 왕으로 소개됩니다(3절). 이것은 이스라엘 백성들이 자신들 능력으로는 야빈 압제에서 벗어날 수 없음을 시사합니다. 하나님이 세우신 사사는 여자 선지자 드보라입니다. 그녀는 고대에는 드물게 존경받는 여자 재판관이었습니다(5절). 가나안 군대와 이스라엘 군대가 맞닥뜨린

곳은 기손 강가입니다. 이곳에는 이스르엘 평지가 있습니다. 이스르엘 평지는 요단강에서 지중해까지 뻗어 있는 큰 평야 지대입니다. 시스라가 이곳을 전쟁터로 선택한 이유는 철 병거를 사용하기 유리했기 때문입니다. 하지만 사실 시스라를 이곳으로 인도하신 분은 하나님이었습니다(7절). 하나님은 기손강이 넘치게 하셔서(삿 5:21), 가나안의 철 병거가 무용지물이 되게 하셨습니다.

5장   왜 어떤 지파는 전쟁에 참여하지 않았는가?

1-31 원래 5장은 운문체로 되어 있지만, 번역하는 과정에서 산문체가 되었습니다. 드보라가 지은 이 노래는 하나님이 주신 승리를 찬양하며, 특히 하나님이 큰 폭우를 내리셔서 시스라의 병거를 무력화시킨 것을 찬양하고 있습니다(4절). 전쟁을 승리로 이끈 드보라는 일절 자신을 자랑하거나 부각하지 않으며, 일관되게 하나님만을 높입니다. 이러한 드보라 모습은 이후에 등장하는 사사

들 가운데 자신을 높이고 부각하려다 치명적인 결과를 맞이한 기드온, 입다, 삼손 같은 자들과 구별됩니다. 드보라는 전쟁에 참여하지 않은 네 지파(동쪽 므낫세, 르우벤, 단, 아셀)를 꾸짖습니다(15-17절). 르우벤 지파는 자신들 양을 돌보느라(16절), 단과 아셀 지파는 해상 무역에 종사하느라 동족의 아픔에 무관심했습니다(17절). 이것은 열두 지파 간에 균열이 일어나고 있음을 보여 줍니다.

071

사사 기드온

6장　왜 이름 없는 선지자를 먼저 보내시는가?

1-10 6장에는 그 유명한 기드온이 등장합니다. 하지만 우리의 주목을 끌지 않는 곳에, 또 한 명의 중요한 인물이 있습니다. 이름 없는 한 선지자입니다(8절). 우리가 이 사람에게 주목해야 하는 이유는, 바로 이 선지자가 이스라엘 백성들의 부르짖음에 대한 하나님의 응답이기 때문입니다(7-8절). 이스라엘 백성들이 부르짖었을 때, 하나님은 사사보다 선지자를 먼저 보내셨습니다. 타락한 이스라엘 백성들에게 우선적으로 필요했던 것은 기드온을 통한 승리가 아니라, 선지자를 통한 회개였기 때문입니다. **11-40** 드디어 하나님이 기드온을 부르십니다(11절). 하나님은 기드온을 '큰 용사'라고 부르시지만, 실제로 기드온은 두려움이 많은 사람입니다. 기드온의 부족함은 하나님의 약속을 불신하는 데서 드러납니다. 하나님은 기드온을 통해 이스라엘을 구원하겠다고 약속하셨지만, 기드온은 하나님의 약속을 믿지 않습니다. 기드온이 하나님께 양털 표징을 구하는 것은 기드온의 믿음 없음을 드러냅니다. 그럼에도 불구하고 하나님이 양털 표징을 보여 주신 것은, 기드온을 통해 이스라엘을 구원하는 것이 하나님의 뜻이기 때문입니다. 하나님은 기드온의 부족함 때문에 당신의 계획이 좌절되는 것을 원하지 않으셨습니다.

7장　왜 하나님은 군사의 수를 삼백 명으로 줄이셨는가?

1-25 매우 유명한 사건이 소개됩니다. 이름하여 '기드온과 삼백 용사'입니다. 어떤 사람들은 삼백 용사를 특공대로 생각합니다. 무기력한 다수보다 열정적인 소수가 더 강하다고 해석합니다. 하지만 기드온이 삼만 명의 군사를 삼백 명으로 줄인 것은 특공대를 조직하기 위해서가 아닙니다. 삼백 명을 선출하는 기준이 되었던 물 마시는 자세도 특별한 의미를 가지지 않습니다. 하나님이 손으로 물을 떠먹은 자들을 선별하신 것은 그들이 소수였기 때문입니다(2절). 하나님이 삼백이라는 소수의 군사만으로 전쟁을 치르신 이유는, 이스라엘 백성들이 스스로 자랑하는 것을 방지하시기 위해서입니다(2절). 하나님은 모든 영광을 홀로 받기 원하셨고, 이스라엘 백성들이 겸손하기를 원하셨습니다. 하지만 기드온은 하나님이 홀로 받으셔야 하는 영광을 가로챘습니다. 그는 군사들이 "기드온을 위하라"라고 외치게 합니다(18절). 이것은 이어지는 비극의 전초가 됩니다(삿 8:22).

8장　왜 기드온은 아들의 이름을 아비멜렉이라고 지었는가?

1-35 기드온은 승리의 영광을 하나님께 돌려야 했습니다. 군사력이 아니라 은혜로 승리한 전쟁이기 때문입니다. 안타깝게도 기드온은 이 점에서 부족함을 드러냅니다. 그는 미디안과의 전쟁에서, 군사들이 자신의 이름을 외치게 합니다(삿 7:18). 심지어 세바와 살문나를 죽일 때에는 개인적인 원한을 드러내기도 합니다(19절). 하나님의 영광을 위한 전쟁을 개인 복수를 위한 전쟁으로 변질시킨 것입니다. 뿐만 아니라 자신을 왕으로 삼고자 하는 백성들 앞에서, 입으로는 왕이 되지 않을 것이라 하면서도 행동은 왕처럼 합니다. 기드온은 미디안 왕들의 소유였던 자색 의복과 초승달 장식을 자신의 것으로 삼았으며, 심지어 자식에게 아비멜렉이라는 이름을 지어 주었습니다. 아비멜렉의 뜻은 '나의 아버지는 왕이다'입니다.

사사 시대의 타락상

9장　왜 요담은 아비멜렉을 가시나무로 묘사했는가?

1-57 요담의 우화는 숲에 있는 좋은 나무들에 대한 묘사로 시작됩니다. 좋은 나무들은 왕이 되어 달라는 요청을 거절하지만, 자격 없는 가시나무는 그 제안을 받아들일 뿐만 아니라 자신을 왕으로 세운 자들에게 큰 해를 끼칩니다. 요담이 묘사한 가시나무는 아비멜렉입니다. 요담이 아비멜렉을 가시나무로 묘사한 이유는 아비멜렉이 가져올 치명적인 결과를 경고하기 위해서입니다. 실제로 아비멜렉은 형제를 포함해 무수히 많은 사람들을 죽였고, 아비멜렉을 왕으로 세운 세겜 사람들도 비참한 결과를 맞이했습니다. 아비멜렉의 삶을 통해 알 수 있는 사실은 다음과 같습니다. 첫째, 당시 이스라엘은 하나님의 말씀을 완전히 떠났으며, 도리어 아비멜렉과 같은 불량배를 따랐습니다. 둘째, 분에 넘치게 행동한 기드온의 삶은 그의 자식을 통해 이스라엘에게 치명적인 상처를 남겼습니다.

10장　왜 이스라엘은 이방 민족들의 압제를 받았는가?

1-5 여섯 번째와 일곱 번째 사사인 돌라와 야일이 간단하게 소개됩니다. 돌라는 이스라엘을 구원한 사람으로 소개되지만, 전쟁에 대한 언급은 없습니다(1절). 아마도 그는 전쟁보다는 아비멜렉 탓에 엉망이 된 이스라엘의 영적 상태를 재정비하는 데 열중하였을 것입니다. 야일은 상당히 많은 아들과 나귀를 소유한 사람으로 소개됩니다. 말이 아니라 나귀를 탄다는 것은, 전쟁 없는 평화의 시대에 대한 묘사입니다. 돌라와 야일은 평화의 시대를 살았습니다. 물론 이것은 하나님의 은혜였으므로, 이스라엘은 모든 영광을 하나님께만 돌려야 했습니다. 그런데 그들이 영광을 돌린 대상은 하나님이 아니라 우상이었습니다. **6-18** 본문에는 당시 이스라엘이 숭배한 우상이 무려 일곱 개나 등장합니다(6절). 이스라엘은 하나님 대신 우상을 섬겼습니다. 이스라엘이 이방 민족들의 압제를 받은 것은 바로 이것 때문입니다. 이스라엘이 회개하자 다시 하나님의 은혜가 임합니다. 이스라엘이 우상을 제거하면서까지 회개하는 일은 사사기에서 여기에만 등장합니다(16절).

11장　왜 입다는 특이한 사사인가?

1-40 입다는 두 가지 점에서 특이합니다. 첫째, 하나님이 아니라 사람에 의해서 세워진 사사입니다(8절). 길르앗 장로들은 군사적인 위협 때문에 어쩔 수 없이 그를 사사로 선출합니다. 둘째, 하나님의 율법에 너무도 무지합니다. 자기 딸을 번제물로 바친 것이 그 증거입니다. 율법은 인신 제사를 엄격하게 금합니다(레 18:21). 입다는 하나님의 율법보다 이방 종교에 더 익숙한 사람이었습니다.

12장　왜 에브라임 지파는 입다의 지도력을 인정하지 않는가?

1-15 에브라임 지파는 입다의 지도력을 인정하지 않습니다. 에브라임 지파의 모습은 당시 열두 지파가 분열되어 있었다는 증거입니다. 에브라임 지파와 입다가 갈등을 빚는 사건은 에브라임 지파가 기드온에게 불평한 사건과 상당히 유사하지만, 결과는 정반대입니다. 유순한 말로 평화를 가져온 기드온과 달리, 입다는 동족을 무참히 살육합니다. 가나안과 싸워야 하는 이스라엘이 도리어 자기들끼리 싸우고 있다는 점에서 당시 이스라엘의 타락상을 엿볼 수 있습니다.

073

가장 타락한 사사 삼손

13장　왜 삼손은 특별한 나실인인가?

1-25 삼손은 12번째 사사이며, 사사기에 등장하는 마지막 사사입니다. 삼손은 블레셋으로부터 이스라엘을 구원한 영웅이었으나 간과할 수 없는 결점을 가진 사람이었습니다. 결정적으로 그는 나실인이었습니다. 나실인 규정은 민수기 6장에 자세히 나오는데, 간단하게 말하자면 일정 기간 동안 하나님께 자신을 헌신한 사람입니다. 삼손은 세 가지 점에서 특별한 나실인입니다.[87] 첫째,

원래는 자발적 서원에 따라 나실인이 되지만, 삼손은 출생하기도 전에 나실인으로 구별되었습니다(5절). 둘째, 일반적으론 정해진 기간 동안만 나실인 서원을 지키는데, 삼손은 죽는 날까지 나실인 서원을 지켜야 했습니다(7절). 셋째, 나실인은 서원을 지키기 위해 노력해야 함에도 불구하고, 삼손은 거의 모든 서원을 어겼습니다.

14장　왜 삼손은 시체를 만지고 술을 먹었는가?

1-20 삼손은 부모의 만류를 뿌리치고, 블레셋 여인과 혼인하려 합니다. 율법은 이방인과의 혼인을 엄격히 금지하는데도 말입니다(신 7:3). 그런데 본문은 이 일이 하나님께로부터 나온 것이라고 말합니다(4절). 이것은 하나님이 죄를 짓도록 하셨다는 뜻이 아닙니다. 삼손은 악한 본성에 이끌린 삶을 살았지만, 하나님은 그의 삶을 통해 당신의 뜻을 이루셨다는 의미입니다.[88] 본문에는 삼손의

됨됨이를 알 수 있는 사건이 여럿 등장합니다. 대표적인 것이 사자의 주검에 있는 꿀을 먹은 것과 블레셋 청년들의 잔치에 참여한 사건입니다. 주검을 만지는 것(민 6:6)과 술을 먹는 것(민 6:3-4)은 나실인 규정을 어기는 일입니다. 이 모든 것은 삼손이 자신의 정체성을 망각했기 때문에 일어났습니다. 삼손은 자신이 나실인임을 완전히 잊고 살았습니다.

15장　왜 하나님은 삼손을 떠나셨는가?

1-20 삼손의 삶은 15장을 기점으로 달라집니다. 15장까지는 하나님의 영이 삼손에게 임했다는 표현이 세 번이나 언급되지만(삿 14:6, 19, 15:14), 이후로는 전혀 언급되지 않습니다. 심지어 16장에서는 하나님이 삼손을 떠나

시기까지 합니다. 이는 삼손이 하나님의 뜻과 상관없이 자신의 욕망에만 이끌려 살았기 때문입니다. 거룩하게 구별된 나실인으로 살지 않고, 욕망의 종으로 살았기 때문입니다.

16장　왜 삼손의 힘이 사라졌는가?

1-31 삼손의 힘은 머리카락 때문에 사라진 것이 아닙니다. 나실인 규정을 어겼기 때문이고(민 6:5), 계속되는 불순종 때문에 하나님이 떠나셨기 때문입니다(20절). 삼손은 힘의 근원이 자기 안에 있다고 생각했지만, 사실은 하

나님이 능력의 원천이었습니다. 그래서 하나님이 떠나시자 힘도 사라진 것입니다. 우리는 무엇이 능력의 근원이라고 생각합니까? 혹시 하나님을 떠나서 힘의 근원을 찾고 있지 않습니까?

사사기의 결론 ⑴

17장 왜 결론부의 사건들이 발생했는가?

1-13 결론부의 사건들에는 두 가지 특징이 있습니다. 첫째, 지금까지는 이방 민족 때문에 어려움을 겪었다면, 이제부터는 같은 민족 때문에 어려움을 겪습니다. 둘째, 지금까지는 종교적 타락상이 소개되었다면, 이제부터는 차마 입에 담기도 힘든 도덕적 타락상이 소개됩니다. 사실상 결론 부분에 등장하는 사람들 가운데 정상적인 사람은 한 사람도 없습니다. 첫 번째 사건은 미가의 가정에서 시작됩니다. 미가의 어머니는 아들이 제8계명을 어겼음에도 불구하고 복을 빌어 줍니다(2절). 신상을 만들면서 자신이 제2계명을 어기고 있음을 깨닫지 못합니다(3절). 미가의 상태는 더 심각합니다. 자기 집에 우상 신당을 만들고, 자기 아들을 제사장으로 삼습니다(5절). 율법에 따르면 아론의 자손만 제사장이 될 수 있습니다. 한 레위인이 등장하면서 미가의 상황은 더 심각해집니다. 레위인은 하나님께 드리는 공적 예배를 위해서만 봉사하는 존재입니다. 그런데 미가는 레위인을 사적 제사장으로 고용하고, 레위인은 그 상황을 상당히 만족스럽게 생각합니다(11절). 애초에 이 레위인은 아론의 후손이 아니라 모세의 후손이기에, 제사장이 되는 것이 원천적으로 불가능합니다. 어떻게 이런 말도 안 되는 사건들이 연속적으로 발생할 수 있었을까요? 사사기 저자는 그 이유를 다음과 같이 요약합니다. "그때에는 이스라엘에 왕이 없었으므로 사람마다 자기 소견에 옳은 대로 행하였더라"(6절). 당시 이스라엘에는 하나님의 백성을 바른길로 인도할 경건한 지도자가 없었습니다. 이것은 경건한 왕에 대한 기대를 촉발하는 것으로 단기적으로는 다윗에 의해, 궁극적으로는 예수 그리스도에 의해 성취됩니다.

18장 왜 레위인의 족보를 보여 주는가?

1-31 17장이 한 개인과 한 가정의 타락을 보여 주었다면, 18장은 한 지파 전체의 타락을 보여 줍니다. 원래 단 지파가 하나님께 분배받은 땅은 이스라엘 남쪽이었습니다. 그런데 단 지파는 그 땅에 거주하고 있던 아모리 족속을 몰아내는 데 실패합니다(삿 1:34-35). 이것은 하나님의 말씀에 대한 명백한 불순종입니다. 단 지파는 용기를 가지고 끝까지 아모리 족속과 싸워야 했습니다. 놀라운 것은 이렇게 명백히 하나님의 말씀에 불순종하면서도 자신들의 불신앙을 깨닫지 못한다는 점입니다. 그들은 미가의 개인 제사장에게 자신들의 길이 형통할 것인지를 묻고, 형통할 것이라는 대답에 상당히 만족해합니다. 하나님의 백성이 형통할 수 있는 길은 하나님의 율법에 순종하는 것밖에 없는데도 말입니다(수 1:8). 사사기의 첫 번째 결론은 사사로운 이익을 위해 이리저리 옮겨 다녔던 기회주의자 레위인의 족보로 마무리됩니다. 그가 모세의 직계 후손임을 보여 주기 위해서입니다(30절). 이것은 당시 이스라엘의 타락이 한 가정이나 한 지파에만 국한된 것이 아니라 전 민족적이었음을 보여 줍니다. 사실상 거의 모든 이스라엘 백성들이 자기 소견에 옳은 대로 살았던 것입니다.

075

사사기의 결론(2)

19장 왜 "왕이 없을 그때에"라는 말로 시작하는가?

1-30 전반부의 사건도 충분히 끔찍했지만 후반부의 사건은 성경 전체를 통틀어 가장 혐오스러운 사건입니다. 이 이야기는 이스라엘에 왕이 없다는 서론으로 시작합니다(1절). 당시 이스라엘 백성들을 하나님의 말씀으로 인도할 경건한 지도자가 없었음을 강조하기 위해서입니다. 레위인은 밤이 다 되어서야 기브아에 도착합니다. 좀 더 일찍 예루살렘에서 쉴 수 있었지만, 당시 예루살렘은 이방인들의 도시였기 때문에 의도적으로 기브아에 온 것입니다(12절). 기브아는 베냐민 지파의 성이었으므로, 좀 더 친절한 대접을 받을 수 있으리라 생각했던 것

같습니다. 하지만 그의 기대는 곧바로 무너집니다. 아무도 그를 영접하지 않습니다. 오히려 그를 영접한 것은 베냐민 지파가 아니라 에브라임 산지에서 이주해 온 한 노인입니다. 결정적인 사건은 그날 밤에 일어납니다. 기브아의 불량배들은 레위인의 첩을 강제로 범하고, 죽음에 이르도록 방치합니다. 이 사건은 소돔 사람들이 롯에게 했던 일과 상당히 비슷합니다(창 19장). 사사기 저자는 당시 이스라엘의 상태가 멸망 직전의 소돔과 같았음을 나타내고자 한 것입니다.[89]

20장 왜 하나님은 연합군이 두 번이나 패하게 하셨는가?

1-48 이스라엘 역사에 전무후무한 사건이 발생하자, 온 이스라엘의 총회가 소집됩니다. 베냐민 지파는 응당 이 총회에 참석하여 사과하고, 가해자를 응징해야 했습니다. 하지만 베냐민 지파는 총회에 참석하지 않고, 가해자를 벌하지도 않습니다. 대신 전쟁을 준비합니다. 그 결과 하나님의 백성들 간에 전쟁이 발발합니다. 이스라엘 연합군과 베냐민 지파는 총 세 번의 전쟁을 치릅니다. 그런데 특이하게도 하나님은 연합군이 두 번이나 패배한 다음에야 승리를 약속하십니다. 그 이유는 무엇일까요? 이

스라엘이 이 사건과 관련하여서 하나님께 물은 것은 이미 베냐민을 공격하기로 결정한 다음이었습니다(18절). 자기 소견에 따라 전쟁을 결정한 다음에, 전쟁의 방법에 관해서만 하나님께 여쭈었습니다. 이스라엘이 처음부터 하나님께 물어보지 않았다는 것은 하나님의 뜻을 따르려는 마음이 없었다는 증거입니다. 사실 이스라엘 가운데 한 지파가 멸망하는 것이 하나님의 뜻일 리 없었습니다. 두 번의 패배는 바로 이러한 태도에 대한 하나님의 심판이었습니다.[90]

21장 왜 이스라엘 백성들은 문제를 해결하지 못했는가?

1-25 전쟁이 끝났습니다. 하지만 해결된 문제는 하나도 없습니다. 도리어 이스라엘 가운데 한 지파가 사라질 위기만 더해졌습니다. 이 모든 것은 이스라엘 백성들이 하나님의 뜻을 구하지 않고, 자기 소견에 옳은 대로 행동했기 때문에 발생했습니다. 그런데 이스라엘 백성들은 또다시 하나님께 묻지 않고, 자기 소견에 옳은 대로 행동합니다. 이스라엘 백성들은 부족한 처녀를 구하기 위해

길르앗에서 400명, 실로에서 200명의 여자를 납치합니다. 한 명의 여인이 강간당한 사건을 해결하기 위해 600명의 여인을 납치하는 것을 하나님이 용납하실까요? 그어디에도 하나님의 뜻을 찾는 과정은 보이지 않습니다. 한 번 더 주제가 언급되며, 사사기가 마무리됩니다. "그때에 이스라엘에 왕이 없으므로 사람이 각기 자기 소견에 옳은 대로 행하였더라"(25절).

한눈에 보는 룻기

핵심	룻의 희생 (1–2장)	룻이 희생한 결과 (3–4장)
사건	룻이 나오미와 함께함 룻이 나오미를 돌봄	보아스가 나오미와 함께함 보아스가 나오미를 돌봄
주제	이스라엘이 회복되기 위해서는 자신을 희생하는 사람이 있어야 한다	
장소	베들레헴, 모압	
기간	약 12년	

저자: 사무엘 또는 나단(?)

유대 전승에 따르면 사무엘이다. 그런데 룻기 저자는 다윗이 왕이 되었음을 아는 사람이어야 한다(4:18-22). 사무엘은 다윗이 왕위에 오르는 모습을 본 적이 없다. 그럴지라도 다윗에게 기름을 부은 사람이 사무엘이라는 점에서 그가 가장 강력한 후보다. 또 한 명의 유력한 후보는 나단이다. 성경에는 나단이 다윗의 삶을 문서로 남겼다는 기록이 있다(대상 29:29).

기록 목적

나오미는 모든 것을 잃어버렸다. 그런 나오미가 회복된 것은 룻과 보아스의 희생적 사랑 때문이다. 이것은 이스라엘의 희망이 무엇인지를 보여 주는 그림 언어다. 황폐한 이스라엘이 회복되는 유일한 길은, 룻과 보아스처럼 사랑을 실천하는 경건한 삶에 있다. 교회의 회복도 마찬가지다. 하나님을 사랑하고 말씀에 순종하는 것이 유일한 비결이다. 또 하나의 주제는 '하나님의 일하심'이다. 사사 시대의 이스라엘이 그토록 타락할 때, 하나님은 어디에 계셨는가? 룻기는 하나님이 숨어 계시지 않음을 알려 준다. 하나님은 아무도 주목하지 않는 곳에서, 이방 여인 룻을 통해 다윗을 준비하고 계셨다(4:18-22). 비록 우리가 볼 수 없을 뿐, 하나님은 언제나 일하고 계신다.

통독 길잡이

룻기 주제를 제대로 파악하기 위해서는 룻과 보아스의 희생에 주목해야 한다. 룻은 시어머니를 봉양하기 위해 자신의 민족을 떠난다. 룻은 시어머니 가문을 회복하기 위해 결혼 적령기의 젊은 남자가 아니라 나이 많은 보아스와 결혼한다. 결정적으로 룻은 자기 아들을 나오미에게 주어 그녀의 회복을 돕는다. 보아스도 마찬가지다. 룻과 결혼하는 우선순위는 더 가까운 친척에게 있었지만, 그는 자기 재산에 손해가 날 것이 두려워 그 제안을 거절했다. 그렇다면 보아스는 재산의 손실을 감수하면서까지 룻과 결혼한 것이다. 이것 역시 나오미를 회복시키기 위한 희생이었다. 가장 중점적으로 보아야 할 것은 준비하시는 하나님이다. 하나님은 다윗을 준비하셨고, 다윗 가문을 통해 메시아를 예비하셨다. 하나님은 부족하고 연약한 사람들을 통해서도 당신의 뜻을 신실하게 이루어 가신다.

076

어두운 사사 시대를 밝힌 사랑 이야기

1장 왜 룻은 시어머니를 따라갔는가?

1-22 룻기의 역사적 배경은 사사 시대입니다. 사사 시대는 이스라엘의 타락이 절정에 달했던 시기입니다. 그런 점에서 본문이 말하는 흉년은 일반적인 자연 현상이 아닙니다. 하나님의 '언약적 심판'입니다(신 28:24). 하지만 엘리멜렉은 회개하는 대신 언약의 땅을 떠납니다(1절). 그 결과는 비참합니다. 엘리멜렉과 두 아들이 죽고, 나오미와 두 며느리만 남게 됩니다. 이제 초점은 이방 여인 룻에게로 옮겨집니다. 그녀는 새로운 남편을 찾기보다 홀로 남은 시어머니를 위해 자신을 희생하기로 결정합니다. 그것은 룻이 우상을 버리고, 하나님을 따르기로 결단했기 때문에 가능한 일이었습니다(16절).

2장 왜 룻과 보아스가 만나게 되었는가?

1-23 저자는 룻이 '우연히' 보아스의 밭에 이르렀다고 말합니다(3절). 여기서 말하는 '우연'은 전적으로 룻의 입장을 표현한 것입니다. 하나님께는 '우연'이 없기 때문입니다. 룻은 보아스와의 만남을 의도하지 않았습니다. 그럼에도 두 사람이 만난 것은 하나님의 섭리입니다. 보아스는 유력한 사람으로 묘사됩니다(1절). '유력한'으로 번역된 히브리어는 '하일'인데, 성품과 지위 등 여러 방면의 탁월함을 의미합니다. 결정적으로 보아스는 '말씀의 사람'이었습니다. 보아스는 하나님이 말씀하신 대로 룻을 대했습니다(레 19:9-10, 23:22; 신 24:19).

3장 왜 나오미는 룻에게 보아스 곁에 누우라고 말하는가?

1-18 나오미는 룻에게 보아스를 찾아가 그의 이불 속에 누우라고 말합니다. 보아스에게 청혼함과 동시에, 기업 무를 자의 권리를 요청하라는 것입니다(9절). 기업 무르는 자의 역할은 크게 두 가지입니다. 첫째, 가난하여 노예가 된 형제나 친척을 해방시켜 주는 것입니다(레 25:25-26, 25:47-49). 둘째, 형제나 친척이 자식 없이 죽었을 경우, 홀로 남은 여인과 혼인하여 대가 끊어지지 않도록 하는 것입니다(신 25:5-10). 나오미는 두 가지 모두에 해당됩니다. 룻은 보아스에게 "당신의 옷자락을 펴 당신의 여종을" 덮어 달라고 요청합니다(9절). 이것은 2장 12절에 묘사된 '하나님의 날개'라는 표현을 연상시키는 표현입니다. 보아스는 하나님의 성품을 드러내는 인물로 묘사되고 있습니다.[91]

4장 왜 보아스는 거리낌 없이 자신을 희생하는가?

1-22 더 가까운 친척에게 기업 무를 권리가 제안되지만, 그는 재산상의 손해가 두려워 기업 무를 권리를 포기합니다(6절). 자기 돈으로 나오미의 땅을 회복한다 할지라도, 그 땅은 자신의 후손이 아니라 나오미의 후손에게 상속될 것이기 때문입니다.[92] 하지만 보아스는 자신을 희생하는 데 거리낌이 없습니다. 보아스는 '말씀의 사람'이었기 때문입니다. 룻과 보아스의 희생으로 나오미의 삶은 극적으로 회복됩니다. 룻과 보아스가 낳은 아들은 나오미의 양자가 되어 엘리멜렉의 대를 잇게 됩니다. 뿐만 아니라 룻은 다윗의 고조할머니가 되는 영예를(18-22절), 더 나아가 예수님의 육신의 조상이 되는 영예를 누립니다.

한눈에 보는 사무엘서

핵심	사무엘상		사무엘하		
	사무엘의 통치 (1–7장)	사울의 통치 (8–31장)	다윗의 승리 (1–10장)	다윗의 범죄 (11장)	다윗의 재난 (12–24장)
사건	사무엘이 새로운 지도자가 됨	사울이 새로운 지도자가 됨	다윗이 계속 승리함	간음과 살인	다윗 가정의 재난 이스라엘의 재난
주제	하나님만이 왕이시다		하나님께서 다윗을 세우신다		
장소	가나안		예루살렘		
기간	약 94년		약 40년		

저자: 정확히 알 수 없음(사무엘, 또는 바벨론에 포로로 끌려간 누군가일 것이다)

본문은 저자에 대해 아무 말도 하지 않는다. 역대상 29:29-30에 근거할 때, 사무엘, 나단, 갓, 이 세 사람이 유력한 후보다. 여호수아서에서 열왕기서에 이르는 일련의 역사서 시리즈가 동일한 저자에 의해 기록되었다는 주장도 있다. 그렇게 본다면 바벨론에 포로로 끌려간 누군가가 이스라엘의 발흥부터 멸망까지의 역사를 총 정리하기 위해 사무엘서를 기록했을 것이다.

기록 목적

사무엘서는 어떤 과정을 통해 왕정이 형성되었는지를 상세히 보여준다. 하지만 주된 초점이 다윗에게 향한다는 점에서, 사무엘서는 다윗 왕국의 형성과 부흥을 보여 주는 성경이다. 또 다른 중요한 목적은 선지자의 역할이다. 사울을 이스라엘 첫 번째 왕으로 세운 사람은 선지자(사무엘)였다. 사울을 폐하고 다윗을 다음 왕으로 세운 사람 역시 선지자(사무엘)였다. 심지어 다윗이 율법을 어겼을 때, 그를 책망한 사람 역시 선지자(나단)였다. 그런 점에서 사무엘서의 기저에는 왕과 선지자 사이의 미묘한 긴장감이 흐른다. 하지만 궁극적인 갈등은 하나님과 왕 사이의 갈등이다. 선지자가 하나님의 권위를 대신하기 때문이다. 그런 점에서 사무엘서는 왕의 위치를 보여 주는 성경이다. 이스라엘 왕은 전제 군주가 될 수 없다. 선지자를 통해 하나님께 복속되어야 한다.

통독 길잡이

역사를 기록하는 관점을 사관이라고 한다. 성경에도 사관이 있다. 여호수아서에서 열왕기서에 이르는 일련의 역사서 시리즈는 '하나님의 왕권'이라는 사관을 공유한다. 이스라엘 역사를 객관적으로 서술하는 것뿐만 아니라 그 이면에 있는 하나님의 통치를 보여 주는 것이 중요한 목적이라는 의미다. 그러므로 사무엘서를 볼 때에도, 등장인물들에게 주목할 것이 아니라 그들을 인도하시는 하나님의 손길을 보아야 한다. 궁극적으로 하나님께서 어떻게 메시아를 예비하시는지를 보아야 한다.

사무엘상 1-3장

한나의 기도를 통해 새 시대를 여시는 하나님

1장 왜 한나는 아들을 구하는가?

1-8 룻기가 이스라엘의 흉년으로 시작되었던 것처럼 사무엘서는 한나의 불임을 소개하는 것으로 시작합니다. 룻기의 흉년이 언약적 사건이었던 것처럼, 한나의 불임도 언약적 사건(신 28:18)입니다. 한나가 기도하며 통곡하는 모습은(10절), 이스라엘이 언약의 저주에서 벗어나는 유일한 길이 하나님께 부르짖는 데 있음을 보여 줍니다. 사무엘의 아버지 엘가나는 에브라임 사람으로 소개되지만(1절), 이후에 사무엘이 제사장 일을 하는 것으로 볼 때 에브라임 지역에 거주했던 레위인으로 보입니다(수 21:20). **9-28** 한나의 기도는 단순히 아들을 달라는 기도가 아닙니다. 한나가 슬퍼한 근본 이유는, 아들이 없기 때문이 아니라 이스라엘이 타락했기 때문입니다. 더 정확하게는 이스라엘의 종교 지도자들이 타락했기 때문입니다. 대표적인 인물이 홉니와 비느하스입니다. 이들은 백성들의 영적 상태를 책임지는 제사장이었지만(3절), 하나님을 경외하지 않는 악인이었습니다(삼상3:12). 악한 자들이 영적 지도자의 자리에서 이스라엘의 타락을 부추기고 있다는 것이 한나의 마음을 괴롭게 한 근본 원인입니다. 따라서 한나는 아들을 기도한 어머니가 아니라, 이스라엘의 영적 부흥을 기도한 여인으로 기억되어야 합니다.

2장 왜 엘리의 두 아들을 상세하게 설명하는가?

1-11 한나의 감사 찬송은 그녀의 기도가 단지 아들을 구한 기도가 아니었음을 확증해 줍니다. 한나는 장차 하나님이 한 왕을 세우실 것을 기대하며 감사합니다(10절). 사사 시대의 타락은 이스라엘을 바른길로 인도할 영적 지도자, 즉 왕이 없기 때문이었는데(삿 21:25), 한나는 이 사실을 간파하고 있었습니다.[93] 실제로 한나의 기도를 통해 사무엘이 출생했고, 사무엘을 통해 다윗이 왕으로 세워졌으며, 다윗을 통해 이스라엘에 영적 부흥이 임했습니다. 따라서 이스라엘의 영적 부흥은 한나의 기도로부터 시작되었습니다. **12-36** 엘리의 두 아들을 상세하게 설명하는 이유는 이들의 모습이 당시 이스라엘의 영적 타락을 대변하기 때문입니다. 반면 하나님 앞에서 자라나는 사무엘의 모습은 하나님의 은혜를 상징합니다. 하나님은 이스라엘 회복과 부흥을 위해 어린 사무엘을 이스라엘의 선지자로 준비하고 계셨습니다.

3장 왜 이스라엘 백성들은 오랫동안 하나님의 말씀을 듣지 못했는가?

1-21 이스라엘 백성들은 오랫동안 하나님의 말씀을 듣지 못했습니다. 엘리가 영적 지도자의 역할을 제대로 감당하지 못했기 때문입니다. 하지만 사무엘에게 하나님의 말씀이 임하자 상황이 역전됩니다. 이제 사무엘은 이스라엘의 공식 선지자가 됩니다. 사무엘의 등장이 하나님의 사랑을 상징한다면, 엘리 가문의 모습은 하나님의 정의를 보여 줍니다. 하나님은 사무엘을 통해서는 당신의 변함없는 사랑을 나타내실 것이지만, 엘리 가문을 심판하시는 것을 통해서는 당신의 정의를 이루실 것입니다.

패배한 이스라엘, 승리한 여호와

4장 왜 하나님은 이스라엘 백성들에게 승리를 주지 않으셨는가?

1-22 하나님은 이스라엘 백성들에게 승리를 주지 않으십니다. 이스라엘 백성들이 언약궤를 가져왔음에도 말입니다. 애초에 언약궤는 승패와 아무 관련이 없었습니다. 하나님이 승리를 약속하신 것은 율법에 순종할 때이지, 언약궤를 소유할 때가 아닙니다. 그것은 마치 성경을 지니고 있기만 하면 복을 받는다는 것과 같은 주장입니다. 만약 이스라엘 백성들이 진정으로 하나님의 도움을 원했다면, 언약궤를 가져올 것이 아니라 하나님의 말씀대로 살지 않은 것을 회개해야 했습니다.

5장 왜 블레셋 사람들은 언약궤를 다곤 신전에 두었는가?

1-12 사사기부터 본격적으로 등장하는 블레셋은 창세기에 등장하는 블레셋과 다른 민족입니다. 당시 블레셋은 지중해를 건너온 해양 민족이었습니다.[94] 다섯 부족 연맹체로 이루어진 블레셋은 세력 확장을 꾀하고 있었기에 이스라엘과의 충돌을 피할 수 없었습니다. 그런데 왜 블레셋 사람들은 하나님의 언약궤를 다곤 신전에 두었을까요? 자신들 수호신에게 하나님의 언약궤를 전리품으로 바친 것입니다. 그런데 다곤이 하나님에게 승리했다는 것은 블레셋의 착각이었습니다. 하나님의 언약궤 앞에 엎드러진 다곤의 모습은(3절), 하나님이 다곤에게 패배하시지 않았다는 증거입니다. 블레셋 온 성읍이 부르짖는 모습은(12절), 하나님 홀로 적지에서 승리하셨음을 나타냅니다. 패배한 것은 타락한 이스라엘 백성들이었지, 하나님이 아니었습니다.

6장 왜 블레셋에 재앙이 임했는가?

1-21 블레셋 사람들은 자신들에게 닥친 재앙이 하나님의 심판인지, 아니면 우연한 일인지를 알고자 합니다. 그래서 새끼 소들은 블레셋 땅에 둔 채로, 어미소에게만 멍에를 씌웁니다. 본성대로라면 당연히 어미소들은 새끼가 있는 블레셋으로 향해야 합니다. 하지만 어미소들은 블레셋이 아니라 이스라엘로 향합니다. 이로써 블레셋에 임한 재앙은 하나님의 심판임이 분명해집니다. 이제 블레셋 사람들조차 하나님께 영광을 돌립니다(5절). 하나님의 승리입니다.

7장 왜 사무엘은 20년이나 역사 속에서 사라졌는가?

1-17 20년 만에 사무엘이 등장합니다(2절). 사무엘의 오랜 부재는 당시 이스라엘 백성들이 사무엘의 말씀 사역을 경시했음을 뜻합니다.[95] 사실 이스라엘 백성들은 처음부터 언약궤가 아니라 사무엘을 찾았어야 합니다. 비로소 역사의 중심에 등장한 사무엘은 미신적 비법이 아닌 근본적 대책을 선포합니다. 우상을 버리고, 하나님께만 마음을 드리라고 합니다(3절). 이제야 하나님이 일하시고, 이스라엘 백성들은 승리합니다. 삼손조차 할 수 없었던 일을 사무엘이 해낸 것입니다. 이처럼 성도의 진정한 힘은 '경건한 삶'입니다. 하나님은 그런 사람을 통해 일하십니다(딤후 2:21).

079

사사 시대에서 왕정으로

8장 왜 이스라엘 백성들은 왕을 요구했는가?

1-22 이스라엘은 역사의 큰 전환점을 맞이합니다. 사사들이 각 지파를 다스리던 시대에서 왕이 모든 지파를 다스리는 시대로 변화됩니다. 사무엘은 왕을 요구하는 장로들에게 상당한 불쾌감을 표출하지만, 사실 왕을 세우는 것은 율법적으로도 정당한 일이었습니다. 이미 하나님은 왕의 제도를 말씀하셨습니다(신 17:14-20). 문제는 이스라엘 백성들이 왕을 요구한 목적입니다. 하나님이 말씀하신 왕은 하나님의 대리 통치자였지만, 이스라엘 백성들이 요구한 왕은 세상 나라와 동일한 왕이었습니다(5절). 이스라엘 백성들은 경건한 왕이 아니라 군사적 재능이 탁월한 왕을 요구했습니다. 이것은 궁극적으로 하나님이 그들의 왕이라는 사실을 부인하는 일이었습니다.[96]

9장 왜 사울은 사무엘을 알지 못했는가?

1-27 사울은 베냐민 사람입니다. 이스라엘의 가장 작은 지파 출신이라는 사울의 말처럼(21절), 당시 베냐민 지파는 가장 미약한 지파였습니다. 사사기 결론 부분에 기록되어 있는 '레위인의 첩' 사건 때문에 지파 전체가 멸절될 위기를 겪었기 때문입니다. 하지만 사울 개인의 자질은 부족함이 없습니다. 사울은 준수했고, 기골이 장대했습니다(2절). 하지만 영적 자질은 상당히 부족했습니다. 사무엘에 대해 아는 바가 전혀 없기 때문입니다(6절). 사울이 이스라엘의 영적 지도자인 사무엘을 알지 못한다는 것은, 사울이 하나님께 무관심한 삶을 살아왔다는 증거입니다.

10장 왜 하나님의 영이 사울에게 임했는가?

1-27 사울은 자신에게 부여된 책임을 상당히 부담스럽게 여겼습니다. 왕을 가려내는 제비뽑기 자리에서 숨어 있었던 것이 그 증거입니다(22절). 하나님의 영이 사울에게 임한 것은 바로 그러한 이유 때문입니다(10절). 사울을 성령으로 충만하게 하셔서 그가 왕의 직분을 잘 감당할 수 있도록 도와주신 것입니다. 하지만 이후에 사울이 계속해서 불순종하자, 하나님은 성령을 거두어 가셨습니다(삼상 16:14).

11장 왜 사울은 여전히 농부로 살았는가?

1-15 사울은 왕으로 세워진 후에도 평범한 농부로 살았습니다(5절). 제비뽑기의 결과에도 불구하고 사울을 반대하는 사람들이 있었기 때문입니다(12절). 하지만 암몬과의 전쟁을 통해 이러한 우려는 종식됩니다. 사울은 순식간에 전국적인 지도권을 획득합니다. 본문은 두 가지 중요한 사실을 보여 줍니다. 아직까지는 사무엘이 정국의 주도권을 쥐고 있다는 것이고(12, 14절), 여전히 백성들은 사울의 외적인 조건에만 주목하고 있다는 점입니다.

12장 왜 사무엘은 비를 내려 달라고 기도했는가?

1-25 당시는 밀을 수확하는 건기였기 때문에, 비가 잘 내리지 않았습니다(17절). 하지만 사무엘은 하나님께 비를 내려 달라고 기도합니다(18절). 그러자 하나님은 즉각 우레와 비로 응답하십니다. 사무엘이 비를 간구한 이유는 다음과 같습니다. 첫째, 이스라엘이 왕을 구한 죄를 깨닫도록 하기 위해서였습니다(17절). 둘째, 이스라엘 백성들이 하나님을 두려워하도록 하기 위해서였습니다(18절).

사울의 몰락

13장 왜 사울은 다급히 제사를 드렸는가?

1-23 하나님은 사울에게 명령하셨습니다(13절). 하나님의 명령은 크게 두 가지였습니다. 첫째, 일주일 후 전쟁을 시작한다(8절). 둘째, 사무엘이 제사를 드린 다음에 전쟁을 시작한다(9절). 드디어 일주일이 지났습니다. 사울은 사무엘을 기다렸습니다. 그런데 백성들이 하나둘 사울을 떠나기 시작했습니다. 마음이 다급해진 사울은 사무엘을 기다리지 않고 직접 제사를 드립니다. 이 사건에서 사울의 실수는 크게 두 가지입니다. 첫째, 하나님의 명령에 불순종한 것입니다. 둘째, 하나님보다 백성들을 더 의지한 것입니다. 그런데 왜 사울은 위급한 상황에서, 하나님의 명령을 어기면서까지 황급하게 제사를 드렸을까요? 제사를 드리기만 하면 하나님이 승리를 주실 것이라 생각했기 때문입니다. 언약궤를 가지고 있기만 하면 하나님이 승리를 주신다고 믿었던 사람들과 동일한 생각을 했던 것입니다(삼상 4:3). 사울에게 하나님은 믿고 순종해야 할 인격적인 존재가 아니라 그저 정성을 보이기만 하면 되는 추상적 존재였습니다. 하나님은 이런 사람이 이스라엘 왕좌에 계속 앉아 있는 것을 허용하실 수 없었습니다(14절).

14장 왜 하나님은 요나단을 도우셨는가?

1-52 하나님은 사울의 아들 요나단에게 큰 승리를 주십니다. 사울은 군사의 수에 민감했지만(삼상 13:8), 요나단은 하나님만 의지했기 때문입니다(6절). 본문은 하나님이 블레셋 진영에 '큰 떨림'을 주셨다고 말합니다(15절). 이것은 히브리어로 '헤르다트 엘로힘' 즉, '하나님의 공포'를 의미합니다. 하나님은 블레셋 군사들 마음에 큰 공포심을 불어넣으셨고, 결과적으로 블레셋 군사들은 자신들끼리 싸우게 되었습니다. 요나단이 목숨을 걸고 싸우던 이때에도 사울은 부족한 면모를 유감없이 드러내었습니다. 사울은 하나님의 이름으로 저주의 맹세를 하는데(24절), 사실 이것은 하나님의 뜻과는 아무 상관없는 맹세였습니다. 사울은 자기 생각을 하나님의 뜻이라고 쉽게 단정해 버리는 매우 경솔한 사람이었습니다.

15장 왜 성경은 하나님이 '후회'하셨다고 말하는가?

1-35 사무엘은 '하나님이 사울에게 기름을 부었다'는 말을 반복합니다(1, 17절). 사울이 왕이 된 것이 하나님의 은혜였음을 강조하는 표현으로서 사람보다 하나님을 두려워하라는 책망입니다. 그런데도 사울은 아말렉을 멸하라는 하나님 명령에 불순종하고, 결과적으로 하나님께 완전히 버림을 받습니다. 그런데 본문에는 사울을 왕으로 세운 것을 하나님이 후회하셨다는 표현이 두 번 등장합니다(11, 35절). 이것은 하나님이 당신의 실수를 인정하셨다거나 하나님의 계획이 실패로 돌아갔다는 뜻이 아닙니다. 후회라는 단어는 히브리어로 '나함'인데, 이 단어가 하나님께 사용될 때는 '깊은 슬픔'을 의미합니다.[97] 하나님은 사울의 부패와 타락을 진심으로 슬퍼하셨습니다. 하지만 이토록 심각한 상황에서도 사울은 자신의 권력에만 관심을 가집니다(30절).

낮아지는 사울, 높아지는 다윗(1)

16장   왜 하나님은 다윗을 왕으로 선택하셨는가?

1-13 하나님께 버림받은 사울 대신, 다윗이 역사 전면에 등장합니다. 이제부터 이어지는 사건들은 하나님이 다윗을 이스라엘 왕으로 준비시키시는 과정입니다. 하나님이 다윗을 왕으로 선택하신 이유는 그의 용모가 아니라 마음 때문입니다(7절). 사울의 경우에서 알 수 있듯이, 외모는 사람 됨됨이를 보여 주는 객관적인 기준이 될 수 없습니다. **14-23** 하나님의 영이 사울을 떠난 것을 두고,

구원받은 이후에도 버림받을 수 있다고 주장하는 사람들이 있습니다. 이는 본문을 오독한 것입니다. 구원받은 신자는 절대로 구원을 잃어버리지 않습니다(롬 8:39). 사울에게 임한 영은 왕의 직분을 돕는 기능을 했습니다. 따라서 본문의 의미는 이제부터 사울이 정당한 왕이 아니라는 것입니다.

17장   왜 다윗은 예수님을 예표하는 사람인가?

1-58 다윗과 골리앗의 싸움은 성경 전체에서 가장 유명한 사건인 동시에 가장 왜곡된 사건입니다. 이 사건의 핵심은 '다윗의 용맹함'이 아니라 다윗을 통해 나타난 '하나님의 은혜'입니다. 본문의 주제는 '사람이 세운 왕 사

울'을 대신하여 '하나님이 세우신 왕 다윗'이 이스라엘을 구원한다는 것입니다. 그런 관점에서 다윗은 예수님을 예표합니다. 예수님은 하나님이 세우신 왕으로서, 자격 없는 우리에게 승리(구원)를 주셨습니다.

18장   왜 요나단은 자신의 겉옷을 다윗에게 주었는가?

1-5 하나님은 사울을 버리고 다윗을 왕으로 세우셨습니다. 그것이 하나님의 뜻이었습니다. 하지만 사울은 하나님의 뜻을 인정하지 않았습니다. 사울은 하나님의 뜻보다 자신의 성공을 더 중요하게 생각했습니다. 요나단은 달랐습니다. 요나단은 자신의 성공보다 하나님의 뜻을 더 중요하게 생각했습니다. 이 사실을 잘 보여 주는 것이, 요나단이 자신의 겉옷을 다윗에게 준 사건입니다(4절). 이것은 요나단이 자신의 권한을 다윗에게 양도하는

행위입니다. 사울을 이어서 이스라엘 왕이 될 사람은 자신이 아니라 다윗임을 인정한다는 뜻입니다. **6-30** "사울이 죽인 자는 천천이요 다윗은 만만이로다"라는 노래는(7절), 히브리어의 평행법을 고려할 때, '사울과 다윗이 많은 사람을 죽였다'라는 뜻입니다.[98] 하지만 사울은 시기심에 눈이 멀어 가장 부정적인 방식으로 여인들의 노래를 해석합니다.

19장   왜 하나님은 사울의 옷을 벗기셨는가?

1-24 사울은 다윗에게 블레셋 사람들의 포피를 요구했습니다. 블레셋 사람들의 손으로 다윗을 죽이기 위해서였습니다(삼상 18:21). 그 시도는 실패로 돌아갔습니다. 그러자 사울은 직접 다윗을 죽이려고 합니다. 바로 그때 성령님이 사울에게 임합니다(23절). 그런데 성령님이 하

신 일이 특이합니다. 성령님은 사울의 옷을 벗기십니다(24절). 당시 사울은 왕의 신분을 나타내는 왕복을 입고 있었을 것입니다. 하나님은 사울이 입고 있던 왕복을 벗기셔서, 사울에게 왕의 자격이 없음을 나타내셨습니다.

낮아지는 사울, 높아지는 다윗(2)

20장　왜 사울은 다윗을 죽이려고 하는가?

1-42 요나단과 다윗이 언약을 맺습니다. 표면적으로 이 언약은 왕과 종 사이의 언약입니다. 요나단은 왕자이고, 다윗은 신하이기 때문입니다. 하지만 언약의 내용은 정반대입니다. 요나단은 하나님이 사울과 함께하신 것처럼 다윗과도 함께하시기를 빕니다(13절). 다윗을 이스라엘의 다음 왕으로 인정한다는 말입니다. 자기 가문에 인자를 베풀어 달라는 요청 역시 마찬가지입니다(15절). 사울은 정반대입니다. 사울은 다윗을 죽이려고 합니다. 자신의 아들을 다음 왕으로 세워서 자신의 왕조를 이어 가기 위한 목적입니다. 요나단은 하나님의 뜻에 순종하기 위해 왕의 자리를 기꺼이 내려놓지만, 사울은 자신의 왕조를 이어 가기 위해 하나님의 뜻을 대적합니다.

21장　왜 하나님은 다윗이 도망자 신세가 되게 하셨는가?

1-15 다윗은 사울을 피해 떠돌이 생활을 시작합니다. 앞으로 다윗은 오랫동안 도망자 신세가 될 것입니다. 하지만 이것 역시 하나님의 섭리입니다. 하나님은 고난의 시간을 통해 다윗에게 이스라엘 왕이 갖추어야 할 자질들을 가르치셨습니다. 다윗은 사울을 피해 블레셋의 5대 성읍 중 하나인 가드에 도착합니다. 다윗은 자신의 정체를 숨기고 가드 왕의 용병이 되려고 했습니다. 하지만 다윗의 시도는 실패로 돌아갑니다. 아기스의 신하들이 다윗의 정체를 알아보았기 때문입니다. 만약 하나님이 도와주셔서 아기스가 다윗을 미친 사람으로 여기지 않았다면(14절), 다윗의 생명은 여기서 끝났을 것입니다.

22장　왜 사람들이 다윗을 찾아갔는가?

1-23 사울은 왕의 신분으로 왕궁에 거하고 있습니다. 하지만 사람들은 사울을 정당한 왕으로 인정하지 않습니다. 신하들이 사울의 명령에 불복종한 것이 그 증거입니다(17절). 반대로 다윗은 도망자 신분으로 아둘람 굴에 숨어 있습니다. 하지만 사람들은 다윗을 정당한 왕으로 인정합니다. 점점 많은 사람들이 다윗을 찾아온 것이 그 증거입니다. 그래서 다윗은 고난 중에도 이런 노래를 불렀습니다. "내가 사망의 음침한 골짜기로 다닐지라도 해를 두려워하지 않을 것은 주께서 나와 함께하심이라 주의 지팡이와 막대기가 나를 안위하시나이다"(시 23:3).

23장　왜 다윗은 하나님의 뜻을 찾았는가?

1-29 다윗은 세 차례나 하나님께 묻습니다(4, 11, 12절). 절체절명(絕體絕命)의 순간에도 하나님의 뜻을 알고자 합니다. 하나님의 뜻을 발견한 후에 행동하기 위해서입니다. 사울은 정반대입니다. 사울은 하나님의 뜻을 알려고 하지 않습니다. 사울은 하나님께 묻지 않습니다. 대신 자신의 생각을 하나님의 뜻처럼 여깁니다(7, 21절)

시험을 통과한 다윗

24장 왜 다윗은 사울을 죽이지 않았는가?

1-22 24-26장은 다윗이 받은 세 가지 시험을 보여 줍니다. 다윗이 자기를 위해 권력을 사용할 것인지, 아니면 하나님을 위해 사용할 것인지를 시험하는 것입니다.[99] 사울은 정예 군사 삼천 명을 이끌고 다윗을 추격합니다 (2절). 다윗을 따르는 육백 명(삼상 23:13)에 비해 다섯 배나 많은 숫자입니다. 하지만 칼자루는 다윗의 손에 있습니다(4절). 그럼에도 다윗이 칼을 거두었던 것은 하나님의 뜻을 존중했기 때문입니다. 사울이 왕으로 세워진 것이 하나님의 뜻이었다면, 왕위를 거두는 것도 하나님의 일이라고 생각했던 것입니다(12절). 다윗은 하나님이 주신 권력을 자신을 위해 사용하지 않음으로써 첫 번째 시험을 통과합니다.

25장 왜 다윗은 나발을 죽이지 않았는가?

1-44 나발은 매우 부유할 뿐만 아니라 갈렙의 후손으로서 명문가의 자손입니다(3절). 하지만 나발이라는 이름은(히브리어로 나발은 '어리석은 사람'이라는 뜻이다), 앞으로 그가 어리석게 행동할 것임을 암시합니다. 실제로 나발은 다윗을 모욕하고, 다윗은 나발에게 복수하기 위해 군대를 소집합니다(13절). 그럼에도 다윗이 군대를 거두었던 것은, 아비가일의 지혜로운 행동 때문입니다. 아비가일은 장차 이스라엘 왕이 될 다윗(28절)이 사사로이 복수하는 것은 옳지 않다고 다윗을 설득합니다(26절). 다윗은 아비가일의 지혜로운 권면을 받아들임으로써 두 번째 시험을 통과합니다.

26장 왜 다윗은 이번에도 사울을 죽이지 않았는가?

1-25 다윗에게 사울을 죽일 수 있는 두 번째 기회가 찾아옵니다. 이는 곧 세 번째 시험입니다. 다윗의 군사들은 하나님이 주신 기회라며 다윗을 독촉합니다. 하지만 다윗은 이번에도 사울을 죽이지 않습니다. 원수 갚는 것을 하나님께 맡겼기 때문입니다(10절). 아마 다윗은 나발의 죽음을 보면서, 원수 갚는 것이 하나님의 일이라는 것을 더욱 확실하게 믿게 되었을 것입니다. 이로써 다윗은 세 가지 시험을 무사히 통과합니다.

27장 왜 다윗은 아기스에게 투항했는가?

1-12 다윗은 가드 왕 아기스에게 투항합니다. 다윗이 600명이나 되는 군사와 그의 가족들을 이끌고 투항했을 때, 아기스는 매우 기뻤을 것입니다. 다윗이라는 유능한 장수와 여러 군사들을 얻었기 때문입니다. 다윗이 아기스에게 투항한 이유는 다음과 같습니다. 첫째, 자신을 따르는 무리의 가족들 때문입니다(3절). 도피 생활이 언제 끝날지 모르는 상황에서 무작정 가족들을 버려둘 수는 없었을 것입니다. 둘째, 이스라엘 백성들을 돕기 위해서입니다. 다윗이 사울에게 쫓기는 상황에서는 이스라엘 백성들을 위해 아무것도 할 수가 없었습니다. 다윗은 아기스에게 투항한 척 하면서, 실제로는 이스라엘의 대적들과 싸웠습니다(8절).

사울의 마지막

28장 왜 사울은 무당을 찾아갔는가?

1-25 사무엘이 죽었습니다(3절). 블레셋은 이 기회를 놓치지 않고 이스라엘을 공격합니다. 사울은 블레셋 군대를 보고 큰 두려움에 빠집니다. 다급해진 사울은 무당을 찾습니다. 사울이 하나님을 찾지 않자, 하나님도 사울을 만나 주시지 않았기 때문입니다(6절). 무당에게 묻는 것은 하나님이 엄격하게 금지하신 일입니다(레 19:31). 이것은 하나님이 사울을 심판하시는 결정적인 이유가 됩니다(대상 10:13). 사울이 만난 영의 정체를 두고, 크게 세 가

지 주장이 있습니다. 첫째, 실제로 하나님이 사무엘의 영을 보내신 것이다. 둘째, 악한 영이 사무엘의 모습으로 찾아온 것이다. 셋째, 무당이 거짓 연기를 한 것이다. 이 가운데 무엇도 정확하다 확언할 순 없지만, 첫 번째 경우가 가장 유력해 보입니다.[100] 그 이유는 다음과 같습니다. 첫째, 본문이 그 영을 사무엘이라 언급합니다(15-16절). 둘째, 그 영의 예언이 정확하게 실현됩니다.

29장 왜 블레셋 지도자들은 다윗의 참전을 반대했는가?

1-11 블레셋은 다섯 도시의 연합체입니다. 그중 한 도시가 가드이고, 가드 왕은 아기스입니다. 다윗은 아기스에게 망명한 상태이므로, 어쩔 수 없이 전쟁에 참여합니다. 이것은 다윗에게 큰 위기입니다. 만약 다윗이 블레셋 편에 서서 이스라엘과 싸운다면, 다윗이 이스라엘 왕이 되

는 것은 사실상 불가능해집니다. 그래서 하나님이 역사하십니다. 하나님은 블레셋 지도자들의 마음을 움직이셔서 그들이 다윗의 참전을 반대하게 하십니다. 이로써 다윗은 위기에서 벗어납니다.

30장 왜 다윗은 전쟁에서 승리했는가?

1-31 다윗이 떠나 있는 동안 아말렉이 다윗의 성을 침략했습니다. 다윗이 도착했을 때는 성읍이 불타고 처자식까지 포로로 잡혀간 이후입니다. 성경은 이때 다윗의 상황을 사울과 동일한 상황으로 묘사합니다. 사울이 블레셋 때문에 마음이 다급해진 것처럼(삼상 28:15), 다윗도

아말렉 때문에 마음이 다급해졌습니다(6절). 그런데 다윗과 사울의 행동은 정반대입니다. 사울은 무당에게 물은 반면, 다윗은 하나님께 묻습니다. 다윗과 사울은 결과도 정반대입니다. 무당에게 물은 사울은 전쟁에서 패배한 반면, 하나님께 물은 다윗은 전쟁에서 승리합니다.

31장 왜 길르앗 야베스 주민들은 목숨을 걸고 사울의 시체를 가져왔는가?

1-6 사울이 이끌던 군대는 처참하게 패배합니다. 이는 하나님을 떠난 사울이 자초한 일이며, 동시에 하나님 대신 다른 왕을 요구했던 이스라엘 백성들이 자초한 일입니다(삼상 8:7). 만약 우리도 하나님을 떠나 실력만 추구한다면, 사울 그리고 이스라엘과 동일한 결과를 맞이할 것입니다. **7-13** 사무엘상의 마지막을 장식하는 길르앗

야베스 주민들의 모습은 감동적입니다. 그들은 목숨을 걸고 사울의 시체를 가져옵니다. 이는 그들이 사울에게 받은 은혜 때문입니다. 사울이 왕으로서 처음 행한 일은 암몬 군대로부터 길르앗 야베스 주민들을 구한 일이었습니다.

다윗을 왕으로 세우시는 하나님

1장 왜 다윗은 요나단을 사랑한다고 말하는가?

1-16 아말렉 사람이 다윗을 찾아옵니다. 그는 이스라엘 땅에 거주하는 외국인으로 보입니다. 아말렉 사람은 자신이 사울을 죽였다고 말하면서 증거를 제시합니다. 다윗이 자신에게 상을 줄 것이라 기대했기 때문입니다. 하지만 다윗은 보상 대신 형벌을 내립니다. 이것은 율법에 근거한 행동입니다. 아말렉 사람은 자기 입으로 살인을 자백했고, 율법은 살인자의 형벌이 사형이라고 말합니다. 만약 다윗이 아말렉 사람에게 상을 주었다면, 다윗은 아말렉 사람과 공범이 되었을 것입니다. 그리고 다윗은 사울의 죄를 심판하는 것은 사람의 일이 아니라 하나님의 일이라고 생각했습니다. **17-27** 다윗이 요나단을 사랑한다고 말하는 것을 두고(26절), 두 사람이 동성애 관계였다고 주장하는 사람들이 있습니다. 터무니없는 주장입니다. 다윗이 요나단을 사랑한 것은 요나단의 숭고한 희생정신 때문입니다. 요나단은 사울처럼 다윗을 시기하지 않았습니다. 요나단은 다윗을 성공의 장애물로 여기지 않았습니다. 오히려 다윗을 도와주고, 높여 주었습니다.

2장 왜 다윗은 사울의 왕궁으로 향하지 않는가?

1-7 사울이 죽었으므로 이스라엘의 다음 왕은 명실공히 다윗입니다. 이미 하나님은 다윗에게 기름을 부어 왕으로 삼으셨습니다. 그러므로 다윗이 해야 할 첫 번째 일은 사울의 왕궁을 차지하는 일입니다. 그런데 다윗은 곧바로 왕궁으로 향하지 않습니다. 대신 어디로 가야 할지를 하나님께 묻고, 하나님 말씀대로 유다 땅 헤브론으로 향합니다(1절). 다윗이 이렇게 행동한 이유는 무엇일까요? 첫째, 하나님의 통치를 신뢰했기 때문입니다. 언젠가는 하나님이 자신을 왕궁으로 인도하실 것을 믿었기 때문입니다. 둘째, 사울 가문을 추종하는 세력 때문입니다. 다윗은 내전이 발생하는 것을 원하지 않았습니다.

8-32 이스라엘의 군사령관 아브넬은 사울 아들 이스보셋을 왕으로 세웁니다. 하지만 이스보셋은 하나님이 원하시는 왕이 아니었습니다. 이스라엘 장로들도 이스보셋이 아니라 다윗을 왕으로 세우기를 원했습니다(삼하 3:17). 그럼에도 아브넬이 이스보셋을 왕으로 세운 것은 욕망 때문입니다. 아브넬은 이스보셋을 배후에서 조종하여 자신의 야망을 이루기 원했습니다. 아브넬은 하나님의 뜻보다 자신의 뜻을 더 중시했습니다. 그 결과 이스라엘은 남북으로 분열되고, 오랫동안 내전을 겪게 됩니다.

3장 왜 다윗은 미갈을 데려오라고 하는가?

1-5 이스보셋의 나라와 다윗의 나라 사이에 전쟁이 계속됩니다. 이스보셋을 따르는 자들은 열 지파이고, 다윗을 따르는 자들은 두 지파입니다. 군사력은 이스보셋이 더 강합니다. 하지만 전쟁에서 승리하는 것은 다윗입니다(1절). 하나님이 다윗에게 승리를 주셨기 때문입니다. **6-21** 아브넬의 영향력은 점점 커져 갑니다(6절). 이스보셋은 아브넬에게 불만을 가집니다. 결국 아브넬은 이스보셋을 배반하고, 다윗 편에 섭니다. 다윗은 협상 조건으로 자신의 아내이자 사울의 딸인 미갈을 요구합니다. 다윗은 이를 통해 자신이 사울의 정당한 후계자임을 알리고, 분열된 이스라엘의 갈등을 봉합하고자 했습니다. **22-39** 요압이 아브넬을 살해합니다. 동생의 복수 때문입니다. 하지만 사람들은 다르게 생각합니다. 다윗이 온 이스라엘의 왕이 되기 위해 아브넬을 죽였다고 생각합니다. 다윗은 사울의 죽음을 진심으로 애도한 것처럼, 아브넬의 죽음을 진심으로 애도합니다(31절). 이로써 오해는 해소되고, 다윗은 온 이스라엘의 왕으로 점차 입지를 굳힙니다.

다윗을 왕으로 세우신 하나님

4장   왜 다윗은 레갑과 바아나를 처벌했는가?

1-12 아말렉 사람이 사울을 죽이고 보상을 기대했던 것처럼, 레갑과 바아나는 이스보셋을 죽이고 보상을 기대합니다. 다윗은 아말렉 사람을 처벌했던 것처럼 레갑과 바아나를 처벌합니다. 그 이유는 다음과 같습니다. 첫째, 이스보셋의 죽음이 자신과 아무런 상관이 없음을 공언하기 위해서입니다. 둘째, 다윗이 꿈꾸는 나라의 모습 때문입니다. 만약 다윗이 속임수와 폭력으로 이스라엘 왕이 된다면, 다윗의 나라가 세상 나라와 다를 바가 있을까요? 그것은 다윗을 통해 거룩한 나라를 이루고자 하시는 하나님의 뜻에도 어긋나는 일입니다. 그래서 다윗은 자신의 대적 이스보셋을 암살한 두 사람을 엄하게 처벌합니다. 므비보셋 이야기는 일종의 삽입구입니다(4절). 아마 므비보셋이 어리고 다리를 절어 이스보셋이 살해된 후 왕이 되지 못했음을 알려 주려는 의도일 것입니다.[101]

5장   왜 다윗은 예루살렘을 새로운 수도로 정하는가?

1-3 하나님은 다윗을 사울의 후계자로 낙점하셨습니다. 사무엘은 하나님의 뜻을 따라 다윗에게 기름을 부었습니다. 그때부터 다윗은 말 없이 기다렸습니다. 왕이 되기 위해 전쟁을 일으키지 않았습니다. 경쟁자들을 해치거나 암살하지도 않았습니다. 다윗은 하나님의 섭리를 신뢰했습니다. 마침내 이스라엘 장로들이 다윗을 찾아옵니다. 하나님의 때가 이른 것입니다. **4-16** 다윗이 지금까지 거주한 헤브론은 이스라엘의 수도로는 적합하지 않았습니다. 유다 지파에 속한 도시이기 때문에 다른 지파의 반발을 살 수 있었기 때문입니다.[102] 그런 점에서 예루살렘은 수도가 되기에 매우 적합했습니다. 예루살렘은 유다와 베냐민의 경계에 위치해 있었고, 당시 여부스 사람들이 차지하고 있었습니다. **17-25** 다윗이 왕으로 등극하자 블레셋은 긴급히 군사를 소집합니다(17절). 골리앗을 죽인 다윗이 왕이 되었다는 소식은 블레셋 사람들에겐 재앙 같은 일이었습니다. 블레셋 입장에서는 다윗의 통치가 자리를 잡기 전에 공격하는 것이 당연한 수순이었습니다. 그런데 이스라엘과 블레셋의 싸움은 지금까지와 다른 양상으로 전개됩니다. 이전에는 블레셋이 승리의 전리품을 본국으로 가져갔지만(삼상 5:1). 이제부터는 이스라엘이 블레셋의 우상을 전리품으로 획득합니다(21절).

6장   왜 언약궤를 왕궁으로 옮기는가?

1-23 다윗은 하나님의 언약궤를 왕궁으로 옮기려고 합니다. 이것은 다윗이 자신의 위치를 바르게 이해했기 때문입니다. 하나님의 언약궤는 하나님의 임재를 상징합니다. 따라서 다윗의 행동은 이스라엘의 진짜 왕이 하나님이라는 사실을 천명하는 것입니다. 다윗은 그 과정에서 큰 실수를 저지릅니다. 다윗은 하나님이 정하신 규칙대로 언약궤를 옮기지 않습니다. 언약궤는 레위인이 어깨로 메어서 옮겨야 합니다(출 25:14; 신 10:8). 하지만 다윗은 짐짝처럼 수레를 통해 옮깁니다. 그런 점에서 베레스 웃사 사건은 다윗이 자초한 일이나 마찬가지입니다. 다행히 다윗은 첫 번째 실수를 반면교사 삼아(12절), 무사히 언약궤를 왕궁으로 옮깁니다.

087

다윗에게 승리를 주신 하나님

7장 왜 하나님은 다윗의 성전 건축을 불허하시는가?

1-17 다윗은 하나님의 언약궤를 보관하는 성전을 지으려고 합니다(2절). 그러나 하나님은 다윗이 성전 짓는 것을 허락하지 않으십니다(7절). 그 이유는 나중에 밝혀집니다. 다윗이 전쟁을 많이 치렀기 때문입니다(왕상 5:3). 하나님은 평화의 시대에 성전을 건축하기를 원하셨습니다. 도리어 하나님은 다윗의 집을 짓겠다고 언약하십니다(11절). 이 집은 물리적인 건물이 아니라 다윗 왕조를 의미합니다. 하나님은 이 왕조가 영원할 것이라고 말씀하십니다(13절). 이 언약, 즉 다윗 언약은 예수님이 다윗 후손으로 오심으로써 성취됩니다(마 1:1). 예수님은 영원히 통치하시는 왕이십니다. **18-29** 하나님이 다윗 왕조를 세우겠다고 하시자, 다윗은 곧바로 감사 기도를 시작합니다. 다윗은 자신이 왕이 된 것이 전적으로 하나님의 은혜임을 인정하면서, 하나님을 일곱 번이나 '주 여호와'라고 부릅니다. 다윗은 사울과 달리 자신이 하나님의 종이라는 사실을 알고 있습니다.

8장 왜 다윗은 말의 힘줄을 끊어 버렸는가?

1-18 본문은 다윗의 정복 전쟁을 묘사합니다. 다윗은 주변 나라들을 모두 정복합니다. 서쪽으로는 블레셋을(1절), 동쪽으로는 모압을(2절), 북쪽으로는 아람을(5절), 남쪽으로는 에돔을 정복합니다(13절). 다윗이 이처럼 손쉽게 주변 나라들을 정복한 이유는 하나님이 다윗을 도우셨기 때문입니다(6절). 전쟁에서 승리한 다윗은 포획한 말의 힘줄을 끊어 버립니다(4절). 그렇게 하면 다시는 군사 용으로 사용할 수 없는데도 말입니다. 이것은 병마를 많이 두어선 안 된다는 율법(신 17:16)에 순종하기 위한 것입니다.

9장 왜 다윗은 요나단의 자손을 찾는가?

1-13 다윗은 요나단의 자손을 찾습니다. 요나단과의 약속을 지키기 위해서입니다. 다윗은 요나단의 자손에게 자비를 베풀겠다고 약속했고(삼상 20:15), 지금 그 약속을 지키고 있습니다. 므비보셋을 만난 다윗은 시바를 통해 사울의 재산을 모두 되돌려 줍니다. 아마도 시바는 사울의 재산을 관리하는 사울의 신하였던 것으로 보입니다. 훗날 그는 므비보셋의 재산을 빼앗기 위해 다시 등장합니다(삼하 16:3).

10장 왜 하눈은 다윗을 의심하는가?

1-19 다윗은 암몬과 동맹 관계에 있었습니다. 하지만 암몬 통치자가 나하스에서 그의 아들 하눈으로 바뀌자 상황은 돌변합니다. 하눈의 신하들은 다윗이 외교 사절을 보낸 의도를 의심합니다. 이는 다윗의 세력 확장 때문입니다. 다윗이 최근에 모압을 점령한 일은 주변 국가를 긴장시키기에 충분했습니다(삼하 8:2). 단독으로는 승산이 없음을 간파한 암몬은 연합군을 형성합니다(6절). 군사령관 요압의 비장한 고백으로 볼 때(12절), 연합군은 상당한 세력을 구축했던 것으로 보입니다. 하지만 하나님과 함께하는 군대를 이기기란 불가능했습니다. 이로써 다윗은 근동 지방 대부분을 정복하게 됩니다.

죄에 물든 다윗

11장 왜 다윗은 전쟁터에 나가지 않고 왕궁에 머물러 있는가?

1-27 "왕들이 출전할 때가" 되었습니다(1절). 봄이 되면 왕들이 군대를 이끌고 전쟁터로 나가는 것이 당시의 관례였습니다.[103] 그런데 다윗은 여전히 왕궁에 머물러 있습니다. 사소해 보이는 이 장면은 사실 엄청난 의미를 지니고 있습니다. 당시 이스라엘의 전쟁은 하나님의 영광을 위한 성전(聖戰)이었습니다. 당연히 다윗은 앞장서서 성전을 수행해야 했습니다. 따라서 다윗이 왕궁에 머물러 있다는 것은 하나님의 영광을 위한 열정이 식었다는 증거입니다. 문제는 거기서 그치지 않습니다. 작은 죄를 이기지 못한 다윗은 더 큰 죄를 짓습니다. 거룩함과 절제력을 잃어버린 다윗은 밧세바를 간음하고, 심지어 그 사실을 숨기기 위해 그녀의 남편 우리아를 죽입니다. 우리아는 최고 용사 37인에 포함되는 충신이었습니다(삼하 23:39). 지금까지 다윗은 하나님의 종으로 행동했습니다. 언약궤를 왕궁으로 옮긴 사건이 대표적입니다. 하지만 지금은 세상 왕과 똑같이 행동합니다. 마치 사울처럼 말입니다. 다윗의 행동은 하나님이 보시기에 악했습니다(27절). 이제 곧 하나님의 심판이 찾아올 것입니다.

12장 왜 다윗의 세 아들이 칼에 맞아 죽임을 당하는가?

1-31 다윗은 하나님의 영광을 위해 싸우는 것을 거부했습니다. 거기서부터 시작된 다윗의 죄는 밧세바를 간음하고, 그녀의 남편을 죽이는 데까지 이르렀습니다. 다윗은 이 일들을 은밀하게 행했지만, 하나님은 이 모든 과정을 빠짐없이 지켜보셨습니다. 하나님은 나단 선지자를 통해 다윗의 죄를 지적하십니다. 놀랍게도 다윗은 약자의 소유를 강탈하는 것이 심각한 범죄임을 이미 알고 있습니다(5절). 다윗은 하나님 말씀을 자신에게는 적용하지 않을 정도로 마음이 강퍅해져 있습니다. 이후에 다윗은 진심으로 회개하고, 하나님은 다윗의 죄를 용서해 주십니다. 이때 다윗의 심정은 시편 51편에 잘 나타나 있습니다. 그러나 죄에 대한 책임까지 모두 사라진 것은 아닙니다. 하나님은 "칼이 네 집에서 영원토록 떠나지 아니하리라"라고 말씀하십니다(10절). 이 말씀처럼 다윗 가문에는 칼의 저주가 끊이지 않습니다. 이후로 다윗의 아들 가운데 세 명이 칼에 맞아 죽습니다.

13장 왜 다윗은 두 아들을 벌하지 않는가?

1-39 밧세바 사건 이후 다윗 가정에는 심각한 문제들이 반복됩니다. 본문은 그 가운데 두 가지를 소개합니다. 암논이 이복 누이 다말을 간음한 사건과 압살롬이 복수를 위해 형 암논을 죽인 사건입니다. 주목할 것은 다윗의 태도입니다. 다윗은 암논과 압살롬을 벌하지 않습니다. 두 아들의 죄가 자신이 지었던 죄와 동일하기 때문입니다. 암논이 이복 누이를 간음한 것처럼 자신도 밧세바를 간음했습니다. 압살롬이 형 암논을 죽인 것처럼 자신도 우리아를 죽였습니다. 동일한 죄를 지은 입장에서 다윗은 두 아들을 벌할 수 없었습니다.[104] 다윗은 자신이 지은 죄의 결과를 피하지 못합니다. 다윗의 죄는 자녀들의 삶을 통해 더욱 확대됩니다.[105]

압살롬의 반란

14장 왜 요압은 다윗과 압살롬의 화해를 주선하는가?

1-33 요압은 다윗과 압살롬의 화해를 주선합니다. 장자 암논이 죽었기 때문에 압살롬이 왕위 계승 1순위이기 때문입니다. 요압은 압살롬을 통해 정치적 기반을 확보하려 합니다. 그런데 다윗은 예루살렘으로 돌아온 압살롬을 만나 주지 않습니다. 이것은 압살롬의 권세가 온전 히 회복되지 않았다는 것이고, 압살롬의 왕위 계승이 확실치 않다는 의미입니다. 결국 압살롬은 반란을 도모하기 시작합니다. 압살롬은 잘생겼고(25절), 인기도 많았지만(삼하 15:12), 하나님을 경외하지는 않았습니다.

15장 왜 아히도벨은 반란에 동참했는가?

1-12 압살롬은 왕이 되기 위한 준비에 착수합니다. 가장 먼저 병거와 말, 그리고 50명의 호위병을 세웁니다(1절). 왕이 될 만한 권세가 자신에게 있음을 과시하기 위해서입니다. 이어서 다윗에 관한 좋지 않은 소문을 퍼뜨립니다. 백성의 민심을 빼앗기 위해서입니다(6절). **13-37** 다윗을 떠나 압살롬 편에 선 사람들이 소개됩니다. 아히도벨이 대표적입니다. 그는 이스라엘에서 가장 지혜로운 인물이었습니다(삼하 16:23). 그런 사람이 다윗을 대적한 이유는 무엇일까요? 그 배경은 밧세바와 아히도벨의 관계에서 찾을 수 있습니다. 사무엘하 11:3은 밧세바가 엘리암의 딸이라고 말하고, 사무엘하 23:34은 엘리암이 아히도벨의 아들이라고 말합니다. 즉, 아히도벨은 밧세바의 할아버지입니다. 아히도벨은 손녀를 간음하고, 사위를 죽인 사람에게 복수하기 위해 압살롬의 반란에 동참한 것입니다. 그런 점에서 압살롬의 반란은 다윗이 자초한 일이며, 다윗의 범죄에 대한 하나님의 심판입니다. 실제로 압살롬이 다윗의 아내들을 간음한 일은(삼하 16:20-22), 하나님이 다윗에게 내리신 저주였습니다(삼하 12:11).

16장 왜 다윗은 시므이를 처벌하지 않았는가?

1-23 사울 가문에 속한 시므이가 다윗을 저주합니다(5절). 그는 사울 가문의 몰락이 다윗 때문이라고 생각합니다. 이에 아비새가 시므이를 죽이려 하자, 다윗이 만류합니다. 다윗은 시므이의 저주가 하나님의 징벌이라고 생각했기 때문입니다(11절). 역설적이게도 바로 이것이 하나님이 다윗을 의로운 왕이라고 칭찬하신 이유입니다 (왕상 9:4). 다윗은 모든 일을 하나님의 섭리와 연관 지어 생각했습니다. 그래서 전쟁에서 승리한 이후에는 하나님께만 영광을 돌렸고, 고난을 겪을 때는 잠잠히 하나님의 도움을 기다렸습니다. 다윗이 이 시기에 기록한 시편을 살펴보면, 당시 다윗의 심정을 잘 알 수 있습니다. 대표적인 시편이 39편, 41편, 55편, 61편, 63편입니다.

이스라엘이 분열되다

17장 왜 압살롬은 아히도벨이 아니라 후새의 전략을 따랐는가?

1-29 아히도벨은 당장 다윗을 추격해야 한다고 주장하고, 후새는 충분한 시간을 두고 다윗을 추격해야 한다고 주장합니다. 결과는 압살롬의 선택에 달려 있습니다. 만약 압살롬이 아히도벨의 주장을 따른다면, 다윗은 패배할 것입니다. 다윗에게 속한 사람들은 상당히 지쳐 있기 때문입니다(삼하 16:14). 하지만 압살롬은 아히도벨이 아니라 후새의 전략을 따릅니다. 후새의 주장은 다윗에게 도피할 시간을 제공하는 것으로, 압살롬에게 매우 불리한 전략이었는데도 말입니다. 성경은 이것이 하나님의 섭리라고 말합니다(14절).

18장 왜 다윗은 압살롬의 생명을 살리려 하는가?

1-33 다윗은 전쟁터로 향하는 군인들에게 압살롬의 목숨을 살려 달라고 부탁합니다(5, 12절). 왜 다윗은 반란을 일으킨 압살롬을 구하려 할까요? 다윗은 이 모든 일의 원인이 근본적으로 자신에게 있다고 생각하기 때문입니다. 다윗은 압살롬의 반란을 밧세바 사건에 대한 하나님의 심판으로 보았습니다.

19장 왜 요압은 다윗을 비난하는가?

1-43 백성들은 목숨을 걸고 다윗을 위해 싸웠습니다. 결과적으로 다윗 군대는 큰 승리를 거두었습니다. 이제 다윗의 병사들은 승전고(勝戰鼓)를 울리며 고향으로 돌아가야 마땅합니다. 그런데 다윗 진영의 분위기는 초상집입니다(2절). 다윗의 병사들은 패잔병처럼 고향으로 돌아갑니다(3절). 그 이유는 다윗 때문입니다. 다윗은 아들의 죽음을 슬퍼할 뿐, 자신을 위해 싸운 자들을 위해서는 아무것도 하지 않습니다. 그러자 요압이 다윗을 비난하기 시작합니다. 병사들이 다윗을 위해 목숨을 걸고 싸웠는데도 불구하고, 그들을 부끄럽게 만들었기 때문입니다. 다윗의 실수는 그것만이 아닙니다. 지금까지 이스라엘은 다윗 편과 압살롬 편으로 나뉘어 전쟁을 벌였습니다. 따라서 다윗은 분열된 이스라엘을 단결시켜야 합니다. 하지만 다윗은 아들의 죽음을 슬퍼할 뿐, 이스라엘의 단결을 위해 아무런 행동을 취하지 않습니다. 심지어 유다 지파를 편애하는 행동으로(11절), 다른 지파와의 갈등을 부채질합니다(41절).

20장 왜 다윗은 문제를 지혜롭게 해결하지 못하는가?

1-26 세바가 반란을 일으키지만, 직접적인 원인은 다윗에게 있습니다. 다윗이 유다 지파와 다른 지파를 차별한 것 때문에 세바가 세력을 모을 수 있었습니다. 다윗이 반란군의 지도자였던 아마사를 새로운 군사령관으로 임명한 것 역시 문제를 일으킵니다. 아마사는 정한 기한 내에 군대를 소집하지 못하는데(5절), 이것은 반란군 사령관이라는 이력 때문일 가능성이 큽니다. 왜 다윗은 문제를 지혜롭게 해결하지 못할까요? 시작은 밧세바 사건입니다. 큰 범죄를 저지른 이후로, 다윗은 예전 같은 총기를 회복하지 못합니다. 다윗의 삶은 밧세바 사건 전과 후로 확연하게 구분됩니다. 성경은 여호와를 경외하는 것이 지혜라고 말합니다(잠 1:7). 지혜의 근원은 거룩함입니다. 거룩함이 없는 자에게는 지혜도 없습니다. 죄를 범한 다윗이 잃어버린 것은 명예만이 아닙니다. 지혜도 함께 잃어버렸습니다.

사무엘서의 결론

21장 왜 사울 후손들이 대신 벌을 받는가?

1-22 이스라엘 땅에 기근이 닥칩니다. 사울이 생전에 지은 죄 때문입니다. 사울은 기브온 족속을 까닭 없이 학살했고, 아직까지 기브온 족속의 억울함은 해결되지 않았습니다. 기브온 족속은 가나안 원주민들 가운데 유일하게 하나님을 믿은 족속입니다(수 9장). 아마 사울은 민족주의에 심취하여 약소민족인 기브온 사람들을 억압하고 착취한 것으로 보입니다. 그런데 그 해결책이 이상합

니다. 율법은 부모의 죄 때문에 자식이 처벌받아서는 안 된다고 말하는데, 사울 후손들이 대신 벌을 받기 때문입니다(신 24:16). 하지만 본문 사건은 사울 때문에 죄 없는 자손들이 억울하게 처벌받은 것으로 볼 수 없습니다. 1절은 기브온 거민을 학살한 주체를 "사울과 … 그의 집"이라고 말합니다. 처벌받은 일곱 명은 기브온 거민을 학살하는 사건에 동참한 자들로 보아야 합니다.

22장 왜 악한 자들의 행실을 본받지 말아야 하는가?

1-51 사무엘서는 한나의 찬송(삼상 1장)으로 시작해서 다윗의 찬송(삼하 22장)으로 끝납니다. 사무엘서의 처음과 끝을 찬송이 장식합니다. 두 찬송은 내용과 주제가 거의 동일합니다. 특히 곤고한 백성은 구원하시고 교만한 자는 낮추신다는 고백(28절)은 한나와 다윗 모두 강조하는 주제입니다. 문맥으로 볼 때 구원받은 곤고한 백성은 한

나와 다윗이며, 교만하여 심판받은 사람은 엘리의 두 아들과 사울입니다. 즉, 사무엘서의 강조점은 하나님이 인간의 운명을 주관하신다는 데 있습니다. 바로 이것이 우리가 악한 자들의 행실을 본받지 말아야 할 이유입니다. 하나님은 정직한 자를 높이시고, 악한 자를 벌하십니다(27절).

23장 왜 다윗의 용사들을 소개하는가?

1-39 결론 부분에서 다윗의 용사들을 열거합니다. 다윗 왕국의 번영이 다윗 혼자 힘으로 이룬 것이 아님을 강조하기 위해서입니다. 역사적으로 볼 때 하나님의 뜻은 탁월한 개인이 아니라 평범한 공동체를 통해 성취되는 경

우가 많습니다. 예수님의 열두 제자 공동체가 대표적입니다. 그러므로 기독교 교육은 한 명의 엘리트를 세우는 것이 아니라 자신의 한계를 인정하고 다른 사람과 협력할 줄 아는 평범한 사람을 세우는 것이어야 합니다.

24장 왜 다윗의 범죄를 소개하는가?

1-25 다윗의 범죄가 소개됩니다. 이것은 다윗조차 죄인에 불과하다는 것과 완전한 구원자는 예수님밖에 없다는 사실을 나타냅니다. 다윗이 인구 조사를 시행한 이후에 죄책감에 시달린 것은 군사력을 과시하려는 마음으로 인구 조사를 시작했기 때문입니다. 1절에는 하나님이 인구 조사를 시키신 것처럼 나와 있지만, 평행 구절

인 역대상 21:1에는 사탄이 다윗을 부추긴 것으로 나와 있습니다. 종합하면 사탄이 다윗을 유혹한 것 역시 하나님의 주권 안에 있다는 의미로 볼 수 있습니다. 하나님은 악을 행하시지 않지만, 당신의 목적을 위해 악한 존재를 도구로 사용하십니다.

한눈에 보는 열왕기서

핵심	열왕기상		열왕기하	
	솔로몬 왕국 (1-11장)	왕국 분열 (12-22장)	북이스라엘 멸망 (1-17장)	남유다 멸망 (18-25장)
사건	솔로몬의 통치 성전 건축 솔로몬의 기도	왕국 분열 엘리야의 싸움 나봇의 포도원 사건	엘리사의 이적들 나아만 장군 북이스라엘 멸망	히스기야의 승리 남유다 멸망
주제	타락한 예배		잘못된 예배의 결과	
장소	예루살렘과 사마리아			
기간	대략 130년		대략 300년	

저자: 예레미야(?)

열왕기 본문에서는 저자의 흔적을 찾을 수 없다. 유대교 전승에 따르면, 예레미야 선지자라고 한다. 흥미로운 것은 열왕기서가 신명기적 관점으로 기록되었다는 점이다. 저자는 왕들을 평가할 때, 모세의 율법, 특히 신명기 말씀을 근거로 삼는다. 율법을 잘 알고 있다는 점에서, 레위인이나 제사장이 저자일 가능성이 있다.

기록 목적

열왕기서는 주전 586년의 의미를 설명하는 성경이다. 그해에 예루살렘 성벽이 무너졌고, 결정적으로 성전이 파괴되었다. 두 사건 모두 여호와를 전능한 하나님으로 믿었던 자들에게 큰 충격을 안겨 주었을 것이다. 심지어 여호와가 정말 계시기나 한 것인지 의문을 품는 사람도 있었을 것이다. 열왕기서는 바로 그 지점에서 시작된다. 저자는 일관되게, 다윗 이후 왕들의 죄악에 집중하고, 그들의 부패상을 보여 주는 데 열중한다. 그리하여 이스라엘 멸망과 성전 파괴가 이스라엘의 타락과 죄악 때문이라는 결과를 도출해 낸다. 열왕기서가 끔찍한 과거만 말하는 것은 아니다. 미래의 소망을 불러일으키는 것도 저자의 중요한 목표다. 하나님은 다윗 후손이 대대로 이스라엘을 다스리게 하겠다고 언약하셨다. 바벨론 총독이 이스라엘을 다스리는 현실은 '다윗 언약'에 위배되는 상황이다. 다윗 언약을 기억하는 자들은 이스라엘 회복을 기대하지 않을 수 없다. 그래서 저자는 여호야긴이 풀려나는 사건으로 열왕기서를 마무리한다(왕하 25:27-30). 여호야긴은 다윗 후손이다.

통독 길잡이

열왕기서의 강조점은 여호와의 유일성이다. 열왕기서를 신중히 묵상해 보라. 이스라엘을 멸망시킨 바벨론조차 하나님의 도구에 불과하다는 사실과 하나님께서 당신 뜻대로 세상 역사를 주관하신다는 사실을 발견하게 될 것이다. 그런 점에서 열왕기서는 우리의 시선을 하나님께로 되돌리는 성경이다.

092

4월 2일

하나님께서 솔로몬을 왕으로 세우시다

1장 왜 나단과 사독과 브나야는 아도니야를 지지하지 않았는가?

1-53 이미 하나님은 솔로몬을 다윗 후계자로 지정하셨습니다(13절). 하지만 아도니야에게는 하나님 뜻에 순종할 마음이 전혀 없습니다. 다윗의 장자였던 아도니야는 아버지가 육체적으로 쇠약한 틈을 타 반란을 꾀합니다. 아도니야의 모습은 왕이 될 때까지 인내하며 기다렸던 다윗의 모습과 정반대입니다. 아도니야의 세력은 상당합니다. 왕의 모든 아들과 군사령관들, 그리고 제사장 아

비아달까지 아도니야 편입니다(25절). 하지만 끝까지 솔로몬을 지지한 사람들도 있습니다. 선지자 나단, 제사장 사독, 여호야다의 아들 브나야입니다(26절). 자칫하면 권력 투쟁의 희생양이 될 수도 있는 상황에서, 이들이 끝까지 솔로몬을 지지한 이유는 무엇일까요? 하나님의 뜻이 솔로몬에게 있다는 것을 알았기 때문입니다. 그들은 하나님의 뜻에 자신의 목숨을 걸었습니다.

2장 왜 아도니야는 아비삭을 요구하는가?

1-12 이제 다윗은 하나님 곁으로 갑니다. 열왕기서 저자는 다윗의 마지막 모습을 잠자는 것처럼 묘사합니다(10절). 신자에게 죽음은 공포와 미지의 세계가 아닙니다. 신자에게는 천국과 부활의 소망이 있습니다. 다윗은 솔로몬에게 대장부가 되라고 요청합니다(2절). 원어를 직역하면 강한 사람이 되라는 뜻입니다. 그런데 다윗이 요청하는 강자(強者)의 모습은 세상이 말하는 강자의 모습

과 매우 다릅니다. 세상이 생각하는 강자는 자기 뜻을 이루는 사람이지만, 다윗이 말하는 강자는 하나님의 뜻을 이루는 사람입니다. **13-46** 고대 사회에서 왕의 부인을 취하는 것은 왕의 권력을 계승하는 것을 의미했습니다.[106] 그런 점에서 아도니야가 아비삭을 요구한 행위 이면에는, 권력을 찬탈하고자 하는 의도가 숨어 있습니다. 바로 이것이 솔로몬이 아도니야를 처형한 이유입니다.

3장 왜 솔로몬은 지혜와 부귀를 선물로 받았는가?

1-15 솔로몬의 지혜와 부귀를 일천 번제 때문이라고 생각하는 사람들이 있습니다. 성경은 전혀 그렇게 말하지 않습니다. 하나님이 솔로몬에게 지혜와 부귀를 주신 이유는 솔로몬의 '기도 내용' 때문입니다(10절). 솔로몬은 일천 번제를 드렸기 때문이 아니라, 하나님 마음에 합당한 기도를 드렸기 때문에 복을 받았습니다. 만약 솔로몬의 기도가 하나님 마음에 들지 않았다면, 솔로몬이 십만 번제를 드렸다 한들 복을 받지 못했을 것입니다. **16-**

28 하나님이 솔로몬에게 지혜를 주신 이후에, 곧바로 솔로몬의 재판 사건이 소개됩니다. 솔로몬의 지혜로운 통치가 하나님의 은혜 때문임을 강조하는 구조입니다. 하지만 솔로몬의 행위가 모두 정당한 것은 아닙니다. 고대 사회에서 혼인은 외교 동맹의 수단으로 사용되었습니다. 솔로몬이 애굽 공주와 혼인한 것도 그러한 이유 때문입니다(1절). 이것은 신명기 17:16에 기록된 모세의 율법을 정면으로 어기는 행위입니다.

093

4월 3일

번영의 시기에 드리운 어두운 그림자

4장　왜 솔로몬은 병마를 많이 두었는가?

1-34 솔로몬의 지혜로운 통치 때문에 이스라엘은 엄청난 번영을 누립니다. 본문은 이스라엘의 영화를 안과 밖, 두 부분으로 나누어 설명합니다. 먼저 소개되는 것은 솔로몬의 내치입니다(1-20절). 솔로몬은 인재를 적재적소에 배치하고, 자원을 효율적으로 배분합니다. 덕분에 백성은 바닷가의 모래처럼 많아졌고, 잔치는 일상이 되었습니다(20절). 다음으로 소개되는 것은 솔로몬의 외치입니다. 솔로몬은 아버지 다윗이 정복한 나라들을 지혜롭게 다스립니다. 그 결과 주변 나라들은 이스라엘에 군사적인 위협이 되지 않습니다. 오히려 조공을 바쳐 이스라엘의 번영에 기여합니다(21절). 하지만 이토록 빛나는 번영의 시기에 어두운 그림자가 서서히 드리워지고 있었습니다. 하나님은 이스라엘 왕이 병마(兵馬)를 많이 두는 것을 금하셨습니다(신 17:16). 병마는 군사력의 상징이므로, 하나님보다 군사력을 더 의지하지 말라는 뜻입니다. 안타깝게도 솔로몬은 병마를 많이 두었습니다(26절). 솔로몬은 하나님보다 군사력을 더 의지했던 것입니다.

5장　왜 하나님은 솔로몬에게 평화를 주셨는가?

1-18 이스라엘은 솔로몬 통치기에 평화를 누렸습니다. 하지만 그것을 솔로몬 개인 역량으로 생각해서는 곤란합니다. 솔로몬의 지혜가 하나님의 선물인 것처럼, 솔로몬의 평화도 하나님의 선물입니다(삼하 7:12). 본문은 하나님이 솔로몬에게 평화를 주신 이유가 성전 건축 때문이라고 말합니다(3-4절). 다윗은 전쟁 시대를 살았기에 성전을 건축할 만한 여유가 없었습니다. 반대로 솔로몬은 평화 시대를 살았기에 성전을 건축할 역량이 충분했습니다. 더구나 솔로몬은 두로를 비롯한 주변 나라들을 다스리고 있었기에 성전 건축에 필요한 자재를 준비하기에도 어려움이 없었습니다.

6장　왜 성전을 건축한 것으로 충분하지 않은가?

1-38 하나님이 이스라엘과 언약을 맺으십니다. 성전을 건축하면 복을 주신다는 언약입니다(13절). 하지만 하나님의 복은 조건적입니다. 성전 건축이 하나님의 복을 보장하지 않습니다. 하나님께 복을 받기 위해서는 성전을 건축하는 동시에 하나님의 계명을 지켜 행해야 합니다(12절). 안타깝게도 이스라엘 백성들은 이 사실을 망각했습니다. 이스라엘 백성들은 성전을 건축한 것으로, 하나님께 해야 할 것을 다 했다고 생각했습니다. 그래서 예레미야 선지자는 "너희는 이것이 여호와의 성전이라, 여호와의 성전이라, 여호와의 성전이라 하는 거짓말을 믿지 말라"(렘 7:4)라고 외쳐야 했습니다. 성전이 하나님과의 관계를 보장해 주지 않는다는 뜻입니다. 지금도 마찬가지입니다. 하나님과의 관계는 평생에 걸친 순종으로 깊어지는 것이지, 한 번의 이벤트로 완성되는 것이 아닙니다.

솔로몬의 빛과 어둠

7장 왜 갑자기 솔로몬 왕궁을 말하는가?

1-51 열왕기서 저자는 성전 건축을 설명하던 도중, 갑자기 솔로몬 왕궁을 말하기 시작합니다(1-12절). 솔로몬에게 성전 건축이라는 업적이 있다 할지라도, 자기 왕궁을 건설하는 데 더 많은 관심을 기울였다는 사실을 지적하는 것입니다. 솔로몬이 성전을 건축하는 데 걸린 시간은 7년이지만(왕상 6:38), 왕궁을 건설하는 데 걸린 시간은 13년입니다(1절). 솔로몬은 성전 건설에도 백향목을 일부 사용하였지만, 왕궁에는 더 많은 백향목을 사용했습니다(2-3, 7, 11-12절). 성전과 왕궁을 모두 완공하는 데 걸린 시간은 무려 20년입니다. 성전 공사는 하나님 말씀에 순종하기 위한 것이라 할지라도, 거대한 왕궁은 솔로몬의 욕망으로밖에 볼 수 없습니다. 후에 이스라엘 백성들은 솔로몬의 통치를 무거운 멍에(왕상 12:4)로 묘사했습니다. 솔로몬의 토목 공사는 일반 백성들에게 무거운 짐이었습니다. 물론 성전을 건축한 솔로몬의 공로는 무시할 수 없습니다. 하지만 열왕기서 저자는 솔로몬이 신화화(神話化)되는 것을 원하지 않습니다. 오히려 솔로몬의 어두운 부분까지도 객관적으로 서술합니다. 성경의 주인공은 사람이 아니라 하나님이시기 때문입니다. 우리가 주목해야 하는 것은 솔로몬의 탁월함이 아니라 부족한 솔로몬에게 베푸신 하나님의 은혜입니다.

8장 왜 '여호와의 이름'을 위한 성전이라고 말하는가?

1-11 하나님의 언약궤를 성전에 안치하자 구름이 성전을 덮습니다(10절). 성전을 덮은 구름은 크게 두 가지를 의미합니다. 첫째, 하나님이 솔로몬 성전에 임재하셨음을 의미합니다. 둘째, 하나님이 솔로몬 성전을 기뻐하심을 의미합니다. **12-21** 솔로몬은 성전을 하나님께 봉헌하면서 '여호와'를 위한 성전이 아니라, '여호와의 이름'을 위한 성전이라고 말합니다(17절). 그 이유는 다음과 같습니다. 솔로몬이 하나님의 성전을 지은 것처럼, 이방 사람들도 우상 신전을 지었습니다. 우상 숭배자들은 사람이 자기 집에 거하듯이, 우상이 신전 안에 거한다고 생각했습니다. 솔로몬은 이스라엘 백성들이 하나님을 그렇게 생각하기를 원하지 않았습니다. 하나님은 성전에 거하시지만, 성전에만 거하시는 것은 아니기 때문입니다. 하나님은 천지 만물을 지으신 창조주이시기에 온 세상 어디에나 계시기 때문입니다. 그래서 솔로몬은 '여호와'를 위한 성전이 아니라 '여호와의 이름'을 위한 성전이라고 말하는 것입니다. 지금도 이원론적으로 사고하는 사람들은 하나님이 교회당 안에만 계신 것처럼 행동합니다. 그래서 교회당 안과 밖의 행동이 다릅니다. 교회와 가정에서의 행동이 다르고, 교회와 직장에서의 행동이 다릅니다. 우리는 그렇게 행동하지 말아야 합니다. 교회당에서 하나님의 임재를 생각한다면, 가정과 직장에서도 하나님의 임재를 생각해야 합니다. 교회당에서 말과 행동을 조심한다면, 가정과 직장에서도 말과 행동을 조심해야 합니다. **22-66** 솔로몬은 성전을 봉헌한 후 하나님께 기도합니다. 솔로몬의 기도에는 몇 가지 특징이 있습니다. 첫째, 겸손한 기도입니다. 솔로몬은 하늘을 향하여 손을 펴고 기도하는데(22절), 이것은 겸손히 복종하는 자세를 의미합니다. 둘째, 자비를 구하는 기도입니다. 솔로몬은 자신을 종으로 언급하며 기도하는데(28절), 이것은 하나님이 기도에 응답하시는 이유가 사람에게 있지 않고 하나님의 자비에 달려 있음을 의미합니다. 셋째, 용서를 구하는 기도입니다. 솔로몬은 자신과 이스라엘 백성들의 죄를 사하여 달라고 하는데(30절), 이것은 하나님의 용서가 하나님의 응답보다 선행함을 의미합니다.

솔로몬 왕국의 최후

9장 왜 솔로몬은 하나님 말씀이 아니라 자신의 욕망을 쫓아 살기 시작하는가?

1-28 하나님이 솔로몬을 찾아와 언약을 맺으십니다. 하나님의 이름을 성전에 두시고, 항상 성전을 지켜보겠다고 말씀하십니다(3절). 이것은 하나님이 성전과 이스라엘을 보호하신다는 뜻입니다. 그런데 하나님의 언약은 조건적입니다. 만약 솔로몬과 솔로몬 후손들이 하나님 말씀을 전심으로 따르지 않으면, 하나님은 직접 성전과 이스라엘을 심판하실 것입니다(7절). 따라서 이스라엘의 미래는 성전이 아니라 하나님 말씀을 대하는 태도에 달려 있습니다. 안타깝게도 솔로몬은 이 사실을 망각합니다. 솔로몬은 왕국이 번성하고 안정될수록 하나님께 불

순종합니다. 예를 들어 솔로몬은 대규모 토목 공사를 위해 가나안 원주민을 고용합니다(20-21절). 하지만 하나님의 뜻은 그들을 쫓아내는 것입니다. 솔로몬은 군사 동맹을 위해 애굽 공주와 정략결혼을 합니다(24절). 하지만 하나님의 뜻은 애굽의 군사력을 의지하지 않는 것입니다(신 17:16). 솔로몬은 많은 금을 모읍니다(28절). 하지만 하나님의 뜻은 금을 쌓아 두지 않는 것입니다(신 17:17). 성공에 취한 솔로몬은 절제력을 완전히 상실하고, 하나님 말씀이 아니라 자신의 욕망을 쫓아 살기 시작합니다.

10장 왜 솔로몬은 부와 명예를 사적으로 사용하는가?

1-29 스바 여왕이 솔로몬을 방문합니다. 원래 스바 여왕은 솔로몬에 대한 소문을 믿지 않았습니다(7절). 하지만 솔로몬을 만난 이후에는 솔로몬의 지혜에 감탄하게 됩니다. 스바 여왕이 솔로몬을 방문한 사건은 솔로몬의 이름이 온 세상에 퍼졌음을 의미합니다. 솔로몬의 부와 명예는 온 세상을 떠들썩하게 만들었습니다. 그러나 이때부터 솔로몬은 본격적으로 잘못된 길로 들어섭니다. 솔로몬은 하나님이 주신 부와 명예를 지극히 개인적인 목

적으로 사용합니다. 자기 왕궁을 금 방패로 장식하고(16-17절), 자기 보좌를 금으로 입히며(18절), 왕궁에서 사용하는 그릇까지 금으로 제작합니다(21절). 이것은 솔로몬이 하나님의 은혜를 망각한 결과입니다. 솔로몬은 자신의 지혜가 하나님에게서 온 것임을 망각했습니다. 솔로몬은 자신의 부와 명예가 하나님의 선물임을 망각했습니다. 그 결과 솔로몬은 하나님께 돌려야 마땅한 영광을 자신이 취하기 시작했습니다.

11장 왜 하나님은 직접 솔로몬의 대적들을 예비하시는가?

1-43 하나님은 어린 솔로몬을 보호하셨습니다. 솔로몬의 자리를 강탈하려고 했던 아도니야와 요압으로부터 솔로몬을 지키셨습니다. 이제는 정반대입니다. 하나님이 직접 솔로몬의 대적들을 예비하십니다. 하닷과 르손과 여로보암은 하나님이 직접 일으키신 솔로몬의 대적입니다. 이는 솔로몬이 하나님 말씀에 불순종했기 때문입니다. 솔로몬은 지혜의 왕으로 알려졌지만, 그의 삶에 밝은 면만 있었던 것은 아닙니다. 솔로몬은 애굽과 군사

동맹을 맺기 위해 바로의 딸과 혼인했습니다. 군사력을 강화하기 위해 병마를 모았습니다. 자신의 왕궁을 짓는 일에 가나안 사람들을 동원했습니다. 이것은 모두 하나님이 금하신 일입니다. 그리고 노인이 된 솔로몬은 이방 여인과 혼인하고 우상을 숭배하기까지 합니다. 평생에 걸친 작은 불순종들이 쌓이고 쌓여 돌이킬 수 없는 영적 파산 상태에 이르게 된 것입니다.

분단된 이스라엘

12장　왜 이스라엘은 분열되었는가?

1-24 이스라엘이 남과 북으로 분단됩니다. 분단의 표면적 원인은 솔로몬과 르호보암입니다. 두 사람이 백성들의 지지를 상실했기 때문입니다. 그러나 근본 원인은 하나님의 섭리입니다. 이스라엘의 분단은 하나님이 솔로몬의 죄를 심판하신 결과입니다. 하지만 하나님께 분단의 책임이 있다고 생각해서는 안 됩니다. 죄를 지은 사람은 명백히 솔로몬과 르호보암입니다. 하나님은 그들의 어리석은 결정과 행동을 통해 자신의 뜻을 이루셨을 뿐입니다. **25-33** 하나님은 여로보암이 다윗처럼 행한다면, 여로보암의 나라를 견고하게 하실 것이라고 약속하셨습니다(왕상 11:38). 하지만 여로보암은 하나님의 약속을 신뢰하지 않았습니다. 여로보암은 자신을 따르던 백성들이 르호보암에게 돌아갈지 모른다고 생각했습니다(26절). 만약 그런 일이 일어난다면, 예루살렘 성전 때문일 것이라고 생각했습니다(27절). 그래서 여로보암은 백성들이 예루살렘을 순례하지 못하도록 단과 브엘세바에 우상 신전을 건설합니다. 여로보암의 행동은 엄청난 결과를 가져옵니다. 여로보암이 심은 우상의 씨앗은 자라고 자라 결국 북이스라엘을 멸망에 이르게 합니다.

13장　왜 하나님은 벧엘의 제단이 무너질 것이라고 하셨는가?

1-10 하나님은 선지자를 통해 벧엘 제단이 무너질 것이라고 말씀하십니다(2절). 이것은 하나님이 벧엘에서 드리는 제사를 조금도 받지 않으신다는 뜻입니다. 예배는 무조건 드리기만 하면 되는 것이 아닙니다. 반드시 하나님의 뜻대로 드려야 합니다. 하나님은 선지자를 통해 여러 가지 이적을 행하십니다. 제단이 갈라지고, 제단의 재가 쏟아지고, 여로보암의 손이 마르게 하십니다. 이것은 모두 여로보암과 북이스라엘의 회개를 위한 것입니다. 하나님은 그들이 표적을 보고 하나님께로 돌아오기를 원하셨습니다. **11-34** 하나님은 선지자에게 북이스라엘에서는 물과 빵을 먹지 말고, 왔던 길로 되돌아가지도 말라고 하셨습니다(9절). 하지만 하나님의 선지자는 거짓 선지자의 유혹에 넘어가 하나님의 말씀을 어깁니다. 그 결과 고향으로 돌아가지 못하고 북이스라엘 땅에서 죽임을 당합니다. 이것은 하나님의 말씀에 순종하는 것이 생명을 보존하는 길임을 보여 주는 것으로서, 북이스라엘 백성들이 회개하기 원하시는 하나님의 사랑과 자비를 보여 주는 사건입니다.

14장　왜 여로보암은 자기 아내를 아히야 선지자에게 보내는가?

1-31 여로보암의 아들이 중병에 걸립니다. 그러자 그는 자신의 아내를 아히야 선지자에게 보냅니다. 아마 여로보암은 나이 든 아히야 선지자를 속여서, 자기 아들을 위한 긍정적 메시지를 얻으려 했던 것 같습니다.[107] 여로보암이 얼마나 이방 종교에 물들었는지를 알 수 있는 대목입니다. 아히야 선지자는 북이스라엘이 흔들리는 갈대처럼 될 것이라 말합니다(15절). 북왕국이 굳건하지 않을 것이며, 결국에는 멸망할 것이라는 뜻입니다. 이 예언처럼 북이스라엘은 수많은 반역과 반란을 겪다가, 결국 앗수르의 침략으로 멸망합니다.

다윗의 길과 여로보암의 길

15장　왜 여로보암 왕조는 단 2대 만에 멸망했는가?

1-8 르호보암을 이어 아비얌이 유다 왕이 됩니다(1절). 아비얌이 죄를 행하지만(3절) 하나님은 예루살렘을 견고하게 하십니다(5절). 하나님이 다윗과 맺은 언약을 기억하셨기 때문입니다(삼하 7장). **9-24** 아비얌을 이어 아사가 유다 왕이 됩니다(9절). 아사는 취약한 군사력에도 불구하고 무려 41년 동안 평화를 누립니다(10절). 아사가 다윗처럼 하나님 보시기에 정직하게 행한 결과입니다(11절). **25-34** 북이스라엘의 여로보암 왕조는 막강한 군사력을 가졌음에도 단 2대 만에 멸망합니다(29절). 여로보암과 나답이 하나님 보시기에 악을 행한 결과입니다(26절).

16장　왜 북이스라엘에서는 자주 왕이 교체되었는가?

1-34 아사왕이 남유다를 다스리는 동안, 북이스라엘에서는 무려 다섯 명의 왕이 교체됩니다. 그것도 평화로운 교체가 아니라, 반란과 내전 때문입니다. 이는 북이스라엘 왕들이 하나님 보시기에 악을 행한 결과입니다(13, 19절). 북이스라엘의 제6대 왕 오므리는 특히 중요한 인물입니다. 앗수르는 북이스라엘을 오므리 왕국으로 불렀고,[108] 모압은 오므리를 대단한 정복자로 묘사했습니다.[109] 오므리의 업적 중 하나는 사마리아를 새로운 수도로 건설한 일입니다(24절). 사마리아는 주전 722년에 앗수르에게 함락될 때까지 북왕국의 수도였습니다. 오므리는 정치적으로 탁월했지만, 하나님께는 관심이 없었습니다. 북이스라엘은 오므리가 다스리는 동안 번영을 누렸지만, 하나님과는 더 멀어졌습니다.

17장　왜 북이스라엘 백성들은 바알을 숭배했는가?

1-24 아합이 통치하던 시기에 북이스라엘 백성들은 바알을 숭배했습니다. 바알은 번개와 폭풍의 신입니다. 북이스라엘 백성들은 농사를 짓는 데 필요한 물을 바알이 준다고 믿었습니다. 이때 엘리야 선지자가 등장합니다. 그는 바알의 허상을 폭로하기 위해 앞으로 수년 동안 북이스라엘 땅에 비가 내리지 않을 것이라고 선포합니다. 엘리야의 말은 그대로 실현됩니다. 이로써 비를 주시는 분은 바알이 아니라 하나님이라는 사실이 증명됩니다.

18장　왜 엘리야는 불로 응답하는 분을 진짜 하나님으로 모시자고 말하는가?

1-46 엘리야는 이세벨의 고향(시돈)에서 멀지 않은 사르밧에 숨었습니다. 하지만 아합은 엘리야를 찾지 못합니다. 하나님이 엘리야를 보호하셨기 때문입니다. 마침내 엘리야는 스스로 모습을 드러냅니다. 바알을 숭배하는 자들에게 진짜 하나님이 누구인지 가르치기 위해서입니다. 엘리야는 불로 응답하는 분을 진짜 하나님으로 모시자고 말합니다. 엘리야가 이렇게 요구한 이유는 바알의 무기가 천둥이기 때문입니다. 바알은 폭풍의 신으로서, 손에 번개를 들고 있는 모습으로 묘사됩니다.[110] 아마 바알 숭배자들은 자신들에게 유리한 조건이라고 생각했을 것입니다. 하지만 불로 응답한 분은 바알이 아니라 하나님이었습니다. 심지어 그 불은 엘리야가 뿌린 물과 제단의 돌까지 태워 버렸습니다(38절). 자연적으론 절대 발생할 수 없는 일입니다.

은밀하게 일하시는 하나님

19장　왜 하나님은 세미한 음성으로 자신을 나타내셨는가?

1-18 엘리야는 이세벨의 위협을 상당히 심각하게 받아들입니다. 이세벨이 많은 선지자들을 죽였기 때문입니다(왕상 18:4). 엘리야는 가능한 먼 곳으로 도망을 갑니다(3절). 브엘세바는 이스라엘의 최남단입니다. 숨어 있던 엘리야에게 천사가 찾아와 음식을 제공합니다. 그리고 해야 할 일이 아직 더 남아 있다고 말합니다(7절). 그런데도 엘리야는 더 먼 곳으로 도망갑니다. 그러자 하나님이 직접 찾아오십니다. 이때 하나님은 크고 강한 바람이 아니라, 세미한 소리로 당신을 나타내십니다(12절). 크고 강한 바람은 갈멜산 전투에서 불을 내리신 것과 같은 초자연적 역사를 의미합니다. 따라서 이것은 하나님이 항상 초자연적으로 개입하시지 않으며, 때로는 은밀하게 일하신다는 그림 언어입니다.[1] **19-21** 이 당시 엘리야는 하나님께 실망했던 것으로 보입니다(14절). 하나님이 아합과 이세벨의 악정(惡政)에 침묵하시는 것처럼 보였기 때문입니다. 하지만 하나님은 보이지 않는 곳에서 세미한 소리처럼 일하고 계셨습니다. 하나님은 하사엘과 예후와 엘리사를 예비하고 계셨습니다(16절). 하나님은 이들을 통해 아합 가문을 심판하실 것입니다(17절).

20장　왜 하나님은 악한 왕 아합을 도우시는가?

1-43 이름 모를 한 선지자가 등장합니다(13절). 하나님은 이 선지자를 통해 아합에게 승리를 약속하십니다. 왜 하나님은 악한 왕 이합을 도우실까요? 그 답은 아람 사람들에게서 찾을 수 있습니다. 그들은 이렇게 말합니다. "그들의 신은 산의 신이므로 … 평지에서 그들과 싸우면 반드시 그들보다 강할지라"(23절). 고대인들은 각 나라마다 수호신이 있다고 믿었습니다. 그래서 아람 사람들은 이스라엘의 하나님을, 가나안 땅을 수호하는 일개 지역신 정도로 생각했습니다. 그래서 하나님은 당신이 유일한 하나님이며, 온 세상을 다스리는 창조주임을 증명하시기 위해 아합을 도우셨습니다.

21장　왜 나봇은 자신의 포도원을 팔지 않는가?

1-29 나봇은 자신의 땅을 팔지 않습니다. 아합의 명령을 거역하는 것은 상당히 위험한 일인데도 말입니다. 그 이유는 하나님의 율법 때문입니다. 율법에 따르면 이스라엘의 영토는 팔지 말고 직계 후손에게 물려주어야 합니다(레 25:23). 나봇은 이 율법을 지키기 위해 왕의 명령을 거절했고, 결과적으로 목숨을 잃었습니다.

22장　왜 아합은 미가야 선지자를 부르지 않는가?

1-28 아합은 사백 명이나 되는 선지자를 모읍니다. 하지만 미가야 선지자는 부르지 않습니다. 이는 아합이 하나님의 뜻을 듣기보다는, 자신이 좋아하는 말을 듣기 원했기 때문입니다. 결국 아합은 하나님의 심판을 피하지 못합니다. **29-53** 북이스라엘과 남유다는 오랜 분쟁 끝에 평화로운 관계에 이릅니다. 그 결과 남유다의 여호사밧 왕과 북이스라엘의 아합왕이 한 자리에 모입니다. 이때 아합은 남북이 힘을 모아 아람에게 빼앗긴 땅을 회복하자고 말합니다. 하지만 이 일은 아합 가문에 대한 하나님의 저주가 실현되는 과정이었습니다(왕상 21:21). 결국 아합은 누군가가 우연히 쏜 화살에 맞아 죽게 됩니다.

엘리야의 사역을 넘겨받는 엘리사

1장   왜 아하시야는 엘리야에게 군대를 보내는가?

1-18 모압이 북이스라엘을 배반합니다(1절). 당시 북이스라엘 국력이 쇠퇴하고 있었다는 증거입니다. 이는 북이스라엘이 바알을 숭배한 결과입니다. 그럼에도 불구하고 아하시야는 하나님을 찾지 않습니다. 그는 하나님 대신 바알을 찾습니다. 아하시야의 어리석음은 군대를 보내는 장면에서 극에 달합니다. 아하시야가 군대를 보낸 이유는 엘리야의 메시지를 통제하기 위함입니다.[112] 하나님의 메시지 대신, 자신에게 유리한 메시지를 선포하라는 무언의 협박입니다. 그 결과 두 번에 걸쳐 왕의 사신과 군사들이 심판을 받습니다. 아이러니하게도 바알은 폭풍의 신으로서, 불(번개)을 무기로 사용하는 신입니다. 불의 신을 숭배하는 자들이 불의 공격을 받습니다. 바알이 허상임을 보여 주는 그림 언어입니다. 반면 세 번째로 엘리야를 방문한 왕의 사신은 엘리야의 권위를 존중하여 생명을 부지합니다. 이것은 북이스라엘의 살길을 보여 주는 사건입니다. 점점 영향력을 상실하는 북이스라엘이 살기 위해서는 선지자의 권위를 인정해야 합니다. 지금처럼 바알을 숭배하고 선지자의 권위를 인정하지 않는다면, 멸망할 수밖에 없습니다. 하지만 북이스라엘은 끝까지 여호와를 찾지 않습니다. 아하시야의 죽음은 장차 북이스라엘이 맞이할 비참한 결말의 예고편입니다.

2장   왜 하나님은 엘리야를 곧바로 하늘로 데려가시는가?

1-18 하나님이 엘리야를 곧바로 하늘로 이끄신 이유는 무엇일까요? 시대적 상황에서 그 답을 찾을 수 있습니다. 엘리야는 북이스라엘의 바알 숭배가 절정에 달한 시기에 활동했습니다. 엘리야는 북이스라엘 백성들에게 바알을 버리고 하나님께로 돌아오라고 외쳤지만, 북이스라엘 백성들은 듣지 않았습니다. 그래서 하나님은 누가 진짜 하나님인지를 보여 주고자 하셨습니다. 엘리야의 영광스런 승천은, 속히 바알 숭배를 멈추고 하나님께로 돌아오라는 무언의 메시지입니다. 엘리야가 생의 마지막 순간에 길갈과 벧엘과 여리고를 방문한 이유는 무엇일까요? 세 지역 모두에 선지자 공동체가 있었던 점으로 미루어 볼 때, 엘리야는 자신의 다음 후계자가 엘리사라는 사실을 그들에게 알리고자 했던 것 같습니다. 그런 맥락에서 엘리사가 엘리야에게 갑절의 능력을 요구한 것을 문자적인 의미로 보아선 안 됩니다. 두 배의 상속은 장자의 권한입니다. 따라서 엘리사의 요구는 이제부터 엘리야의 사역을 자신이 이어 가겠다는 결단입니다.[113] 그래서 엘리야는 엘리사에게 "네가 어려운 일을 구하는도다"(10절)라고 말했던 것입니다. 자신의 사역을 이어 가는 것이 얼마나 힘든 일인지를 알았던 것입니다. **19-25** 엘리사를 조롱한 아이들의 죽음은 가혹한 처사로 보입니다. 하지만 하나님의 선지자를 조롱한 것은 하나님을 조롱한 것이나 마찬가지입니다. 엘리사가 아이들을 저주한 것은 하나님의 선지자로서 정당한 사역입니다.

엘리사의 하나님

3장 왜 이스라엘에 크게 격노함이 임했는가?

1-27 모압이 북이스라엘을 배반하자, 여호람은 남유다의 여호사밧과 연합군을 결성하고자 합니다. 여호사밧은 아합과도 동맹을 맺은 적이 있으므로 이것이 특이한 일은 아닙니다. 그런데 이번에는 이전과 비교할 때 중대한 차이가 있습니다. 이전에 아합이 연합군을 요청했을 때 여호사밧은 먼저 하나님께 물어보았습니다(왕상 22:5). 그런데 이번에는 그런 장면이 없습니다. 바로 이것이 남북 연합군이 물 때문에 큰 어려움을 겪은 이유입니다(9절).[114] "이스라엘에 크게 격노함이" 임했다는 표현은 상당한 논쟁을 일으키는 구절입니다(27절). 모압 왕이 자기 아들을 제물로 바친 결과 이스라엘에 신의 진노가 임한 것처럼 보이기 때문입니다. 사실 본문은 전혀 그런 의미가 아닙니다. '격노하다'로 번역된 히브리어는 '케체프'인데, 사람이 흥분한 상태를 표현하는 단어입니다. 모압 왕의 행동이 그의 군대를 흥분시켰고, 그 결과 예상외로 분전했다는 의미입니다.[115]

4장 왜 수넴 여인은 아이를 가지지 못하고, 선지자 공동체는 기근을 겪는가?

1-7 한 여인이 등장합니다(1절). 이 여인은 빚 때문에 두 아들을 잃어버릴 위기에 처했습니다. 이것은 당시 북이스라엘이 율법을 완전히 떠나 있었음을 보여 줍니다. 율법은 이런 경우에 가까운 친척이 도와주도록 규정하기 때문입니다(레 25:25) **8-37** 수넴 여인이 등장합니다(8절). 이 여인은 자녀를 갖지 못하는 어려움을 겪고 있습니다. 이것은 언약의 저주입니다. 하나님은 당신의 백성들이 율법대로 살지 않을 때, 태의 문을 닫으신다고 경고하셨습니다(신 28:18). **38-44** 선지자 공동체가 등장합니다. 이들은 흉년으로 어려움을 겪고 있습니다. 이것 역시 언약의 저주입니다(신 28:17). 놀랍게도 언약의 저주가 엘리사를 통해 해결됩니다. 수넴 여인은 아이를 낳고, 선지자 공동체는 먹을 것을 얻습니다. 본문의 메시지는 명확합니다. 속히 바알 숭배를 그치고, 하나님께로 돌아오라는 것입니다(23절). 하나님께로 돌아와야만 언약의 저주에서 벗어나 하나님의 돌보심을 누릴 수 있다는 것입니다.

5장 왜 게하시는 나병에 걸리는가?

1-27 본문은 상당히 아이러니합니다. 첫째, 이스라엘 왕들은 우상을 숭배하는데, 포로 된 여종은 주인에게 하나님을 전합니다(3절). 둘째, 이방 사람 나아만은 선지자에게 순종하여 병 고침을 받는데, 선지자의 종 게하시는 불순종하여 나병에 걸립니다. 본문의 교훈은 크게 두 가지입니다. 첫째, 이스라엘은 사명을 회복해야 합니다. 이스라엘은 하나님의 백성입니다. 하나님의 백성은 세상에 하나님을 전해야 합니다. 원래 이 일은 왕의 사명입니다. 따라서 이스라엘 왕은 우상 숭배를 그치고 세상에 하나님을 전하기 위해 노력해야 합니다. 둘째, 이스라엘은 언약의 저주에서 벗어나기 위해 하나님께 순종해야 합니다. 나아만처럼 순종하면 언약의 저주에서 벗어날 수 있지만, 게하시처럼 불순종하면 계속해서 언약의 저주를 받습니다.

하나님의 사람 엘리사

6장　왜 이스라엘 왕은 백성들을 먹이지 못하는가?

1-7 선지자들의 공동체는 그 수가 많이 불어나서 거주를 위한 새로운 공간이 필요하게 되었습니다(1절). 엘리사를 중심으로 한 선지자 공동체가 상당히 번성했다는 증거입니다. 물에 빠진 쇠도끼를 건진 것은 매우 신비한 일로서, 엘리사의 탁월한 권능을 보여 주는 사건 중 하나입니다. 기록된 일련의 사건들은 엘리사가 자신의 사람들을 먹여 살리고 있음을 보여 줍니다.[116] 대조적으로 이

스라엘 왕은 자신의 백성들을 먹이지 못합니다(25절). 그가 하나님을 대적하고 있기 때문입니다. **8-33** 이스라엘 왕은 백성들을 아람 군대로부터 보호하지 못합니다. 이스라엘 백성들을 지키는 것은 왕이 아니라 엘리사입니다. 이것은 이스라엘의 참된 힘이 하나님께 있다는 그림 언어입니다. 이스라엘이 참된 평화를 누리기 원한다면, 속히 하나님께로 돌아가야 합니다.

7장　왜 왕과 장관의 믿지 않는 모습을 보여 주는가?

1-20 북이스라엘 수도 사마리아가 아람 군대에게 포위당합니다. 이 일로 사마리아는 기근을 겪습니다. 물가도 폭등하여 평상시에는 먹지 않던 나귀 머리 하나가 은 팔십 세겔에 팔립니다. 말 한 마리 값이 백오십 세겔 정도인데 말입니다(왕상 10:29). 이때 엘리사는 하나님 말씀을 전합니다. 하루만 지나면, 모든 어려움이 해결된다는 것입니다(1절). 장관은 엘리사의 말을 믿지 않습니다. 심지

어 엘리사를 조롱하기까지 합니다(2절). 왕도 마찬가지입니다. 그 역시 하나님 말씀이 이루어졌다는 사실을 믿지 않습니다(12절). 왜 본문은 두 사람의 믿지 않는 모습을 우리에게 보여 줄까요? 이스라엘이 굶주리는 이유가 그들의 불신 때문임을 알려 주는 것입니다. 이스라엘의 고통은 먹을 것을 공급하시는 하나님, 원수에게서 보호하시는 하나님을 믿지 않는 데서 왔습니다.

8장　왜 에돔과 립나는 남유다를 배반하는가?

1-15 하나님은 엘리야에게 하사엘이 아람 왕이 될 것이라 말씀하셨습니다(왕상 19:15). 이제 그 말씀이 성취됩니다. 앗수르의 한 비문에는 하사엘이 '보잘것없는 사람의 아들'이라고 기록되어 있습니다.[117] 아마 하사엘은 낮은 계층 출신인 것 같습니다. 하사엘은 무려 40년이나 아람을 다스리며, 근동 지방의 맹주로 활약했습니다. 하사엘은 이스라엘을 가장 괴롭힌 왕이며, 결정적으로 하나님

이 아합 가문을 심판하시는 도구로 사용한 사람입니다(왕상 19:17). **16-29** 에돔과 립나가 남유다를 배반합니다(22절). 그 이유는 남유다의 군사력 때문이 아니라 남유다 왕들의 우상 숭배 때문입니다. 여호람은 아합 딸과 혼인했고, 아합 딸은 바알 숭배를 남유다에 도입했습니다(18절). 하나님은 다윗에게 왕국을 선물로 주셨지만, 악한 후손들로 말미암아 왕국은 점점 해체됩니다.

102

아합 가문의 멸망

9장   왜 이세벨은 끔찍한 최후를 맞이하는가?

1-37 하나님은 세 사람을 통해 아합 가문을 심판하실 것이라고 말씀하셨습니다. 세 사람은 각각 엘리사, 하사엘, 예후입니다(왕상 19:16-17). 따라서 예후의 등장은 말씀의 성취입니다. 군대 장관들은 선지자를 미친 사람이라고 부릅니다(11절). 당시 선지자들이 어떤 대우를 받았는지 알 수 있는 대목입니다. 군대 장관들은 하나님이 예후를 왕으로 세우셨다고 하자 곧바로 예후에게 복종합니다. 예후가 상당한 권세를 가지고 있었기 때문으로 보입니다. 예후는 곧바로 여호람과 이세벨을 죽입니다. 주목할 부분은 이세벨의 최후입니다. 이세벨은 제대로 된 장례를 치르지 못합니다. 고대 세계에서 장례를 치르지 못하는 것은 매우 수치스러운 일이었습니다. 심지어 이세벨의 시체는 개의 먹이가 됩니다. 고대인들은 개를 상당히 불결하게 생각했습니다. 이세벨이 이토록 끔찍하게 생을 마감한 것은, 그가 하나님의 선지자들을 핍박하고 바알 숭배를 도입했기 때문입니다(왕하 21:25).

10장   왜 하나님은 예후를 높이 평가하시는가?

1-36 하나님은 아합 가문에 속한 남자는 단 한 사람도 남기지 않겠다고 말씀하셨습니다(왕상 21:21). 이제 예후를 통해 그 예언이 성취됩니다. 예후는 아합의 아들 칠십 명과 그와 관계된 모든 사람을 죽입니다. 이로써 예후는 북이스라엘에서 유일하게 하나님께 칭찬받은 왕이 됩니다. 심지어 하나님은 예후를 '정직한 일을 행한 자'라고 말씀하시는데, 이것은 하나님이 다윗을 칭찬하실 때 사용한 표현입니다(왕상 15:5). 하나님이 예후를 높이 평가하시는 이유는, 그가 북이스라엘에서 바알 숭배를 중단시켰기 때문입니다(19절). 이후로는 어떤 왕도 바알 숭배를 공식화하지 않습니다. 예후의 지지자가 된 여호나답은 다른 곳에서 요나답으로 소개됩니다. 약 2백 년 후에 예레미야는 레갑 족속이 그들의 조상인 여호나답의 명령을 잘 지킨 것을 칭찬합니다(렘 35장).

11장   왜 여호야다는 요시야를 왕으로 세우는가?

1-21 북이스라엘이 바알 숭배로 더럽혀진 것처럼, 남유다의 신앙 역시 상당히 훼손되었습니다. 남유다 왕들이 아합 가문과 혼인 동맹을 맺었기 때문입니다. 특히 아합 딸인 아달랴는 남유다의 여호람왕과 혼인한 이후, 남유다의 영적 정체성을 심각하게 훼손했습니다. 그 가운데 가장 끔찍한 일은, 스스로 남유다 왕이 되려고 한 일입니다. 이는 하나님의 뜻에 반하는 행동입니다. 하나님이 다윗 후손만 유다의 왕이 될 수 있다고 말씀하셨기 때문입니다(삼하 7:12-16). 바로 이것이 여호야다가 아달랴 여왕을 몰아내고, 요아스를 왕으로 세운 이유입니다. 여호야다는 하나님의 뜻을 이루기 위해 목숨을 걸고 아달랴 여왕과 싸웠습니다.

북이스라엘의 기이한 번영

12장　왜 요아스는 성전에 대한 애정을 거의 잃어버렸는가?

1-21 요아스의 삶은 성전을 기준으로 나눌 수 있습니다. 젊은 시절의 요아스는 하나님의 성전을 사랑했습니다. 요아스는 파손된 성전을 수리하고 보수했습니다. 아마 요아스는 성전을 수리한 최초의 왕일 것입니다. 하지만 말년의 요아스는 성전에 대한 애정을 거의 잃어버렸습니다. 아람 왕 하사엘이 예루살렘을 공격했을 때, 요아스는 별다른 저항 없이 항복했습니다. 그리고 항복의 대가로 성전에 있던 보물을 바쳤습니다. 요아스가 이처럼 변한 이유는 무엇일까요? 성경은 그 이유를 여호야다의

교훈이 사라졌기 때문이라고 설명합니다(2절). 여호야다가 요아스를 가르치는 동안, 요아스는 선한 왕이었습니다. 그러나 여호야다가 세상을 떠나자, 요아스는 분별력을 상실하게 됩니다. 우리는 여기서 교회의 중요성을 확인할 수 있습니다. 참된 교회에서 바른 말씀을 듣는가, 아니면 타락한 교회에서 세속적인 말씀을 듣는가 하는 것은 성도의 인생 전체를 좌우하는 중요한 문제입니다. 요아스의 경우처럼 어떤 말씀을 듣는가에 따라 삶의 방향이 달라지기 때문입니다.

13장　왜 하나님은 계속 북이스라엘에게 은혜를 베푸시는가?

1-25 북이스라엘이 악을 행합니다(2절). 하나님은 아람 군대를 통해 북이스라엘을 벌하십니다(3절). 북이스라엘은 하나님께 기도합니다(4절). 하나님은 북이스라엘을 아람 군대로부터 보호하십니다(5절). 북이스라엘은 다시 악을 행합니다(6절). 북이스라엘의 모습은 마치 사사 시대와 같습니다. 사사 시대에도 죄, 고난, 회개, 구원의 순환 주기가 반복되었습니다. 저자는 북이스라엘의 영적 상태가 역사상 가장 타락한 시대였던 사사 시대와 같음을 강조합니다. 주목할 것은 북이스라엘 백성들이 계속

해서 악을 행함에도 불구하고, 하나님은 계속해서 북이스라엘 백성들에게 은혜를 베푸신다는 사실입니다. 하나님의 언약 때문입니다(23절). 이스라엘 백성들이 지속적으로 악을 행했지만, 하나님은 족장들에게 하신 언약을 잊지 않으셨습니다. 아브라함과 이삭과 야곱에게 하신 약속을 잊지 않으셨습니다. 하나님은 언약을 기억하시고, 계속해서 북이스라엘 백성들에게 은혜를 베푸셨습니다.

14장　왜 북이스라엘은 번성했는가?

1-29 특이하게도 북이스라엘은 기이한 번영을 구가합니다. 남유다가 에돔을 다시 정복할 정도로 세력을 확장했지만, 북이스라엘의 군사력에는 비교할 수 없을 정도입니다. 심지어 여로보암은 마치 솔로몬처럼 묘사됩니다. 여로보암이 회복한 영토의 범위는 솔로몬이 통치할 때와 거의 동일합니다(25절). 학자들은 그 이유를 권력의 진공 상태로 봅니다. 당시 근동 지방에 확실한 패권 국가

가 없었기 때문에, 그 틈을 타서 북이스라엘이 세력을 확장할 수 있었다는 것입니다. 하지만 그런 해석이 사실이라 하더라도, 그것조차 하나님의 섭리로 보아야 합니다. 북이스라엘이 세력을 확장한 근본 이유는, 하나님이 고난 받는 북이스라엘 백성들을 긍휼히 여기시고 은혜를 베푸셨기 때문입니다(26절).

104

북이스라엘의 멸망

15장 왜 앗수르는 세계적인 제국으로 발돋움할 수 있었는가?

1-7 아마샤의 뒤를 이어 아사랴가 남유다 왕이 됩니다(1절). 아사랴는 다른 곳에서 웃시야로 불립니다(13절). 아사랴는 산당을 제거하지 않은 왕으로 소개됩니다(4절). 우상을 숭배하지는 않았지만, 그렇다고 하나님을 신실하게 따르지는 않았다는 뜻입니다. 성전 제사는 제사장 주도하에 율법대로 진행됩니다. 하지만 산당 제사는 제사장이 없으므로 다양한 방식으로 진행되었습니다. 미신이나 이방 종교에 물든 경우도 많았습니다. **8-38** 하나님은 예후에게 4대 동안 왕위를 보장하셨습니다(왕하 10:30). 예후의 후손들은 4대에 걸쳐서 안정적으로 왕위를 계승했습니다. 그러나 하나님이 약속하신 기간이 끝나자 혼돈이 찾아옵니다. 북이스라엘의 마지막 다섯 왕들은 빠르게 교체되었고, 그중 대부분은 암살당했습니다. 그들의 통치 기간은 다 합쳐도 21년밖에 되지 않습니다. '불'이 앗수르의 새로운 왕으로 등극합니다(19절). 그는 다른 곳에서 디글랏 빌레셀로 불립니다(29절). 불을 통해 앗수르는 세계적인 제국으로 발돋움합니다. 이것은 타락한 언약 백성을 심판하시기 위한 하나님의 섭리였습니다. 하나님은 앗수르를 통해 북이스라엘을 심판하실 것입니다.

16장 왜 아하스는 우상 숭배에 몰두하는가?

1-20 아하스가 통치하던 시기에 남유다는 바람 앞의 촛불과 같았습니다. 앗수르는 점점 세력을 확장하고 있었고, 북이스라엘과 아람은 동맹을 체결했습니다. 이때 아하스가 선택한 해결책은 우상 숭배였습니다. 아하스는 우상의 도움을 받기 위해 자신의 자녀를 우상에게 제물로 바쳤습니다(3절). 아하스의 그다음 선택은 앗수르였습니다. 아하스는 앗수르 왕에게 뇌물을 바쳐서 어려움을 해결하려 했습니다(8절). 아하스의 선택이 일시적으로는 평화를 가져왔지만, 결과적으로는 남유다의 멸망을 초래했습니다(대하 28:20).

17장 왜 북이스라엘은 멸망했는가?

1-41 북이스라엘이 멸망합니다. 북이스라엘이 멸망한 표면적 이유는 복잡한 국제 정세 때문입니다. 당시 북이스라엘은 앗수르와 애굽 사이에서 갈팡질팡하고 있었습니다. 앗수르는 신흥 세력이었고, 애굽은 전통의 강자였습니다. 북이스라엘이 선택한 것은 애굽이었습니다. 하지만 애굽은 앗수르의 상대가 되지 못했습니다. 결국 앗수르는 북이스라엘을 침략합니다. 하지만 열왕기서 저자는 보다 근원적인 이유를 환기시킵니다. 북이스라엘이 멸망한 진짜 이유는 우상 숭배 때문입니다. 북이스라엘은 전 국토에 산당을 세웠습니다(9절). 하나님 앞에 머리를 숙이지도 않았습니다(14절). 하나님을 배반한 것이 북이스라엘이 멸망한 진짜 이유입니다.

히스기야의 승리

18장　왜 성경은 히스기야를 신실한 왕으로 평가하는가?

1-37 이 당시 앗수르는 세계의 패권 국가였습니다. 누구도 앗수르 군대를 당해 낼 수 없었습니다. 애굽조차도 앗수르 앞에서는 "상한 갈대 지팡이"(21절)에 지나지 않았습니다. 앗수르는 수많은 나라를 정복했고, 북이스라엘도 그중 하나였습니다(11절). 남유다의 멸망은 시간 문제처럼 보였습니다. 이때 남유다의 운명을 바꾸어 놓은 한 사람이 등장합니다. 히스기야입니다. 히스기야는 다윗 이후 가장 신실한 왕으로 평가받습니다(5절). 그가 우상 숭배의 본거지였던 산당을 제거하고, 우상을 파괴했기 때문입니다(4절). 하지만 히스기야가 왕이 된 지 14년째 되던 해에 행한 일은 실망스럽습니다(13절). 이때 히스기야는 성전의 금으로 앗수르 왕의 마음을 돌이키려 했습니다(16절). 결과적으로 앗수르는 금을 받고도 군대를 철수하지 않았습니다.

19장　왜 히스기야는 앗수르 왕이 보낸 편지를 하나님께 가져가는가?

1-7 히스기야는 실수를 반복하지 않습니다. 히스기야는 앗수르 군대가 다시 공격해 오자 이사야 선지자에게 기도를 부탁합니다. 히스기야는 아버지 아하스와 달리, 하나님의 대리자인 선지자의 사역을 존중합니다. 이에 이사야는 하나님이 예루살렘을 앗수르 군대로부터 보호하실 것이라고 응답합니다. **8-37** 앗수르 왕이 편지로 히스기야를 위협합니다(9절). 히스기야는 앗수르 왕이 보낸 편지를 하나님 앞에 가져갑니다(14절). 앗수르 왕이 모욕한 것을 하나님이 아신다면, 하나님이 직접 앗수르를 벌하실 것이라고 생각했기 때문입니다. 하나님은 히스기야의 기도를 들으시고 응답하십니다. 하나님을 조롱하던 앗수르 왕은 비참하게 생을 마감합니다(37절).

20장　왜 히스기야는 바벨론 사신들을 환대하는가?

1-21 이사야 선지자는 히스기야가 바벨론 사신들을 환대했다는 말을 듣고 분노합니다. 히스기야의 행동은 단순한 환대가 아니기 때문입니다. 당시 바벨론 왕이 히스기야에게 사신을 보낸 것은, 반앗수르 동맹을 결성하기 위해서입니다.[118] 히스기야가 자신의 재산과 군사력을 자랑한 것은 군사 동맹에 동참하겠다는 결연한 의지를 보인 것이나 마찬가지입니다. 히스기야는 하나님이 아니라 바벨론의 군사력을 더 의지한 것입니다. 하나님은 이 일로 왕궁의 모든 보물과 왕의 자손들이 바벨론으로 옮겨질 것이라 말합니다. 이 예언은 100년 후에 실현됩니다.

106

요시야의 개혁 정책

21장 왜 므낫세는 우상 숭배를 다시 도입했는가?

1-26 히스기야는 가장 의로운 왕으로 소개되었던 반면(왕하 18:5), 그의 아들 므낫세는 가장 악한 왕으로 소개됩니다(11절). 심지어 므낫세는 가나안에서 쫓겨난 이방 민족보다 더 악한 자라는 평가를 받습니다(9절). 이는 므낫세가 히스기야의 종교 개혁을 완전히 뒤집었기 때문입니다. 므낫세는 히스기야가 헐어 버린 산당을 재건했고, 우상 숭배를 재도입했으며, 성전에 하늘의 일월성신을 위한 제단을 쌓았습니다. 전승에 따르면 이사야 선지자를 처형한 사람도 므낫세입니다. 왜 므낫세는 하나님을 버리고, 우상 숭배를 다시 도입했을까요? 혼란스러운 국제 정세 때문입니다. 전통의 강호 애굽, 근동 지방의 패자 앗수르, 신흥 세력 바벨론이 서로 패권을 차지하기 위해 싸우고 있었습니다. 이런 강대국들의 틈바구니에서, 하나님 한 분만 섬기는 것은 국가적 손실로 여겨졌을 것입니다. 가능한 여러 종류의 신들을 숭배하는 것이 국가에 더 이익이 된다고 생각했을 것입니다. 하지만 바로 이것이 남유다가 멸망한 원인입니다(11-12절).

22장 왜 요시야의 노력에도 불구하고 남유다의 운명은 바뀌지 않는가?

1-20 드디어 요시야가 등장합니다. 요시야는 남유다의 마지막 의로운 왕이며, 이미 삼백 년 전에 출생이 예고된 왕입니다. 오래전 한 무명의 선지자는 요시야라는 왕이 태어날 것과 그가 우상의 제단을 무너뜨릴 것을 예언했습니다(왕상 13:2). 그 예언대로 요시야는 므낫세와 아몬을 거치면서 타락할 대로 타락한 남유다의 영적 상태를 회복해 나갑니다. 요시야의 부흥 운동은 세 가지로 요약됩니다. 성전(5절), 율법(왕하 23:3), 유월절(왕하 23:21)입니다. 시작은 성전 수리였습니다. 성전을 수리하다 우연히 발견한 율법책 덕분에 요시야는 율법 준수를 촉구하고, 유월절을 다시 지키는 왕으로 거듭납니다. 그래서 성경은 요시야처럼 마음과 뜻을 다해 "모세의 모든 율법"을 지킨 왕은 없었다고 평가합니다(왕하 23:25). 하지만 요시야의 노력에도 불구하고 남유다의 운명은 바뀌지 않습니다. 므낫세의 오랜 통치 기간 동안, 남유다의 영적 상태는 재건이 불가능할 정도로 타락했기 때문입니다(왕하 23:26).

23장 왜 요시야의 개혁이 가능할 수 있었는가?

1-37 하나님은 여선지자 훌다를 통해 남유다에 임할 재앙을 미리 말씀하셨습니다(왕하 22:17). 하지만 요시야는 포기하지 않고, 자기의 길을 걸어갑니다. 결과와 상관없이 최선을 다해 남유다에서 우상 숭배를 몰아내기로 한 것입니다. 하나님을 위한 요시야의 열정은 실로 놀라웠습니다. 그는 우상 숭배에 사용되던 그릇들을 불살랐고(4절), 우상의 석상을 빻아서 가루로 만들었으며(6절), 우상 숭배의 본거지였던 산당을 헐었습니다(8절). 심지어 북이스라엘까지 올라가 벧엘에 있던 제단과 산당을 불살라버렸습니다(15절). 요시야의 개혁이 가능했던 것은 성전에서 발견한 율법책, 즉 하나님 말씀이 있었기 때문입니다. 요시야의 개혁은 말씀에서 시작된 개혁이었고, 말씀에 근거한 개혁이었습니다. 후에 요시야는 그의 신실함을 인정받아(왕하 22:20), 바벨론의 침공과 남유다의 멸망을 보지 않고 세상을 떠납니다(29절)

남유다의 멸망

24장　왜 하나님은 남유다에 바벨론 군대를 보내시는가?

1-7 바벨론 군대가 남유다를 공격합니다. 바벨론 군대를 남유다로 보낸 것은 바벨론 왕이 아니라 하나님이십니다(2절). 이는 남유다가 하나님 말씀을 어기고 악을 행했기 때문입니다(4절). 이때 남유다의 통치자는 여호야김입니다. 일찍이 예레미야 선지자는 여호야김에게 바벨론에 항복하는 것이 하나님의 뜻이라고 말했습니다(렘 27:8). 여호야김은 듣지 않았습니다. 결국 여호야김은 비참하게 생을 마감합니다(렘 22:19). **8-20** 여호야김의 뒤를 이어 여호야긴이 왕이 됩니다(8절). 여호야긴은 3개월 만에 바벨론으로 사로잡혀 갑니다. 그가 하나님 보시기에 악을 행했기 때문입니다(9절). 여호야긴의 뒤를 이어 시드기야가 왕이 됩니다(18절). 시드기야 역시 하나님 보시기에 악을 행합니다(19절). 시드기야도 예레미야 선지자의 경고를 무시하고, 바벨론에 반역합니다. 안타깝게도 시드기야는 역사에서 아무것도 배우지 못했습니다. 그가 살고자 했다면 애굽을 의지할 것이 아니라, 하나님의 말씀에 순종했어야 합니다.

25장　왜 하나님은 여호야긴이 석방되게 하시는가?

1-7 시드기야는 애굽을 믿고 바벨론을 배신합니다. 하지만 시드기야가 기대한 지원군은 오지 않습니다. 결국 예루살렘은 2년 동안 바벨론 군대에 포위당합니다. 시드기야의 아들들은 처형당하고, 시드기야는 포로가 되어 바벨론으로 사로잡혀 갑니다. **8-17** 당시 예루살렘 주민들은 성전이 있는 한, 예루살렘은 안전하다고 믿었습니다. 하나님이 성전에 거하시기에, 아무도 예루살렘을 정복할 수 없다고 믿었습니다. 근거 없는 착각이었습니다. 예루살렘 주민들의 우상 숭배와 배교 행위로 말미암아, 하나님은 이미 오래전에 성전을 떠나셨습니다(겔 10장). **18-30** 바벨론은 그달리야를 유다 총독으로 세웁니다. 그달리야는 유다의 마지막 희망입니다. 하지만 어리석은 자들은 마지막 희망마저 사라지게 만듭니다. 바벨론에 반대하던 세력들은 그달리야를 살해하고 애굽으로 피신합니다. 이것은 남유다의 종말을 의미합니다. 하지만 여전히 희망의 불씨는 남아 있습니다. 하나님은 여호야긴이 석방되게 하십니다(27절). 이것은 이스라엘이 회복될 가능성을 보여 주는 것입니다.

한눈에 보는 역대기

핵심	역대상		역대하	
	다윗 왕조의 계보 (1–9장)	다윗의 통치 (10–29장)	솔로몬의 통치 (1–9장)	유다 왕들의 통치 (10–36장)
사건	족보	다윗의 승리 성전 건축 준비	성전 건축 솔로몬의 영광	히스기야의 종교 개혁 요시야의 종교 개혁
주제	하나님께서 다윗과 언약을 맺으심		하나님께서 다윗 언약을 기억하심	
장소	유다, 예루살렘			
기간	수천 년	약 33년	약 40년	약 393년

저자: 에스라(?)

역대기 본문은 저자에 관해 아무 말도 하지 않는다. 유대교 전승은 역대기 저자를 에스라로 보는데, 이것은 상당히 가능성이 있다. 에스라서 저자는 에스라임이 거의 확실한데(에스라가 1인칭으로 서술하고 있기 때문에), 에스라서 1장 1-4절이, 역대하 36장 1-2절과 정확하게 일치하기 때문이다. 그런 점에서 에스라가 역대기와 에스라서 모두를 기록한 것으로 볼 근거가 상당하다. 에스라는 제2차 바벨론 포로 귀환(B.C. 458년)을 주도하였고, 느헤미야가 주도한 제3차 포로 귀환(B.C. 444년) 이후에도 이스라엘의 영적 회복 운동을 선두에서 이끌었던 사람이다.

기록 목적

바벨론을 점령하고 페르시아를 세운 고레스는, 포로 된 민족이 고국으로 돌아가는 것을 허락한다. 그리하여 주전 538년에 최초의 포로 귀환 공동체가 가나안에 도착한다. 그들이 70년 만에 가나안에 도착했을 때, 가나안엔 정말 아무것도 없었다. 예루살렘 성벽과 다윗성, 심지어 성전도 없었다. 결정적으로 그들에겐 자신들이 누구이며, 이곳 가나안에서 무엇을 해야 할지를 가르쳐 주는 '말씀'이 없었다. 그래서 포로 귀환 공동체 중 한 명, 아마도 에스라일 것으로 추정되는 인물이 '말씀'을 기록한다. 바로 그 말씀이 역대기다. 그래서 역대기는 이스라엘과 하나님이 어떤 관계에 있는지, 하나님은 이스라엘이 어떤 나라를 세우기 원하시는지, 하나님이 기뻐하시는 예배는 무엇인지를 상세하게 설명하고 있다.

통독 길잡이

역대기는 과거의 영광을 보여 주는 말씀이다. 다윗 왕국의 영광, 솔로몬의 지혜와 명예, 유다 왕들이 성취한 놀라운 승리가 역대기에 기록되어 있다. 그리고 역대기 저자는 그 영광스런 역사의 이면에, 말씀에 대한 순종과 성전 예배가 있었음을 강조한다. 오늘날은 하나님 말씀이 그 중요성을 상실하고, 하나님께 순종하는 것이 대수롭지 않게 여겨지는 시대다. 그 결과 교회는 거룩한 능력을 상실하고, 성도들은 영적 활력을 잃어 가고 있다. 그러므로 역대기는 새로운 부흥 역사를 갈망하는 이들에게, 참된 회복으로 가는 여정을 알려 주는 말씀이다. 역대기에 등장하는 위대한 인물들의 순종, 그리고 그들에게 임한 하나님의 축복은 우리에게 새로운 삶을 꿈꾸게 하기에 충분하다.

이스라엘의 족보(1)

1장　왜 족보를 소개하는가?

1-54 역대기의 족보는 우리를 압도합니다(대상 1-9장). 이토록 긴 족보를 왜 알아야 하는지 의문이 생기기도 합니다. 하지만 바벨론에서 돌아온 자들에게 이 족보는 상당히 중요한 의미를 가지고 있었습니다. 이 길고 긴 족보는, 이스라엘이 하나님과 어떤 관계인지를 보여 주기 때문입니다. 족보는 아담부터 시작합니다(1절). 이스라엘의 족보가 아담과 연결되어 있다는 것은, 하나님이 천지를 창조하실 때부터 이스라엘이 하나님의 백성으로 예정되었다는 것과 이스라엘이 온 인류를 향한 하나님의 목적과 관련하여 중심적인 위치를 차지한다는 것을 보여 줍니다.[119] 족보의 또 다른 중요성은 언약의 연속성입니다.[120] 족보는 독자들로 하여금 아브라함, 모세, 다윗과의 연속성을 생각하게 합니다. 이는 하나님의 언약이 여전히 유효하다는 사실을 보여 줍니다. 종합하면 역대기의 족보는 과거를 되돌아보면서 미래를 향한 소망을 가지게 합니다.

2장　왜 유다 지파가 가장 먼저 소개되는가?

1-55 역대기 저자는 '이스라엘의 아들'들의 족보를 설명하기 시작합니다(1절). '야곱의 아들'이라고 부르는 것이 일반적임에도 불구하고, '이스라엘의 아들'이라고 부르는 것은, 야곱에게서 이스라엘 열두 지파가 나왔음을 강조하는 것입니다. 맨 먼저 소개되고, 가장 자세하게 소개되는 것은 유다 지파입니다. 그 이유는 다음과 같습니다. 첫째, 유다 지파는 남유다 왕국의 핵심이었습니다. 둘째, 바벨론에서 돌아온 자들은 대부분 남유다 왕국 출신이었습니다. 셋째, 하나님이 유다 지파를 통해 메시아를 보내겠다고 약속하셨습니다(창 49:10). 넷째, 하나님은 유다 지파 출신인 다윗의 나라와 왕위가 영원할 것이라고 언약하셨습니다(삼하 7:16). 이러한 중요성 때문에 유다 지파가 가장 먼저 소개됩니다.

3장　왜 하나님은 다윗의 후손을 보존하셨는가?

1-24 3장은 다윗의 후손을 말하는데, 크게 세 부분으로 구성됩니다. 첫 부분은 다윗의 자녀들에 대해(1-9절), 둘째 부분은 솔로몬 이후의 유다 왕들에 대해(10-16절), 셋째 부분은 바벨론 포로 시대를 살았던 다윗의 후손에 대해서입니다(17-24절). 여기서 중요한 것은 바벨론 포로 시대의 족보입니다. 일반적으로 침략국은 정복국의 왕족을 말살합니다. 반란 기운이 싹트는 것을 막기 위해서입니다. 그런데 다윗의 후손은 안전하게 보존되었습니다. 그 이유는 하나님이 언약을 지키셨기 때문입니다. 하나님은 다윗의 집을 영원히 보존하실 것이며(삼하 7:16), 다윗의 후손 가운데 한 영원한 왕을 세우실 것을 언약하셨습니다(삼하 7:13). 하나님은 그 언약의 성취를 위해 다윗의 후손을 지키고 보호하셨습니다.

이스라엘의 족보(2)

4장   왜 역대기 저자는 야베스의 삶을 소개하는가?

1-43 유다 지파의 족보에서 눈에 띄는 한 이름은 '야베스'입니다(9-10절). 야베스는 '고통'이라는 뜻입니다. 그가 처한 환경이 결코 쉽지 않았음을 보여 주는 이름입니다. 하지만 야베스는 하나님께 기도하여 환란에서 벗어났습니다. 바로 이것이 역대기 저자가 야베스를 소개하는 이유입니다. 야베스가 고통스런 상황 속에 있었던 것처럼, 바벨론에서 돌아온 자들도 매우 어려운 환경 속에 있었습니다. 당시 이스라엘은 정치적으로 페르시아의 식민지였고, 경제적으로도 빈곤한 상태였습니다. 70년간 버려졌던 땅에서 재기하기란 쉽지 않았습니다. 그래서 역대기 저자는 야베스가 하나님께 기도하여 어려움을 극복한 것처럼, 지금 우리도 하나님께 기도하는 것으로 문제를 극복해야 한다고 주장하는 것입니다.

5장   왜 역대기 저자는 요단강 동쪽 지파의 족보를 소개하는가?

1-26 요단강 동쪽에 자리 잡았던 르우벤 지파(1-10절), 갓 지파(11-17절), 므낫세 지파(18-26절)의 족보가 소개됩니다. 역대기 저자가 이들 족보를 소개하는 것은 상당히 특이합니다. 바벨론에서 돌아온 자들에게 그들 족보는 별로 중요하지 않았기 때문입니다. 요단강 동쪽 지파는 북이스라엘 왕국에 속해 있었습니다. 반면 바벨론에서 돌아온 자들은 대부분 남유다 왕국의 후손입니다. 더욱이 요단강 동쪽 지파는 앗수르의 침략을 받아 상당히 이른 시기에 멸망했습니다. 역대기 독자들에게 요단강 동쪽 지파의 족보는 관심 밖의 일이었습니다. 그런데 왜 역대기 저자는 요단강 동쪽 지파의 족보까지 소개할까요? 이스라엘은 원래 열두 지파입니다. 반면 바벨론에서 돌아온 사람들은 남유다 왕국의 후손으로서 대부분 유다 지파입니다. 그런 점에서 역대기 독자들은 자신들에게 정통성이 부족하다는 생각을 할 수 있었습니다. 바로 이것이 역대기 저자가 사라진 지파에 대해서까지 일일이 소개하는 이유입니다. 우리는 열두 지파의 정통성을 이어 가고 있으며, 하나님의 선택을 받은 민족이 확실하다는 사실을 강조하는 것입니다. 예수님이 열두 제자를 세우신 것도 같은 의미입니다. '12'는 하나님의 백성을 의미합니다. 그런 점에서 예수님의 열두 제자를 통해 세워진 교회가, 구약의 이스라엘을 대신하는 새로운 하나님의 백성입니다.

6장   왜 레위 지파의 족보를 상당히 자세하게 소개하는가?

1-81 레위 지파의 족보는 상당히 자세하게 소개됩니다. 앞에서 소개한 모든 지파를 합친 것과 비슷할 정도입니다. 역대기 저자가 레위 지파의 족보를 자세하게 소개하는 이유는, 레위 지파가 제 역할을 다하지 못했기 때문에 이스라엘이 멸망했다고 생각하기 때문입니다. 레위 지파는 하나님께 드리는 제사를 주관함으로써 열두 지파를 하나님 안에서 결속시키는 기능을 담당했습니다. 하지만 레위 지파는 이러한 사명을 제대로 수행하지 못했습니다. 그 결과 이스라엘은 타락했고, 하나님과는 멀어졌으며, 이방 민족의 침략을 받게 되었습니다. 역대기 저자는 이제부터 레위 지파가 제 역할을 온전히 감당하기를 기대하는 마음으로, 레위 지파의 족보를 상당히 자세하게 소개하고 있는 것입니다.

이스라엘의 족보(3)

7장　왜 북이스라엘 지파의 족보를 소개하는가?

1-40 이스라엘은 솔로몬 사후에 남북으로 분단됩니다. 이때부터 북왕국은 북이스라엘, 남왕국은 남유다로 불립니다. 북이스라엘과 남유다는 분단 기간 내내 분쟁을 겪다가, 주전 722년에 북이스라엘이 먼저 앗수르의 침략으로 멸망합니다. 뒤이어 남유다도 주전 586년에 바벨론의 침략으로 식민지가 됩니다. 하지만 다시 회복되지 못한 북이스라엘과 달리, 바벨론으로 끌려갔던 남유다의 후손들은 70년의 포로 생활을 마치고 다시 가나안으로 돌아옵니다. 바로 그들이 역대기의 독자입니다. 그러므로 역대기 독자들의 관심사는 남유다의 족보이지, 북이스라엘의 족보가 아닙니다. 그런데 왜 역대기 저자는 7장에서 북왕국 지파들의 족보를 소개할까요? 통일 왕국 시대를 설명함으로써 과거의 영광을 보게 하려는 것입니다. 하나님이 은혜를 베풀어 주시면, 페르시아 제국의 식민지라는 비참한 현실을 이겨 내고, 과거의 영광을 회복할 수 있다는 소망을 주는 것입니다.

8장　왜 베냐민 지파의 족보를 상세히 소개하는가?

1-40 베냐민 지파는 다른 지파의 두 배 분량으로 소개됩니다. 베냐민 지파의 중요성 때문입니다. 다윗이 수도로 삼았던 예루살렘은 원래 베냐민 지파의 영토입니다. 그래서 솔로몬 사후 남북으로 분열될 때 베냐민 지파의 상당수가 예루살렘에 그대로 남았습니다. 그 결과 베냐민 지파는 유다 지파와 함께 남유다 왕국의 중요한 구성원이 되었습니다. 남왕국이라고 하면 유다 지파만 생각하기 쉽지만, 사실 남왕국에는 유다 지파에 흡수된 스불론 지파, 예루살렘에 살고 있던 베냐민 지파, 예루살렘 성전에서 봉사하던 레위 지파, 그리고 북이스라엘의 우상 숭배를 피해 남쪽으로 내려온 여러 지파 출신의 사람들이 섞여 있었습니다. 그중에서도 베냐민 지파의 비중은 상당히 깊던 것으로 보입니다. 이런 이유 때문에 역대기 저자는 베냐민 지파의 족보를 상세하게 기록합니다. 또 베냐민 지파는 이스라엘의 첫 번째 왕인 사울이 속했던 지파이기도 합니다.

9장　왜 예루살렘에 정착한 사람들 가운데 레위인을 가장 먼저 언급하는가?

1-44 이제 역대기 저자의 관심은 과거에서 현재로 바뀝니다. 지금까지 과거의 족보를 설명했다면, 이제부터는 현재 예루살렘에 대해 말하기 시작합니다. 역대기 저자는 예루살렘에 다시 사람들이 살기 시작했다고 말합니다(2절). 새로운 역사가 시작되었음을 알리는 신호입니다. 불순종 때문에 무려 70년을 포로로 지냈지만, 이제 심판과 징계의 기간이 끝났다는 것입니다. 그런데 역대기 저자가 예루살렘에 정착한 사람들 가운데 레위인을 제일 먼저 언급하는 이유는 무엇일까요(2절)? 약속의 땅으로 다시 돌아온 사람들이 어떤 일에 가장 힘써야 하는지를 가르치기 위해서입니다. 레위인의 역할은 성전 예배를 인도하고, 율법을 가르치는 것입니다. 역대기 저자는 이제부터 레위인의 가르침대로 성전 예배를 회복하고, 율법을 따라 살아야 한다고 강조하는 것입니다. 참된 회복과 부흥은 예배와 말씀의 회복에서 시작되기 때문입니다.

하나님께서 다윗을 온 이스라엘의 왕으로 세우시다

10장　왜 사울은 죽임을 당했는가?

1-14 10장의 강조점은 두 가지입니다. 첫 번째는 사울이 죽은 이유이고, 두 번째는 다윗이 왕으로 세워진 이유입니다. 첫째, 사울이 죽은 이유는 무엇일까요? 표면적으로 사울의 죽음은 블레셋 때문으로 보입니다. 사울의 군대보다 블레셋 군대가 더 강했기 때문입니다. 하지만 역대기 저자는 신학적인 관점을 제시합니다. 사울이 죽은 이유는 사울이 하나님께 범죄하고, 하나님의 말씀에 순종하지 않았으며, 심지어 무당을 찾았기 때문입니다(13-14절). 둘째, 다윗이 왕으로 세워진 이유는 무엇일까요? 표면적으로는 다윗의 개인적 자질과 시대적 흐름 때문

으로 보입니다. 사울 가문이 완전히 멸절되었기 때문에 다윗 외에는 왕위를 이어받을 사람이 없었습니다(6절). 하지만 이번에도 역대기 저자는 신학적인 관점을 제시합니다. 하나님이 그에게 왕위를 넘겨주셨다는 것입니다(14절). 우리는 여기서 두 가지 사실을 발견할 수 있습니다. 첫째, 하나님은 한 나라의 지도자를 세우기도 하시고, 폐하기도 하십니다. 하나님은 사울을 폐하시고, 다윗을 세우셨습니다. 둘째, 하나님은 한 나라를 흥하게도 하시고, 망하게도 하십니다. 이스라엘은 사울 때문에 위기에 빠졌지만, 다윗 때문에 강건케 되었습니다.

11장　왜 용사들의 이름을 소개하는가?

1-9 다윗은 왕이 되기 전까지 세 번의 기름 부음을 받았습니다. (삼상 16:13; 삼하 2:4, 5:3). 기름 부음은 하나님이 직분자를 세우시는 방식입니다. 하나님은 왕과 제사장과 선지자를 세우실 때, 기름을 부으셨습니다. 이처럼 다윗이 왕이 되는 것은 하나님의 뜻이었습니다. 하지만 다윗이 실제 왕이 되기까지는 많은 시간이 필요했습니다. 다윗은 오랫동안 기다려야 했고, 수많은 시련을 극복해야 했습니다. 우리에게도 하나님의 약속이 더디 이루어지는 것처럼 보일 때가 있습니다. 하지만 하나님의 뜻이

라면 언젠가는 반드시 이루어질 것입니다. **10-47** 다윗 왕국의 용사들이 소개됩니다. 용사들 이름은 이스라엘이 강대국으로 부상한 이유를 보여 줍니다. 이스라엘의 번성은 다윗 한 사람 때문이 아닙니다. 다윗 곁에 수많은 용사들이 있었기 때문입니다. 심지어 본문에는 이방 용사들도 포함되어 있습니다. 암몬 사람 셀렉(39절)과 헷 사람 우리아가 대표적입니다(41절). 다윗 왕국의 번영은 다윗 한 사람의 재능이 아니라 수많은 개인들이 하나님의 영광을 위해 힘을 모은 결과였습니다.

12장　왜 역대기 저자는 다윗의 군사들을 자세히 소개하는가?

1-40 11장의 주제가 12장까지 이어집니다. 원래 다윗의 세력은 상당히 미미했습니다. 하지만 결국에는 큰 군대를 이루어 마치 하나님의 군대처럼 되었습니다(22절). 하나님이 다윗에게 용사들을 보내주셨기 때문입니다. 이처럼 다윗 왕국의 영광은 다윗 혼자 이룬 것이 아니었습

니다. 전적으로 하나님의 은혜였습니다. 역대기 저자가 바벨론에서 돌아온 자들에게 이 사실을 설명하는 이유는 무엇일까요? 지금은 미약할지라도, 하나님의 은혜를 의지한다면, 다시 과거의 영광을 재현할 수 있음을 강조하는 것입니다.

다윗에게 복 주신 하나님

13장　왜 다윗은 언약궤를 왕궁으로 옮기는가?

1-14 율법은 이스라엘 왕이 세 가지를 멀리하고, 한 가지를 가까이해야 한다고 말합니다(신 17:14-20). 멀리해야 하는 세 가지는 병마와 아내와 은금입니다. 병마는 군사력, 아내는 외교력(고대의 왕들은 결혼을 통해 동맹을 체결했다), 은금은 경제력을 상징합니다. 가까이해야 하는 한 가지는 율법입니다. 이스라엘 왕은 하나님 말씀대로 통치해야 합니다. 여기서 알 수 있는 것은 이스라엘 왕은 독재자가 아니라 하늘에 계신 왕을 대리하는 존재라는 점입니다. 이것이 사울이 범한 죄의 근본입니다. 그는 하나님께 묻지 않고, 독재자처럼 행동했습니다(3절). 다윗은 정반대입니다. 다윗이 언약궤를 왕궁으로 옮긴 이유는 언약궤가 하나님의 임재를 상징하기 때문입니다. 다윗은 이스라엘의 진짜 왕이 하나님이심을 나타내기 위해 언약궤를 왕궁으로 옮겼습니다.

14장　왜 시간 순서와 다르게 14장을 뒤에 기록했는가?

1-17 14장은 하나님이 다윗에게 주신 복을 요약합니다. 다윗은 두로 왕 히람의 도움을 받아 왕궁을 건설했고(1-2절), 자녀의 수가 많아졌으며(3-7절), 전쟁에서 승리했고(8-16절), 모든 이방 민족이 두려워하는 존재가 되었습니다(17절). 특이한 점은 14장이 13장보다 시간적으로 앞선다는 것입니다. 왜 역대기 저자는 13장과 14장을 시간 순서와 다르게 기록했을까요? 하나님이 다윗에게 복을 주신 이유를 설명하기 위해서입니다. 13장의 핵심은 다윗의 신앙입니다. 다윗은 하나님의 언약궤를 왕궁으로 옮길 정도로 하나님을 경외했습니다. 바로 이것이 하나님이 다윗에게 복을 주신 이유입니다. 이 사실을 강조하기 위해 역대기 저자는 13장과 14장을 시간 순서와 다르게 기록한 것입니다.

15장　왜 다윗의 두 번째 시도는 성공하는가?

1-29 다윗은 선한 목적으로 하나님의 언약궤를 왕궁으로 옮기려고 했습니다. 하지만 첫 번째 시도는 끔찍하게 끝났습니다. 중요한 것은 실패 이후에 다윗이 보인 태도입니다. 다윗은 자신이 실패한 이유를 율법에서 찾습니다(13절). 말씀 속에서 답을 찾으려 한 것입니다. 결국 다윗은 이유를 발견합니다. 하나님의 언약궤는 레위인이 어깨에 메어 옮겨야 한다는 율법 규정을 발견한 것입니다(민 4:15). 다윗의 두 번째 시도가 성공한 것이 보여 주듯이, 가장 안전한 삶은 말씀의 인도를 받는 삶입니다.

16장　왜 역대기 저자는 다윗의 예배를 자세히 설명하는가?

1-43 14장의 핵심은 다윗의 예배입니다. 다윗은 하나님께 번제와 화목제를 드립니다(1절). 다윗은 레위인을 세워 하나님께 감사와 찬양을 올리게 합니다(4절). 다윗은 아삽과 그의 형제들이 언약궤 앞에서 하나님을 찬양하게 합니다(37절). 다윗은 사독과 그의 형제들이 매일 두 번씩 하나님께 번제를 드리게 합니다(39절). 이처럼 다윗은 예배의 사람이었습니다. 다윗은 최선을 다해 하나님을 예배했습니다. 역대기 저자가 다윗의 예배를 자세히 소개하는 이유는 명확합니다. 다윗처럼 온 마음을 다해 하나님을 예배하면, 하나님이 다윗에게 주신 복을 지금도 받을 수 있다고 말하는 것입니다.

다윗 언약을 성취하시는 하나님

17장   왜 다윗은 자신의 계획이 취소되었음에도 하나님을 찬양하는가?

1-15 다윗은 하나님의 궤를 왕궁으로 옮겼습니다. 이제 다윗은 하나님의 궤를 보관할 하나님의 집을 건축하려고 합니다. 그러나 하나님은 다윗의 계획을 반대하십니다(4절). 오히려 하나님이 다윗의 집을 세우겠다고 하십니다. 이 집은 다윗 왕조를 의미하고, 이 언약을 다윗 언약이라고 합니다. 하나님은 다윗에게 영원히 다스리는 왕을 약속합니다(12절). 이 왕은 예수 그리스도입니다.

예수님은 다윗 후손이시며(눅 1:32), 영원히 다스리시는 왕이십니다(눅 1:33). **16-27** 다윗은 하나님의 집을 지으려고 했지만, 하나님은 다윗의 계획을 거절하셨습니다. 하지만 다윗은 하나님께 불평하지 않습니다. 오히려 하나님을 찬양합니다. 그리고 하나님 뜻이 이루어지기를 기도합니다. 이는 다윗이 자신의 계획보다 하나님의 계획이 더 선하다는 것을 알았기 때문입니다.

18장   왜 하나님은 다윗에게 승리를 주시는가?

1-17 다윗은 남서쪽에 위치한 블레셋, 동쪽에 위치한 모압, 모압 아래에 위치한 에돔, 그리고 멀리 북쪽에 있는 소바와 시리아를 정복합니다. 우리는 여기서 다윗이 얼마나 대단한 왕인지 알 수 있습니다. 하지만 역대기 저자의 의도는 다윗의 대단함을 과시하는 것이 아닙니다. 저자의 의도는 다음 말씀에 잘 나타납니다. "다윗이 어디

로 가든지 여호와께서 이기게 하셨더라"(13절). 역대기 저자는 다윗의 승리가 하나님 때문임을 강조합니다. 그렇다면 하나님이 다윗에게 승리를 주신 이유는 무엇일까요? 다윗 언약 때문입니다. 하나님은 언약을 성취하시기 위해 다윗에게 승리를 주셨고, 그 결과 다윗 왕조는 점점 견고해졌습니다.

19장   왜 하눈은 수많은 군사와 병거를 가지고도 다윗을 이기지 못하는가?

1-19 다윗 왕국이 날로 번성하자, 다윗에게 적개심을 가지는 왕이 등장합니다. 암몬 왕 하눈입니다. 다윗은 하눈에게 호의를 베풀려고 하지만(2절), 하눈은 다윗의 진심을 오해합니다(4절). 심지어 하눈은 수많은 용병을 고용

하여, 다윗을 공격하기까지 합니다(7절). 결과적으로 하눈은 첨단 무기와 수많은 군사를 가지고도 다윗을 이기지 못합니다. 다윗의 군대가 힘을 다해 하나님을 의지했기 때문입니다(13절).

20장   왜 하나님은 다윗을 축복하시는가?

1-8 20장은 다윗이 받은 복의 절정을 묘사합니다. 다윗이 암몬 족속 수도인 랍바를 격파하고 왕관을 쓰는 장면은, 다윗의 왕권이 절정에 달했음을 보여 줍니다. 다윗의 부하들이 블레셋 거인족을 차례차례 무찌르는 장면은 다윗의 압도적인 군사력을 보여 줍니다. 물론 이 모든 영

광과 승리는 하나님의 언약 때문입니다. 하나님은 아브라함에게 가나안 땅을 언약하셨고, 그 언약을 이루시기 위해 블레셋을 점령하게 하셨습니다. 하나님은 다윗에게 영원한 왕조를 언약하셨고, 그 언약을 이루시기 위해 승리를 주셨습니다.

역대상 21-22장

자비와 용서의 상징, 여호와의 성전

21장   왜 성전은 오르난의 타작마당에 건설되는가?

1-30 본문의 핵심은 다윗의 인구 조사입니다. 동일한 내용이 사무엘하 24-25장에도 기록되어 있습니다. 하지만 기록 목적에는 큰 차이가 있습니다. 사무엘서 저자가 다윗의 인구 조사를 기록한 목적은, 다윗의 한계를 보여 주기 위해서입니다. 다윗이 위대한 왕인 것은 분명하지만, 다윗조차도 실수와 오류가 가득한 인생임을 보여 줍니다. 하지만 역대기 저자는 성전의 중요성을 설명하기 위해 다윗의 인구 조사를 기록했습니다. 이것은 본문의 문맥을 통해서도 알 수 있습니다. 역대기 저자는 21장에서 다윗의 인구 조사를 설명한 후, 22장부터 곧바로 성전을 설명하기 시작합니다. 즉, 역대기에서 다윗의 인구 조사는 성전 건축이 필요한 이유를 제시하기 위한 징검다리입니다. 역대기 저자는 다윗의 인구 조사가 왜 잘못된 것인지 명확하게 설명하지 않습니다. 하지만 인구 조사의

동기가 사탄의 유혹에 있다는 점(1절)과 요압이 주로 군사의 수를 보고한다는 점을 통해, 다윗의 죄는 군사적인 야망과 교만의 죄로 볼 수 있습니다.[121] 하나님은 다윗의 죄를 전염병으로 심판하십니다. 하지만 다윗이 진심으로 회개하자 재앙의 수위를 낮추시고, 오르난의 타작마당에 제단을 쌓으라고 하십니다. 이후에 오르난의 타작마당은 성전 기초가 됩니다. 이것이 본문의 핵심입니다. 성전이 세워진 곳은 죄를 용서받은 장소입니다. 이것은 성전이 어떤 기능을 할 것인지를 예고하는 사건입니다. 하나님이 다윗의 죄를 용서하신 것처럼 성전은 죄가 해결되는 장소가 될 것입니다. 하나님이 다윗에게 자비를 베푸신 것처럼 성전은 하나님의 자비가 임하는 장소가 될 것입니다.

22장   왜 다윗은 율법에 순종할 것을 강조하는가?

1-19 하나님은 다윗이 오르난의 타작마당에서 드린 제사를 받으셨습니다(대상 21:26). 이에 다윗은 그곳을 성전 지을 장소로 지명합니다(1절). 이로써 '기브온 성막' 시대는 저물고(대상 21:29), '예루살렘 성전' 시대가 새로이 시작됩니다. 본문에서 다윗은 성전을 짓는 사람보다는 성전을 준비하는 사람으로 묘사됩니다. 이는 하나님이 성전을 짓겠다는 다윗의 요청을 거절하셨기 때문입니다. 하나님은 다윗이 상징하는 전쟁의 시대가 아니라 솔로몬이 상징하는 평화의 시대에 성전이 건설되기를 원하셨습니다(8절). 그래서 다윗은 본격적인 성전 건축은 솔

로몬 시대로 미루고, 성전 건축을 위한 자원을 확충하는 데 헌신합니다. 이때 다윗은 솔로몬에게 성전 건축의 사명을 위임하며 다음과 같이 말합니다. "모든 규례와 법도를 삼가 행하면 형통하리니"(13절). 이는 성전 건축을 신앙의 충분조건으로 생각하지 말라는 뜻입니다. 성전을 짓는 것은 솔로몬에게 꼭 필요한 일이지만, 충분한 일은 아닙니다. 솔로몬이 왕의 사명을 충분히 감당하기 위해서는 하나님의 율법에 순종하는 일이 전제되어야 합니다.

성전의 내적인 부분을 준비하는 다윗

23장 왜 다윗은 20대 이상부터 성전에서 봉사하라고 하는가?

1-32 노년의 다윗은 레위인들의 조직을 재정비합니다(2절). 그래야만 성전에서 하나님을 예배하는 일이 순조롭게 진행되기 때문입니다. 인생의 말년에도 다윗의 관심은 하나님을 예배하는 데 있었습니다. 본문의 특이점은 성전에서 봉사하는 레위인의 나이입니다. 민수기 4:3은 성전에서 봉사하는 레위인의 나이를 30세로 정하고 있습니다. 그런데 다윗은 20세 이상부터 성전에서 봉사하도록 합니다(24절). 이는 성전에서 봉사할 레위인의 숫자가 턱없이 부족했기 때문입니다. 사사기에서 확인할 수 있듯이, 많은 레위인이 봉사의 직무를 버리고 떠났습니다(삿 17:7, 19:1). 그런 현상은 오랫동안 지속된 것으로 보입니다. 그래서 다윗은 20세 이상부터 성전에서 봉사하도록 했습니다.

24장 왜 다윗은 제비뽑기로 제사장 순번을 정하는가?

1-31 23장에서 레위인들을 24그룹으로 나눈 다윗은, 24장에서 제사장들도 24그룹으로 나누어 하나님을 섬기게 합니다. 다윗이 성전 봉사 조직을 24그룹으로 나눈 이유는, 고대 이스라엘의 일 년이 48주간이었기 때문입니다. 다윗은 한 그룹이 일 년에 2주씩 공평하게 근무할 수 있도록 조직했습니다. 주목할 것은 다윗이 제사장 순번을 정할 때 제비뽑기라는 방법을 사용한 것입니다(5절). 그 이유는 당시 엘르아살 자손이 이다말 자손보다 많았기 때문입니다(4절). 다윗은 숫자가 적은 이다말 자손이 차별받는 것을 방지하고자 했습니다. 이로써 제사장과 그들 자손들 사이에서 발생할 수 있는 갈등과 경쟁이 사전에 차단되었습니다.

25장 왜 다윗은 성전 찬양대를 지도하는 책임을 군대 장관에게 맡기는가?

1-31 레위인과 제사장들을 24그룹으로 나눈 다윗은, 찬송을 위해 구별한 레위인도 24그룹으로 나누어 하나님을 찬양하게 합니다. 그리고 24그룹마다 12명의 지도자를 세워서, 찬송을 지도하게 합니다. 한 그룹에 12명씩이니 찬양을 지도하는 사람의 숫자만 모두 288명입니다(7절). 주목할 것은 다윗이 성전 찬양대를 지도하는 책임을 군대 장관에게 맡겼다는 점입니다(1절). 이것은 하나님을 예배하며 찬양하는 일이, 군대가 적군과 싸우는 일처럼 중요하다는 사실을 보여 줍니다.

26장 왜 다윗은 특별한 재능을 가진 자들을 성전 문지기로 세우는가?

1-32 다윗은 성전으로 출입하는 모든 문과 길에 문지기를 세웁니다. 사람들이 무분별하게 성전을 드나들면, 하나님의 거룩함이 훼손될 수 있기 때문입니다. 다윗은 엄격한 기준을 가지고 성전 문지기를 뽑습니다. 성전 문지기로 뽑힌 자들은 하나같이 '큰 용사'(6절), '능력' 있는 자(8절), 그리고 '명철한 모사'입니다(14절). 성전의 거룩함을 지키는 일이 그만큼 중요하기 때문입니다. 오늘날에는 건물이 아니라 우리 몸이 성전입니다(고전 3:16). 하나님의 성령이 우리 안에 거하시기 때문입니다(고전 3:16). '건물 성전'의 거룩함을 지키기 위해 최선을 다했다면, '몸 성전'의 거룩함을 지키기 위해서도 최선을 다해야 합니다. 우리의 재능과 능력을 거룩함을 지키는 일에 사용해야 합니다.

성전 공사의 책임자가 된 솔로몬

27장　왜 종교 조직을 더 세밀하게 설명하는가?

1-34 다윗 왕국의 행정 조직을 설명합니다. 가장 먼저 군사 조직이 소개됩니다(1-15절). 다윗은 모두 열두 부대를 거느렸는데, 이들은 상비군이 아니라 일 년에 한 차례씩 방위 업무를 담당하는 민병대입니다(1절). 다음으로 열두 지파를 다스리는 지휘관들이 소개됩니다(16-24절). 각 지파의 지휘관들이 다윗의 행정 조직에 속해 있다는 것은, 다윗이 열두 지파를 통솔하고 있으며, 완전한 중앙집권이 이뤄졌음을 의미합니다. 이어서 왕의 재산을 맡은 자들이 소개됩니다(25-31절). 다윗은 따로 관리자가 필요할 정도로 많은 재산을 소유했습니다. 이것은 하나님이 다윗에게 주신 복을 상징합니다. 주목할 부분은 다윗 왕국의 행정 조직 설명이 종교 조직 설명에 비해서 상대적으로 빈약하다는 점입니다. 종교 조직은 4장(23-26장)에 걸쳐서 설명한 데 반해, 행정 조직에 대한 설명은 단 한 장(27장)으로 끝납니다. 이것은 다윗의 통치가 어떤 부분에 중점을 두었는지를 보여 줍니다. 다윗 왕국은 하나님을 왕으로 하는 신정 왕국이었습니다. 다윗 왕국은 신앙 위에 세워진 나라였습니다. 이 사실을 강조하기 위해서 역대기 저자는 행정 조직보다 종교 조직을 훨씬 더 세밀하게 설명합니다.

28장　왜 하나님은 다윗이 아니라 솔로몬에게 성전 건축을 맡기시는가?

1-21 다윗은 모든 지도자들을 예루살렘으로 소집한 후(1절), 자신의 후계자가 솔로몬임을 천명합니다(5절). 그리고 자신이 아니라 솔로몬이 성전을 건축할 것이라고 말합니다(6절). 다윗의 연설에서 강조되는 점은 하나님의 주권입니다. 다윗을 이스라엘 왕으로 삼으신 분은 하나님이십니다(4절). 솔로몬을 다윗 후계자로 삼으신 분도 하나님이십니다(5절). 결정적으로 솔로몬을 성전 건축의 책임자로 삼으신 분도 하나님이십니다(6절). 다윗은 자기 삶의 주권이 하나님께 있다는 것과 이스라엘의 주권자가 하나님이심을 확신합니다. 그런데 왜 하나님은 다윗이 아니라 솔로몬을 성전 건축의 책임자로 삼으셨을까요? 다윗은 전쟁을 상징하는 사람인 반면 솔로몬은 평화를 상징하는 사람이기 때문입니다(3절). 성전은 하나님의 임재와 통치, 하나님이 주시는 안식과 평화를 상징합니다. 그래서 다윗보다 솔로몬이 성전 건축에 더 적합했습니다. 바로 이것이 다윗이 아니라 솔로몬에게 성전 건축을 맡기신 이유입니다.

29장　왜 백성들은 성전 건축을 위해 헌신하는가?

1-19 다윗과 백성들이 성전 건축을 위해 헌신한 내용이 소개됩니다. 다윗과 백성들은 성전 건축에 필요한 물질을 억지로 바치지 않습니다. 즐거운 마음으로 자원하여 바칩니다(6절). 이것은 두 가지 믿음 때문입니다. 첫째, 그들은 모든 것이 하나님에게서 왔음을 알았습니다(14절). 둘째, 그들은 자신들이 나그네에 불과함을 알았습니다(15절). 이 두 가지 사실로 말미암아 다윗과 백성들은 온 힘을 다해 자신들의 소유를 하나님께 드렸습니다. **20-30** 역대상의 결론입니다. 역대상은 솔로몬 즉위식으로 끝납니다. 장차 솔로몬은 어떤 왕보다 뛰어난 왕이 될 것입니다. 그것은 솔로몬 개인의 자질 때문이 아니라, 하나님의 은혜 때문입니다(25절).

성전에서 당신의 백성을 만나시는 여호와

1장　왜 솔로몬 왕국은 번영했는가?

1-17 솔로몬은 백성들과 함께 기브온으로 갑니다. 그곳에 모세가 지은 성막이 있기 때문입니다(3절). 솔로몬은 기브온에서 천 마리의 소로 번제를 드립니다. 이것은 솔로몬 왕국이 번영한 이유를 보여 주는 사건입니다. 솔로몬 왕국의 번영은 바른 예배 때문입니다. 솔로몬의 일천 번제는 잘못 해석되는 경우가 많습니다. 첫 번째 오류는 솔로몬이 하루에 한 마리씩 모두 천 일 동안 번제를 드렸다는 것입니다. 이것이 사실이라면 솔로몬은 예루살렘 왕궁을 무려 3년 동안 비워 두었다는 말이 됩니다. 현실적으로 불가능한 일입니다. 두 번째 오류는 솔로몬이 일천 번제를 드렸기 때문에, 하나님이 솔로몬의 기도를 들어주셨다는 것입니다. 하나님이 솔로몬의 기도에 응답하신 이유는 솔로몬이 하나님 마음에 합당한 제목으로 기도했기 때문이지, 일천 번제를 드렸기 때문이 아닙니다(11절).

2장　왜 솔로몬은 '하나님의 이름'을 위한 성전이라고 말하는가?

1-18 솔로몬은 '하나님을 위한 성전'이라고 말하지 않습니다. '하나님의 이름'을 위한 성전이라고 말합니다(1, 4절). 하나님이 성전에만 거하시는 것처럼 오해하는 일을 방지하기 위함입니다. 솔로몬의 목적은 성전에서 하나님을 예배하는 것이지, 하나님을 성전에 가두는 것이 아닙니다(6절). 아담과 하와의 범죄 이후, 사람은 하나님과 멀어졌습니다. 하지만 하나님은 당신의 백성을 버려두지 않으셨습니다. 성막을 통해 찾아오셨고, 이제는 성전을 통해 찾아오십니다. 그리고 궁극적으로는 예수님을 통해 찾아오십니다. 그런 점에서 성전은 예수님의 성육신을 예표하는 사건입니다.

3장　왜 솔로몬은 모리아산에 성전을 건축하는가?

1-17 솔로몬은 모리아산에 하나님의 성전을 건축합니다(1절). 모리아산은 아브라함이 이삭을 제물로 바친 곳이고(창 22:2), 다윗이 하나님께 죄를 범한 후 제단을 쌓은 곳입니다(대상 21:28). 두 사건의 공통점은 '하나님의 임재'입니다. 하나님은 모리아산에서 아브라함과 다윗을 만나 주셨습니다. 바로 그것이 솔로몬이 모리아산에 성전을 건축하는 이유입니다. 솔로몬은 하나님이 계속해서 당신의 백성들을 만나 주시기를 바라는 마음으로, 모리아산에 성전을 건축합니다.

여호와께 성전을 봉헌함

4장 왜 성전에는 정결함과 관련한 기물이 많은가?

1-22 사람이 살지 않는 집에는 가구와 기구가 필요 없습니다. 사용할 사람이 없기 때문입니다. 가구와 기구가 있다는 것은, 그곳에 누군가가 거주한다는 증거입니다. 성전도 마찬가지입니다. 성전에서 사용한 기물들은 하나님이 성전에 실제로 임재하신다는 증거입니다. 주목할 것은 성전의 기물들이 대부분 정결함과 관련된다는 것입니다. 대표적인 것이 '제단'과 '바다'입니다(1-2절). 제단은 제사 드리는 자의 영혼을 정결하게 하는 기물이고, 바다는 제사장의 몸을 정결하게 하는 기물입니다(6절).

이것은 하나님의 관심사를 나타냅니다. 예를 들어 집주인이 꽃에 관심이 많다면 그 집에는 꽃과 관련한 기구들이 많을 것입니다. 운동에 관심이 많다면 운동 기구들이 많을 것이고, 음식에 관심이 많다면 조리 기구가 많을 것입니다. 성전의 기물들은 대부분 정결함과 관련된 것들입니다. 이것은 하나님이 최고의 가치로 여기시는 것이 거룩한 삶임을 보여 줍니다. 세상은 성공을 최고의 가치로 여기지만, 하나님의 관심사는 성공이 아니라 거룩한 삶입니다.

5장 왜 솔로몬은 언약궤를 성전에 안치할 때, 이스라엘 모든 사람을 소집했는가?

1-10 솔로몬은 성전을 건축한 후, 그곳에 하나님의 언약궤를 안치합니다. 이때 솔로몬은 이스라엘 모든 사람을 예루살렘으로 소집합니다(3절). 그 이유는 언약궤가 하나님의 임재를 상징하기 때문입니다. 언약궤가 성전에 안치되는 것은 왕이신 하나님이 왕궁에 입성하는 것과 같았습니다. 솔로몬은 모든 백성과 함께 왕의 귀환을 축하하기 원했습니다. **11-14** 백성들이 왕의 입성을 축하하

는 자리에서, 하나님은 당신의 영광을 나타내십니다. 제사장들이 능히 서지 못할 정도로 하나님의 영광은 성전을 가득 채웁니다(14절). 이처럼 하나님의 영광을 보고자 하는 자는 하나님을 왕으로 인정해야 합니다. 자신이 중심이 되는 삶에서, 하나님이 중심이 되는 삶으로 전환해야 합니다. 하나님을 왕으로 인정하지 않고서는, 하나님을 영화롭게 할 수 없습니다.

6장 왜 솔로몬은 하나님이 성전을 지으셨다고 말하는가?

1-42 솔로몬은 성전을 봉헌하면서 온 회중을 대표해 하나님께 기도합니다. 이것은 두 가지를 의미합니다. 첫째, 하나님이 진실로 성전에 거하시며 우리의 기도를 들으신다는 것이고, 둘째, 성전에 계신 하나님 앞에서 가장 열심을 내야 하는 일이 기도라는 것입니다. 특이하게도 솔로몬은 성전을 완공한 주체가 하나님이라고 말합니다(15절). 공사를 준비한 것은 다윗이고, 그것을 실행에 옮긴 것은 솔로몬인데 말입니다. 솔로몬이 이렇게 고백한 이유는, 성전이 완공된 근거가 전적으로 하나님의 은혜임을 알았기 때문입니다. 솔로몬이 성전을 지을 수 있

었던 이유는 크게 세 가지입니다. 첫째, 그 당시 이스라엘은 주변 나라를 대부분 정복한 상태였습니다. 그래서 외부의 방해를 받지 않았습니다. 둘째, 성전 건축에 필요한 자원이 이미 준비되어 있었습니다. 다윗이 최선을 다해 성전 건축을 준비했기 때문입니다. 셋째, 성전 건축에 필요한 지혜가 솔로몬에게 구비되어 있었습니다. 솔로몬은 이 모든 요인이 하나님에게서 온 것임을 알았습니다. 그래서 솔로몬은 모든 영광을 하나님께만 돌렸던 것입니다.

성전 건축이 마무리됨

7장　왜 하나님은 다시 솔로몬을 찾아오시는가?

1-10 솔로몬이 성전 봉헌 기도를 마치자, 하나님께서 불로 응답하십니다(1절). 하나님이 솔로몬의 봉헌 기도를 들으셨음을 의미합니다. 이어서 솔로몬은 7일 동안 성전 봉헌 예배를 드립니다(8절). 하나님은 성전 봉헌 예배에 참여한 자들에게 큰 은혜를 베푸시고, 예배자들은 기뻐하며 집으로 돌아갑니다(10절). 예배가 있는 곳에 은혜가 있고, 예배자에게는 세상에서 볼 수 없는 기쁨이 있습니다. **11-22** 하나님이 두 번째로 솔로몬을 찾아오십니다(12절). 솔로몬을 처음 찾아오신 이후 20년 만입니다(대하

1:7). 하나님이 솔로몬을 다시 찾아오신 이유는, 성전을 세우신 목적을 밝히시기 위해서입니다. 하나님은 회개하는 자들을 용서하시는 장소로 성전을 사용하겠다고 말씀하십니다(14절). 이처럼 성전은 죄를 자백하는 장소이자, 하나님의 은혜를 회복하는 장소입니다. 이제 성전은 예수님으로 대체되었습니다. 우리는 성전에서 회개하지 않고 예수의 이름으로 회개합니다. 성전을 통해 은혜받지 않고 예수님을 통해 은혜를 받습니다.

8장　왜 이제야 성전 건축이 끝났다고 말하는가?

1-18 역대기 저자는 솔로몬이 받은 복을 상세하게 설명합니다. 솔로몬이 성전과 왕궁을 건설하고(1절), 성읍을 확장하고 재건하며(2-6절), 수많은 이방인을 노동자로 고용할 수 있었던 것은(8절) 하나님이 솔로몬에게 복을 주셨기 때문입니다. 주목할 부분은 역대기 저자가 8장 16절에 이르러서야 비로소 성전 건축이 끝났다고 말한다는 점입니다. 이미 오래전에 성전 건축과 봉헌식이 마무

리되었는데, 왜 이제야 성전 건축이 끝났다고 말할까요? 역대기 저자는 건물의 완성이 아니라 예배와 제사 의식의 제도화를 성전의 완성으로 보기 때문입니다.[122] 이처럼 교회는 건물을 통해 완성되지 않고, 예배를 통해 완성됩니다. 크고 화려한 건물이 있어도 거기에 참된 예배가 없다면 진정한 교회가 아닙니다.

9장　왜 솔로몬은 자신의 인생이 헛되다고 말하는가?

1-31 하나님은 솔로몬에게 지혜와 재물과 영광을 주시겠다고 약속하셨습니다(대하 1:12). 역대하 9장은 하나님의 약속이 성취되었음을 보여 줍니다. 솔로몬은 타의 추종을 불허하는 부귀영화를 누립니다. 하나님이 약속하신 것을 이루어 주신 결과입니다. 부귀영화를 누리던 솔로몬도 결국은 죽음을 맞이합니다(31절). 화려한 인생도 결국은 들의 꽃처럼 시드는 것이 사람의 한계입니다. 솔

로몬은 화려해 보이는 자신의 이면을 전도서에 기록했습니다. 솔로몬은 누구보다 성공한 사람이었지만, 그의 이면은 허무함으로 가득했습니다(전 1:2). 그 이유는 솔로몬이 성공에 도취되어 하나님을 떠났기 때문입니다. 세상의 즐거움에 취해서, 하나님이 주시는 즐거움을 상실했기 때문입니다. 영원한 것을 위해서 살지 않고, 잠시 잠깐 후면 사라질 것들에 마음을 빼앗겼기 때문입니다.

남북으로 분단된 이스라엘

10장　왜 이스라엘은 남북으로 분단되는가?

1-19 하나였던 이스라엘은 복합적인 이유로 분단됩니다. 첫 번째 요인은 백성들의 불순종입니다. 하나님은 다윗 후손이 대대로 이스라엘 왕이 되어야 한다고 말씀하셨습니다(삼하 7:16). 따라서 백성들은 다윗의 손자이며 솔로몬의 아들인 르호보암을 왕으로 세워야 합니다. 하지만 백성들은 여로보암을 지지합니다. 두 번째 요인은 르호보암의 실수입니다. 르호보암은 대대적인 토목 공사(성전과 왕궁)로 지쳐 있는 백성들의 마음을 헤아리지 못했습니다. 세 번째 요인은 솔로몬의 우상 숭배입니다. 이것이 결정적입니다. 하나님은 솔로몬의 우상 숭배에 대한 징계로 이스라엘 열 지파의 통치권을 여로보암에게 주겠다고 말씀하셨습니다(왕상 11:29-39). 이제 그 말씀이 성취되었습니다.

11장　왜 남유다가 점점 강성하게 되는가?

1-23 르호보암을 따르는 지파는 유다와 베냐민밖에 없고(1절), 나머지 열 지파는 여로보암을 지지합니다. 여로보암의 북이스라엘이 르호보암의 남유다보다 훨씬 강해야 정상입니다. 현실은 정반대입니다. 르호보암의 남유다는 점점 번성하고(17절), 여로보암의 북이스라엘은 점점 쇠퇴합니다. 그 이유는 무엇일까요? 신실한 레위인들 때문입니다(16절). 레위 지파는 고유한 영토가 없는 대신 다른 지파의 영토에 거주하면서 각 지파의 신앙적인 활동을 보조했습니다. 여로보암은 왕이 되자마자 북이스라엘에 거주하던 레위인들을 탄압했습니다(15절). 신실한 레위인들은 남유다로 이동할 수밖에 없었습니다. 남쪽으로 내려온 레위인들은 르호보암이 다윗의 길을 걷도록 도와주었습니다(17절). 그 결과 르호보암의 남유다는 강성할 수 있었습니다.

12장　왜 남유다는 애굽의 통치를 받는가?

1-16 레위 지파는 여로보암의 핍박을 피해 남쪽으로 내려왔습니다. 레위 지파는 르호보암이 다윗의 길을 걷도록 도와주었습니다. 결과적으로 르호보암의 나라는 견고해졌습니다. 하지만 나라가 견고해지자 르호보암의 마음이 흔들리기 시작합니다(1절). 그 결과 온 이스라엘이 르호보암을 따라 하나님께 죄를 범하기 시작합니다. 이에 하나님은 애굽 왕을 통해 남유다를 벌하십니다. 하나님의 통치가 아니라 세상 나라의 통치를 받게 하십니다(8절). 하지만 하나님은 심판 중에도 긍휼을 잊지 않으십니다. 르호보암이 회개하자 핍박의 강도를 낮추십니다(7절). 성경은 르호보암을 "여호와를 구하는 마음을 굳게 하지" 않은 왕이라고 정의합니다(14절). 르호보암은 통치 초기에는 하나님께 순종했지만, 마음을 굳게 하여 계속 순종하지 않았습니다. 하나님께 순종하는 일은 일평생 계속되어야 합니다. 신앙은 평생의 여정이지, 단기간의 이벤트가 아닙니다.

복 주시는 여호와

13장　왜 아비야는 수적 열세를 극복하고 승리하는가?

1-22 북이스라엘의 여로보암이 무려 80만이나 되는 대군을 이끌고 남유다를 침공합니다. 이에 반해 아비야의 군사는 절반밖에 되지 않습니다(3절). 여로보암의 승리가 확실한 상황입니다. 더욱이 여로보암은 두 배의 병력으로 아비야의 군대를 포위하기까지 했습니다(13절). 그럼에도 아비야는 다음 세 가지 이유로 자신의 승리를 확신합니다. 첫째, 하나님이 이스라엘을 다윗 후손들에게 맡기셨다(5절). 둘째, 북이스라엘은 우상을 숭배하고 있다(8절). 셋째, 남유다는 하나님만을 섬긴다(10-11절). 요약하면 북이스라엘은 하나님께 불순종하는 반면, 남유다는 하나님께 순종하고 있기에 남유다의 승리가 확실하다는 것입니다. 실제로 아비야는 극적으로 승리합니다. 군사적으로는 열세였지만, 하나님을 의지했기 때문입니다(18절).

14장　왜 남유다는 41년 동안 평화를 누리는가?

1-15 아사가 아비야의 뒤를 이어 남유다의 왕이 됩니다. 아사는 왕국이 분열된 후 하나님께 옳다고 인정받은 최초의 왕입니다(2절). 아사가 즉위하던 시기에 남유다는 혼합주의에 빠져 있었습니다. 혼합주의란 하나님과 우상을 함께 숭배하는 것을 말합니다. 그래서 아사는 통치 초기에 혼합주의를 근절하기 위해 노력합니다. 남유다에 산재한 이방 제단과 산당을 없애고, 백성들이 은밀히 숭배하던 우상을 파괴합니다(3절). 그 결과 남유다는 41년 동안 평화를 누립니다(대하 16:13). 하지만 아사에게도 큰 위기가 찾아옵니다. 구스의 침략입니다(9절). 구스의 세라는 무려 백만 명의 군사와 삼백 대의 병거를 거느리고 남유다를 침공합니다. 하지만 군사력 차이는 아무런 의미가 없습니다. 승리는 하나님이 함께하시는 나라에 있기 때문입니다. 아사는 이 사실을 알았기에 하나님께 간절히 기도합니다(11절). 결국 아사는 군사적인 열세에도 불구하고 구스의 대군과 맞서 승리합니다.

15장　왜 북이스라엘 사람들이 남유다로 이주하는가?

1-19 하나님의 영이 선지자 아사랴에게 임합니다. 아사랴는 하나님의 말씀을 백성들에게 전합니다. 핵심은 두 가지입니다. 우상을 제거하고, 율법에 순종하라는 것입니다(3절). 이것은 다윗과 솔로몬에게도 동일하게 경고하신 내용입니다. 아사는 하나님 말씀에 용기를 얻어, 우상을 제거하는 개혁을 단행합니다(8절). 심지어 우상 숭배자였던 어머니마저 태후의 자리에서 물러나게 합니다. 그러자 많은 사람들이 북이스라엘을 떠나 남유다로 이주합니다(9절). 남유다 백성들이 하나님께로 돌아오자, 하나님도 남유다와 함께하셨기 때문입니다(9절).

122

의로운 왕 여호사밧

16장 왜 아사의 마지막 5년은 비참한 내리막 인생이 되는가?

1-14 지금까지 아사는 하나님을 의지했습니다(8절). 그러나 이제는 아람 왕을 의지합니다(2절). 지금까지 아사는 하나님의 도움을 구했습니다. 그러나 이제는 의원들의 도움을 구합니다(12절). 결국 아사의 마지막 5년은 비참한 내리막 인생이 됩니다. 사람의 도움을 구하는 것 자체가 잘못된 것은 아닙니다. 역대기 저자의 의도는, 그 당시 아사의 마음에 하나님을 의지하려는 생각이 전혀 없

었음을 지적하는 데 있습니다. 힘들 때는 곁에 있는 자들의 도움을 구해야 하고, 아플 때는 의사들의 도움을 받아야 합니다. 하지만 그 중심에는 언제나 하나님이 있어야 합니다. 우리를 도와주는 사람들에게 진심으로 감사하되, 궁극적으로는 사람을 도구로 사용하신 하나님께 모든 영광을 돌려야 합니다.

17장 왜 남유다는 평화를 누리는가?

1-19 아사의 아들 여호사밧이 왕위에 오릅니다. 여호사밧은 아버지의 실패를 반복하지 않기 위해 노력합니다. 여호사밧은 우상을 의지하지 않고 하나님을 의지합니다(4절). 여호사밧은 사람들의 행위를 따르지 않고 말씀대로 살기 위해 노력합니다(4절). 여호사밧은 우상들을 제거하고(6절), 백성들을 하나님 말씀으로 교육합니다(9절). 그 결과 하나님은 여호사밧과 함께하시고(3절), 남유다는 평화를 누립니다. 남유다에서는 전쟁이 사라지고

(10절), 블레셋과 아라비아 사람들은 조공을 바칩니다(11절). 주목할 것은 여호사밧이 하나님을 의지하는 동시에, 사람의 책임을 무시하지 않았다는 점입니다. 여호사밧은 외적의 침입을 방어하기 위해 견고한 성읍을 건설했고(12절), 성읍마다 용맹한 군대를 주둔시켰습니다(12절). 이처럼 하나님의 도움을 구하는 것만큼, 자신을 잘 준비하는 것도 중요합니다.

18장 왜 남유다 백성들이 바알을 숭배하게 되는가?

1-34 하나님은 여호사밧에게 많은 복을 주셨습니다. 남유다는 하나님의 은혜로 평화를 누렸습니다. 그럼에도 불구하고 여호사밧은 북이스라엘과 혼인 동맹을 체결합니다(1절). 이것은 큰 실수입니다. 이것 탓에 장차 남유다가 우상 숭배의 늪에 빠지기 때문입니다(대하 22:4). 아합은 여호사밧에게 군사 원조를 요청합니다(2절). 군사 원조는 동맹국의 의무였습니다. 여호사밧은 아합의 요청을 거절하지 못합니다. 다행히 여호사밧은 하나님의 뜻을 찾습니다(4절). 하지만 사백 명이나 되는 선지자 가운데, 참된 선지자는 아무도 없습니다. 이는 아합왕이

바른 교훈을 전하는 선지자를 미워하고, 아첨하는 선지자를 곁에 두었기 때문입니다(7절). 유일하게 미가야 한 사람만이 신실하게 하나님의 뜻을 전하지만, 그의 의견은 반영되지 않습니다(28절). 미가야의 예언을 무시한 아합은 평범한 병사로 변장합니다. 아합은 이런 술책을 통해 자신이 목숨을 잃을 것이라는 미가야의 예언을 수포로 만들고자 했던 것 같습니다. 하지만 하나님의 말씀은 그대로 성취됩니다. 여호사밧은 극적으로 목숨을 건지고, 아합은 누군가가 우연히 쏜 화살에 맞아 생명을 잃습니다.

다윗 언약을 기억하신 하나님

19장 왜 여호사밧은 각 성마다 재판장을 세우는가?

1-11 여호사밧의 아버지는 아사입니다. 아사는 선지자의 책망을 듣고 선지자를 감옥에 가두었습니다(대하 16:10). 여호사밧은 다릅니다. 여호사밧은 선지자의 책망을 받아들입니다. 여호사밧은 예후 선지자의 책망을 받은 후, 하나님의 뜻에 순종하기 위해 노력합니다. 대표적인 순종은 사법 제도를 개혁한 것입니다. 여호사밧은 온 성읍마다 재판관을 세우고(5절), 그들이 하나님 뜻대로 재판하도록 격려합니다(6절). 여호사밧이 각 성마다 재판관을 세운 이유는, 오래전 하나님이 명령하신 일이었기 때문입니다(신 16:18).

20장 왜 여호사밧은 언약에 근거하여 기도하는가?

1-30 여호사밧은 길르앗 라못에서 벌인 아람과의 전쟁에서 패배했습니다(대하 18:34). 아람은 기세를 살려 동맹국들과 함께 여호사밧을 공격합니다. 이에 여호사밧은 즉시 하나님께 기도합니다(3절). 주목할 것은 여호사밧이 기도하는 근거입니다. 여호사밧은 하나님의 언약에 근거하여 기도합니다. 하나님이 아브라함과 맺은 언약(7절), 그리고 솔로몬과 맺은 언약에 근거하여 기도합니다(9절). 하나님은 말씀하신 것을 반드시 이루시고, 약속하신 것을 반드시 성취하시는 분이기 때문입니다. 여호사밧이 언약에 근거하여 기도하자, 하나님은 승리를 약속하십니다. 승리를 약속받은 백성들은 두려워하거나 놀라지 않고, 찬송하면서 전장으로 나아갑니다(21절). **31-37** 여호사밧은 대부분의 인생을 신실하게 살았습니다. 하지만 말년에 북이스라엘의 아하시야를 가까이하는 실수를 범했습니다. 아하시야는 하나님 보시기에 심히 악한 사람이었습니다(35절). 결국 여호사밧은 하나님께 징계를 받습니다(37절).

21장 왜 하나님은 남유다를 멸망시키지 않으시는가?

1-20 여호사밧의 뒤를 이어 여호람이 왕좌에 오릅니다. 여호람은 왕권을 강화하기 위해 두 가지를 행합니다. 첫째, 형제들을 살해합니다. 이로써 왕위에 오를 수 있는 잠재적 경쟁자들이 모두 제거됩니다. 둘째, 아합의 딸과 결혼합니다. 이로써 북이스라엘과의 동맹이 단단해집니다. 하지만 여호람의 왕권은 강화되기는커녕 더욱 약화됩니다. 에돔과 립나가 남유다를 배반한 것도 바로 이 시기입니다(8-10절). 이는 여호람이 하나님을 버렸기 때문입니다(10절). 그럼에도 불구하고 하나님은 남유다가 완전히 멸망하도록 내버려 두지 않으십니다. 이유는 오직 하나입니다. 다윗과 맺은 언약 때문입니다(7절). 하나님은 다윗 왕조를 보존하신다고 언약하셨고, 그 언약을 지키셨습니다.

요아스의 빛과 그림자

22장 왜 하나님은 요아스를 보호하시는가?

1-9 여호람은 비참하게 생을 마감했습니다(대하 21:19). 그가 아합의 딸과 혼인하고, 아합처럼 행동했기 때문입니다(대하 21:6). 여호람의 뒤를 이어 아하시야가 왕이 됩니다. 안타깝게도 아하시야는 아버지의 비참한 죽음에서 아무것도 배우지 못했습니다. 아하시야 역시 아합의 길로 행합니다(3절). 결국 아하시야도 아버지처럼 비참하게 생을 마감합니다(9절). 주목할 것은 아하시야의 죽음이 하나님의 섭리였다는 점입니다(7절). 역사의 주관자이신 하나님은 아합 가문을 파멸하는 동시에, 악한 아하시야 역시 심판하셨습니다. **10-12** 아달랴는 아하시야의 어머니입니다. 아달랴는 자신의 아들이 죽었다는 소식을 듣자마자 다윗의 후손들을 살해합니다. 아들의 뒤를 이어 왕위에 오르기 위해서입니다. 만약 아달랴의 의도가 성공한다면 다윗 언약은 이루어질 수 없을 것이며, 다윗 후손으로 예수님이 오실 수도 없을 것입니다. 그래서 하나님은 다윗 후손인 요아스를 보호하십니다. 다윗의 씨를 보존하셔서 다윗 언약을 성취하시기 위해서입니다.

23장 왜 여호야다는 요아스를 왕으로 세우기 위해 노력하는가?

1-15 여호야다는 아달랴 몰래 요아스를 숨겼습니다. 이제 여호야다는 요아스를 새로운 왕으로 세우고자 합니다. 만약 아달랴에게 발각된다면, 여호야다는 목숨을 부지할 수 없을 것입니다. 여호야다가 목숨을 걸면서까지 요아스를 왕으로 세우려는 이유는 무엇일까요? 다윗 언약 때문입니다(3절). 여호야다는 다윗 후손이 왕으로 다스리는 것이 하나님의 뜻임을 알았습니다. 따라서 여호야다는 하나님의 뜻을 이루기 위해 목숨을 걸었던 것입니다. 이처럼 온 세상이 악으로 가득해 보이는 때에도, 하나님은 신실한 일꾼들을 통해서 일하십니다. 세상이 어둡다고 한탄하기보다, 우리 각자가 하나님의 일꾼 되기 위해 노력해야 합니다. **16-21** 여호야다가 요아스를 왕으로 세운 후에 가장 먼저 한 일은 하나님과의 언약을 새롭게 한 것입니다(16절). 여호야다는 유다 왕국의 참된 왕은 요아스가 아니라 하나님이라는 것을 상기시킵니다. 이에 유다 백성들은 바알 신전을 부수고, 바알의 제사장을 죽이는 것으로 화답합니다(17절).

24장 왜 성전 수리는 더디게 진행되었는가?

1-14 요아스는 제사장 여호야다가 생존하던 동안에 하나님 보시기에 정직하게 행했습니다(2절). 요아스의 대표적인 치적은 성전 수리입니다(4절). 여호람과 아하시야, 그리고 아달랴를 거치는 동안 바알 숭배가 장려되었고, 하나님의 성전은 훼손되었기 때문입니다. 하지만 성전 수리는 더디게 진행되었습니다. 과거에 백성들이 하나님께 바친 성전세를 바알을 위해 사용한 전력이 있기 때문입니다(7절). 그래서 백성들은 제사장들에게 성전세를 내지 않았고, 결과적으로 성전을 수리하는 일은 지체되었습니다. 그래서 요아스는 성전 밖에 자발적으로 헌금할 수 있는 헌금함을 만듭니다(8절). 그러자 헌금함은 금세 가득 차게 됩니다(10절). **15-27** 요아스는 여호야다가 죽자마자 우상을 숭배합니다(18절). 요아스는 아첨하는 자들의 말에 속아 여호야다의 아들 스가랴를 죽이기까지 합니다(22절). 스가랴는 억울한 죽음을 당하면서, 하나님이 신원하여 주시기를 간구합니다. 스가랴의 기도처럼 요아스는 비참한 죽음을 맞이합니다(25절).

겸손한 자를 형통케 하시고, 교만한 자를 벌하시는 하나님

25장 왜 아마샤는 에돔에게 승리하고, 북이스라엘에게 패배했는가?

1-16 아마샤는 에돔과의 전쟁을 준비하기 위해 북이스라엘 용병을 고용합니다(6절). 하지만 북이스라엘과 함께 전쟁에 나가는 것은 하나님의 뜻이 아니었습니다. 그래서 하나님은 선지자를 보내셔서 경고하십니다. 아마샤는 하나님 말씀에 순종하고 결과적으로 에돔과의 전쟁에서 승리합니다. 문제는 승리한 다음입니다. 전쟁에서 승리한 아마샤는 곧바로 우상을 숭배합니다(14절). 기적 같은 승리로 마음이 교만해진 것입니다. **17-28** 성경은 교만한 사람은 멸망하고, 거만한 사람은 파멸된다고 말합니다(잠 16:18). 아마샤에게 꼭 들어맞는 말입니다. 아마샤는 교만하여 선지자의 말도, 요아스의 말도 듣지 않았습니다. 결국 무리하게 전쟁을 시작했다가 전쟁 포로가 되고 맙니다(23절).

26장 왜 웃시야는 나병 환자가 되는가?

1-15 하나님은 웃시야를 형통하게 하십니다. 웃시야가 하나님 보시기에 정직하게 행하고(4절), 스가랴 선지자의 말에 순종했기 때문입니다(5절). 하나님의 은혜로 연승을 거듭한 웃시야의 이름은 세상에 널리 알려지게 됩니다(8절). **16-23** 계속되는 승리로 교만해진 웃시야는 제사장 직무를 넘보기 시작합니다. 웃시야는 제사장만 할 수 있는 분향을 직접 하려고 합니다. 80명이나 되는 제사장들도 웃시야를 말리지 못합니다. 웃시야가 제사장의 말을 듣지 않자, 하나님이 개입하십니다. 하나님은 웃시야를 나병으로 징계하십니다. 이로써 웃시야는 왕의 권위를 박탈당하고, 죽을 때까지 별실에서 지내게 됩니다.

27장 왜 요담은 신앙적인 개혁을 이루지 못하는가?

1-9 요담은 하나님 보시기에 정직한 왕으로 소개됩니다(2절). 요담은 성전을 수리하고, 성벽을 증축하며, 암몬을 정복합니다. 제사장 직무를 넘보았던 아버지와 달리 하나님 뜻대로 행동하려고 노력합니다(6절). 하지만 요담은 신앙적인 개혁은 이루지 못합니다. 그가 성전을 가까이하지 않았기 때문입니다(2절). 요담은 아버지가 성전에서 벌을 받은 사건 때문에 성전에 대한 두려움을 가졌던 것 같습니다. 요담이 성전을 멀리하는 모습은 백성들에게 부정적인 영향을 끼쳤습니다(2절). 요담이 통치하던 시기에 백성들은 대체로 부패했습니다(2절).

히스기야의 종교 개혁

28장　왜 하나님은 포로 된 유다 백성들을 고향으로 돌려보내시는가?

1-15 아하스는 다윗의 길을 따르지 않습니다. 아하스는 바알을 숭배하고, 산당에서 제사를 드리며, 우상에게 자녀를 제물로 바칩니다. 하나님은 아하스의 죄를 철저하게 심판하십니다. 하나님은 아람 왕과 이스라엘 왕의 손으로 유다를 치십니다. 어떤 때는 하루에 십이만 명이 죽임을 당할 정도로 가혹하게 심판하십니다(6절). 하지만 하나님은 심판 중에도 자비를 베푸십니다. 하나님은 오뎃 선지자를 통해 포로로 사로잡힌 유다 백성들을 고향으로 돌려보내십니다(9절). 하나님이 심판하신 목적이 고치고 회복하시는 것이기 때문입니다. **16-27** 하나님은 에돔과 블레셋이 남유다를 공격하게 하십니다. 아하스가 회개하고 돌아오게 하시려는 하나님의 자비로운 손길입니다. 하지만 아하스는 더욱 하나님께 반역합니다. 아하스는 하나님이 아니라 앗수르 왕에게 도움을 요청합니다. 그러나 앗수르 왕은 아하스를 돕지 않습니다. 오히려 아하스를 궁지에 몰아넣습니다. 이것이 하나님보다 세상을 더 의지하는 자들의 최후입니다.

29장　왜 히스기야는 왕이 되자마자 성전을 개방하고 수리하는가?

1-36 히스기야는 아하스의 아들입니다. 아하스는 악한 왕의 대명사입니다. 하지만 히스기야는 아하스의 영향을 받지 않았습니다. 히스기야는 아버지의 행실을 따르지 않고, 다윗의 행실을 따랐습니다(2절). 히스기야는 왕이 되자마자 성전 문을 개방하고, 부서진 성전을 수리했습니다(3절). 그 이유는 성전이 하나님을 만나는 장소이기 때문입니다. 히스기야는 남유다가 어려움을 겪는 근본 원인이 하나님과의 관계 때문임을 알았습니다. 히스기야는 남유다가 이방 나라의 침략을 받는 근본 원인이 하나님을 예배하는 일을 그쳤기 때문임을 알았습니다. 그래서 히스기야는 성전을 회복하기 위해 노력합니다.

30장　왜 히스기야는 북이스라엘 백성들을 유월절 행사에 초대하는가?

1-12 히스기야는 유월절을 준비합니다. 유월절은 이스라엘이 반드시 지켜야 할 3대 절기 중 하나입니다. 하지만 백성들이 유월절 규례를 망각할 정도로(18절), 유월절은 오랫동안 중단되었습니다. 특이하게도 히스기야는 북이스라엘 백성들을 유월절 행사에 초대합니다. 당시 북이스라엘은 앗수르의 침략으로 멸망한 상태였습니다(7절). 히스기야가 북이스라엘 백성들을 유월절 행사에 초대한 이유는, 그들이 회복되는 길은 하나님과의 관계를 회복하는 것밖에 없다고 생각했기 때문입니다. **13-27** 온 이스라엘이 유월절을 준수합니다. 백성들이 유월절을 지키는 동안 예루살렘에는 기쁨이 넘칩니다(21절). 감격한 백성들은 유월절 행사를 칠 일 더 연장합니다(23절). 어디서 기쁨을 찾고 있습니까? 하나님을 예배하고, 하나님과의 관계를 회복할 때 진정한 기쁨을 누릴 수 있습니다.

히스기야와 므낫세의 통치

31장 왜 히스기야는 이스라엘 전역을 돌며 우상을 제거하는가?

1-21 히스기야는 유월절 행사를 성공적으로 마쳤습니다. 하지만 히스기야는 이것으로 종교 개혁이 완전히 끝났다고 생각하지 않았습니다. 성전 내부는 개혁되었지만, 성전 외부에는 여전히 우상의 잔재들이 남아 있었기 때문입니다. 여전히 백성들은 일상의 삶에서 우상들을 가까이하고 있었기 때문입니다. 그래서 히스기야는 이스라엘 전역을 다니며 우상의 흔적들을 제거합니다(1절). 이처럼 교회 개혁은 교회당 개혁으로 그쳐서는 안 됩니다. 하나님 나라는 교회당 안에만 있지 않고, 우리가 머무는 모든 곳에 실재합니다. 진정으로 교회를 개혁하기 위해서는 교회의 제도와 규칙을 개혁할 뿐만 아니라, 우리 개개인의 삶을 개혁해야 합니다. 주목할 것은 종교 개혁을 통해 물질을 사용하는 태도가 개혁되었다는 점입니다. 히스기야는 자신의 재산 중 일부를 번제물로 드립니다(3절). 백성들은 십일조를 하나님께 드립니다(4절). 이처럼 교회 개혁은 삶의 개혁으로 이어져야 하고, 삶의 개혁은 물질의 개혁으로 이어져야 합니다.

32장 왜 히스기야는 앗수르 군대를 두려워하지 말라고 말하는가?

1-19 열국을 잇달아 정복한 앗수르가 남유다를 공격합니다. 남유다에는 앗수르에 저항할 힘이 없습니다. 하지만 히스기야는 백성들에게 두려워하지 말며 놀라지 말라고 말합니다(7절). 남유다와 함께하시는 하나님이 열국을 정복한 앗수르 군대보다 크시기 때문입니다(7절). **20-33** 히스기야는 이사야 선지자와 함께 하나님께 기도합니다(20절). 그러자 하나님은 천사를 보내서 앗수르의 모든 큰 용사와 대장과 지휘관들을 멸하십니다(21절). 심지어 하나님을 비방했던 산헤립왕이 아들들에게 살해당하게 하십니다(21절). 하나님보다 큰 문제는 없습니다. 하나님은 합심하여 기도하는 자들에게 문제를 뚫고 나아갈 힘을 주십니다.

33장 왜 앗수르 군대가 남유다를 공격하는가?

1-25 히스기야의 아들 므낫세는 아버지가 헐어 버린 우상의 산당과 제단을 복구합니다(3절). 심지어 하나님의 성전에서 우상을 숭배합니다(4절). 그러자 앗수르 왕의 군대가 남유다를 공격합니다. 하나님께서 앗수르 군대를 므낫세를 징계하는 도구로 사용하셨기 때문입니다(11절). 므낫세는 큰 고난 앞에서 회개합니다. 므낫세는 겸손한 마음으로 하나님께 기도합니다. 그러자 하나님은 므낫세를 용서하시고, 므낫세의 지위를 회복하여 주십니다. 이 사건을 통해 다음과 같은 사실을 알 수 있습니다. 첫째, 하나님은 회개할 기회를 주십니다. 둘째, 하나님은 고난을 통해 회개하게 하십니다. 셋째, 하나님은 악한 사람이라도 진심으로 회개하면 용서하여 주십니다.

남유다의 멸망

34장 왜 요시야는 율법을 듣고 옷을 찢는가?

1-33 역대기 저자는 요시야의 통치를 상당히 자세하게 기록합니다. 요시야가 하나님 보시기에 정직하게 행하고, 다윗의 길을 걸었기 때문입니다(2절). 요시야는 16세에 하나님을 찾았고(3절), 20세에 유다와 예루살렘을 정결하게 했으며(3절), 26세에 성전을 정결하게 했습니다(8절). 요시야의 종교 개혁은 율법책을 발견하는 것으로 정점에 이릅니다. 아마 신실한 누군가가 므낫세와 같은 악한 왕으로부터 율법책을 보호하기 위해 성전에 숨겨 놓았을 것입니다. 아마도 이 책은 신명기일 가능성이 높습니다.[123] 요시야는 율법책의 말씀을 듣자 곧 자기 옷을 찢습니다(19절). 그 이유는 두 가지입니다(21절). 첫째, 율법책을 통해 하나님의 말씀에 불순종하고 있다는 것을 알았기 때문입니다. 둘째, 하나님의 말씀에 불순종하면 하나님의 저주가 임한다는 것을 알았기 때문입니다. 바로 이것이 날마다 말씀을 묵상해야 하는 이유입니다. 말씀을 붙들고 살 때, 죄에 민감하게 반응할 수 있고, 죄에서 돌이킬 수 있습니다.

35장 왜 지금은 유월절을 지키지 않는가?

1-19 요시야는 유월절을 지킨 왕으로 유명합니다. 유월절을 이처럼 성대하게 지킨 왕은 요시야밖에 없을 정도입니다(18절). 유월절은 이스라엘이 하나님 은혜로 애굽에서 해방된 것을 기념하는 의식입니다. 하나님은 유월절을 대대로 지키라고 명령하셨습니다(출 12:14). 하지만 지금은 유월절을 지키지 않습니다. 예수님의 십자가 사건을 통해 그 본래 의미가 성취되었기 때문입니다. 유월절 어린양은 예수님을 예표하고, 유월절 어린양의 죽음은 예수님의 십자가 죽음을 예표합니다. 유월절 양의 죽음으로 이스라엘 장자들이 구원을 얻은 것처럼(출 12장), 예수님의 죽음으로 모든 신자들이 구원을 얻습니다. **20-27** 애굽 왕이 바벨론을 치기 위해 갈그미스로 향합니다. 요시야는 이를 제지하기 위해 출정합니다. 사실 애굽과 바벨론의 전쟁은 하나님의 섭리였습니다(21절). 요시야는 하나님의 섭리를 이해하지 못하고 애굽과 싸우다가 결국 전사하게 됩니다. 하지만 요시야를 향한 하나님의 뜻은 그대로 이루어집니다. 요시야는 하나님의 재앙을 보지 않고 평안히 죽을 것이라는 말씀처럼(대하 34:28), 남유다의 멸망을 보지 않고 생을 마감합니다.

36장 왜 세 왕의 불신앙을 연속적으로 기록하는가?

1-10 남유다의 마지막 희망이었던 요시야가 사망한 후, 남유다는 점점 쇠약해져 결국 패망하게 됩니다. 요시야의 뒤를 이어 남유다를 통치했던 여호아하스, 여호야김, 여호야긴은 하나님 앞에서 악을 행하다가 결국 애굽과 바벨론의 포로가 됩니다. 성경이 이들의 불신앙을 연속적으로 기록한 것은, 남유다의 멸망이 죄에 대한 하나님의 심판임을 보여 주기 위한 것입니다. **11-23** 하나님은 남유다가 멸망하기 직전까지 계속해서 선지자들을 보내셨습니다(15절). 자기 백성이 회개하고 돌아오기를 간절히 원하셨기 때문입니다. 하지만 남유다 백성들은 하나님이 보내신 선지자들의 말을 듣지 않고, 오히려 선지자들을 비웃고 핍박했습니다(16절). 결국 남유다는 주전 586년에 멸망합니다. 하지만 그것으로 끝이 아닙니다. 하나님은 바벨론에서도 당신의 백성들을 보호하실 것입니다. 그리고 70년 후에 바벨론 포로기가 끝난다는 소망의 약속을 성취하실 것입니다(렘 25:12).

한눈에 보는 에스라, 느헤미야

핵심	에스라		느헤미야	
	성전 재건 (1–6장)	영적 재건 (7–10장)	성벽 재건 (1–7장)	영적 재건 (8–13장)
사건	1차 귀환 성전 건축	2차 귀환 영적 각성	성벽 재건 준비 성벽 재건	언약 갱신 언약 순종
주제	하나님께서 당신의 계획을 이루신다		하나님께서 당신의 백성을 보호하신다	
장소	바사(페르시아), 예루살렘			
기간	주전 538–516년	주전 458–457년	주전 444–425년	

저자: 에스라와 느헤미야

두 권을 함께 설명하는 이유는 원래 한 권의 책이었기 때문이다.[124] 적어도 교부 시대까지는 한 권으로 되어 있었다. 주제도 동일하다. 둘 다 포로 시대 이후의 회복을 말한다. 에스라서가 서론이라면, 느헤미야서는 결론이다. 에스라는 에스라서에서, 느헤미야는 느헤미야서에서, 각각 일인칭으로 말한다. 두 성경의 저자는 에스라와 느헤미야일 가능성이 매우 높다. 어떤 학자는 역대기, 에스라, 느헤미야, 이 세 권 모두 동일한 저자가 기록한 것이라고 주장하기도 한다. 세 권 모두 동일한 주제와 관점을 가지고 있기 때문에 그렇게 볼 가능성도 충분하다. 그렇다면 한 저자가 에스라와 느헤미야가 남긴 기록을 참고하여 서술하였을 것이다.

기록 목적

역대기가 바벨론에 끌려가는 것으로 마무리되었다면, 에스라서는 바벨론에서 돌아오는 것으로 시작된다. 돌아온 자들의 과제는 크게 두 가지였다. 첫째, 가나안에 새롭게 정착한 이방인들과의 주도권 싸움이다. 바벨론은 유대인들을 포로로 잡아 가면서 그곳에 이방인들을 이주시켰다. 포로기 70년 동안 이들은 가나안 땅의 새로운 맹주가 되었다. 주로 사마리아인으로 불리는 이 이방인들은 유대인들이 다시 주도권을 회복하는 것을 원하지 않았다. 둘째, 이방 민족과의 혼인 문제였다. 이제 가나안은 사마리아인을 포함한 여러 이방인들이 함께 거주하는 땅이 되었다. 이것은 유대인들이 이방인과 혼인할 가능성뿐만 아니라 이방인 배우자의 종교를 따라 우상 숭배에 빠질 가능성이 매우 높아졌다는 사실을 의미했다. 에스라서와 느헤미야서의 저자는, 바로 이 두 가지 문제로부터 이스라엘을 지키고 보호해야 했다. 바로 그것이 에스라서와 느헤미야서가 기록된 목적이다.

통독 길잡이

바벨론에서 돌아온 유대인들은 수많은 어려움과 방해를 이겨 내고 결국 두 번째 성전을 완공한다. 느헤미야도 마찬가지였다. 그 역시 자신의 생명을 담보로 예루살렘 성벽을 재건한다. 그런 점에서 에스라서와 느헤미야서는 비전과 사명의 성경이다. 하지만 두 성경이 성공에 대해서만 기록한 것은 아니다. 찬란한 승리 뒤에, 이방인과의 통혼이라는 어두운 현실이 숨어 있었다.

이스라엘의 새로운 시작

1장 왜 이사야 선지자는 고레스를 '하나님의 목자'라고 불렀는가?

1-11 하나님은 예레미야를 통해 바벨론 포로기가 70년일 것이라고 말씀하셨습니다(렘 25:11). 마침내 약속하신 70년이 지났습니다. 하나님은 예레미야의 입을 통하여 하신 말씀을 이루시려고 바사 왕 고레스의 마음을 움직이십니다(1절). 하나님께 감동된 고레스는 유대인들이 예루살렘으로 돌아가 성전을 재건할 수 있도록 조서를 공포합니다(1절). 이것을 '고레스 칙령'이라고 합니다. 고레스는 페르시아 제국의 창시자입니다. 이사야 선지자는 오래전에 그의 출현을 예언했습니다. 심지어 이사야 선지자는 고레스를 '하나님의 목자'이자 '기름 부음 받은 자'로 불렀습니다(사 44:28, 45:1). 고레스가 바벨론을 정복한 후, 바벨론에 사로잡힌 민족들이 고향으로 돌아가는 것을 허용했기 때문입니다. 하나님은 페르시아 백성들의 마음도 움직이십니다(6절). 하나님께 감동된 페르시아 백성들은 성전을 건축하기 위해 떠나는 유대인들을 값진 물건으로 후원합니다. 이처럼 하나님은 사람의 마음을 움직이시는 분입니다. 하나님은 당신의 뜻을 이루기 위해 세상 사람들과 세상 왕들도 사용하십니다.

2장 왜 느디님 사람들은 바벨론에서 가나안으로 돌아오는가?

1-70 바벨론에서 돌아온 자들의 명단이 소개됩니다. 그런데 돌아온 사람들의 수가 너무 적습니다. 온 회중의 합계가 거의 사만이천삼백육십 명밖에 되지 않습니다(64절). 출애굽한 이스라엘 민족의 수가 약 200만 명 정도였던 것을 생각해 보면, 정말 극소수의 사람들만 돌아온 것입니다. 이것은 그 당시 현실적인 판단을 한 사람들이 많았기 때문입니다.[125] 유대인들이 바벨론에 거주한 지 70년이 지났습니다. 이제 바벨론은 제2의 고향이나 다름 없었습니다. 그에 반해 가나안은 70년간 버려진 땅이었습니다. 바벨론에 계속 머무르는 것은 지극히 현실적인 선택이었습니다. 이런 배경 속에서 매우 특이한 집단이 소개됩니다. '느디님 사람들'(temple servants)입니다(43절). '느디님'은 히브리어로 '성전의 종'이라는 뜻입니다. 아마도 이 사람들은 여호수아가 성전의 종으로 임명한 기브온 민족일 것입니다(수 9:27).[126] 이들은 정통 유대인이 아니기에, 역사적으로 많은 차별과 억압을 받았습니다. 그럼에도 불구하고 이들이 다시 가나안으로 돌아온 이유는 무엇일까요? 성전의 종으로 살더라도, 하나님의 보호를 받으며 사는 것이 더 복된 삶이라는 믿음이 그들에게 있었기 때문입니다.

3장 왜 성전의 기초가 놓일 때, 나이 많은 족장들은 통곡하는가?

1-13 드디어 성전 공사를 시작합니다. 솔로몬 성전에 이은 두 번째 성전입니다. 대부분의 사람들은 크게 기뻐하지만, 슬피 우는 사람들도 있습니다(12절). 솔로몬 성전의 규모와 영광을 보았던 자들입니다. 솔로몬이 지은 첫 번째 성전에 비하면, 지금 짓기 시작한 두 번째 성전의 규모가 너무 초라하여 울분을 감출 수 없었던 것입니다. 하지만 하나님은 두 번째 성전에도, 첫 번째 성전과 동일한 영광을 나타내 주시겠다고 약속하셨습니다(학 1:8). 하나님께는 건물의 규모와 크기가 중요하지 않기 때문입니다. 중요한 것은 하나님을 향한 진실된 마음입니다. 우리의 신앙이 형식적이어선 안 되는 이유가 바로 여기에 있습니다. 습관적이고 기계적인 신앙생활은 하나님을 기쁘시게 할 수 없습니다.

성전이 재건되다

4장　왜 이스라엘의 지도자들은 이방인들의 도움을 거절하는가?

1-24 4장 1절에 등장하는 "유다와 베냐민의 대적"은 '사마리아 사람'입니다. '사마리아 사람'은 앗수르 제국에 의해 가나안으로 이주한 이방인입니다(왕하 17:24). 이들은 하나님과 우상을 함께 숭배하는 종교 혼합주의자입니다(왕하 17:33). 이스라엘의 지도자들이 성전 건축을 함께하게 해 달라는 사마리아인들의 요청을 거절한 이유가 바로 여기에 있습니다. 언제나 이스라엘의 위기는 종교적 순수성을 잃어버린 데서 시작되었기 때문입니다. 그러자 사마리아인들은 관리들에게 뇌물을 주어 성전 건축을 방해합니다(5절). 심지어 예루살렘 재건을 막는 것이 국가적인 이익이라는 내용의 편지를 페르시아 왕들에게 보내기도 합니다(6-7절).

5장　왜 유대인들은 성전 공사가 중단된 것을 심각하게 생각하지 않는가?

1-17 4장 1절과 5장 1절 사이에는 16년의 시간 간격이 있습니다. 이방인들의 방해로 성전 공사는 16년 동안 중단되었습니다. 하지만 유대인들은 성전 공사가 중단된 것을 심각하게 생각하지 않았습니다. 하나님의 성전을 짓는 일보다 자기 집을 짓는 일을 더 중요하게 생각했기 때문입니다(학 1:9-10). 그러나 하나님의 관심은 성전에 있었습니다. 그래서 하나님은 학개와 스가랴 선지자를 통해 백성들을 책망하십니다(1절). 선지자들의 말씀 사역을 통해 힘을 얻은 유대인들은 다시 성전 공사를 시작합니다. 유대인들이 성전 공사를 시작하자, 하나님도 역사하시기 시작합니다. 하나님은 페르시아의 관리들이 고레스 칙령을 발견하도록 인도하시고, 성전 재건을 방해하면 사형에 처한다는 칙령이 공포되게 하십니다. 세상 권세도 하나님의 통치 안에 있음을 보여 주는 중요한 사례입니다. 지금도 사탄은 하나님 나라를 대적합니다. 하나님께 순종하는 자들을 교묘하게 방해합니다. 하지만 결국에는 하나님의 뜻이 이루어질 것입니다. 포기하지 않고 끝까지 싸우면 결국 승리할 것입니다.

6장　왜 하나님은 다리오왕 제6년에 성전이 완공되게 하셨는가?

1-22 사마리아인들의 방해는 실패로 돌아갑니다. 하나님은 대적들의 방해가 오히려 성전 재건에 도움이 되도록 역사하십니다. 하나님께 감동된 다리오왕은 성전 공사를 신속하게 진행할 것을 명령합니다. 심지어 성전 재건에 필요한 모든 경비를 제공합니다. 바로 이것이 끝까지 하나님을 의지하는 자들에게 일어나는 일입니다. 사탄은 하나님의 백성들을 방해합니다. 하지만 하나님은 방해의 손길을 도움의 손길로 바꾸십니다. 결국 성전은 다리오왕 제6년, 즉 주전 516년에 완공됩니다(15절). 이 날짜는 중요합니다. 주전 586년에 솔로몬 성전이 파괴된 이후, 정확하게 칠십 년 만에 성전이 재건되었음을 알려 주기 때문입니다. 이것은 예레미야의 예언이 실현되었음을 보여 줍니다. 예레미야는 유대인들이 칠십 년간 포로 생활을 할 것이라고 예언하였습니다(렘 25:11).

131

예루살렘의 영적 재건

7장 왜 에스라는 예루살렘으로 떠나는가?

1-28 6장과 7장 사이에는 약 60년의 시간 간격이 있습니다. 두 번째 성전이 재건된 것은 주전 516년이며, 에스라가 예루살렘으로 떠난 것은 주전 458년입니다.[127] 에스라가 예루살렘으로 향한 이유는 예루살렘의 영적 타락 때문입니다. 성전이 재건되고 60년의 시간이 지나는 동안, 유대인들의 영적 상태는 심각하게 변질되었습니다. 당시 유대인들은 이방인과 혼인했는데(스 9:2), 이것은 유대인들이 하나님의 율법과 상관없이 살고 있었다는 증거입니다. 에스라가 모세의 율법에 익숙한 학자였다는 점에서(6절), 에스라는 예루살렘의 회복에 꼭 필요한 사람이었습니다. 하나님은 당신의 백성을 잊지 않으시고, 그들에게 꼭 필요한 일꾼을 준비하고 계셨습니다.

8장 왜 에스라는 레위인을 모으는가?

1-36 고레스왕은 주전 538년에 유대인들의 귀환을 명령했습니다. 그리하여 주전 536년에 제1차 예루살렘 귀환이 이루어졌습니다. 60년이 지난 지금, 아닥사스다왕은 제2차 예루살렘 귀환을 명령합니다. 스룹바벨이 이끌었던 제1차 귀환자들의 수는 4만에서 5만으로 추정되며, 에스라가 주축이 된 제2차 귀환자들의 수는 4천에서 5천으로 추정됩니다.[128] 대략 십분의 일 규모입니다. 하지만 제2차 귀환의 의미는 규모보다 구성원에 있습니다. 에스라는 레위인들을 찾기 위해 고군분투합니다(15절). 에스라가 예루살렘으로 돌아가는 이유가 유대인들의 영적 회복이었기 때문입니다. 따라서 성전에서 봉사할 제사장과 레위인이 절실하게 필요했습니다.

9장 왜 지체의 범죄와 타락을 우리의 범죄와 타락으로 여겨야 하는가?

1-15 오래전 이스라엘이 범죄했을 때, 하나님은 그들을 심판하셨습니다. 하나님은 이스라엘이 이방 나라의 포로가 되게 하셨습니다. 하지만 하나님은 이스라엘을 그대로 버려 두지 않으셨습니다. 놀라운 은혜를 베푸셔서 다시 예루살렘으로 돌아오게 하셨습니다. 하지만 돌아온 유대인들은 하나님의 말씀과 상관없는 삶을 살았습니다. 이방인과 결혼하고, 우상을 숭배했습니다. 심지어 지도자들이 앞장서서 범죄했습니다(2절). 에스라는 그러한 죄와 상관없는 사람입니다. 하지만 에스라는 타락한 유대인들과 자신을 동일시하며 하나님께 기도합니다. 자신을 포함한 이스라엘 전체가 하나님께 죄를 지었다고 고백합니다(6절). 우리도 마찬가지입니다. 지체의 범죄와 타락은 곧 우리의 범죄와 타락입니다. 교회는 한 가족이며, 한 몸이기 때문입니다(고전 10:17).

10장 왜 에스라는 가혹한 징벌을 내리는가?

1-44 에스라는 이방 여인을 추방하라고 말합니다(5절). 따르지 않는 자들은 재산을 몰수하겠다고 경고합니다(8절). 이것은 대단히 가혹한 징벌로 보입니다. 하지만 더 중요한 것은 '하나님의 뜻'입니다. 율법은 이방 여인과의 혼인을 엄격히 금하고 있습니다. 만약 계속해서 죄를 짓는다면, 더 가혹한 징벌이 하늘로부터 임할 것입니다. 에스라의 개인적인 회개는 예루살렘 전체의 회개로 이어집니다. 그 결과 예루살렘 공동체는 영적으로 한 걸음 진보합니다. 에스라가 예루살렘으로 떠나며 품었던 꿈이 마침내 이뤄진 것입니다.

일어나 성벽을 건축하라(1)

1장　왜 느헤미야는 예루살렘 소식을 듣자마자 눈물로 회개하는가?

1-11 에스라가 예루살렘으로 돌아가 신앙 부흥을 일으킨 때로부터 13년이 지났습니다. 페르시아 고위 관료였던 느헤미야는 형제들의 입을 통해 예루살렘 소식을 듣게 됩니다. 예루살렘은 파괴되었고, 백성들은 피폐한 삶을 살고 있었습니다. 가나안에 거주하고 있던 이방인들의 방해와 핍박 때문일 것입니다.[129] 이때 느헤미야가 보인 태도는 여러모로 귀감이 됩니다. 첫째, 느헤미야는 상황의 심각성을 인지하자마자 즉각 하나님께 기도합니다. 페르시아 고위 관료라는 자신의 권력을 의지하기보다 하나님의 도움을 구합니다. 둘째, 느헤미야는 눈물로 회개합니다. 모든 문제의 근원이 자신과 이스라엘의 죄에 있다는 사실을 알았기 때문입니다. 셋째, 느헤미야는 '언약'에 근거하여 기도합니다. 1장 9절에 기록된 기도는 신명기 언약의 일부입니다(신 30:4). 느헤미야는 말씀에 근거한 기도가 바른 기도라는 사실을 알았습니다(잠 28:9).

2장　왜 느헤미야는 대적들의 방해에도 포기하지 않는가?

1-20 왕으로부터 "어찌하여 얼굴에 수심이 있느냐?"(2절)라는 질문을 받은 느헤미야는 크게 두려워합니다. 당시 왕 앞에서 근심 어린 얼굴을 하는 것은, 반역을 꾀한다는 증거로 여겨졌기 때문입니다. 동시에 느헤미야는 왕의 질문을 하나님의 신호로 받아들입니다(4절). 그는 즉각 자신이 마음에 품고 있던 것들을 왕에게 이야기합니다. 그러자 왕은 필요한 것을 말하라는 호의를 베풉니다. 이때 느헤미야는 두 가지 행동을 취합니다. 내적으로는 하나님께 기도하고, 외적으로는 자신의 계획을 구체적으로 설명합니다. 이런 즉각적인 반응은 느헤미야가 예루살렘 문제를 두고 계속해서 기도해 왔다는 것과 문제 해결을 위한 구체적인 방안을 고민해 왔다는 증거입니다. 본문에서 느헤미야는 대적들에게 포위된 사람으로 묘사됩니다. 북쪽으로는 산발랏, 동쪽으로는 도비야, 남쪽으로는 게셈이 그를 반대합니다. 하지만 느헤미야는 포기하지 않습니다. '하나님의 선한 손'을 신뢰했기 때문입니다(8, 18절). 하나님의 영광을 위해 살아가는 사람은 결코 혼자가 아닙니다.

3장　왜 느헤미야의 계획이 이루어질 수 있었는가?

1-32 성벽을 건설하려는 느헤미야의 계획은 결국 이루어집니다. 본문에서 느헤미야의 계획이 성공할 수 있었던 이유를 발견할 수 있습니다. 첫째, 지도자들이 앞장서서 일했습니다(1, 12절). 엘리아십과 할로헤스는 큰 권력을 가진 사람이기에, 종들에게 일을 시킬 수 있었습니다. 하지만 그들은 솔선수범해서 공사에 동참합니다. 둘째, 뜻밖의 도움이 있었습니다. 예상치 못하게 예루살렘 밖에 사는 사람들도 공사에 동참했습니다(7절). 하나님이 그들의 마음을 움직이신 결과입니다. 셋째, 여러 배경을 가진 사람들이 한마음이 되었습니다. 3장에 기록된 사람들은 저마다 다른 배경을 가지고 있습니다. 그럼에도 불구하고 한마음으로 공사에 참여했습니다. 넷째, 이것이 핵심적인 이유입니다. 수많은 보통 사람들의 헌신 때문입니다. 성벽 공사에 참여한 대다수의 사람들은 평범한 사람들입니다. 결과적으로 성벽 공사가 성공한 것은, 평범한 보통 사람들의 희생이 있었기 때문입니다.

133

일어나 성벽을 건축하라(2)

4장   왜 느헤미야는 대적들을 저주하는가?

1-23 3장만 보면 성벽 재건 공사가 차질 없이 진행된 것 같습니다. 실제로는 조직적인 방해가 있었습니다(2-3절). 이때 느헤미야는 하나님께 기도했습니다(4-5절). 이 기도는 종종 오해를 일으킵니다. 원수를 사랑하라는 예수님의 가르침과 상반되는 것처럼 보이기 때문입니다. 이 기

도의 핵심은 보복이 아니라 하나님의 영광입니다.[130] 느헤미야가 대적들을 저주하는 이유는, 그들이 하나님의 계획과 목적을 방해하기 때문입니다. 느헤미야가 원수들을 저주할지라도, 근본적으로는 하나님의 영광을 구하는 것이기에 느헤미야의 기도는 정당합니다.

5장   왜 느헤미야는 지도자들에게 이자를 포기하라고 말할 수 있었는가?

1-19 느헤미야는 분노합니다(6절). 공동체가 어려움을 겪는 상황 속에서 개인적인 이익을 취하는 사람들이 있었기 때문입니다. 심지어 그들은 백성들의 지도자였습니다(7절). 느헤미야는 몹시 화가 났지만, 성급하게 행동하지 않습니다. 그는 깊이 생각한 후에(7절), 다음과 같

이 문제를 해결합니다. 느헤미야는 지도자들에게 백성들에게 받을 원금과 이익을 포기하라고 말합니다(10절). 이것은 느헤미야가 총리라는 위치를 이익의 수단으로 삼지 않는 솔선수범을 보였기에 가능한 일이었습니다(15절).

6장   왜 대적들은 성벽이 완성되자 크게 놀라는가?

1-14 대적들은 모든 방해 공작이 실패한 상황에서 최후의 수단을 시도합니다. 느헤미야를 제거하는 것입니다. 대적들의 계획이 성공한다면 성벽 재건 사업은 수포가 될 것입니다. 하지만 느헤미야의 신중한 반응으로 대적들의 공작은 실패로 돌아갑니다. **15-19** 마침내 성벽 공사가 끝납니다(15절). 백성들이 52일 동안 성벽 공사에 전념한 결과입니다. 이 소식을 들은 대적들은 크게 놀랍

니다(16절). 하나님의 도움 없이는 불가능한 일이기 때문입니다(16절). 하지만 대적들은 포기하지 않습니다. 그들은 계속해서 협박 편지를 보내고(17절), 유다의 귀족들을 회유합니다. 악인들의 음모는 쉽게 끝나지 않습니다. 사탄의 역사는 마지막 날까지 계속될 것입니다. 우리 역시 늘 깨어 있어야 합니다.

7장   왜 성전 지도자를 가장 먼저 세우는가?

1-73 예루살렘성을 재건한 느헤미야는 예루살렘을 다스릴 지도자들을 세웁니다. 가장 먼저 성전 지도자를 세우는데(1절), 이는 느헤미야가 예루살렘성을 재건한 목적이 예배를 회복하는 데 있었음을 보여 줍니다. 느헤미야는 이어서 하나니를 예루살렘의 통치자로 세웁니다(2절). 하나니가 느헤미야의 동생이어서가 아니라, 그가 하나님을 경외하는 사람이기 때문입니다(2절). 지도자 선

출을 마무리한 느헤미야는 인구 조사를 실시합니다(5절). 백성들의 정확한 수를 파악해야만, 각 사람이 할 일을 정할 수 있기 때문입니다. 주목할 것은 느헤미야가 인구 조사를 실시한 이유입니다. 성경은 그 이유를 하나님이 느헤미야의 마음을 감동하셨기 때문이라고 말합니다(5절). 느헤미야가 처음부터 끝까지 하나님의 뜻대로 행동하기 위해 노력했음을 알 수 있습니다.

일어나 성벽을 건축하라(3)

8장 왜 유대인들은 회개하고 기뻐할 수 있었는가?

1-18 유대인들은 에스라를 통해 하나님 말씀을 듣습니다(2절). 말씀을 들은 유대인들은 자신들이 하나님의 뜻대로 살지 않았음을 깨닫습니다(9절). 하나님 뜻을 깨달은 유대인들은 즉시 회개하고, 회개한 유대인들은 기쁨을 누립니다(12절). 유대인들은 입으로만 회개하지 않습니다. 지금이 초막절을 지켜야 하는 시기임을 깨닫고 즉시 실행에 옮깁니다(14절). 이것은 이스라엘 역사상 전무후무한 일입니다(17절). 이전에도 초막절을 지킨 적이 있었지만, 거국적으로 지킨 경우는 처음이기 때문입니다. 주목할 것은 이 모든 일이 에스라의 말씀 낭독에서 시작되었다는 점입니다. 참으로 하나님의 말씀은 "교훈과 책망과 바르게 함과 의로 교육하기에 유익"합니다(딤후 3:16).

9장 왜 다윗은 큰 고통을 겪었는가?

1-38 언제나 참된 부흥은 참된 회개로부터 시작됩니다. 본문의 유대인들도 마찬가지입니다. 에스라와 느헤미야의 부흥 운동은, 백성들이 자신들의 죄를 자백하는 것을 통해 절정에 이릅니다. 우리에겐 어떻게든 죄를 감추려는 본성이 있습니다. 죄를 자백하는 것은 자신을 비참하게 만들 것이라고 생각합니다. 사실은 반대입니다. 죄를 숨기고, 감추는 것만큼 어리석은 일은 없습니다. 다윗은 이렇게 고백했습니다. "내가 입을 열지 아니할 때에 종일 신음하므로 내 뼈가 쇠하였도다"(시 32:3). 죄의 영향력에서 해방되는 유일한 방법은 예수 그리스도를 의지하여, 하나님께 우리의 죄를 자백하는 것입니다. 다른 방법은 없습니다.

10장 왜 유대인들의 회개는 참된 회개인가?

1-39 유대인들은 하나님의 말씀대로 살겠다고 다짐하면서 도장을 찍습니다(1절). 하나님께 순종하겠다는 언약을 체결한 것입니다. 서약자들 가운데 느헤미야의 이름이 가장 먼저 등장합니다(1절). 항상 모범이 되기 위해 노력했던 느헤미야는 이번에도 가장 먼저 서약식에 참여합니다. 서약의 내용 가운데 중요한 것들은 다음과 같습니다. 첫째, 이방 사람과 절교하고 하나님의 율법을 준행하는 것입니다(28절). 둘째, 불신자와 혼인하지 않는 것입니다(30절). 셋째, 안식일을 거룩하게 지키는 것입니다(31절). 넷째, 물질을 거룩하게 사용하는 것입니다(32-39절). 우리는 여기서 유대인들의 회개가 참된 회개임을 알 수 있습니다. 유대인들이 죄를 자백할 뿐만 아니라 죄에서 돌이키기 위해 노력하기 때문입니다. 이전의 삶을 반복하는 것은 참된 회개가 아닙니다. 참된 회개는 죄에서 돌아서서 하나님께로 나아가는 것입니다. 참된 회개는 죄를 짓는 삶에서 선을 행하는 삶으로 돌이키는 것입니다.

135

일어나 성벽을 건축하라③

11장 왜 느헤미야는 사람들이 예루살렘에 거하도록 하는가?

1-36 백성들은 예루살렘에 사는 것을 선호하지 않았습니다. 예루살렘은 높은 곳에 있기에 대적으로부터 도시를 방어하기엔 좋았지만, 목축과 농사에는 부적합했기 때문입니다. 하지만 성전이 제 기능을 하기 위해서는 예루살렘이 회복되어야 했고, 예루살렘이 회복되기 위해서는 그곳에 사람이 살아야 했습니다. 그래서 느헤미야는 제비를 뽑으면서까지 예루살렘에 사람이 거하도록 합니다. 그런 점에서 11장에 기록된 예루살렘 이주민들의 명단은 성전을 위해 헌신한 자들의 명단이자, 하나님을 예배하기 위해 자신을 희생한 자들의 명단입니다. 이들의 이름이 성경에 기록되었다는 것은, 하나님이 이런 사람들을 얼마나 귀하게 여기시는지를 보여 줍니다.

12장 왜 갑자기 제사장과 레위인들의 명단을 소개하는가?

1-47 바벨론에서 돌아온 자들 가운데, 제사장과 레위인의 명단이 소개됩니다. 첫 번째 총독인 스룹바벨부터 현 총독 느헤미야에 이르기까지 성전에서 봉사한 자들의 명단입니다. 이들의 명단이 소개되는 이유는 다음과 같습니다. 바벨론을 떠나 예루살렘에 정착하는 것은 쉬운 일이 아니었습니다. 바벨론에는 안정된 삶의 터전이 있었지만, 예루살렘은 70년간 버려진 황폐한 땅이었기 때문입니다. 에스라서와 느헤미야서가 보여 주듯이, 성전과 성벽을 재건하는 것은 목숨을 걸어야 하는 일이었고, 자신의 인생을 온전히 바쳐야 하는 일이었습니다. 하지만 그토록 어려운 환경에서도 제사장과 레위인들은 예루살렘 회복을 위해, 그리고 예배 회복을 위해 최선을 다했습니다. 느헤미야는 제사장과 레위인의 명단을 기록함으로써, 그들의 헌신과 희생에 감사를 표하고 있습니다.

13장 왜 레위인들은 성전을 떠났는가?

1-31 느헤미야가 바벨론을 방문하기 위해 잠시 자리를 비운 사이 심각한 문제가 발생합니다. 첫째, 성전의 타락입니다(4절). 제사장 엘리아십은 암몬 사람 도비야를 위해 성전에 방을 마련합니다(5절). 이방 사람을 위해 거룩한 성전에 자리를 마련한 것도 문제지만, 그 장소가 레위인들의 생계에 필요한 십일조를 저장하는 창고였다는 것이 더 심각한 문제입니다. 레위인들의 생계를 책임지기 위한 노력이 전혀 이루어지지 않았다는 증거이기 때문입니다. 실제로 레위인과 찬양대는 성전을 떠났습니다(10절). 둘째, 안식일의 타락입니다. 백성들은 안식일에 노동과 상거래를 행했습니다. 특히 지도자들이 주도적으로 안식일을 범했습니다(17절). 셋째, 이방인과의 혼인입니다. 본문은 이방인과의 혼인으로 태어난 자들이 유다 방언을 전혀 하지 못했다고 말합니다(24절). 이것은 그들에게 신앙이 없었다는 증거입니다. 결과적으로 느헤미야의 혼신을 다한 노력에도 불구하고 예루살렘의 영적 상태는 다시 추락하고 말았습니다. 이처럼 사탄은 공격을 포기하지 않았습니다. 사탄은 계속해서 빈틈을 노립니다. 그래서 우리는 한순간도 경계심을 풀지 말아야 합니다. 우리 삶에 죄가 침투한다면, 미루지 말고 즉시 제거해야 합니다.

한눈에 보는 에스더

핵심	유대인의 위기 (1–4장)	유대인의 승리 (5–10장)
사건	황후가 된 에스더, 하만의 음모	모르드개의 승리, 유대인의 승리
주제	하나님께서 모든 것을 주관하신다	
장소	페르시아	
기간	주전 483–473년	

저자: 미상

다른 많은 구약 성경처럼 에스더서의 저자도 베일에 감춰져 있다. 페르시아의 문화에 익숙하다는 점과 강력한 유대 민족주의를 가지고 있다는 점에서, 페르시아에 살았던 유대인으로 추정된다. 모르드개일 가능성도 있다.

기록 목적

에스더서는 명백히 부림절의 기원을 설명하기 위해, 그리고 유대인들이 부림절을 준수하도록 촉구하기 위해 기록되었다. 오늘날 부림절은 유대인들이 가장 사랑하는 절기다. 유대인들은 부림절이 되면 선물을 주고받으며, 가난한 사람들에게 음식을 나눠 주고, 가장행렬을 한다. 부림절이 중요한 절기가 된 이유는, 유대인들이 온갖 박해에도 불구하고 수천 년간 생존해 온 것을 기념하는 의미가 투영되었기 때문이다.

통독 길잡이

종교 개혁자 루터는 에스더서를 좋아하지 않았다고 한다. 지나치게 유대 민족주의적이고, 그리스도의 복음이 담겨 있지 않다는 이유에서다. 이것은 과장이 아니다. 그럼에도 불구하고 에스더서가 정경에 포함된 중요한 이유가 있다. 첫째, 에스더서는 하나님의 섭리를 잘 보여준다. 우연히 일어나는 것처럼 보이는 사건들이 결국에는 유대인들에게 유익한 결과를, 반대로 대적들에게는 비참한 결과를 가져온다. 하나님께서 보이지 않는 곳에서 섭리하신다는 중요한 증거다. 둘째, 에스더서는 섭리에 반응하는 인간의 자세를 잘 보여준다. 저자는 모든 일이 하나님의 은혜라고 말하지만, 그에 못지않게 에스더와 모르드개가 보여준 용기도 강조한다. 하나님께서 인간의 책임 있는 행동을 섭리의 도구로 사용하심을 알 수 있다. 셋째, 에스더서는 복음에 대해 침묵하는 성경이 아니다. 만약 하만의 계략이 성공했다면, 유대인들은 전멸했을 것이고, 그리스도를 통해 우리를 구원하시려는 하나님의 계획도 수포로 돌아갔을 것이다. 그런 점에서 에스더서 역시 다른 구약 성경처럼 오실 그리스도를 희미하게 보여 주는 성경이다.

1차 포로 귀환	에스더서의 사건	2차 포로 귀환	3차 포로 귀환
주전 538년	주전 478년	주전 458년	주전 444년
총리 스룹바벨과 대제사장 여호수아가 예루살렘으로 돌아와 성전을 재건함	유대인을 멸하려는 하만의 계략을 여호와께서 멸하심	성전이 재건된 지 78년 후, 에스라가 예루살렘으로 돌아와 신앙을 재건함	에스라가 귀환한 지 14년 후, 느헤미야가 예루살렘으로 돌아와 성벽을 재건함

136

하나님께서 다스리신다

1장   왜 에스더가 왕후로 세워지게 되는가?

1-22 아하수에로왕은 크세르크세스라는 헬라어 이름으로 더 알려져 있습니다. 그는 주전 480년경 그리스를 침공함으로써 유명 인물이 되었습니다. 역사적 기록에 따르면 아하수에로왕은 그리스를 침공하기 3년 전에 큰 잔치를 베풀어 지휘관들에게 그리스 침공에 대한 동의를 구했다고 합니다. 아마도 본문의 잔치는 그런 배경에서 시행되었을 것입니다. 아하수에로왕이 즉위한 수산 궁은 페르시아의 수도 가운데 하나입니다. 본문의 흥겨운 분위기는 왕후 와스디가 왕의 명령을 거절하는 순간 급변합니다. 이 사건은 에스더가 새 왕후로 등극하는 계기가 됩니다. 다시 말해 아하수에로왕이 와스디를 부른 것, 와스디가 왕명을 거절한 것, 므무간이 새 왕후를 뽑을 것을 요청한 것, 이 모든 일이 하나님의 섭리였습니다. 페르시아 황제가 온 천하를 다스리는 것처럼 보였을지라도, 그 역시 하나님의 피조물에 지나지 않았습니다.

2장   왜 하나님은 모르드개가 정당한 보상을 받지 못하게 하시는가?

1-23 하나님은 아하수에로왕이 와스디를 폐위한 일을 후회하도록 섭리하십니다(1절). 이로 말미암아 에스더는 왕후가 될 기회를 얻습니다. 하나님은 왕의 관리가 에스더에게 호감을 갖도록 섭리하십니다. 이것은 에스더가 왕후가 되는 데 큰 도움이 됩니다. 하나님은 모르드개가 왕의 목숨을 구하고도 정당한 보상을 받지 못하도록 섭리하십니다. 이것은 하만이 몰락하는 계기가 됩니다. 하나님의 섭리는 눈에 보이지 않습니다. 하지만 그것이야말로 역사를 움직이는 동력입니다.

3장   왜 하만의 계략은 구속사를 뒤흔드는 공격인가?

1-15 하만이 등장합니다. 그의 정체성은 '아각 사람'이라는 표현에 잘 나타납니다. 그는 대대로 이스라엘의 대적이었던 아말렉 왕 아각의 후손입니다. 하나님은 사울에게 아말렉 족속을 멸하라는 명령을 내리신 적이 있습니다(삼상 15:3). 사울이 그 명령에 순종하지 않았기에, 하나님이 명하신 싸움은 지금껏 끝나지 않은 상태로 남아 있었습니다. 이제 모르드개와 에스더 최후의 전사로 등장합니다. 모르드개가 하만에게 절하지 않은 이유는 분명하지 않습니다. 페르시아에서 자신보다 높은 지위에 있는 사람에게 절하는 것은 왕실 예절에 속했습니다. 유대인들도 이런 경우를 제1계명을 어기는 것으로 여기지 않았습니다(삼상 25:23).[131] 어쨌든 모르드개의 행동은 심각한 결과를 초래합니다. 하만은 온 유대인을 멸절하기 위한 계략을 세웁니다. 하만은 음모를 감추고, 거짓말과 뇌물로 왕을 속입니다(9절). 하만에게 속은 아하수에로왕은 온 유대인이 전멸될 수 있는 조서에 서명합니다(12절). 이것은 구속사를 뒤흔드는 공격입니다. 만약 하만의 음모가 성공한다면, 예루살렘의 유대인들도 멸절될 것입니다. 그러면 예수님의 성육신도 이루어질 수 없습니다.

하나님이 섭리하신다

4장   왜 모르드개는 담대하게 행동하는가?

1-17 하만의 계략을 들은 모르드개는 에스더가 왕을 설득하기를 바랍니다. 이에 에스더는 무려 삼십일 동안이나 왕의 부름을 받지 못했다고 말합니다. 이것은 에스더를 향한 왕의 사랑이 식었다는 증거였습니다. 그리고 페르시아 법에 따르면 왕후라도 왕의 명령 없이는 왕 앞에 나갈 수 없었습니다(16절). 이때 모르드개는 하나님이 에스더를 왕후로 세우신 이유가 바로 이때를 위함이라고 말합니다(14절). 하나님이 당신의 백성을 하만의 공격에서 구원 하시기 위해 에스더를 왕후로 세우셨다는 뜻입니다. 그리고 설령 에스더가 왕을 설득하지 않더라도, 하나님은 다른 방식으로 당신의 백성을 보호하실 것이라고 말합니다(14절). 모르드개는 하나님의 섭리를 믿었습니다. 모르드개가 담대할 수 있었던 것은, 하나님의 보이지 않는 손이 사건의 배후에 있다는 것을 믿었기 때문입니다.

5장   왜 아하수에로왕은 에스더에게 호의를 베푸는가?

1-14 에스더는 왕의 허락 없이 왕을 찾아갑니다. 페르시아의 규례에 따르면 죽을 수도 있는 상황입니다(에 4:16). 다행히 아하수에로왕은 에스더를 반갑게 맞이합니다(2절). 심지어 에스더가 원하는 것은 무엇이든 이루어 주겠다고 약속합니다(3절). 30일이나 에스더를 찾지 않았던 왕이 이토록 호의를 베푼 것은 하나님이 왕의 마음을 움직여 주셨기 때문입니다. 이처럼 하나님은 사람의 마음을 움직이시는 분입니다(잠 21:1). 이때부터 에스더는 동족을 구원하기 위한 계획을 실행에 옮깁니다. 에스더는 두 차례에 걸친 잔치를 통해 하만이 방심하도록 유도하고, 하만의 계략이 수포가 되기에 가장 적합한 시간을 기다립니다. 에스더가 동족을 구원하기 위해 고군분투하는 동안, 하만은 모르드개를 처형하기 위한 준비를 합니다. 하만이 세운 나무는 악명 높은 사형 도구입니다. 하지만 이 나무에는 모르드개가 아니라 하만이 달리게 될 것입니다.

6장   왜 하나님은 왕이 잠을 이루지 못하게 하시는가?

1-14 모르드개는 왕의 목숨을 구하고도 합당한 보상을 받지 못합니다. 왕은 잠을 이루지 못하다가 우연히 모르드개가 자신의 목숨을 구한 일을 알게 됩니다. 마침 하만은 그 시간에 왕을 찾아갑니다. 왕은 모르드개에게 상을 주려고 하지만, 하만은 그 상이 자신을 위한 것이라고 오해합니다. 이 모든 우연이 겹치면서 당신의 백성을 도우시는 하나님의 뜻이 이루어집니다. 사실은 우연이 아니라 하나님의 섭리였던 것입니다. 지금도 하나님은 우리를 위해 일하십니다. 우리가 우연이라고 생각하는 사건의 배후에는 하나님의 보이지 않는 손이 있습니다.

하나님은 결코 당신의 백성을 버리지 않으신다

7장　왜 하만은 파멸되는가?

1-10 에스더가 유대인들의 목숨을 구하기 위해서는 하만을 제거해야 합니다. 이것은 대단히 어려운 일입니다. 와스디의 경우처럼, 에스더는 힘없는 왕후에 불과합니다. 반대로 하만은 페르시아 제국의 2인자입니다. 에스더의 의도대로 되지 않으면, 도리어 에스더가 제거당할 수도 있습니다. 에스더는 왕의 잔치 자리에서 준비한 말을 꺼냅니다. 에스더는 하만의 계략이 성공하게 되면, 왕이 엄청난 손해를 입을 것이라고 말합니다(4절). 나아

가 왕이 하만의 속임수에 넘어가 사랑하는 왕후를 죽이는 일에 동원되었다고 주장합니다(4절). 왕은 에스더의 주장에 설득당하고, 하만은 즉각 체포됩니다. 결국 하만은 모르드개를 처형하기 위해 준비한 나무에 대신 달려 비참한 죽음을 맞이하게 됩니다. 이 모든 것은 하만이 사탄의 앞잡이가 되어 하나님의 백성을 억압했기 때문입니다.

8장　왜 아직 위기가 끝나지 않았는가?

1-17 유대인들의 대적인 하만이 제거되었습니다. 하지만 위기는 아직 끝나지 않았습니다. 유대인들을 죽이고 그들의 재산을 몰수하라는 조서가 여전히 유효하기 때문입니다. 왕의 반지로 인을 친 조서는 철회할 수 없습니다. 유일한 방법은 또 다른 조서를 내리는 것뿐입니다. 그 결과 두 개의 조서가 공존하게 됩니다. 유대인들을 죽이라는 조서와 유대인들은 자신을 방어할 수 있다는 조

서입니다. 그러나 첫 번째 조서는 유명무실합니다. 이미 하만은 제거되었고, 모르드개가 페르시아 제국의 2인자가 되었기 때문입니다. 어떤 사람들은 본문의 유대인들이 너무 공격적이라고 말합니다. 이것은 본문을 오독한 것입니다. 유대인들은 노골적으로 증오심을 드러낸 사람들만 공격했습니다(11절).

9장　왜 유대인들이 두려워했던 일은 일어나지 않는가?

1-16 하만이 제비뽑기를 통해 결정한 날이 도래합니다(1절). 하만이 유대인의 생명과 재산을 빼앗으려고 했던 날입니다. 하지만 유대인들이 두려워했던 일은 일어나지 않습니다. 도리어 유대인의 대적들이 심판을 당합니다(5절). 하나님이 하만을 심판하시고, 모르드개를 존귀하게 하셨기 때문입니다. 유대인들은 이날을 부림절로 지킵니다. 부림은 제비뽑기를 뜻합니다. **17-32** 하나님은 부

림절에 당신의 백성을 보호하셨습니다. 따라서 부림절은 하나님을 대적하는 자들은 심판을 받고, 하나님의 백성들은 기쁨을 누린다는 사실을 보여 줍니다. 또한 부림절은 사탄의 시도는 반드시 실패로 돌아간다는 사실을 보여 줍니다. 사탄은 끊임없이 하나님의 나라를 공격하지만, 결국에는 하나님이 승리하실 것입니다.

10장　왜 에스더서에는 하나님의 이름이 등장하지 않는가?

1-3 에스더서는 당신의 백성을 향한 하나님의 부성적 돌보심과 섭리를 잘 보여 줍니다. 바벨론의 유대인들은 여러 가지 어려움에 봉착해 있었습니다. 하만의 위협은 그 가운데 하나였습니다. 하지만 유대인들은 혼자가 아니었습니다. 비록 고국을 떠나 제국의 한가운데 있었지

만, 하늘 아버지는 그들을 버려 두지 않았습니다. 에스더서는 하나님의 이름이 등장하지 않는 것 때문에 정경성을 의심받기도 했지만, 그것은 오히려 의도된 것으로 보아야 합니다. 우연이 겹쳐 하나님의 뜻이 이루어지는 과정은 부인할 수 없는 하나님의 증거이기 때문입니다.

한눈에 보는 욥기

핵심	욥의 고난 (1–2장)	욥의 논쟁 (3–37장)	욥의 회복 (38–42장)
내용	사탄의 시험	욥과 세 친구의 대화 엘리후의 책망	하나님의 질문 욥의 회개
특징	의인의 고난	섣부른 위로는 재난을 부른다	크고 전능하신 하나님
장소	우스		
기간	족장 시대 (대략 주전 2000년경)		

저자: 미상

욥기의 저자가 누구인지 알 수 없지만, 다방면에 박식했던 사람임은 틀림없다. 그는 별자리를 알며(9:9), 기상을 설명할 수 있고(38:22-38), 광물 채굴 과정을 상세하게 묘사할 수 있다(28장). 그는 또한 여행 경험이 풍부한 사람이었을 것이다. 그가 바다를 지나는 배와 습지에서 자라는 식물과 타조, 독수리, 염소, 하마, 악어 등을 말하기 때문이다. 무엇보다 그는 하나님의 말씀을 매우 사랑한 사람이며(특히 잠언을 자주 인용한다), 욥기의 사건을 시적 언어로 표현할 수 있는 문학적 감수성과 지혜를 가진 사람이다.

기록 목적

고난은 중요한 문제다. 어쩌면 가장 중요한 문제일 수 있다. 그래서 욥기도 중요하다. 욥기가 특히 주목하는 문제는 '의인도 고난을 당하는가?'이다. 이 질문에 대한 욥기의 대답은 매우 명쾌하다. 고난 당하는 욥이 당대의 의인이기 때문이다. 그런 점에서 욥기의 지혜는 잠언의 지혜를 보충한다.[132] 잠언은 응보 교리를 매우 성실하게 옹호한다. 잠언의 기본 원칙은 '지혜는 생명을, 어리석음은 죽음을', '의는 보상을, 죄는 심판을'이라고 요약할 수 있다. 하지만 실제 인생은 그리 단순하지 않다. 지혜 있는 자들이 실패하고, 의로운 자들이 어려움을 겪는 경우가 다반사다. 저자는 잠언이 틀렸다고 말하기 위해 욥기를 기록한 것이 아니다. 잠언과 욥기를 함께 보아야 한다는 것이다. 그래야 균형 감각을 가질 수 있기 때문이다. 여기에 욥기의 목적이 있다.

통독 길잡이

신실한 성도에게 어려움이 찾아오는 이유는 무엇일까? 갑작스럽게 질병을 통보 받고, 준비할 틈도 없이 사랑하는 사람과 이별하고, 견디기 힘든 경제적 어려움을 겪는 이유는 무엇일까? 욥기는 이 질문에 구체적으로 답변하지 않는다. 하지만 우리는 욥기를 통해 그러한 고난의 시간에 어떻게 반응해야 하는지를 알 수 있다. 만사형통의 복음이 참된 복음의 가치를 훼손하고 있는 이 시대에, 욥기는 참으로 보석과 같은 성경이다.

의인도 고난을 겪는가?

1장 왜 욥기의 저자는 조심스럽게 욥의 이야기를 시작하는가?

1-22 많은 그리스도인이 이유를 알 수 없는 고난 속에서 힘들어합니다. 이때 성도들을 더욱 힘들게 하는 것은, 목회자나 신앙 선배들이 들려주는 성급한 위로의 메시지입니다. 그들은 하나님이 당신과 함께하시니 반드시 좋아질 것이고, 하나님이 당신을 사랑하시니 반드시 회복될 것이라고 말합니다. 하지만 시간이 지나도 좋아지지 않고, 도리어 더 나빠질 때가 있습니다. 그러면 하나님이 함께하시지 않고, 하나님이 사랑하시지 않는 건가요? 욥기의 저자는 그런 실수를 범하지 않기 위해서, 조심스럽게 한 사람의 이야기를 시작합니다. 그의 이야기는 이렇게 시작합니다. "아주 오래전에 욥이라는 사람이 있었어. 그 사람은 하나님도 인정하실 정도로 매우 의로운 사람이었지. 심지어 세상에서 가장 의로운 사람이라는 칭찬도 받았어. 그런데 이토록 의로운 사람이 끔찍한 고난을 겪게 돼. 자녀들을 모두 잃을 뿐만 아니라, 모든 재산과 명성을 잃게 되지. 그런데 더더욱 놀라운 것은, 이런 고난을 주신 분이 하나님이라는 거야. 이보게. 다음 이야기가 궁금하지 않나?"

2장 왜 사탄은 욥에게 고난을 주어야 한다고 주장하는가?

1-13 하나님은 욥이 온전하고 정직한 사람이라고 말씀하십니다. 하지만 사탄은 욥이 계산적인 사람이라고 주장합니다. 사탄이 보기에 욥이 경건하게 살아가는 이유는, 하나님이 욥에게 복을 주셨기 때문입니다. 따라서 사탄은 하나님이 욥에게 고난을 주셔야 한다고 주장합니다. 욥이 고난을 당하는 순간, 욥이 하나님을 저주할 것이라고 생각하기 때문입니다(5절). 그래서 하나님은 욥이 고난 당하는 것을 허락하십니다. 하지만 욥은 고난 속에서도 하나님을 저주하지 않습니다. 사탄이 극심한 고난을 주었지만, 욥은 끝까지 경건한 태도를 유지합니다. 주목할 부분은 하나님이 사탄의 활동에 분명한 제한선을 두셨다는 점입니다. 하나님은 사탄이 욥의 생명은 해하지 못하도록 하셨습니다(6절). 이처럼 고난 속에도 하나님의 뜻과 섭리가 있습니다.

3장 왜 욥은 자신이 태어난 날을 저주하는가?

1-26 인간이 겪을 수 있는 최고의 고통은 자녀를 먼저 떠나보내는 것이라고 합니다. 그런 점에서 우리는 욥의 고통을 상상조차 할 수 없습니다. 일곱 명의 아들과 세 명의 딸을 하루아침에 잃어버렸기 때문입니다. 거기에다 견디기 힘든 육체의 고통까지 더해졌으니, 지금 욥은 한계에 다다른 셈입니다. 욥은 너무나 고통스러운 나머지 자신이 태어난 날을 저주합니다(1절). 자신이 이 땅에 존재하지 않았다면 이런 고통도 겪지 않았을 것이라고 한탄합니다. 욥이 자신의 생일을 저주하는 이유는 하나님을 저주하지 않기 위해서입니다. 이로써 사탄의 기대가 무산되고, 하나님의 지혜가 빛을 발합니다. 욥은 '하나님이 주시는 복'을 사랑한 자가 아니라, '하나님'을 사랑한 자였습니다. 우리는 어떠합니까? 우리가 정말 사랑하는 것은 '하나님'입니까, 아니면 '하나님이 주시는 것'입니까?

엘리바스와 욥의 대화

4장   왜 엘리바스는 욥을 위로하지 못하는가?

1-21 엘리바스의 첫 번째 연설은 '인내하라. 결국에는 잘될 것이다'로 요약할 수 있습니다. 엘리바스는 욥이 경건한 삶을 살았으며(2-6절), 욥처럼 경건한 자들은 결코 망하지 않는다고 말합니다(7-11절). 하지만 아무리 경건한 사람이라도 완전할 수는 없기에 일정 부분 고난을 당하는 것은 당연한 일이라고 말합니다(12-21절). 엘리바스가 이렇게 말하는 이유는 욥을 위로하기 위해서입니다

(욥 2:11). 하지만 엘리바스의 말은 욥에게 전혀 위로가 되지 않습니다. 엘리바스가 욥을 전혀 이해하지 못하고 있기 때문입니다. 욥의 소망은 이 세상에서 잘되는 것이 아닙니다(욥 3:20). 욥은 너무 고통스러워서 이 세상을 떠나고 싶어 합니다. 상대방을 이해하지 못한 상태에서 섣부르게 위로하는 것은 참된 위로가 될 수 없습니다.

5장   왜 엘리바스는 욥을 위로하지 못하는가?

1-27 엘리바스는 '고난은 반드시 일어나는 법이며, 누구도 피할 수 없다'라고 말합니다(7절). 이 얼마나 무지막지한 표현인가요. 엘리바스는 욥의 고통을 전혀 생각하지 않습니다. 이어서 엘리바스는 '어려울수록 더욱 하나님께 기도하라'라고 말합니다(8절). 물론 틀린 말은 아닙니

다. 하지만 이 말을 듣는 사람이 누구입니까? 당대의 의인 욥입니다. 욥이 그 사실을 모를까요? 이처럼 형식적인 위로는 전혀 위로가 되지 않습니다. 차라리 아무 말도 하지 않고 곁에 있어 주기만 했더라면 더 큰 위로가 되었을 것입니다.

6장   왜 욥은 죽기를 바라는가?

1-30 욥의 두 번째 연설이 시작됩니다. 놀랍게도 욥은 엘리바스의 충고에 대해서는 일절 반응하지 않습니다. 엘리바스의 말에 아무런 교훈도 받지 못했기 때문입니다. 두 번째 연설의 핵심은 '차라리 죽여 주십시오'입니다(9절). 욥이 죽기를 바라는 이유는, 견디기 힘든 고통이 계속된다면 신성 모독의 죄를 지을 수도 있기 때문입니

다. 이는 10절의 고백을 통해 알 수 있습니다. 지금 욥이 유일한 기쁨으로 삼는 것은 그칠 줄 모르는 고통 속에서도 하나님 말씀을 어기지 않은 것입니다. 하지만 언제까지 견딜 수 있을지 욥 자신도 확신할 수 없기에, 차라리 죽기를 바랍니다. 우리는 어떠합니까? 우리 역시 하나님 말씀에 순종하는 것을 기쁨의 이유로 삼고 있습니까?

7장   왜 욥은 하나님의 관심을 피하고 싶어 하는가?

1-21 17절의 고백은 시편 8편을 풍자적으로 인용한 것으로 보입니다.[133] 시편 기자가 '사람이 무엇이기에'라고 노래했던 것은, 하나님이 인간에게 관심 가져 주시는 것을 찬양하기 위함이었습니다. 하지만 지금 욥이 '사람이 무엇이기에'라고 말하는 것은, 하나님의 관심이 얼마나 고통스러운 일인지를 나타내는 것입니다. 욥은 자신이 겪는 고통이 하나님의 관심 때문이라고 생각합니다(18절). 하나님이 자신을 지나치게 상세히 관찰하신 결과라

고 생각합니다(19절). 그냥 넘어갈 수 있는 작은 죄들까지 모조리 끄집어내셔서 한 번에 심판하신 것이라고 생각합니다(20절). 이처럼 욥은 고난 속에서 하나님에 대해 부정적인 생각을 가지게 되었습니다. 이것은 우리도 마찬가지입니다. 고난 속에서 하나님의 사랑을 믿기란 쉽지 않습니다. 그러므로 고통 속에 있는 자들에게 하나님을 말할 때는 매우 신중해야 합니다.

빌닷과 욥의 대화

8장 왜 7절은 어리석은 주장인가?

1-22 빌닷의 연설이 시작됩니다. 빌닷은 인간의 운명은 그의 공로와 정확하게 일치한다고 주장합니다(4절). 만약 어떤 사람이 고난을 겪고 있다면, 그 사람은 고난을 받을 만한 어떤 죄를 지었음이 틀림없다는 것입니다. 이것은 사실이 아닙니다. 욥이 그 증거입니다. 욥이 고난을 겪는 것은 그가 어떤 죄를 지었기 때문이 아닙니다. 역설적이게도 욥이 고난을 겪는 이유는, 그가 가장 의로운 사람이기 때문입니다(욥 1:8). 그런 점에서 7절의 주장도 사실은 매우 어리석은 말입니다. "네 시작은 미약하였으나 네 나중은 심히 창대하리라"는 빌닷의 주장은 실제 성도의 삶에서 그대로 이뤄지지 않을 때가 많습니다. 물론 처음에는 미약하다가도 나중에는 하나님의 은혜로 창대하게 되는 성도들이 전혀 없는 것은 아닙니다. 하지만 이것을 일반화해서는 안 됩니다. 그렇지 않은 성도들도 많기 때문입니다. 열두 제자를 포함한 수많은 순교자의 삶이 그 증거입니다. 그래서 하나님은 빌닷의 말이 옳지 않다고 하셨습니다(욥 42:7).

9장 왜 친구들은 욥을 정죄하는가?

1-35 빌닷을 포함한 세 친구는 응보 교리의 신봉자입니다. 응보 교리란 하나님은 선을 행한 자에게는 반드시 선으로 갚으시고, 악을 행한 자에게는 반드시 악으로 갚으신다는 것입니다. 바로 이것이 세 친구가 욥을 정죄하는 이유입니다. 응보 교리의 관점에서 보면, 욥이 고난을 당하는 것은 그가 죄를 지었다는 증거입니다. 그래서 욥이 자신을 무죄하다 주장하는 것은 아무 의미가 없습니다. 친구들은 욥의 처지가 변하기 전에는 욥을 의인으로 인정하지 않을 것입니다. 욥의 한탄은 그런 상황에 근거하고 있습니다. 그래서 욥은 하나님이 자신의 환경을 바꾸어 주시길 원합니다. 그래야만 친구들이 자신의 무죄함을 믿어줄 것이기 때문입니다. 하지만 욥은 자신이 하나님을 조종할 수 없다는 사실을 잘 알고 있습니다. 하나님은 욥이 통제할 수 없는 크고 놀라우신 분입니다(5-10절). 만약 사람과의 문제라면, 재판장을 통해 문제를 해결할 수 있습니다. 하지만 하나님은 법정에 세울 수도 없습니다(32절). 욥의 한숨은 점점 깊어집니다.

10장 왜 하나님은 욥을 옳다고 하시는가?

1-22 고통 속에 탄식하던 욥은 이제 울부짖기 시작합니다(1절). 그리고 하나님께 따져 묻습니다. 왜 나를 학대하고 멸시하십니까(3절)? 혹시 잘못 보시고 실수하시는 것 아닙니까(4절)? 친히 빚어 만드실 때는 언제고, 왜 지금은 티끌로 돌려보내십니까(8-9절)? 욥은 불경하게 보이는 말들을 쏟아 냅니다. 그런데 하나님의 반응이 놀랍습니다. 하나님은 욥의 말이 옳다고 평가하십니다(욥 42:7). 그 이유는 다음과 같습니다. 많은 사람이 고난 때문에 하나님을 떠납니다. 문제가 닥쳐오면 하나님을 떠나 현실적인 대안을 찾습니다. 그런데 욥은 반대로 행동합니다. 하나님을 떠나지 않고, 현실적인 대안을 찾지도 않습니다. 욥은 계속해서 하나님을 향해서 말합니다. 하나님이 옳다고 하신 것은 욥의 이러한 태도입니다. 바로 이것이 고난을 이기는 지혜입니다. 모든 일의 일차 원인은 하나님의 섭리입니다. 하나님과 상관없는 일은 없습니다. 고난도 마찬가지입니다. 그래서 우리는 하나님께 말해야 합니다. 가슴이 터질 듯 힘들 때는 하나님을 향해 외쳐야 합니다. 눈물이 나올 때는 하나님 앞에서 울어야 합니다. 어떻게든 하나님에게서 답을 찾기 위해 노력해야 합니다. 욥은 그렇게 했고, 바로 이것이 그가 옳다고 인정받은 이유입니다.

소발과 욥의 대화

11장 왜 소발의 주장은 사실이 아닌가?

1-20 소발은 세 친구 중에서도 응보 교리를 가장 옹호하는 사람입니다. 그는 욥이 범죄하는 모습을 보지 않았지만, 나타난 결과만 보고서 욥을 정죄합니다. 심지어 욥이 당하는 고난은 그가 실제로 지은 죄에 비하면 가벼운 형벌이라고 말합니다(6절). 소발은 모든 문제의 원인이 욥에게 있으므로, 욥이 회개하면 모든 문제가 해결될 것이라 주장합니다(13-20절). 하지만 소발의 주장은 사실이 아닙니다. 소발의 주장처럼 선을 행하는 사람이 언제나 형통하고, 악을 행하는 사람이 언제나 벌을 받는다면 얼마나 좋을까요? 인간의 인생은 그처럼 단순하지 않습니다. 욥이 그 증거입니다. 소발의 주장이 사실이라면 욥은 지금 같은 고난을 겪어선 안 됩니다. 하지만 욥과 같은 의인도 어두운 고난의 터널을 지나는 것이 복잡한 인생의 한 단면입니다.

12장 왜 욥은 자신이 세 친구보다 지혜롭다고 주장하는가?

1-25 세 친구는 욥의 어리석음을 책망하며 자신들의 지혜를 찬양합니다. 이에 욥은 경멸적인 어조로 그들의 지혜를 부정합니다(2절). 오히려 자신이 더 지혜 있는 자라고 주장합니다(3절). 욥이 그렇게 주장하는 이유는, 세 친구에게는 없는 지식이 자신에게는 있기 때문입니다. 의로운 사람도 고난을 겪을 수 있다는 지식 말입니다. 사실 이것은 매우 중요한 지식입니다. 만약 하나님이 응보 교리를 따라 단순하게 세상을 통치하신다면, 짐승들도 하나님의 뜻을 알 수 있을 것입니다(7절). 하지만 하나님의 통치는 인간의 상식을 뛰어넘습니다. 한 치 앞을 알 수 없는 것이 인간의 일생입니다.

13장 왜 욥은 세 친구가 거짓말쟁이라고 하는가?

1-28 욥은 세 친구가 거짓말쟁이라고 말합니다(9절). 응보 교리를 사수하기 위해 아무 증거도 없이 욥을 정죄하기 때문입니다. 세 친구는 세상을 단순하게 생각합니다. 예외를 인정하지 않습니다. 그런 점에서 우리도 세 친구와 같은 실수를 범할 때가 많습니다. 어려움을 겪는 것은 기도하지 않았기 때문이라고 생각하는 경우가 대표적입니다. 그 생각을 역으로 하면, 열심히 기도하면 아무 어려움을 겪지 않는다는 것입니다. 하지만 실제 인생은 그렇게 단순하지 않습니다. 13장에는 '변론'이라는 단어가 자주 등장합니다. 이것이 법정 용어라는 점이 중요합니다. 지금 욥은 재판 자리에서 하나님을 대면하기 원합니다. 하나님을 고소하려는 것이 아니라, 왜 이런 벌을 내리시는지를 알고 싶어서입니다(23절). 여전히 욥은 하나님을 원망하지 않고, 자신에게서 문제의 원인을 찾으려 합니다.

14장 왜 교회는 고난을 겪는 성도들을 살펴야 하는가?

1-22 지금껏 찬양의 도구였던 욥의 입술이, 이제는 절망적인 언어들을 내뱉기 시작합니다. 욥은 하나님이 사람의 희망을 끊어 버리시고, 쫓아 버리시는 분이라고 말합니다(19-20절). 이것이 고난의 무서움입니다. 아무리 신실한 성도라도 고난의 시간에는 정상적인 사고를 하기가 어렵습니다. 그러므로 교회는 어려움을 겪는 성도들에게 관심을 가져야 합니다. 그들을 혼자 내버려 두어서는 안 됩니다. 교회의 변함없는 관심과 애정은 고난 중에도 하나님의 사랑을 신뢰하는 힘이 됩니다.

욥과 엘리바스의 두 번째 대화

15장　왜 세 친구는 욥이 죄인이라고 생각하는가?

1-35 세 친구는 욥이 죄인이라고 생각합니다. 세 친구가 믿고 있는 '응보 교리'에 따르면, 죄를 짓지 않았는데도 고난을 겪을 수는 없기 때문입니다. 하지만 응보 교리는 모든 상황에 적용되는 절대적 진리가 아닙니다. 욥이 그 증거입니다. 욥이 고난을 겪는 것은 그가 죄인이기 때문이 아니라, 죄에서 떠난 자이기 때문입니다(욥 1:1). 15장부터 세 친구와 욥의 2차전이 시작됩니다. 첫 번째 포문을 여는 것은 엘리바스입니다. 이 연설의 핵심은 '악한 자들의 운명을 따르지 말라'입니다. 엘리바스는 악인이 일평생 고통을 당하며, 일찍 죽임을 당한다고 주장합니다(20절). 그러므로 악인처럼 행동하지 말고 회개하라는 것이 두 번째 연설의 요지입니다. 여전히 엘리바스는 인생을 단순하게 생각합니다. 악을 행하면 즉각 벌을 받고, 회개하면 즉각 회복된다고 생각합니다. 하지만 실제 인생은 그리 단순하지 않습니다. 때로는 악인들이 번성하고, 의인들이 고난을 받습니다. 기도하지 않은 자들이 성공하고, 기도로 준비한 자들이 실패하기도 합니다. 실제로는 너무 복잡해서 도저히 예측할 수 없는 것이 인생입니다.

16장　왜 욥은 세 친구의 말에서 위로를 받지 못하는가?

1-22 2절부터 5절까지는 '말'을 의미하는 단어가 모두 여섯 번 등장합니다. 이전에 욥을 힘들게 했던 것이 가족을 잃은 슬픔과 육체의 고통이었다면, 지금 욥을 힘들게 하는 것은 친구들의 '말'입니다. 세 친구는 욥의 위로자를 자청했지만(욥 2:11), 사실 그들은 욥의 재난입니다(2절). 욥이 세 친구의 말에서 위로를 받지 못한 이유는, 그들이 욥을 이해하려 하지 않고 평가하는 데 급급했기 때문입니다. 세 친구는 한 번도 욥에게 공감하는 태도를 보인 적이 없습니다. 오히려 응보 교리의 관점에서 욥의 말을 반박했습니다. 우리 주위에도 고난을 겪는 사람들이 있습니다. 우리가 그들의 위로자가 되기 위해서는, 무엇보다 그들의 아픔에 공감하는 자세를 가져야 합니다.

17장　왜 욥은 슬퍼하는가?

1-16 본문에 기록된 욥의 독백을 통해, 그가 가진 슬픔과 절망의 깊이를 알 수 있습니다. 주목할 부분은 욥이 슬퍼하는 이유입니다. 욥이 절망에 빠진 이유는, 큰 죄를 지은 사람이라는 불명예를 뒤집어쓰고 죽음에 이를지도 모른다는 두려움 때문입니다(1-2절). 우리는 여기서 욥이 어떤 목표를 가지고 살았는지를 알 수 있습니다. 그는 명예로운 삶을 살기 원했습니다. 그는 하나님의 백성다운 삶을 살기 원했습니다. 그는 의로운 삶을 살기 원했습니다. 욥이 작은 죄에도 민감하게 반응했던 이유가 바로 여기에 있습니다. 우리의 목표는 무엇입니까? 우리는 하나님의 백성에 어울리는 삶을 살기 위해 어떤 노력을 하고 있습니까?

욥과 빌닷의 두 번째 대화

18장　왜 지나친 낙관주의와 비관주의를 경계해야 하는가?

1-21 세 친구는 이 세상이 예측 가능한 질서 정연한 곳이라고 믿습니다. 선을 행한 자의 미래는 당연히 번영일 것이고, 악을 행한 자의 미래는 당연히 심판일 것이라고 믿습니다. 역으로 이렇게 생각하기도 합니다. 만약 누군가가 복을 받고 있다면 선을 행했기 때문이고, 심판을 받고 있다면 악을 행했기 때문이라고 말입니다. 빌닷 역시 마찬가지입니다. 빌닷이 말하는 땅과 바위는 변할 수 없는 진리를 상징합니다(4절). 그 진리란 다름 아닌 '응보 교리'입니다. 하지만 인생은 예측이 불가능합니다. "사람은 장래 일을 알지 못하나니 나중에 일어날 일을 누가 그에게 알리리요"(전 10:14). 욥의 경우와 마찬가지로 선을 행한 자가 실패와 고통을 겪을 수도 있는 것이 인생입니다. 그러므로 우리는 지나친 낙관주의와 지나친 비관주의 모두를 경계해야 합니다. 우리의 한계와 연약함을 인정하고, 모든 일의 결과를 하나님께만 맡겨야 합니다.

19장　왜 욥은 하나님과 사람에게 분노하게 되었는가?

1-29 이제 욥의 감정은 슬픔에서 분노로 변합니다(2절). 욥은 더 이상 세 친구를 친구로 여기지 않습니다. 그들은 욥의 대적일 뿐입니다. 세 친구에게서 비롯된 분노는 두 가지 방향으로 뻗어 나갑니다. 첫 번째 방향은 하나님입니다. 욥은 자신이 폭행을 당하고 있는데도 아무도 자신을 도와주지 않는다고 말합니다(7절). 욥은 자신이 고통을 받고 있음에도 침묵으로 일관하시는 하나님께 분노합니다. 두 번째 방향은 모든 사람입니다. 욥은 모든 사람이 낯설게 보인다고 말합니다(13절). 욥은 아무도 자신을 위로해 주지 않는 현실에 분노합니다. 우리는 무엇이 욥을 분노하게 만들었는지를 주의 깊게 보아야 합니다. 그것은 다름 아닌 세 친구입니다. 세 친구의 교만과 무지와 공감하지 않는 태도 때문입니다. 어쩌면 세 친구의 모습이 바로 우리의 모습일 수도 있습니다. 만약 우리가 어려움을 겪는 이웃들에게 무관심하거나 공감하지 않는다면, 고난을 겪는 자들에게 따뜻한 위로의 말을 전하기보다 정죄하고 판단하기를 좋아한다면, 우리가 곧 '세 친구'입니다.

욥기 20-21장

욥과 소발의 두 번째 대화

20장 왜 소발은 참된 위로자가 될 수 없는가?

1-29 소발의 두 번째 연설은 악한 자들이 당하게 될 비참한 운명에 대한 것입니다. 핵심은 회개하지 않는 자는 멸망한다는 것입니다. 새로울 것 없는 반복입니다. 소발은 자신이 옳다고 믿는 것을 반복해서 말할 뿐, 욥의 말에 귀 기울이거나 그에게 공감하지 않습니다. 소발은 욥의 주장을 "나를 부끄럽게 하는 책망"이라고 말합니다(3절). 욥이 응보 교리를 부정하는 것을 비꼬아 말하는 것입니다. 만약 욥의 주장이 옳다면 소발은 자신의 신학을 전면 수정해야 합니다. 하지만 소발에게는 그럴 마음이 전혀 없습니다. 그래서 욥과 소발의 주장은 한 곳에서 만나지 못하고 평행선을 달립니다. 우리도 소발처럼 실수할 때가 많습니다. 가장 흔한 예가 '기도하면 문제가 해결된다'고 말하는 것입니다. 틀린 말은 아니지만, 이 주장의 예외를 인정하지 않을 때 오류가 발생합니다. 실제로는 오랫동안 기도했음에도 문제가 해결되지 않아서 힘들어하는 성도들이 많기 때문입니다. 그런데도 이 주장을 절대적인 진리처럼 믿는 사람이 있다고 가정해 봅시다. 그 사람이 볼 때 문제가 해결되지 않는 사람들은 모두 기도하지 않는 사람입니다. 그렇다면 이 사람은 또 한 명의 소발일 뿐, 참된 위로자가 될 수는 없습니다.

21장 왜 세 친구는 지혜자가 아닌가?

1-34 욥은 소발의 주장이 자신을 불안하고 두렵게 만든다고 말합니다(6절). 소발의 주장이 너무 끔찍하여 도저히 받아들일 수 없다는 뜻입니다.[134] 욥이 소발의 주장을 인정할 수 없는 이유는 악을 행하면서도 번영하는 자들이 있기 때문입니다(7절). 심지어 하나님을 모독하면서도 아무런 해를 당하지 않는 자들도 있습니다(14-15절). 욥이 악인의 번영을 힘주어 말하는 이유는, 조금만 관심을 가지고 주위를 둘러보면 세 친구의 주장이 옳지 않다는 것이 너무나 확실하게 드러나기 때문입니다. 이것은 너무나 당연한 일이어서 지나가는 사람을 아무나 붙잡고 물어보아도 확인할 수 있을 정도입니다(29절). 이처럼 대화가 진행될수록 세 친구에게 지혜가 없다는 사실이 드러납니다. 세 친구는 자신들이 알고 있는 제한적인 지식을, 하나님과 세상에 대한 모든 것으로 착각하고 있습니다. 그 결과 자신들의 어리석음을 발견하지 못합니다. 만약 세 친구가 조금만 겸손했더라면, 그리하여 자신들의 한계와 부족함을 인정했더라면 어떤 일이 일어났을까요? 욥기의 결론이 달라지지 않았을까요? 참된 지혜는 자신의 부족함을 인정하는 겸손함에 근거하고 있음을 잊어서는 안 됩니다.

욥과 엘리바스의 세 번째 대화

22장   왜 결과만 가지고 판단해서는 안 되는가?

1-30 이제 엘리바스는 구체적인 사례들을 언급하며 욥을 비판합니다. 그는 욥이 사회적 약자들을 억압했을 것이라고 주장합니다(6-11절). 물론 증거는 없습니다. 단지 욥이 큰 고난을 겪고 있다는 사실 하나만으로 모든 혐의를 뒤집어씌운 것입니다. 지금 엘리바스는 결과만 가지고 원인을 판단하는 잘못을 범하고 있습니다. 놀랍게도 우리 역시 엘리바스와 같은 실수를 범할 때가 많습니다. 어떤 사람에게 불행한 일이 닥쳤을 때, 아무 근거 없이 그것을 죄의 결과로 생각하는 경향이 대표적입니다. 여러 번 강조했듯이, 인생은 단순하지 않습니다. 언제나 악인은 실패하고, 의인은 번영하지 않습니다. 그러므로 그 역(逆)도 성립하지 않을 때가 많습니다. 실패는 죄의 결과이고, 성공은 의의 결과라고 쉽게 판단해선 안 됩니다. 경우에 따라 의인도 실패할 수 있고, 악인도 성공할 수 있습니다. 결과는 하나님께만 달린 것이기에, 우리는 미래를 예측할 수 없습니다.

23장   왜 어려울수록 하나님을 묵상해야 하는가?

1-17 욥이 가장 원하는 것은 하나님 앞에서 자신의 억울함을 직접 토로하는 것입니다(1-7절). 욥이 가장 억울하게 여기는 것은 하나님을 직접 만날 수 없다는 사실입니다(8-9절). 욥은 자신이 하나님을 만나기만 하면, 자신의 의로움을 입증할 수 있다고 믿습니다(10절). 우리 역시 욥과 같이 생각할 때가 많습니다. 이해할 수 없는 현실을 마주할 때는, 하나님을 직접 만나서 따지고 싶습니다. 그것이 이루어질 수 없는 일임을 깨닫게 될 때는 왠지 모를 불만이 쌓여 갑니다. 이때 우리는 하나님이 우리보다 지혜롭다는 사실을 기억해야 합니다. 우리가 하나님을 만나서 따지고 싶어 하는 것은, 하나님보다 우리가 더 지혜롭다고 여기기 때문입니다. 이것은 현명한 자세가 아닙니다. 현실을 인정하기 힘들고, 하나님을 향한 분노가 생길 때는, 하나님의 존재를 깊이 묵상해야 합니다. 그러면 전능하신 하나님이 실수할 수 없다는 사실을 깨닫게 됩니다. 10절은 자주 오해되는 구절입니다. 이것은 고난을 담대하게 받아들이겠다는 표현이 아닙니다. 하나님이 자신의 행실을 정확하게 조사하기만 하면, 자신의 의로움이 명백하게 밝혀질 것이라는 뜻입니다.[135]

24장   왜 세상을 기계적으로 이해하지 말아야 하는가?

1-25 욥은 하나님께 불평을 합니다. 첫째 단락(1-12절)에서는 죄 없는 약자들이 고난을 당하는 것에 관해서 불평하고, 둘째 단락(13-17절)에서는 악인들이 번영하는 것에 관해서 불평합니다. 여기서 욥이 범하는 실수는, 그가 세상을 기계적으로 이해하고 있다는 점입니다.[136] 만약 하나님의 정의가 기계적으로 작동한다면, 세상은 이미 오래전에 멸망했을 것이고, 우리의 구원은 불가능했을 것입니다. 하나님은 세상을 기계적으로 통치하시지 않습니다. 물론 하나님이 선한 자에게 복을 내리시고, 악한 자에게 벌을 내리시는 것은 사실입니다. 하지만 하나님은 그것을 초월해서 일하기도 하십니다. 대표적인 것이 예수님의 십자가입니다. 하나님은 우리 같은 죄인들을 살리시기 위해 예수님처럼 의로우신 분을 죽이셨습니다.

욥과 빌닷의 세 번째 대화

25장 왜 빌닷은 이미 했던 말을 반복하는가?

1-6 빌닷의 세 번째 말에서는 새로운 것을 전혀 찾아볼 수 없습니다. 하나님이 온 세상을 통치하신다는 것(2-3절)과 하나님이 의로우시다는 것(4-6절)은, 이미 했던 말의 반복입니다(욥 4:17-19, 15:14-16). 왜 빌닷은 이미 했던 말을 반복할까요? 아마도 빌닷은 무슨 말이든 해야만 자신의 지혜가 빛난다고 생각했던 것 같습니다. 사실은

그렇지 않습니다. 지혜는 말의 총량이 아니라 깊이에서 드러납니다. 그리고 말의 깊이는 얼마나 상대방에게 공감하느냐에 달려 있습니다. 상대방의 아픔에 공감하지 못하면서, 그저 말만 많이 하는 것은 오히려 상대방을 괴롭게 할 뿐입니다.

26장 왜 우리는 미래를 예측할 수 없는가?

1-14 욥은 하나님이 너무나 광대하셔서 인간이 다 이해할 수 없다고 말합니다. 특히 14절에 욥의 심정이 잘 나타나 있습니다. "보라 이런 것들은 그의 행사의 단편일 뿐이요 우리가 그에게서 들은 것도 속삭이는 소리일 뿐이니 그의 큰 능력의 우렛소리를 누가 능히 헤아리랴." 하지만 세 친구는 다릅니다. 그들은 하나님을 다 이해할 수 있다고 생각합니다. 그들은 하나님이 선을 행하는 자에게는 항상 성공을 주시고, 악을 행하는 자에게는 항상

실패를 주신다고 생각합니다. 그것이 사실이라면 하나님을 이해하는 데 아무런 어려움이 없을 것입니다. 욥처럼 이해할 수 없는 고난 속에서 힘들어하는 사람도 없을 것입니다. 하지만 하나님은 그렇게 단순하게 일하지 않습니다. 때로는 의인이 실패하게 하시고, 악인이 번성하게 하십니다. 그래서 우리는 미래를 단정할 수 없습니다. 하나님은 너무나 광대하시기 때문입니다.

27장 왜 세 친구는 욥의 위로자가 되지 못했는가?

1-23 욥은 자신의 무죄를 주장하는 동시에 악인의 비참한 운명을 말합니다. 특이한 것은 욥이 지칭하는 악인이, 다름 아닌 세 친구라는 점입니다. 욥과 세 친구의 대화가 마무리되는 시점에서 우리는 이 부분을 진지하게 생각해 보아야 합니다. 세 친구가 욥을 찾아온 이유는 그를 자극하거나 저주하기 위함이 아니었습니다. 그들은 모두 위로자가 되기 위해 욥을 찾아왔습니다(욥 2:11). 하지만 그들은 욥의 마음에 씻을 수 없는 상처만을 남겼습니다. 세 친구가 욥을 위로하지 못한 이유는 무엇일까요? 욥의 아픔에 공감하고 이해하려 하기보다는 가르치려고만 들었기 때문입니다. 욥이 간절히 원했던 존재는 자신을 전적으로 믿고 신뢰해 주는 '친구'였습니다. 하지만 세 친구는 공감에 인색한 '교사'처럼 행동했습니다. 그들은 욥을 가르치기에만 급급한 교사였습니다. 우리는 어떠합니까? 우리는 고통당하는 자들의 친구가 되고 있습니까?

지혜란 무엇인가?

28장   왜 세 친구는 욥을 더 고통스럽게 만들었는가?

1-28 욥은 이유를 알 수 없는 고난에 처했고, 세 친구는 이런 욥을 위로하기 위해 찾아왔습니다. 하지만 세 친구는 욥을 위로하기는커녕 그를 더 고통스럽게 만들었습니다. 그 이유는 무엇일까요? 핵심적인 이유는 세 친구에게 지혜가 부족했기 때문입니다. 그렇다면 지혜는 무엇입니까? 28장은 이 질문에 대한 욥기 저자의 대답입니다.[137] 욥기 저자는 탁월한 한 편의 시를 통해, '지혜란 무엇인가?'라는 질문에 답합니다. 그리하여 세 친구가 욥을 위로하지 못한 이유가 지혜의 부족에 있다는 결론을 내립니다. 바로 이것이 욥과 세 친구의 대화가 중단된 시점에, 28장이 삽입된 이유입니다. 세 친구는 스스로를 지혜자라고 여깁니다. 하나님과 세상에 대해 충분한 지식을 가지고 있다고 생각합니다. 욥기 저자는 바로 이것이 지혜가 없는 상태라고 말합니다. 하나님을 충분히 안다는 교만이 그들을 어리석게 만들었다는 것입니다. 바로 이것이 28장이 전달하고자 하는 핵심 메시지입니다. 28장은 크게 세 부분으로 나눌 수 있습니다. 첫째 단락은 인간의 능력을 강조합니다(1-11절). 인간은 지하 깊은 곳에 있는 보석을 찾을 만큼 탁월한 능력을 가지고 있습니다. 둘째 단락은 인간의 어리석음을 강조합니다(12-19

절). 인간의 능력이 아무리 탁월할지라도 지혜만은 가지고 있지 않습니다. 셋째 단락은 결론입니다(20-27절). 지혜는 오직 하나님에게서만 찾을 수 있습니다. 이 시가 우리에게 주는 교훈은 자신의 부족함을 아는 것이 바로 지혜라는 것입니다. 자신을 지혜롭게 생각하는 것이 바로 어리석음이라는 것입니다. 그러므로 언제나 겸손해야 합니다. 언제나 하나님의 도움을 구해야 합니다. 언제나 하나님의 뜻을 헤아리며 살아야 합니다. 하나님이 도와주시지 않으면 아무것도 할 수 없고, 하나님이 깨우쳐 주시지 않으면 아무것도 알 수 없다는 자세로 살아야 합니다. 특히 누군가를 위로하는 일에 더욱 그리해야 합니다. 고난 중에 힘들어하는 자들에게, "내가 네 마음을 다 안다", "나도 겪어 봐서 다 안다"라고 말하는 것은 오히려 상처가 될 수 있습니다. 그것보다는 "너무 힘들지? 네가 얼마나 힘들지 나는 상상도 못하겠다"라고 말하는 것이 더 지혜로운 자세입니다. 뿐만 아니라 "시간이 지나면 다 괜찮아진다", "하나님이 함께하시니 반드시 좋아질 것이다"라고 말하는 것도 신중해야 합니다. 우리는 결과를 다 알 수 없기 때문입니다.

욥의 마지막 말

29장   왜 욥은 명예를 얻었는가?

1-25 이제부터 욥의 최종 변론입니다. 최종 변론은 세 부분으로 나누어집니다. 29장에서는 예전에 누렸던 명예를, 30장에서는 명예를 상실한 슬픔을, 31장에서는 자신의 무죄함을 말합니다. 모든 부분에서 두드러지는 것은 욥이 추구했던 명예입니다. 욥이 얻고자 했던 명예는 세속적인 명예가 아닙니다. 욥은 의로운 삶을 통해 의로운 사람이라는 명예를 얻고자 했습니다. 욥은 명예 자체를 추구하지 않았습니다. 대신 하나님의 뜻대로 가난하고 소외된 자들을 섬겼고, 그 결과 자연스럽게 명예를 얻게 되었습니다. 우리에게도 욥과 같은 목표가 있어야 합니다. 성공한 사람이라는 명예를 얻으려 하기보다 의로운 사람이라는 명예를 얻기 위해 노력해야 합니다.

30장   왜 고난 중에도 하나님을 의지해야 하는가?

1-15 욥은 이웃들의 존경을 받는 명예로운 사람이었습니다. 그러나 이제는 이웃들의 조롱을 받는 비참한 처지가 되었습니다(1절). 욥에게서 예수님의 모습을 봅니다. 예수님은 하나님으로서 모든 영광과 존귀를 누리셨지만, 사람으로 이 땅에 오셔서 멸시와 천대를 받으셨습니다. **16-31** 욥은 하나님이 자신에게 무관심하시며, 자신을 돌보시지 않는다고 생각합니다(20절). 우리도 고난을 겪을 때 욥처럼 생각하기 쉽습니다. 하지만 하나님이 우리에게 무관심하시거나 우리를 돌보시지 않는 순간은 없습니다. 하나님은 우리의 처지와 필요를 아시는 하늘 아버지이십니다(마 6:8). 그래서 우리는 고난을 겪을 때도 하나님만을 의지해야 합니다.

31장   왜 고난 중에 더욱더 하나님을 찾아야 하는가?

1-40 욥의 최종 변론입니다. 욥은 자신이 지금까지 어떤 삶을 살아왔는지를 말합니다. 욥은 성적으로 성결했습니다(1절). 욥은 다른 사람들에게 정직했습니다(5-8절). 결정적으로 욥은 가난하고 어려운 자들에게 따뜻했습니다(16-23절). 욥의 말은 사실입니다. 욥은 하나님도 인정하신 의로운 사람입니다(욥 1:8). 하지만 사람들은 욥의 말을 믿지 않았습니다. 사람들은 욥의 아픔에 공감하지 않았습니다. 우리도 마찬가지입니다. 사람 중에는 참된 위로자가 없습니다. 사람들은 우리의 마음을 다 이해하지 못합니다. 참된 위로자는 하나님밖에 없습니다(시 86:17). 오직 하나님만 우리의 마음을 다 아십니다(시 69:19). 바로 이것이 고난 중에 더욱더 하나님을 찾아야 하는 이유입니다.

엘리후의 연설(1)

32장　왜 엘리후 역시 어리석은 사람인가?

1-22 드디어 엘리후가 등장합니다. 지금껏 침묵하고 있었던 네 번째 조언자입니다. 엘리후는 자신이 침묵한 이유가 일반적으로 연장자가 더 지혜롭기 때문이라고 말합니다(7절). 하지만 이제 세 친구의 어리석음이 드러났기에 자신이 말하겠다고 말합니다(10절). 아마도 엘리후는 욥의 친구들 가운데 가장 나이가 적었던 것 같습니다.

엘리후는 욥을 설득하기에 앞서서, 자신에게 하나님이 주신 특별한 지혜가 있다고 주장합니다(8절). 따라서 엘리후 역시 어리석은 사람입니다. 참된 지혜란, 하나님께만 지혜가 있다는 사실을 인정하는 것이기 때문입니다(욥 28:28).

33장　왜 엘리후의 주장은 세 친구의 주장과 다를 바 없는가?

1-33 엘리후의 주장은 세 친구와 욥의 중간쯤에 위치합니다. 세 친구는 욥의 고난이 그의 죄 때문이라고 주장했고, 욥은 자신의 고난이 죄 때문이 아니라고 주장했습니다. 이에 반해 엘리후는 욥의 고난이 하나님의 경고라고 주장합니다(16절). 그런데 엘리후의 주장을 곰곰이 생각해 보면, 결국 세 친구가 주장한 내용의 연장선임을 알 수 있습니다. 죄를 지었기 때문에 고난을 당한다는 것이나, 죄를 지을 것으로 예상되기 때문에 고난을 당한다는 것이나, 결국에는 문제의 원인을 욥에게 돌리는 주장이

기 때문입니다. 엘리후는 세 친구에게 없는 지혜가 자신에게 있다고 주장하지만, 사실 세 친구와 다를 바 없는 사람입니다. 엘리후의 모습은 28장에서 언급되었던 지혜의 의미를 다시 한 번 생각하게 합니다. 아무리 탁월한 사람도 자신이 지혜자라고 주장할 수 없습니다. 지혜는 하나님의 것이기 때문입니다. 인간이 지혜로울 수 있는 것은 하나님을 의지하는 겸손한 태도를 견지할 때입니다(욥 28:28).

34장　왜 엘리후는 욥이 죄인이라고 생각하는가?

1-37 엘리후는 죄인을 취조하는 검사처럼 욥을 추궁합니다. 엘리후는 크게 세 가지 이유로 욥이 큰 형벌을 받을 만한 죄를 지었다고 확신합니다. 첫째, 하나님은 불의를 행하시지 않기 때문입니다(10절). 공정하신 하나님이 무죄한 욥에게 고난을 주실 수 없다는 것입니다. 둘째, 하나님은 전능하시기 때문입니다(17절). 실수가 없으신 하나님이 무죄한 욥에게 형벌을 내리실 리는 없다는 것

입니다. 셋째, 하나님은 사람들의 모든 행동을 보시기 때문입니다(21절). 사람들은 욥의 범죄 현장을 보지 못했지만, 하나님은 보셨을 것이라는 뜻입니다. 하지만 엘리후는 욥이 범죄하는 모습을 본 적이 없습니다. 그러면서도 엘리후는 욥이 죄인이라고 확신합니다. 이른바 확증 편향(確證 偏向)입니다. 엘리후는 자신의 생각이 무조건 옳다고 생각하는 미련한 사람입니다.

욥기 35-37장

엘리후의 연설⑵

35장　왜 우리는 힘써 선을 행하고 죄와 싸워야 하는가?

1-16 엘리후는 인간이 가까이 갈 수 없는 높은 곳에 하나님이 계시다고 말합니다(5절). 이것은 하나님과 사람 사이의 간격을 강조하는 것으로, 사람의 행동이 하나님께 아무런 영향을 미치지 못한다는 뜻입니다. 사람은 미천한 존재이기에, 하나님은 사람의 삶에 그다지 관심을 가지지 않는다는 뜻입니다. 이것은 사실이 아닙니다. 하나님은 욥의 삶에 큰 관심을 가지고 계셨습니다. 욥의 의로운 삶을 기쁘게 여기셨고, 심지어 자랑하기까지 하셨습니다(욥 1:8). 우리도 마찬가지입니다. 하나님은 당신 아들의 핏값으로 우리를 사셨습니다. 하나님은 그만큼 우리를 소중하게 여기십니다. 바로 이것이 우리가 힘써 선을 행하며 죄와 싸워야 할 이유입니다. 하나님은 우리가 선을 행할 때 기뻐하시고, 우리가 악을 행할 때 슬퍼하십니다. 엘리후의 주장처럼 하나님은 우리에게서 멀리 계신 분이 아닙니다.

36장　왜 엘리후는 욥에게 상처를 주는 말도 서슴지 않는가?

1-33 엘리후는 욥에게 상처를 주는 말도 서슴지 않습니다. 욥을 위로하는 일은 엘리후의 관심사가 아니기 때문입니다. 엘리후는 오직 하나님을 위해서만 말합니다(2절). 그래서 욥의 상처는 엘리후의 안중에 없습니다. 그런데 이것이 지혜로운 태도일까요? 하나님을 사랑하는 것과 사람을 사랑하는 것이 칼로 두부를 자르듯 구분되는 일일까요? 예수님은 "너희가 여기 내 형제 중에 지극히 작은 자 하나에게 한 것이 곧 내게 한 것이니라"라고 말씀하셨습니다(마 25:40). 하나님을 사랑하는 것과 사람을 사랑하는 것은 구분되는 일이 아닙니다. 예를 들어 우리 곁의 어떤 사람이 극심한 고난 가운데 하나님을 원망하는 말을 했다고 가정해 봅시다. 하나님의 영광을 위해 그 사람을 비난하고 정죄해야 할까요? 이런 경우에는 그 사람의 아픈 상처에 공감하기 위해 노력하는 것이 지혜로운 태도입니다. 하나님의 영광을 위한다는 명분이 사람에게 상처 주는 일을 정당화하지는 않습니다. 물론 명백한 진리의 문제는 별개입니다.

37장　왜 엘리후는 하나님의 권능과 지혜를 찬양하는가?

1-24 엘리후는 하나님의 권능과 지혜를 찬양합니다. 벗갯불과 천둥, 눈과 비, 폭풍우 묘사는 모두 다 하나님의 위엄을 강조하는 표현입니다. 엘리후가 하나님을 찬양하는 이유는 응보 교리의 완전함을 강조하기 위해서입니다. 전능하신 하나님이 의인에게 벌을 내리는 실수를 하실 수 없고, 따라서 욥은 심판받아 마땅한 죄인이라는 말을 하려는 것입니다. 하지만 욥은 세상에서 제일가는 의인입니다. 욥의 고난은 하나님의 예외적인 섭리입니다. 그러나 엘리후는 예외를 인정하지 않습니다. 하나님의 특별한 섭리를 인정하지 않습니다. 엘리후는 하나님의 권능을 찬양하고 싶었을 것입니다. 하지만 하나님을 자신의 좁은 식견 안에 가두어 둠으로써 오히려 하나님의 영광을 훼손하고 있습니다.

하나님과 욥의 첫 번째 대화

38장 왜 욥은 자신의 고난을 하나님의 섭리로 받아들이게 되는가?

1-41 드디어 하나님이 전면에 등장하십니다. 하나님은 욥에게 질문하십니다. 하나님의 질문을 두 가지로 요약할 수 있습니다. 첫 번째 질문은 '세상에서 일어나는 일들을 네가 모두 이해할 수 있느냐?'이고(4-38절), 두 번째 질문은 '창조 세계의 동물들을 네가 모두 이해할 수 있느냐?'입니다(욥 38:39-39:30). 욥의 대답은 둘 다 '모른다'입니다(욥 40:4). 주목할 부분은 하나님이 욥의 고난에 대해서는 한마디도 하시지 않는다는 점과 그럼에도 불구하고 욥이 자신의 고난을 하나님의 섭리로 받아들이게 된다는 점입니다. 이것은 욥이 하나님의 지혜를 깨닫게 된 결과입니다. 고난을 겪을 때, 우리의 마음에는

여러 가지 질문들이 생겨납니다. '내가 이런 고난을 겪는 이유는 뭘까?' '대체 언제까지 이런 고난을 겪어야 할까?' '하나님은 왜 나에게 이런 일이 생기게 하셨을까?' 이때 우리는 대답을 듣고자 하고, 대답을 들어야만 문제가 해결된다고 생각합니다. 하지만 하나님은 이렇게 말씀하십니다. "내가 말한다고 하여 네가 다 이해할 수 있느냐?" "네가 나의 지혜를 신뢰하지 못하느냐?" 우리가 하나님의 지혜를 신뢰한다면 필요한 대답을 이미 가지고 있는 것이나 마찬가지입니다. 우리의 억울함과 두려움은 하나님을 신뢰하지 못하는 데서 시작되기 때문입니다.

39장 왜 사자와 독수리는 고난과 유사한가?

1-30 하나님은 아홉 종류의 동물을 말씀하십니다. 사자, 까마귀, 염소, 들나귀, 들소, 타조, 말, 매, 독수리입니다. 특이한 것은 동물의 목록에 양이나 낙타처럼 인간의 삶에 유용하고 순응적인 것들은 빠져 있고, 무용하거나 적대적인 것들이 대부분을 차지한다는 점입니다. 이 동물들은 왜 존재하는지 알 수 없지만, 하나님이 지으신 피조물이라는 점에서 '고난'과 유사합니다. 고난 역시 왜 일어나는지 알 수 없지만, 하나님이 발생시키신 사건이기 때문입니다.[138] 사자와 들소, 매와 독수리 같은 짐승은

차라리 없는 것이 더 낫다고 생각하기 쉽습니다. 하지만 그것들이 무용한 존재였다면, 하나님이 그것들을 창조하시지도 않았을 것입니다. 고난도 마찬가지입니다. 고난은 없을수록 좋다고 생각하기 쉽지만, 사실은 그렇지 않습니다. 무용해 보이는 짐승들도 존재의 이유가 있는 것처럼, 무용해 보이는 고난도 일어난 이유가 있습니다. 그런 점에서 고난은 피해야 할 것이 아니라, 이겨 내야 할 것입니다. 무의미한 시간이 아니라 꼭 필요한 시간입니다.

하나님과 욥의 두 번째 대화

40장   왜 하나님은 베헤못을 보라고 하시는가?

1-24 욥은 하나님의 정의를 의심했습니다(8절). 하나님이 정의로우시다면, 지금 같은 고난을 겪을 리가 없다고 생각했습니다. 그래서 하나님은 '베헤못'을 보라고 하십니다(15절). 베헤못은 사나운 육지 동물인 하마나 코끼리를 의미합니다.[139] 고대인들에게 하마나 코끼리는 통제 불가능한 공포의 창조 세계대상이었을 것이 분명합니다. 하지만 하마와 코끼리도 하나님의 피조물에 불과합니다(15절). 이토록 전능하신 하나님이 실수로 욥에게 고난을 주실 수 있을까요? 없습니다. 따라서 욥에게 일어난 일도 하나님의 정의를 훼손하지 않습니다. 다만 인간의 지혜가 부족하여 하나님의 정의를 다 이해하지 못할 뿐입니다.

41장   왜 하나님은 리워야단을 통제할 수 있냐고 물으시는가?

1-34 욥은 자신의 불행을 보면서 이렇게 생각했을 것입니다. '창조 세계가 하나님의 통제를 벗어난 것이 분명하다. 그렇지 않고서야 의인이 고난을 받고, 악인이 번성하는 일이 일어날 수 있겠는가?' 이에 하나님은 리워야단을 통제할 수 있느냐고 물으십니다. 리워야단은 악어를 의미합니다.[140] 리워야단은 베헤못보다 더 강력한 짐승으로, 심지어 인간을 공격하기도 하는 무시무시한 짐승으로 묘사됩니다. 하지만 하나님은 악어를 창조하셨고, 악어의 행동 하나하나까지도 통제하십니다. 그러므로 창조 세계가 하나님의 통제를 벗어났을지도 모른다고 생각하는 것은 어리석은 일입니다. 우리가 미련하여 하나님의 통치를 다 이해하지 못할 뿐, 하나님이 창조 세계에 대한 통제력을 상실하실 수는 없습니다.

42장   왜 욥의 재산은 회복되어야 하는가?

1-17 욥은 고난을 겪는 내내 하나님께 질문했습니다. 왜 자신이 이런 고통을 겪는지 물었습니다. 하나님은 욥의 질문에 구체적으로 답하시지 않았습니다. 대신 하나님의 지혜와 권능을 말씀하셨습니다. 결과적으로 욥은 자신의 고난에도 하나님의 뜻이 있음을 깨닫게 되었습니다. 자신이 겪은 고통조차 하나님의 섭리임을 알게 되었습니다. 우리도 하나님께 질문하곤 합니다. 하지만 하나님이 우리의 질문에 모두 대답하실 필요는 없습니다. 하나님이 하시는 일은 모두 다 옳은 일이기 때문입니다. 다만 우리의 이해력으로 하나님의 지혜를 다 이해하지 못할 뿐입니다(3절). 42장 후반부는 욥기의 에필로그입니다. 어떤 사람들은 이 부분이 옥에 티라고 생각합니다. 세 친구가 줄기차게 주장했던 '응보 교리'를 옹호하는 것처럼 보이기 때문입니다. 하지만 욥의 재산이 회복되는 것은 꼭 필요한 일이었습니다. 그래야만 욥의 의로움이 공개적으로 입증되기 때문입니다.[141] 그리고 하나님이 의로운 자들에게 복 주시는 것은 분명한 진리입니다. 거기에 '항상'이라는 전제를 달지만 않는다면 말입니다.

한눈에 보는 시편

핵심	제1권 (1–41편)	제2권 (42–72편)	제3권 (73–89편)	제4권 (90–106편)	제5권 (107–150편)
주제	누가 복 있는 자인가?	여호와여 우리를 도우소서!	의인의 고난	하나님의 주권	성전에 거하시는 하나님
저자	대부분 다윗	다윗, 아삽, 고라		다윗, 모세	다윗과 무명의 저자들
기간	대략 주전 1410–430년 (약 천 년에 걸쳐 기록되고 편집되었다)				

저자: 다윗 (70편이 넘는 시편을 기록한 대표적인 저자)

아삽(50, 73-83편), 고라와 그의 자손들(42-49, 84, 85, 87, 88편), 솔로몬(72, 127편), 모세(90편), 에단(89편) 등

기록 목적

다윗을 비롯한 여러 저자들은 저마다 다양한 상황 속에서 하나님을 찬양했다. 시편의 편집자는 그중에서 150개의 시편을 선별했다. 동일한 상황에 처한 성도들이 기도와 찬양의 모범을 발견하도록 하기 위해서다.

통독 길잡이

시편은 찬양집이다. 일반적으로 찬양은 기쁨과 환희의 노래다. 하지만 시편에 포함된 노래들은 다르다. 각각의 시편을 살펴보면, 대부분이 고난 중에 지어졌음을 알 수 있다. 상당수의 시편이 악인들의 핍박을 배경으로 한다. 고난받는 의인들이 왕이신 하나님의 도움을 구하는 눈물의 호소가 시편의 중심 내용이다. 하지만 시편이 눈물의 노래인 것만은 아니다. 눈물로 하나님께 나아가지만, 의인의 부르짖음을 들으시는 하나님으로 말미암아 결국에는 웃으며 돌아오기 때문이다. 그런 점에서 시편은 기쁨의 노래다. 시편은 각각의 저자들이 불렀던 노래이지만, 동시에 우리의 노래이기도 하다. 우리가 시편을 묵상할 때, 하나님께서 우리의 눈물도 기쁨의 탄식으로 바꾸어 주실 것이기 때문이다.

154

고난받는 의인의 노래

1편 왜 시인은 어려움을 겪는 신자도 형통한 사람이라고 하는가?

1-6 세상은 성공한 사람을 복 있는 사람이라고 합니다. 하나님은 어떤 사람을 복 있는 사람이라고 하실까요? 첫째, 악인들의 꾀를 따르지 않는 사람입니다(1절). 둘째, 하나님께 순종하기 위해 주야로 말씀을 묵상하는 사람입니다(2절). 셋째, 세상의 인정이 아니라 하나님의 인정을 받는 사람입니다(3절). 세상은 아무 어려움이 없는 사람을 형통한 사람이라고 합니다. 하나님은 어떤 사람을 형통한 사람이라고 하실까요? 3절에 기록된 '형통'은 아무런 어려움이 없는 삶이 아닙니다. 시편이 말하는 복은 하나님과 바른 관계를 갖는 것입니다. 세상에서는 여러 가지 어려움을 겪을지라도, 하나님과는 가까이 지내는 것이 진짜 형통입니다(6절).

2편 왜 신자의 삶은 필연적으로 고난인가?

1-12 신자를 조롱하는 사람들이 있습니다. 사회생활을 하다 보면 꼭 한 번은 그런 사람을 만납니다. 2편은 그런 상황에서 부르는 노래입니다. 2편은 다윗 왕조의 대관식에 사용된 노래로서 본문의 왕은 일차적으로 다윗 후손을 말합니다. 하지만 궁극적으로 가리키는 대상은 그리스도입니다.[142] 그러므로 이방 나라들이 도모하는 것의 궁극적 실체는 하나님에 대한 반역입니다. 이것은 우리 삶이 필연적으로 고난임을 보여 줍니다. 하나님을 대적하는 것이 세상의 본성이기 때문입니다(2절). 하지만 우리에게 피할 길이 없는 것은 아닙니다. 우리의 하나님은 악인들의 도모를 비웃으시는 온 우주의 통치자이십니다(4절). 그래서 우리는 고난 중에도 하나님께 피할 수 있습니다(12절). 이것이 우리의 복입니다(12절).

3편 왜 다윗은 대적에게 쫓기면서도 깊은 잠을 잘 수 있었는가?

1-8 3편은 다윗이 압살롬을 피해 도주했을 때를 배경으로 합니다(삼하 15-17장). 다윗은 압살롬의 군대에게 추적당하고 있었지만 좌절하거나 낙심하지 않았습니다. 대신 하나님이 자신의 방패임을 묵상하며(3절), 하나님의 도움을 구했습니다(4절). 그 결과 다윗은 깊은 잠을 잘 수 있었고(5절), 희망을 품을 수 있었습니다(6절).

고난받는 의인들이 여호와께 드리는 기도(1)

4편　왜 다윗은 대적에게 쫓기면서도 평안히 잠을 자는가?

1-8 다윗은 대적에게 쫓기고 있습니다. 생사가 위태로운 상황입니다. 하지만 다윗은 두려워하지 않습니다. 여전히 평안히 잠을 잡니다(8절). 그 이유는 다음과 같습니다. 첫째, 하나님이 당신 백성의 기도를 들으시기 때문입니다(1절). 둘째, 하나님이 다윗을 택하셨기 때문입니다(3절). 셋째, 하나님이 당신의 백성을 안전하게 지키시기 때문입니다(8절). 이처럼 우리의 안전은 하나님께 달려 있습니다. 지금까지 하나님의 은혜로 살아왔듯이, 앞으로도 하나님의 은혜로 살 것입니다.

5편　왜 다윗은 하나님의 응답을 확신하는가?

1-12 악인들에게 공격받는 다윗은 간절히 하나님께 기도합니다(1절). 다윗은 하나님의 응답을 확신합니다(3절). 하나님은 죄악을 미워하시는 분이기 때문입니다(4절). 우리는 세상에서 어려움을 당할 때, 악한 방법으로 문제를 해결하려고 해서는 안 됩니다. 어떤 상황에서도 경건하게 행동해야 합니다(7절). 그러면 하나님이 우리를 호위하시고(12절), 악인들을 심판하실 것입니다.

6편　왜 다윗은 원수들이 비방해도 낙담하지 않는가?

1-10 다윗은 어떤 죄로 말미암아 하나님께 징벌을 받았습니다(1절). 악인들은 그때를 놓치지 않고 다윗을 비방했습니다(7절). 하지만 다윗은 낙담하지 않았습니다. 하나님이 자신의 회개 기도를 들으시고 회복시켜 주실 것을 확신했기 때문입니다(9절). 죄는 우리를 절망적인 상태로 끌고 갑니다. 절망의 터널에서 빠져나오는 유일한 방법은 참된 회개입니다. 하나님이 우리를 용서하시면, 모든 상황이 역전됩니다.

7편　왜 하나님이 침묵하실 때도 계속해서 기도해야 하는가?

1-17 원수들은 굶주린 사자처럼 다윗을 공격합니다(2절). 다윗이 그들에게 어떠한 악도 행하지 않았는데도 말입니다(3-5절). 그런데 다윗을 더욱 힘들게 하는 문제가 있었습니다. 마치 하나님이 주무시는 것처럼 다윗의 고통에 침묵하신다는 것입니다(6절). 다윗에게는 이것이 가장 큰 괴로움입니다. 하지만 다윗은 포기하지 않습니다. 하나님이 주무시는 듯 보이는 상황에서도 계속해서 기도합니다. 하나님이 당신의 백성에게 무관심한 순간은 없기 때문입니다. 하나님이 침묵하시는 것처럼 보이는 순간이 가장 간절히 기도해야 할 때입니다.

8편　왜 하나님을 떠난 인간은 무가치한가?

1-9 시편 8편은 3-7편의 시편을 마무리하는 송영(찬사)입니다. 어느 날 문득 밤하늘을 본 다윗은 그 놀라운 광경에 감격하여 하나님의 전능하심을 찬양하게 됩니다. 바로 그 고백이 시편 8편입니다. 이 시는 인간이 가진 영화를 찬양하는 듯 보이지만, 실제로는 그런 존귀를 인간에게 허락하신 하나님을 향한 찬양입니다. 인간의 존귀함은 하나님에게서 온 것이므로(5절), 하나님을 떠난 인간에게는 어떠한 가치도 없습니다.

고난받는 의인들이 여호와께 드리는 기도⑵

9편 왜 다윗은 하나님을 기뻐하는가?

1-10 다윗은 하나님을 기뻐합니다(1절). 하나님이 다윗을 대적하는 악인들을 심판하셨기 때문입니다(3절). 이처럼 하나님은 의로운 재판장이십니다(3절). 하나님은 우리의 억울함을 풀어 주십니다. **11-20** 때때로 악인들이 승리하고, 의인들이 패배할 때가 있습니다. 그때도 하나님은 당신의 백성을 떠나 계시지 않습니다(11절). 하나님은 여전히 의인의 고난과 악인의 범죄를 보고 계십니다(12절). 결국 악인들은 자기가 판 함정에 스스로 걸려들 것입니다(15절).

10편 왜 우리가 기도하지 않을 때, 악인들이 번성하는가?

1-18 악인들은 약한 자를 핍박합니다(2절). 힘없는 자를 죽입니다(8절). 하나님이 없다고 생각하기 때문입니다(4절). 그래서 시인은 기도합니다. 일어나서 약한 자를 도와 달라고 합니다(12절). 하나님이 살아 계심을 보여 달라고 합니다. 놀랍게도 하나님은 우리의 기도를 따라 일하십니다. 우리가 기도하지 않을 때는 당신의 존재를 감추시고, 우리가 기도할 때는 당신의 존재를 드러내십니다. 어쩌면 악인의 번성함은 우리가 기도하지 않는다는 증거일지 모릅니다.

11편 왜 다윗은 위기에서 벗어나기 위해 불법적인 방법을 사용하지 않는가?

1-7 다윗은 위기를 맞이했습니다. 주위 사람들은 다윗에게 불법적인 방법을 사용해서라도 위기에서 벗어나라고 유혹합니다(1절). 하지만 다윗은 세상의 유혹에 넘어가지 않습니다. 하나님께 피하는 것이 진정한 해결책임을 믿기 때문입니다(7절). 지금도 세상은 우리에게 인간적인 해결책을 찾으라고 유혹합니다. 하지만 하나님께 피하는 것만이 진정한 해결책입니다.

12편 왜 우리는 세상의 소리를 귀를 닫아야 하는가?

1-8 다윗은 경건한 사람이 보이지 않는다고 말합니다(1절). 다윗 주위에는 거짓말하는 자들과 아첨하는 자들밖에 없습니다(2절). 그래서 다윗은 기도합니다. 입으로 범죄하는 자들과 교만하게 말하는 자들을 심판해 달라고 간구합니다(3절). 우리가 귀를 기울일 것은 타락한 세상의 소리가 아닙니다. 하나님은 우리가 세상의 소리가 아니라 말씀의 소리에 귀를 기울이기를 원하십니다(6절).

13편 왜 다윗의 마음은 절망에서 기쁨으로 변화되는가?

1-6 다윗은 깊은 절망감에 빠져 있습니다(1절). 악인들이 득세하는 현실에 지쳤기 때문입니다(4절). 하지만 다윗은 찬양으로 기도를 마무리합니다(6절). 하나님이 다윗의 마음을 바꾸어 주셨기 때문입니다. 이것이 기도의 능력입니다. 기도는 우리의 마음을 변화시킵니다. 그래서 똑같은 상황에서도 감사하게 하십니다.

14편 왜 불신자는 어리석은 사람인가?

1-7 세상에서 가장 어리석은 사람은 하나님의 존재를 믿지 않는 사람입니다(1절). 하나님이 없다고 생각하기에 계속해서 죄를 짓고, 계속해서 죄를 짓기에 하나님의 심판을 피하지 못하기 때문입니다(4절). 우리는 악인들의 최후를 두려워해야 합니다. 세상의 화려함은 하나님의 심판으로 막을 내릴 것입니다.

157
6월 6일

여호와의 영광을 노래하는 시편(1)

15편 왜 일회적인 행사로는 하나님과 바른 관계를 가질 수 없는가?

1-5 고대의 이방 종교들은 일회적인 행사로 신에게 가까이 갈 수 있다고 가르쳤습니다. 평소에는 신과 상관없이 살다가도, 특별한 날에 거대한 이벤트를 개최하는 것으로 신의 마음을 유쾌하게 할 수 있다고 생각했습니다.

하지만 다윗은 그런 방법으로 하나님과 바른 관계를 가질 수 없다고 말합니다. 하나님은 일회적인 행사가 아니라 일상의 거룩함을 원하시기 때문입니다(2-5절).

16편 왜 다윗은 어려움 속에서도 안식과 기쁨을 누리는가?

1-11 다윗은 평생 비방과 음해, 그리고 살해 위협에 시달렸습니다. 그럼에도 다윗은 안식과 기쁨을 누릴 수 있었습니다. 그 비결은 무엇일까요? 다윗은 어려움을 겪을 때마다 하나님께 피했습니다. 자신의 힘으로 해결할 수

없는 문제를 하나님께 맡겼습니다. 우리도 하나님을 피난처로 삼아야 합니다. 그러면 고난 많은 세상에서도 찬송하며 살아갈 것입니다.

17편 왜 다윗은 억울한 상황에서도 낙심하지 않는가?

1-15 다윗은 매우 억울한 일을 겪고 있지만, 낙심하지 않습니다. 하나님이 의로운 재판장이심을 알기 때문입니다. 다윗은 좌절하는 대신, 자신의 무죄함을 밝혀 달라고

기도합니다(2절). 우리 역시 억울한 일을 겪을 때가 많습니다. 그때마다 의로운 재판장이신 하나님을 기억합시다.

18편 왜 다윗은 원수에게 승리했는가?

1-50 18편은 하나님의 왕 되심을 찬양하는 측면에서 '제왕시'라 불리고, 하나님의 구원을 찬양하는 측면에서 '감사시'로 불립니다. 18편은 다윗이 원수에게서 승리한 이후에 기록한 시편입니다. 동일한 시편이 사무엘하 22장에도 나옵니다. 다윗이 원수에게 승리한 이유는 다윗의 믿음 때문입니다. 다윗은 하나님을 힘과 반석, 요새, 건지시는 이, 바위, 방패, 뿔, 산성으로 믿었습니다(1-3절).

군사력을 의지하거나 자신의 재능을 의지하지 않고, 오직 하나님만을 의지했습니다. 바로 이것이 사울은 패배하고, 다윗은 승리한 이유입니다. 사울은 군사적 재능은 출중했지만, 하나님만 의지하는 마음이 부족했습니다. 고난과 시련 가운데 있다면, 우리의 힘과 반석과 요새가 되시는 하나님께 기도합시다. 다윗에게 승리를 주신 하나님이 우리에게도 승리를 주실 것입니다.

158

여호와의 영광을 노래하는 시편⑵

19편　왜 말씀의 길로만 걸어야 하는가?

1-14 19편은 하나님의 영광을 노래하는 '찬양시'입니다. 다윗은 하나님의 영광이 크게 두 가지를 통해 나타난다고 말합니다. 첫째, 하나님의 으뜸가는 피조물인 태양입니다(1-6절). 고대 중동 지방에서 태양은 최고의 신으로 추앙받았습니다. 하지만 다윗은 그런 태양조차도 하나님의 영광을 드러내는 피조물에 불과하다고 노래합니다. 둘째, 하나님의 율법입니다(7-11절). 태양이 하나님이 정해 놓으신 길로만 운행하듯, 율법은 하나님이 정하신 올바른길입니다.[143] 그러므로 반드시 율법의 길, 즉 말씀의 길로만 걸어가야 합니다. 말씀의 길을 걷는 자에게는 영혼이 회복되고, 하나님의 지혜로 충만해지는 은혜가 있습니다(7절).

20편　왜 다윗은 병거와 말을 두려워하지 않는가?

1-9 20편은 전쟁하러 나가기 직전에 하나님께 올려드렸던 기도입니다.[144] 고대에 병거와 말은 오늘날로 치면 탱크나 전투기 같은 위협적인 무기입니다. 그럼에도 다윗은 병거와 말이 두렵지 않다고 노래합니다(7절). 어떤 무기도 하나님보다 강하지 않다는 사실을 알기 때문입니다(7절). 세상은 돈과 권력이 가장 강한 무기라고 말합니다. 하지만 우리는 여호와 하나님만 의지합니다.

21편　왜 다윗은 전반부는 현재형으로, 후반부는 미래형으로 노래하는가?

1-13 20편과 21편은 연결됩니다. 20편이 하나님께 승리를 간구하는 노래라면, 21편은 하나님께서 주신 승리에 감사하는 노래입니다. 다윗은 하나님께 승리를 구했고, 하나님은 그 기도에 응답하셨습니다. 따라서 다윗의 승리는 기도의 승리입니다. 세상을 이기는 힘은 하나님을 의지하는 기도입니다. 21편의 전반부는 현재형이고, 후반부는 미래형입니다. 이것은 현재와 미래의 연속성을 강조합니다. 다윗은 지금까지 자신을 도와주신 하나님이 미래에도 자신을 도와주실 것이라고 확신합니다. 우리에게도 이러한 믿음이 필요합니다. 많은 신자들이 미래에 대한 두려움을 안고 살아갑니다. 경제가 불안하거나 육신이 쇠약해질 때, 그러한 두려움은 더욱더 강해집니다. 그럴수록 하나님의 신실하심을 생각해야 합니다. 현재 우리와 함께하시는 하나님은 미래에도 우리를 버리지 않을 것입니다. 지금까지 은혜로 살았다면, 앞으로도 은혜로 살 것입니다.

하나님의 위엄을 보여 주는 시편들

22편　왜 다윗은 하나님의 은혜를 기억하게 되는가?

1-31 다윗은 벌레 같은 취급을 받고 있습니다(6절). 사람들은 다윗을 비웃고(7절), 그의 신앙을 조롱합니다(8절). 그럼에도 불구하고 하나님의 도움은 보이지 않습니다(1-2절). 22편은 이런 심각한 상황 속에서 드린 기도입니다. 하지만 기도하는 가운데 놀라운 반전이 일어납니다. 다윗은 하나님이 조상들에게 베푸셨던 은혜를 기억하게 됩니다(4-5절). 이어서 하나님이 자신의 생명을 주관하고 계심을 확신하게 됩니다(9-10절). 이것이 기도의 능력입니다. 기도는 고난을 벗어나게 하는 것이 아니라 고난을 이기게 합니다. 고난을 피하게 하는 것이 아니라 고난을 견디게 합니다. 악인들이 득세하는 세상 속에서, 우리의 마음을 굳게 지키는 길은 기도입니다. 22편은 구속사적으로 중요합니다. 22편은 예수님의 고난을 예언하는 시편입니다. 1절은 마태복음 27:46에서, 7절은 마태복음 27:39에서, 8절은 마태복음 27:43에서, 18절은 마태복음 27:35에서 각각 인용되었습니다.

23편　왜 하나님은 다윗을 사망의 음침한 골짜기로 인도하셨는가?

1-6 다윗은 23편을 통해 고난의 의미를 노래합니다. 목자들은 웬만해선 골짜기를 통과하지 않습니다. 골짜기에는 도적들이 숨어 있는 경우가 많기 때문입니다. 그럼에도 불구하고 목자들이 골짜기를 통과하는 경우가 있습니다. 골짜기 너머에 목초지가 있는 경우입니다. 본문도 마찬가지입니다. 하나님은 다윗을 사망의 음침한 골짜기로 인도하셨습니다(4절). 이것은 다윗이 겪은 수많은 고난을 의미합니다. 다윗이 겪은 수많은 고난은 다윗의 성장을 위한 인생 학교였습니다. 다윗이 훌륭한 왕이 될 수 있었던 것은 "사망의 음침한 골짜기"에서 훈련을 받았기 때문입니다.

24편　왜 하나님과 동행하기 원하는 자는 거룩해야 하는가?

1-10 24편은 다윗이 하나님의 언약궤를 왕궁으로 옮길 때 기록한 시편입니다(삼하 6장).[145] 다윗은 하나님과 동행하는 조건을 다음과 같이 교훈합니다(4절). 첫째, 손이 깨끗해야 합니다. 이것은 깨끗한 행동을 의미합니다. 둘째, 마음이 청결해야 합니다. 이것은 올바른 생각을 의미합니다. 셋째, 허탄한 것에 마음을 주지 말아야 합니다. 이것은 하나님만 의지하는 것을 의미합니다. 넷째, 거짓 맹세하지 말아야 합니다. 이것은 하나님과의 약속을 지키는 것을 의미합니다. 이처럼 하나님과 동행하는 것은 거룩하고 성별 된 신자의 특권입니다. 하나님과 동행하기 원하면서 세상의 죄에 물들어선 안 됩니다.

25편　왜 다윗은 하나님의 긍휼과 인자하심에 호소하는가?

1-22 다윗은 외롭고 괴로우며, 근심과 환난이 많고, 원수들의 미움을 받고 있습니다(16-19절). 이런 상황에서 다윗은 기도밖에 할 수 없습니다. 주목할 부분은 다윗이 하나님의 긍휼과 인자하심에 호소한다는 점입니다(6-7절). 그 이유는 아무리 대단한 사람도 하나님께 무언가를 요구할 공로를 가지고 있지 않고, 아무리 의로운 사람도 하나님께 당당히 나아갈 자격을 가지고 있지 않기 때문입니다. 우리가 하나님께 나아가 은혜를 구할 수 있는 근거는 오직 하나님의 긍휼과 자비입니다.

알파벳 순서로 두운을 맞춘 시편⑴

26편　왜 다윗은 악으로 악을 갚지 않는가?

1-12 다윗은 거짓에는 거짓으로, 힘에는 힘으로 맞서지 않습니다. 원수들이 공격할 때도 선하고 의로운 삶을 포기하지 않습니다(11절). 원수 갚는 것이 하나님께 달려 있음을 믿기 때문입니다. 악을 악으로 갚기보다 하나님께 기도하는 사람이 되어야 합니다.

27편　왜 다윗은 무자비한 원수들이 공격할 때도 하나님을 찬양하는가?

1-14 먹이를 덮치는 맹수처럼 무자비한 악인들이 다윗을 공격합니다(2절). 다윗은 그런 상황에서도 무서워하지 않고 평안합니다. 하나님이 다윗과 함께하시기에, 결국 원수들은 실족하여 넘어질 것을 믿었기 때문입니다(2절). 놀라운 것은 다윗의 태도입니다. 다윗은 일촉즉발의 상황에서도 하나님을 찬양합니다. 그 이유는 다윗의 단 한 가지 소원이, 하나님의 임재를 누리며 하나님과 교제하는 것이기 때문입니다(4절).

28편　왜 다윗은 침묵하시는 하나님께 계속해서 기도하는가?

1-9 악한 자들이 다윗을 공격합니다(3절). 자칫하면 다윗은 생명을 잃을 수도 있는 상황입니다(1절). 설상가상으로 하나님은 다윗에게 침묵하십니다(1절). 하지만 다윗은 여전히 하나님께 기도합니다(2절). 다윗은 하나님이 침묵하실지라도 여전히 자신과 함께하신다는 것을 믿었기 때문입니다. 하나님의 침묵이 하나님의 부재(不在)는 아니기 때문입니다.

29편　왜 다윗은 폭풍우를 자세히 묘사하는가?

1-11 29편은 하나님의 창조를 찬양하는 '찬양 시편'입니다. 다윗은 이스라엘을 둘러싼 자연환경, 특히 폭풍우를 자세히 묘사합니다. 하나님의 능력을 찬양하기 위해서입니다. 하나님이 일으키신 폭풍은 이스라엘 서쪽의 지중해에서 시작하여(3절), 북쪽의 레바논 산맥을 지나서(5-7절), 남쪽의 가데스 광야까지 미칩니다(8-9절).[146] 다윗과 같은 고대인들에게 폭풍우는 그들이 경험할 수 있는 가장 강력한 힘이었을 것입니다. 그런데 다윗은 폭풍우조차 하나님의 도구에 지나지 않는다고 말합니다. 바로 그 하나님이 우리의 보호자이심을 기억한다면, 우리도 다윗처럼 평안을 누릴 수 있을 것입니다(11절).

30편　왜 우리에겐 건물로 된 성전이 필요하지 않는가?

1-12 '성전 낙성가'라는 제목이 보여 주듯이 30편은 다윗이 성전 건축을 준비하며 지은 노래입니다. 아마 다윗은 성전 건축에 필요한 자재를 준비하던 시기에 30편을 기록했을 것입니다. 그런데 30편에는 성전 건축에 관한 내용이 전혀 없습니다. 대신 하나님의 도움과 구원만을 말하고 있습니다. 다윗이 30편을 기록한 목적은 성전의 존재 이유를 알리는 것이기 때문입니다. 다윗은 성전이 하나님께 은혜를 구하는 곳이며(10절), 하나님의 은혜를 찬양하는 곳이라고 말합니다(11절). 이제 우리는 성전을 통해 은혜를 받지 않습니다. 예수님을 통해 은혜를 받습니다. 이 시대의 성전은 예수 그리스도이기 때문입니다(요 2:21). 이스라엘 백성들이 성전을 통해 하나님께 나아갔던 것처럼 우리는 예수님을 통해 하나님께 나아갑니다.

알파벳 순서로 두운을 맞춘 시편②

31편　왜 다윗의 몸과 마음은 쇠약해졌는가?

1-24 다윗은 대적들의 공격으로 궁지에 몰립니다(4절). 대적들이 강성하자 다윗의 동료들마저 다윗을 배반합니다(11절). 결국 다윗은 몸과 마음이 완전히 쇠약해집니다(9-10절). 우리도 이런 일을 겪을 때가 많습니다. 너무나 힘들고 억울한데, 누구도 내 편이 되어 주지 않는 상황 말입니다. 31편은 그런 상황에서 사용할 수 있는 기도문입니다. "여호와여 내가 주께 피하오니 나를 영원히 부끄럽게 하지 마시고 주의 공의로 나를 건지소서 내게 귀를 기울여 속히 건지시고 내게 견고한 바위와 구원하는 산성이 되소서"(1-2절).

32편　왜 다윗은 큰 고통을 겪었는가?

1-11 32편은 다윗이 자신의 죄를 숨겼을 때의 고통을 기록한 것입니다. 그때 다윗은 뼈가 쇠하고(3절), 무거운 것에 깔려 몸의 진액이 모두 빠져나오는 것 같은 고통을 겪었습니다(4절). 하지만 죄를 솔직하게 자백한 이후에는, 영혼을 새롭게 하시는 하나님의 은혜를 경험했습니다. 이처럼 죄를 자백하는 것은 우리를 비참하게 만들지 않습니다. 회개는 하나님의 용서를 경험하는 유일한 방법입니다(5절).

33편　왜 하나님을 찬양해야 하는가?

1-22 33편은 하나님을 찬양하라는 요청으로 시작합니다(1절). 찬양은 하나님의 백성들이 마땅히 해야 할 일입니다(1절). 하나님을 찬양할 이유는 다음과 같습니다. 첫째, 하나님이 정의롭게 세상을 통치하시기 때문입니다(5절). 둘째, 하나님은 창조주이시기 때문입니다(6절). 셋째, 하나님의 계획은 반드시 이루어지기 때문입니다(10절). 넷째, 하나님이 모든 인생을 살피시기 때문입니다(13절). 하나님이 당신의 백성을 구원하시기 때문입니다(16절). 다섯째, 하나님은 도움을 구하는 자들에게 방패가 되시기 때문입니다(20절).

34편　왜 다윗은 위험에서 벗어날 수 있었는가?

1-22 제목에서 알 수 있듯이 34편은 다윗이 아비멜렉의 위협에서 벗어난 사건을 배경으로 합니다(삼상 21장). 다윗은 아비멜렉의 포로가 될 뻔했으나 미친 연기를 함으로써 그의 손에서 벗어날 수 있었습니다. 표면적으로는 다윗이 자신의 능력으로 위기를 극복한 것처럼 보이지만, 사실은 달랐습니다. 다윗이 위험에서 벗어날 수 있었던 이유는 하나님이 다윗의 기도에 응답하셨기 때문입니다(4절). 결과적으로 다윗은 다음과 같은 교훈을 얻었습니다. "의인은 고난이 많으나 여호와께서 그의 모든 고난에서 건지시는도다"(19절).

알파벳 순서로 두운을 맞춘 시편(3)

35편   왜 다윗은 여전히 찬양하는가?

1-28 어떤 무리가 이유 없이 다윗을 공격합니다(7절). 다윗을 죽이려고 함정을 팝니다(7절). 놀랍게도 그들은 다윗에게 은혜를 받은 자들입니다(12절). 다윗은 그들을 위해 기도했고(13절), 그들을 형제처럼 대했습니다(14절). 그런데도 그들은 은혜를 원수로 갚습니다. 다윗은 너무나 억울하고 힘들었을 것입니다. 하지만 다윗은 여전히 하나님을 찬양합니다(18절). 사람들은 쉽게 배신하지만, 하나님은 언제나 다윗 편이심을 알았기 때문입니다. 하나님이 다윗을 위해 대신 싸워 주실 것을 알았기 때문입니다(1절).

36편   왜 기도하기를 멈추지 말아야 하는가?

1-12 34-37편은 의인을 향한 악인의 공격이라는 배경을 가지고 있습니다. 이것은 시편 전체의 배경이기도 합니다. 시편에는 하나님의 뜻대로 살아가는 의인과 하나님께 불순종하는 악인, 그리고 의인을 도우시며 악인을 벌하시는 하나님이 등장합니다. 악인들은 의인들을 억압하고 핍박하지만 결국에는 하나님께 심판을 받습니다. 바로 이것이 다윗이 고난 중에도 힘써 기도하고 찬양했던 이유입니다. 우리 역시 동일한 세상을 살아갑니다. 여전히 악인들은 무고한 의인들을 박해합니다. 하지만 하나님께서 이 모든 것을 지켜보고 계시므로, 결국에는 하나님의 정의로운 뜻이 이루어질 것입니다. 그러므로 우리는 하나님께 기도하기를 멈추지 말아야 합니다. 하나님이 대신 원수 갚아 주실 것을 끝까지 믿어야 합니다.

37편   왜 온유한 사람이 땅을 차지하는가?

1-40 37편의 주제는 '누가 땅을 차지하는가?'입니다(9절). 구약에서 땅은 하나님의 약속과 밀접한 관련이 있습니다. 하나님은 아브라함에게 가나안 땅을 주겠다고 약속하셨고, 실제로 아브라함 후손에게 가나안 땅을 주셨습니다. 그러므로 37편의 땅은 하나님이 주시는 복을 의미합니다. 세상 사람들은 힘과 권세를 가진 사람들이 땅을 차지한다고 믿습니다. 하지만 성경의 교훈은 정반대입니다. 땅의 주인은 하나님입니다. 하나님이 주셔야 땅을 차지합니다. 하나님은 주님을 신뢰하는 사람(3, 5, 7절), 온유한 사람(11절), 너그러운 사람(21, 26절), 정직한 사람(37절), 그리고 말씀을 묵상하는 사람에게 땅을 주십니다(30-31절).

시편 제1권의 결론

38편　왜 다윗의 회개는 진정한 회개인가?

1-22 다윗은 영육 간에 큰 고통을 겪고 있습니다. 그 고통이 얼마나 심각한지 상처에서는 악취가 나고, 구부러진 허리는 펼 수 없을 정도입니다(5-6절). 다윗은 이 모든 고통의 원인이 자신의 죄에 있음을 알았습니다(4절). 그래서 다윗은 자신의 죄를 인정하며 하나님의 자비를 구합니다. 한마디도 변명하지 않고, 자신의 상황을 있는 그대로 아룁니다. 더 나아가 다윗은 자신의 죄로 말미암아 악인들이 기고만장하게 될 것과 그로 말미암아 하나님의 영광이 가려지게 될 것을 염려합니다(16절). 바로 이것이 진정한 회개입니다.

39편　왜 다윗은 세상을 새로운 관점으로 보게 되었는가?

1-13 다윗은 악인이 번영하는 현실에 의문을 품습니다. 이제 그 의문은 분노가 되었고, 입을 열면 하나님을 향한 불만이 터져 나올지도 모르는 상황이 되었습니다(1절). 하지만 4절부터 분위기가 반전됩니다. 입을 열어 하나님께 기도하자 새로운 관점으로 세상이 보이기 시작합니다. 다윗은 인간의 일생이 얼마나 짧고 덧없는지를 알게 됩니다(4-6절). 악인이 번영하는 것처럼 보이지만, 사실은 그들의 일생이 허무하다는 사실을 깨닫게 된 것입니다. 마침내 다윗은 하나님의 관점으로 보지 않고, 세상의 관점으로 보았던 자신의 죄를 자복합니다(7-11절).

40편　왜 하나님은 다윗을 반석 위에 올려주셨는가?

1-17 다윗은 끈질기게 하나님의 도움을 기다렸습니다(1절). 심지어 기가 막힐 웅덩이와 수렁에 빠지는 상황에서도 하나님께 뻗은 손을 거두지 않았습니다(2절). 그러자 하나님은 다윗을 반석 위에 올려 주셨습니다(2절). 우리 역시 다윗처럼 하나님을 기다려야 합니다. 손쉬운 해결책을 찾으려 해서는 안 됩니다. 해결책이 보이지 않고 답답한 상황이 이어질 때도 끝까지 하나님만 바라보아야 합니다.

41편　왜 다윗은 자신의 몸이 회복되기보다 자신의 죄가 용서받기를 원하는가?

1-13 다윗은 병상에 누워 있습니다(3절). 그런데 다윗은 병에서 낫기보다 자신의 죄가 용서받기를 원합니다(4절). 몸의 치유보다 하나님과의 관계를 더 중요하게 여겼기 때문입니다. 이런 상황에서 대적들은 다윗이 병상에서 일어나지 않고, 그대로 죽기를 바랍니다(5절). 이에 다윗은 기도로 대응합니다. 원수들의 소원이 아니라 자신의 소원을 이루어 달라고 기도합니다. 세상은 교회의 원수입니다. 세상은 교회가 잘되기를 바라지 않습니다. 그래서 교회는 많은 어려움을 겪습니다. 그때마다 우리는 기도해야 합니다. 그러면 하나님이 신원해 주실 것입니다.

고난 중에 부르는 시편들

42편 왜 시인은 눈물을 흘리는가?

1-11 시인은 간절히 시냇물을 찾습니다(1절). 그런데 시인이 찾기 원하는 시냇물은 다름 아닌 하나님입니다(2절). 시인은 눈물을 흘립니다. 그런데 시인이 눈물짓는 이유 역시 하나님입니다. 사람들이 하나님을 조롱하기에 눈물을 흘립니다(3절). 이처럼 시인에게는 하나님이 전부입니다(5절). 시인의 모든 소망은 하나님께 있습니다(5절).

43편 왜 시인은 자신을 주님 계신 곳으로 인도해 달라고 기도하는가?

1-5 시인은 악인들에게 둘러싸여 있습니다(1절). 악인들이 얼마나 많았던지, 시인은 나라 전체가 타락했다고 말합니다(1절). 그 와중에 시인은 주님이 계신 곳으로 자신을 인도해 달라고 기도합니다(3절). 힘든 현실 속에서도 시인의 소망은 하나님과 깊은 교제를 나누는 것이기 때문입니다. 타락한 세상 속에서 우리가 쉴 수 있는 유일한 장소는 주님의 품입니다. 어떤 상황에서도 하나님과 교제하는 일에 게을러서는 안 됩니다.

44편 왜 시인은 여전히 하나님을 찾는가?

1-26 하나님은 이스라엘이 가나안 원주민과의 전쟁에서 승리하게 하셨습니다(2절). 그러나 지금은 이스라엘을 버리셨습니다(9절). 지금 이스라엘은 대적들의 탈취를 당하고 있으며(10절), 여러 민족 가운데 흩어졌으며(11절), 종으로 팔려 나가고 있습니다(12절). 이런 상황에서도 시인은 하나님을 찾습니다(23절). 여전히 하나님만이 이스라엘의 소망이기 때문입니다(26절).

45편 왜 시인은 왕비에게 고향을 잊으라고 하는가?

1-17 45편은 시편에서 유일한 '결혼 노래'입니다. 이 노래는 다윗 왕가의 결혼식에 사용되었습니다.[147] 시인은 왕에게 칼을 허리에 차라고 요청합니다(3절). 왕으로서 백성들을 보호해 달라는 뜻입니다. 이어서 신부에게는 고향을 잊어 달라고 요청합니다(10절). 이제부터는 한 나라의 왕비로서 살아 달라는 뜻입니다.

46편 왜 시인은 두려워하지 않겠다고 말하는가?

1-11 시인은 땅이 갈라지고, 바닷물이 침범하는 상황에서도 두려워하지 않겠다고 말합니다(2-3절). 하나님이 자신의 피난처이시기 때문입니다(1절). 우리가 살아가는 세상은 시시각각 변합니다. 변동성은 언제나 우리를 힘들게 합니다. 하지만 하나님은 변함이 없으십니다. 하나님은 여전히 우리의 피난처이시고, 우리의 힘이십니다. 종교 개혁자 마르틴 루터는 이 시편을 근거로 〈내 주는 강한 성이요〉라는 유명한 찬송을 지었습니다.

하나님의 통치를 찬양하는 시편

47편 왜 시인은 하나님을 '큰 왕'이라고 하는가?

1-9 시인은 모든 만민에게 하나님을 찬양하라고 외칩니다(1절). 이는 모든 나라와 민족에게 복음이 전파될 것을 예고하는 것입니다. 만민이 하나님을 찬양해야 하는 이유는 하나님이 '큰 왕'이시기 때문입니다(2절). 하나님이 '큰 왕'이시라는 것은, 여러 왕 중에 제일가는 왕이 아니라 유일한 왕을 뜻합니다.[148] 온 세상의 왕이신 하나님은 바로 우리의 왕이십니다. 따라서 우리는 항상 하나님 말씀을 가까이해야 합니다. 그리고 그 말씀에 순종해야 합니다. 하나님은 왕이시요, 우리는 하나님의 백성이기 때문입니다.

48편 왜 예루살렘을 높고 아름답다 하는가?

1-14 예루살렘을 공격한 이방 나라들이 후퇴합니다. 하나님이 예루살렘에 거하시기 때문입니다(1절). 바로 이것이 예루살렘이 높고 아름다운 성이라 불리는 이유입니다(2절). 따라서 하나님이 함께하시는 인생이 고귀한 인생이요, 하나님이 함께하시는 가정이 아름다운 가정입니다. 하나님이 계신 곳에 기쁨과 평안이 있습니다.

49편 왜 악인의 성공을 부러워하지 말아야 하는가?

1-20 시인은 돈과 재산을 자랑하는 자들을 부러워하지 말라고 말합니다(6절). 당장에는 행복하게 보이지만, 아무리 많은 돈으로도 구원을 살 수 없기 때문입니다(8절). 그들을 기다리는 것은 멸망할 운명입니다(12절). 따라서 돈보다 중요한 것은 하나님과의 관계입니다. 하나님을 가까이하는 자들은 사망의 골짜기에서도 살길이 열리지만, 돈을 의지하는 자들은 사망이 그들의 목자가 될 뿐입니다(14절).

50편 왜 하나님은 백성들을 불러모으시는가?

1-23 하나님이 백성들을 불러 모으십니다(7절). 예배를 가르치시기 위해서입니다. 사람들은 제사의 핵심이 제물이라고 생각합니다. 하지만 하나님은 그보다 중요한 것이 있다고 하십니다(12절). 바로 감사입니다(14절). 하나님이 기뻐하시는 예배는 감사가 있는 예배입니다. 우리는 어떠합니까? 감사하는 마음을 품고 예배의 자리로 나아옵니까? 아니면 형식적이고 습관적으로 예배에 참여합니까?

참된 경건을 교훈하는 시편들

51편   왜 다윗은 큰 죄를 짓고도 회개할 수 있었는가?

1-19 다윗은 밧세바를 간음했고, 그녀의 남편 우리아가 전쟁터에서 죽게 했습니다. 이토록 심각한 죄를 지었음에도, 다윗은 자신의 죄를 용서해 달라고 기도합니다. 뻔뻔해서가 아닙니다. 하나님의 은혜와 긍휼을 믿기 때문입니다(1절). 하나님은 우리의 연약함을 아시고, 말할 수 없이 큰 자비를 베푸시는 분입니다. 다윗은 자신의 죄를 회개할 뿐만 아니라, 속사람을 새롭게 창조해 달라고 요청합니다(10절). 우리가 진심으로 회개할 때, 우리는 다시 원점으로 돌아가는 것이 아닙니다. 진정한 회개는 우리를 더욱 성숙하게 합니다.

52편   왜 도엑은 제사장들을 죽였는가?

1-9 52편은 도엑이 제사장들을 살해한 사건을 배경으로 합니다(삼상 22장). 도엑이 제사장들을 살해한 이유는 재물 때문입니다(7절). 도엑은 사울의 눈에 들기 위해 제사장들을 죽였고, 사울의 눈에 들면 재물을 얻을 수 있다고 생각했습니다. 이처럼 세상은 부자가 되기 위해 수단과 방법을 가리지 않습니다. 하지만 사사로운 이익을 위해 불법을 행하는 자들은 반드시 하나님의 심판을 받게 될 것입니다(5절).

53편   왜 악을 행하는 자들은 어리석은가?

1-6 하나님은 지켜보시는 분입니다. 하나님은 선과 악을 구별하는 사람이 있는지, 하나님을 찾는 자가 있는지 지켜보십니다(2절). 그러므로 하나님이 없다고 믿고 악을 행하는 사람들은 어리석은 사람이요, 하나님의 뜻대로 살기 위해 노력하는 사람들은 복 있는 사람입니다.

54편   왜 다윗은 하나님께 낙헌제를 드리는가?

1-7 다윗은 사울에게 쫓기는 중에도 그일라 사람들을 도와주었습니다. 하지만 그일라 사람들은 다윗을 배반하고, 사울에게 다윗을 밀고했습니다(삼상 23장). 54편은 그러한 상황에서 기록한 시편입니다. 다윗은 낙헌제를 드리겠다고 합니다. 낙헌제는 화목 제사의 일종으로서, 자발적으로 하나님께 감사를 표하는 제사입니다. 사람들은 다윗을 배반했지만, 하나님은 다윗을 버리시지 않을 것을 믿었기에 가능한 서원입니다. 사람은 쉽게 변합니다. 하지만 하나님은 영원토록 변하지 않으십니다.

55편   왜 다윗은 죽도록 힘든 상황에서도 기도하는가?

1-23 55편은 다윗이 가까운 친구로부터 배반당하여 몹시 괴로울 때 지은 시편입니다. 아마 이 친구는 아히도벨일 것으로 추정됩니다.[149] 아히도벨은 다윗의 책사였으나(삼하 16:23), 압살롬의 반란 때 선두에 선 인물입니다. 다윗은 얼마나 힘들었던지, 자신이 마치 죽은 것 같다고 말합니다(4절). 그런 상황에서도 다윗은 하나님께 기도합니다(1절). 기도만이 고통에서 벗어나는 길임을 알았기 때문입니다(22절).

하나님의 도움을 구하는 시편

56편 왜 다윗은 거듭해서 하나님을 의지한다고 말하는가?

1-13 제목에서 알 수 있듯이 지금 다윗은 블레셋 사람들에게 사로잡힐 위험에 처해 있습니다. 아마도 사울을 피해서 블레셋 지방에 숨었다가, 도리어 블레셋 사람들의 공격을 받게 된 것 같습니다. 다윗은 이 짧은 시편에서 무려 여섯 번이나 하나님을 의지한다고 말합니다. 그리고 두 번 "사람이 내게 어찌하리이까"(4, 11절)라고 말합니다. 자신의 운명이 사람의 손이 아니라, 하나님의 손에 달려 있음을 믿었기 때문입니다.

57편 왜 다윗은 비참한 상황에서도 하나님을 찬양하는가?

1-11 57편은 다윗이 사울을 피해 굴속에 숨어 있을 때 기록한 시편입니다. 다윗은 이토록 비참한 상황에서도 하나님을 찬양하기로 결심합니다(7절). 비록 몸은 어두운 굴속에 숨어 있지만, 자신의 영혼만은 하나님의 날개 아래 있음을 믿기 때문입니다(1절). 어미 새가 아기 새를 날개로 덮어 보호하듯, 하나님은 당신에게 피하는 자들을 안전하게 지키십니다.

58편 왜 타락한 권세자들이 심판 받기를 기도해야 하는가?

1-11 다윗은 하나님이 지도자들을 심판하시기를 기도합니다(6절). 그들이 권세를 남용하고 있기 때문입니다(2절). 만약 하나님이 심판하시지 않으면, 지도자들은 더 많은 악을 행할 것입니다. 공적인 직무를 사사로운 이익의 수단으로 삼는 사람들은 어느 시대에나 있기 마련입니다. 따라서 우리도 다윗처럼 기도해야 합니다. 하나님이 그들을 심판하시기를 기도해야 합니다. 교회도 마찬가지입니다. 만약 교회 안에 직분을 남용하는 자들이 있다면, 하나님이 그들을 심판하시기를 기도해야 합니다. 이것은 사랑 없는 태도가 아니라 교회의 부패를 막기 위한 일입니다.

59편 왜 다윗은 하나님을 요새라고 고백하는가?

1-17 다윗은 하나님을 요새라고 부릅니다(16절). 하나님의 은혜로 여러 차례 죽을 고비를 넘겼기 때문입니다. 다윗의 고백처럼 우리의 참된 피난처는 하나님밖에 없습니다. 흔히 돈과 권력을 피난처로 생각하기 쉽습니다. 하지만 재벌도 한순간에 망하고, 최고 권력자도 교도소에 가곤 합니다. 그러나 하나님만 의지하는 사람은 실망하지 않습니다. 하나님은 우리의 요새이시며 환난 날의 피난처이십니다(16절).

60편 왜 다윗의 실패는 무의미한 실패가 아닌가?

1-12 다윗은 암몬과 전쟁하던 중 에돔의 침략을 받았습니다. 이때 다윗은 큰 피해를 입었습니다(1절). 하지만 의미 없는 실패는 아니었습니다. 이 실패를 통해 사람의 도움은 헛되다는 사실을 알게 되었기 때문입니다(11절). 누구나 한 번은 실패를 겪습니다. 그때 흔히 저지르는 실수는, 어려움을 극복하기 위해 힘 있는 사람이나 돈 있는 사람을 찾는 것입니다. 하지만 진정한 도움은 하나님께 있습니다. 가정 먼저 해야 할 일은 하나님을 전적으로 의지하는 것입니다.

위기의 상황에서 드리는 기도들

61편   왜 다윗은 하나님을 피난처로 부르는가?

1-8 61편은 다윗이 누군가에게 쫓기던 때를 생각하며 지은 시편입니다. 1-4절은 그때 하나님께 기도한 내용이고, 5-8절은 응답하신 하나님께 감사하는 내용입니다. 다윗이 하나님을 피난처와 망대로 부르는 것(3절)은, 그동안의 경험에 근거한 고백입니다. 하나님은 한 번도 다

윗의 보호자가 되시는 일에 실패한 적이 없습니다. 하나님은 사울과 압살롬의 끈질긴 추격 속에서도, 다윗을 안전하게 지켜 주셨습니다. 바로 그 하나님이 우리와 함께하십니다. 우리 역시 다윗처럼 위기의 시간마다 하나님의 도움을 구해야 합니다

62편   왜 다윗은 위기 상황에서 흔들리지 않았는가?

1-12 다윗의 대적들은 다윗을 죽이려고 합니다(3절). 이런 위기 상황에서 다윗은 흔들리지 않습니다(6절). 다윗은 위기가 닥쳐올 때마다 잠잠히 하나님을 바라보았기 때문입니다(1절). 바로 이것이 신자의 특권입니다. 우리가 아무것도 할 수 없을 때, 비로소 하나님이 일하십니다. 따라서 아무런 해결책이 없다고 생각될 때는 좌절할

것이 아니라 잠잠히 하나님을 바라보아야 합니다. 마음 속에 떠오르는 인간적인 생각들을 내려놓고, 하나님 앞에서 조용히 기다려야 합니다. 그리고 하나님 앞에서 우리의 마음을 토해 내야 합니다(8절). 우리의 상황을 있는 그대로 말씀드리는 것은, 그 자체로 좋은 기도입니다.

63편   왜 고난받는 신자들은 63편을 자주 묵상했는가?

1-11 63편은 다윗이 광야 피난길에서 하나님께 드린 기도입니다. 그래서 고난받는 신자들은 자주 63편을 묵상했습니다. 특히 초대 교회 성도들이 63편으로 자주 기도한 것으로 알려져 있습니다.[150] 우리가 주목할 부분은

다윗이 광야에서도 하나님을 찬양한다는 점입니다(3절). 이처럼 찬양은 조건이 갖춰져야만 할 수 있는 것이 아닙니다. 우리는 어떤 상황에서도 하나님을 찬양해야 합니다.

64편   왜 하나님은 다윗의 대적들에게 심판의 화살을 쏘시는가?

1-10 다윗의 원수들은 "숨은 곳에서" 다윗을 공격합니다(4절). 남몰래 함정을 파면서, "누가 우리를 보리요"라고 말합니다(5절). 그들은 아무도 자신들의 음모를 모를 것이라고 생각합니다. 하지만 하나님은 그들의 악행을 모두 지켜보셨습니다. 그리고 그들에게 엄중한 심판의

화살을 쏘십니다(7절). 하나님 앞에서 숨길 수 있는 죄는 없습니다. 그러므로 환난 중에라도 정직한 삶을 살아야 합니다(10절). 하나님은 정직한 자들의 보호자가 되시기 때문입니다.

하나님을 찬양하라고 외치는 네 개의 시편

65편 왜 다윗은 부족한 중에도 평안을 누렸는가?

1-13 다윗은 "성전의 아름다움으로 만족"한다고 말합니다(4절). 다른 것이 부족해도, 하나님만 함께하신다면 그것으로 충분하다는 뜻입니다. 이처럼 참된 만족은 하나님에게서 나옵니다. 하나님의 도움을 확신하는 사람은 부족한 상황에서도 평안을 누릴 수 있습니다. 이 시의 배경은 가뭄 뒤의 단비입니다. 다윗은 하나님이 농사에 필요한 비를 내려 주신 것을 찬양합니다(9-13절). 하나님은 당신의 백성들을 신실하게 돌보셔서, 자발적으로 하나님을 찬양하게 하십니다.

66편 왜 시인은 홍해 사건을 기억하라고 하는가?

1-20 시인은 하나님이 과거에 행하신 위대한 사건을 기억하라고 말합니다. 바로 홍해 사건입니다(6절). 출애굽한 이스라엘 민족에게 거대한 홍해 바다는 고난 그 자체였습니다. 하지만 하나님은 고난의 바다를 통해 애굽의 군사를 멸하셨습니다. 고난이 변하여 찬양이 되게 하셨습니다. 시인은 이 사례를 통해 의미 없는 고난은 없음을 말하고자 합니다. 하나님은 고난을 주시되, 넘어지지 않도록 지켜 주십니다(9절).

67편 왜 시인은 하나님이 모든 나라와 민족에게 찬양을 받으셔야 한다고 말하는가?

1-7 67편은 이스라엘의 소명을 상기시키는 시편입니다. 하나님은 이스라엘이 모든 민족에게 복음을 전하는 통로가 되기를 바라셨습니다(창 12:3). 하지만 이스라엘은 다른 민족을 배척하는 선민사상에 빠져서 하나님의 복음을 전하는 데 게을렀습니다. 이에 시인은 하나님이 이스라엘만이 아니라 모든 나라와 민족에게 찬양을 받으셔야 한다고 말합니다(3-5절). 세계 복음화의 사명을 다시 일깨우기 위해서입니다. 우리도 마찬가지입니다. 하나님은 우리가 세계 복음화의 도구가 되기를 원하십니다. 역할은 다를지라도 사명은 동일합니다. 이 사명 앞에 어떻게 반응할지 깊이 고민해 보기를 원합니다.

68편 왜 우리는 영원한 승리를 확신할 수 있는가?

1-35 다윗은 이스라엘 역사를 하나님의 행진이라는 그림으로 묘사합니다.[151] 첫째 연(1-3절)에서 하나님은 깨어 일어나십니다. 이에 대적들은 두려워하며 흩어집니다. 둘째 연(4-6절)에서 하나님은 정의롭게 통치하십니다. 이에 사회적 약자들이 평화를 누립니다. 셋째 연(7-10절)에서 하나님은 당신의 백성과 함께 행진을 시작하십니다. 그리하여 가나안에 이르십니다. 넷째 연(11-14절)에서 하나님은 왕들을 쫓아내십니다. 그 결과 가나안을 정복하십니다. 다섯째 연(15-18절)에서 하나님은 시내산에 오르십니다. 그리하여 그곳을 지상 보좌로 삼으십니다. 여섯째 연(19-23절)에서 시인은 하나님을 찬양합니다. 하나님이 이스라엘을 구원하셨기 때문입니다. 일곱째(24-27절)와 여덟째 연(28-31절)에서 시인은 하나님이 이스라엘을 영원히 지켜 주시기를 기도합니다. 그렇게 이 시편은 마무리됩니다. 68편의 핵심은 하나님의 승리입니다. 이스라엘을 승리하게 하신 하나님은, 우리 역시 천국에서 승리의 기쁨을 누리게 하실 것입니다. 우리는 이스라엘의 승리를 보면서, 우리 역시 영원한 승리를 누릴 것을 확신할 수 있습니다.

시편 제2권의 결론

69편 왜 다윗은 자신의 안위가 아니라 믿음의 공동체를 위해 기도하는가?

1-36 69편은 다윗이 반란을 일으킨 무리에게 쫓길 때 하나님께 드린 기도입니다. 깊은 수렁에 빠져 있다는 표현(2절)은 지금 다윗이 극도의 위기 상황에 있음을 보여 줍니다. 보통 이런 상황이 되면 하나님을 향한 원망과 불평이 터져 나오기 마련입니다. 그런데 다윗은 목이 쉬고 눈이 쇠할 정도로 하나님께 기도했습니다(3절). 이처럼 참된 신앙은 고난 속에서 그 진가가 드러납니다. 특이하

게도 다윗은 개인적 안위를 위해 하나님의 도움을 구하지 않습니다. 오히려 자신의 고난으로 말미암아 실족할지 모를 믿음의 공동체를 위해 하나님의 도움을 구합니다(6절). 다윗이 기도한 목적은 개인적인 복수가 아니라 하나님의 영광이었기 때문입니다. 우리는 어떠합니까? 하나님의 영광을 위해 기도하고 있습니까?

70편 왜 다윗은 불평 대신 기도하는가?

1-5 다윗은 원수들에게 쫓기고 있습니다. 참으로 절박한 상황입니다. 보통 이런 상황이 되면 두 가지 중 한 가지를 하기 마련입니다. 불평 아니면 기도입니다. 다윗의 선택은 기도입니다. 다윗은 원수 갚는 것을 하나님께 맡깁니다(2절). 불평이 아니라 기도만이 상황을 변화시키기 때문입니다. 우리도 원수 같은 자들 때문에 어려움을

겪을 때가 있습니다. 그때 우리도 불평하기보다 기도하기를 선택해야 합니다. 그러면 하나님이 우리 대신 원수를 갚아 주실 것입니다. "내 사랑하는 자들아 너희가 친히 원수를 갚지 말고 하나님의 진노하심에 맡기라 기록되었으되 원수 갚는 것이 내게 있으니 내가 갚으리라고 주께서 말씀하시니라"(롬 12:19).

71편 왜 다윗은 절박한 상황에서도 희망을 잃지 않는가?

1-24 지금 다윗은 상당히 늙고 쇠약해진 상태입니다(9, 18절). 심지어 그 몸으로 반역자들에게 쫓기고 있습니다(11절). 그럼에도 다윗은 희망을 잃지 않습니다(8절). 과거에 자신을 도와주신 하나님이 지금도 변함없이 자신과 함께하신다는 사실을 믿었기 때문입니다. 골리앗에게서 구원하신 하나님, 사울에게서 보호하신 하나님, 그 하

나님을 여전히 신뢰했기 때문입니다. 상황은 시시각각 변하지만, 하나님은 변하지 않습니다. 지금껏 은혜로 살아왔다면, 앞으로도 은혜로 살아갈 것입니다. 이 사실을 의심하지 않는다면, 고난 중에서도 다윗과 같은 희망의 노래를 부를 수 있습니다.

72편 왜 솔로몬은 지혜를 간구하는가?

1-20 솔로몬은 자신과 자신의 후손들에게 지혜를 달라고 기도합니다. 통치자들에게 하나님이 주신 지혜가 있어야만, 가난하고 궁핍한 백성들에게 평화가 임하기 때문입니다(4절). 이 시는 궁극적으로 하나님의 아들이신 그리스도에 대한 예언입니다.[152] 그리스도는 이 시에 묘

사된 왕처럼 불의한 세상에서 하나님의 공의를 행하셨고, 죽어 가는 자들에게 하나님의 복음을 전하셨습니다. 그리고 모든 열방이 그분 앞에 무릎을 꿇게 될 것입니다(11절).

171

6월 20일

시편 73-75편

시편 제3권의 서론, 훈계의 시편들①

73편　왜 시인은 성소에서 하나님의 뜻을 깨달았는가?

1-28 악인의 형통함은 시인에게 심각한 고통이 되었습니다(16절). 우리 역시 마찬가지입니다. 악한 자들이 고난 없이 잘 지내는 모습을 보는 것은 무척이나 괴로운 일입니다. 하지만 악한 방법으로 모은 재물과 권력은 오래가지 않습니다(18절). 그러므로 우리는 세상과 타협하여 한순간의 쾌락을 누릴 것인지, 하나님께 순종하여 영원한 복을 누릴 것인지를 선택해야 합니다. 73편의 중요한 주제는 시인이 진리를 깨달은 장소입니다. 괴로워하던 시인은 성소에서 하나님의 뜻을 깨닫습니다. 성소는 하나님의 임재가 있는 장소입니다. 이는 하나님이 주시는 지혜를 통해서만 해답을 찾을 수 있다는 뜻입니다. 하나님의 인도하심을 구하면서 진리의 말씀을 묵상하는 것이 정답에 다가서는 최선의 방법입니다.

74편　왜 시인은 개인의 회복이 아니라, 이스라엘의 회복을 위해서 기도하는가?

1-23 74편은 바벨론에 의해 예루살렘이 완전히 파괴된 시기에 기록된 시편입니다(7절). 백성들은 포로로 끌려가고, 성전마저 이방인에게 더럽혀진 상황에서, 시인은 간절하게 하나님의 도움을 구합니다. 놀랍게도 시인은 개인적인 회복을 위해 기도하지 않고, 이스라엘과 성전의 회복을 위해 기도합니다. 힘든 시기일수록 개인의 안위를 우선하기 쉬운데, 그렇지 않았던 것입니다. 시인은 참으로 하나님의 나라를 위해 사는 사람이었습니다(마 6:33). 또 다른 놀라운 점은 이토록 어려운 현실 속에서도 시인이 하나님의 능력을 찬양하고 있다는 점입니다(12-17절). 평안할 때는 누구나 찬양할 수 있지만, 고난 중에서도 찬양하기 위해서는 깊은 내공이 필요합니다. 바로 우리가 그런 사람이기를 바랍니다.

75편　왜 우리는 겸손히 하나님께 순종해야 하는가?

1-10 시인은 때가 되면 하나님이 악한 자들을 소멸하실 것이라 말합니다(3절). 악인들이 멸망하는 날은 곧 이스라엘이 회복되는 날입니다. 이처럼 하나님은 높이기도 하시고, 낮추기도 하십니다(7절). 이 주제는 한나와 마리아의 노래에도 나타납니다(삼상 2:7; 눅 1:52). 높아지고 낮아지는 것이 하나님의 손에 달려 있다면(6-7절), 어떤 삶을 살아야 마땅하겠습니까? 자기를 의지하며 교만할 것이 아니라 겸손히 하나님께만 순종해야 합니다(4-5절).

172

훈계의 시편들(2)

76편　왜 산헤립은 이스라엘에게 대패했는가?

1-12 전승에 따르면 76편은 예루살렘을 위협하던 산헤립이 멸망한 이후에 기록된 것입니다.[153] 이때 하나님은 대적들의 무기를 탈취하셨고(3절), 용사들을 잠들게 하셨습니다(5-6절). 이스라엘의 대적들은 전쟁다운 전쟁 한 번 하지 못하고 무기력하게 대패했습니다. 이처럼 승리는 군사력에 달린 것이 아니라, 누가 하나님의 편이냐에 달려 있습니다. 아무리 용맹한 군사라도 하나님이 자기 편이 아니면 결코 승리를 장담할 수 없습니다. 실력을 키우는 것보다 중요한 것은 하나님과 동행하는 것입니다.

77편　왜 시인은 고통스런 상황에서 하나님을 찬양할 수 있었는가?

1-20 시인은 고통스러운 상황에서 절박하게 기도했습니다. 하지만 시인은 하나님의 침묵만을 느꼈습니다(7절). 이때 시인은 하나님이 과거에 하신 일을 떠올립니다(11절). 홍해와 광야에서 당신의 백성을 돌보신 하나님의 은혜를 생각합니다(14-20절). 비로소 시인은 하나님과 같이 위대한 신은 없다고 고백하게 됩니다(13절). 고통스러운 상황을 반복해서 생각하는 것은 아무 유익이 없습니다. 우리가 반복해서 생각해야 하는 것은 '하나님은 어떤 분인가?' 하는 것입니다. 하나님은 홍해 바다를 가르신 분이며, 광야 40년 동안 당신의 백성을 먹이신 분입니다. 지금 우리가 겪는 고난이 아무리 클지라도 하나님보다 클 수는 없습니다. 이 사실을 굳게 붙든다면, 어려운 상황에서도 하나님을 찬양할 수 있을 것입니다.

78편　왜 하나님은 반복되는 죄악에도 이스라엘을 멸하지 않으셨는가?

1-11 하나님은 법도를 정하시고, 그것을 지키라고 하셨습니다(5절). 하지만 이스라엘은 하나님의 법을 묵상하지도, 지키지도 않았습니다. 우리 역시 하나님 말씀을 묵상하고, 그 말씀을 자녀들에게 가르치는 일에 게으르지 않습니까? **12-31** 하나님은 광야의 이스라엘을 하늘의 만나로 먹이셨습니다(24절). 하지만 이스라엘은 감사하기는커녕 불평을 늘어놓았습니다(30절). 우리 역시 감사하기보다 불평하는 데 익숙하지 않습니까? **32-55** 하나님은 반복되는 죄악에도 이스라엘을 멸하시지 않았습니다(38절). 그들이 "육체이며 가고 다시 돌아오지 못하는 바람임을"(39절) 기억하셨기 때문입니다. 그러나 이스라엘은 거듭거듭 하나님을 슬프게 했습니다(40절). 우리 역시 구원의 감격을 상실하고 차갑고 메마른 마음으로 하나님을 예배하고 있지 않습니까? **56-72** 결국 하나님은 이스라엘을 미워하시고(59절), 그들을 이방 나라의 포로가 되게 하셨습니다(61절). 이스라엘이 하나님을 시험하고 반항하여 그의 명령을 지키지 않았을 뿐만 아니라(56절), 조각한 우상들로 하나님의 진노를 일으켰기 때문입니다(58절). 우리 역시 돈과 명예와 권력이라는 우상을 숭배하고 있지 않습니까?

시편 제3권 중앙에 있는 기도의 시편들

79편　왜 시인은 하나님께 호소하는가?

1-13 성전은 파괴되었고(1절), 백성들은 살육을 당했으며(2-3절), 이방인들은 이스라엘을 비방하고 조롱합니다(4절). 이 모든 수치와 조롱은 이스라엘의 죄 때문입니다 (8절). 그래서 시인은 하나님께 호소합니다. 진심으로 회개할 때, 외면하지 않으시고 회복시켜 주실 것을 믿었기 때문입니다.

80편　왜 시인은 다시 은혜를 베풀어 달라고 간청하는가?

1-19 시인은 하나님이 조상들에게 베푸신 은혜를 노래하면서(1-7절), 그 은혜를 다시 베풀어 달라고 간청합니다(7, 19절). 하나님의 은혜만이 현재의 열악한 환경을 이겨 낼 유일한 희망이기 때문입니다. 하나님이 은혜를 거두시면, 우리에겐 아무것도 남지 않습니다. 우리가 겪는 대부분의 고통은 하나님과 멀어진 영적 침체 때문입니다. 그러므로 목자 되신 하나님께로 돌아가는 것만이 우리가 회복되는 유일한 길입니다.

81편　왜 시인은 하나님의 말씀을 들으라고 하는가?

1-16 81편은 이스라엘이 축제의 날에 불렀던 노래입니다. 일반적으로 초막절에 사용되었던 것으로 알려져 있습니다.[154] 여기서 시인은 하나님만이 우리의 능력임을 상기시키며(1절), 하나님의 말씀에 귀 기울일 것을 촉구합니다(13절). 하나님은 당신의 말씀에 귀 기울이는 자들을 보호하시기 때문입니다(14절). 그러므로 어떤 어려움 속에서든지 가장 시급히 해야 할 일은 하나님 말씀으로 돌아가는 것입니다. 이것이 현실적이지 않고 더디게 보일지라도, 최선의 해결책입니다.

82편　왜 하나님은 통치자와 재판관을 심판하시는가?

1-8 1절의 신은 세상의 통치자와 재판관입니다.[155] 고대인들은 통치자와 재판관을 신을 대리하는 자라는 의미에서 '신'이라고 불렀습니다. 그런데 공의의 하나님은 그들의 통치권 남용을 심판하십니다. 그들이 하나님께 부여받은 권한을 하나님의 뜻대로 사용하지 않았기 때문입니다. 우리는 어떠합니까? 하나님께서 주신 은사와 재능, 지위와 자격을 하나님 뜻대로 사용하고 있습니까?

83편　왜 말씀을 묵상해야 하는가?

1-18 하나님은 시인의 기도에 침묵하셨습니다. 그럼에도 시인은 간구를 포기하지 않았습니다. 이때 시인에게 힘이 된 것은 이스라엘 역사였습니다. 시인은 하나님이 미디안과 시스라와 야빈을 물리치신 사건을 떠올렸습니다. 그 당시 이방 군대는 너무나 강력해 보였습니다. 하지만 전쟁이 시작되자 이방 군대는 바람에 날리는 지푸라기에 지나지 않았습니다(13절). 이것이 말씀의 힘입니다. 말씀을 통해 하나님이 하신 일을 묵상하면 크게 보이던 세상은 작아 보이고, 작아 보이던 하나님은 크게 보입니다.

시편 84-89편

시편 제3권의 결론

84편　왜 시인은 하나님과 교제하는 것의 중요성을 알게 되었는가?

1-12 시인은 자기 집을 가진 참새와 제비, 그리고 주의 집(성전) 가까이 있는 자들을 부러워합니다. 이는 시인이 이방 땅에 포로로 끌려온 자임을 암시합니다. 시인은 성

전에서 멀어진 후, 하나님과의 교제가 얼마나 중요한지를 깨닫게 되었습니다. 우리는 하나님과의 교제를 이처럼 중요하게 생각하고 있습니까?

85편　왜 85편은 성탄절에 주로 낭송되었는가?

1-13 시인은 바벨론에서 가나안으로 다시 돌아온 유대인입니다.[156] 귀환자들은 하나님 은혜를 갈망하며 돌아왔지만, 많은 어려움을 겪었던 것으로 알려져 있습니다. 그래서 시인은 하나님의 은총을 간구합니다(7절). 이 시

는 전통적으로 성탄절에 낭송되었습니다.[157] 귀환자들이 고대했던 하나님의 은총이 예수님 탄생을 통해 비로소 성취되었기 때문입니다.

86편　왜 다윗은 가장 먼저 하나님을 찾았는가?

1-17 다윗은 가난하고 궁핍할 때, 맨 먼저 하나님을 찾았습니다(1절). 하나님을 의지하는 자는 결코 버림을 당하지 않기 때문입니다. 우리에게 하나님은 어떤 존재입니

까? 하나님께서 은총 베푸실 것을 기대하며(17절), 가장 먼저 하나님을 찾고 있습니까?

87편　왜 시인은 이스라엘의 대적들에게 하나님의 통치를 받으라고 하는가?

1-7 시인은 이스라엘의 대적들, 애굽, 바벨론, 블레셋, 두로, 구스를 향해 시온의 영광에 참여하라고 외칩니다. 와서 하나님의 다스림을 받으라는 것입니다. 하나님의 통

치는 세상 모든 나라와 민족에 미쳐야 하기 때문입니다. 우리는 세계 선교를 위해, 특별히 선교사들의 사역을 위해 어떤 수고를 하고 있습니까?

88편　왜 우리는 포기하지 않고 기도해야 하는가?

1-18 시인은 시력을 잃었습니다(9절). 오랜 고난 때문에 눈이 잘 보이지 않게 되었습니다. 시인은 이런 상황에서도 매일(9절) 밤낮으로(1절) 기도했습니다. 이처럼 기도는

끝까지 해야 합니다. 하나님 앞에서 분명한 답을 찾을 때까지 포기하지 않고 해야 합니다.

89편　왜 하나님은 다윗 왕조를 심판하셨는가?

1-52 시인은 다윗 왕조의 몰락을 슬퍼하며, 하나님의 은총을 간구합니다. 아마도 이 시는 주전 597년에 자행된 느부갓네살왕의 침략을 배경으로 하는 것 같습니다.[158] 이때 다윗 후손이었던 여호야긴왕이 포로로 사로잡혔

습니다. 하나님은 다윗 언약을 약속하셨습니다. 대대로 다윗 후손들이 왕으로 통치한다는 언약입니다. 하지만 결국에는 다윗 왕조를 심판하셨습니다. 다윗 후손들이 우상을 숭배하며, 하나님께 불순종했기 때문입니다.

하나님의 통치를 찬양하는 시편들(1)

90편　왜 모세는 우리의 유한함을 깨우쳐 달라고 하는가?

1-17 모세는 영원하신 하나님과 유한한 인간을 대비합니다. 하나님은 영원하신 분이라고 노래하고(2절), 인간은 티끌과 같다고 말합니다(3절). 티끌같이 유한한 인간은 영원하신 하나님 안에서만 영생을 누릴 수 있음을 교훈하는 것입니다. 이어서 모세는 우리의 유한함을 더욱 깨우쳐 달라고 간구합니다(12절). 인간의 생애가 짧고 허무하다는 것을 아는 사람일수록, 더욱 하나님을 경외하는 지혜를 가지기 때문입니다.

91편　왜 하나님만 의지해야 하는가?

1-16 90편이 영원하신 하나님만 의지할 것을 교훈했다면, 91편은 하나님만 의지하는 자들에게 임할 복을 설명합니다. 하나님은 신실한 자들을 함정과 질병에서 건지시고(3절), 수많은 대적에게서 보호하실 것입니다(7절). 어디를 가든지 천사들이 동행하게 하시고(11절), 사자와 독사를 이기는 힘을 주실 것입니다(13절).

92편　왜 시인에게 안식일은 기쁨과 감격의 날이었는가?

1-15 92편은 안식일 아침에 희생 제사를 드리면서 불렀던 노래입니다.[159] 시인은 안식일을 습관적으로 지키지 않았습니다. 시인에게 안식일은 기쁨과 감격의 날이었습니다(4절). 그 이유는 시인이 주님의 인자하심과 성실하심을 알았기 때문입니다(1절). 우리는 주일을 어떻게 보내고 있습니까? 의무적으로 교회에 와서 형식적으로 예배에 참여하지 않습니까? 우리도 주님의 인자와 성실하심을 깨닫게 되어 기쁨으로 예배하게 되기를 기도합시다.

93편　왜 시인은 하나님께 합당한 삶을 살라고 하는가?

1-5 시인은 하나님이 큰 권위를 가지고 온 세상을 다스리신다고 말합니다(1절). 시인이 특히 강조하는 것은 바다를 통해 드러나는 하나님의 능력입니다(3-4절). 고대인들에게 깊은 바다는 미지의 세계임과 동시에 공포의 대상이었습니다. 시인은 그런 바다조차 하나님 능력에 비하면 아무것도 아니라고 노래합니다(4절). 마지막으로 시인은 하나님께 합당한 삶을 요구합니다. 하나님께 이토록 큰 권위와 능력이 있다면, 그분 앞에서 거룩하게 사시는 것이 마땅하다는 것입니다(5절). 우리는 어떠합니까? 크고 위대하신 하나님 앞에서, 일체의 거짓과 불의를 멀리하고, 성실하고 정직한 삶을 살기 위해 노력하고 있습니까?

94편　왜 시인은 심판하시는 하나님을 찾는가?

1-23 시인은 복수하시는 하나님(1절), 심판하시는 하나님을 애타게 찾습니다(2절). 악한 자들이 하나님의 백성을 억압하고(5절), 과부와 나그네와 고아를 학대하고 있기 때문입니다(6절). 지금도 악인들은 약자들을 억압하고 핍박합니다. 따라서 우리도 시인처럼 기도해야 합니다. 하나님은 우리의 기도를 들으시고, 악한 자들을 심판하실 것입니다(23절).

176

하나님의 통치를 찬양하는 시편들⑵

95편 왜 시인은 므리바와 맛사에서 일어난 일을 언급하는가?

1-11 시인은 조상들이 하나님을 거역한 사건에서 교훈을 얻어, 하나님께 충성된 삶을 살자고 촉구합니다. 시인이 언급하는 사건은 '므리바'와 '맛사'에서의 불순종입니다(8절). 맛사는 출애굽한 후, 마실 물이 없다고 하나님께 불평한 곳이고(출 17:1-7), 므리바는 그로부터 40년 후 같은 이유로 하나님과 다툰 곳입니다(민 20:1-13).

96편 왜 하나님의 영광을 온 세상에 전해야 하는가?

1-13 하나님의 백성에겐 하나님의 영광을 온 세상에 전해야 할 사명이 있습니다(3절). 하나님은 온 세상을 지으신 온 세상의 하나님이시기 때문입니다(5절). 이웃과 친척 가운데 헛된 우상을 숭배하는 자들은 없습니까? 그들에게 우리 하나님만이 창조자시요(5절), 통치자시요(10절), 심판자이심(13절)을 전합시다.

97편 왜 시인은 하나님께 즐거이 순종하라고 하는가?

1-12 시인은 하나님의 통치를 기뻐하며, 그분의 말씀에 즐거이 순종하라고 말합니다(1절). 하나님의 통치를 거부하는 자들에게는 공의로운 심판이 임하기 때문입니다(3절). 그러므로 우리는 단순히 악을 피하기만 할 것이 아니라, 적극적으로 악과 싸워야 합니다.

98편 왜 98편은 예수님의 십자가를 예표하는가?

1-9 시인은 하나님이 기이한 일을 행하시는 분이라고 말합니다(1절). 이것은 그리스도의 십자가에 대한 예표입니다. 하나님이 우리를 구원하시기 위해, 독생자를 십자가에 못 박으신 일은 참으로 기이한 일이기 때문입니다.

99편 왜 우리는 차별과 착취가 없는 세상을 만들어야 하는가?

1-9 하나님은 정의로운 왕이십니다(4절). 그러므로 우리는 차별과 착취가 없는 세상을 만들기 위해 노력해야 합니다. 그리고 우리가 이러한 고통 속에 있다면, 하나님께서 우리를 건져 주시기를 기도해야 합니다.

100편 왜 시인은 여호와가 하나님이신 것을 알라고 하는가?

1-5 시인은 여호와가 우리의 하나님이신 것을 알라고 말합니다(3절). 많은 사람이 여호와 외의 다른 것을 하나님처럼 여기기 때문입니다. 과거 이스라엘 민족은 가나안의 우상들을 하나님처럼 여겼고, 현대 그리스도인들은 돈과 권력을 하나님처럼 여기고 있습니다. 우리를 지으신 여호와(3절), 우리를 기르시는 여호와만을 우리의 하나님으로 여기고(3절), 그분만을 찬양하며 살기 원합니다(1절).

구원의 하나님을 찬양하는 시편들(1)

101편 왜 다윗은 하나님이 미워하시는 자들을 본받지 않겠다고 하는가?

1-8 다윗의 소원은 하나님 뜻대로 나라를 통치하는 것입니다. 그래서 다윗은 하나님이 미워하시는 자들의 삶을 본받지 않겠다고 다짐합니다. 그들은 배교하는 자(3절), 이웃을 은근히 헐뜯는 자(5절), 눈이 높고 마음이 교만한 자(5절), 거짓말하는 자(7절)입니다. 다윗은 이런 자들은 결단코 하나님 나라에 들어갈 수 없다고 말합니다(8절). 혹시 우리에게 이런 모습이 있지는 않습니까?

102편 왜 시인은 하나님이 얼굴을 숨기시지 않기를 바라는가?

1-28 시인은 자신의 고통을 여러 가지 형태로 묘사합니다. 시인의 뼈는 숯같이 탔으며, 살은 뼈에 붙었고, 마음은 풀같이 말랐습니다(3-5절). 이런 상황에서 시인은 단한 가지를 바랍니다. 하나님이 당신의 얼굴을 숨기시지 않는 것입니다(2절). 아무리 고통스러운 상황에서도 하나님의 임재를 느낄 수 있다면, 능히 견딜 수 있기 때문입니다.

103편 왜 하나님은 다윗의 죄를 용서하시고, 그의 질병을 고쳐 주셨는가?

1-22 하나님은 다윗의 죄를 용서하시고 그의 질병을 고쳐 주셨습니다(3절). 다윗에게 그럴 만한 자격이 있어서가 아닙니다. 사실 다윗은 심판받아 마땅한 죄인입니다(10절). 유일한 이유는 하나님의 긍휼과 자비입니다(8절). 우리도 마찬가지입니다. 우리에게는 용서받을 자격, 복받을 자격이 없습니다. 모든 것이 하나님의 은혜입니다.

104편 왜 하나님을 송축함이 마땅한가?

1-35 시인은 하나님을 송축함이 마땅하다고 말합니다. 그 이유는 다음과 같습니다. 첫째, 하나님이 땅과 바다의 경계를 정하셨기 때문입니다(2-9절). 둘째, 만물이 조화롭게 공생하며 살게 하셨기 때문입니다(10-18절). 셋째, 세상 모든 것들이 하나님이 정하신 질서를 따라 살게 하셨기 때문입니다(19-24절). 넷째, 하나님이 모든 피조물에게 때를 따라 먹을 것을 주시기 때문입니다(25-30절).

105편 왜 이스라엘 민족은 가나안 땅을 차지할 수 있었는가?

1-45 105편은 하나님이 아브라함 언약을 이루신 것을 찬양하는 노래입니다. 하나님은 아브라함과 그의 후손에게 가나안 땅을 주겠다고 언약하셨고, 실제로 가나안 땅을 그들에게 주셨습니다. 따라서 이스라엘 민족이 가나안 땅을 차지할 수 있었던 것은 하나님의 언약 때문입니다. 우리도 마찬가지입니다. 우리가 이 세상에서 생존할 수 있는 것은 하나님이 우리의 아버지가 되시겠다는 언약 때문입니다(마 6:26). 하나님이 언약을 지키시는 분임을 기억한다면, 혼란스런 세상에서도 하나님을 찬양하며 살아갈 수 있습니다.

구원의 하나님을 찬양하는 시편들(2)

106편 왜 시인은 자신과 민족의 죄를 자백하는가?

1-48 시인은 바벨론에 포로로 잡혀간 사람 중 한 명입니다(47절). 하나님은 모든 민족에게 하나님의 영광을 나타내는 도구로 이스라엘을 선택하셨습니다. 그런데 이스라엘은 하나님의 영광을 나타내기는커녕, 우상을 숭배하다가 바벨론의 식민지가 되었습니다. 이에 시인은 자신과 민족의 죄를 자백합니다(6절). 회개하는 자에게 하나님이 은혜를 베푸시고, 하나님의 은혜만이 이스라엘이 회복될 수 있는 유일한 길이기 때문입니다.

107편 왜 시인은 여러 부류의 사람들을 소개하는가?

1-43 시인은 네 부류의 사람들을 소개합니다. 첫째, 길을 찾은 사람들입니다(4-9절). 둘째, 노예에서 해방된 사람들입니다(10-16절). 셋째, 죽을병에서 구원받은 사람들입니다(17-22절). 넷째, 바다의 위험에서 구원받은 사람들입니다(23-32절). 시인은 이 모든 부류의 사람들이 하나님을 찬양해야 한다고 말합니다. 어떤 상황에서든 하나님을 찬양해야 한다는 뜻입니다. 우리도 마찬가지입니다. 우리가 위기를 겪을 때마다, 하나님은 우리를 건져주셨습니다. 우리는 마땅히 하나님을 찬양해야 합니다.

108편 왜 다윗은 사람이 아니라 하나님의 도움을 구하는가?

1-13 아마도 다윗은 이방 나라와의 전쟁을 앞두고 이 시편을 기록한 것 같습니다. 눈에 보이는 사람의 도움과 달리, 하나님의 도움은 눈에 보이지 않습니다. 그래서 많은 사람이 하나님을 찾기에 앞서 사람을 찾습니다. 하지만 다윗은 사람이 아니라 하나님을 찾습니다(12절). 하나님의 도움은 당장 눈에 보이진 않을지라도 가장 강력한 도움이기 때문입니다.

109편 왜 다윗은 직접 원수를 갚지 않는가?

1-31 다윗은 수없이 많은 거짓 비방에 시달렸습니다. 109편은 그러한 상황에서 드린 기도입니다. 여기서 다윗은 자신이 직접 원수를 갚지 않고, 원수 갚는 것을 하나님께 맡기고 있습니다. 예수님도 마찬가지입니다. 예수님도 무고히 고난을 당하셨지만 직접 원수를 갚기보다 하나님께 기도하셨습니다. 바로 이것이 그리스도인이 승리하는 방식입니다. 우리를 억울하게 하는 소문이나 사건이 있을 때, 우리 힘으로 해결하려 하기보다는 하나님께 맡기고 기도하는 것이 올바른 태도입니다. 하나님은 사람의 저주를 복으로 바꾸시는 분이기 때문입니다(28절).

110편 왜 우리의 구원은 확실한가?

1-7 110편은 메시아로 오실 예수님을 예언한 시편으로 알려져 있습니다(마 22:43-45; 행 2:34-35; 고전 15:25; 히 5:6). 예수님은 본 시편을 직접 인용하기도 하셨습니다(마 22:42-45). 시인은 예수님이 원수로부터 백성들을 보호하시는 왕이라고 노래합니다(2절). 따라서 신자들의 구원은 확실합니다. 예수님이 당신의 백성들을 온갖 유혹과 시험으로부터 보호하시기 때문입니다.

출애굽 찬양 시편(1)

111편 왜 성경을 묵상해야 하는가?

1-10 111편과 112편은 많은 점에서 유사합니다. 두 시편 모두 '할렐루야'로 시작합니다. 두 시편 모두 각각의 절이 히브리어 알파벳 순서로 시작합니다. 두 시편 모두 바벨론 포로기 이후에 기록된 것으로서,[160] 하나님의 변함없는 의로우심을 찬양합니다. 차이점은 111편은 하나님께 초점을 맞추고 있지만, 112편은 하나님의 백성들에게 초점을 맞추고 있다는 점입니다.[161] 시인은 하나님이 행하신 일이 크고 놀랍기에 하나님의 백성들이 이것을 묵상하는 것이 마땅하다고 말합니다(2절). 이것이 성경을 반복해서 보아야 하는 이유입니다. 그 속에서 하나님의 크심을 깨닫고, 하나님을 경외하며, 참된 지혜에 이르기 때문입니다(10절).

112편 왜 하나님의 백성들은 복 있는 사람인가?

1-10 112편은 앞에서 설명한 바와 같이 111편과 쌍둥이 시편입니다. 111편이 하나님에 관한 노래라면, 112편은 하나님의 백성들에 관한 노래입니다. 하나님의 백성들은 땅에서 강성할 것이며(2절), 부와 재물이 그들의 집에 있을 것입니다(3절). 하나님의 백성들은 하나님이 넘치게 부어 주신 복을 통해 이웃에게 은혜를 베풀 수 있을 것입니다(5절). 그리고 하나님의 백성들은 어떠한 상황에서도 흔들리지 않을 것입니다(7절). 그러므로 누가 복 있는 사람입니까? 하나님의 말씀에 순종하는 하나님의 백성들입니다(1절).

113편 왜 시인은 해 돋는 데서부터 해 지는 데까지 하나님을 찬양하라고 하는가?

1-9 113편 역시 앞의 두 시편처럼 '할렐루야'로 시작하며, 하나님을 경외해야 한다는 공통 주제를 노래합니다. 전통적으로 113-118편은 유대인들이 유월절 축제 기간에 불렀던 노래입니다. 예수님도 '최후의 만찬' 때 제자들과 함께 이 노래를 불렀을 것입니다.[162] 시인은 해가 뜨는 곳부터 해가 지는 곳까지 하나님의 이름이 찬양을 받아야 한다고 말합니다(3절). 하나님은 언제 어디서나 찬양을 받으시기에 합당하기 때문입니다.

114편 왜 모든 피조 세계가 놀랐는가?

1-8 114편은 하나님이 이스라엘을 애굽에서 구원하신 사건을 회상하는 노래입니다. 출애굽 사건 때 피조 세계는 깜짝 놀랐습니다(3-4절). 출애굽 사건을 통해 하나님의 크신 능력이 드러났기 때문입니다(1-2절). 바로 이것이 우리의 사명입니다. 우리의 사명은 우리 능력을 자랑하는 것이 아니라 하나님의 능력을 드러내는 것입니다. 그러기 위해서는 자신을 낮추는 겸손함과 하나님의 도움을 구하는 경외심이 있어야 합니다.

180
6월 29일

출애굽 찬양 시편(2)

115편 왜 우상을 멀리하고 하나님만 찬양해야 하는가?

1-18 시인은 하나님과 우상을 대조하면서 하나님만 의지할 것을 촉구합니다. 우상은 인간이 만든 허수아비에 불과하지만(4-8절), 하나님은 원하시는 모든 것을 행하십니다(3절). 하나님은 당신 백성의 도움과 방패이시며 (9-11절), 당신 백성의 필요를 채우십니다(12-15절). 그래서 가장 복 있는 사람은 우상을 멀리하고 하나님을 경외하는 사람입니다(15절). 매 순간 하나님만 의지하여 복 있는 사람으로 살아갑시다.

116편 왜 시인은 평생 하나님을 위해 살기로 서원하는가?

1-19 시인은 평생 하나님을 위해 살기로 서원합니다. 하나님의 은혜로 죽을 고비를 넘겼기 때문입니다(3절). 116편은 감사의 기도문으로 사용하기에 적절합니다. 어 떤 교회들은 이 시편을 출산을 감사하는 예배문으로 사용하기도 합니다.[163]

117편 왜 모든 나라와 민족이 하나님을 찬양해야 하는가?

1-2 117편은 성경 전체에서 가장 짧은 장입니다. 하지만 시인의 포부는 짧지 않습니다. 시인은 모든 나라와 민족이 하나님을 찬양함이 마땅하다고 말합니다. 하나님의 인자하심과 진실하심이 크기 때문입니다(2절). 사도 바울은 이방인도 하나님의 구원 계획에 포함되어 있다고 주장하면서(롬 15:7-11) 117편을 근거로 삼았습니다.

118편 왜 시인은 하나님이 인자하시다고 말하는가?

1-29 시인은 힘든 시간 속에서 하나님 의지하는 것을 배웠습니다(18절). 시인은 고난을 통해 하나님께 승리가 있음을 깨달았습니다(5-9절). 결과적으로 시인은 고 난 속에도 하나님의 뜻이 있음을 알게 되었습니다. 바로 이것이 시인이 하나님의 인자하심을 찬양하는 이유입니다(1-4절).

주의 말씀을 준행하는 자의 복

119편　왜 하나님의 말씀대로 사는 사람들이 복 있는 사람인가?

1-32 시인은 하나님의 율법대로 사는 자들이 복 있는 사람이라고 노래합니다(1절). 그 이유는 인간의 가치가 하나님과의 관계에 달려 있기 때문입니다. 아무리 많은 부와 명예를 소유하고 있다 할지라도 하나님으로부터 단절된 사람은 저주 아래 있는 사람입니다. 시인은 이 사실을 알았기에, 고난 중에도 말씀대로 살기 위해 노력할 수 있었습니다.

119편　왜 우리는 성경을 읽어야 하는가?

33-64 어떤 사람들은 지적 욕구를 채우기 위해 성경을 읽습니다. 하지만 시인은 다릅니다. 그가 말씀을 묵상하는 이유는, 하나님 뜻대로 살기 위해서입니다(33-35절). 시인은 하나님 말씀을 근거로 사람을 평가합니다. 주의 법을 지키는 자들은 친구로 대하지만(63절), 율법을 버린 자들에게는 맹렬히 분노합니다(53절). 이처럼 참된 사랑은 악을 미워하는 것입니다(요일 2:15).

119편　왜 시인은 자신의 허물을 알게 되었는가?

65-96 시인은 고난이 자신에게 유익했다고 말합니다(71절). 고난을 통해 자신의 허물을 깨닫게 되었기 때문입니다(67절). 혹시 고난의 터널을 지나고 있습니까? 이 시간이 어서 빨리 지나가길 기도하기보다 이 시간을 통해 더욱 성숙하기를 기도합시다.

119편　왜 말씀을 행하는 자가 되어야 하는가?

97-128 하나님 말씀을 묵상하는 일은 우리를 지혜롭게 합니다(98절). 말씀에서 얻은 지혜는 우리를 거룩한 행실로 이끕니다(101절). 참된 지혜는 거룩한 삶으로 증명됩니다. 그래서 성경은 다음과 같이 말합니다. "너희는 말씀을 행하는 자가 되고 듣기만 하여 자신을 속이는 자가 되지 말라"(약 1:22).

119편　왜 시인은 고난 중에도 큰 평안을 누렸는가?

129-176 시인의 상황은 변하지 않았습니다. 그는 여전히 고난 가운데 있습니다(161절). 하지만 시인에게는 '큰 평안'이 있습니다(165절). 그 이유는 무엇일까요? 시인이 하나님 말씀을 가까이했기 때문입니다(165절). 바로 이것이 말씀의 능력입니다. 말씀을 가까이하는 사람은 고난 중에도 흔들리지 않습니다.

시편 120-124편

성전에 올라가는 노래(1)

120편 왜 시인은 순례를 결심하는가?

1-7 이어지는 시편들이 '성전에 올라가는 노래'라고 불리는 이유는 예루살렘 성전이 산 위에 있었기 때문입니다. 사람들은 성전의 영광을 찬양하는 120-134편을 노래하며 성전으로 올라갔습니다. 성전에 올라가는 노래들은 '순례자의 여정'이라는 주제로 긴밀하게 연결되어 있으므로, 전체적인 문맥에서 이해하는 것이 좋습니다.[164] 지금 시인은 화평을 미워하는 자들에게 공격을 당하고 있습니다(7절). 바로 이것이 순례를 결심한 이유입니다. 중요한 것은 시인이 고난을 통해 성전을 사모하게 되었다는 점입니다. 우리도 마찬가지입니다. 지금 겪는 고난은 "내게로 돌아오라"는 하나님의 부르심일지 모릅니다.

121편 왜 시인의 고난은 무의미한 고난이 아닌가?

1-8 시인이 겪은 고난은 무의미한 고난이 아니었습니다. 고난을 통해 하나님과의 관계가 회복되었기 때문입니다. 여덟 절로 되어 있는 짧은 시편 속에, 하나님이 지키신다는 표현이 무려 다섯 차례나 등장합니다. 시인은 고난을 통해 인생의 안전함이 누구에게 달렸는지를 깨닫게 되었습니다. 이제 순례자는 진정한 보호자가 되시는 하나님을 만나기 위해 성전으로 출발합니다.

122편 왜 공허함이 생기는가?

1-9 드디어 시인은 성전에 도착합니다(2절). 시인은 성전에서 진정한 평안을 누립니다(7절). 이처럼 진정한 안식은 하나님과의 관계를 회복하는 데 있습니다. 만약 하나님과 교제하는 경건의 시간을 정기적으로 가지고 있지 않다면, 그것이야말로 공허함의 원인입니다.

123편 왜 시인은 자신의 고통을 하나님께 토해 내는가?

1-4 시인은 거짓된 입술과 속이는 혀 때문에 순례를 떠났습니다(시 120:2). 이제 성전에 도착한 시인은 지금껏 받은 '심한 멸시'를 하나님께 토해 냅니다(3절). 아마도 이 과정을 통해 시인의 마음은 상당한 위로를 받았을 것입니다. 우리의 마음을 아프게 하는 문제들은 무엇입니까? 시인이 자신의 고통을 하나님 앞에 쏟아 낸 것처럼, 우리도 사람이 아니라 하나님 앞에서 우리의 문제들을 쏟아 내야 합니다. 우리의 진정한 위로는 하나님만 바라보는 데 있습니다(2절).

124편 왜 우리는 안전한가?

1-8 시인은 하나님의 도움을 구했고(시 123편), 하나님은 시인의 기도를 들으셨습니다. 그에 대한 감사의 고백이 124편입니다. 이제 시인은 진정한 도움이 어디서부터 오는지 알게 되었습니다. 바로 천지를 지으신 여호와 하나님입니다(8절). 시인을 도우신 하나님은 지금도 우리를 도우십니다. 그래서 우리의 삶은 참으로 안전합니다.

성전에 올라가는 노래⑵

125편 왜 순례자들은 안전한 사람인가?

1-5 순례자들은 다양한 문제를 안고 시온산을 올라갑니다. 그 산 끝에 하나님의 성전이 있기 때문입니다. 125편의 시인은 하나님을 만나기 위해 성전으로 향하는 그들이야말로 가장 안전한 사람이라고 말합니다(1절). 하나님께서 그들을 쉬게 하실 것이기 때문입니다. "수고하고 무거운 짐 진 자들아 다 내게로 오라 내가 너희를 쉬게 하리라"(마 11:28).

126편 왜 시인은 감격하고 있는가?

1-6 126편의 시인은 바벨론 포로 생활을 마치고, 다시 가나안으로 돌아온 사람으로 추정됩니다.[165] 그런 점에서 시인은 하나님의 큰 능력과 기적을 체험한 사람입니다. 그래서 본문에는 당시의 감격이 고스란히 담겨 있습니다. 이스라엘을 회복시키신 하나님은 지금도 우리의 공동체를 회복시키실 수 있습니다. 우리의 문제를 하나님께 맡길 때, 하나님은 우리의 가정과 교회를 회복시켜 주실 것입니다.

127편 왜 시인은 깊은 단잠을 잘 수 있는가?

1-5 시인은 깊은 단잠을 자고 있습니다. 그 이유는 시인이 하나님을 믿기 때문입니다. 시인은 하나님이 집을 세우신다는 믿음(1절), 하나님이 성을 지켜 주신다는 믿음(1절), 하나님이 먹을 것을 주신다는 믿음을 가지고 있습니다(1절). 우리를 잠들지 못하게 하는 문제는 무엇입니까? 하나도 남김없이 하나님께 맡길 때, 우리도 시인처럼 깊은 단잠을 자게 될 것입니다.

128편 왜 하나님을 경외하는 사람은 복 있는 사람인가?

1-6 하나님을 경외하는 사람은 복 있는 사람입니다(1절). 그는 수고한 대로 먹을 것이며(2절), 온 가족은 평안할 것이기 때문입니다(3절). 128편의 끝부분은 축복의 형태로 되어 있습니다. 이것을 보아 128편은 성전을 찾아온 순례자들을 축복하는 용도로 사용된 것 같습니다.[166]

129편 왜 이스라엘을 점령한 나라는 결국 멸망했는가?

1-8 역사적으로 많은 나라가 이스라엘을 점령했습니다. 하지만 그들은 결국 멸망하고 말았습니다. 대표적인 나라가 앗수르와 바벨론입니다. 그 비결은 하나님께 있습니다. 하나님이 당신의 백성을 돌보셨기 때문입니다. 만약 우리를 무고히 박해하고 핍박하는 자들이 있다면, 129편으로 기도합시다. "여호와께서는 의로우사 악인들의 줄을 끊으셨도다 무릇 시온을 미워하는 자들은 수치를 당하여 물러갈지어다"(4-5절).

시편 130-134편

성전에 올라가는 노래(3)

130편 왜 시인은 간절히 하나님을 기다리는가?

1-8 시인은 아침을 기다리는 파수꾼보다 더 간절하게 하나님을 기다립니다. 인자하신 하나님이 당신의 백성들을 죄에서 건져 주시기 때문입니다(7절). 그래서 우리도 하나님께 나아가야 합니다. 하나님께 나아가 죄를 낱낱이 자백하면, 인자하신 하나님이 우리를 회복시켜 주실 것입니다.

131편 왜 시인은 섣불리 큰일을 시작하지 않겠다고 하는가?

1-3 시인은 섣불리 큰일을 시작하지 않겠다고 말합니다. 하나님의 도움 없이는 어린아이에 불과한 자신의 한계를 잘 알기 때문입니다. 하나님 보시기에 큰 사람은 자신을 자랑하는 교만한 사람이 아니라 하나님을 의지하는 겸손한 사람입니다.

132편 왜 시인은 성전을 찬양하는가?

1-18 132편은 왕정 초기를 배경으로 합니다.[167] 어쩌면 솔로몬이 통치하던 시기일 수도 있습니다. 시인은 하나님이 다윗에게 주신 평화가 그의 후손에게도 임하기를 기도합니다. 그러면서 시온산에 세워진 예루살렘 성전을 찬양합니다. 다윗 시대의 영광을 회복하기 위해서는 성전에 계신 하나님을 힘써 예배해야 한다는 뜻입니다.

133편 왜 시인은 교회의 하나 됨이 아름답다고 하는가?

1-3 시인은 교회의 하나 됨이 아름답다 노래합니다(1절). 교회의 하나 됨이 있는 곳에 하나님의 복이 임하기 때문입니다(3절). 그런 점에서 133편은 분열에 분열을 거듭하는 한국 교회가 꼭 기억해야 할 노래입니다. 교회가 실망스럽다고 섣불리 교회 공동체를 등지는 것은 지혜로운 태도가 아닙니다. 그것은 교회를 통해 복을 주시는 하나님으로부터 자신을 단절시키는 행위입니다. 교회가 연약하고 힘들수록, 더욱더 교회의 회복을 위해 힘써야 합니다.

134편 왜 최선을 다해서 예배해야 하는가?

1-3 134편은 성전에 올라가는 노래 가운데 제일 마지막에 위치하고 있습니다. 과거에 이 노래는 순례자들이 성전 예배를 마치고 본향으로 돌아갈 때 부르는 노래였다고 합니다.[168] 시인은 하나님이 시온에서 복을 주신다고 말합니다. 여기서 시온은 '성전 예배'를 상징합니다. 하나님은 신실한 예배자에게 복을 주십니다. 따라서 우리는 최선을 다해서 예배를 드려야 합니다. 예배는 우리가 할 수 있는 가장 고귀한 행위입니다.

성전에 올라가는 노래와 함께 부른 찬송들

135편 왜 시인은 하나님이 모든 신들보다 위대하시다고 말하는가?

1-21 시인은 하나님이 모든 신들보다 위대하시다고 말합니다(5절). 다른 신이 있다는 것이 아니라, 세상이 숭배하는 신들은 허상에 불과하다는 뜻입니다. 또 시인은 하나님이 기뻐하시는 모든 일을 행하신다고 말합니다(6절). 원하시는 일이라면 무엇이든 하실 수 있다는 뜻입니다. 현대인들의 우상은 '돈'입니다. 현대인들은 돈이 하나님처럼 전능하다고 생각하고, 돈만 있으면 무엇이든 할 수 있다고 생각합니다. 이렇게 세속화된 세상에서 우리의 믿음을 지키기 위해서는 두 가지 진리를 굳게 붙들어야 합니다. 첫째, 하나님보다 위대한 존재는 없습니다. 둘째, 하나님만이 원하시는 모든 일을 하실 수 있습니다.

136편 왜 시인은 자발적으로 하나님을 찬양하는가?

1-26 시인은 강요에 따라서가 아니라 자발적으로 하나님을 찬양합니다. 하나님의 인자하심을 생각할 때 터져 나오는 감격을 참을 수 없었기 때문입니다. 이스라엘은 항상 하나님께 불순종했지만, 그때마다 하나님은 인자와 자비를 베풀어 주셨습니다. 우리 역시 마찬가지입니다. 우리가 하나님을 예배하며 살 수 있는 것은, 하나님이 인자와 자비를 베풀어 주셨기 때문입니다.

137편 왜 시인은 눈물을 흘리는가?

1-9 시인은 바벨론 강가에 있습니다(1절). 하나님께 불순종하여 바벨론 포로가 된 시인은, 예루살렘에서 하나님을 찬양하던 시기를 그리워하며 눈물을 흘립니다. 잃어버린 후에야 예배의 소중함을 알게 된 것입니다. 우리는 어떠합니까? 자유롭게 예배하고 찬양할 수 있음을 감사하게 생각합니까? 지금도 많은 곳에서는 마음껏 하나님을 예배할 수 없어서, 숨죽여 하나님의 이름을 외칩니다. 잃어버리기 전에 우리에게 주어진 좋은 것들을 감사하게 생각합시다. 그리고 신앙의 자유가 없는 곳에서 예배하는 우리의 형제들을 위해 기도합시다.

186

시편의 마지막을 장식하는 다윗의 시편 (1)

138편 왜 다윗은 전심으로 하나님을 찬양하는가?

1-8 다윗이 전심으로 하나님을 찬양한 이유가 소개됩니다(1절). 하나님은 다윗의 기도에 응답하셨고(3절), 낮은 자리에 있을 때 굽어 살피셨으며(6절), 고난 중에 보호하셨습니다(7절). 하나님은 실로 성실하게 다윗의 삶을 돌보셨기에, 다윗은 온 마음을 다해 하나님을 찬양하지 않을 수 없었습니다. 하나님은 우리에게도 동일한 사랑을 베풀어 주셨습니다. 우리 역시 다윗처럼, '전심'으로 하나님을 찬양해야 합니다.

139편 왜 세상과 싸우며 신실하게 살아야 하는가?

1-24 신실하게 살기 위해 노력하는 성도라면, 한 번쯤은 이런 생각을 하기 마련입니다. 타락한 세상에 물들지 않고, 세속의 물결을 거스르며 사는 것이 어떤 의미가 있을까? 그것이 세상의 비난을 감수할 만큼 의미 있는 행동일까? 우리는 다윗의 고백에서 그 답을 찾을 수 있습니다. 하나님은 당신 백성의 형편을 아십니다(1절). 당신 백성의 앉고 일어섬을 아시고(2절), 모든 길과 행위를 아십니다. 이것은 악인들에게는 두려운 일이지만, 세상과 싸우는 의로운 자들에게는 위로가 되는 일입니다. 혹시 하나님 때문에 겪는 시련과 고난이 있습니까? 하나님이 보시며, 하나님이 아십니다. 이 사실을 생각하며 우리에게 주어진 좁은 길을 힘차게 걸어갑시다.

140편 왜 다윗은 고난 중에도 찬양을 멈추지 않는가?

1-13 다윗은 악인들의 무자비한 공격을 받고 있습니다. 그럼에도 불구하고 다윗은 찬양을 멈추지 않습니다(12-13절). 다윗이 하나님을 올바르게 알았기 때문입니다. 다윗은 하나님이 의인을 악인으로부터 보호하시는 분임을 알았습니다(4절). 의인들의 간구하는 소리에 귀를 기울이시는 분임을 알았고(6절), 결정적으로 악인들의 소원이 이루어지지 않도록 역사하시는 분임을 알았습니다(8절). 다윗과 같은 믿음을 가진 자라면, 고난 중에도 하나님을 찬양할 수 있습니다. 지금 우리에겐 다윗과 같은 찬양이 있습니까?

141편 왜 다윗은 죄짓지 않기를 기도했는가?

1-10 다윗은 하나님께 기도합니다. 입술에 파수꾼을 세워 주셔서 악한 말을 하지 않기(3절)를, 악한 자들과 어울려 죄를 짓지 않기를 기도합니다(4절). 다윗이 이렇게 기도한 이유는 자신의 연약함을 알았기 때문입니다. 하나님이 도와주시지 않으면, 언제든 악에 물들어 죄를 지을 수 있음을 알았기 때문입니다. 우리도 마찬가지입니다. 힘써 기도하지 않으면 죄와 싸워 이길 수 없습니다. "시험에 들지 않게 깨어 기도하라 마음에는 원이로되 육신이 약하도다 하시고"(마 26:41).

시편의 마지막을 장식하는 다윗의 시편②

142편 왜 다윗은 존귀한 자가 될 수 있었는가?

1-7 142편은 다윗이 사울을 피해 굴에 숨어 있을 때 기록한 시편입니다. 이때 다윗이 할 수 있었던 일은 그저 기도하는 것밖에 없었습니다(1절). 하지만 그 이후의 결과는 우리가 다 아는 바입니다. 하나님은 다윗을 보호하셨고, 온 이스라엘의 왕으로 세우셨으며, 열방 가운데 존

귀한 자가 되게 하셨습니다. 다윗은 그저 부르짖는 일밖에 할 수 없었지만, 사실은 그것이야말로 가장 강력한 무기였습니다. 아무에게도 도움을 구할 수 없는 딱한 형편 속에 있습니까? 하나님 앞에서 기도하십시오. 기도야말로 가장 큰 능력입니다.

143편 왜 다윗은 다시 기도할 수 있었는가?

1-12 다윗의 기도는 오랫동안 응답되지 않았습니다(1절). 그래서 다윗은 자신의 죄 때문에 하나님이 침묵하시는 것은 아닌지 염려합니다(2절). 하지만 다윗은 이내 다시 기도합니다. 하나님의 응답은 자신의 어떠함이 아니라 하나님의 인자하심에 달려 있음을 확신했기 때문입

니다(12절). 감정에 요동하는 믿음은 참된 믿음이 아닙니다. 믿음에는 지식이 있어야 합니다. 다윗을 일으켜 세웠던 것이 바로 그것입니다. 감정에 근거한 믿음은 쉽게 흔들립니다. 하나님을 아는 지식 위에 우리의 믿음을 굳게 세워야 합니다.

144편 왜 다윗은 하나님을 찬양하는가?

1-15 다윗은 하나님을 찬양합니다(1절). 자신의 승리가 오직 하나님 때문임을 알았기 때문입니다. 하나님은 다윗의 요새요, 산성이요, 방패가 되어 주셨습니다(2절). 우

리가 영적인 전투에서 승리하는 길도 동일합니다. 요새요, 산성이요, 방패이신 하나님을 의지하지 않고서는, 치열한 영적 전투에서 거룩함을 지킬 수 없습니다.

145편 왜 다윗은 날마다 하나님을 찬양할 수 있었는가?

1-21 다윗의 하나님은 성경 속에 감추어진 분이 아니었습니다. 하나님은 날마다 다윗을 만나 주셨고, 다윗은 날마다 하나님의 은혜를 경험했습니다. 그래서 다윗은 날마다 하나님을 찬양했습니다(2절). 하나님을 아는 만큼,

하나님을 찬양할 수 있습니다. 우리도 매일 말씀을 통해 하나님을 만나야 합니다. 그래야만 우리도 계속해서 하나님을 찬양할 수 있습니다.

188

시편 전체의 결론

146편 왜 시인은 사람을 의지하지 말라고 말하는가?

1-10 시인은 사람을 의지하지 말라고 말합니다. 인생의 유한함 때문입니다(4절). 아무리 대단한 사람이라도 결국은 흙으로 돌아갈 뿐입니다. 하나님은 그렇지 않으십니다. 하나님은 영원하신 분이며, 친히 만물에게 생명을 주시는 분입니다(6절). 그래서 하나님을 의지하는 자가 참으로 복 있는 사람입니다(5절). 이것은 일절 사람의 도움을 구하지 말라는 말이 아닙니다. 사람을 신뢰하여 하나님을 멀리하는 행동을 꾸짖는 것입니다. 지금 우리는 누구를 도움과 소망으로 삼고 있습니까?

147편 왜 시인은 하나님을 상처를 싸매시는 분이라고 말하는가?

1-20 하나님은 많고 많은 별의 수와 그 이름을 다 아십니다(4절). 그렇다면 어찌 성도의 아픔을 모르실 수 있을까요? 아무도 알 수 없는 은밀한 아픔과 상처까지도, 우리 하나님은 모두 아십니다. 그래서 시인은 하나님을 상심한 자들을 고치시고, 그들의 상처를 싸매시는 분이라고 노래합니다(3절). 사람이 우리를 몰라준다고 상처 받지 맙시다. 온 세상의 창조주께서 우리를 아시고, 사랑하십니다.

148편 왜 시인은 하나님을 찬양하는가?

1-14 일반적으로 우리는 어떤 이유가 있어야만 하나님을 찬양합니다. 시인은 그렇지 않습니다. 시인이 하나님을 찬양하는 이유는 하나님이 만물을 지으셨고(5절), 하나님의 뜻을 따라 만물이 존재하기 때문입니다(6절). 지금 시인은 하나님이 창조주이시기 때문에, 그 존재 자체로 찬양받기 합당하신 분이라고 믿습니다. 우리는 어떠합니까? 혹시 나의 만족과 유익이 채워질 때만 하나님을 찬양하지 않습니까?

149편 왜 고난 중에도 하나님을 의지해야 하는가?

1-9 시인은 하나님이 겸손한 자를 구원하신다고 말합니다. 이것은 이스라엘 역사가 생생하게 증명하는 사실입니다. 이스라엘이 겸손히 하나님을 의지할 때는 아무리 상대가 강해도 승리했지만, 교만하여 하나님을 찾지 않을 때는 여지없이 무너졌습니다. 알 수 없는 고통이 찾아올 때, 우리 마음은 불만으로 가득 차기 쉽습니다. 하나님을 떠나서 사람의 도움을 구하는 것은 주로 고난의 시기입니다. 이것이야말로 상황을 악화시키는 길입니다. 고난 중에도 우리의 승리는 하나님께 달려 있습니다.

150편 왜 호흡 있는 자마다 여호와를 찬양해야 하는가?

1-6 시인은 호흡 있는 자마다 하나님을 찬양하라고 외칩니다(6절). 하나님은 우리의 상황과 관계없이 찬양을 받으시기에 합당하시기 때문입니다. 감사할 일이 있을 때만 찬양해서는 안 됩니다. 우리에게 호흡이 있는 한 계속해서 하나님을 찬양해야 합니다.

한눈에 보는 잠언

개요	핵심	내용
서론	1:1-7	여호와를 경외하라!
두 가지 인생	1:8-9장	선택하라! 어리석은 여인을 따를 것인가, 지혜 여인을 따를 것인가
지혜로운 인생	10-30장	지혜 여인과 동행하기 위한 구체적인 지침들
결론	31장	지혜 여인(현숙한 여인)을 가까이하라

저자: 솔로몬

아굴과 르무엘의 잠언도 있으나 대부분의 잠언은 솔로몬이 기록했다.

기록 목적

잠언이 말하는 지혜는 '거룩한 삶을 사는 능력'으로 정의할 수 있다. 악한 것을 멀리하고, 선한 것을 가까이하는 것이 잠언이 말하는 지혜다(8:13). 그런 점에서 잠언은 흔하게 볼 수 있는 '자기 계발서'와는 차원이 다르다. 자기 계발서의 목적이 개인의 성공을 위한 것이라면, 잠언의 지향점은 하나님의 영광에 있다. 솔로몬도 그 사실을 분명히 한다. 그는 여호와를 경외하는 것이 지식의 근본이라고 못 박는다(1:7). 하나님을 경외하려는 목적이 아니라면, 잠언은 아무 데도 쓸모없다는 뜻이다. 잠언을 진지하게 묵상하려는 사람은 이 사실을 명심해야 한다. 잠언은 성공을 위한 책이 아니라 올바른 삶을 위한 책이다.

통독 길잡이

잠언은 점진적 구조를 가지고 있다. 먼저 서론(1:1-7)에서는 잠언의 목적을 밝힌다. 잠언은 하나님을 경외하는 자들을 위한 지혜의 책이다. 그다음에는 의인화된 두 여인이 등장한다(1:8-9:18). 지혜 여인과 어리석은 여인이다. 저자는 두 여인 중 누구를 선택할 것인지를 묻고, 지혜 여인을 선택한 사람을 위해 구체적인 지혜의 여정을 제시한다(10:1-31:9).[169] 그리고 결론에서 다시 한 번 지혜로운 여인을 소개하면서, 지혜로운 삶의 가치를 찬양한다.

189

지혜로운 삶의 가치

1장 왜 누구나 잠언으로 지혜롭게 되지 못하는가?

1-33 1장은 잠언 전체의 서론입니다. 여기서는 잠언의 저자와 잠언을 기록한 목적을 확인할 수 있습니다. 잠언의 저자는 지혜의 왕 솔로몬이며(1절), 잠언을 기록한 목적은 어리석은 자에게 슬기를, 젊은 자에게 지식을 주기 위함입니다(4절). 하지만 잠언을 묵상한다고 하여 누구나 슬기와 지식을 얻는 것은 아닙니다. 중요한 원칙이 있습니다. 여호와를 경외하는 마음입니다(7절). 경외로 번역된 히브리어 '이르아'는 공포 또는 두려움을 의미합니다. 하나님 앞에서 올바른 삶을 살고자 하는 경건한 두려움을 가진 사람에게만 잠언은 유용합니다. 그런 사람은 잠언을 통해 진정한 지혜자로 거듭납니다. 세상의 부모들은 성공을 기준으로 자녀를 양육합니다. 세상에서 두드러지는 사람으로 키우는 것이 그들의 목표입니다. 하지만 성도의 가정은 하나님 말씀으로만 자녀를 양육해야 합니다(8절). 자기만족을 위해 이웃을 짓밟는 세상에서(11절), 이웃을 위해 자기를 희생하는 자녀로 키우는 것이 성도의 목표입니다(15절).

2장 왜 하나님을 아는 지식이 더 중요한가?

1-22 많은 신자들이 하나님을 알려고 하지 않습니다. 하나님을 아는 지식보다는 성공에 필요한 지식을 더 중요하게 생각합니다. 성공을 통해 안전하고 행복한 삶을 살 수 있다고 생각하기 때문입니다. 하지만 하나님을 아는 지식이야말로, 안전하고 행복한 삶에 이르는 통로입니다. 하나님은 지혜로운 자들의 삶을 안전하게 보호하시고(8절), 지혜로운 자들에게 영혼의 즐거움을 주시기 때문입니다(10절). 그러므로 간절히 지혜를 찾아야 합니다(4절). 숨겨진 보석을 찾는 것 같은 열정으로 지혜를 얻어야 합니다(5절).

3장 왜 말씀대로 살아야 하는가?

1-35 말씀대로 사는 자는 장수와 평강을 얻습니다(2절). 말씀을 떠나지 않는 자는 하나님과 사람 앞에서 귀한 존재가 됩니다(4절). 말씀대로 재물을 사용하는 자는 번영의 복을 누립니다(10절). 말씀대로 행하는 사람은 이웃에게 인색해지지 않습니다(27-28절). 결국 하나님이 말씀대로 살라고 명령하시는 것은, 그것이 좋은 길이며 바른길이기 때문입니다. 말씀대로 사는 것은 그 자체로 영광스러운 삶입니다.

4장 왜 자녀는 부모에게 순종해야 하는가?

1-27 하나님은 자녀들에게 부모 말씀에 순종하라고 하십니다(1절). 하나님이 가정을 지혜를 전수하는 출발점으로 세우셨기 때문입니다(신 6:7). 그런 점에서 자녀의 입시 교육에만 신경을 쓰고, 신앙 교육은 외면하는 신자는 하나님 앞에서 직무 유기의 죄를 범하는 것이나 마찬가지입니다. 우리 가정은 진리를 배우고 가르치는 일에 얼마나 열심을 내고 있습니까?

어리석은 자의 파국

5장 왜 잠언은 성적인 죄를 강조하는가?

1-23 지혜로운 삶을 살기 위해서는 음녀를 멀리해야 합니다(3절). 잠언에서 음녀는 모든 종류의 성적인 타락을 뜻합니다. 부부 관계를 벗어난 성행위뿐만 아니라, 음란한 영상과 글과 이미지, 그리고 돈으로 성을 사고파는 것 등이 여기에 포함됩니다. 잠언은 성적인 죄를 매우 강조하는데, 그만큼 성적인 유혹이 강력하기 때문입니다. 꿀같이 달콤하게 다가온 성적인 유혹(3절)은, 결국에는 쓰고 날카로운 상처를 남기게 됩니다(4절). 성적인 유혹을 이기는 방법은 다음과 같습니다. 첫째, 하나님 말씀을 성실하게 묵상해야 합니다(1절). 둘째, 성적인 유혹이 있는 곳은 근처에도 가지 않아야 합니다(8절). 셋째, 하나님이 모든 것을 보신다는 사실을 유념해야 합니다(21절). 넷째, 하나님이 주신 배우자에게 만족해야 합니다(15절).

6장 왜 성적인 죄를 특별히 조심해야 하는가?

1-19 하나님이 미워하시는 것 일곱 가지가 소개됩니다(16절). 교만한 눈, 거짓된 혀, 무죄한 자의 피를 흘리는 손, 악한 계교를 꾀하는 마음, 빨리 악으로 달려가는 발, 거짓을 말하는 증인, 형제 사이를 이간하는 자입니다. 이것들은 모두 이웃에게 피해를 주는 것이라고 요약할 수 있습니다. 세상은 자기 이익을 최고의 가치로 여기고, 그것을 위해 이웃에게 피해를 주기도 합니다. 그런 삶을 사는 자들은 반드시 파국을 맞이하게 됩니다(15절). 하나님이 그런 태도를 미워하시기 때문입니다. **20-35** 지혜자는 이웃에게 피해를 주는 대표적인 행위로 음란의 죄를 말합니다(20-35절). 음란한 행동은 관계된 모든 자에게 씻을 수 없는 상처를 남기기 때문입니다(33절). 회복하기 힘든 상처 때문에 도저히 가해자를 용서할 수 없는 행위가 음란입니다(34-35절). 그러므로 모든 종류의 죄를 멀리해야 하지만, 특별히 음란의 죄와 치열하게 싸워야 합니다.

7장 왜 꾸준하게 성경을 보아야 하는가?

1-27 지혜자는 6장에 이어 7장에서도 성적인 범죄가 얼마나 위험한지를 경고합니다. 본문에서 청년을 유혹하는 음녀의 모습은, 이 시대의 음란한 문화를 상징합니다. 음녀가 최선을 다해 청년을 유혹했듯이, 이 시대의 문화도 최선을 다해 우리의 세계관을 공격합니다. 세상의 타락한 문화는 불륜과 동거를 미화하고, 동성 간의 애정 행위를 자유와 인권으로 포장합니다. 그래서 분별력이 필요하고, 분별력을 얻기 위해서는 성경을 꾸준하게 보아야 합니다. 바로 이것이 바쁘고 고단한 일상 속에서도 시간을 내어 말씀을 묵상해야 하는 이유입니다. 묵상하는 시간은 시간 낭비가 아닙니다. 우리를 죄에서 지키는 길입니다.

지혜가 청년에게 하는 말

8장   왜 매일 매 순간 하나님의 지혜를 구해야 하는가?

1-36 7장의 주인공이 의인화된 음녀라면, 8장의 주인공은 의인화된 지혜입니다. 숨어서 은밀하게 청년을 유혹했던 음녀와 달리, 지혜는 공개적인 장소에서 떳떳하게 청년들을 초대합니다(2절). 세상 지혜를 따르는 자들과 달리, 하나님의 지혜를 따르는 자들은 항상 떳떳할 수 있습니다. 나라를 다스리고, 선악 간의 옳고 그름을 재판하기 위해서는 탁월한 능력이 필요합니다. 이 능력을 처음부터 타고나는 사람은 없습니다. 어리석은 자들에게 이 능력을 제공하는 것이 지혜입니다(14-16절). 지혜는 여호와를 경외하는 것이며(잠 1:7), 여호와를 경외하는 것은 악을 미워하는 태도입니다(13절). 그러므로 선한 것을 가까이하고 악한 것을 멀리하기 위해 노력하는 사람만이 점점 자라나고 성숙하게 됩니다. 성숙한 사람은 태어나는 것이 아니라 자라납니다. 지혜는 선천적인 것이 아니라 훈련의 결과입니다. 옳은 것을 선택하는 일상의 삶이 반복되고 축적될 때, 하나님 보시기에 장성한 사람으로 변화됩니다. 매일 매 순간, 하나님의 지혜를 간구해야 할 이유입니다.

9장   왜 지혜로운 선택을 해야 하는가?

1-18 의인화된 지혜가 풍성한 잔칫상을 준비한 후 어리석은 자들을 초대합니다(1-6절). 이에 질세라 의인화된 음녀도 도둑질한 것들로 식탁을 차린 후 어리석은 자들을 초대합니다(13-18절). 하나님을 경외하는 자들은 지혜의 부름에 응답할 것이고, 세상의 성공을 추구하는 자들은 음녀의 부름에 응답할 것입니다. 당장에는 음녀가 준비한 식사가 맛있을지 모르지만(17절), 음녀의 초대에 응답한 자들은 반드시 사망에 이르게 됩니다. 반면 지혜의 초대에 응답한 자들은 점점 어리석음을 벗고 명철함에 이르게 됩니다(6절). 인생은 단순하지 않습니다. 옳고 그름이 명확하게 구분되거나, 선택의 결과가 사망과 생명으로 확연하게 갈라지는 일은 흔치 않습니다. 하지만 하나님 앞에서 바른길을 걸으려는 노력이 쌓이고 쌓일 때, 언젠가는 분명한 차이가 발생합니다. 당장의 이익을 바라보면, 지혜는 무가치합니다. 그러나 영원의 관점으로 바라보면 무엇을 선택해야 할지는 분명합니다. 작은 선택이 모여 우리의 인생을 이룹니다. 지혜의 여정에서 벗어나지 마십시오. 하나님이 약속하신 존귀와 생명이 그 길 끝에서 우리를 기다리고 있습니다(11절).

솔로몬의 잠언(1)

10장 왜 악한 방법으로 돈을 모아서는 안 되는가?

1-32 세상은 돈을 벌 수 있다면 수단과 방법을 가리지 않습니다. 돈만 있으면 원하는 것을 얻을 수 있다고 생각하기 때문입니다. 하지만 그들의 소원은 이루어지지 않을 것입니다. 하나님이 그들의 악한 욕망을 심판하시기 때문입니다(3절). 그래서 악한 방법으로 모은 재물은 무익합니다(2절). 우리의 능력은 돈이 아닙니다. 하나님만

이 우리의 능력입니다. 투기는 지혜가 아닙니다. 요행으로 쉽게 돈을 버는 것은 복이 아닙니다(22절). 적은 수입이라도 정직하게 버는 것이 지혜입니다(4절). 가난할지라도 선한 일에 힘쓰는 것이 하나님을 경외하는 삶입니다. 하나님의 뜻대로 벌고 쓰는 사람에게 참된 평안이 있습니다(22절).

11장 왜 과도하게 아껴도 가난하게 되는가?

1-31 세상에는 보이지 않는 손이 있습니다. 하나님의 손입니다. 하나님의 손은 지혜로운 자를 돕고, 미련한 자를 심판합니다. 그래서 정직하고 성실하게 일한 남자가 재물을 얻습니다(16절). 이웃에게 친절을 베푼 여자가 존경

을 얻습니다(16절). 하나님의 섭리가 있기에, 자기만 생각하는 사람은 벌을 받고, 공동체를 생각하는 사람은 복을 받습니다(24절). 그래서 이웃에게 베풀지 않고 과도히 아끼는 사람은 결국 가난하게 됩니다(24절).

12장 왜 방탕하고 불의한 이익을 탐하지 말아야 하는가?

1-12 11장에 이어서 악한 삶의 비참한 결말을 교훈합니다. 악인들은 쉽게 돈을 벌기 위해 방탕하고 불의한 이익을 탐하지만(11-12절), 결국에는 뿌리째 뽑혀 넘어지게 됩니다(3절). 하지만 자비롭고(10절), 성실하고(11절), 의로운 인생은(12절) 흔들리지 않습니다. 수고하지 않고 부자가 되려면 필경은 속임수와 편법을 써야 하지만, 하나님 앞에서 정직하게 사는 사람은 부끄러움을 당하지 않습니다. **13-28** 돈을 올바르게 사용하는 것만큼 중요한 것

은 입술을 올바르게 사용하는 것입니다. 돈과 입술은 잠언에서 가장 강조되는 주제입니다. 거짓말하는 자는 하나님께 미움을 받아도, 진실을 말하는 자는 하나님의 기쁨이 됩니다(22절). 혹시 순간의 위기를 모면하기 위해 거짓을 말하거나(13절), 감정을 주체하지 못해 분노의 말을 내뱉지 않습니까(16절)? 우리의 입술은 진리를 증거하고 상처를 치유하는 도구가 되어야 합니다(18절).

13장 왜 지혜자는 훈계를 받으라고 하는가?

1-25 지혜자는 훈계를 받으라고 합니다(1절). 여기서 훈계는 경건의 훈련을 말합니다. 처음부터 지혜를 가지고 태어나는 사람은 없습니다. 지혜를 얻기 위해서는 꾸준한 연단과 훈련의 과정을 거쳐야 합니다. 그래서 훈계를

받는 것이 지혜입니다(18절). 또한 지혜자는 말을 조심하라고 합니다. 생각 없이 말했다가는 나와 다른 사람을 망하게 할 수 있기 때문입니다(3절). 우리의 입술은 생명을 전하는 입술입니까, 아니면 사망을 전하는 입술입니까?

솔로몬의 잠언⑵

14장　왜 가정을 소홀히 해서는 안 되는가?

1-35 가정을 건강하게 세우는 것이 지혜입니다(1절). 교회의 직분도 중요하고, 세상에서 빛과 소금이 되는 것도 중요하지만, 그렇다고 가정을 소홀히 해서는 안 됩니다. 가정을 외면하고 이룬 성과는 하나님 앞에서 인정받을 수 없습니다. 정직하게 사는 것이 지혜입니다(7절). 정직은 14장 전체에서 특히 강조되는 주제입니다(2, 5, 9, 11절). 성공을 위해 거짓을 행하는 것은 하나님을 업신여기는 행동입니다(2절). 정직하게 살다 실패할지언정, 성공을 위해 악을 행하지 말아야 합니다.

15장　왜 하나님은 악인의 제사를 받지 않으시는가?

1-33 하나님은 죽음의 세계를 보십니다(11절). 하나님이 보지 못하시는 것이 아무것도 없다는 뜻입니다. 우리가 어디서 무엇을 하든지 하나님의 눈을 피할 수 없으며, 심지어 우리의 마음까지도 하나님 앞에서는 숨길 수 없습니다. 아무도 우리를 보지 않을 때에도, 하나님은 보고 계신다는 사실을 기억해야 합니다. 하나님은 악인의 제사를 받지 않으십니다(8절). 하나님이 중요하게 보시는 것은 '제물'보다 '경건'입니다. 악인이 황소로 드린 제사보다 의인이 비둘기로 드린 제사를 하나님은 더 기뻐하십니다. 반복해서 강조되는 주제는 '말'입니다. 말이 지혜자와 어리석은 자를 나누는 가장 중요한 기준입니다(1, 2, 4, 7, 18절). 우리가 하는 말이 곧 우리 자신입니다. 우리는 어떤 말을 하고 있습니까? 이웃을 살리고 하나님을 영광스럽게 하는 말입니까, 아니면 내 욕망과 이기심과 분노가 묻어나는 말입니까?

16장　왜 우리는 하나님의 주권을 인정해야 하는가?

1-33 최선을 다하기만 하면 좋은 결과가 있을 것이라고 생각하기 쉽습니다. 하지만 최선을 다했어도 실패하는 경우가 있습니다. 그래서 우리는 하나님의 주권을 인정해야 합니다(1절). 사람이 자기의 길을 계획할지라도 그의 걸음을 인도하는 이는 하나님입니다(9절). 최선을 다해서 준비해야 하지만, 결과는 하나님께 달려 있음을 믿는 것이 '지혜'입니다. 그러므로 최선을 다하고도 실패했을 때에는, 또 다른 하나님의 뜻이 있음을 믿어야 합니다. 역사의 주인은 우리가 아니라 하나님입니다.

솔로몬의 잠언⑶

17장 왜 고난은 우리에게 유익한가?

1-28 도가니와 풀무가 은과 금을 연단하는 것처럼, 시련은 우리 마음을 연단합니다(3절). 고난을 그저 고통으로 여기지 않고, 성장을 위한 과정으로 여기는 것이 지혜입니다. 지금 우리를 힘들게 하는 사건들 속에도 하나님의 뜻이 있음을 믿어야 합니다. 슬기로운 종은 주인의 사랑을 받습니다(2절). 직장을 돈을 버는 수단으로 생각하기보다 하나님의 영광을 나타내는 선교지로 여겨야 합니다. 하나님을 경외하는 마음으로 성실하게 일할 때, 우리의 삶은 복음의 통로로 사용될 것입니다.

18장 왜 자기 생각만 옳다고 여겨서는 안 되는가?

1-10 자기 생각만 옳다고 여겨선 안 됩니다(2절). 올바른 신념을 고수한다는 명목 아래 공동체를 분열시키는 것도 그러합니다(1절). 그렇다고 다수결이 항상 옳다는 것은 아닙니다. 진리를 위해서라면, 거짓된 다수와 맞서 싸우는 용기도 필요합니다. 하지만 타인의 말을 듣지 않고 자기주장만 내세우는 것은 지혜가 아닙니다. 나와 다른 생각을 하는 사람에게도 배워야 할 것이 있습니다. 상대방의 의견을 경청할 때 상대방도 우리의 생각에 귀를 기울입니다. 잘 말하는 것이 중요한 만큼, 잘 듣는 것도 지혜입니다. **11-24** 세상은 돈에 목숨을 겁니다. 돈을 견고한 성으로 여기기 때문입니다(11절). 돈만 있으면 원하는 것을 이룰 수 있다고 생각하기 때문입니다. 하지만 참으로 견고한 성은 여호와 하나님입니다(10절). 하나님 없는 자에겐 부유함도 저주가 되지만, 하나님을 피난처로 여긴 사람에겐 가난도 축복일 수 있습니다. 부유하여 교만한 자에게는 멸망이 기다리고 있지만, 가난하여 하나님만 의지하는 자에겐 존귀가 기다리고 있습니다(12절).

19장 왜 우리는 정직하고 성실하게 살아야 하는가?

1-29 우리는 타락한 세상을 살아갑니다. 우리가 살아가는 세상은 힘의 원리가 지배하는 세상입니다. 그래서 권력과 부를 가진 사람은 환영을 받고, 힘없고 가난한 사람은 외면을 당합니다. 4절과 7절은 그런 현실을 반영한 말입니다. 하지만 하나님은 다릅니다. 하나님은 부유한 악인보다 가난한 의인을 더 인정하십니다(1절). 그러므로 우리는 불의가 판치는 세상에서도 정직하고 성실하게 살아야 합니다. 힘 있는 사람들보다 우리의 도움이 필요한 가난한 사람들을 더 가까이해야 합니다.

솔로몬의 잠언(4)

20장 왜 술을 멀리해야 하는가?

1-30 술은 그 자체로는 죄가 아닙니다. 예수님도 포도주를 드셨습니다. 하지만 술은 우리를 거만하게 만들 뿐만 아니라, 때로는 이성을 잃어버리게 만듭니다(1절). 술을 먹는 것이 죄가 되느냐 아니냐를 따지기 전에, 그것이 우리의 거룩함에 어떤 도움이 되는지를 생각해야 합니다. 적어도 지혜롭게 살고자 하는 자는 술을 멀리해야 합니다(1절). 성도는 은혜로 사는 사람입니다. 하나님의 은혜는 자격 없는 자에게 임하기도 하지만, 일반적으로는 구하고 찾는 자에게 임합니다(마 7:7). 그래서 우리는 성실해야 합니다. 성실하게 일해야 하고, 성실하게 은혜를 구해야 합니다(4절). 두루 다니며 한담하고, 심지어 남의 비밀을 쉽게 누설하는 사람이 있습니다. 하나님은 그런 사람을 가까이하지 말라고 하십니다(19절). 비밀을 누설하기보다 굳게 지키는 것이 지혜입니다.

21장 왜 악인의 형통은 저주인가?

1-31 권력을 가진 자들이 자기 마음대로 하는 것 같지만, 사실은 그들도 하나님의 통치 아래 있습니다(1절). 농부가 고랑을 파서 물의 방향을 바꾸는 것처럼, 하나님도 권력자들의 마음을 바꾸십니다. 따라서 우리는 권력자들을 위해서 기도해야 합니다. 그들을 통해 하나님 뜻이 이루어지시기를 기도해야 합니다. 하나님은 정의를 제사보다 기뻐하십니다(3절). 제사가 필요 없다는 말이 아니라, 제사를 드리는 사람이 어떤 사람이냐 하는 것이 더 중요하다는 말입니다. 악인들이 형통할 때 우리의 마음은 찢어집니다. 하지만 악인들의 형통은 복이 아니라 저주입니다(4절). 악을 행하며 형통한 것은 멸망을 재촉하는 일이기 때문입니다. 그들을 부러워하기보다 올바른 삶을 살기에 힘쓰는 것이 지혜입니다.

22장 왜 나와 다른 사람을 사랑해야 하는가?

1-29 가난한 자는 부자를 시기하기 쉽고, 부자는 가난한 자를 멸시하기 쉽습니다. 하지만 가난한 자든 부유한 자든 모두 하나님 형상으로 창조된 존귀한 존재입니다(2절). 나와 다르다고 시기하고 멸시하기보다 사랑하고 섬기기 위해 노력하는 것이 지혜입니다. 하나님 뜻대로 사는 것은 고난의 길이고, 세상 원칙을 따르는 것은 평탄한 길이라고 생각하기 쉽습니다. 물론 하나님의 뜻대로 사는 것은 쉽지 않습니다(마 7:14). 하지만 하나님을 떠난 삶이 평탄하리라고 생각하는 것은 큰 오해입니다. 잠시 형통한 것처럼 보일지라도 그 길에는 반드시 피할 수 없는 장애물이 있습니다(5절). 반면 성도의 삶에는 사망의 음침한 골짜기에서도 하나님의 은혜가 있습니다(시 23:4).

지혜 있는 자의 말씀

23장 왜 자녀를 훈계해야 하는가?

1-35 10장에서 시작된 솔로몬의 잠언은 22:16에서 마무리되었고, 22:17부터는 누군지 알 수 없는 지혜자의 잠언입니다. 지혜자는 누군가가 지나친 향응을 베풀 때, 그 의도를 의심해야 한다고 말합니다(1절). 세상에는 대가 없이 긍휼을 베푸는 경우가 거의 없기 때문입니다. 특히 공적인 위치에 있는 성도라면 더욱 주의해야 합니다. 한때 '부자 되세요'라는 인사말이 유행했습니다. 물질주의에 물든 현대 사회의 민낯을 보여 주는 현상이었습니다. 하지만 지혜자는 부자가 되는 것이 그 자체로 우리 인생의 목적이 될 수 없다고 말합니다(4절). 돈은 쉽게 사라지는 허무한 것이기 때문입니다(5절). 그러나 하나님은 변함없이 우리의 도움이 되십니다. 우리의 목표는 하나님 뜻대로 사는 것이 되어야지, 부자가 되는 것일 수 없습니다. 채찍이 아이의 영혼을 스올에서 구원한다고 말합니다(14절). 훈계 없이 자란 아이는 어긋나기 쉽다는 말입니다. 하나님 뜻대로 살지 않는 아이를 방치하는 것은 그의 영혼을 죽이는 일입니다. 부모의 권위에 순종하는 것을 배우지 않은 아이는 하나님의 권위에도 순종하지 않을 가능성이 많습니다.

24장 왜 악인의 형통함을 부러워하지 말아야 하는가?

1-34 악인의 형통함을 부러워하지 말아야 합니다(1, 19절). 불법적인 방법으로 잠시 형통할 수 있으나, 반드시 재앙을 당할 것이기 때문입니다(16절). 따라서 악인들은 현재의 기쁨을 위해 미래를 포기한 자들입니다(20절). 그러나 의인은 여러 번 넘어질지라도 결코 완전히 망하지 않습니다(16절). 하나님이 의인의 영혼을 지키시고, 그가 행한 대로 갚으시기 때문입니다(12절). 그렇다고 악인의 멸망을 기뻐해서는 안 됩니다(17절). 심지어 우리의 원수일지라도 그가 곤경에 처했을 때는 함께 아파하는 것이 지혜입니다. 그렇지 않을 때 하나님은 악인이 받아야 할 진노를 우리에게로 옮기실 수도 있습니다(18절).

히스기야의 신하들이 편집한 잠언

25장 왜 서둘러 다투면 안 되는가?

1-28 지혜자는 스스로 높은 체하지 말며, 대인들의 자리에 서지 말라고 합니다(6절). 분에 넘치는 자리를 탐하는 자들을 향한 잠언입니다. 오히려 겸손한 마음으로 현재의 자리에서 최선을 다하는 것이 지혜입니다. 하나님은 그런 사람에게 "이리로 올라오라"고 말씀하십니다(7절). 지혜자는 서둘러 나가서 다투지 말라고 합니다(8절).

난처한 상황에 처할 수 있기 때문입니다(8절). 이것은 불확실한 정보를 듣고 섣불리 시비를 걸었다가 사실이 아님이 밝혀졌을 때 곤란한 일을 겪을 수 있다는 뜻입니다. 아무리 불쾌한 소문을 들었다 할지라도, 그것이 사실이 아닐 수 있음을 고려하고 신중해야 합니다.

26장 왜 미련한 자 앞에서는 침묵하는 것이 나은가?

1-28 미련한 자에게는 영예가 적당하지 않습니다(1, 8절). 이런 사람들은 자신들에게 주어진 권한을 지혜롭게 사용하지 않을 가능성이 큽니다. 실제로 자격 없는 자들이 지도자의 위치를 점한 결과, 어려움을 겪는 교회가 많습니다. 미련한 자가 어리석은 말로 공격할 때는 차라리

침묵하는 편이 낫습니다. 공연히 말려들었다간 우리도 동일한 사람이 될 수 있습니다(4절). 상황을 잘 분별하여, 대답해야 할 때와 침묵해야 할 때를 구분하는 것이 지혜입니다.

27장 왜 내일 일을 자랑하지 말아야 하는가?

1-27 내일 일을 자랑하지 말아야 합니다(1절). 하루 동안에도 무슨 일이 일어날지 알 수 없기 때문입니다(1절). 섣불리 미래를 장담하기보다 모든 결과를 하나님께 맡기는 것이 지혜입니다. 스스로를 자랑하지도 말아야 합니다(2절). 한 치 앞도 알 수 없는 인생이 스스로를 자랑하

는 것은 크나큰 교만입니다. 배부른 자에게 꿀을 주는 것은 지혜가 아닙니다(7절). 이른 아침에 큰 소리로 이웃을 축복하는 것도 마찬가지입니다(14절). 누군가를 도와주고 싶을 때는, 내가 주고 싶은 것이 아니라 그에게 필요한 것을 주어야 합니다.

28장 왜 가난하고 정직한 삶이 더 나은가?

1-28 악인들은 성공을 위해서 수단과 방법을 가리지 않습니다. 성공을 위해서라면 다른 사람에게 피해를 주는 일도 서슴지 않습니다. 실제로 세상에는 부정한 방법으로 성공한 사람들이 많습니다. 하지만 영원의 관점에서

보면, 그들은 실패한 자입니다. 언젠가는 하나님이 그들을 심판하실 것입니다(8절). 그래서 우리는 정직하고 성실해야 합니다. 하나님은 가난해도 성실한 사람을 더 기뻐하십니다(6절).

29장 왜 반드시 회개해야 하는가?

1-27 거듭되는 책망에도 끝까지 회개하지 않으면 심판을 면치 못합니다(1절). 엘리의 두 아들이 대표적인 사례입니다(삼상 2:22-25). 하나님은 지금도 우리에게 말씀하

십니다. 설교를 통해 직접 말씀하시거나 상황과 사람을 통해 간접적으로 말씀하십니다. 변명하기보다 수용하고, 부인하기보다 자백하는 것이 지혜입니다.

아굴과 르무엘왕 어머니의 잠언

30장　왜 아굴은 네 가지를 소개하는가?

1-20 아굴은 네 가지를 알 수 없다고 말합니다. 첫째, 하늘을 나는 독수리, 둘째, 반석 위를 기는 뱀, 셋째, 바다를 떠다니는 배, 넷째, 남녀의 흔적입니다(18-19절). 이 네 가지는 본능적인 행동을 의미합니다. 아굴이 네 가지를 소개하는 이유는, 세상이 죄를 짓는 이유를 설명하기 위해서입니다. 세상이 죄를 짓는 이유는 죄가 본성이기 때문입니다. **21-23** 네 명의 사람들이 소개됩니다. 이들은 능력 이상의 일을 감당하게 된 자들입니다.[170] 이들은 주어진 일을 지혜롭게 처리하지 못하여 공동체에 해를 끼칠 가능성이 큽니다. 능력 이상으로 승진하는 것은 축복이 아닙니다. **24-33** 여기에 등장하는 피조물들은 태생적으로 약하다는 공통점을 가지고 있습니다.[171] 하지만 그들에겐 타고난 약점을 극복하는 지혜가 있습니다. 개미는 미래를 위해 양식을 준비하며, 사반은 피난처를 갖추고, 메뚜기는 협동하며, 도마뱀은 출입이 불가능한 곳에도 들어갑니다. 우리는 이들에게서 타고난 한계를 극복하려는 자세를 배워야 합니다.

31장　왜 잠언의 결론 부분에 현숙한 여인에 대한 묘사가 나오는가?

1-31 르무엘이 어떤 사람인지, 또 그가 어떤 나라의 왕인지 아무도 모릅니다. 대다수의 학자들은 그가 이스라엘 사람이 아닐 것으로 추정합니다.[172] 31장은 크게 두 부분으로 나눌 수 있습니다. 왕의 역할과 아내의 역할입니다. 왕의 역할에서 강조되는 것은 힘을 사용하는 방식입니다. 왕은 첩을 두거나 땅을 빼앗는 일에 힘을 쏟기보다(3절), 힘없고 가난한 자들의 억울함을 풀어 주는 일에 전력해야 합니다(8절). 개인의 욕망을 이루는 일보다 이웃을 섬기는 일에 최선을 다하라는 뜻입니다. 현숙한 여인에 대한 묘사는 잠언 전체의 결론입니다.[173] 어떤 배우자를 선택하느냐 하는 것은 어떤 신념을 가지고 있는지와 직결됩니다. 돈을 최고로 여기는 신념을 가지고 있다면 돈이 많은 배우자를 택할 것이고, 권력을 최고로 여기는 신념을 가지고 있다면 지위가 높은 배우자를 택할 것입니다. 반면에 하나님께 순종하는 것을 최고로 여기는 신념을 가지고 있다면, 본문에 묘사되는 현숙한 배우자를 택할 것입니다. 이제 잠언 전체를 정리합니다. 현숙한 여인을 배우자로 맞이하는 자가 지혜로운 사람입니다. 우리가 선택하는 것이 곧 우리 자신이라는 말입니다. 스스로를 의롭다고 자랑할지라도 실제로는 악한 것을 선택한다면, 우리는 지혜자가 아닙니다. 잠언이 말하는 지혜는 올바른 것을 선택하고 올바른 것을 행하는 삶입니다.

한눈에 보는 전도서

핵심	선언	모든 것이 헛되다 (1:1–1:11)	하나님을 떠난 인생은 허무하다
	증명	허무한 인생 (1:12–11:6)	인간의 노력은 헛되다
			즐거움을 추구하는 것은 헛되다
			쌓으려는 노력은 헛되다
			인간은 미래를 알 수 없다
	조언	하나님의 심판을 생각하고, 하나님께 순종하라 (11:7–12:4)	현재의 삶에 만족하라
			하나님의 심판을 기억하라
			겸손하게 하나님만 의지하라

저자: 솔로몬

타락했던 솔로몬이 노년에 회개한 이후 기록했을 것이다. 1:1과 2:1-11을 동시에 만족시키는 사람은 솔로몬밖에 없다.

기록 목적

솔로몬은 모든 것을 가졌음에도 행복하지 않았다(2:10-11). 솔로몬은 그 이유를 알기 위해 하늘 아래에서 행하는 모든 일을 연구하며 살펴보았고(1:13), 그 깨달음을 전도서로 남겼다. 그런 점에서 전도서는 솔로몬의 자서전이다. 전도서를 진지하게 묵상하는 자는 솔로몬의 실패를 반복하지 않을 것이며, 참된 행복에 이르는 길을 발견하게 될 것이다.

통독 길잡이

전도서를 이해하는 중요한 키워드는 '헛됨'과 '해 아래에서'이다.[174] 헛됨으로 번역된 히브리어 '헤벨'은 전도서에 모두 38번 등장한다. 이 단어를 한글로 정확하게 번역하기란 불가능하다. 일반적으로 헤벨은 '실패'를 의미한다. 사람은 행복하기 위해 많은 노력을 기울이지만, 그 노력은 결국 실패로 끝난다. 헤벨은 '당혹감' 또는 '순식간'을 의미하기도 한다. 인생은 당혹스러운 순간들로 가득하며, 또 순식간에 지나간다.[175] '해 아래에서'라고 번역된 구절은 전도서에 모두 28회 등장한다. 이 말은 문자적으로 이 세상에서의 삶을 의미하지만 그 이상의 의미도 담고 있다. '해 아래에서'는 단순히 이 세상의 삶을 가리킬 뿐 아니라 넘어지고 쓰러지면서 힘들게 살아가야 하는 세상살이를 가리킨다.[176] 그렇다고 전도서가 허무주의를 조장하는 책은 아니다. 솔로몬이 가르치고자 하는 것은 허무로 가득한 세상에서 기쁨과 만족을 찾는 방법이다. 인생은 실패로 가득하지만, 그렇다고 늘 실패만 있는 것도 아니다(7:14). 따라서 모든 것이 헛되다는 솔로몬의 말은 주제를 강조하기 위한 과장법이다.[177] 전도서의 주제는 허무로 가득한 세상에 맞서야 한다는 것이며, 그 방법은 하나님을 생각하고 하나님께 순종하는 데 있다는 것이다.

199

참된 즐거움

1장 왜 하나님 없는 인생에는 참된 만족이 없는가?

1-11 전도자는 모든 수고가 무의미하다고 말합니다(3절). 이것은 일종의 과장법입니다. 하나님의 영광을 주된 목적으로 삼지 않는 인생에는 참된 의미가 없음을 과장해서 말하는 것입니다.[178] 삶이 허무하다고 느낀다면, 하나님의 영광과 상관없는 삶을 살고 있기 때문일지 모릅니다. **12-18** 사람들은 삶의 의미를 찾기 위해 지식을 탐구합니다. 지식이 깊어지면 삶의 의미도 깊어지리라 생각합니다. 솔로몬도 마찬가지였습니다(13절). 솔로몬은 허무함을 극복하기 위해 지식을 탐구했습니다. 결과는 실패였습니다. 하나님 없는 인생에 의미가 없듯이, 하나님과 상관없는 지식에도 의미가 없습니다. 지식을 탐구하는 것으로는 허무함을 극복할 수 없습니다.

2장 왜 솔로몬의 삶에는 허무함이 가득했는가?

1-26 솔로몬은 쾌락 속에서 인생의 의미를 찾아보려 했습니다(1절). 결과는 실패였습니다. 오늘날에도 솔로몬의 길을 걷는 사람들이 많습니다. 입으로는 하나님의 영광을 위해 산다고 말하지만, 실제로는 쾌락을 통해 인생의 의미를 찾으려고 합니다. 혹시 무익하고 헛된 일들 때문에 하나님께 드려야 할 인생을 낭비하고 있지는 않습니까? 솔로몬은 거의 모든 종류의 쾌락을 맛보았습니다(4-11절). 하고 싶은 것은 다 해 보았고, 갖고 싶은 것은 다 가져 보았습니다. 그럼에도 남은 것은 허무함뿐이었습니다. 그 이유는 그 모든 수고와 노력이 솔로몬 자신을 위한 것이었기 때문입니다. 그래서 본문에는 솔로몬을 가리키는 "나를 위하여"라는 말이 여러 번 반복됩니다(4, 6, 7, 8절). 우리는 누구를 위하여 살고 있습니까? 우리의 시간과 물질은 누구를 위하여 사용되고 있습니까? 혹시 솔로몬처럼 "나를 위하여" 살고, "나를 위하여" 쓰고 있지 않습니까? 그러한 삶에는 참된 행복이 있을 수 없습니다. 행복이란, 하나님을 위하여 사는 자들에게 주어지는 하나님의 선물이기 때문입니다(전 5:19).

참된 만족

3장 왜 우리 생각대로 일이 진행되지 않아도 조급해하지 말아야 하는가?

1-22 전도자는 모든 일에 때가 있다고 말합니다(1-8절). 하나님은 모든 것을 지으시되 때를 따라 아름답게 하셨습니다(11절). 하나님이 모든 일의 때를 주관하신다는 뜻입니다. 따라서 우리 생각대로 일이 진행되지 않는다고 하여 조급해하지 말아야 합니다. 하나님의 뜻이라면, 하나님의 때에 반드시 이루어질 것입니다. 우리가 생각하는 시간이 아니라, 하나님이 뜻하신 시간이 정답입니다. 우리가 원하는 시간에 이루어지기보다 하나님이 뜻하신 시간에 이루어지기를 기다려야 합니다. 하나님의 때가 있음을 믿는 것, 바로 그것이 허무함을 극복하는 능력입니다. 그렇다고 운명론에 빠져서는 안 됩니다. 운명론이란 나의 선택과 상관없이 결과는 이미 결정되었다는 사고방식입니다. 결과가 이미 결정되어 있다는 운명론은 성경적이지 않습니다. 우리의 미래는 우리가 의지적으로 선택한 것들의 결과입니다. 그런데 그것조차 하나님 뜻 안에 있다는 점에서 인간의 선택과 하나님의 뜻은 신비한 조화를 이룹니다.

4장 왜 건강한 교회를 만나야 하는가?

1-16 현대 사회는 도시화된 정글입니다. 짐승의 세계를 묘사하는 약육강식, 적자생존이 인간관계에도 그대로 적용됩니다. 무한 경쟁을 부추기는 사회에서 현대인들은 갈수록 살맛을 잃어갑니다. 사랑과 용서는 보기 힘들고, 학대와 시기가 가득합니다(1, 4절). 이런 세상에서 참된 행복을 누리는 길은 무엇일까요? 욕심을 내려놓는 것입니다. 전도자는 두 손에 가득하고 허무한 것보다 한 손에 가득하고 평온한 것이 더 낫다고 말합니다(6절). 욕망을 벗어던져야 하나님의 위로를 누릴 수 있습니다. 행복을 누리는 또 다른 길은 혼자가 아닌 둘이 되는 것입니다(9절). 함께 있어야만 넘어져도 일어날 수 있고(10절), 더 따뜻하며(11절), 강한 대적과 싸워 이길 수 있습니다(12절). 여기서 혼자가 아닌 둘은 성도의 공동체인 교회를 의미합니다. 다시 말해 참된 행복을 누리는 길은 건강한 교회를 만나는 데 있습니다. 그리스도의 사랑으로 충만한 교회에 속해 있을 때, 인생의 허무함을 이길 힘은 극대화됩니다. 그런 점에서 건강한 교회를 세우는 일은, 이웃을 사랑하는 최고의 방법입니다.

5장 왜 전도자는 성전 예배를 말하는가?

1-20 전도자는 성전 예배를 말합니다(1절). 예배에서 은혜를 받아야만 허무함을 극복할 수 있기 때문입니다. 전도자는 하나님이 우매한 자가 드리는 제물은 받지 않으신다고 말합니다(1절). 하나님의 말씀대로 살아가려는 노력 없이, 그저 제물을 많이 바치는 것으로는 하나님의 마음을 흡족하게 할 수 없다는 것입니다. 하나님께 우리의 삶을 드리지 않는다면, 우리가 아무리 많은 예배를 드릴지라도 빈껍데기 예배에 불과합니다. 하나님은 습관처럼 반복되는 무의미한 기도 역시 기뻐하지 않으십니다(2절). 많은 말을 하기보다 꼭 필요한 말을 하는 것이 더 바른 기도입니다.

참된 지혜

6장　왜 많이 가져도 행복하지 않은가?

1-6 전도자는 행복을 누리지 못하는 사람들을 말합니다. 어떤 사람은 재물과 부요와 존귀를 가졌으나 행복하지 않습니다(2절). 어떤 사람은 백 명의 자녀를 낳고 장수하여도 행복하지 않습니다(3절). 하나님이 그것을 누리도록 허락하지 않으셨기 때문입니다(2절). 행복하기 위해 하나님을 믿는 것은 아니지만, 하나님 없이는 행복할 수 없습니다. **7-12** 두 종류의 인생이 소개됩니다(7-9절).

채워지지 않는 욕망을 위해 사는 사람과 이미 가진 것에 만족하는 사람입니다. 전도자는 전자를 미련한 사람으로, 후자를 지혜로운 사람으로 소개합니다. 우리는 어떠합니까? 이미 가진 것에 만족하고 감사하는 지혜로운 사람입니까, 바람 같은 욕망을 잡으려고 노력하는 미련한 사람입니까?

7장　왜 형통한 날과 곤고한 날을 병행하여 주시는가?

1-29 만약 우리가 검은 안대를 하고 있다면, 곁에 있는 사람의 손을 더욱 굳게 붙잡을 것입니다. 반대로 환하게 보이는 상황이라면 손을 놓아 버릴 것입니다. 우리의 인생도 그와 같습니다. 하나님은 우리에게 형통한 날과 곤고한 날을 병행하여 주십니다(14절). 항상 형통하게 하시지도 않고, 항상 곤고하게 하시지도 않습니다. 그 결과 장래 일을 알지 못하게 하십니다(14절). 검은 안대를 한 사람이 곁에 있는 사람의 손을 강하게 붙잡을 수밖에 없는 것처럼, 장래 일을 알지 못하게 하심으로써 당신을 강

하게 의지하게 하시는 것입니다. 돈이 생명의 보호자라고 생각하기 쉽습니다. 돈만 있으면 거의 모든 문제가 해결되기 때문입니다. 그런데 전도자는 지혜가 더 유익하다고 말합니다(12절). 자본주의 시대를 사는 우리에게는 이해하기 어려운 말입니다. 그래서 믿음이 필요합니다. 돈이 아니라 지혜가 생명의 보호자라는 믿음 말입니다. 중요한 선택의 순간마다 돈이 아니라 지혜를 구하는 우리가 되게 해 달라고 기도합시다.

8장　왜 전도자는 왕의 신하를 말하는가?

1-17 전도자는 왕을 모시는 신하들을 말합니다. 때와 상황에 적절하게 행동하는 지혜를 가르치기 위해서입니다. 고대의 왕들은 절대 권력을 가지고 있었습니다. 그들 앞에서의 행동거지는 일반인들을 대할 때와 달라야 했습니다. 급하게 물러가서는 안 되고(3절), 무엇을 하느냐고 다그쳐 물을 수도 없었습니다(4절). 이처럼 지혜로운 사람은 때와 상황에 맞게 행동하는 사람입니다. 그러기 위해서는 어떻게 행동해야 할지 아는 분별력과 평소와 다르게 행동하는 절제력이 필요합니다. 세상에는 의인의 상을 받는 악인이 있고, 악인의 벌을 받는 의인이

있습니다(14절). 하나님이 다스리시는 세상에 이런 부조리가 가능한지 이해되지 않습니다. 그래서 전도자는 말합니다. 하나님이 하시는 일을 다 알 수 없는 것이 현실이라고 말입니다(17절). 하지만 악인의 형통함은 일시적일 뿐입니다. 결국에는 하나님을 경외하는 자들이 잘될 것이요(12절), 악인들은 멸망할 것입니다(13절). 하나님의 심판과 복이 속히 임하지 않는다고 하여 악을 행하는 것은 어리석습니다. 하나님은 행한 대로 갚으시는 분입니다(전 12:14)

전도서의 결론

9장 왜 현재를 즐기는 선택을 해야 하는가?

1-18 전도자는 미래가 하나님의 영역이라고 말합니다(1절). 하나님의 계획대로 역사가 흘러간다는 뜻입니다. 그런 점에서 인간의 일생에 우연은 없습니다. 철저하게 하나님의 계획과 섭리입니다. 그런 믿음이 있어야만 최선을 다하되 겸손할 수 있고, 치열하게 살되 여유를 가질 수 있습니다. 전도자는 현재의 선택은 우리 책임이라고 말합니다(7절). 그래서 우리는 현재를 즐기는 선택을 해야 합니다(7절). 미래를 알 수 없다고 하여 현재를 우울하게 사는 것은 지혜가 아닙니다. 적당한 가격의 새 옷을 사는 기쁨(8절), 단정하지만 새롭게 머리를 꾸미는 기쁨(8절), 아내를 맞이하는 기쁨(9절). 이런 것들은 공허한 인생에게 주신 하나님의 선물입니다.

10장 왜 사소한 실수도 조심해야 하는가?

1-20 죽은 파리 한 마리가 심각한 문제를 일으키지는 않습니다. 하지만 그것 때문에 소중한 기름을 통째로 버릴 수는 있습니다(1절). 일반적으로 사소한 실수 하나가 심각한 문제를 일으키지는 않습니다. 하지만 작은 실수 하나 때문에 심각한 곤욕을 겪기도 합니다(1절). 작은 문제라고 쉽게 생각하고, 작은 죄라고 대수롭지 않게 여기다 보면, 언젠가는 큰 어려움을 겪게 됩니다. 대표적인 사례가 실수로 내뱉은 한마디 말입니다(3절). 나에게는 대수롭지 않은 문제일지 모르지만, 당사자에겐 가슴의 못이 될 수 있습니다.

11장 왜 모험적인 삶을 살아야 하는가?

1-10 전도자는 인생을 적극적으로 살라고 합니다. 현재의 삶에 안주하지 말고 해상 무역처럼 모험적인 삶에 도전하라고 합니다(1절). 모험이 실패할 것을 염두에 두고, 노력을 분산시키라는 현실적인 조언도 잊지 않습니다(2절). 실패만 생각하며 아무 도전도 하지 않는 것과 완전한 때가 되면 시작하겠다고 관망만 하는 것은 인생의 허무함에 젖어 드는 지름길입니다(4절).

12장 왜 전도자는 늙어 가는 것을 말하는가?

1-14 본문에서 집을 지키는 자들은 다리를, 힘 있는 자들은 허리를, 맷돌질하는 자들은 이빨을, 창들로 내다보는 자들은 눈을 상징합니다. 길거리 문들이 닫히는 것은 집 밖으로 나가지 못함을, 맷돌 소리가 적어지는 것은 씹고 소화시키는 일이 어려워짐을, 새의 소리로 일어나는 것은 잠을 깊이 자지 못함을, 음악 하는 여자가 쇠하는 것은 청각 기능의 약화를, 조문객들이 왕래하는 것은 죽음을 뜻합니다. 늙어 감에 따라 신체 기능이 약해지는 것을 시적으로 표현한 것입니다.[179] 전도자의 의도는 이것들이 약해지기 전에 신속히 하나님께로 돌아오라는 것입니다(1-2절). 모든 인생은 결국에는 늙고 죽기 마련이지만, 하나님 안에 있는 자들에겐 부활과 영원한 생명이 있습니다. 이 진리를 믿는 자는 세상의 허무함에 침몰 되지 않습니다.

한눈에 보는 아가서

배경	시간	핵심
이스라엘	약 1년	사랑의 시작 (1:1–3:5)
		사랑의 갈등 (3:6–5:8)
		사랑의 성장 (5:9–8:4)
		사랑의 완성 (8:5–8:14)

저자: 솔로몬

전통적으로 솔로몬을 아가서의 저자로 본다. 아가서의 표제(1:1)와 본문 자체에 솔로몬의 이름이 기록되어 있다.

기록 목적

솔로몬과 술람미 여인을 어떻게 해석하느냐에 따라 기록 목적이 달라진다. 크게 두 가지 견해가 있다. 첫째, 솔로몬과 술람미 여인이 각각 그리스도와 교회를 상징한다고 보는 견해다. 그렇게 보면 아가서의 기록 목적은 교회를 향한 그리스도의 사랑을 나타내는 데 있다. 둘째, 솔로몬과 술람미 여인을 문자적으로 이해하는 것이다. 그렇게 보면 아가서의 기록 목적은 성경적인 결혼 생활을 나타내는 데 있다. 고대와 중세 교회는 주로 전자의 견해를 따랐으며, 현대 교회는 주로 후자의 견해를 따르고 있다. 둘 중 어느 것도 잘못된 해석이라고 치부할 수 없으며, 둘 중 어느 하나만 옳다고 주장할 수도 없다.

통독 길잡이

아가서의 중요한 주제는 '사랑'과 '성'이다. 아가서는 인간의 사랑과 성이 아름다운 것임을 강조함으로써 올바른 관계 안에서 행해지는 사랑이 선한 것임을 보여준다.[180] 올바른 관계란 당연히 결혼을 말한다. 많은 성도들이 아가서의 성적인 묘사에 적잖이 당황하곤 했는데, 이는 육체적 쾌락을 악한 것으로 보는 전통 사상 때문이다. 성경은 인간의 사랑과 성을 악하게 보지 않는다. 사도 바울은 고린도교회에 보낸 편지에서 남편과 아내는 각자의 의무에 힘쓰라고 말했다(고전 7:3-5). 여기서 말하는 의무는 부부간의 성관계를 말한다. 따라서 결혼의 테두리 안에서 행해지는 성관계는 거룩하고 선하다. 성관계는 부부의 관계를 친밀하게 하려고 하나님께서 주신 선물이다. 아가서는 이런 주제들을 설명하는 책이다.

203

사랑의 아름다움

1장 왜 술람미 여인은 높은 자존감을 가지고 있는가?

1-17 아가서는 일차적으로 솔로몬과 술람미 여인의 사랑을 노래한 것이지만, 두 사람의 사랑과 연합은 그리스도와 교회의 사랑과 연합을 나타내기도 합니다. 술람미 여인은 외모가 아름다운 사람은 아닙니다. 그녀는 고된 노동으로 검은 피부를 가지고 있습니다. 그런데도 그녀는 자부심이 가득합니다(5절). 이런 자신감은 어디서 온 걸까요? 사랑입니다. 솔로몬의 사랑을 받고 있었기에,

높은 자존감을 가질 수 있었습니다. 우리도 마찬가지입니다. 우리의 가치는 외모나 재산이 아닙니다. 하나님이 우리를 사랑하신다는 사실이 우리의 가치입니다. 세상이 우리의 가치를 깎아내릴지라도, 하나님의 사랑이 우리를 향하고 있음을 믿는다면, 결코 낙담하지 않을 것입니다.

2장 왜 술람미 여인은 깊은 잠을 잘 수 있었는가?

1-7 술람미 여인은 솔로몬에게 안긴 채 깊은 잠에 빠졌습니다(6절). 솔로몬이 그녀를 지키고 있기에 아무도 그녀를 깨우지 못합니다(7절). 부부간의 사랑도 이와 같습니다. 부부는 서로의 안식을 위해 적극적으로 노력하는 관계여야 합니다. 만약 술람미 여인이 교회를 상징한다면, 이 장면은 그리스도의 품에서 안식을 누리는 교회의 모습으로 볼 수 있습니다. 참된 안식은 그리스도께 모든

짐을 내려놓고, 오직 그분만을 의지할 때 누릴 수 있습니다. **8-17** 술람미 여인은 솔로몬의 음성을 들으며 흥분합니다(8절). 사랑하는 이의 목소리를 들을 때 일어나는 자연스러운 반응입니다. 우리가 하나님을 사랑한다면 술람미 여인처럼 말씀이 선포되는 시간을 사모해야 하고, 그 말씀 앞에서 감격해야 합니다.

3장 왜 술람미 여인은 자신들을 방해하지 말라고 하는가?

1-11 마침내 솔로몬을 만난 술람미 여인은(4절), 아무도 자신들을 방해하지 말아 달라고 애원합니다(5절). 부부 관계도 마찬가지입니다. 아무에게도 방해받지 않는 두 사람만의 깊고 친밀한 교제의 시간이 있어야 합니다. 그

것이 부부의 하나 됨을 지키는 방법입니다. 그리스도와의 관계도 마찬가지입니다. 아무에게도 방해받지 않고, 그리스도에게만 집중하는 묵상의 시간은 성도의 경건에 필수적입니다.

4장 왜 솔로몬은 술람미 여인이 아름답다고 하는가?

1-16 4장은 술람미 여인에 대한 솔로몬의 묘사입니다. 솔로몬은 술람미 여인의 몸을 보며 어여쁘고 어여쁘다고 노래합니다(1절). 앞서 말한 것처럼 술람미 여인은 실제로는 아름답지 않습니다. 그럼에도 솔로몬의 눈에 지극히 아름답게 보였던 것은, 솔로몬이 조건 없이 그녀를

사랑했기 때문입니다. 만약 배우자가 아름답게 보이지 않는다면 조건을 따지기 때문입니다. 그리스도와 교회의 관계도 마찬가지입니다. 그리스도가 교회를 사랑하시는 것은 교회에 사랑받을 자격이 있어서가 아닙니다. 그리스도의 사랑은 조건 없는 사랑입니다.

가정의 아름다움

5장　왜 두 사람의 관계에 위기가 찾아왔는가?

1-16 솔로몬은 술람미 여인이 보고 싶어 밤이슬을 맞으며 찾아왔습니다(2절). 하지만 술람미 여인은 문을 열어 주지 않습니다. 이미 잠자리에 누운 상태였기 때문입니다(3절). 술람미 여인이 뒤늦게 문을 열지만, 이미 솔로몬은 떠난 후였습니다(6절). 이로 말미암아 두 사람의 관계는 위기를 맞이합니다. 하나님은 부부를 돕는 배필로 지으셨습니다(창 2:18). 최선을 다해 배우자를 섬기는 것은 하나님이 맡기신 사명입니다. 혹시 우리는 배우자에게 호의 베푸는 것을 성가시게 생각하지 않습니까? 더 나아가 우리와 교제하기 원하시는 그리스도를 멀리하고 있지 않습니까?

6장　왜 두 사람은 다시 화해할 수 있었는가?

1-13 술람미 여인은 솔로몬에게 상처를 주었습니다. 일반적인 사람이라면 이런 상황에서 상대방의 잘잘못을 따질 것입니다. 그런데 솔로몬은 술람미 여인에게 사랑의 노래를 선사합니다(4-9절). 아무것도 따져 묻지 않고, 오히려 그녀에게 사랑을 고백합니다. 이것이 부부의 사랑입니다. 부부의 하나 됨을 지키려면, 서로를 조건 없이 용서해야 합니다.

7장　왜 부부간에 먼저 바른 관계가 형성되어야 하는가?

1-13 솔로몬은 술람미 여인에게 잠자리를 함께하자고 합니다(11절). 배우자는 사랑을 나눌 수 있는 유일한 대상입니다. 하나님이 주신 배우자와 사랑을 나누는 것은 부끄러운 일이 아닙니다. 그런데 배우자와 사랑을 나누기 위해서는 먼저 바른 관계가 형성되어야 합니다. 배우자를 섬기고 존중하는 자세 없이 성욕을 채우는 대상으로만 여기는 것은, 하나님이 세우신 결혼 제도에 위배되는 행동입니다. 부부가 한 몸인 것처럼, 그리스도와 교회도 한 몸입니다. 부부가 배타적인 사랑을 나누는 것처럼, 그리스도와 교회도 배타적인 사랑을 나누어야 합니다. 교회는 그리스도께만 돌려야 할 영광을 결코 다른 이에게 주어서는 안 됩니다.

8장　왜 사랑이 가장 강한가?

1-14 이 세상에 사랑보다 강한 것은 없습니다(6절). 부부를 하나 되게 하는 최고의 능력이 사랑이기 때문입니다. 가난해도 사랑이 있는 부부는 행복합니다. 부유하지만 사랑이 없는 부부는 불행합니다. 아가서는 사랑하는 자를 향해 빨리 와 달라고 재촉하는 것으로 끝납니다(14절). 상대방을 얼마나 사랑하는지 알 수 있는 부분입니다. 우리는 그리스도를 이렇게 사랑하고 있습니까?

한눈에 보는 이사야서

핵심	심판에 관한 예언 (1-39장)	회복에 관한 예언 (40-66장)
사건	유다의 죄를 고발함	여호와의 종
	열방을 향한 심판 선언	바벨론의 멸망
주제	하나님께서 타락한 종교를 심판하시다	하나님께서 역사를 주관하신다
장소	대략 주전 740-680년	
기간	이스라엘과 유다	

저자: 이사야

이사야서의 저자가 이사야라는 것은 1:1에 분명하게 기록되어 있다. 이사야가 왕 앞에 쉽게 나갈 수 있었던 것으로 보아, 그는 왕족이었던 것으로 보인다. 아버지 아모스에 관해서는 알려진 바가 없다. 이사야는 결혼하여 두 아들을 두었으며, 그 이름이 성경에 기록되어 있다. 각각 '스알야숩'과 '마헬살랄하스바스'다. 전승에 따르면 이사야는 므낫세왕에 의해 톱에 잘려 순교했다. 그렇다면 히브리서 11:37의 주인공은 이사야일 것이다.

기록 목적

선지자로 부름받았을 때, 이사야는 매우 당혹스러워했다. 하나님께서 그에게 주신 사명이 회복을 준비시키는 것이 아니라 심판을 준비시키는 것이었기 때문이다(6:9-12). 이사야는 주로 백성들의 죄를 폭로하는 메시지를 전해야 했기에 존경보다는 비난을 받았다. 하지만 이사야의 예언은 꼭 필요한 사역이었다. 심판을 통해 깨끗해져야만 참된 회복이 가능하기 때문이다. 이사야서는 단지 '심판'을 위한 책이 아니라, '회복을 위해 심판'을 선언한 책이다.

통독 길잡이

거시적인 관점으로 볼 때, 이사야서의 전반부는 심판, 후반부는 회복으로 나눌 수 있다. 하지만 실제로는 무 자르듯 뚝딱 구분되지 않는다. 이사야서는 심판에서 회복으로 부드럽게 이어지기보다는, 심판과 회복 사이를 왕복하는 패턴을 보인다. 이런 패턴은 마지막 구절까지 반복된다. 이사야서를 묵상할 때 그리스도에 대한 함의를 놓쳐서는 안 된다. 이사야 선지자는 죄로 따른 심판과 그리스도로 말미암은 회복을 동시에 강조하고 있다. 이사야서에서 그리스도는 처녀의 몸을 통해 오실 임마누엘(7:14), 아기의 모습으로 오실 전능하신 하나님(9:6), 다윗의 자손(11:1), 여호와의 영광(40:5), 고난받는 여호와의 종(42, 49, 50, 52, 53장)으로 소개된다. 이사야서에서 그리스도를 보지 못한다면, 이사야서를 전혀 이해하지 못한 것이나 마찬가지다.

205

심판을 통해 영광을 받으시는 하나님

1장   왜 이스라엘은 가축보다 못한 존재인가?

1-9 이사야 선지자는 이스라엘이 황폐하게 변한 원인을 설명합니다. 표면적으로는 이방 국가의 침략이지만, 근본 원인은 왕이신 하나님께 불순종한 것입니다(2-4절). 심지어 이스라엘은 가축보다 못한 자들로 소개됩니다(3절). 소와 나귀조차 자신들의 주인을 아는데, 이스라엘은 주인이신 하나님을 거역했기 때문입니다. **10-31** 이스라엘 앞에 높인 잘못된 길과 바른길이 소개됩니다. 계속 잘못된 길을 가면 망할 것이지만, 바른길을 가면 회복될 것입니다. 잘못된 길은 피가 가득한 손으로 드리는 제사입니다(15절). 이것은 제사를 드리는 동시에 이웃에게 피해를 주며 사는 것을 의미합니다.[181] 하나님은 그런 자들의 종교 행위를 인정하지 않으십니다(15절). 바른길은 변화된 삶으로 하나님과 교제하는 것입니다. 하나님의 영광을 위해 가난하고 연약한 자들을 섬기는 것입니다. 예배의 자리에 앉아 있는 것은 누구나 할 수 있는 일이지만, 변화된 삶을 사는 것은 쉬운 일이 아닙니다. 하지만 그것이야말로 하나님이 원하시는 일입니다.

2장   왜 모든 나라와 민족들이 하나님께로 돌아오는가?

1-22 지금껏 반역과 부패에 대해 말하던 이사야 선지자는, 갑자기 태도를 바꾸어 온 열방이 하나님을 예배하기 위해 시온산으로 향할 것을 예언합니다(2절). 이사야 선지자는 그 일이 말일에 일어날 것이리 말하는데(2절), 여기서 말하는 말일은 '마지막 날'이 아니라 '메시아의 시대'를 의미합니다.[182] 즉, 예수님의 초림부터 재림까지의 기간이 성경이 말하는 말세입니다. 이사야 선지자의 예언처럼 예수님이 초림하신 이후부터 복음은 온 열방으로 뻗어 나가고 있습니다. 그 결과 모든 나라와 민족 가운데서, 우상을 버리고 하나님께로 돌아오는 일들이 일어나고 있습니다(18절). 이것은 어떤 방해와 어려움에도 불구하고, 예수님이 재림하실 때까지 계속될 것입니다.

3장   왜 하나님이 일어나시는가?

1-12 하나님이 타락한 유다 백성들에게 지도자를 제거하는 벌을 내리십니다(2-3절). 참된 지도자가 희귀해지는 것은 하나님의 형벌 가운데 하나입니다. 많은 사람이 이 시대에 참된 목회자를 찾아볼 수 없다고 탄식합니다. 어쩌면 하나님의 형벌일지 모릅니다. **13-26** 하나님이 일어나십니다(13절). 가난한 자들을 억압한 지도자들을 벌하시기 위해서입니다(14절). "하나님은 고아의 아버지시며 과부의 재판장"이십니다(시편 68:5). 하나님은 약자를 억압하는 강자들에게 침묵하지 않으십니다.

그리스도를 보내셔서 영광을 받으시는 하나님

4장   왜 하나님은 당신의 백성을 심판하시는가?

1-6 '여호와의 싹'은 그리스도를 가리키는 표현입니다(2절). 이사야 선지자는 언젠가 그리스도가 오셔서 백성들의 죄 문제를 해결하시고, 거룩함을 선물로 주실 것을 예언하고 있습니다. 이사야 선지자는 임박한 시련의 이유를 설명합니다. 하나님이 이스라엘을 심판하시는 이유는, 그들의 더러움을 씻으시기 위함입니다(4절). 하나님이 세상을 심판하시는 것은 죄 때문이지만, 당신의 백성을 심판하시는 것은 사랑하시기 때문입니다.

5장   왜 하나님은 포도원 노래를 부르시는가?

1-7 하나님이 슬픈 노래를 부르십니다(1-7절). 일명 포도원 노래입니다. 포도원 농부이신 하나님은 포도원인 이스라엘을 정성스럽게 가꾸셨습니다. 애굽의 노예 생활에서 건지셨고, 가나안 땅을 선물로 주셨으며, 이방 민족의 공격에서 보호하셨습니다. 그런데 이스라엘은 하나님을 위한 열매를 맺지 않았습니다. 이에 하나님은 이스라엘을 황폐하게 하시겠다고 말씀하십니다(6절). 우리도 마찬가지입니다. 하나님은 우리에게 큰 은혜를 베푸셨습니다. 따라서 우리는 하나님을 위한 열매를 맺어야 합니다. 만약 우리 삶에 열매가 없다면, 하나님은 우리를 보시면서도 슬픈 포도원 노래를 부르실 것입니다. **8-30** 지도자들의 악행이 소개됩니다. 그들은 부자가 되기 위해 가난한 자들을 착취했습니다(8절). 세상 향락에는 깊이 취해 살면서도 하나님께는 관심을 가지지 않았습니다(12절). 그 결과 엄중한 심판이 선언됩니다. 우리도 마찬가지입니다. 만약 우리가 쾌락에 취해 살아가고 있다면 회개해야 합니다. 하나님과 이웃을 사랑하지 않고, 자기 유익만 추구하는 자들은 반드시 그 대가를 치르게 됩니다.

6장   왜 하나님은 웃시야왕이 죽었을 때 당신의 영광을 보여 주셨는가?

1-13 일반적으로 선지서는 하나님이 선지자를 부르시는 장면으로 시작합니다. 그런데 이사야서는 특이합니다. 이사야가 소명을 받는 장면이 6장에서야 등장합니다. 그 이유는 당시 유다 백성들의 죄악이 너무 심각해서, 하나님의 심판을 선언하는 일이 더 시급했기 때문입니다. 이사야가 소명을 받은 시기가 웃시야왕이 죽던 해라는 것은 우연이 아닙니다(1절). 웃시야는 무려 50년 넘게 통치하면서 남유다의 국력을 강하게 만든 왕이었습니다. 웃시야의 죽음은 번영의 시기가 끝났다는 신호였습니다.[183] 이사야를 포함한 유다 백성들은 상당히 불안했을 것이 분명합니다. 바로 그때 하나님은 당신의 영광을 보여 주셨습니다. 이는 한낱 인간을 의지하기보단 하나님을 의지하는 것이 마땅하다는 그림 언어입니다. 웃시야 왕이 죽었을 때 비로소 하나님의 영광을 볼 수 있었던 것처럼, 우리가 실패하는 순간이 하나님의 능력을 볼 수 있는 기회입니다. 아무런 소망이 보이지 않는다고 좌절하지 말고, 거룩하고 영광스러우신 하나님께 기도합시다.

이스라엘의 멸망을 통해 영광을 받으시는 하나님

7장   왜 하나님은 반앗수르 동맹에 참여하지 말라고 하시는가?

1-9 본문은 당시 긴박하게 돌아갔던 국제 정세를 배경으로 합니다. 앗수르의 세력이 강해지자, 아람과 북이스라엘은 군사 동맹을 맺습니다. 그리고 남유다에게도 반앗수르 동맹에 가입할 것을 요구합니다. 그런데 남유다가 반앗수르 동맹에 참여하지 않자 군사적인 위협을 가합니다. 이때 하나님은 그들과 동맹을 맺지 말라고 하십니다. 군사 동맹을 맺는 것보다 하나님과 바른 관계를 갖는 일이 더 중요하기 때문입니다. 하나님과 바른 관계를 맺고 있다면, 어떤 대적의 공격에도 안전할 것이기 때문입니다. **10-25** 하나님은 한 징조를 통해 남유다 왕(아하

스)의 마음을 굳건하게 하십니다. 이른바 임마누엘 예언입니다. 임마누엘이라는 이름의 아이가 태어날 것인데(14절), 그 아이가 12-13세가 되면 지금 아하스 왕이 두려워하는 아람과 북이스라엘이 완전히 멸망하게 된다는 것입니다. 이 예언은 아람과 북이스라엘이 멸망하는 것을 통해 1차적으로 성취되었고, 예수님이 이 땅에 오신 것을 통해 2차적으로 성취되었습니다.[184] 예수님이야말로 하나님께서 우리와 함께하신다는 가장 분명한 성취입니다.

8장   왜 남유다는 앗수르 군대의 공격을 받게 되는가?

1-4 남유다 백성들의 믿음은 굳건하지 않았습니다. 그들은 하나님보다 군사 동맹을 더 중요하게 생각했습니다. 그래서 하나님은 '임마누엘 예언'을 한 번 더 말씀하십니다. 하나님은 서판을 가져오라고 하신 후, '마헬살랄하스바스'라는 이름을 쓰게 하십니다. '약탈이 신속하다'라는 뜻으로, '아람과 북이스라엘의 멸망이 확실하

다'라는 의미입니다. **5-22** 당시 남유다 백성들은 하나님보다 앗수르의 군사력을 더 의지했습니다. 이에 하나님은 그들이 의지했던 앗수르의 군대를 통해 남유다를 심판하겠다고 하십니다(7절). 남유다 백성들은 자신들의 구원자라 여겼던 앗수르에게 심판을 받게 될 것입니다.

9장   왜 하나님은 남유다를 향한 진노를 거두지 않으시는가?

1-7 하나님이 심판을 선언하셨지만, 그것으로 끝은 아닙니다. 하나님은 한 아기의 출생을 통해 고통과 수치 가운데 있는 백성들을 회복시킬 것이라고 말씀하십니다(6절). 이 예언은 그리스도를 통해 성취되었습니다(마 4:14-16). 예수님은 우리를 죄와 사망의 고통에서 해방하셨습

니다. **8-21** 다시 심판이 선언됩니다. 회복과 심판의 교차 반복은 이사야서의 특징입니다. 하나님이 진노를 거두지 않으시는 이유는 그들이 끝까지 회개하지 않기 때문입니다(10절). 따라서 이방 군대의 침략은 그들이 스스로 초래한 결과였습니다.

당신의 백성을 구원하심으로 영광을 받으시는 하나님

10장 왜 하나님은 앗수르를 심판하시는가?

1-19 앗수르는 하나님의 도구에 지나지 않았습니다(5절). 그런데 앗수르는 북이스라엘을 포함한 여러 나라들을 멸망시킨 이후에 스스로 교만해졌습니다(10절). 이에 하나님은 자신의 힘으로 모든 것을 이루었다고 생각하는 교만한 앗수르를 벌하겠다고 하십니다(12절). 실제로 앗수르는 얼마 후 바벨론의 공격으로 멸망합니다. 앗수르가 교만하여 하나님의 벌을 자초한 것처럼, 우리도 쉽게 교만해질 수 있는 본성을 가지고 있습니다. 하나님의 능력보다 우리의 능력을 자랑하고, 하나님의 뜻을 이루

기보다 우리의 뜻을 이루려고 하지 않는지 스스로를 돌아보아야 합니다. **20-34** 하나님은 '남은 자'를 회복시키겠다고 말씀하십니다(20-23절). 여기서 '남은 자'란 앗수르가 맹위를 떨치는 와중에도, 이방 국가의 군사력을 의지하지 않고 오직 하나님만 의지한 자들을 말합니다. 즉, 어떤 상황에서도 하나님만 바라보는 자들이 '남은 자'입니다. 이 약속은 포로기 이후에 세 차례에 걸친 귀환을 통해 이뤄졌습니다.

11장 왜 예수님의 통치를 받아야 하는가?

1-16 하나님이 이스라엘을 징벌하시는 도구가 앗수르였다면, 하나님이 이스라엘을 회복하시는 도구는 이새의 줄기에서 자라난 '한 싹'입니다(1절). 이 싹은 예수님을 의미합니다. 하나님은 예수님을 성령으로 충만케 하셔서 당신의 뜻을 이루실 것입니다(2절). 실제로 예수님이 이 땅에 오셨을 때, 하나님의 성령이 그분 위에 비둘기처럼 임하셨습니다(마 3:16). 그리고 예수님은 이 땅에 오셔서 성부의 뜻에 전적으로 순종하셨습니다(3-5절). 자기 뜻을 이루는 데서 만족과 기쁨을 찾는 인간들과 달리, 성

부의 뜻에 순종하는 데서 만족과 기쁨을 누리셨습니다(3절). 이처럼 진정한 기쁨은 하나님을 경외하고 순종하는 데서 온다는 사실을 기억해야 합니다. 이어서 이사야 선지자는 예수님의 통치가 임한 결과를 묘사합니다(6-9절). 예수님의 통치를 받는 자들은 오랜 원수들과 화해하게 되며 전쟁 없는 평화를 누립니다. 이처럼 진정한 평화는 예수님의 통치를 받을 때만 가능합니다. 공동체의 갈등을 해결하기 위해 어떤 노력을 하고 있습니까? 예수님께 순종하는 않는 한, 참된 평화는 이뤄지지 않습니다.

12장 왜 이사야 선지자는 하나님을 찬양하는가?

1-6 이사야 선지자는 하나님을 찬양합니다. 지금은 하나님의 심판이 임하고 있지만, 언젠가는 진노를 거두시고 은혜를 베푸실 것이기 때문입니다(1절). 이 예언은 예수님의 십자가를 통해 온전히 성취되었습니다. 하나

은 예수님의 십자가 안에서 우리를 향한 진노를 거두시고, 한없는 사랑을 베풀어 주십니다.

앗수르와 모압을 향한 심판 선언

13장   왜 장차 바벨론은 멸망하는가?

1-22 이사야 선지자는 13-23장에서 이방 민족에게 임할 심판을 예언합니다. 처음 등장하는 나라는 바벨론입니다. 바벨론은 고대로부터 하나님을 거역하는 인류의 표상입니다(창 11장). 장차 바벨론은 예루살렘을 정복하고, 하나님의 백성들을 포로로 잡아갈 것입니다. 또 하나님의 성전을 파괴하고, 성전의 기물들을 약탈할 것입니다. 하나님은 이러한 바벨론을 심판하시기 위해 군대를 소집하십니다(5절). 이것은 대제국 바벨론이 결국에는 하나님의 심판으로 멸망할 것을 의미합니다. 이처럼 하나님은 한 나라를 세우기도 하시고, 멸망하게도 하십니다. 세상 역사는 강대국이나 권세자에게 달린 것이 아니라, 하나님의 뜻과 계획에 달려 있습니다.

14장   왜 바벨론은 다른 나라를 침략하지 못하게 되는가?

1-32 계속해서 바벨론에 대한 심판이 선언됩니다. 하나님은 포로 된 이스라엘이 다시 고향으로 돌아올 것이라고 하십니다(1절). 이스라엘을 포로 삼은 나라는 바벨론이기에, 이것은 바벨론이 멸망할 것을 의미합니다. 하나님의 심판으로 바벨론은 더 이상 다른 나라를 침략하지 못할 것입니다(4절). 이처럼 세상 권세는 영원하지 않습니다. 특히 타락한 권세는 반드시 하나님의 심판을 받습니다(5절). 흥미로운 장면이 묘사됩니다. 바벨론 왕이 심판을 받아 지옥으로 가는 장면입니다. 한때 절대 권력을 휘두르던 바벨론 왕은 지옥에서 구더기와 지렁이를 이불로 삼는 비참한 지경에 이르게 됩니다(11절). 이처럼 죽음은 누구에게나 평등합니다. 누구도 예외 없이 죽음을 맞이합니다. 바벨론 왕처럼 죽음을 준비하지 않은 자들은 하나님의 영원한 심판을 받게 될 것입니다.

15장   왜 모압은 결국 멸망하는가?

1-9 모압에 대한 심판이 선언됩니다. 모압은 사해 바다 동쪽, 암몬과 에돔 중간에 위치하고 있었습니다. 혈통적으로는 이스라엘과 긴밀한 관계였지만(창 19:36-38), 실제로는 늘 갈등을 겪었던 나라입니다. 모압은 앗수르의 침략으로 결정적인 타격을 입고, 바벨론의 공격으로 완전히 멸망하게 됩니다. 멸망의 위기 앞에서 모압 백성들이 취한 행동은 그들의 우상 앞에서 울부짖는 일이었습니다(2절). 하지만 우상에겐 그들을 위기에서 건져 줄 능력이 없었습니다. 군대도 마찬가지였습니다(4절). 우리는 곤경에 처할 때 누구를 찾습니까? 하나님만이 우리의 힘과 능력입니다.

16장   왜 이사야 선지자는 모압 백성들에게 남유다에 투항하라고 하는가?

1-14 이사야 선지자는 도망치는 모압 백성들에게 "이 땅 통치자"에게 투항하라고 말합니다(1절). '이 땅 통치자'는 남유다의 왕을 말합니다.[185] 다른 나라에 투항하거나 도움을 구하지 말고, 남유다에 굴복하라는 말입니다. 이는 곧 하나님의 백성이 되라는 부르심입니다.

북이스라엘과 아람과 구스와 애굽을 향한 심판 선언

17장   왜 북이스라엘과 아람이 멸망하는가?

1-14 에브라임과 다메섹에 임할 심판이 선언됩니다(3절). 에브라임은 북이스라엘의 다른 이름이고, 다메섹은 아람의 수도입니다. 두 나라는 반앗수르 동맹에 참여하지 않는다는 이유로 남유다를 위협했습니다. 하지만 정작 멸망한 것은 남유다가 아니라 북이스라엘과 아람이었습니다. 하나님이 북이스라엘과 아람을 심판하시는 이유는 그들이 창조주 하나님을 떠나 우상을 숭배했기 때문입니다(7-8절). 따라서 북이스라엘과 아람의 멸망은 남유다를 향한 하나님의 경고입니다. 남유다도 우상을 숭배하면, 북이스라엘처럼 멸망한다는 의미입니다. 그런데 심판이 끝은 아닙니다. 하나님은 심판 후에 남은 것을 추수한다고 하십니다(6절). 이것은 북이스라엘에 남은 자가 있을 것이라는 뜻입니다. 남은 자들은 끝까지 믿음을 지킨 자들을 의미합니다. 하나님은 북이스라엘이 멸망하는 혼돈 속에서도 남은 자들을 지켜 주실 것입니다.

18장   왜 성도들은 쉽게 좌절하는가?

1-7 구스에 대한 심판이 선언됩니다. 구스는 아프리카 북동부에 위치했던 나라입니다. 지금의 에티오피아에 해당됩니다. 구스는 반앗수르 전선을 구축하기 위해 노력했습니다. 2절은 구스가 각 나라에 사신을 보내는 모습을 묘사한 것입니다. 실제로 구스는 애굽과 동맹을 맺고, 앗수르에 맞서 싸웠습니다. 하지만 앗수르를 멸망시킨 것은 시끄러운 세상의 군대가 아니라 소리 없이 일하시는 하나님의 군대였습니다(4절). 소리 없이 내리는 이슬과 운무처럼, 하나님은 고요하게 당신의 뜻을 실행하셨습니다. 사람들이 쉽게 죄를 짓는 이유는, 죄를 지어도 아무 일이 일어나지 않는다고 생각하기 때문입니다. 하지만 하나님은 조용히 심판을 준비하고 계십니다. 성도들이 쉽게 좌절하는 이유는 하나님이 침묵하시는 것처럼 보이기 때문입니다. 하지만 하나님은 고요하게 일하고 계십니다. 하나님은 가장 적절한 때에, 가장 적당한 방법으로, 당신의 뜻을 이루실 것입니다.

19장   왜 하나님은 애굽에 대한 심판을 선언하시는가?

1-25 애굽에 대한 심판이 선언됩니다. 이것은 애굽을 의지하지 말라는 경고입니다. 애굽이 가진 힘의 근원은 나일강입니다. 하나님은 그런 나일강조차 순식간에 말라버리게 만드실 수 있습니다(5절). 따라서 애굽이 아니라 하나님을 의지해야 합니다. 놀랍게도 애굽을 향한 하나님의 궁극적인 뜻은 멸망이 아니라 회복입니다. 하나님은 애굽 사람들조차 당신의 백성으로 삼겠다고 하십니다(22절). 앗수르도 마찬가지입니다(23절). 이것은 언젠가 온 인류가 하나님을 예배하게 될 것을 뜻합니다. 한때는 이방인에 불과했던 우리가 지금은 하나님을 예배하고 있는 것이 이 예언의 성취입니다.

20장   왜 이사야가 특이한 행동을 하게 하시는가?

1-6 남유다가 애굽에게 도움을 요청하려고 하자, 하나님은 이사야의 특이한 행동을 통해 애굽이 당할 일을 미리 보여 주십니다. 일종의 긴급 처방입니다. 이사야가 3년 동안 벗은 몸으로 다닌 것은, 애굽이 앗수르에 포로로 끌려가게 될 것을 예고하는 행동입니다. 실제로 이때로부터 약 30년 후에 많은 애굽인들이 앗수르에 포로로 사로잡혀 갔습니다. 혹시 우리에게 애굽과 같은 존재는 없습니까? 하나님 외의 모든 도움은 허상에 불과합니다. 오직 하나님만 바라보아야 합니다.

211

바벨론과 예루살렘과 두로에 대한 심판 선언

21장 왜 하나님은 바벨론의 멸망을 미리 보여 주시는가?

1-17 1절의 '해변 광야'는 바벨론입니다. 바벨론 남부 지역은 페르시아만에 접해 있어 '바다의 땅'으로 불렸습니다.[186] 이사야 선지자가 활동할 당시의 바벨론은 앗수르의 식민지에 불과했지만, 이후에 세력을 키워 대제국을 건설하게 됩니다. 바로 이것이 하나님이 바벨론의 멸망을 미리 보여 주신 이유입니다. 아무리 강한 제국이라도 결국은 멸망하게 될 터이니, 강대국의 군사력을 의지하지 말라는 뜻입니다. 안타깝게도 남유다는 하나님 말씀에 귀 기울이지 않았습니다. 이후에 히스기야는 바벨론의 군사력을 의지하여 하나님의 심판을 초래합니다(왕하 20:12-18).

22장 왜 이사야 선지자는 슬피 통곡하는가?

1-25 '환상의 골짜기'는 예루살렘입니다(1절). 예언자들이 주로 예루살렘에서 사역했기 때문에, 또 실제로 예루살렘이 여러 골짜기에 둘러싸여 있었기 때문에 이렇게 불렸습니다.[187] 이사야 선지자는 환상의 골짜기에서 일어날 일들을 미리 보고 슬피 통곡합니다(4절). 장차 예루살렘은 하나님의 심판으로 멸망할 것입니다(5-7절). 하나님이 예루살렘을 심판하신 이유는, 예루살렘 주민들이 끝까지 회개하지 않았기 때문입니다(12절). 아마도 본문의 배경은 앗수르 군대가 일시적으로 후퇴한 상황으로 보입니다(왕하 19:35). 예루살렘 주민들은 단기적인 승리에 도취되어 근본적인 문제가 무엇인지 보지 못했습니다. 가장 시급한 문제는 죄를 회개하는 일이었으나, 그 대신 먹고 즐기는 일에만 몰두했습니다(13절). 우리도 마찬가지입니다. 하나님 앞에서 거룩하게 살아가는 것보다 더 중요한 문제는 없습니다.

23장 왜 여러 나라가 두로의 멸망으로 충격을 받는가?

1-18 두로에 대한 심판이 선언됩니다(1절). 두로는 지중해 해상 무역을 독점했던 국가입니다. 육지의 패자가 앗수르였다면, 바다의 패자는 두로였습니다. 두로는 지중해 연안에 수많은 식민지를 조성하고, 막대한 이익을 취했습니다. 그런 점에서 두로의 멸망은 아무도 예측할 수 없는 일이었습니다. 그래서 다시스, 시돈, 시홀 등 여러 지역이 두로의 멸망으로 충격을 받습니다(1-7절). 어떤 일이 있어도 두로는 망하지 않으리라 생각했기 때문입니다. 이 세상에 절대적인 것은 없습니다. 영원한 것도 없습니다. 오직 하나님만 영원합니다. 하나님을 위해서 행한 것만 영원히 남습니다.

온 땅에 임한 심판 선언

24장 왜 마지막 날에는 슬픔과 탄식이 있는가?

1-23 13장부터 23장까지가 이스라엘의 이웃 나라들에 대한 심판 선언이라면, 24장부터 27장까지는 범세계적인 심판 선언입니다. 특히 24장은 언젠가 반드시 임하게 될 보편적이고 우주적인 심판의 날을 묘사합니다(1절). 그날에는 기쁨과 즐거움이 사라지고, 슬픔과 탄식이 있을 것입니다(11절). 아무도 하나님의 심판을 피할 수 없을 것이기 때문입니다. 하나님의 심판은 빈부(貧富)와 고하(高下)를 막론하고 모든 사람에게 찾아올 것입니다(2절). 그날에 예수님을 영접한 자들은 구원을 얻을 것이요, 예수님을 거절한 자들은 심판을 받을 것입니다.

25장 왜 이사야 선지자는 하나님을 찬양하는가?

1-12 이사야 선지자는 하나님을 찬양합니다(1절). 엄중한 심판을 통해 하나님 뜻이 이루어진다는 것을 알았기 때문입니다(2절). 우리 뜻이 아니라 하나님 뜻이 이루어지는 순간이, 우리가 입을 열어 하나님을 찬양해야 하는 시간입니다. 하나님이 찬양을 받으시는 또 하나의 이유는, 하나님이 강하고 포학한 나라들을 굴복시키셨기 때문입니다(3절). 하나님은 절대로 무너지지 않고 결단코 망하지 않을 것 같던 나라들을 역사 속에서 사라지게 하셨습니다. 우리가 하나님만 의지해야 할 이유입니다.

26장 왜 남유다 백성들이 변화되었는가?

1-21 하나님을 떠나 우상을 숭배하던 남유다 백성들이 하나님을 향해 노래를 부릅니다(1절). 죄악 된 나라로 불렸던 남유다가, 2절에서는 '의로운 나라'로 불립니다. 어떻게 이런 변화가 가능할까요? 하나님의 의로운 심판 때문입니다. 하나님이 교만한 자들과 교만한 도시들을 벌하셨기 때문입니다(5절). 하나님의 심판은 당장에는 고난으로 보이지만, 고난의 끝에는 열매가 있습니다. 하나님이 목적 없는 고난을 주시지 않는 까닭입니다. 혹시 고난 가운데 있다면, 끝까지 인내하십시오. 그 길 끝에 하나님의 선물이 있을 것입니다.

27장 왜 이스라엘은 다시 회복되는가?

1-13 27장의 포도원 비유는 5장의 포도원 비유와 정확하게 대조됩니다. 5장의 포도원 비유가 심판의 이유를 밝혀 주었다면, 27장의 포도원 비유는 회복의 이유를 밝혀 줍니다. 그 이유는 당신의 백성을 향한 하나님의 사랑입니다. 하나님은 이스라엘을 심판하시되, 피할 길을 열어 주십니다(7-8절). 그 결과 다시 서지 못한 이방 나라와 달리 다시 회복되게 하십니다(12-13절). 이것이 하나님이 우리를 대하시는 방식입니다. 하나님은 정의로우셔서 우리의 죄를 심판하십니다. 하지만 분노만 쏟지 않으십니다. 우리를 사랑하시기에 회복의 길을 열어 주십니다.

이사야 28-30장

세상을 의지하는 자들을 향한 경고의 말씀

28장　왜 남유다 지도자들에게 경고의 메시지가 선포되는가?

1-13 다시 심판의 말씀이 선포됩니다. 1-6절은 북이스라엘을 향한 경고이고, 7-13절은 남유다를 향한 경고입니다. 하나님이 북이스라엘에게 경고하시는 것은 그들이 교만하여 하나님을 의지하지 않았기 때문입니다(3절). 결국 북이스라엘은 앗수르에게 정복당합니다. 안타까운 것은 남유다도 북이스라엘의 모습을 닮아 간다는 점입니다. 그들은 하나님께 부르짖어야 할 긴급한 시기에

술에 취할 뿐 아니라(7절), 선지자의 외침을 쓸모없는 말로 치부합니다(10절). **14-29** 이사야 선지자는 남유다의 지도자들에게 경고합니다(14절). 남유다의 지도자들은 남유다가 안전하다고 생각했습니다(15절). 남유다가 애굽과 동맹을 맺었기 때문입니다. 하지만 애굽은 남유다의 방패가 되지 못합니다. 남유다가 의지했던 애굽은 갈그미스 전투에서 바벨론에 패배합니다.

29장　왜 하나님은 남유다를 심판하시는가?

1-24 이사야 선지자는 계속해서 남유다 백성들에게 심판을 선언합니다(1-16절). 하나님이 남유다를 심판하시는 이유는 크게 두 가지입니다. 첫째, 형식적인 제사입니다. 남유다 백성들은 해마다 제사를 드렸습니다. 하지만 하나님은 그들의 제사를 받지 않으셨습니다. 진심이 없는 형식적인 제사였기 때문입니다. 둘째, 말과 행위가 다른 신앙입니다. 남유다 백성들은 입으로는 하나님을 가

까이했지만, 행동으로는 멀리했습니다(13절). 애굽을 의지하지 말라는 말씀을 어긴 것이 대표적입니다. 이에 하나님은 남유다 백성들에게 "깊이 잠들게 하는 영"을 보내십니다(10절). 영적인 눈을 가려 당신의 뜻을 깨닫지 못하게 하신다는 경고입니다. 당신의 뜻을 모르는 자들은 자기 욕망대로 살다 결국 심판에 이를 수밖에 없으니 가장 무서운 징벌입니다.

30장　왜 남유다는 수치와 수욕을 당하게 되는가?

1-33 하나님 백성의 자격은 성실하게 하나님께 묻는 것입니다. 하나님 뜻이 무엇인지 계속해서 찾는 것입니다. 다윗이 대표적입니다. 다윗은 언제나 하나님께 물었습니다(삼하 2:1). 하나님 뜻이 무엇인지 계속해서 찾았습니다. 하지만 남유다 백성들은 하나님께 묻지 않았습니다(1절). 심지어 하나님 뜻을 어기고 계속해서 애굽을 의지

했습니다(2절). 하나님께 묻지 않은 결과가 좋을 리 없습니다. 하나님은 애굽을 의지한 남유다 백성들이 수치와 수욕을 당할 것이라고 하십니다(3절). 우리는 어떠합니까? 기도를 통해 하나님께 묻고 있습니까? 말씀속에서 하나님 뜻을 찾고 있습니까?

앗수르에게 임할 재앙

31장 왜 남유다는 끊임없이 애굽을 의지했는가?

1-9 남유다의 지도자들은 끊임없이 하나님보다 애굽을 의지했습니다. 그 이유는 애굽이 소유한 말과 병거 때문입니다(1절). 남유다 백성들 눈에는 애굽 군대가 그 어떤 군대보다 강하게 보였습니다. 심지어 하나님보다도 강하게 보였습니다. 하지만 하나님은 말과 병거를 의지하는 것은 지혜가 아니라고 말씀하십니다(2절). 애굽의 군사력은 실제적인 도움이 되지 못한다는 뜻입니다. 실제로 애굽 군대는 남유다에게 아무런 도움이 되지 못했습니다. 만약 남유다가 애굽을 의지하는 대신 하나님을 의지했다면, 남유다의 운명은 달라졌을 것입니다(5절).

32장 왜 이사야 선지자는 여인들에게 경고하는가?

1-14 하나님이 한 왕을 약속하십니다(1절). 이 왕은 지금까지의 왕들과는 달라서 정의와 공의로 다스릴 것이고(1절), 하나님의 백성들에게 안식과 평화를 가져다줄 것입니다(2-8절). 이 왕은 일차적으로는 남유다를 앗수르의 침공에서 구원한 히스기야를 의미하며, 궁극적으로는 신자들의 구원자가 되시는 예수님을 의미합니다. 이어서 안일한 여인들을 향한 경고가 이어집니다(9-14절). 이사야 선지자가 그들에게 경고하는 이유는, 심각한 위기 상황에도 불구하고 하나님을 찾지 않았기 때문입니다. 대신 그들은 일상의 삶을 살기에 바빴습니다. 우리도 마찬가지입니다. 하나님 없이 바쁜 일상을 살고 있다면, 하나님의 징계가 코앞에 있을지 모릅니다. **15-20** 이사야 선지자는 장차 임할 성령 시대를 예고합니다. 이사야 선지자는 하나님의 성령이 임하면 광야가 아름다운 밭으로 변하는 것처럼 근본적인 변화가 일어날 것이라고 예언합니다(15절). 이 예언처럼 지금 우리는 성령 시대를 살고 있습니다. 성령님은 우리 마음에 내주하시면서, 우리를 근본적으로 변화시켜 주셨습니다.

33장 왜 악인의 형통을 부러워하지 말아야 하는가?

1-24 33장은 앗수르의 멸망과 이스라엘의 회복에 대한 예언의 말씀입니다. 1절은 일차적으로 앗수르에게 하는 말이지만, 하나님을 대적하는 모든 세력에게 경고하는 것이기도 합니다.[188] 이 경고의 말씀처럼 앗수르는 결코 남유다를 정복하지 못할 것입니다. '하나님의 팔'이 그들과 함께하기 때문입니다(2절). '하나님의 팔'은 당신의 백성에게는 구원의 능력이지만, 대적자들에게는 심판의 도구입니다. 지금도 앗수르와 같은 자들이 있습니다. 학대를 당하지 않으면서도 이웃을 학대하고, 속임을 당하지 않으면서도 이웃을 속이는 자들 말입니다(1절). 심지어 그런 자들은 어려움 없이 형통하기도 합니다. 하지만 그들의 성공을 부러워할 필요는 없습니다. 하나님의 심판이 반드시 그들의 죄를 찾아갈 것이기 때문입니다. 악인의 형통을 시기하기보다 우리의 능력이 되시는 하나님을 바라보아야 합니다.

황폐하게 변할 열방과 비옥하게 변할 이스라엘

34장   왜 세상 영광을 부러워하지 말아야 하는가?

1-17 34장은 열방에 임할 심판을 말하는 반면, 35장은 하나님의 백성들에게 임할 구원을 말합니다. 이러한 극적인 대비는 의도적인 것으로서, 하나님의 구원 사역을 더욱 빛나게 하는 역할을 합니다. 1-4절은 세상을 향한 하나님의 진노를 보여 줍니다. '진멸' 또는 '살육'과 같은 표현들은 하나님의 심판 날이 얼마나 절망적인지를 보여 줍니다. 에돔에 임할 하나님의 진노는 심판의 정점입니다(5-8절). 여기서 에돔은 하나님을 대적한 나라들을 대표합니다.[189] 끊임없이 이스라엘을 훼방하고 공격했던 에돔은 하나님의 심판의 칼로 말미암아 온 땅 가득 피를 흘리게 될 것이고(7절), 소돔과 고모라 같은 폐허가 될 것입니다(9-15절). 하나님의 은혜를 아는 것이 중요한 만큼, 하나님의 심판을 잊지 않는 것도 중요합니다. 심판에 대한 두려움이 우리 삶을 경건하게 붙들어 주기 때문입니다. 우리 눈과 귀를 사로잡는 세상 영광은 하나님의 심판 앞에서 허무하게 사라질 허상에 불과합니다. 오직 하나님을 위한 것만 영원히 남을 것입니다.

35장   왜 심판에서 회복으로의 주제 전환을 보여 주는가?

1-10 온 땅을 황폐하게 하는 심판에서(사 34장), 황폐한 땅이 아름답게 바뀌는 회복으로(사 35장), 극적인 주제 전환이 이뤄지고 있습니다. 이것은 강대국의 군사를 의지하면 옥토가 황무지가 되지만, 하나님만 의지하면 황무지가 옥토가 된다는 그림 언어입니다.[190] 하나님이 역사하시면 광야는 꽃밭으로 바뀌며(1절), 맹인은 눈을 뜨며(5절), 못 듣는 자의 귀는 열리고(5절), 저는 자는 사슴 같이 뛰게 됩니다(6절). 가히 반전의 하나님이라 할 만합니다. 지금 우리의 삶은 어떻습니까? 혹시 광야를 지나는 것과 같지 않습니까? 그렇다면 하나님이 역사하실 날을 인내하며 기다리십시오. 오직 하나님만 의지한다면, 광야 같은 삶이 옥토로 바뀌는 기적을 경험하게 될 것입니다.

앗수르로부터 예루살렘을 보호하신 하나님

36장 왜 남유다는 심각한 위기에 직면하게 되었는가?

1-22 남유다는 심각한 위기에 직면해 있습니다. 앗수르 군대는 지금이라도 예루살렘을 함락시킬 것처럼 기세 등등합니다. 이 위기는 남유다가 자초한 일입니다. 이전에 하나님은 북이스라엘과 아람이 위협할지라도 오직 하나님만 의지하고 두려워 말라고 하셨습니다(사 7장).

하지만 아하스왕은 하나님이 아니라 앗수르 군대를 선택했습니다. 그 결과 앗수르 군대가 예루살렘까지 진군하게 된 것입니다. 이처럼 하나님께 불순종하는 일은 반드시 심각한 결과를 초래합니다.

37장 왜 히스기야는 굵은 베옷을 입고 하나님의 전으로 향했는가?

1-38 앗수르 장군 랍사게의 위협과 모욕을 들은 히스기야는 자신의 옷을 찢고 굵은 베옷을 입은 채 하나님의 전으로 향합니다(1절). 이 행동은 자신의 죄를 슬퍼하며 하나님의 도움을 간절히 구한다는 의미입니다. 적어도 히스기야는 이사야의 권면을 무시한 아하스왕처럼 행

동하지 않습니다. 이에 하나님은 한 가지 징조를 주십니다. 계속해서 이 땅에서 난 곡식을 먹을 것이라는 약속입니다(30-32절). 이것은 예루살렘이 앗수르에게 정복당하지 않을 것을 의미합니다.

38장 왜 하나님은 히스기야에게 사형 선고를 내리셨는가?

1-22 이사야 선지자는 히스기야가 곧 죽을 것이라고 예언합니다(1절). 이때 히스기야 나이는 38세로 추정됩니다. 가장 왕성하게 일할 시기에 죽음을 선고받은 히스기야는 눈앞이 깜깜했을 것이 분명합니다. 심지어 당시는 앗수르의 위협이 거세지던 시기였습니다. 하지만 이것은 하나님의 뜻이었습니다. 만약 히스기야가 그대로 죽

기를 원하셨다면, 죽을 것을 미리 알려 주시지도 않았을 것입니다. 이것은 히스기야를 기도의 자리로 나가게 하시는 하나님의 섭리였습니다. 덕분에 히스기야는 간절히 기도하게 되었고, 그 기도를 통해 하나님의 도움을 받을 수 있었습니다.

39장 왜 이사야 선지자는 히스기야왕에게 분노하는가?

1-8 이사야 선지자는 히스기야왕에게 분노합니다. 히스기야왕이 바벨론 사절단에게 왕궁의 보물과 무기를 보여 주었기 때문입니다. 바벨론 사절단이 히스기야를 방문한 목적은 반앗수르 동맹 때문입니다. 바벨론은 앗수르에 대항할 군사력이 히스기야에게 있는지 확인하

고자 했고, 이에 히스기야는 무기고를 보여 주는 것으로 화답했던 것입니다.[19] 따라서 히스기야의 행동은 하나님보다 이방 나라의 군사력을 의지하는 것을 의미했습니다.

217

이스라엘의 회복

40장 왜 하나님은 위로하라고 말씀하시는가?

1-31 40장을 기점으로 이사야서 후반부가 시작됩니다. 1-39장의 주제가 하나님의 심판이었다면, 40-66장의 주제는 하나님의 구원입니다. 특히 40장은 후반부의 서론으로, 이스라엘의 해방과 예수님의 구원을 예고합니다. 하나님은 두 번 연속으로 '위로하라'고 말씀하십니다(1절). 이것은 일차적으로 바벨론 포로들에게 주시는 말씀입니다. 죄로 말미암아 바벨론 포로가 되겠지만,

형벌 기간이 끝나면 다시 회복된다는 뜻입니다. 이차적으로는 죄의 노예가 된 자들에게 주시는 말씀입니다. 하나님은 죄와 사망 아래 있는 자들을 위로하시기 위해 예수님을 보내 주실 것입니다. 불가능해 보이는 이 일은 반드시 이루어질 것입니다. 하나님 말씀이기 때문입니다(8절).

41장 왜 하나님은 동방에서 한 왕을 일으키시는가?

1-29 이사야 선지자는 이스라엘의 회복을 예언한 후(사 40장), 곧바로 그 일이 어떻게 이루어질지를 예언합니다(사 41장). 하나님은 동방에서 한 왕을 일으키실 것입니다. 그를 통해 이스라엘에게 자유를 주시기 위해서입니다(1절). 이 왕은 고레스입니다. 약 70년 후, 역사 속에 등

장하는 고레스는 바벨론을 정복하고 페르시아 제국을 세웁니다. 그리고 유대인들을 다시 가나안 땅으로 돌려보냅니다. 하나님이 고레스를 통해 유대인들을 구원하시는 것은 예수님을 통해 신자들을 구원하실 것에 대한 예표입니다.

42장 왜 예수님을 종으로 묘사하는가?

1-25 이사야서에는 '종의 노래'가 네 번 등장합니다. 42장은 그중 첫 번째입니다(1-9절). 하나님이 열방을 구원하시기 위해 세우신 종은 예수님입니다(마 12:17-21). 예수님을 종으로 묘사하는 이유는 예수님이 하나님께 보이실 충성심 때문입니다. 하나님의 종은 외치거나 목소리를 높이지 않을 것입니다(2절). 예수님이 겸손하게 사역하실 것이란 뜻입니다. 하나님의 종은 상한 갈대를 꺾

지 않을 것입니다(3절). 예수님이 약한 자들을 부러뜨리지 않고 도리어 고쳐 주실 것이란 뜻입니다. 하나님의 종은 낙담하지 않을 것입니다(4절). 예수님이 어떤 시련 속에서도 포기하지 않고 하나님의 뜻을 이루실 것이란 뜻입니다. 그리하여 예수님은 우리의 빛이 되시며 자유가 되실 것입니다(5-9절).

하나님의 구원자, 고레스

43장 왜 하나님은 불순종하는 당신의 백성들을 버리지 않으시는가?

1-28 한글 성경에는 생략되었지만, 원래 42장과 43장 사이에는 '그러나'가 있습니다. 생략되어 있는 '그러나'의 의미를 잘 생각해야 본문의 의미를 바르게 이해할 수 있습니다. 42장의 주제는 이스라엘의 불순종입니다. 따라서 하나님은 그들을 버리고 심판하셔야 합니다. '그러나' 하나님은 버리고 심판하시는 것이 아니라, 오히려 그들을 사랑하시고 구원하시겠다고 하십니다. 이러한 역설적인 하나님의 사랑이 43장의 주제입니다. 백성들의 불순종에도 불구하고, 하나님이 당신의 백성을 버리지 않으시는 이유는 무엇일까요? 그들이 하나님의 소유이기 때문입니다(1절). 이처럼 당신의 백성을 향한 하나님의 사랑은 중단되지 않는 사랑, 포기하지 않는 사랑입니다. 우리의 구원도 하나님의 사랑 때문입니다. 우리의 구원이 확실하고 분명한 이유는, 하나님이 우리를 포기하시지 않고 끝까지 사랑하시기 때문입니다.

44장 왜 포로 된 이스라엘은 여전히 복 있는 사람인가?

1-28 하나님은 창조주이시며, 만물의 주인이십니다. 하나님은 모든 복의 근원이며, 생명과 호흡을 주시는 분입니다. 따라서 가장 큰 복은 하나님을 가까이하는 것입니다. 하나님과 친밀한 사람은 모든 것을 가진 사람이요, 하나님과 멀어진 사람은 모든 것을 잃은 사람입니다. 그런 점에서 포로 된 이스라엘은 여전히 복 있는 사람입니다. 하나님이 그들을 '여수룬'이라고 부르시기 때문입니다(2절). '여수룬'은 '올바른 자'를 의미합니다. 따라서 이 호칭에는 이스라엘을 향한 하나님의 사랑이 담겨 있습니다. 하나님은 포로 된 이스라엘을 여전히 사랑하시고, 바로 이것이 이스라엘의 복입니다. 우리도 마찬가지입니다. 세상에서 성공하고, 부귀영화를 누려야 복 있는 사람이 아닙니다. 하나님을 가까이하며 사는 것이 우리의 복입니다. 하나님을 아버지라고 부를 수 있는 것이 우리의 복입니다.

45장 왜 하나님은 이방 사람 고레스를 구원의 도구로 사용하시는가?

1-25 하나님은 바벨론의 포로 된 유대인들을 구원하시기 위해 고레스를 사용하실 것입니다(1절). 왜 하나님은 이방 나라의 왕을 구원의 도구로 사용하실까요? 첫째, 하나님의 전능하심을 나타내시기 위해서, 둘째, 하나님 외에는 다른 신이 없음을 나타내시기 위해서입니다(5절). 그럼에도 불구하고 어떤 이는 계속해서 어떻게 이방인을 사용하실 수 있냐고 따져 물을 수 있습니다. 이에 대한 하나님의 대답이 토기장이 비유입니다(9-19절). 진흙으로 어떤 토기를 만들 것인가 하는 것이 토기장이의 권한인 것처럼, 누구를 어떻게 사용하시든지 그것은 하나님의 권한입니다.

바벨론의 멸망

46장 왜 우리는 우상이 아니라 하나님을 의지해야 하는가?

1-13 '벨'과 '느보'는 바벨론 신입니다. 이사야 선지자는 이들이 엎드러지고 구부러질 것이라고 예언합니다(1절). 이것은 바벨론의 멸망을 의미합니다. 하나님은 페르시아의 고레스를 통해 바벨론을 심판하실 것이고(11절), 벨과 느보는 가축에게 실려 포로처럼 끌려가게 될 것입니다(1절). 자기 백성을 보호하지 못하는 바벨론 신과 달리,

하나님은 책임감 있는 모습으로 묘사됩니다. 하나님은 당신의 백성들을 일평생 보호하시고, 어떤 상황에서든 보호하십니다(3-4절). 따라서 우리는 우상이 아니라 하나님을 의지해야 합니다. 돈이라는 우상, 힘이라는 우상을 멀리하고, 하나님을 가까이해야 합니다.

47장 왜 바벨론은 한순간에 멸망하는가?

1-15 한때 바벨론은 아리따운 처녀처럼 생기가 넘치는 나라였습니다(1절). 여러 왕국의 여주인이라 불릴 만큼 큰 권세를 가졌습니다(5절). 하지만 그 모든 영화가 한순간에 사라질 것입니다(1-7절). 바벨론의 교만 때문입니다. "나뿐이라 나 외에 다른 이가 없다"(10절)는 말은 오직 하나님만 하실 수 있는 말입니다. 바벨론은 교만하여

차마 입에 담을 수 없는 말을 쉽게 내뱉었습니다. 바벨론이 파멸에 이른 것은 자신을 하나님과 비교할 만큼 교만해진 결과입니다. 일이 잘 진행될 때가 가장 위험한 순간입니다. 성공 가도를 달릴수록 겸손해야 합니다. 분수를 넘어서는 교만한 마음은 패망의 지름길입니다.

48장 왜 예수님의 십자가를 '새 일'이라고 하는가?

1-22 이사야 선지자는 하나님이 새 일을 행하실 것이라고 예언합니다(6절). 하나님이 행하실 새 일은 이전에는 듣지도 보지도 못하였던 일입니다(7절). 하나님의 새 일은 일차적으로 고레스를 통해 일어났습니다. 하나님이 고레스를 통해 바벨론을 심판하시고 이스라엘을 해방하실 것은 당시 아무도 예상하지 못했던 일입니다. 하지

만 하나님은 아무도 생각지 못했던 일을 행하실 것입니다. 하나님의 새 일은 이차적으로 그리스도를 통해 일어났습니다. 하나님이 당신의 아들을 통해 우리를 구원하실 것은 아무도 생각하지 못한 일입니다. 더구나 우리의 죄 문제를 예수님의 십자가를 통해 해결하실 것은 인간의 지혜를 넘어서는 일입니다.

하나님의 종

49장 왜 교회는 이방의 빛인가?

1-26 49장은 이사야서에 기록된 두 번째 종의 노래입니다(1-13절). 종의 입은 날카로운 칼, 또는 갈고 닦은 화살과 같습니다(2절). 그가 선지자적 사역을 통해 온 열방 가운데 하나님의 영광을 나타낸다는 뜻입니다. 그래서 그는 '이방의 빛'으로 불립니다(6절). 그렇다면 이사야 선지자가 49장에서 설명하는 하나님의 종은 누구일까요? 누가복음 2장에 그 답이 기록되어 있습니다. 오랫동안 메시아를 기다렸던 시므온은 아기 예수를 보자마자 "이방을 비추는 빛"이 오셨다고 찬양했습니다(눅 2:32). 사도 바울도 마찬가지입니다. 그는 아그립바왕에게 복음을 설명하면서, 예수님을 '이방의 빛'으로 소개합니다(행 26:23). 이제 승천하여 하나님 우편에 앉아 계신 그리스도는 자신의 몸인 교회를 통해 모든 민족에게 복음을 전하십니다. 그래서 지금은 교회가 '이방의 빛'입니다. 이방인들에게 복음의 빛을 전하기 위해 우리는 무엇을 해야 할까요?

50장 왜 이스라엘이 포로 된 책임을 하나님께 묻지 말아야 하는가?

1-3 하나님은 이스라엘이 바벨론의 포로가 되지 않도록 하실 수 있었습니다(2절). 그럼에도 불구하고 하나님은 이스라엘이 바벨론 포로가 되도록 하셨습니다. 하지만 이스라엘이 포로 된 책임을 하나님께 물어서는 안 됩니다. 이스라엘이 바벨론의 포로 된 근본 원인은 이스라엘의 죄와 불순종이기 때문입니다(1절). **4-11** 본문은 이사야서에 기록된 세 번째 종의 노래입니다. 이 종은 불순종한 이스라엘과 달리 어떤 상황에서도 하나님께 반역하지 않습니다. 채찍에 맞고, 수염을 뽑히고, 뺨을 맞고, 모욕과 침 뱉음을 당하는 순간에도 하나님께 순종하기를 포기하지 않습니다. 이 종은 누구일까요? 예수 그리스도입니다(마 27:26).

221

고난받는 종으로 오신 예수 그리스도

51장   왜 포로 된 이스라엘은 하나님께만 소망을 두어야 하는가?

1-23 51장은 바벨론에 포로로 끌려간 자들에게 주시는 소망의 말씀입니다. 하나님은 아브라함에게 복을 주겠다고 약속하셨고, 실제로 그렇게 하셨습니다(2절). 또 하나님은 이스라엘을 애굽에서 구원하겠다고 하셨고, 실제로 그렇게 하셨습니다(10절). 그러므로 바벨론 포로 된 자들은 하나님만을 소망으로 삼아야 합니다. 그러면 언젠가 아브라함과 이스라엘처럼 하나님의 능력을 경험하게 될 것입니다. 우리도 마찬가지입니다. 우리도 소망을 품어야 합니다. 하나님의 능력이 우리 삶에 임하실 소망, 하나님의 은혜로 우리 삶이 회복될 소망을 품어야 합니다. 하나님만이 우리의 소망입니다.

52장   왜 하나님은 주도적으로 이스라엘을 바벨론에 넘겨주셨는가?

1-15 이스라엘이 바벨론 포로가 된 것은 하나님께 이스라엘을 보호하실 만한 능력이 없어서가 아닙니다. 오히려 하나님은 주도적으로 이스라엘을 바벨론에게 넘겨주셨습니다. 시련을 통해 이스라엘을 정결하게 하시기 위해서입니다. 따라서 하나님은 때가 되면 다시 이스라엘을 회복시키실 것입니다. 하나님의 심판은 심판이 목적이 아니라 회복이 목적이기 때문입니다(1-2절). 하나님은 언젠가 회복될 이스라엘에게 사명을 주십니다. 하나님이 구원하시며 통치하신다는 좋은 소식을 온 열방에 선포하는 사명입니다(7절). 우리도 마찬가지입니다. 이스라엘이 바벨론에서 구원받았듯이, 우리는 죄와 사망에서 구원받았습니다. 우리는 이 좋은 소식을 온 세상에 전해야 합니다.

53장   왜 죄 없으신 성자께서 고난과 환란을 겪으셔야 했는가?

1-12 53장은 이사야서에 기록된 네 번째 종의 노래이자, 마지막 종의 노래입니다. 이사야 선지자는 하나님의 구원이 고난받는 종을 통해 이루어질 것이라 말합니다. 하나님의 종은 수많은 고난을 당할 것입니다(사 52:13-15). 하나님의 종은 사람들에게 멸시와 배척을 받을 것입니다(1-3절). 하나님의 종은 우리가 받아야 할 고난과 징계를 대신 받을 것입니다(4-6절). 하나님의 종은 우리를 위한 속죄 제물이 되실 것입니다(7-12절). 이분은 누구일까요? 하나님의 아들이신 예수 그리스도입니다. 아무 죄가 없으신 하나님의 아들께서, 인간의 모습으로 오셔서 수많은 고난과 환란을 겪으시고, 심지어 십자가에서 죽기까지 하신 것은 모두 다 우리의 구원을 위해서입니다.

목마른 자들의 하나님

54장 왜 이사야 선지자는 이스라엘이 많은 자녀를 가질 것이라고 하는가?

1-17 이사야 선지자는 과거와 현재의 고난은 사라지고, 새로운 시대가 올 것이라고 예언합니다. 홀로 된 여인(1절), 젊었을 때의 수치(4절), 과부 때의 치욕(4절)은, 포로 된 이스라엘의 비참한 현실을 말합니다. 하지만 전혀 다른 미래가 이스라엘을 기다리고 있습니다. 장차 이스라엘은 많은 자녀를 가질 것이고(1절), 여호와라 이름하는 남편을 가지게 될 것입니다(5절). 이것은 하나님이 이스라엘을 회복시켜 주실 것을 의미합니다. 이처럼 우리의 소망은 하나님께 있습니다. 하나님께는 우리의 절망을 희망으로, 우리의 아픔을 기쁨으로 바꾸어 주실 능력이 있습니다. 고난과 절망 속에 있다면, 더욱더 하나님께로 나아가야 합니다.

55장 왜 하나님은 비참한 인생들을 초대하시는가?

1-13 하나님은 목마른 자들과 돈 없는 자들을 초대하십니다(1절). 그들은 죄에 따른 비참한 인생을 상징합니다. 하나님이 비참한 인생들을 초대하시는 이유는 하나님께로 돌아가야만 죄 문제를 해결할 수 있기 때문입니다. 하나님과의 관계를 회복해야만, 참으로 가치 있는 삶을 살 수 있기 때문입니다. 하나님의 초대를 거절해서는 안 됩니다. 하나님은 사람과 달라서 악한 자에게도 은혜를 베푸시기 때문입니다(8절). 악으로 악을 갚는 사람과 달리, 하나님은 악한 자에게도 은혜를 베푸십니다. 아무리 악한 사람도 자신의 죄를 회개하고 예수님을 믿으면, 하나님의 은혜에 동참할 수 있습니다.

56장 왜 하나님은 56장에서 거룩한 삶에 대해 말씀하시는가?

1-12 55장에서 하나님의 은혜를 말씀하신 하나님은, 56장에서 백성들의 거룩한 삶을 말씀하십니다. 하나님의 은혜를 받은 사람은 반드시 그에 합당한 거룩한 삶을 살아야 하기 때문입니다. 하나님은 이방인도 하나님의 백성이 될 수 있다고 하십니다(3절). 하나님의 백성을 가르는 기준이 혈통이 아니라 믿음과 순종이기 때문입니다. 이 말씀은 예수님을 통해 성취되었습니다. 유대인들은 혈통으로는 아브라함의 후손이지만 예수님을 영접하지 않았습니다(마 8:11-12). 우리는 혈통으로는 아브라함의 후손이 아니지만 예수님을 믿었으므로 하나님의 백성입니다(롬 4:13).

57장 왜 하나님은 57장에서 심판을 말씀하시는가?

1-21 56장에서 거룩한 삶을 말씀하신 하나님은 57장에서 심판을 말씀하십니다. 거룩한 삶의 중요성을 강조하시기 위해서입니다. 하나님의 백성들에겐 거룩하게 살아야 할 의무가 있습니다. 이 의무를 저버릴 때 하나님의 심판이 있습니다. 하지만 하나님의 심판이 즉각 임하지는 않습니다. 하나님은 오랫동안 참으십니다(11절). 그렇다고 하나님이 죄를 무한정 참으시는 것은 아닙니다. 때가 되면 반드시 심판하십니다(21절).

이스라엘의 회복

58장　왜 하나님은 이스라엘의 금식을 보지 않으셨는가?

1-14 하나님이 참된 신앙과 거짓 신앙을 말씀하십니다. 이웃 사랑이 배제된 신앙은 참된 신앙이 아닙니다(3절). 보상을 바라는 신앙은 참된 신앙이 아닙니다(4절). 어려운 이웃에게 관심을 가지지 않는 신앙은 참된 신앙이 아닙니다(7절). 그렇다면 참된 신앙은 무엇일까요? 참된 신앙은 주린 자와 괴로워하는 자를 돌아보는 것입니다(9-14절). 이웃의 아픔을 덜어 주기 위해 기꺼이 자신을 희생시키는 것입니다. 하나님은 참된 신앙을 가진 자들에게 물 댄 동산과 같은 복을 허락하십니다(11절).

59장　왜 하나님은 이스라엘의 기도에 응답하지 않으셨는가?

1-8 59장은 '왜 하나님은 우리를 구원하시지도 않고, 우리의 기도에 응답하시지도 않는가?'라는 질문의 대답입니다. 이사야 선지자는 그 이유가 하나님께 능력이 없어서가 아니라, 이스라엘의 죄악 때문이라고 말합니다(1-8절). 우리 역시 '왜 하나님은 내 기도를 들어주시지 않는가?'라고 불평하기 이전에, 하나님과 우리 사이를 갈라 놓은 죄가 무엇인지를 생각해야 합니다. **9-21** 이사야 선지자는 이스라엘의 죄를 회개합니다(9-15절). 정의와 공의를 멀리했던 죄를 자백합니다. 주목할 것은 이사야 선지자가 '우리'라고 말하며, 타락한 이스라엘 안에 자신을 포함시킨다는 점입니다. 이사야 선지자는 자신과 이스라엘을 구별하지 않았습니다. 이처럼 공동체의 죄를 자신의 죄로 여기고, 자신부터 먼저 회개할 때 하나님의 은혜가 임합니다. 혹시 다른 사람의 죄와 잘못은 성실하게 지적하면서도, 자신의 실수는 덮어 놓기에 급급하지 않습니까?

60장　왜 이스라엘은 해방될 수 있는가?

1-22 하나님은 이스라엘이 빛을 발할 것이라고 하십니다(1절). 장차 사방의 무리와 바다의 부가 이스라엘로 모여들 것이라고 하십니다(4-5절). 이는 일차적으로는 이스라엘의 해방을, 이차적으로는 영적 이스라엘인 교회의 부흥을 예고하는 말씀입니다. 하나님은 59장에서 이스라엘의 회개를 촉구하셨습니다. 따라서 60장의 회복은 회개의 결과입니다. 이스라엘이 진정으로 회개할 때, 하나님의 진노는 물러나고, 은혜의 시대가 임하게 됩니다. 우리도 마찬가지입니다. 우리가 언제 하나님께서 주시는 복을 누릴 수 있습니까? 우리의 죄악을 제거할 때입니다. 그때 하나님은 우리의 영원한 빛과 영광이 되어 주실 것입니다(19절).

이스라엘의 회복과 영광

61장 왜 예수님이 아름다운 소식을 전하는 자인가?

1-11 아름다운 소식을 전하는 자는 누구일까요? 일차적으로는 이사야 선지자입니다(1-3절). 지금까지 이사야 선지자는 포로 된 이스라엘이 해방된다는 아름다운 소식을 전했습니다. 이차적으로는 예수님입니다.[192] 예수님은 나사렛 회당에서 이 말씀을 자신에게 적용하셨고(눅 4:14-20), 믿음으로 얻는 은혜의 구원을 말씀하셨습니다. 우리도 마찬가지입니다. 우리 역시 아름다운 소식을 전하는 자가 되어야 합니다. 그래서 하나님은 우리가 하나님의 봉사자라고 하십니다(6절). 우리는 아름다운 소식을 전하는 하나님의 봉사자가 되어야 합니다.

62장 왜 우리는 기도해야 하는가?

1-12 하나님은 이스라엘과의 관계를 완전히 회복할 것입니다(1-5절). 하나님은 이스라엘을 사랑하는 신부처럼 대할 것입니다(5절). 하나님은 이스라엘을 위한 파수꾼을 세우실 것입니다(6-9절). 이것은 하나님이 이스라엘을 지키시고 보호하실 것을 약속하는 것입니다. 그런데 한편으로는 하나님이 그렇게 하시도록 촉구하라고 하십니다(7절). 우리를 보호하는 것이 하나님의 일이라면, 그렇게 하시도록 기도하는 것은 우리의 일이라는 뜻입니다.

63장 왜 에돔을 심판하셨는가?

1-19 하나님이 에돔을 심판하시고 개선장군으로 입성하십니다(1절). 하나님이 에돔을 심판하신 이유는 이스라엘을 구원하시기 위해서입니다. 이스라엘의 구원과 에돔의 심판은 맞닿아 있습니다. 최후의 날도 마찬가지입니다. 하나님은 우리를 구원하시기 위해 세상을 심판하실 것입니다. 우리가 구원을 받는 날이 세상에겐 심판의 날입니다. 성도의 구원과 세상의 심판은 맞닿아 있습니다.

64장 왜 이사야 선지자는 담대히 기도할 수 있었는가?

1-12 이사야 선지자는 하나님의 임재를 간구합니다(1절). 하나님이 직접 내려오셔서 원수들을 심판해 달라고 기도합니다(1절). 그러면서 동시에 이스라엘의 실상을 토로합니다. 이스라엘은 다 부정한 자 같아서 하나님의 자비를 입을 자격이 전혀 없다고 말합니다(4절). 자격이 없음에도 불구하고 이사야 선지자가 담대히 기도할 수 있었던 이유는, 하나님이 우리의 아버지이시기 때문입니다(8절). 우리도 마찬가지입니다. 우리에겐 기도할 수 있는 자격이 없습니다. 그 자격은 하나님께 있습니다. 하나님이 우리의 아버지이시기에, 우리처럼 자격 없는 자들도 기도할 수 있습니다.

225

은혜와 심판

65장　왜 우리는 그리스도의 재림을 기다려야 하는가?

1-16 이스라엘은 하나님을 구하고, 찾고, 부르지 않았습니다(1절). 이스라엘은 하나님께 관심이 없었습니다. 그러나 하나님은 다르셨습니다. 하나님은 이스라엘을 구하고, 찾고, 부르셨습니다. 심지어 하나님은 이스라엘이 우상을 숭배하던 때에도(3-5절), 두 팔을 벌려 당신의 백성을 기다리고 계셨습니다(2절). 하나님은 지금도 우리를 기다리십니다. 우리가 하나님께 돌아오기를, 우리가 거룩한 삶을 회복하기를 기다리고 계십니다. **17-25** 하나님은 새 하늘과 새 땅을 창조하실 것입니다(17절). 그 때가 되면 육체적 건강과 장수(20절), 풍성한 수확(21-23절), 기도의 응답(24절), 그리고 갈등과 분쟁이 없는 평화를 누리게 될 것입니다(25절). 이것은 그리스도의 초림을 통해 부분적으로 성취되었고, 재림을 통해 궁극적으로 성취될 것입니다.[193] 바로 이것이 우리가 그리스도의 재림을 손꼽아 기다려야 하는 이유입니다.

66장　왜 베드로는 모든 성도가 왕 같은 제사장이라고 말했는가?

1-14 하나님은 새로운 이스라엘을 창조하실 것입니다. 새 이스라엘은 겸손한 마음으로 자신의 죄를 뉘우치며 하나님의 말씀에 순종할 것입니다(2절). 새 이스라엘은 진실한 마음으로 하나님을 예배할 것입니다(3-4절). 그렇다면 새 이스라엘은 누구일까요? 새 이스라엘은 신약의 교회입니다. 예수님은 죽음과 고난이라는 해산의 고통을 통해 교회를 출산하셨습니다(7-9절).[194] **15-24** 이사야서의 결론입니다. 핵심은 이방인들도 하나님의 영광을 보게 되고(18-19절), 이방인 중에도 제사장과 레위 사람이 배출된다는 것입니다(20-23절). 이것은 모든 나라와 민족에게 복음이 전파되고, 모든 나라와 민족 가운데 교회가 세워진다는 의미입니다. 그래서 베드로는 모든 성도가 "택하신 족속이요 왕 같은 제사장들"이라고 말했습니다(벧전 2:9). 이스라엘의 심판으로 시작된 이사야서는 온 세상이 하나님의 영광을 보는 것으로 마무리됩니다. 따라서 하나님의 심판은, 멸망을 위한 것이 아니라 회복을 위한 것이었습니다.

한눈에 보는 예레미야서

핵심	유다를 향한 경고 (1–35장)	예레미야의 고난 (36–38장)	예루살렘 멸망 (39–45장)	열방을 향한 경고 (46–52장)
사건	우상 숭배 타락한 성전 예배 포로기 예언	하나님의 말씀을 거부함	유다가 바벨론을 배신함 유다가 하나님을 배신함	애굽, 블레셋, 모압, 바벨론, 열방을 심판하실 하나님
주제	회개를 촉구하시는 하나님		심판하시는 하나님	
기간	멸망 이전		멸망	멸망 이후
	대략 주전 627년–580년경			
장소	유다	주변 국가		
마지막 왕들	여호아하스	여호야김	여호야긴	시드기야
다른 이름	살룸	엘리아김	고니야	맛다니야
관계	요시야의 4남	요시야의 차남	여호야김의 아들	요시야의 3남
통치	3개월	11년	3개월	11년

저자: 예레미야

예레미야서의 저자가 예레미야라는 것은 1장 1절에 분명하게 나타나 있다. 그는 요시야왕 13년에 선지자로 부름받았으며, 주전 586년에 예루살렘이 멸망할 때까지 마지막 다섯 왕(요시야, 여호아하스, 여호야김, 여호야긴, 시드기야)의 치하에서 무려 40년 동안 선지자로 사역했다. 예레미야는 예루살렘의 멸망이 임박했다는 징표가 되기 위해 결혼하지 않고 혼자 지내야 했으며(16:2), 예루살렘의 멸망을 예언했다는 이유로 거의 모든 사람들로부터 배척받았다.

기록 목적

예레미야서의 기록 목적은 단순하다. 예레미야는 하나님의 심판이 임박했음을 알리며, 타락한 남유다 백성들을 하나님께로 돌이키기 위해 본서를 기록했다.

통독 길잡이

예레미야서를 올바르게 이해하기 위해서는, 예레미야의 메시지가 각 단계에 따라 조금씩 변하고 있음을 알아야 한다. 예레미야의 메시지는 크게 세 단계로 나눌 수 있다. 첫째, 처음에 그는 임박한 하나님의 심판을 피하기 위해서는 회개가 필수적이라고 말한다(7:1-15). 둘째, 시간이 지나도 회개하지 않자 이제는 회개할 수 있는 시간이 지났다고 선언한다(19:10). 셋째, 심판으로 끝나는 것이 아니라, 그중에 남은 자를 향한 구원의 손길이 있을 것이라 말한다(24:4-7). 예레미야가 끊임없이 멸망을 예고했지만 백성들은 예레미야에게 귀 기울이지 않았다. 여기에는 크게 두 가지 이유가 있다.[195] 첫 번째는 '성전'이다. 백성들은 하나님의 성전이 예루살렘에 있는 한, 예루살렘이 함락되는 일은 없을 것이라고 여겼다. 두 번째는 '다윗 언약'이다. 하나님께서 다윗 후손들을 지켜 주신다고 약속하셨기에 다윗 왕조가 멸망하는 일은 없을 것이라고 여겼다. 하지만 참된 믿음이 없는 상태에서 성전을 의지하는 것은 어리석은 일이었으며(7장), 타락한 왕들은 하나님의 보호가 아니라 심판을 불러올 뿐이었다(22장).

타락한 남유다

1장 왜 예레미야는 하나님을 떠나지 않았는가?

1-10 예레미야는 요시야왕 시대부터 남유다가 멸망할 때까지 사역한 선지자입니다(2-3절). 그는 남유다가 멸망으로 치닫던 혼돈의 시대를 살았습니다. 당연히 그의 선지 사역은 평탄하지 않았습니다. 이런 미래를 예상했기 때문인지, 예레미야는 하나님의 부름에 기꺼이 응답하지 않았습니다. 예레미야는 자신의 부족함을 고백하며 계속 주저했습니다(6절). 하지만 결국 하나님의 뜻에 순종했고, 일평생 신실하게 사역했습니다. 사실 예레미야는 탁월한 재능을 가진 사람은 아니었습니다. 그는 자주 사람을 두려워했습니다. 하지만 하나님이 예레미야를 떠나지 않으셨기에(8절), 예레미야도 하나님을 떠날 수 없었습니다. 우리도 마찬가지입니다. 하나님의 일꾼이 되기에 충분한 사람은 없습니다. 다만 하나님을 바라보며 끝까지 전진할 뿐입니다. **11-19** 하나님이 예레미야에게 두 가지 환상을 보여 주십니다. 살구나무 환상과 끓는 가마 환상입니다. 히브리어로 '살구나무'는 '지켜보다'와 발음이 거의 같습니다. 끓는 가마는 하나님의 심판을 상징합니다. 따라서 예레미야가 본 환상은 하나님이 남유다의 죄를 지켜보시고 심판하신다는 뜻입니다. 동족에게 이런 메시지를 전하기란 쉽지 않았을 것입니다. 하지만 사람보다 하나님께 순종하는 것이 마땅하므로, 예레미야는 주저하지 않았습니다. 우리가 순종해야 할 사명은 무엇입니까? 혹시 사람이 무서워 주저하고 있지는 않습니까?

2장 왜 남유다 백성들은 자신들이 죄를 짓지 않았다고 하는가?

1-37 하나님이 이스라엘을 애굽에서 구원하셨음에도 불구하고(2-3절), 이스라엘은 하나님을 떠나 우상을 섬겼습니다(4-8절). 심지어 제사장들과 선지자들도 하나님이 아니라 바알을 숭배했습니다(8절). 그 결과는 외세의 침략으로 나타났습니다(14-19절). 따라서 유다가 황폐하게 된 것은 하나님을 떠난 결과입니다. 그런데 참 이상합니다. 그토록 우상 숭배에 열심을 내었으면서도, 이스라엘은 자신들이 죄를 짓지 않았다고 주장합니다(23절). 심각하게 타락하여 죄에 무감각해진 결과입니다.

3장 왜 하나님은 북이스라엘이 남유다보다 의롭다고 하시는가?

1-25 하나님이 남유다의 타락을 이혼에 비유하여 말씀하십니다(1-5절). 남유다는 신랑이신 하나님을 떠나 가나안의 우상들과 외도를 했습니다. 따라서 하나님이 그들을 받아 주실 가능성은 거의 없습니다(1절). 그런데도 남유다 백성들은 자신들의 우상 숭배를 부끄럽게 여기거나 거기서 돌이키려고 하지 않습니다. 이에 하나님은 멸망한 북이스라엘이 오히려 남유다보다 더 의롭다고 말씀하십니다(11절). 하지만 하나님이 당신의 백성을 완전히 버리신 것은 아닙니다. 하나님은 여전히 그들에게 돌아오라고 하시며, 돌아오기만 하면 고쳐 주시겠다고 하십니다(22절). 하나님이 요청하시는 돌이킴은 회개와 타락을 반복하는 피상적인 돌이킴이 아닙니다. 모든 우상을 버리고 전적으로 돌이키라는 요청입니다.

임박한 심판

4장 왜 남유다 백성들은 심판을 피하지 못했는가?

1-31 남유다 백성들은 하나님께로 돌아서지 않았습니다. 그런데도 하나님께로 돌아섰다고 착각했습니다(1절). 착각의 이유는 할례입니다. 할례를 행했기에 하나님의 백성이라고 착각한 것입니다(4절). 하지만 하나님이 진정으로 원하신 것은 할례를 행하는 외적인 변화가 아니라 우상을 버리는 내적인 변화였습니다(1절). 남유다 백성들이 심판을 피하지 못한 이유는, 내적이고 참된 회개 없이 외적이고 피상적인 회개만을 했기 때문입니다.

5장 왜 예루살렘 주민들은 심판이 없을 것이라고 믿었는가?

1-31 하나님은 예루살렘에서 단 한 사람의 의인도 찾아볼 수 없었습니다(1절). 다들 입으로만 신앙을 말할 뿐, 말과 행동이 달랐기 때문입니다(2절). 비천한 자에서부터 지도자에 이르기까지, 거의 모든 사람이 하나님의 통치를 불필요하게 여기는 곳이 예루살렘이었습니다(4-5절). 결국 하나님은 예루살렘을 심판하실 수밖에 없었습니다(16-17절). 하지만 예루살렘 주민들은 재앙이 임하지 않을 것이라고 믿었습니다. 심판이 임한다는 예레미야 선지자의 말보다, 심판이 없을 것이라는 거짓 선지자들의 말을 더 신뢰했기 때문입니다(12절). 거짓 선지자들은 지금도 존재합니다. 성경과 상관없는 개인의 주장을 진리처럼 포장하는 자들은 거짓 선지자입니다. 그들에게 현혹되지 않도록 조심해야 합니다.

6장 왜 예루살렘은 바람 앞의 촛불같이 되었는가?

1-30 예레미야 선지자는 예루살렘이 파괴될 것이라고 경고합니다(1절). 예루살렘은 유다 왕국의 수도요, 하나님의 성전이 있는 도시입니다. 오랫동안 하나님의 사랑과 보호를 받은 도시입니다. 하지만 이제는 바람 앞의 촛불 같은 신세가 되었습니다. 예루살렘 주민들이 하나님 말씀대로 살기를 거부했기 때문입니다(10절). 하나님이 원하시는 선한 삶을 살지 않았기 때문입니다(16절). 주목할 부분은 예루살렘 지도자들의 모습입니다. 예루살렘의 선지자와 제사장들은 악을 행하면서도 하나님을 두려워하지 않았습니다(13절). 오히려 "평강하다 평강하다" 외치며 자기를 합리화했습니다(14절).

228

성전에 대한 예레미야의 설교

7장 왜 남유다 백성들은 예루살렘을 난공불락의 요새로 생각했는가?

1-34 남유다 백성들은 예루살렘을 난공불락의 요새로 생각했습니다. 아무리 강한 대적도 예루살렘은 정복할 수 없다고 생각했습니다. 예루살렘에는 성전이 있기 때문입니다(4절). 이런 생각은 예루살렘을 공격한 앗수르 군대가 전멸하면서 더욱 굳어졌습니다(왕하 19:32-33).[196] 하지만 하나님이 예루살렘을 앗수르 군대로부터 건지신 것은 성전 때문이 아니라 히스기야와 백성들의 회개 때문이었습니다. 지금 남유다 백성들에게는 그런 모습이 일절 없으므로, 하나님이 예루살렘을 지켜 주실 이유는 없습니다. 이제 예루살렘은 약자들이 억압받고, 무죄한 자들이 피를 흘리며, 우상 숭배가 행해지는 악의 소굴일 뿐입니다(6절).

8장 왜 남유다 백성들은 죄를 짓고도 회개하지 않았는가?

1-22 예레미야 선지자는 다음과 같이 말합니다. "사람이 엎드러지면 어찌 일어나지 아니하겠으며 사람이 떠나갔으면 어찌 돌아오지 아니하겠느냐 이 예루살렘 백성이 항상 나를 떠나 물러감은 어찌함이냐 그들이 거짓을 고집하고 돌아오기를 거절하도다"(4-5절). 이것은 남유다 백성들이 죄를 짓고도 회개하지 않는 것을 꾸짖는 말입니다. 왜 남유다 백성들은 죄를 짓고도 회개할 생각을 하지 않았을까요? 거짓 선지자들이 거짓된 평안을 전한 결과입니다(11절). 거짓 선지자들은 하나님 말씀을 전하지 않았습니다. 그래서 남유다 백성들은 죄를 짓는 일에 무감각해졌습니다. 지금도 마찬가지입니다. 바른 말씀을 듣지 못하면 죄에 무감각해집니다. 죄에 무감각해지면, 죄를 지으면서도 회개할 생각을 하지 못하게 됩니다. 그러면 점점 더 죄를 짓는 악순환에 빠지게 됩니다. 따라서 우리는 설교자를 위해서 기도해야 합니다. 강단에서 바른 말씀이 선포되기를 기도해야 합니다.

9장 왜 예레미야 선지자는 예루살렘에서 떠나기를 원하는가?

1-26 예레미야는 예루살렘에서 떠나기를 원합니다(2절). 남유다 백성들이 온갖 종류의 죄악으로 예루살렘을 채웠기 때문입니다(3-6절). 이제 예루살렘은 아무도 믿을 수 없는, 심지어 형제조차 믿을 수 없는 거짓의 도시가 되었습니다(4절). 따라서 예루살렘이 철저하게 파괴되는 것은 당연한 일입니다(10-22절). 그래서 하나님은 남유다 백성들에게 지혜와 용맹과 부함을 자랑하지 말라고 하십니다(23절). 그런 것으로는 하나님과의 관계를 회복할 수 없기 때문입니다. 심판이 임박한 지금, 남유다 백성들에게 정말 중요한 것은 하나님을 아는 지식입니다(23-24절). 우리도 마찬가지입니다. 하나님과의 관계만큼 중요한 것은 없습니다. 하나님을 알아 가는 것보다 중요한 것은 없습니다. 만약 우리가 하나님과 멀어져 있다면, 우리에게 하나님을 아는 지식이 부족하다면, 우리는 다른 것을 모두 제쳐 두고 하나님께로 돌아가야 합니다. 하나님을 알기 위해 노력해야 합니다.

10장 왜 예레미야 선지자는 남유다 백성들을 꾸짖는가?

1-25 예레미야 선지자는 남유다 백성들을 꾸짖습니다. 남유다 백성들이 사람의 손으로 만든 것을 신처럼 숭배하기 때문입니다(1-5절). 하지만 우상에게는 아무런 능력이 없습니다. 남유다 백성들이 숭배해야 하는 것은 여호와 하나님입니다. 하나님만이 참된 신이시며(10절), 하나님께만 전능한 능력이 있기 때문입니다(12-13절).

언약의 저주

11장   왜 예레미야가 아니라 아나돗 사람들이 죽임을 당하는가?

1-17 하나님은 모세를 통해 율법을 주셨습니다. 율법대로 살 때는 언약의 복을 주시고, 율법을 어길 때는 언약의 저주를 내린다고 하셨습니다(레 26:14-39; 신 28:15-68). 안타깝게도 이스라엘은 언약의 말씀에 순종하지 않았습니다. 그래서 하나님은 언약의 저주를 내리겠다고 하십니다(9-17절). **18-23** 아나돗 사람들이 예레미야를 죽이려고 합니다(21절). 놀랍게도 아나돗은 예레미야의 고향입니다. 하지만 결국에는 예레미야가 아니라 아나돗 사람들이 죽임을 당할 것입니다. 하나님이 예레미야 선지자는 보호하시고, 아나돗 사람들은 심판하실 것이기 때문입니다(22절).

12장   왜 예레미야는 고난을 겪었는가?

1-17 예레미야는 악한 자가 형통한 이유를 하나님께 묻습니다(1절). 하나님께 순종한 자들은 고난을 겪고, 하나님을 떠난 자들은 형통한 현실을 견딜 수 없었기 때문입니다. 이에 하나님은 쉬운 일과 어려운 일을 비교하시면서(5절), 이 정도도 견디지 못한다면 앞으로 있을 더 힘든 일들은 어떻게 견디겠느냐고 반문하십니다. 선지자의 삶에 고난은 필수라는 뜻입니다. 예수님도 동일한 말씀을 하셨습니다. "좁은 문으로 들어가라 멸망으로 인도하는 문은 크고 그 길이 넓어 그리로 들어가는 자가 많고 생명으로 인도하는 문은 좁고 길이 협착하여 찾는 자가 적음이라"(마 7:13-14). 예수님은 신자의 삶이 좁은 길을 걷는 것과 같다고 하셨습니다. 좁은 길은 고난의 길을 의미합니다. 따라서 구원으로의 부르심은 고난으로의 부르심이기도 합니다.

13장   왜 하나님은 허리띠를 유브라데에 묻으라고 하시는가?

1-27 하나님은 예레미야에게 허리띠를 유브라데에 묻으라고 하십니다. 허리띠는 남유다를 상징하고, 유브라데는 바벨론을 상징합니다.[197] 이것은 하나님보다 바벨론을 의지한 결과를 보여 주는 것입니다. 결국 남유다는 썩어 버린 허리띠처럼 자신들이 의지한 바벨론의 의해 멸망할 것입니다. 포도주 비유도 동일합니다(12-14절). 남유다의 지도자들은 포도주에 취한 사람처럼 비틀거리다 멸망하게 될 것입니다. 하나님은 바벨론에게 맡긴 양 떼가 어디 있느냐고 물으십니다(20절). 실패한 바벨론 동맹을 지적하는 것입니다. 친구 삼았던 자가 우두머리가 되었다는 비유도 마찬가지입니다(21절). 바벨론을 통해 앗수르의 압제에서 벗어나려 했지만, 도리어 바벨론의 압제를 받게 될 것을 예고하는 말씀입니다.

230

언약의 땅에 임한 가뭄

14장　왜 하나님은 남유다 백성들의 금식에 반응하지 않으시는가?

1-12 남유다에 가뭄이 임했습니다(1-6절). 부자들도 먹을 물을 구할 수 없을 정도로 극심한 가뭄입니다(3절). 이것은 우연히 일어난 일이 아니라 '언약적 사건'입니다. 하나님은 이스라엘이 불순종할 때 가뭄으로 벌하겠다고 언약하신 바 있습니다(신 28:24). 예레미야가 용서와 회복을 간구하지만(7-9절), 하나님은 응답하지 않겠다고 하십니다(10-12절). 심지어 그들이 금식하고, 번제와 소제를 드릴지라도 듣지 않겠다고 하십니다. 이는 그들의 금식과 제사가 형식에 그쳤기 때문입니다. 형식적인 예배와 회개는 하나님의 심판을 불러올 뿐입니다(12절). **13-**

22 심판의 칼끝은 거짓 선지자들을 향합니다(13-18절). '죄'를 '죄'라고 말하지 않아서 남유다 백성들이 거짓 평안에 안주하게 만들었기 때문입니다(13절). 오늘날로 치면 '복'과 '성공'만 설교했던 것입니다. 그렇다고 거짓 선지자들에게만 잘못이 있는 것도 아닙니다. 거짓 설교를 즐겁게 받아들인 남유다 백성들도 동일한 심판의 대상입니다(16절). 이처럼 참된 복음과 거짓 복음을 분별하는 것은 중요합니다. 하나님은 거짓 설교자들의 가르침을 즐겁게 들은 자들에게도 책임을 물을 것입니다.

15장　왜 하나님은 지쳤다고 말씀하시는가?

1-9 많은 사람이 하나님 말씀을 가볍게 생각합니다. 말씀을 어긴 행위를 심각하게 생각하지 않습니다. 하나님은 다르십니다. 하나님은 반복적으로 죄를 지으면서도 회개하지 않는 남유다 백성들에게, 모세와 사무엘이 빌어도 용서치 않을 것이라고 하십니다. 하나님이 말씀에 불순종하는 행위를 얼마나 심각하게 여기시는지 알 수 있습니다. 하나님이 지금껏 심판을 연기하신 이유는 남유다 백성들의 회개를 기대하셨기 때문입니다. 하지만 이제는 지쳤다고 말씀하십니다(6절). 남유다 백성들의 죄악이 방관할 수 없을 지경에 이르렀기 때문입니다. 회개하기는커녕 날이 갈수록 불순종의 강도와 범위가 커졌기 때문입니다. **10-21** 하나님이 예레미야를 위로하십니다(10-21절). 예레미야가 남유다의 멸망을 막기 위해

최선을 다했음에도 불구하고 백성들이 그를 박해했기 때문입니다(10절). 누구라도 이런 상황에서는 좌절과 무력감에 빠지게 될 것입니다. 예레미아의 상황이 안타깝지만, 이것이 현실임을 부정해선 안 됩니다. 선한 목적으로 한 일이 항상 좋은 결과를 가져오는 것은 아닙니다. 우리는 결과를 알 수 없습니다. 그러므로 결과는 하나님께 맡기고, 과정에 최선을 다해야 합니다. 다행스러운 것은 아무리 절망적인 상황에서도 우리에겐 돌아갈 곳이 있다는 것입니다. 바로 하나님입니다. 하나님은 예레미야에게 "네가 만일 돌아오면 내가 너를 다시 이끌어 내 앞에 세울"것이라고 하십니다(19절). 반복되는 좌절과 실패 때문에 힘들지만, 우리에겐 돌아갈 곳이 있습니다.

임박한 심판을 나타내는 표적들

16장　왜 하나님은 세 가지를 금하시는가?

1-9 하나님이 예레미야에게 세 가지를 명령하십니다. 첫 번째는 결혼과 출산 금지입니다(2-3절). 고대에 자녀는 가장 큰 복으로 여겨졌습니다. 하지만 장차 남유다는 바벨론의 침략으로 멸망하게 될 것입니다. 그때가 되면 자녀의 존재는 슬픔을 배가시킬 뿐입니다. 그런 점에서 결혼과 출산 금지는 임박한 심판을 보여 주는 표적입니다. 두 번째는 초상집 출입 금지입니다(5절). 사람들은 슬픔을 당한 자를 위로하기 위해 초상집을 방문합니다. 그런 점에서 초상집 방문 금지는 더 이상 남유다 백성들에게 긍휼을 베푸시지 않겠다는 하나님의 뜻을 보여 주는 표적입니다.[198] 세 번째는 결혼식장 출입 금지입니다(8-9절). 결혼식장은 가장 성대한 잔치가 벌어지는 곳으로 기쁨의 상징입니다. 그런 점에서 결혼식장 출입 금지는 모든 기쁨을 빼앗길 바벨론 포로 생활을 보여 주는 표적입니다. **10-21** 하나님은 남유다 백성들이 왜 우리를 징계하느냐고 따져 물을 것을 아셨습니다. 그래서 미리 그들을 심판하는 이유를 설명하십니다(10-13절). 하나님이 그들을 벌하시는 이유는 유일한 구원자이신 하나님을 버리고 우상을 섬겼으며, 하나님께서 주신 율법을 어겼기 때문입니다(11절). 놀라운 점은, 남유다 백성들이 하나님께 징계를 받으면서도 전혀 회개하지 않는다는 사실입니다. 죄를 짓는 일상이 반복되다 보니 양심이 정상적인 기능을 못한 것입니다.

17장　왜 하나님은 재산과 보물과 우상을 빼앗아 가시는가?

1-27 남유다 백성들은 자신들의 죄를 숨길 수 없었습니다(1절). 죄의 흔적이 온 땅에 선명하게 새겨져 있었기 때문입니다. 그래서 하나님은 그들이 하나님보다 사랑하고 의지했던 모든 것들, 대표적으로 재산과 보물과 우상을 빼앗을 것이라고 말씀하십니다(3절). 하나님이 이렇게 경고하시는 이유는 하나님만이 '생수의 근원'이시기 때문입니다(13절). 하나님만이 진정한 기쁨의 근원이시고, 영원한 도움이 되시기 때문입니다. 물론 사람이나 물질도 우리의 기쁨과 도움이 될 수 있습니다. 하지만 하나님을 신뢰하지 않기 때문에 사람과 물질을 의지하는 경우는 다릅니다(5절). 하나님은 그런 부패한 마음을 반드시 심판하십니다(9-11절).

토기장이의 교훈

18장 왜 토기장이 비유를 설명하는가?

1-23 토기장이 비유를 설명하는 이유는 하나님의 절대 주권을 설명하기 위해서입니다. 토기장이가 자기 뜻대로 그릇을 만들 듯이, 하나님도 당신의 뜻대로 온 세상을 다스리십니다. 하나님의 통치 원리는 '선과 악'입니다. 어떤 나라라도 악에서 돌이키면 재앙 대신 복을 내리시고(8절), 어떤 나라라도 악을 행하면 복 대신 재앙을 내리십니다(10절). 그러므로 남유다의 유일한 희망은 악을 행하는 삶에서, 선을 행하는 삶으로 돌이키는 데 있습니다(13-17절). 만약 끝까지 회개하지 않는다면 실패와 수치를 겪을 뿐만 아니라(15-16절), 재난의 날에 하나님의 도움을 받지도 못할 것입니다(17절). 놀랍게도 하나님은 다시 한 번 기회를 주십니다. 이미 타락할 대로 타락한 남유다 백성들에게, 지금이라도 악에서 돌이키면 살 수 있다고 말씀하십니다(11절). 이것이 하나님의 은혜입니다. 반복적으로 죄를 지었거나 심각한 범죄를 저질렀다고 회개마저 포기해서는 안 됩니다. 지금이라도 죄에서 돌이키면, 하나님의 용서를 경험할 수 있습니다.

19장 왜 본문의 심판 선언은 충격적인가?

1-15 하나님은 오랫동안 회개의 기회를 주셨습니다. 하지만 남유다 백성들은 회개하지 않았습니다. 심지어 하나님의 대언자인 예레미야를 생매장하려고 했습니다(렘 18:20). 이에 하나님은 다시 한 번 심판을 선언하십니다. 본문의 심판 선언은 두 가지 측면에서 충격적입니다. 첫째, 깨진 옹기그릇입니다. 깨진 옹기그릇을 다시 쓸 수 없듯, 이번에 내려진 심판은 돌이킬 수 없는 완전한 심판입니다(11절). 둘째, 심판을 선언하는 장소입니다(2절). 힌놈의 아들 골짜기는 쓰레기 소각장이며, 하시드 문은 그곳으로 향하는 통로입니다. 하나님은 쓰레기를 소각하듯 남유다 백성들을 완전히 멸하실 것입니다.

20장 왜 예레미야는 고난 속에서도 힘을 낼 수 있었는가?

1-18 바스훌은 예레미야를 때립니다(2절). 사람들은 예레미야를 조롱합니다(7절). 예레미야의 처지가 참으로 눈물겹습니다. 하지만 이런 고난이야말로 예레미야가 올바른 길을 걷고 있다는 증거입니다. 타락한 세상이 어떻게든 예레미야를 넘어뜨리려고 했던 것은, 그의 존재가 세상의 수치를 드러내고 하나님께는 영광이 되었기 때문입니다. 우리도 예레미야처럼 복음을 전하다가 어려움을 겪을 수 있습니다. 그때 우리가 해야 할 일은 성경을 묵상하는 것입니다. 예레미야가 하나님을 묵상한 결과 다시 힘을 낼 수 있었던 것처럼(11-13절), 성경을 가까이하는 사람은 어려움 속에서도 하나님을 신뢰할 수 있습니다.

왕, 선지자, 백성들을 향한 경고

21장 왜 예레미야는 심판을 피할 길이 없다고 말하는가?

1-14 친애굽주의자였던 시드기야는 바벨론이 공격해오자, 부랴부랴 예레미야에게 자문을 구합니다(1절). 예레미야는 항복하는 것만이 생명의 길이며, 이제 하나님의 심판을 피할 길은 없다고 단정적으로 말합니다(4절). 지금껏 당신의 백성을 보호하셨던 하나님이 단호하게 심판을 선언하시는 이유는 그들이 먼저 하나님을 배반했기 때문입니다.

22장 왜 남유다 왕들이 비참한 최후를 맞이하는가?

1-30 하나님이 왕들의 죄를 구체적으로 지적하십니다. 왕은 하나님의 대리 통치자로서 불의한 일을 예방하고, 약자들을 보호해야 했지만(3절), 실상은 정반대였습니다. 오히려 왕들이 앞장서서 불의를 행하고, 약자들을 억압했습니다. 이에 예레미야는 이름까지 거론하며 왕들의 패역함을 꾸짖습니다. 10절에서 '죽은 자'는 의로운 왕 '요시야'를, '잡혀간 자'는 요시야 다음 왕인 '살룸'(여호아하스)을 의미합니다. 의로운 왕 요시야가 아니라 악한 왕 살룸을 위해 울어야 하는 이유는, 그가 본국으로 돌아오지 못하고 애굽에서 죽을 것이기 때문입니다. 예레미야는 '살룸'의 뒤를 이은 '여호야김' 역시 비참한 최후를 맞이하게 될 것이라 말합니다. 실제로 그는 바벨론과의 전투에서 전사했습니다(왕하 24:1-7). '고니야'도 마찬가지입니다(24절). 그는 여호야김의 아들인데, 즉위한 지 겨우 3개월 만에 바벨론으로 끌려가 거기서 죽습니다.

23장 왜 예루살렘에 죄인들이 가득하게 되었는가?

1-8 양 무리를 돌보지 않는 목자는 남유다 왕들을 의미합니다. 하나님은 그들을 폐하시고 새로운 왕을 세우실 것입니다(5절). 그 왕은 지혜롭고 정직하게 온 세상을 다스릴 것입니다. 이 왕은 예수님입니다. 예수님은 죽음과 부활을 통해 당신의 백성을 죄와 사망의 권세에서 영원히 해방시켜 주셨습니다. **9-40** 왕들이 백성들을 잘 돌보지 않은 것만큼, 선지자들이 거짓 말씀을 전한 것도 중대한 범죄입니다. 그래서 그들을 향한 심판이 선언됩니다. 하나님은 예루살렘에 간음을 행하는 자들과 거짓을 말하는 자들이 가득한 이유가 거짓 선지자들 때문이라고 하십니다(14절). 거짓 선지자들이 평안과 축복의 메시지만 전한 결과, 백성들이 죄를 지으면서도 하나님을 두려워하지 않았기 때문입니다.

24장 왜 하나님은 예루살렘에 남아 있는 자들을 죄인이라고 하시는가?

1-10 두 차례에 걸친 바벨론의 침공으로, 많은 사람이 바벨론의 포로가 되었습니다. 그러자 예루살렘에 남은 자들은 자신들은 복 받은 의인, 포로로 끌려간 자들은 벌 받은 죄인으로 여기기 시작했습니다. 본문의 무화과 환상은 이런 생각이 잘못되었음을 지적하는 비유입니다. 하나님은 바벨론에 항복하라고 하셨습니다. 그런 점에서 예루살렘에 남아 있는 자들은 하나님 뜻을 거스르는 자들이었습니다. 결국 바벨론에 끌려간 자들은 하나님의 은혜와 보호를 입을 것이지만(5-7절), 남은 자들은 망하게 될 것입니다(8-10절).

바벨론 포로기에 대한 예언

25장　왜 하나님은 남유다를 먼저 심판하시는가?

1-38 25장은 24장 뒤에 배치되었지만, 시간상으로는 8년 정도 앞서는 사건입니다. 1-14절은 남유다의 멸망을, 15-29절은 주변 열강의 멸망을, 30-38절은 온 세상에 임할 심판을 말하고 있습니다. 주목할 점은 하나님이 남유다를 먼저 심판하신다는 것입니다(17-18절). 이것은 남유다 백성들의 선민의식을 깨뜨리기 위한 것입니다. 선민의식이란 하나님의 백성이라는 특권의식을 말합니다. 남유다 백성들은 선민의식에 사로잡혀 자신들은 심판 대상이 되지 않는다고 생각했습니다. 하지만 하나님은 남유다를 심판에서 제외하시지 않았습니다. 하나님의 백성도 말씀에 순종하지 않으면 징계의 대상이 됩니다.

26장　왜 예레미야는 죽음의 위기를 넘길 수 있었는가?

1-24 애굽으로 잡혀간 여호아하스 대신, 여호야김이 새로운 왕이 됩니다(1절). 하나님은 여호야김이 즉위하자마자 예레미야를 보내셔서 회개를 촉구하십니다(1절). 하지만 여호야김은 예레미야의 경고를 무시합니다. 심지어 예레미야를 죽이려고 합니다. 이때 예레미야를 살린 것은 소수의 경건한 장로들이었습니다. 이들은 히스기야왕이 미가 선지자를 죽이는 대신 회개했던 사례를 예로 들며, 예레미야를 죽여서는 안 된다고 주장합니다. 이처럼 타락한 세상의 유일한 소망은, 다수의 죄악에 물들지 않고 거룩하게 살아가는 소수의 신실한 자들입니다. 하나님은 이런 자들을 통해 당신의 뜻을 이루십니다.

27장　왜 남유다는 멸망하고 말았는가?

1-22 하나님의 뜻은 남유다가 바벨론에게 항복하고, 바벨론의 포로가 되는 것입니다(6-8절). 하지만 남유다는 끝까지 하나님의 뜻에 순종하지 않습니다. 하나님의 뜻보다 자기 생각을 더 중시하기 때문입니다. 바로 이것이 남유다 멸망한 이유입니다.

28장　왜 백성들은 예레미야보다 하나냐를 더 좋아했는가?

1-17 거짓 선지자인 하나냐는 하나님이 바벨론을 심판하실 것이라고 말합니다(2절). 잡혀간 포로들도 2년 안에 돌아올 것이라고 주장합니다(3절). 명백한 거짓말입니다. 이미 하나님은 예레미야를 통해 남유다의 멸망과 바벨론 포로 생활을 말씀하셨습니다. 하지만 남유다 백성들은 죄를 지적하는 예레미야가 아니라 기복주의적인 하나냐를 더 좋아했습니다. 이처럼 우리에게는 죄를 지적하는 설교보다 복과 성공을 말하는 설교를 더 좋아하는 경향이 있습니다. 물론 성경이 복에 대해 침묵하는 것은 아닙니다. 하지만 하나님의 심판이 임박한 시점에도 복과 성공의 메시지만 선포되는 것은 심각한 문제입니다. 남유다가 회개의 기회를 놓친 것도 거짓 선지자들이 복과 성공만을 말했기 때문입니다.

회복에 대한 예언

29장 왜 가나안으로 다시 돌아올 기대를 접어야 하는가?

1-32 바벨론은 세 차례에 걸쳐 남유다 백성들을 포로로 잡아갔습니다. 본문은 첫 번째와 두 번째 침공 때 포로로 잡혀간 자들에게 주시는 말씀입니다. 핵심은 가나안으로 다시 돌아올 것을 기대하지 말고, 바벨론에 정착하라는 것입니다. 하나님이 바벨론 포로 기간을 70년으로 정하셨기 때문입니다(10절). 남유다 백성들에게 이 70년은 꼭 필요한 시간이었습니다. 70년이라는 징벌과 고난의 시간을 거쳐야만 하나님 백성으로 다시 태어날 수 있고, 그래야만 미래와 희망이 있기 때문입니다(11절).

30장 왜 다시 돌아올 것인데 잡혀가게 하셨는가?

1-24 하나님이 바벨론의 포로들에게 반드시 다시 돌아올 것이라고 말씀하십니다(3절). 비록 바벨론의 포로가 되었지만, 하나님이 그들을 잊지 않으셨기 때문입니다. 때가 되면 하나님은 그들에게 자유를 주실 것입니다(7-8절). 다시 돌아오게 하실 것인데 잡혀가게 하신 이유는 무엇일까요? 하나님이 죄인을 구원하시지만, 죄를 묵과하시는 것은 아니라는 사실을 가르치시기 위함입니다. 우리도 마찬가지입니다. 우리가 죄를 지어도 구원이 취소되지 않습니다. 하지만 하나님이 우리의 죄를 묵과하시지는 않습니다.

31장 왜 새 언약은 파기되지 않는가?

1-40 하나님이 광야 시대를 기억하라고 하십니다(2절). 이는 출애굽 사건을 가리킵니다. 하나님이 당신의 백성을 애굽에서 구원하셨듯이, 장차 바벨론에서도 구원하신다는 뜻입니다(8절). 이스라엘의 구원이 확실한 것은 하나님이 그들을 사랑하시기 때문입니다(20절). 사랑하시기에 심판하신 하나님은, 사랑하시기에 회복시키실 것입니다. 포로 되었던 자들은 그 사랑을 깨닫고, 자신들의 죄를 회개하게 될 것입니다(18-19절). 새 언약에 대한 말씀은 소망의 절정입니다(31절). 모세를 통해 맺은 옛 언약은 인간의 죄로 말미암아 파기 되었습니다. 바벨론 포로기가 그 증거입니다. 하지만 새 언약은 파기되지 않을 것입니다(35-37절). 새 언약의 중보자는 예수님이기 때문입니다(히 9:15). 예수님은 새 언약 안에 있는 당신의 백성을 단 한 사람도 잃어버리시지 않을 것입니다(요 6:39).

32장 왜 예레미야는 쓸모 없는 땅을 구입하는가?

1-44 하나멜이 예레미야에게 자신의 땅을 사라고 합니다(7절). 참 이기적인 요구입니다. 지금 예루살렘은 함락 직전입니다(24절). 곧 바벨론의 식민지가 될 땅을 사는 것은 아무런 이익이 되지 않습니다. 그런데도 예레미야는 그 땅을 구입합니다. 그것이 하나님의 뜻이기 때문입니다(8절). 예레미야가 땅을 사는 행위는, 언젠가는 반드시 예루살렘이 독립하고 회복될 것을 보여 주는 상징적인 행위였습니다(15절). 예레미야에게는 땅을 물려줄 자식이 없었습니다. 예레미야는 땅을 통해 그 어떤 이익도 얻을 수 없었습니다. 그런데도 예레미야는 땅을 사라는 명령에 순종했습니다. 단지 하나님의 뜻이라는 한 가지 이유 때문이었습니다.

심판의 필연성

33장 왜 왕과 제사장이 많아지는가?

1-13 지금 예레미야는 감옥에 갇혀 있습니다(1절). 어떤 기대와 소망도 갖기 어려운 상황입니다. 그런 예레미야에게 하나님은 상상하기 어려운 큰일을 행하시겠다고 말씀하십니다(3절). 이 약속은 예수님을 통해서 성취되었습니다. 하나님의 아들이 이 땅에 오셔서 죄인들을 대신해서 죽는 일은 도저히 상상할 수 없는 일입니다. **14-26** 하나님이 다윗 후손 가운데 한 가지가 날 것이라고 약속하십니다(15절). 이 가지는 예수님을 의미합니다.[199] 그리고 그날에는 왕과 제사장이 많아질 것이라고 약속하십니다(17-18절). 이것은 신약 성도들이 왕 같은 제사장이 되는 것으로 성취되었습니다.[200] 하나님은 예수님을 믿는 자들을 왕 같은 제사장으로 여기십니다. "너희는 택하신 족속이요 왕 같은 제사장들이요 거룩한 나라요 그의 소유가 된 백성이니"(벧전 2:9).

34장 왜 남유다 백성들은 다시 종들을 잡아들였는가?

1-7 이제 남유다의 멸망은 돌이킬 수 없습니다(2-3절). 이때 하나님은 시드기야에게, 지금이라도 회개하면 평안하게 눈을 감을 수 있게 하시겠다고 말씀하십니다(4-5절). 하지만 시드기야는 끝까지 회개하지 않습니다. 바벨론에 항복하라는 하나님의 말씀을 거역하고, 마지막까지 저항하며, 최후에는 백성들을 버리고 도주합니다. 결국 시드기야는 바벨론 왕에게 눈이 뽑히는 수모를 당합니다. **8-22** 바벨론 군대에게 대부분의 영토를 빼앗기고, 예루살렘마저 함락될 위기에 처하자, 다급해진 남유다 백성들은 노예 해방 규정을 준수하기 시작합니다(10절). 육 년간 일한 노예에게 자유를 주는 것은 신명기 15장에 기록된 율법 규정입니다. 이것은 하나님이 보시기에도 '바른 일'이었습니다(15절). 그런데 이때 바벨론 군대가 잠시 철수하는 일이 발생합니다. 애굽 군대가 출정했기 때문입니다. 그러자 남유다 백성들은 다시 종들을 잡아들이기 시작합니다. 어려울 때는 순종을 다짐하며 하나님의 도움을 구하다가, 문제가 해결되자 언제 그랬냐는 듯이 예전 삶으로 돌아갔습니다.

35장 왜 레갑 족속과 남유다 백성을 대조하는가?

1-19 레갑 사람들은 겐 족속의 후손입니다. 겐 족속은 모세의 처가가 속해 있던 부족입니다(대상 2:55). 레갑 사람들의 선조인 요나답은, 정착하지 말고 유목 생활을 하며 포도주를 마시지 말라는 명령을 남겼습니다. 요나답이 바알 숭배자들과 싸웠던 사람인 것을 고려한다면(왕하 10:15-17), 그의 명령은 가나안의 우상 숭배에 물들지 말고, 하나님이 원하시는 거룩한 삶을 살라는 뜻으로 볼 수 있습니다. 중요한 것은 그들과 대비되는 남유다 백성들의 모습입니다. 레갑 사람들은 조상의 말에도 지금껏 순종했는데, 남유다 백성들은 하나님의 말씀에도 순종하지 않았습니다. 이것은 남유다 백성들에게 임할 심판의 필연성을 강조하는 것입니다.

선지자의 고난

36장 왜 갑자기 오래전 일어난 일을 설명하는가?

1-32 여호야김 통치 4년째 되던 해에 일어난 일이 소개됩니다(1절). 여호야김은 시드기야의 형으로서, 시드기야보다 앞서 남유다를 다스렸던 인물입니다. 그리고 이때는 느부갓네살이 바벨론 왕으로 등극한 해로서, 바벨론이 예루살렘을 침공하기 훨씬 이전입니다. 임박한 예루살렘의 멸망을 말하다가, 갑자기 그보다 앞서 일어난 일을 설명하는 이유는 무엇일까요? 하나님이 왜 남유다를 벌하실 수밖에 없었는지 그 이유를 보여 주시기 위함입니다. 본문에 기록된 두루마리 사건은 하나님이 여호야김에게 회개할 수 있는 기회를 충분히 주셨다는 증거입니다. 그런 점에서 남유다가 멸망한 책임은 회개하라는 요청을 단호히 거부한 남유다의 지도자들과 백성들에게 있었습니다.

37장 왜 하나님은 시드기야의 기도에 응답하지 않으시는가?

1-21 시드기야왕이 예레미야에게 기도를 부탁합니다(3절). 하나님은 오히려 심판을 선언하십니다(6-10절). 하나님이 시드기야의 진심을 아셨기 때문입니다. 사실 시드기야는 하나님보다 애굽을 더 의지했던 사람입니다. 시드기야가 예레미야에게 기도를 요청한 것도, 그를 통해 잠시 위기를 모면해 보려는 것에 지나지 않았습니다. 시드기야에게 하나님은 불안을 해소하는 도구 정도에 지나지 않았습니다. 하나님을 의지하려면 전적으로 의지해야 합니다. 하나님을 신뢰하려면 전적으로 신뢰해야 합니다. 시드기야처럼 긴급하고 불안할 때만 하나님을 찾는 사람들이 있습니다. 하나님께서는 그런 사람들에게 속지 않으십니다.

38장 왜 시드기야는 멸망했는가?

1-28 시드기야와 에벳멜렉의 모습이 대조됩니다. 시드기야는 예레미야를 구덩이에 가두었지만, 에벳멜렉은 최선을 다해서 예레미야를 구조합니다. 심지어 에벳멜렉은 이방인이었습니다. 이제 시드기야와 남유다 백성들은 이방인보다 못한 사람이 되었습니다. 시드기야는 또다시 예레미야를 찾아갑니다(14절). 하나님 말씀에 순종하기 위해서가 아니라 마음이 불안했기 때문입니다. 이미 하나님 뜻은 정해져 있었습니다. 시드기야가 바벨론에게 항복하는 것입니다. 하지만 시드기야는 하나님 뜻에 순종하기 싫었습니다. 바벨론에 항복하면 백성들의 조롱거리가 된다고 생각했기 때문입니다(19절). 따라서 시드기야가 비참한 처지에 이르게 된 것은 그가 하나님 뜻에 거듭거듭 불순종했기 때문이고, 하나님의 시선보다 사람의 시선을 더 중요하게 생각했기 때문입니다.

예루살렘 함락

39장 왜 에벳멜렉은 하나님의 보호를 약속받는가?

1-18 마침내 예레미야의 예언이 성취됩니다. 영원히 안전하리라 믿었던 예루살렘이 함락된 것입니다. 끝까지 회개하지 않았던 시드기야는 결국 바벨론의 포로가 됩니다. 그가 두 눈을 뽑히기 전 마지막으로 보았던 것은, 자신의 아들들이 처형당하는 모습이었습니다(6절). 율법을 어기고 동족을 노예로 삼았던 귀족들도 마찬가지입니다(렘 34:11). 그들도 모두 죽임을 당합니다(6절). 이것이 끝까지 회개하지 않았던 사람들의 최후입니다. 하지만 이방인이면서도 예레미야를 살리기 위해 최선을 다했던 에벳멜렉은 하나님의 보호를 약속 받습니다(18절).

40장 왜 예레미야는 다시 예루살렘으로 돌아가는가?

1-16 바벨론 군대 사령관은 예레미야에게 호의를 베풉니다(4절). 예레미야를 선대하겠다는 사령관의 말은, 예레미야에게 높은 지위와 경제적인 혜택을 제공하겠다는 뜻입니다. 하지만 예레미야는 부귀영화가 보장된 바벨론행을 거절합니다. 가나안에 남겨진 비참한 자들 때문입니다(6절). 놀랍게도 가나안에 남아 있는 자들은, 끊임없이 예레미야를 반대하고 때로는 죽이려고 했던 자들입니다. 그럼에도 예레미야는 지도자를 잃어버린 그들을 위로하고, 예루살렘을 재건하기 위해 다시 가나안으로 돌아갑니다.

41장 왜 남유다는 정치적인 혼란을 겪는가?

1-18 요하난의 경고대로 이스마엘이 그다랴를 암살합니다. 이스마엘은 왕족 출신입니다(1절). 따라서 왕족이 아닌 자가 총리로 임명된 것에 불만을 품었던 것 같습니다. 살기 가득한 이스마엘은 이후에도 70명을 더 죽입니다. 이 사실을 알게 된 요하난은 휘하의 군사와 함께 이스마엘을 공격합니다. 하지만 요하난 역시 하나님 뜻을 따르는 사람은 아니었습니다. 요하난은 바벨론에 항복하기를 거부하고 애굽으로 도피합니다. 남유다가 정치적인 혼란을 겪게 된 근본 원인은 남유다 백성들이 하나님을 떠났기 때문입니다. 그리고 선지자의 말을 청종하지 않았기 때문입니다. 지금도 마찬가지입니다. 하나님을 왕으로 모시지 않는 교회와 가정은 반드시 혼란을 겪습니다. 하나님을 왕으로 섬기는 곳에만 참된 평화가 있습니다.

예루살렘 함락 이후

42장   왜 백성들은 예레미야에게 물었는가?

1-22 가나안에 남아 있던 자들이 지위고하(地位高下)를 막론하고 예레미야에게 나아와 하나님 뜻을 묻습니다 (1절). 바벨론 군대를 피해서 애굽으로 가야 하는지, 아니면 가나안 땅에 계속 남아야 하는지를 결정하기 위해서입니다. 하지만 백성들은 하나님 뜻을 듣기 위해 예레미야에게 물어본 것이 아니었습니다. 사실 그들은 속내를 숨기고 있었습니다(20절). 이미 그들 마음은 애굽으로 기울어져 있었습니다. 그들은 단지 자신들의 생각을 관철하기 위해서 하나님 뜻을 물었을 뿐입니다.

43장   왜 백성들은 애굽으로 떠나는가?

1-13 백성들은 하나님의 말씀에 순종하겠다고 다짐했습니다. 하지만 본색을 드러냅니다. 백성들은 가나안에 남는 것이 하나님 뜻이라는 예레미야의 말을 거짓말로 치부해 버립니다. 그러고는 자신들이 하고 싶었던 대로 애굽으로 떠납니다. 어쩌면 이것이 우리 모습일 수도 있습니다. 자기 뜻을 절대적인 것으로 여기고, 언제나 자기 생각대로 되어야 한다고 생각하는 것은 위험합니다. 우리는 하나님의 말씀 앞에서 겸손해야 합니다. 우리 생각과 하나님 생각이 다를 수 있다는 것을 잊지 말아야 합니다.

44장   왜 백성들은 애굽에서도 우상을 숭배하는가?

1-30 하나님이 남유다를 심판하신 이유는, 백성들의 우상 숭배를 더 이상 참으실 수 없었기 때문입니다(22절). 그런데 백성들은 애굽으로 피신한 후에도 계속해서 우상을 숭배합니다. 놀랍게도 이들은 얼마 전까지만 해도 하나님 뜻을 따르겠다고 외치던 자들입니다(렘 42:6). 그런데 하나님을 버리고 하늘의 여왕을 숭배하겠다고 하는 이유가 특이합니다. 하늘의 여왕을 섬길 때는 물질적으로 부유했는데, 하나님을 따른 이후부터 가난해졌다는 것입니다(18절). 결국 이들의 진짜 신은 성공과 번영이었고, 하나님은 그 도구에 지나지 않았음을 알 수 있습니다. 남유다 백성들은 성공을 위해서라면 누구든 숭배할 자세가 되어 있었습니다.

45장   왜 하나님은 바룩의 생명을 지켜 주겠다고 하시는가?

1-5 45장은 하나님이 바룩에게 주시는 위로의 말씀입니다. 바룩도 예레미야처럼 많은 어려움을 겪었던 것 같습니다(3절). 이에 하나님은 반드시 바룩의 생명을 지켜 주겠다고 약속하십니다(5절). 사람을 얻기 위해 하나님을 버리는 자는 모든 것을 잃어버리게 됩니다. 시드기야왕이 대표적입니다. 하지만 바룩과 예레미야처럼 하나님을 얻기 위해 사람을 버리는 자는 결국 모든 것을 얻게 됩니다. 하나님 안에 모든 것이 있기 때문입니다. 사람의 호감을 얻기 위해 진리를 배반해서는 안 됩니다. 신실하게 하나님을 따르면 하나님께서 길을 열어 주십니다.

열방에 대한 심판 선언(1)

46장 왜 하나님은 애굽을 심판하시는가?

1-28 이제부터 하나님은 이스라엘 주변 나라들의 운명을 말씀하십니다(46-51장). 각 나라의 운명이 하나님 손에 달려 있다는 점에서 하나님은 이스라엘만이 아니라 온 세계의 왕이심을 알 수 있습니다. 46장은 애굽에 대한 말씀입니다. 하나님은 애굽 용사들을 겁쟁이로 만드셔서(5절), 바벨론 군대 앞에서 쓰러지게 하시겠다고 말씀하십니다(13절). 하나님이 애굽을 벌하시는 이유는 이스라엘이 하나님보다 애굽을 더 의지했기 때문입니다. 이스라엘이 끝까지 바벨론에 항복하지 않은 이유는 애굽의 군대가 곁에 있었기 때문입니다. 하나님은 애굽을 심판하셔서 사람을 의지하는 것이 얼마나 허망한 일인지 깨닫게 하십니다.

47장 왜 블레셋은 하나님의 심판을 받는가?

1-7 하나님이 바벨론을 통해 블레셋을 벌하겠다고 하십니다. 하나님의 심판은 모든 것을 파괴하는 홍수처럼 강하고, 광범위하게 임할 것입니다(2절). 그날에는 아버지도 자녀를 도울 수 없고(3절), 두로와 시돈도 블레셋을 돕지 못할 것입니다(4절). 하나님의 심판에서 우리를 건질 수 있는 것이 아무것도 없다는 뜻입니다. 심판을 벗어날 유일한 방법은 하나님 앞에서 회개하는 것인데, 블레셋은 회개하기는커녕 우상의 도움을 구함으로 더욱 하나님의 진노를 촉발하게 될 것입니다. 몸을 베는 것은 대표적인 우상 숭배 행위입니다(왕상 18:28).

48장 왜 모압은 하나님의 심판을 받는가?

1-47 이스라엘은 지정학적으로 중요한 위치에 자리 잡고 있었습니다. 유럽에서 아프리카로 가거나 아프리카에서 아시아로 가기 위해서는 이스라엘을 거쳐야 했습니다. 그래서 강대국들은 호시탐탐(虎視眈眈) 이스라엘을 노렸습니다. 이스라엘은 지정학적 중요성 때문에 여러 차례 외적의 침략을 받아야 했습니다. 하지만 모압은 상대적으로 주목을 끌지 않는 곳에 자리 잡고 있었습니다. 그래서 오랫동안 번영을 누릴 수 있었습니다(11절). 중요한 것은 모압 사람들이 이 모든 공로를 자신들의 주신인 그모스에게 돌렸다는 점입니다(13절). 이로 말미암아 모압은 하나님의 심판을 받게 됩니다. 특히 모압은 이스라엘이 바벨론에 의해 멸망할 때, 그들을 조롱했습니다. 이스라엘과 모압은 형제 나라인데도 말입니다. 이제 하나님은 모압을 벌하셔서 그들의 무정함을 벌하실 것입니다(27절). 주목할 부분은 모압에 대한 예언이 심판으로 끝나지 않는다는 점입니다. 하나님은 마지막 날에 모압의 포로를 돌려보내실 것입니다(47절). 여기서 마지막 날은 예수님의 날을 가리킵니다.[201] 모압 사람들도 예수님을 믿는 믿음 안에서 하나님의 자녀로 받아들여진다는 뜻입니다.

열방에 대한 심판 선언(2)

49장　왜 암몬은 심판을 받는가?

1-22 암몬과 에돔에 임할 심판이 예언됩니다. 암몬이 심판받는 이유는 크게 두 가지입니다. 첫째, 하나님의 백성인 갓 지파를 공격했기 때문입니다(1절). 둘째, 암몬의 신 말감이 여호와를 이겼다고 자랑했기 때문입니다(1절). 그래서 하나님의 심판도 두 가지 형태로 임할 것입니다. 첫째, 암몬의 수도 랍바가 폐허가 될 것입니다(2절). 둘째, 말감의 제사장들이 포로가 될 것입니다(3절). **23-39** 이스라엘 동쪽에 거주하던 유목 민족들에게 임할 심판이 예언됩니다. 하나님은 바벨론 왕 느부갓네살을 통해 유목 민족들을 심판한다고 하십니다(28절). 느부갓네살이 모든 권력을 가진 것처럼 보였지만, 사실은 하나님의 도구에 지나지 않았습니다.

50장　왜 벨과 므로닥이 가장 먼저 심판을 당하는가?

1-46 50장과 51장은 장차 바벨론에 임할 하나님의 심판입니다. '벨'과 '므로닥'이 가장 먼저 심판을 당하는 이유는 이들이 바벨론의 주신이기 때문입니다(2절). 이로써 하나님 외에는 신이 없음이 증명될 것입니다. 예레미야 선지자는 하나님이 바벨론을 심판하시는 행위를 '성전의 보복'이라고 표현합니다(28절). 이것은 하나님의 심판이, 바벨론이 성전을 파괴한 것에 대한 복수임을 뜻합니다. 성전은 하나님의 이름이 있는 곳입니다(대하 6:20). 하나님의 이름을 욕되게 하고도 무사할 수는 없습니다. 바벨론은 하나님의 심판으로 황무지가 될 것이라 기록되었는데(23절), 실제로 바벨론은 흔적도 찾을 수 없을 정도로 완전한 폐허가 되어 오랫동안 신화의 도시로 여겨졌습니다.

51장　왜 강대국 바벨론이 멸망했는가?

1-64 바벨론은 바사 제국에게 정복당했습니다. 바사는 페르시아라고도 합니다. 바벨론은 군사력뿐만 아니라, 수준 높은 기술력으로도 유명했습니다. 바벨론의 공중정원은 지금도 세계 7대 불가사의로 불립니다. 그토록 강하고 부유했던 바벨론도 페르시아의 공격을 견디지는 못했습니다. 그 이유는 페르시아 부흥과 바벨론 멸망이 하나님의 계획이었기 때문입니다(11-12절). 역사상 가장 강력한 나라 중 하나였던 바벨론도 하나님의 섭리를 피할 수는 없었습니다.

52장　왜 장차 이스라엘은 회복되는가?

1-34 예레미야 사후에 누군가가 추가한 것으로 추정되는 52장은 예레미야서의 결론입니다. 본문의 중심인물은 시드기야와 여호야긴입니다. 시드기야의 모습은 하나님이 남유다를 심판하신 이유를 보여 줍니다. 하나님은 시드기야가 바벨론에 항복하기를 원하셨지만, 시드기야는 끝까지 불순종하다 심판을 받습니다(3절). 반대로 여호야긴의 모습은 장차 이스라엘이 회복되는 근거를 보여 줍니다. 여호야긴은 다윗 후손입니다. 그의 지위가 회복된 것은 하나님이 '다윗 언약'에 신실하시다는 증거입니다. 하나님이 다윗 언약을 기억하고 계시기에, 장차 이스라엘은 회복될 것입니다.

한눈에 보는 예레미야애가

핵심	황폐해진 예루살렘 (1장)	하나님의 분노 (2장)	예레미야의 눈물 (3장)	예루살렘의 고난 (4장)	회복을 위한 기도 (5장)
사건	바벨론으로 말미암은 예루살렘과 성전 파괴				
주제	하나님의 긍휼만이 회복의 열쇠다				
기간	예루살렘				
장소	주전 586년				

저자: 예레미야

이 책은 저자를 직접적으로 밝히고 있지 않지만, 예레미야를 저자로 보는 것은 오래된 전통이다. 그 이유는 다음과 같다. 첫째, 예레미야가 애가를 지었다는 기록이 있다(대하 35:25). 둘째, 예레미야는 예루살렘 파괴를 지켜본 증인이다. 셋째, 예레미야서와 예레미야애가는 신학적 강조점이 동일하다. 그리고 결정적으로 주전 250년경 만들어진 70인역 성경에는 예레미야가 저자라는 표제어가 있다.[202]

기록 목적

비록 한글로 번역하는 과정에서 모두 사라졌지만, 원래 예레미야애가는 운율이 있는 시의 형태로 기록되었다. 이것은 이 책이 하나님께 용서를 구하는 기도문과 찬양으로 불렸음을 의미한다.[203]

통독 길잡이

예레미야애가라는 제목을 통해 이 책이 슬픔을 표현하는 노래임을 알 수 있다. 저자는 이 책에 예루살렘 성전이 파괴되는 것을 목도할 때 느꼈던 고통을 담아 놓았다. 저자가 자신의 고통을 생생하게 전달하기 위해 사용한 문학적 기법은 '이합체 시'다. 저자는 각 문장의 첫 글자에 히브리어 알파벳이 순서대로 들어가도록 구성해 놓았다. 이것은 저자의 슬픔을 강조하는 것으로 'A부터 Z까지의 슬픔, 즉 모든 슬픔이라는 뜻이다.[204] 동시에 저자가 나타내는 슬픔이 무절제한 감정이 아니라, 격식 있게 절제된 감정임을 나타낸다. 그런데 이합체 시 형식을 한글로 번역하는 것은 불가능하기 때문에, 우리말 성경에서는 이 절제된 슬픔을 발견하기 어렵다.

예레미야애가 1-5장

죄인을 벌하시는 하나님

1장 왜 예루살렘은 황폐하게 되었는가?

1-22 예레미야는 예루살렘의 과거와 현재를 대조하며 슬피 웁니다(2절). 전에는 사람들로 북적였던 예루살렘이 이제는 오가는 사람 없이 적막합니다(1절). 전에는 열국이 우러러보았던 예루살렘이 이제는 남편(하나님)도 자식(백성)도 없는 도시가 되었습니다(1절). 전에는 공주처럼 열방을 다스렸던 예루살렘이 이제는 노예가 되어 강제 노동을 합니다(1절). 하지만 누구도 원망할 수 없습니다. 이 모든 일은 이스라엘이 먼저 하나님을 배반한 결과이기 때문입니다.

2장 왜 하나님은 직접 예루살렘을 불사르셨는가?

1-22 선지자의 슬픔은 예루살렘을 심판한 존재가 바벨론이 아니라 하나님이라는 데 있습니다(1절). 하나님은 바벨론의 공격으로부터 예루살렘을 보호하지 않으셨을 뿐만 아니라, 오히려 당신의 손으로 예루살렘을 불사르셨습니다(3절). 성전과 제단과 궁전을 허무신 분도 사실은 하나님이셨습니다(6-7절). 이 모든 일은 이스라엘이 죄에서 돌이키지 않았기 때문입니다.

3장 왜 심판하신 분을 바라보아야 하는가?

1-66 예레미야 선지자는 하나님이 이스라엘을 심판하셨음에도 불구하고, 여전히 하나님을 바라보아야 한다고 말합니다(26절). 죄로 말미암아 벌하신 분이 하나님이라면, 회개할 때 회복시키실 분도 하나님이기 때문입니다. 더구나 우리 하나님은 당신의 백성들이 고통 가운데 있는 것을 기뻐하지 않으십니다(33절). 하나님의 본심은 당신의 백성들이 안식과 평안을 누리는 것입니다(33절). 따라서 하나님의 백성들이 겪는 고통에는 이유가 있습니다. 하나님은 당신의 백성에게 아무 이유 없는 고통을 주시지 않습니다(36절). 잠잠히 하나님을 기다리면 언젠가는 반드시 하나님이 주시는 안식과 평안을 누리게 될 것입니다.

4장 왜 예루살렘은 바벨론에게 정복당했는가?

1-22 예루살렘은 산 위에 위치한 요새였습니다. 그래서 악명 높은 앗수르도 예루살렘은 정복하지 못했습니다. 하지만 이제는 대적들이 마음껏 문을 열고 드나드는 곳이 되었습니다(12절). 선지자들과 제사장들의 죄악 때문입니다(13절). 백성들 죄를 지적해야 할 그들이, 인기와 부를 얻기 위해 거짓 평안을 전했기 때문입니다.

5장 왜 예레미야 선지자는 희망을 잃지 않는가?

1-22 예레미야 선지자는 황폐하게 된 이스라엘 현실을 하나님께 아룁니다. 이스라엘은 아비 없는 고아처럼, 남편 없는 여인처럼 되었습니다(3절). 양식이 없어 애굽과 앗수르에 손을 벌려야 하는 비참한 처지가 되었습니다(6절). 하지만 예레미야 선지자는 희망을 잃지 않습니다. 그는 여전히 하나님께 기도합니다(21절). 하나님이 은혜를 베푸시면, 아무리 큰 어려움 속에서도 다시 일어날 수 있기 때문입니다.

한눈에 보는 에스겔

핵심	선지자로 부름받은 에스겔 (1–3장)	남유다와 예루살렘에 임할 심판 (4–24장)	이방 나라에 임할 심판 (25–32장)	이스라엘과 예루살렘의 회복 (33–48장)
사건	여호와의 보좌 에스겔의 소명	하나님의 영광이 성전을 떠남	암몬, 모압, 에돔 블레셋, 두로, 시돈, 애굽	마른 뼈 환상 새 성전 환상
주제	이스라엘의 멸망		대적들의 미래	이스라엘의 미래
기간	예루살렘 함락 이전 (주전 592–587년)		예루살렘 함락 (주전 586년)	예루살렘 함락 이후 (주전 585–570년)
장소	바벨론			

저자: 에스겔

에스겔은 제사장 가문에서 태어났다(1:3). 만약 바벨론의 침략이 없었다면 평생 예루살렘에서 제사장으로 사역했을 것이다. 그는 26세에 바벨론으로 끌려갔고(1:2), 30세에 첫 번째 환상을 보았으며(1:1), 50세에 마지막 환상을 보았다(40:1). 이것은 그가 제사장에게 허락된 기간과 동일한 시간을 선지자로 사역했음을 의미한다. 제사장은 30세에서 50세까지 봉사할 수 있었다(민 4:3). 그는 예레미야와 동시대에 부름받았지만 나이는 훨씬 젊었으며, 바벨론에 사로잡혀온 유대인들을 대상으로 사역했다. 결혼하지 못한 예레미야와 달리 결혼을 했으나 그의 아내는 매우 이른 시기에 죽었다(24:18)

기록 목적

에스겔서의 1차 독자는 바벨론에 포로로 끌려온 유대인들이다. 이들 중 상당수는 다음과 같은 의문점을 가지고 있었다. '하나님께서 우리를 버리신 것 아닐까?' '하나님보다 바벨론의 신들이 더 강한 것 아닐까?' 하나님께서는 에스겔서를 통해 이런 의문에 답하셨다. 에스겔서에서 강조되는 하나님의 영광은 하나님께서 우상들과 비교할 수 없는 분임을 나타낸다. 그리고 장차 회복될 미래는 하나님께서 결코 당신의 백성을 버리지 않을 것임을 보여준다.

통독 길잡이

바벨론에 포로로 끌려온 자들은 예루살렘이 결코 함락되지 않을 것이며, 자신들도 언젠가는 예루살렘으로 돌아갈 것이라는 헛된 환상을 품고 있었다. 그들에게 에스겔은 심판과 멸망의 메시지를 전했다. 1-24장의 주제는 예루살렘에 임할 심판이고, 25-32장의 주제는 열방에 임할 심판이다. 그런데 예루살렘이 함락된 이후부터는 정반대의 메시지가 선포된다. 33-48장의 주제는 하나님의 긍휼과 이스라엘의 회복이다.

바벨론에 나타난 하나님의 영광

1장 왜 하나님은 에스겔에게 영광을 보여 주셨는가?

1-28 에스겔은 바벨론에 있는 유대인 공동체의 일원이었습니다. 바벨론으로 잡혀 온 유대인들은 자신들이 하나님과 단절되었다고 생각하기 쉬웠습니다. 고대인들은 각 지역과 나라마다 수호신이 따로 있다고 믿었기 때문입니다. 따라서 하나님이 에스겔에게 영광을 보여 주신 것은 하나님이 바벨론에서도 당신의 백성과 함께하신다는 증거였습니다. 북쪽에서 폭풍과 함께 네 생물이 나타납니다. 네 생물의 얼굴은 네 부류의 피조물을 상징

하는데, 이들은 각각 자기 영역에서 최고의 존재들입니다. 사람은 모든 피조물 중에 으뜸이고, 소는 가축 중에 으뜸이며, 사자는 들짐승 중에 으뜸이고, 독수리는 조류 가운데 으뜸입니다. 그런데 이들 위에 궁창이 있고, 궁창 위에는 보좌가 있으며, 보좌 위에는 하나님이 앉아 계십니다. 이것은 그 무엇과도 비교할 수 없는, 말할 수 없이 크고 영화로우신 하나님의 존재와 영광을 의미합니다.

2장 왜 하나님은 에스겔을 인자라고 부르시는가?

1-10 하나님이 에스겔을 '인자'라고 부르십니다(1절). 에스겔서에는 인자라는 표현이 모두 93회나 등장합니다. 인자라고 번역된 히브리어는 '벤 아담'인데, 직역하면 '사람의 아들'입니다. 인간의 보잘것없음을 강조하는 표현으로서, 에스겔로 하여금 겸손하게 순종한 것을 요구

하는 호칭입니다.[205] 반면에 유대인들은 '패역한 백성'이라고 부르십니다. 하나님의 백성으로 선택되었지만, 끊임없이 하나님을 배반했기 때문입니다. 심지어 이들은 징계를 받고 포로로 잡혀 온 이후에도 회개하지 않았습니다.

3장 왜 에스겔은 선지자 사역을 두려워하는가?

1-15 하나님이 에스겔에게 사명을 주십니다. 하나님은 에스겔에게 포로로 잡혀 온 유대인들에게 하나님 말씀을 전하라고 하십니다. 하지만 에스겔은 두려워합니다. 유대인들은 하나님께 불순종하기를 좋아하는 패역한 자들이기 때문입니다(7절). 두려워하는 에스겔에게 하나님이 찾아오십니다. 그를 격려하시고(8-11절), 권능을 주십니다(14절). 이처럼 하나님은 당신의 백성이 사명을 잘 감당할 수 있도록 힘주시는 분입니다. 사명이 너무 무거

워 포기하고 싶을 때는, 힘주시는 하나님을 바라보아야 합니다. **16-27** 하나님이 에스겔을 복음의 파수꾼으로 세우십니다(16-21절). 전해도 믿지 않은 책임은 악인에게 있지만, 전하지 않아 죽음에 이른 책임은 에스겔에게 있습니다(18-19절). 우리 역시 복음의 파수꾼입니다. 우리의 게으름 때문에 복음을 듣지 못하는 자들이 있다면, 하나님은 우리에게도 책임을 물으실 것입니다.

에스겔의 상징적 행위

4장 왜 하나님은 에스겔에게 인분으로 조리하라고 하시는가?

1-17 에스겔은 상징적인 행위를 통해 하나님 뜻을 전달합니다. 본문에 소개되는 상징적 행위는 세 가지입니다. 첫 번째 행위(1-3절)는 예루살렘이 포위될 것을 나타냅니다. 여기서 철판은 하나님과 이스라엘 사이에 놓인 벽을 상징합니다. 이제 이스라엘의 기도는 하나님께 상달되지 않을 것이고, 하나님의 도움은 이스라엘에게 미치지 않을 것입니다. 두 번째 행위(4-8절)는 이스라엘이 하나님께 죄를 지은 기간을 나타냅니다. 에스겔은 좌편으로 390일을 누워 이스라엘의 죄를 담당하고, 우편으로 40

일을 누워 유다의 죄를 담당합니다. 여기서 390일은 솔로몬이 신실하지 않았던 때부터 예루살렘이 멸망할 때까지의 기간을 의미하며, 40일은 악한 므낫세가 회개하기 전까지의 긴 통치 기간을 의미합니다.[206] 세 번째 행위(9-17절)는 앞으로 예루살렘이 포위될 것과 그에 따라 굶주리게 될 것을 상징합니다. 특히 인분으로 음식을 조리하라는 것은 예루살렘에 기근이 초래할 비참한 상황을 예고하는 것입니다.

5장 왜 하나님은 에스겔에게 머리털과 수염을 깎으라고 하시는가?

1-17 네 번째 상징적인 행위가 소개됩니다. 고대 중동 지방에서 얼굴의 털을 깎는 것은 큰 수치로 여겨졌습니다.[207] 이것은 심판의 날에 예루살렘이 큰 수치를 당할 것을 보여 줍니다. 특히 머리털과 수염을 조심스럽게 달아서 나누는 행위는 하나님이 이스라엘을 세심하고 정확

하게 판단하여 심판하실 것을 암시합니다.[208] 또 그것을 세 부분으로 나누신 것은 예루살렘이 함락되는 날, 어떤 사람은 불에 타 죽을 것이고, 어떤 사람은 칼에 죽을 것이고, 어떤 사람은 포로가 될 것을 의미합니다. 이제 이스라엘은 하나님의 심판을 피할 수 없습니다(11절).

6장 왜 하나님은 남은 자들을 보존하시는가?

1-14 하나님은 이스라엘의 우상 숭배를 심판하겠다고 하십니다(3-7절). 이스라엘은 우상 숭배로 말미암아 완전히 멸망할 것입니다. 하지만 '남은 자'가 있을 것입니다(8-10절). 이들은 포로로 잡혀간 이후에 자기 죄를 깨닫고

회개하게 될 자들을 의미합니다. 하나님이 남은 자들을 보존하시는 이유는 그들을 통해 구원 역사를 이어 가시기 위해서입니다.

7장 왜 하나님은 끝났다고 말씀하시는가?

1-27 하나님이 끝났다고 말씀하십니다(2, 3, 6, 7절). 피할 수 없는 심판, 자비 없는 심판이 임박했기 때문입니다. 하나님은 이스라엘에게 수많은 기회를 주셨습니다. 이스라엘은 회개할 수 있는 기회를 충분히 가졌습니다. 하

지만 이제는 하나님의 심판을 피할 수 없습니다. 하나님은 지금도 우리에게 오래 참으십니다. 하지만 때가 되면 심판하십니다. 피할 수 없는 심판이 오기 전에 우리의 습관적이고 고질적인 죄에서 돌이켜야 합니다.

245

더럽혀진 성전

8장   왜 예루살렘은 하나님의 심판으로 멸망했는가?

1-18 에스겔은 하나님의 영에 이끌리어 성전에 도착합니다. 여기서 에스겔은 네 가지 가증한 행위를 목도합니다. 첫 번째로 본 것은 제단 북쪽에 위치한 질투의 우상입니다(5-6절). 두 번째로 본 것은 이스라엘의 지도자 70명이 각종 곤충과 짐승 형상의 우상을 숭배하는 모습입니다(7-13절). 세 번째로 본 것은 여인들이 바벨론의 신 담무스를 숭배하는 모습입니다(14-15절). 네 번째로 본 것은 제사장 25명이 태양을 향해 예배하는 모습입니다(16-18절). 예루살렘은 겉으로만 신실했을 뿐, 내부는 우상 숭배로 썩어 있었습니다. 바로 이것이 예루살렘이 하나님의 심판으로 멸망한 이유입니다.

9장   왜 하나님은 우상 숭배를 미워하는 자들의 이마에 표시하시는가?

1-11 하나님이 예루살렘 주민들에게 긍휼 없는 심판을 내리겠다고 하십니다(5, 10절). 예루살렘이 우상 숭배로 더러워졌기 때문입니다. 하지만 우상 숭배로 타락한 예루살렘에도 자신의 신앙을 굳게 지킨 자들이 있었습니다(3-4절). 그들은 예루살렘의 우상 숭배를 가증하게 여기며 탄식하고 있었습니다. 하나님은 그들의 이마에 표시를 하십니다. 그들을 따로 구별해서 보호하시기 위해서입니다. 이처럼 하나님이 가장 사랑하시는 사람은 타락한 세상에서 구별된 사람입니다. 하나님은 그들을 어떤 상황에서도 보호하십니다.

10장   왜 하나님은 성전이 파괴되게 하시는가?

1-22 하나님이 한 천사에게 숯불을 예루살렘 위에 뿌리라고 하십니다(2절). 이것은 예루살렘이 소돔과 고모라처럼 비참한 종말을 맞이하게 될 것을 예고합니다. 그렇다면 예루살렘에 있는 성전은 어떻게 될까요? 성전도 무너질까요? 그렇습니다. 성전도 완전히 파괴될 것입니다. 이제 하나님이 그곳에 계시지 않기 때문입니다(18-19절). 우상을 숭배하는 빈껍데기 성전에, 하나님이 계속 머무실 수는 없습니다. 그리고 하나님이 성전을 떠나신 것은 예루살렘을 안전하게 보호해 주었던 존재가 사라졌다는 뜻입니다. 이것이 최고의 비극인 줄 그 당시 예루살렘 주민들은 알지 못했습니다. 가난하여도 하나님과 함께하는 인생이 부유하여도 하나님이 없는 인생보다 안전합니다.

11장   왜 타락한 지도자들은 예루살렘이 가마와 같다고 말하는가?

1-25 지도자 25명이 모여서 악한 꾀를 꾸밉니다(1-2절). 그들은 예루살렘이 가마와 같다는 말로 백성들을 미혹합니다. 가마 안의 고기가 안전하듯, 예루살렘에 머무는 것이 가장 안전하다는 말입니다. 이것은 바벨론에 항복하지 말고, 예루살렘에서 끝까지 항전하자는 뜻입니다. 하지만 지도자들의 주장은 하나님 말씀과는 정반대입니다. 하나님 뜻은 이스라엘이 바벨론에 항복하는 것이기 때문입니다. 그래서 하나님은 다음과 같이 말씀하십니다. 예루살렘 주민들은 성에서 끌려 나올 것이고(7절), 칼에 죽게 될 것이며(8절), 바벨론의 포로가 될 것입니다(9절). 바로 이것이 하나님께 불순종하는 자들의 최후입니다.

방패가 될 수 없는 예루살렘

12장　왜 하나님은 에스겔에게 포로 흉내를 내라고 하시는가?

1-28 하나님은 에스겔에게 또 한 번의 상징적 행동을 명하십니다. 포로로 끌려가는 사람의 흉내를 내라는 것입니다(3절). 이것은 예루살렘 주민들이 바벨론의 포로가 될 것을 나타내는 징표입니다. 그리고 이것은 하나님이 주시는 마지막 기회이기도 합니다. 하나님이 에스겔에게 포로로 끌려가는 흉내를 내라고 한 것은, 이 정도 표적이라면 자극을 받아 회개하는 사람이 있을 것이라고 생각하셨기 때문입니다(3절). 실제로 이런 표적들을 통해 회개하는 사람이 있었던 것으로 보입니다(16절). 이처럼 하나님은 다양한 방식으로 우리의 죄를 깨우치시고, 우리를 바른길로 인도하십니다. 혹시 하나님의 신호를 무시하고, 마음을 강퍅하게 하고 있지는 않습니까?

13장　왜 하나님은 거짓 선지자들을 벌하시는가?

1-16 하나님이 거짓 선지자들을 벌하겠다고 하십니다(1-16절). 하나님이 아무런 계시를 주시지 않았는데도 자기 마음대로 예언했기 때문입니다. 그들은 하나님 말씀 대신 자기 생각을 가르쳤습니다(2-3절). 하나님은 거짓 선지자들을 회칠하는 자들이라고 부르십니다(10절). 회칠은 흰색 페인트를 의미합니다. 부실한 담벼락도 흰색 페인트를 칠해 놓으면 튼튼해 보입니다. 하지만 결국에는 무너지고 맙니다. 이처럼 거짓 선지자들의 말을 듣고 근거 없는 평안을 누렸던 자들은, 심판의 날에 무너지게 될 것입니다. **17-23** 거짓 예언하는 여자들이 등장합니다(17절). 이들이 거짓 예언한 목적은 돈입니다(19절). 이들은 사람들 비위를 맞추는 예언으로 돈을 벌었습니다. 거짓 선지자들은 부자가 되었지만, 백성들의 영혼은 점점 가난해졌습니다. 이것이 이스라엘의 비참한 현실이었습니다.

14장　왜 하나님은 장로들을 벌하시는가?

1-23 이스라엘 장로들이 에스겔을 찾아옵니다. 그런데 하나님은 그 장로들을 칭찬하기는커녕 도리어 벌하겠다고 하십니다(4절). 그들 마음속에 우상이 자리 잡고 있었기 때문입니다(6절). 장로들은 하나님 뜻을 알기 위해 에스겔을 찾아온 것이 아니었습니다. 장로들은 거짓 선지자들에게 평안의 메시지를 들었던 것처럼, 에스겔을 통해서도 격려의 메시지를 듣기 원했습니다. 다시 말해서 에스겔을 또 한 명의 거짓 선지자처럼 여겼던 것입니다.

심판을 부르는 예루살렘

15장　왜 우리는 하나님께 열매 맺는 삶을 살아야 하는가?

1-8 포도나무 그 자체로는 아무런 가치가 없습니다. 포도나무로는 작은 못 하나도 만들 수 없습니다(3절). 포도나무의 가치는 오직 열매에 있습니다. 그래서 열매 맺지 못하는 포도나무는 주인이 계속 돌볼 이유가 없습니다. 본문의 포도나무는 이스라엘을 상징합니다. 주인이 포도나무에게 열매를 기대하듯이, 하나님도 이스라엘에게 열매를 기대하셨습니다. 그런데 이스라엘은 하나님을 위한 열매를 맺지 않았습니다. 그래서 하나님은 이스라엘을 땔감으로 쓰겠다고 말씀하십니다(6절). 심판하신다는 뜻입니다. 하나님은 우리에게도 열매를 기대하십니다. 열매는 하나님이 우리를 구원하신 목적 중 하나입니다(딛 2:14). 은혜와 구원을 강조하면서 열매와 헌신 없는 삶을 합리화해서는 안 됩니다.

16장　왜 이스라엘은 타락하게 되었는가?

1-63 하나님은 결혼 비유를 통해 이스라엘의 타락을 일깨우십니다. 하나님이 선택하시기 이전의 이스라엘은 매우 작고 연약하여 아무도 관심을 가지지 않는 민족이었습니다(5절). 심지어 이스라엘은 피투성이 같은 어린 아이였습니다(6절). 이것은 이스라엘이 애굽의 종이었음을 의미합니다. 하나님의 사랑은 혼인 언약으로 절정에 이르렀습니다(8-14절). 하나님은 마치 남편처럼 이스라엘을 아끼고 사랑해 주셨습니다. 그런데 이스라엘의 번영과 명성이 절정에 이르자, 이스라엘은 하나님을 떠나 간음하기 시작했습니다(15절). 하나님이 주신 물질의 복으로 우상을 만들었고(16-19절), 하나님보다 애굽과 바벨론의 군대를 더 의지했습니다(26-34절). 이에 하나님은 이스라엘을 심판하겠다고 하십니다. 놀랍게도 하나님이 이스라엘을 심판하시는 도구는 이스라엘이 간음했던 바벨론입니다(37절). 이스라엘의 타락은 하나님의 은혜를 망각하는 데서 시작되었고, 하나님보다 다른 것을 더 사랑하고 의지하는 데서 절정에 이르렀습니다. 우리는 어떻습니까? 우리에게는 하나님의 은혜에 대한 감동이 있습니까? 하나님을 가장 의지합니까?

17장　왜 시드기야의 시도는 실패로 돌아가는가?

1-24 첫 번째 독수리는 바벨론 느부갓네살왕을(3절), 연한 가지는 여호야긴왕을(4절), 상인의 성읍은 바벨론을(4절), 새로 자라난 포도나무는 시드기야왕을 각각 상징합니다(5절).[209] 이 비유는 느부갓네살이 여호야긴을 바벨론으로 사로잡아 간 후, 시드기야를 허수아비 왕으로 세운 것을 의미합니다. 두 번째 독수리는 애굽의 바로를(7절), 포도나무는 시드기야왕을 각각 상징합니다(7절).[210] 이 비유는 시드기야가 애굽의 도움으로 바벨론에서 독립하려고 한 것을 의미합니다. 하지만 시드기야의 시도는 실패로 돌아갈 것입니다. 시드기야 생각이 하나님 생각과 반대되기 때문입니다. 하나님 뜻은 이스라엘이 바벨론의 포로가 되고, 그에 따라 회개하는 데 있었습니다. 우리도 마찬가지입니다. 우리 생각을 하나님 생각에 맞추어야 합니다. 우리 생각을 고집하며, 하나님을 설득하려 해서는 안 됩니다.

심판을 통해 회복될 예루살렘

18장   왜 죄의 책임을 전가하려 해서는 안 되는가?

1-32 예루살렘에 남아 있던 자들과 바벨론에 포로로 끌려간 자들은, 자신들의 고통이 조상들이 지은 죄 때문이라고 생각했습니다. 이에 하나님은 각 사람은 자신의 죄 때문에 벌을 받는 것이지, 조상의 죄 때문에 벌을 받는 것이 아니라고 하십니다(1-18절). 우리에게도 죄의 책임을 다른 데 전가하려는 본성이 있습니다. 이것은 하나님이 기뻐하시는 자세가 아닙니다. 하나님은 악인의 죽음보다 회개를 기뻐하시고(23, 32절), 악인을 벌하시기보다 용서하시기를 원하십니다(27-28절). 변명하지 말고, 정직하게 우리의 죄를 자백해야 합니다.

19장   왜 포도나무가 말라 죽을 것이라 하시는가?

1-14 애굽으로 끌려간 첫 번째 사자는 여호아하스입니다(2-4절).[211] 그는 왕이 된 후 3개월 만에 애굽으로 끌려갔습니다(4절). 두 번째 사자는 여호야긴입니다(5-9절).[212] 그는 바벨론으로 끌려가 생을 마감했습니다(9절). 이어서 등장하는 포도나무는 남유다 왕국을, 굵은 가지는 시드기야를 상징합니다(10-14절).[213] 포도나무가 말라 죽었다는 것은 시드기야 뒤를 이을 왕이 없다는 것으로서, 남유다의 완전한 멸망을 의미합니다(12절).

20장   왜 하나님은 이스라엘 역사를 말씀하시는가?

1-49 하나님이 이스라엘 역사를 말씀하십니다. 이스라엘이 초창기부터 현재에 이르기까지, 언제나 악을 행하기에 열심을 내었다는 사실을 강조하기 위해서입니다. 1-9절은 애굽에서의 불순종을, 10-26절은 광야에서의 불순종을, 27-32절은 가나안에서의 불순종을 설명합니다. 하지만 하나님은 자비로우십니다. 끝없는 죄악에도 불구하고, 계속해서 회복의 소망을 주십니다(40-44절). 바벨론 포로가 되겠지만, 언젠가는 반드시 가나안으로 돌아오게 하겠다고 말씀하십니다(41절). 그런 점에서 바벨론 포로기는 회복을 위한 시간이었습니다. 하나님이 우리를 징계하시는 것도 마찬가지입니다. 하나님의 징계는 겸손히 받아들여야 합니다. 심판의 터널을 지나야 소망의 빛을 볼 수 있습니다.

21장   왜 하나님은 칼을 휘두르시는가?

1-17 한 칼이 등장합니다(1-17절). 이 칼은 모든 육체를 치는 칼이며(4절), 죽음에 이르게 하는 날카로운 칼이고(10절), 많은 사람을 죽이는 큰 칼입니다(14-15절). 놀랍게도 이 칼을 휘두르는 분은 여호와 하나님입니다(3절). 하나님이 칼로 심판하시는 이유는 사람들이 끝까지 회개하지 않았기 때문입니다. 하나님은 오래 참으시지만, 끝까지 회개하지 않는 자들에겐 무서운 심판을 내리십니다. 하나님은 지금도 우리의 회개를 촉구하십니다. 말씀과 양심을 통해 우리 죄를 드러내시는 하나님 앞에 지금 당장 항복해야 합니다. **18-32** 하나님이 두 왕을 심판하십니다(18-32절). 한 왕은 남유다의 시드기야이고, 또 한 명은 암몬의 왕입니다. 하나님은 암몬이 다시 기억되지 못할 것이라고 하십니다(32절). 하나님이 심판하신 결과 다시는 재건되지 못한다는 뜻입니다. 실제로 암몬은 이후에 역사 속에서 완전히 자취를 감추게 됩니다.

임박한 예루살렘의 멸망

22장 왜 하나님은 예루살렘을 더러운 성이라고 하시는가?

1-31 하나님이 예루살렘을 더러운 성이라고 하십니다 (3절). 예루살렘이 온갖 종류의 죄악으로 가득 차 있다는 뜻입니다. 예루살렘의 죄는 6-12절에 자세하게 기록되어 있는데, 대부분 십계명과 관련되어 있습니다. 하나님의 계명, 특히 십계명에 불순종한 결과는 철저한 심판입니다(13-16절). 예루살렘의 또 다른 이름은 '찌꺼기'입니다(18절). 선한 열매는 없고, 죄를 짓는 데만 열심인 자들에게 딱 어울리는 이름입니다. 예루살렘이 찌꺼기로 전락하는 데는 지도자들의 역할이 컸습니다. 25-29절에는 당시 예루살렘 지도자들이 지은 죄가 자세하게 기록되어 있습니다.

23장 왜 하나님은 오홀라와 오홀리바 비유를 말씀하시는가?

1-49 오홀라가 앗수르 사람과 간음을 행하자, 남편이 그녀를 앗수르 사람에게 넘깁니다. 그러자 앗수르 사람은 그녀와 그녀의 자녀를 죽입니다. 여기서 오홀라와 남편은 각각 북이스라엘과 하나님을 상징합니다. 북이스라엘이 하나님보다 앗수르를 더 의지한 결과, 앗수르에게 멸망하게 된 것을 나타내는 비유입니다. 동생 오홀리바는 언니의 비참한 최후에서 아무것도 배우지 못했습니다. 그녀는 앗수르 사람뿐만 아니라 바벨론 사람과도 부정을 저지릅니다. 여기서 오홀리바는 남유다를 상징합니다. 북이스라엘이 앗수르에게 멸망당한 것처럼, 남유다도 바벨론에게 멸망당하게 될 것을 나타내는 비유입니다. 하나님이 당신의 백성을 사랑하시듯, 하나님의 백성들도 하나님을 사랑해야 합니다. 하나님을 전적으로 높이고 따르는 것은 백성들의 의무입니다. 만약 우리가 이 의무를 이행하는 데 실패한다면, 우리 역시 하나님의 심판을 받게 될 것입니다.

24장 왜 에스겔은 아내의 죽음 앞에서도 슬퍼하지 말아야 하는가?

1-14 남유다 백성들은 무절제하게 죄를 지으면서도 예루살렘에 머물기만 하면 안전할 것이라고 믿었습니다. 예루살렘에는 다윗 후손들이 다스리는 왕궁이 있었고, 하나님의 이름이 머무는 성전이 있었기 때문입니다. 그들은 예루살렘 있는 자신들을 가마 속의 고기처럼 여겼습니다(겔 11:3). 안전하다는 뜻입니다. 하지만 하나님은 가마 속의 고기를 하나하나 꺼내어 심판한다고 하십니다(6절). 지금도 죄를 지으면서도 안전할 것이라고 믿는 자들이 있습니다. 크나큰 착각입니다. 하나님은 반드시 죄를 심판하십니다. 죄를 짓고도 안전한 사람은 없습니다. 죄를 회개하지 않고서도 안전할 것이라고 믿는 것은 착각입니다. **15-27** 에스겔은 아내의 죽음 앞에서도 슬퍼하지 말라는 명령을 받습니다(16절). 이것은 죽음보다 더한 고통이 예루살렘을 덮칠 것을 나타내는 징표입니다(21-23절).

열방에 대한 심판 선언(1)

25장 왜 암몬, 모압, 에돔, 블레셋이 심판을 받는가?

1-17 암몬이 심판을 당하는 이유는 남유다가 바벨론에게 공격당하는 것을 기뻐했기 때문입니다(3절). 암몬은 남유다가 사라지기만 하면, 자신들이 반사 이익을 얻는다고 생각했습니다. 모압이 심판을 당하는 이유는 남유다도 이방 나라와 다름이 없다고 조롱했기 때문입니다

(8절). 남유다도 다른 이방 민족처럼 자기 신의 보호를 받지 못하는 것은 매한가지라고 빈정거렸던 것입니다. 에돔과 블레셋이 심판을 당하는 이유는 혼란을 틈타 남유다를 공격했기 때문입니다. 심지어 에돔은 남유다와 형제 국가였습니다(신 23:7).

26장 왜 두로는 심판을 받는가?

1-21 두로가 심판을 당하는 이유는 이웃 나라의 고통을 이익을 얻는 기회로 여겼기 때문입니다. 두로는 예루살렘의 멸망을 흐뭇한 눈으로 바라보았습니다. 두로가 해상 무역을 장악했다면, 육상 무역을 장악한 것은 예루살

렘이었기 때문입니다. 예루살렘이 멸망하기만 하면 육상 무역도 자신들이 독차지할 수 있다고 생각했던 것입니다. 하지만 두로는 육상 무역을 장악하기는커녕 작은 어촌 마을로 전락하게 될 것입니다(14절).

27장 왜 두로를 향해 슬픈 노래를 부르라고 하시는가?

1-36 원래 두로는 이스라엘 북쪽에 위치한 작은 섬나라였습니다. 하지만 지중해의 무역을 독점하면서 거대한 영향력을 행사하게 되었습니다. 두로는 지중해 연안 국가들뿐만 아니라, 지금의 터키와 아라비아 지방 국가들과도 교류할 만큼 거대한 무역 국가로 성장했습니다. 두로의 배는 거대하고 화려했으며(5-9절), 외국 용병들은

두로의 무역을 안전하게 지켜 주었습니다(10-11절). 그런데 하나님은 두로를 향해 슬픈 노래를 부르라고 하십니다(2절). 두로가 이룬 모든 것들이 한순간에 사라질 것이기 때문입니다. 지금도 하나님은 하나님 없이 모은 것들, 하나님을 위해 사용되지 않는 것들을 한순간에 사라지게 하십니다.

28장 왜 두로 왕은 하나님의 심판을 받는가?

1-26 두로 왕은 자신을 신격화했습니다(2절). 두로 왕은 자신이 다니엘보다 더 지혜롭다고 자랑했습니다(3절). 해상 무역 성공으로 마음이 교만해진 결과입니다. 이에 하나님은 두로를 태초의 아담과 비교하십니다(12-14절). 태초의 아담이 무엇과도 비교할 수 없이 아름다웠지만 교만하여 심판받은 것처럼, 두로도 동일한 심판을 당할 것을 경고하시는 것입니다(15-18절). 우리는 모두 성공하

기를 원합니다. 하지만 성공하면 교만하기 쉽고, 교만하면 멸망하기 쉽습니다(잠 16:18). 성공하면 안 된다는 것이 아니라 성공이 목표가 되어서는 안 된다는 뜻입니다. 우리의 유일한 목표는 하나님의 영광입니다. 하나님의 영광을 추구하는 사람은 성공과 재물보다 성실과 정직을 원할 것입니다.

열방에 대한 심판 선언(2)

29장 왜 하나님은 애굽을 심판하시는가?

1-21 하나님이 애굽을 심판하시는 이유는 크게 두 가지입니다. 첫째, 그들의 교만 때문입니다. 애굽의 바로는 자신이 나일강을 창조하였다고 주장하며 스스로를 신격화하였습니다(3절). 둘째, 이스라엘이 하나님보다 애굽을 더 의지하였기 때문입니다. 그들은 애굽 군대를 통해 바벨론의 침략을 막을 수 있다고 생각했습니다. 하지만 갈대를 지팡이로 삼는 자가 넘어질 수밖에 없는 것처럼, 애굽은 이스라엘에게 아무런 도움이 되지 못했습니다(7절). 이후에 애굽은 바벨론의 느브갓네살왕에게 정복당했고(19절), 차례대로 바사와 그리스와 로마의 통치를 받는 소국으로 전락합니다.

30장 왜 세상 권세가 아니라 하나님을 의지해야 하는가?

1-26 많은 나라들이 애굽을 의지했습니다. 이스라엘도 마찬가지입니다. 애굽과 동맹을 맺기만 하면 안전할 것이라고 생각했습니다. 하지만 하나님은 애굽이 갈대 지팡이라고 하십니다(겔 29:60). 애굽을 의지하는 나라는 반드시 넘어진다는 뜻입니다. 이처럼 세상에는 영원한 권세가 없습니다. 세상의 권세는 일시적이고 유한합니다. 따라서 세상의 권세를 의지하는 것만큼 미련한 일은 없습니다. 우리가 믿고 따라야 할 한 분은 여호와 하나님입니다. 하나님께는 영원한 권세와 힘이 있기 때문입니다.

31장 왜 앗수르와 애굽은 일순간에 사라졌는가?

1-18 하나님은 앗수르의 영화를 열거하신 후, 애굽이 그와 같다고 하십니다. 이것은 앗수르와 애굽을 높이는 것이 아닙니다. 앗수르 제국의 영화가 일시에 사라진 것처럼, 애굽의 권세도 한순간에 사라진다는 뜻입니다. 앗수르는 레바논의 백향목처럼 크고 아름다운 제국이었습니다(3절). 정치, 경제, 군사적으로 앗수르와 견줄 나라가 없었습니다. 그래서 수많은 나라가 앗수르에 기대어 살았습니다(6절). 하지만 앗수르는 하나님이 주신 아름다움을 교만으로 더럽혔습니다(10절). 그 결과 하나님의 심판을 받았고, 지금은 그 흔적조차 찾아볼 수 없게 되었습니다. 앗수르와 애굽이 멸망한 가장 큰 이유는 교만입니다. 그들은 하나님께 돌려야 할 영광을 가로챈 결과 심판을 받았습니다. 우리 역시 모든 영광을 하나님께만 돌려야 합니다. 하나님의 영광을 가로채서는 안 됩니다.

32장 왜 애굽은 구덩이에서 위로를 받는가?

1-32 하나님이 교만한 애굽을 구덩이에 던지십니다(18절). 아이러니하게도 애굽은 그곳에서 위로를 받습니다(31절). 자신만 거기 있는 것이 아니라, 앗수르(22절), 엘람(24절), 메섹과 두발(26절), 그리고 에돔(29절)도 거기에 있었기 때문입니다. 이것은 애굽의 비참한 처지를 희극적으로 표현한 것입니다. 애굽이 최종적으로 도착한 곳은 할례 받지 못한 자들이 모인 곳(21절), 바로 지옥이었습니다. 이것이 하나님을 인정하지 않는 자들의 최후입니다.

이스라엘의 회복(1)

33장 왜 우리는 죄와 심판에 대해 경고해야 하는가?

1-33 하나님이 파수꾼의 막중한 책임을 말씀하십니다. 백성들이 자기 죄 때문에 심판을 받을지라도, 만약 파수꾼이 경고하지 않았다면 파수꾼에게도 그 책임을 묻겠다고 하십니다. 파수꾼에게는 백성들이 듣든지 아니 듣든지 경고해야 할 책임이 있습니다. 여기서 파수꾼은 일차적으로 에스겔입니다(7절). 에스겔은 듣든지 아니 듣든지 백성들에게 하나님의 말씀을 전해야 합니다. 동시에 모든 시대의 성도가 파수꾼입니다. 우리에게는 죄와 심판에 대해 경고해야 할 책임이 있습니다(막 1:38; 고전 1:21). 우리는 파수꾼의 사명을 잘 감당하고 있습니까?

34장 왜 하나님은 새로운 목자를 세우겠다고 하시는가?

1-31 본문의 목자들은 남유다의 정치 지도자들과 종교 지도자들을 의미합니다. 목자의 역할이 양 무리를 돌보는 데 있듯이, 지도자들의 역할도 백성들을 돌보는 데 있습니다. 그런데 남유다의 지도자들은 백성들을 돌보기는커녕 이익의 대상으로 삼고 착취했습니다(2-6절). 이에 하나님은 악한 지도자들을 대신할 참 목자를 세우겠다고 하십니다(23-24절). 이 목자의 정체는 예수님으로 밝혀집니다(요 10:11). 하나님이 이스라엘과 맺으신 화평의 언약은(25절), 인간의 행위와 상관없이 하나님이 일방적으로 베푸시는 '은혜 언약'입니다. 이 언약은 일차적으로 포로 된 자들의 귀환으로 성취되었고, 궁극적으로는 예수님의 구속 사역을 통해 성취되었습니다.[214]

35장 왜 에돔은 피를 흘리게 되는가?

1-15 세일산은 에돔 족속이 거주하는 곳입니다. 세일이 황폐하게 된다는 것은 에돔의 멸망을 의미합니다(3절). 에돔은 이스라엘과 형제 국가이지만, 항상 이스라엘에게 적개심을 가지고 있었습니다(5절). 이 적개심은 바벨론이 예루살렘을 침공할 때 절정에 달했습니다. 에돔은 바벨론의 예루살렘 침공을 도와주었습니다. 이에 하나님은 피 흘리기를 기뻐한 에돔이, 도리어 피를 흘리게 될 것이라고 말씀하십니다(6절). 우리는 이웃이 피 흘리는 것을 기뻐해서는 안 됩니다. 사울의 죽음을 슬퍼했던 다윗처럼, 원수라도 사랑하기 위해 노력해야 합니다.

36장 왜 바벨론의 자랑은 수치로 끝나는가?

1-38 바벨론은 이스라엘 점령을 자랑합니다(2절). 하지만 바벨론의 자랑은 수치로 끝납니다(5절). 하나님의 뜻은 이스라엘의 멸망이 아니라 회복이기 때문입니다(8절). 하나님의 뜻은 이스라엘의 더러움이 사라지는 것이지(17절), 망하는 것이 아닙니다. 하나님이 이스라엘 백성들의 심령을 변화시키는 이유가 여기에 있습니다(26-27절). 하나님이 우리에게 주신 고난도 동일합니다. 죽으라고 주신 고난이 아니라, 깨닫고, 회개하고, 성장하라고 주신 고난입니다. 고난을 싫어하고 멀리하기보다, 인내하고, 참고, 견뎌야 합니다. 그럴 때 변화가 있고, 열매가 있습니다.

이스라엘의 회복(2)

37장 왜 새 이스라엘은 신약의 교회인가?

1-28 에스겔은 마른 뼈들을 봅니다. 이 뼈들은 바벨론의 포로 된 이스라엘, 회복될 가능성이 전혀 없는 이스라엘을 의미합니다. 그런데 하나님은 마른 뼈들에게 생명을 주시고, 그들이 지극히 큰 군대를 이루게 하십니다. 이 환상은 이스라엘이 다시 가나안으로 돌아가 국가를 재건할 것을 의미합니다. 회복된 이스라엘은 이전과 세 가지 차이점이 있습니다. 첫째, 포로기 이전의 이스라엘은 분단국가였지만, 재건될 이스라엘은 하나로 통일된 국가입니다(17절). 둘째, 이전의 이스라엘은 악한 왕들이 폭정을 행하는 나라였지만, 재건될 국가의 왕은 다윗입니다(24절). 셋째, 이전의 성전은 무너졌지만, 하나님은 새 성전을 주십니다(26절). 이 언약은 교회를 통해 성취되었습니다.[215] 첫째, 교회는 분열되고 나누어진 사람들이 그리스도의 사랑으로 하나 되는 공동체입니다(엡 2:13). 둘째, 교회는 다윗의 후손이신 예수 그리스도께서 왕으로 다스리시는 공동체입니다(엡 1:22). 셋째, 교회는 그리스도 안에서 새 성전으로 지어져 가는 공동체입니다(엡 2:22).

38장 왜 교회는 고난 중에도 두려워할 필요가 없는가?

1-23 사방에서 대적들이 일어납니다(1-6절). 메섹과 두발은 이스라엘의 북쪽, 바사는 동쪽, 구스는 남쪽, 붓은 서쪽, 고멜은 북서쪽, 도갈마는 북쪽 끝에 있었던 나라들입니다. 이 환상은 교회가 겪는 고난을 상징합니다. 타락한 세상은 온 힘을 다해 교회를 핍박합니다. 사탄은 우는 사자처럼 신실한 성도들의 틈을 노립니다(벧전 5:8). 하지만 두려워할 필요는 없습니다. 이 모든 일이 하나님의 주권 아래 있기 때문입니다(16절). 교회가 고난을 겪는 것은 하나님이 세상을 통치하시는 데 실패한 것이 아니라, 그것을 통해 선한 일을 이루고자 하심입니다(16절). 심지어 사탄이라 할지라도 마음껏 악을 행하지 못합니다. 사탄의 활동도 하나님의 통제 아래 있습니다(욥 1:6).

39장 왜 교회의 대적들이 무력하게 변하는가?

1-29 교회를 대적하던 자들이 자신의 무기를 스스로 들 수 없을 만큼 무력하게 변합니다(3절). 하나님이 교회를 보호하신 결과입니다. 대적들이 떨어뜨린 무기를 무려 7년 동안이나 장작으로 사용했다는 것(9절)은 그들의 세력이 얼마나 강했는지를 보여 줍니다. 하지만 하나님은 전쟁에서 승리하셨고, 전쟁을 통해 영광을 받으셨습니다(7절). 세상은 하나님을 대적할 기회라고 생각했지만, 사실은 하나님의 영광이 만천하에 드러나는 기회였습니다. 이것은 세상 모든 일이 하나님의 통제 아래 있다는 증거입니다. 그러므로 우리는 악이 승리하고 선이 패배하는 것처럼 보이는 순간에도, 악의 무리와 함께하지 말아야 합니다.

새 이스라엘(1)

40장 왜 하나님은 성전이 회복되는 환상을 보여 주셨는가?

1-49 40-48장의 주제는 이스라엘의 회복입니다. 그중에서 40-42장은 성전의 회복에 대한 말씀입니다. 에스겔이 환상을 본 날짜는 주전 573년 4월입니다(1절). 예루살렘과 성전이 황폐하게 된 지 12년이나 지난 시점입니다. 이제 사람들은 이스라엘이 회복된다거나 예루살렘과 성전이 재건된다고 생각하지 않았을 가능성이 큽니다. 그런 점에서 이 환상은 절망에 빠져 있던 유대인들에게 소망과 용기를 주는 말씀입니다. 본문이 묘사하는 성전에 대해 크게 두 가지 해석이 있습니다. 첫 번째는 문자주의 해석입니다. 앞으로 성전은 본문에서 묘사하고 있는 이 모습대로 재건된다는 해석입니다. 두 번째는 상징주의 해석입니다. 이 성전은 하나님이 예수님을 통해서 주시는 복을 상징적으로 보여준다는 해석입니다.[216] 이후에 성전이 실제로 재건된다는 점에서 문자주의 해석도 틀린 것은 아니지만, 스룹바벨이 재건한 성전은 본문에서 묘사하는 성전과는 달랐습니다. 그런 점에서 상징주의 해석이 보다 성경적인 해석이라고 볼 수 있습니다.

41장 왜 에스겔이 지성소에는 들어가지 못하는가?

1-26 41장은 성전 내부 묘사입니다. 에스겔은 천사를 따라 성전 내부로 들어가지만, 지성소에는 들어가지 못합니다(4절). 지성소에는 대제사장만 들어갈 수 있기 때문입니다. 5-11절은 성전 안에 지어진 3층짜리 건물 묘사인데, 그 용도는 설명되지 않습니다. 그 외의 묘사는 솔로몬 성전과 거의 동일합니다.

42장 왜 제사장은 제사장의 방에서만 음식을 먹어야 하는가?

1-20 42장은 제사장의 방에 대한 묘사입니다. 제사장들은 아무 데서나 제물을 먹을 수 없고, 오직 이곳, 제사장의 방에서만 먹어야 합니다(13절). 이는 구별되기 위함입니다. 하나님께 드려졌던 제물을 구별하고, 제사장 스스로 세상과 구별되기 위함입니다. 이 시대의 제사장은 우리 자신입니다(벧전 2:9). 우리는 세상과 구별된 삶을 살기 위해 얼마나 노력하고 있습니까?

255

새 이스라엘⑵

43장 왜 하나님은 제단에 피를 뿌리라고 하시는가?

1-17 40-42장에서 새로운 성전을 묘사했던 에스겔은, 이제 그 성전에 하나님의 영광이 다시 돌아오는 장면을 설명합니다(1-5절). 하나님의 영광이 성전을 떠난 이후 예루살렘이 멸망했던 것을 생각한다면, 이 환상은 포로 된 유대인들에게 회복의 소망을 주는 말씀입니다. 성전에 다시 임하신 하나님은, 새로운 성전에서 당신의 백성과 영원히 함께하겠다고 하십니다(7절). 이 말씀은 오순절 성령 강림 사건을 통해 성취되었습니다. 하나님은 성령의 능력으로 우리와 영원히 함께하십니다(요 14:16). **18-27** 하나님은 에스겔에게 제단에 피를 뿌리라고 하십니다(18절). 피 뿌리는 의식을 통해 제단이 정결하게 되기 때문입니다(20절). 제단을 청결하게 하는 것은 예배를 거룩하게 드리는 것을 의미합니다. 우리는 하나님을 거룩하게 예배하기 위해 우리의 죄를 회개해야 합니다.

44장 왜 레위인들은 새 성전의 기물에 접촉할 수 없는가?

1-8 새 성전에서 지켜야 할 규례들이 소개됩니다. 새 성전에서 동쪽을 향한 바깥문은 사용할 수 없습니다(1절). 하나님이 지성소로 들어오실 때 그곳을 지나오셨기 때문입니다(2절). 이것은 하나님과 사람 사이의 구별을 강조하는 규례입니다. 하지만 지금은 이런 규례에 얽매이지 않습니다. 구약 성도들은 하나님을 만나는 데 제한이 있었지만, 예수님의 구속의 은덕을 입은 신약 성도들은 하나님을 만나는 데 아무런 제한이 없기 때문입니다(엡 2:18). **9-31** 하나님이 레위인들을 멀리하겠다고 하십니다(10절). 레위인들은 하나님 가까이에서 봉사할 수 없고, 성전 기물에 접촉할 수도 없습니다(13절). 이는 레위인들이 과거에 우상 숭배에 앞장섰기 때문입니다(10절). 하지만 사독 자손의 제사장들은 하나님 가까이에서 섬길 수 있습니다(15절). 그들은 끝까지 우상 숭배에 동참하지 않았기 때문입니다(15절).

45장 왜 새 이스라엘의 중심에 성전이 있을 것이라고 하시는가?

1-25 하나님이 가나안 땅 분배하는 일을 말씀하십니다(1절). 당시 유대인들은 바벨론에서 포로 생활을 하고 있었습니다. 따라서 이 말씀은 포로 된 유대인들에게 다시 가나안으로 돌아갈 수 있다는 희망을 줍니다. 주목할 부분은 성전의 위치입니다. 하나님은 회복된 이스라엘의 중심에 성전이 있을 것이라고 하십니다(3절). 새 이스라엘은 신약 교회를 의미합니다. 따라서 이것은 신자의 삶이 하나님을 중심으로 이루어져야 한다는 뜻입니다. 그러므로 우리는 하나님의 영광을 위해 살아야 합니다. 우리의 돈과 시간을 하나님의 영광을 위해 사용해야 합니다.

새 이스라엘(3)

46장 왜 하나님은 성전 예배에 관해 말씀하시는가?

1-24 지금까지 성전 건물에 관해 말씀하신 하나님은, 46장에서 성전 예배에 관해 말씀하십니다. 성전의 참된 회복은 건물이 아니라 예배를 회복하는 데 있기 때문입니다. 하나님께 예배를 드릴 때는 다음 사항들을 주의해야 합니다. 첫째, 하나님께는 반드시 흠 없는 제물을 바쳐야 합니다(4, 6, 13절). 타락한 이스라엘은 쓸모없는 것들을 하나님께 드렸지만, 새 성전에서는 가장 좋은 것을 하나님께 바쳐야 합니다. 둘째, 아침마다 하나님께 제사를 드려야 합니다(13절). 제사가 매일의 일상이 되어야 합니다. 이 두 가지를 우리 삶에 어떻게 적용할 수 있을까요? 첫째, 가장 좋은 예배를 드리기 위해서 일상의 삶을 거룩하게 살아야 합니다. 하나님은 삶이 없는 예배를 기뻐하지 않으시기 때문입니다. 둘째, 경건 시간을 지정하고, 매일 하나님과 일대일 만남을 가져야 합니다. 하나님의 은혜 없이는 한순간도 살 수 없다는 마음으로, 매일 경건 생활에 힘써야 합니다.

47장 왜 새 이스라엘에서는 이방인도 땅을 차지하는가?

1-12 솔로몬 성전에는 커다란 물그릇이 있었습니다(왕상 7:23). 바다라고 불리는 이 물그릇은 제사장들의 정결함을 위한 도구였습니다. 그런데 새 성전에는 바다와는 비교할 수 없이 많은 물이 있습니다(1-12절). 이 물은 많은 정도가 아니라 온 이스라엘에 흘러넘칩니다. 이 물은 예수님을 상징합니다(요 4:14). 동시에 이 물은 예수님이 보내실 성령을 상징합니다(요 7:38-39). 성전에서 흘러나온 물이 온 세상으로 흘러 들어가 생명을 살린 것처럼, 지금도 예수님이 보내신 성령을 통해 온 세상에 생명의 역사가 일어나고 있습니다. **13-23** 가나안 땅을 재분배하는 환상입니다(13-23절). 땅을 분배받기 위해서는 가나안으로 돌아가야 하므로, 이 환상 역시 바벨론의 유대인들에게 소망을 주는 말씀입니다. 특이한 것은 이방인들도 차별 없이 땅을 차지하는 모습입니다(21-23절). 이것은 새 이스라엘인 교회에서 이방인과 유대인의 차별이 사라질 것을 예고합니다.

48장 왜 새 이스라엘에는 하나의 성전만 존재하는가?

1-35 열두 지파에게 땅을 분배하는 환상입니다. 본문의 땅 분배는 여호수아 당시의 땅 분배와 다릅니다. 가장 큰 차이는 요단강 동쪽을 분배받는 지파가 없다는 것입니다. 과거에는 르우벤, 갓, 므낫세 반 지파가 요단강 동쪽을 분배받았습니다. 또 다른 차이점은 땅의 정중앙에 하나의 성전만 있다는 점입니다(8절). 분열 왕국 시대에는 세 개의 성전이 있었습니다. 남쪽에는 예루살렘 성전이 있었고, 북쪽에는 단과 벧엘에 우상의 성전이 있었습니다. 하지만 회복된 이스라엘에는 하나의 성전, 예루살렘 성전만 존재합니다. 하나님이 바벨론 포로기를 통해 우상의 성전을 멸하셨기 때문입니다. 마지막으로 하나님이 새 이름을 예루살렘에 주십니다. '여호와 삼마'라는 이름입니다. 여호와가 거기 계신다는 뜻으로, 하나님이 당신의 백성을 영원히 떠나지 않을 것을 보증하는 이름입니다. 이 언약은 예수님을 통해 성취되었습니다. 예수님은 당신의 백성을 결코 떠나지 않으십니다(요 6:39).

한눈에 보는 다니엘서

핵심	다니엘과 세 친구의 신앙 (1–6장)	다니엘의 환상 (7–12장)
사건	다니엘이 왕의 꿈을 해석함 하나님께서 세 친구를 풀무불에서 구원하심 하나님께서 다니엘을 사자 굴에서 구원하심	네 짐승 환상 숫양과 숫염소 환상 미래에 있을 전쟁 환상
주제	하나님께서 모든 나라와 민족을 주관하신다	하나님께서 모든 역사와 사건을 주관하신다
장소	바벨론과 페르시아	
기간	대략 주전 605–536년	

저자: 다니엘

전통적으로 이 책의 저자는 다니엘로 여겨졌지만, 현대에 들어서면서 다니엘 저작설에 의문이 제기되기 시작했다. 다니엘이 기록했다고 보기에는, 다니엘서의 예언이 너무 정확하게 성취되었기 때문이다. 특히 바벨론, 페르시아, 그리스, 로마로 이어지는 네 제국에 대한 예언과 셀레우코스 왕조와 프톨레마이오스 왕조에 대한 예언이 그렇다. 하지만 다니엘이 저자라는 더 분명한 증거들이 있다. 첫째, 이 책은 저자가 다니엘이라는 것을 스스로 밝힌다(9:2, 10:2). 둘째, 예수님께서 이 책의 저자가 다니엘이라고 말씀하셨다(마 24:15). 셋째, 하나님께서 역사의 주관자이시므로 다니엘서의 예언이 정확하게 성취된 것은 당연한 일이다.

기록 목적

다니엘서를 다니엘과 세 친구의 믿음에 대한 이야기로 생각하는 경우가 있다. 또는 바벨론과 페르시아의 역사에 대한 이야기로 생각하기도 한다. 이것은 다니엘서를 완전히 오해한 것이다. 다니엘서의 강조점은 하나님의 주권이 모든 나라와 역사 속에서 어떻게 작동하는가를 보여 주는 데 있다. 예를 들어 느부갓네살의 꿈 이야기는 가장 강력한 제국의 왕조차 하나님의 통제 아래 있음을 보여 주며, 다니엘이 본 여러 환상은 세상 모든 나라가 하나님의 지배를 받고 있음을 보여준다. 그런 점에서 다니엘서는 하나님의 백성들이 고난과 시련 속에서도 하나님의 주권을 신뢰하도록 격려하기 위해 기록된 성경이다.

통독 길잡이

다니엘서는 크게 두 부분으로 나눌 수 있다. 전반부는 제국의 궁궐에서 일어난 사건을 다루고 있으며, 후반부는 다니엘이 본 환상들을 다루고 있다. 전반부의 강조점은 하나님만 믿고 신뢰한 자들을 하나님께서 은혜롭게 돌보셨다는 것이며, 후반부의 강조점은 아무리 강력한 나라라도 반드시 멸망하고, 결국에는 하나님의 나라만 승리한다는 것이다.

모든 나라와 역사를 주관하시는 하나님

1장　왜 다니엘과 세 친구는 왕의 음식과 포도주를 거절하는가?

1-21 다니엘과 세 친구는 왕의 음식과 포도주를 부정하게 여기고 먹지 않았습니다(8절). 여기에는 다음과 같은 견해들이 있습니다. 첫째, 왕의 음식이 율법적으로 부정했기 때문이다. 둘째, 왕의 음식이 우상에게 바쳐졌기 때문이다. 셋째, 바벨론 문화에 물들지 않기 위해서다. 이 중 첫 번째와 두 번째 주장은 설득력이 없습니다. 포도주는 부정한 음식이 아니었고(8절), 채소 역시 우상에게 바

쳐질 수 있었기 때문입니다(12절). 그렇다면 세 번째 주장이 가장 설득력 있습니다. 다니엘과 세 친구는 호화로운 식사를 피함으로써 하나님의 백성이라는 정체성을 지키고자 했습니다.[217] 하나님은 이 결단을 기쁘게 여기시고, 그들을 왕의 진미를 먹은 사람보다 더 건강하게 지켜 주셨습니다.

2장　왜 하나님은 느부갓네살에게 꿈을 통해 말씀하시는가?

1-49 느부갓네살은 통치 2년째 되던 해에 꿈을 꿉니다. 느부갓네살은 자신의 꿈을 해석하기 위해 당대 지식인들을 불러 모읍니다. 하지만 아무도 느부갓네살의 꿈을 해석하지 못합니다. 오직 다니엘만이 하나님이 주신 지혜로 느부갓네살의 꿈을 해석합니다. 다니엘의 해석에 따르면 금으로 된 머리는 바벨론을, 은으로 된 가슴과 팔은 페르시아를, 놋으로 된 배와 허벅지는 그리스를, 쇠와 진흙으로 된 발은 로마를, 모든 것을 무너뜨린 돌은 하나

님의 나라를 상징합니다.[218] 이 꿈은 바벨론을 이어 페르시아가, 페르시아를 이어 그리스가, 그리스를 이어 로마가 세상을 지배할 것을 보여 줍니다. 핵심은 하나님의 나라입니다. 사람이 세운 나라는 언젠가는 멸망하지만, 하나님의 나라는 결코 망하지 않습니다. 하나님은 느부갓네살의 꿈을 통해 역사의 주인이 하나님이심과 하나님의 나라가 최종적으로 승리할 것을 보여 주십니다.

3장　왜 세 친구는 풀무불 속에서도 안전했는가?

1-30 느부갓네살은 높이가 27미터나 되는 금 신상을 세운 후, 절하지 않는 사람은 풀무불에 던지겠다고 공포합니다. 이에 따라 다니엘의 세 친구들은 죽음의 기로에 서게 됩니다. 그들은 죽으면 죽을지언정, 우상에게는 절하지 않겠다고 각오한 자들이었습니다. 결과적으로 세 친구는 평소보다 일곱 배나 뜨거운 풀무불 속에서도 생존

합니다. 하나님이 천사를 보내어 세 친구를 지키셨기 때문입니다. 지금도 하나님께 헌신하는 자들은 세 친구처럼 고난을 당합니다(롬 8:17). 하지만 하나님 때문에 당하는 고난은 영광스런 고난입니다. 세 친구와 함께하신 하나님이, 고난당하는 의인들과 함께하시기 때문입니다.

4장　왜 하나님은 느부갓네살이 7년 동안 짐승처럼 지내게 하시는가?

1-37 하나님은 느부갓네살이 꿈을 꾸게 하시고, 그 꿈대로 칠 년을 짐승처럼 보내게 하십니다. 지극히 높으신 하나님이 세상을 다스리시며, 당신의 뜻대로 왕을 세우시기도 하고 폐하시기도 한다는 것을 나타내 보이기 위해서입니다(17절). 하나님은 세상에서 멀리 떨어져 계신 분

이 아닙니다. 세상 모든 일을 지켜보시고, 주관하시며, 적극적으로 개입하십니다. 느부갓네살이 하나님의 심판을 받은 이유는 하나님의 주권을 인정하지 않고 교만했기 때문입니다. 하나님의 왕 되심을 인정하는 자는 항상 겸손해야 합니다.

영원한 나라

5장　왜 하나님은 벨사살을 심판하시는가?

1-31 벨사살은 느부갓네살에게 일어난 일을 통해 하나님을 알고 있었습니다(22절). 그런데도 벨사살은 예루살렘 성전에서 가져온 그릇을 술잔으로 사용합니다. 고의적이고 계획적으로 하나님을 모독한 것입니다. 하지만 하나님은 한낱 인간에게 조롱받을 분이 아니십니다. 하나님은 벽에 쓴 글씨를 통해 바벨론과 벨사살의 종말을 선포하십니다. 그 결과 얼마 전까지 제국의 영광에 도취되어 있던 벨사살은 한순간에 공포와 번민에 휩싸이게 됩니다(9절). 이처럼 하나님은 교만한 자를 물리치시고, 겸손한 자를 높이시는 분입니다(잠 16:18-19).

6장　왜 다니엘은 창문을 열고 기도하는가?

1-28 다니엘은 여러 번 정권이 바뀌는 상황에서도 계속해서 최고의 요직에 등용되었습니다. 그러자 다니엘을 시기하는 사람들이 생겼습니다. 이들은 하나님의 율법 외에는 다니엘을 제거할 방법이 없음을 알고, 기도하면 사자 굴에 들어가게 되도록 모략을 꾸밉니다. 그런데 다니엘은 대적들의 모략을 알면서도 창문을 열고 공개적으로 기도합니다(10절). 설령 사자굴에 들어가게 될지라도 하나님이 지켜 주실 것을 믿었기 때문입니다(23절). 뿐만 아니라 이런 모략에 소극적으로 대처하다가는 다른 유대인들의 신앙도 위축될 것을 우려했을 것입니다.

7장　왜 하나님은 네 짐승 환상을 보여 주시는가?

1-28 환상에 등장하는 네 짐승은 네 제국을 상징합니다. 사자는 바벨론을 상징하고, 사자의 날개가 뽑힌 것은 느부갓네살이 비천해진 것을 상징합니다(4절).[219] 곰은 페르시아를 상징하고, 세 갈빗대는 페르시아가 정복한 리디아, 바벨론, 애굽을 상징합니다(5절).[220] 표범은 알렉산더 대왕의 신속한 세계 정복을, 머리 넷은 알렉산더 대왕 사후에 그의 나라가 네 개로 나눠질 것을 상징합니다(6절).[221] 그리고 마지막 무서운 짐승은 로마를 상징합니다(7절).[222] 하나님이 다니엘에게 네 짐승 환상을 보여 주신 이유는, 세상 왕국의 배후에 당신이 있다는 사실을 알려 주시기 위해서입니다. 더 나아가 세상 왕국이 하나님의 백성들을 억압하고 핍박하는 상황에서도, 하나님은 여전히 역사의 주인이심을 보여 주기 위해서입니다.

8장　왜 하나님은 환상을 보여 주시는가?

1-27 숫양은 페르시아를 상징합니다(20절). 숫염소는 그리스를, 숫염소의 첫 번째 뿔과 네 개의 뿔은 각각 알렉산더 대왕과 그의 후계자들을 상징합니다(21-22절). 그리고 9절의 작은 뿔은 셀레우코스 왕조의 안티오코스 4세입니다.[223] 그는 유대인들을 개종시키기 위해 여호와 신앙을 금지했으며, 성전 기물들을 탈취했고, 하나님의 제단이 있던 자리에 제우스를 위한 제단을 세웠습니다.[224] 하나님이 다니엘에게 환상을 보여 주신 이유는 세상 왕국들이 아무리 강해 보여도 그들의 처음과 끝을 주관하는 분은 하나님이심을 알려 주시기 위해서입니다.

다니엘이 본 환상

9장 왜 다니엘은 기도하는가?

1-27 다니엘은 바벨론 포로기의 끝이 임박했음을 알게 되었습니다(2절). 하나님이 예레미야에게 말씀하신 70년의 기간이 가까웠기 때문입니다(2절). 이에 다니엘은 자신의 기도를 통해 하나님의 뜻을 이루고자 합니다. 그런데 다니엘이 기도하는 목적은 단순히 자유와 해방이 아닙니다. 하나님의 영광입니다(19절). 하나님의 뜻이 이루어져 하나님의 이름이 찬양을 받는 것입니다. 이처럼 우리가 기도하는 궁극적 목적은 하나님의 영광이어야 합니다.

10장 왜 천상적 존재를 하나님으로 볼 수는 없는가?

1-21 신비한 존재가 등장합니다(5-6절). 학자들에 따라 하나님으로 보기도 하지만, 천사 미가엘의 도움을 받는다는 점에서 하나님의 뜻을 수행하는 천사로 보아야 합니다. 이 천사는 바사 왕국의 군주가 자신을 막았다고 말합니다(13절). 여기서 바사 왕국의 군주란, 바사 왕들 배후에 있는 악한 영을 말합니다.[225] 우리가 보지 못하는 곳에서 치열한 영적 전투가 벌어지고 있음을 알 수 있는 내용입니다.

11장 왜 하나님은 환상을 보여 주시는가?

1-45 하나님이 다니엘에게 강대국의 흥망성쇠를 보여 주십니다. 이때 다니엘이 본 환상은, 그리스 제국의 분열(1-4절), 분열된 네 나라 중 프톨레마이오스 왕조와 셀레우코스 왕조의 갈등(5-19절), 안티오코스 4세의 집권과 전쟁입니다(20-35절). 안티오코스 4세의 분량이 특히 많은 이유는 그가 이스라엘과 깊은 관련이 있기 때문입니다. 그는 쿠데타로 나라를 얻은 후(21절), 애굽을 침략했고(25-27절), 전쟁을 끝내고 돌아오는 길에 이스라엘에 머무르며 무려 8만 명이나 되는 사람들을 죽이고, 성전을 약탈했습니다(28절).[226] 하나님이 이 환상을 보여 주신 이유는 하나님이 역사의 세밀한 부분까지 간섭하신다는 사실을 알려 주시기 위해서입니다. 그러므로 우리는 힘들고 어려운 상황에서도 인내해야 합니다. 그 시간 역시 하나님의 뜻이 이루어지는 과정이기 때문입니다.

12장 왜 고난 때문에 하나님을 떠나서는 안 되는가?

1-13 말세를 사는 성도들에겐 고난이 있습니다(1절). 하지만 그 고난 끝에는 하나님의 구원이 있습니다(1절). 그러니 고난 때문에 하나님을 떠나서는 안 됩니다. 대신 사람의 인생이 한 번의 죽음으로 끝나지 않음을 생각해야 합니다(2절). 지금 여기서 하나님을 위해 고난을 감수하면, 다음 세상에서 영원한 즐거움을 누릴 것입니다(3절). 본문의 숫자들이 무엇을 의미하는지 정확하게 알기는 어렵습니다. 일반적으로 7절의 한 때 두 때 반 때는 칠의 절반인 3.5를 의미합니다. 3.5는 완전수 칠의 절반이므로 고난의 시간으로 볼 수 있습니다.[227]

한눈에 보는 호세아

핵심	음란한 아내와 신실한 남편 (1–3장)	음란한 이스라엘과 신실하신 하나님 (4–14장)
사건	간음하는 고멜 고멜과 재혼하는 호세아 고멜의 회복	간음하는 이스라엘 하나님의 심판 이스라엘의 회복
주제	고멜이 다른 남자와 사랑에 빠졌지만, 호세아는 그녀를 사랑해야 한다 (3:1)	이스라엘이 우상과 사랑에 빠졌지만 하나님은 이스라엘을 사랑하신다
장소	북이스라엘	
기간	대략 주전 755–710년	

저자: 호세아

호세아서는 호세아 선지자에게 임한 하나님의 말씀이다(1:1). 그는 아모스 선지자와 동시대에 북이스라엘에서 사역했으며, 적어도 40년 가까이 선지자로 활동했다(1:1). 그는 여로보암 2세가 통치하던 시기, 다시 말해 북이스라엘이 제2의 전성기를 누리던 시절부터, 북이스라엘이 앗수르에게 멸망당하던 시기까지 활동했다.

기록 목적

호세아 선지자가 활동할 당시의 북이스라엘은 바알 숭배에 흠뻑 빠져 있었다. 바알은 고대 근동 지방에서 농업과 다산과 비를 관장하는 신으로 추앙되었다. 농업이 중요했던 북이스라엘 백성들에게 바알 숭배는 떨쳐 내기 어려운 유혹이었을 것이다. 이에 호세아 선지자는 바알 숭배가 영적 간음이라고 외치면서, 다시 하나님께 돌아올 것을 촉구하기 위해 본서를 기록했다.

통독 길잡이

호세아서의 주된 내용은 임박한 심판 예언이다. 호세아 선지자는 바알 숭배가 초래할 북이스라엘의 멸망을, 시적인 풍자로 묘사한다. 북이스라엘을 완강한 암소(4:16)나 달궈진 화덕(7:4)으로 묘사하는 것이 대표적이다. 실제 결혼 생활을 통해 주제를 강화하는 것도 호세아서만의 특징이다. 하나님은 호세아에게 조건 없이 고멜을 사랑하라고 명령하시는데, 이것은 북이스라엘을 향한 하나님의 언약적 사랑을 잘 나타낸다.

호세아 결혼의 영적 의미

1장   왜 하나님은 이스르엘, 로루하마, 로암미라는 이름을 지어 주시는가?

1-11 여로보암 2세는 솔로몬 시대의 영토를 대부분 회복합니다. 하나님이 북이스라엘을 불쌍히 여기시고, 은혜를 베푸셨기 때문입니다(왕하 14:25-27). 그런데 북이스라엘은 하나님께 감사하기는커녕, 우상 숭배에 더욱 몰두했습니다. 이에 하나님은 호세아의 행동을 통해 북이스라엘의 죄를 어떻게 다루실지를 나타내십니다. 호세아가 고멜과 결혼하여 낳은 첫 번째 아이의 이름은 이스르엘입니다. 하나님이 흩으신다는 뜻입니다. 두 번째 아이의 이름은 로루하마입니다. 긍휼히 여김을 받지 못한다는 뜻입니다. 세 번째 아이의 이름은 로암미입니다. 하나님의 백성이 아니라는 뜻입니다. 이 이름들은 모두 하나님이 북이스라엘을 철저하게 심판하실 것을 예고합니다.

2장   왜 북이스라엘 백성들은 죄를 제거해야 하는가?

1-23 앞에서 심판을 선언하신 하나님이 이제는 회복을 약속하십니다. 로암미라는 이름을 암미로, 로루하마라는 이름을 루하마로 바꾸라고 하십니다(1절). 암미는 하나님의 백성이라는 뜻이며, 루하마는 긍휼히 여김을 받는다는 뜻입니다. 하지만 조건이 있습니다. 자신의 죄를 숨기거나 감추지 말고, 깨끗하게 제거해야 합니다(2절). 죄를 남겨 둔 상태로는 하나님의 자비와 긍휼을 받을 수 없기 때문입니다. 하나님이 약속하신 은혜는 놀랍습니다. 하나님은 북이스라엘과 결혼하여 영원히 살며, 그들에게 공의와 정의와 은총과 긍휼을 베풀겠다고 하십니다(19절). 북이스라엘이 하나님을 배신했지만, 다시 하나님께 돌아오기만 하면 이전에 누리던 친밀한 관계를 회복시켜 주신다는 뜻입니다.

3장   왜 하나님은 호세아에게 고멜을 사랑하라고 하시는가?

1-5 하나님은 호세아에게 다른 남자와 사랑에 빠진 고멜을 사랑하라고 하십니다(1절). 호세아의 사랑을 통해, 북이스라엘을 향한 하나님의 사랑을 나타내기 위해서입니다. 호세아가 고멜을 데려오기 위해 값을 치른 것처럼, 하나님도 우리를 죄에서 구원하시기 위해 값을 치르셨습니다. 바로 예수님의 십자가입니다.

하나님을 모르는 북이스라엘

4장　왜 제사장들은 백성들이 죄짓기를 원했는가?

1-19 1절에서 논쟁으로 번역된 히브리어는 법적인 소송을 의미합니다. 지금 하나님은 북이스라엘 백성들을 재판정에 고소하고 계십니다. 하나님의 백성이라면 마땅히 하나님을 아는 지식과 사랑이 있어야 하는데, 그런 것을 일절 찾아볼 수 없기 때문입니다(2-3절). 대신 저주와 속임과 살인과 도둑질과 간음이 사회를 가득 채우고 있습니다. 북이스라엘의 타락에는 종교 지도자들의 역할이 컸습니다. 선지자는 백성들에게 말씀을 가르치고, 제사장은 백성들을 죄에서 건져야 하지만, 오히려 앞장서서 죄를 지었습니다(4-6절). 8절은 특히 충격적입니다. 제사장들은 백성들의 죄악에 마음을 두었습니다. 백성들이 죄짓기를 원했다는 뜻입니다. 그럴수록 속죄 제물을 더 많이 거둘 수 있었기 때문입니다.[228] 타락한 제사장들은 하나님이 맡기신 사명을 돈벌이 수단으로 생각했습니다.

5장　왜 하나님은 북이스라엘 백성들의 제사를 받지 않으시는가?

1-15 하나님은 제사장과 왕족들을 먼저 책망하십니다(1절). 지도자들의 범죄가 백성들의 타락을 부채질했기 때문입니다. 하나님은 북이스라엘 백성들이 드리는 제사를 받지 않겠다고 하십니다(6절). 제사를 드리는 자들의 마음이 부패하고 교만하기 때문입니다(5절). 이처럼 하나님은 순종없는 자들의 예배를 받지 않으십니다(미6:7-8). 우리가 드리는 예배는 하나님이 받으실만한 예배인지 생각해 보기 원합니다.

6장　왜 하나님을 사랑하는 자들은 가난하고 소외된 자들을 사랑해야 하는가?

1-11 하나님은 북이스라엘 백성들이 다시 돌아오기만 하면, 그들을 온전히 회복시켜 주신다고 하십니다(1절). 하나님은 진심으로 하나님을 찾는 자들을 외면하지 않으십니다. 그런데 하나님께로 돌아가기 위해서는 두 가지가 필요합니다. 인애와 하나님을 아는 지식입니다(6절). 인애(헤세드)는 친절과 자비를 의미합니다. 하나님께 받은 사랑을 이웃에게 베푸는 것이 인애입니다. 따라서 하나님을 사랑한다고 하는 자들은 반드시 이웃을 사랑해야 합니다. 특히 하나님은 가난하고 소외된 자들에게 베푼 것을, 당신께 베푼 것으로 여기십니다(마 25:40).

7장　왜 하나님은 북이스라엘을 심판하실 수밖에 없었는가?

1-7 하나님은 재앙보다 평안을 원하십니다(렘 29:11). 그래서 하나님은 타락한 북이스라엘을 오래 참으셨습니다. 오래 참으면서 고치려고 하셨습니다(1절). 하지만 북이스라엘은 끝까지 회개하지 않았습니다. 그래서 하나님은 북이스라엘을 심판하실 수밖에 없었습니다. **8-16** 북이스라엘에 하나님의 재앙이 임할 것입니다. 그들이 하나님을 떠나 잘못된 길로 갔기 때문입니다(13절). 특히 북이스라엘은 하나님보다 이방 왕들을 더 의지하는 죄를 지었습니다. 므나헴은 앗수르에 조공을 바쳤고, 베가는 아람을 의지했으며, 호세아는 애굽을 의지했습니다(11절).

262

확정된 심판

8장 왜 이스라엘은 하나님을 안다고 할 수 없는가?

1-14 이방 나라들이 독수리처럼 이스라엘을 공격할 것입니다. 이스라엘이 하나님과 맺은 언약을 어기고, 율법을 준행하지 않았기 때문입니다(1절). 이스라엘은 하나님의 백성이면서도, 우상을 숭배하고 하나님의 말씀대로 살지 않았습니다. 주목할 부분은 이스라엘 백성들이 하나님을 잘 안다고 생각했다는 점입니다(2절). 사실은 하나님을 전혀 몰랐는데도 말입니다. 만약 하나님을 참으로 알았다면, 우상을 숭배하거나(4절), 율법을 이상하게 여기지 않았을 것입니다(12절). 따라서 이스라엘은 하나님을 피상적으로만 알았을 뿐입니다. 그렇다면 하나님을 참으로 아는 것은 무엇일까요? 첫째, 인격적으로 알아야 합니다. 기도와 말씀으로 하나님과 교제하여 점점 하나님을 닮아 가야 합니다. 둘째, 경험적으로 알아야 합니다. 하나님의 존재를 삶에서 경험하여 말과 행동 속에서 하나님이 묻어나야 합니다.

9장 왜 호세아는 다음 세대가 태어나지 않기를 기도하는가?

1-9 하나님이 앗수르 군대를 통해 이스라엘을 벌하겠다고 하십니다(3절). 만약 앗수르 군대를 피해 애굽으로 도망간다면, 그곳을 무덤으로 만들겠다고 하십니다(6절). 하나님의 심판을 피할 길이 전혀 없다는 뜻입니다. 죄로 말미암아 발생한 문제는 죄를 회개하는 것 외에 다른 해결책이 없습니다. **10-17** 호세아는 다음 세대가 태어나지 않기를 기도합니다(14절). 우상을 숭배하는 나라에는 아름다운 미래가 없기 때문입니다(12절).

10장 왜 이스라엘은 바알 숭배에 더 열심을 냈는가?

1-15 이스라엘은 자신들의 번영이 바알이 축복한 결과라고 생각했습니다. 그래서 포도 열매가 많아질수록 바알 숭배에도 열심을 냈습니다. 그 결과는 치명적입니다. 하나님은 이스라엘을 저주하실 것이고, 이스라엘은 고통 중에 죽을 것입니다(8절). 하지만 비상구가 없는 것은 아닙니다. 묵은 땅을 기경하면, 하나님의 은혜를 입을 수 있습니다(12절). 묵은 땅은 이스라엘 백성들의 마음을 상징합니다. 죄로 가득한 마음을 갈아엎으면, 하나님의 은혜를 다시 받을 수 있다는 뜻입니다. 하지만 하나님은 이스라엘 백성들이 회개하지 않을 것을 아셨습니다. 그래서 하나님은 이스라엘 백성들이 묵은 땅을 기경하기는커녕, 악을 밭 갈 것이라고 하십니다. 회개하지 않고, 더욱 죄를 지을 것이라는 뜻입니다(13절).

돌아오라고 말씀하시는 하나님

11장 왜 이스라엘이 받는 심판은 이방 나라가 받는 심판과 다른가?

1-12 이제 하나님의 심판은 돌이킬 수 없습니다. 이스라엘이 바알을 숭배하면서(2절), 하나님의 아버지와 같은 사랑은 모르는 척하기 때문입니다(3절). 하지만 하나님은 여전히 이스라엘을 사랑하시므로(8절), 이스라엘에게 마음껏 분노를 쏟지는 않으실 것입니다(9절). 적어도 이 스라엘에 임할 하나님의 심판은 아드마와 스보임의 경우와는 다를 것입니다. 아드마와 스보임은 고돔과 소모라가 심판을 받을 때 함께 벌을 받아 영원히 사라졌지만(신 29:23), 이스라엘은 심판을 통해 더욱 거룩한 나라로 변화될 것입니다(8절).

12장 왜 이스라엘은 하나님의 심판을 피할 수 없는가?

1-14 이스라엘은 하나님보다 애굽과 앗수르를 더 의지했습니다(1절). 그것이 이스라엘의 생존 전략이었습니다. 하지만 애굽과 앗수르는 오아시스가 아니라 뜨겁고 건조한 죽음의 바람이었습니다(1절). 이스라엘은 도덕적인 측면에서도 하나님을 떠나 있었습니다. 이스라엘은 하나님이 기뻐하시지 않는 불법적인 방법으로 이익을 추구했습니다(7절). 이처럼 이스라엘의 타락은 극에 달해 있었으므로, 도저히 하나님의 심판을 피할 수 없었습니다(14절).

13장 왜 이스라엘은 하나님을 멀리했는가?

1-3 에브라임은 북이스라엘의 중추가 되는 지파였습니다. 북이스라엘의 초대 왕 여로보암도 에브라임 출신이었습니다. 하지만 에브라임은 하나님께 돌려야 할 영광을 자신과 바알에게 돌렸습니다(1절). 그 결과 에브라임은 광풍에 날리는 쭉정이처럼 사라지게 될 것입니다(3절). **4-16** 이스라엘이 하나님을 멀리한 이유 중 하나는, 배가 불렀기 때문입니다(6절). 경제적으로 번성했기 때문입니다. 이처럼 모든 일이 잘 풀리는 순간이 가장 위태로운 시간입니다. 바로 그때 교만하여 범죄하기 쉽습니다.

14장 왜 이스라엘은 하나님께 돌아가야 하는가?

1-9 비참하게 쓰러져 있는 이스라엘에게 돌아오라고 말씀하십니다(1절). 용서하시고 회복하실 능력이 하나님께 있기 때문입니다. 진정으로 회개하기만 한다면, 하나님은 아무 조건 없이 받아 주십니다. 그렇다면 어떻게 돌아가야 할까요? 말씀과 함께 돌아가야 합니다(2절). 말씀을 통해 죄를 점검하고, 다시 말씀에 순종하는 것을 통해 하나님께 돌아가야 합니다. 이렇게 호세아서는 다시 돌아오라는 외침으로 끝납니다. 이미 심판을 작정하셨지만, 끝까지 기회를 주시려는 하나님의 사랑이 호세아서의 핵심입니다. 이 말씀에 올바르게 반응하는 자는 진노의 하나님이 아니라 사랑의 하나님을 만나게 될 것입니다(4절).

한눈에 보는 요엘

핵심	유다에 임할 여호와의 날 (1:1–2:17)	열방에 임할 여호와의 날 (2:18–3:21)
사건	메뚜기의 침입 군대의 침입	하나님께서 당신의 백성을 회복하심 하나님께서 열방을 심판하심
주제	하나님의 심판	하나님의 회복
장소	남유다	
기간	남유다가 멸망하기 직전, 주전 7세기 말에서 5세기경에 기록한 것으로 추정	

저자: 요엘

저자는 본문의 화자인 요엘 선지자다. 이름의 뜻은 '여호와는 하나님이시다'이다. 성전과 예루살렘에 관한 잦은 언급으로 볼 때, 예루살렘에서 사역했던 것으로 보인다.

기록 목적

하나님의 심판은 없을 것이라며 안일한 자세로 살던 남유다 백성들에게, 메뚜기 재앙이 평범한 자연 재해가 아니라 임박한 여호와의 날, 즉 심판의 날의 전조임을 경고하기 위해 본서를 기록했다.

통독 길잡이

요엘서를 해석할 때 가장 큰 이슈가 되는 것은 '메뚜기 재앙을 어떻게 볼 것인가?'이다. 문자적으로 해석하는 사람들은 실제 메뚜기로 이해하고, 상징적으로 해석하는 사람들은 이방 나라의 군대로 이해한다. 사실 어느 쪽으로 보든지, '임박한 심판'이라는 본문의 주제에는 큰 영향을 주지는 않는다. 실제 곤충으로 보는 것이 더 바람직할 것 같다.[229]

여호와의 날

1장 왜 요엘 선지자는 메뚜기 떼의 습격과 가뭄을 심각하게 생각했는가?

1-20 남유다에 재앙이 임했습니다. 가뭄으로 많은 곡식이 말라 죽었을 뿐만 아니라 메뚜기 떼가 곡식을 습격했습니다. 대부분의 사람들은 이 문제를 심각하게 생각하지 않았습니다. 대표적인 부류가 술에 취한 자들입니다(5절). 그들은 여전히 술에 취해 있을 정도로, 이 문제를 평범한 사건으로 여겼습니다. 요엘 선지자는 달랐습니다. 그는 이 문제가 '언약의 저주'이며, 임박한 심판의 전조임을 간파했습니다. 언약의 복과 저주에 대한 말씀은 신명기 28장에 기록되어 있습니다. 메뚜기 떼의 습격과 가뭄은 언약의 저주 가운데 하나입니다(신 28:24, 38).

2장 왜 남유다 백성들은 지금이라도 진심으로 회개해야 하는가?

1-17 요엘 선지자는 여호와의 날에 군대의 공격이 있을 것이라고 경고합니다(1-11절). 그 군대는 메뚜기 떼만큼 무시무시한 위력을 가진 자들입니다. 하지만 아직 기회는 남아 있습니다. 지금이라도 진심으로 회개하면 하나님이 심판을 거두시고, 복을 내리실 것입니다(12절). **18-32** 하나님이 회개하는 자들에게 약속하신 복은 놀랍습니다. 그들은 좋은 평판과 풍성한 수확을 회복할 것이고 (18-20절), 땅도 다시 기름진 곳으로 변할 것입니다(21-27절). 가장 놀라운 축복은 성령의 임재입니다(28-32절). 베드로 사도는 오순절 성령 강림 사건을 요엘 선지자의 예언이 성취된 것으로 해석했습니다. 하나님은 당신의 백성이 죄를 지을 때 호되게 심판하시지만, 진심으로 회개하면 빼앗긴 것보다 더 큰 것을 주십니다.

3장 왜 하나님은 이스라엘의 이웃 나라들을 심판하시는가?

1-13 하나님이 이스라엘의 이웃 나라들을 심판하십니다(1-8절). 그들이 이스라엘을 사로잡고, 성전의 보물을 약탈했기 때문입니다. 이처럼 하나님은 당신의 백성이 당하는 고통을 아시고, 당신의 백성들이 불의한 일을 당할 때 대신 갚아 주십니다. **14-21** 하나님은 당신 백성들의 피난처와 산성이십니다(16절). 따라서 남유다 백성들은 지금이라도 하나님께로 피해야 합니다. 우리도 마찬가지입니다. 어려운 상황과 문제들로 좌절하기보다 피난처이신 하나님을 의지해야 합니다.

한눈에 보는 아모스

핵심	심판 선언 (1–2장)	이스라엘의 죄 (3–6장)	심판 환상 (7:1–9:10)	회복의 약속 (9:11–15)
사건	이스라엘 주변국들에 임할 심판	이스라엘의 사회·종교적 죄악들	5개의 환상	다윗 왕조와 이스라엘의 회복
주제	심판하시는 하나님	하나님께서 심판하시는 이유	미래에 있을 심판	회복하시는 하나님
장소	주변 국가	북이스라엘		
기간	대략 주전 760–753년			

저자: 아모스

아모스는 뽕나무를 재배하는 농부였다. 따라서 직업적인 선지자는 아니었으며, 북이스라엘 백성들에게 하나님의 말씀을 전하기 위해 일시적으로 부름받은 것으로 보인다. 그는 농부였지만 국제 정세에 정통했으며(1:3-2:3), 하나님의 언약에 대해서도 깊은 이해를 가지고 있었다(9:11-12).

기록 목적

당시 북이스라엘은 유례없는 경제적 번영을 누리고 있었다. 남유다와 북이스라엘 사이에는 평화가 있었고, 이방 나라의 위협도 없었다. 북이스라엘의 통치자 여로보암 2세는 솔로몬 시대에 버금가는 영토 확장을 이루었다. 그런데 화려한 이면에는 어두운 현실이 자리 잡고 있었다. 빈익빈 부익부는 심화되었고, '노블레스 오블리주'는 작동하지 않았다. 가진 자들은 가난한 자들을 착취했으며, 힘 있는 자들은 약한 자들을 억압했다. 이에 하나님께서는 남유다 출신의 용감한 농부를 통해 그들의 죄악을 깨우치고자 하셨다. 특히 아모스는 종교와 도덕의 균형, 참된 신앙과 정의로운 삶의 조화를 분명하게 선언했다.

통독 길잡이

아모스의 메시지는 크게 네 부분으로 나눌 수 있다. 첫째, 이스라엘과 주변 나라들에 대한 심판 선언이다. 여기서 가장 강력한 경고를 받는 것은 이방 나라가 아니라 북이스라엘이다. 둘째, 하나님께서 북이스라엘을 심판하시는 이유다. 여기에는 종교적인 타락만이 아니라 도덕적인 타락도 포함된다. 셋째, 아모스가 본 다섯 개의 환상이다. 하나님의 심판을 생생하게 전달하는 효과를 갖는다. 넷째, 이스라엘과 다윗 왕조의 회복이다. 대부분의 학자들은 넷째 부분이 다윗 자손으로 오신 그리스도라는 데 동의한다.

북이스라엘에 임할 심판

1장 왜 하나님은 아모스를 선지자로 부르시는가?

1-2 하나님이 북이스라엘의 죄를 폭로하는 도구로 농부 아모스를 부르십니다(1절). 놀랍게도 아모스는 북이스라엘 출신이 아니며, 직업적인 선지자도 아닙니다. 하나님이 아모스를 부르신 것을 통해 알 수 있는 것은, 북이스라엘은 참된 선지자가 한 사람도 없을 정도로 타락했다는 사실입니다. **3-8** 다메섹은 길르앗 사람들을 잔인하게 대한 것 때문에(3절), 가사는 사람들을 에돔에 팔아넘긴 것 때문에 하나님의 심판을 받습니다(6절). 모든 인간

은 하나님의 형상입니다. 하나님의 형상을 함부로 대하거나 이익의 도구로 삼는 자들은 심판을 피할 수 없습니다. **9-15** 두로는 사람을 노예로 팔았고(9절), 에돔은 형제 국가 이스라엘을 공격했으며(11절), 암몬은 영토를 넓히기 위해 이웃 나라를 침략했습니다(13절). 세 국가의 공통점은 자신들의 이익을 위해 이웃 국가에 피해를 주었다는 점입니다. 하지만 그들이 얻은 것은 이익이 아니라 심판이었습니다.

2장 왜 모압은 하나님의 심판을 받는가?

1-3 모압은 에돔을 너무 미워했던 나머지, 에돔 왕의 뼈를 불살라 재로 만들었습니다(1절). 하나님은 이러한 적개심과 복수심을 미워하십니다. 혹시 누군가를 향해 당한 만큼 갚아 주겠다고 생각하고 있지는 않습니까? 복수하는 것을 하나님께 맡기고(롬 12:19), 원수를 사랑하는 마음을 주시기를 기도해야 합니다(잠 25:21). **4-16** 지금까지 이방 나라를 정죄하신 하나님은, 이제부터 당신의 백성인 남유다와 북이스라엘을 향해 심판을 선언하십니다(4-8절). 북이스라엘의 죄는 주로 돈과 관련된 것들입니다. 은을 받고 의인을 팔았다는 것은 타락한 재판을 비꼬는 표현입니다(6절). 북이스라엘의 재판관들은 뇌

물을 받고 죄 없는 자들에게 유죄를 선고했습니다. 연약한 자의 길을 굽게 했다는 것은(7절) 당시 지도자들이 사회적 약자들을 억울하게 했다는 뜻입니다. 전당 잡은 옷 위에 누웠다는 것은, 부자들이 돈 때문에 율법을 어겼다는 증거입니다. 율법에 따르면 가난한 자들이 담요로 사용하는 외투는 밤이 되기 전에 돌려주어야 했습니다(신 24:12-13). 돈이란 참으로 무서운 것입니다. 사람을 향한 사랑도, 하나님을 향한 공경도, 한순간에 외면하게 만드는 것이 돈입니다. 우리는 돈이 주는 기쁨과 권력을 경계해야 합니다. 돈을 하나님과 이웃을 사랑하는 도구로 사용할 수 있어야 합니다.

사라진 정의

3장 왜 아모스는 원인과 결과를 말하는가?

1-15 하나님은 모든 족속 가운데 이스라엘만을 알았다고 하십니다(2절). 이스라엘을 특별히 사랑하셨다는 뜻입니다. 하지만 이스라엘은 하나님의 사랑에 합당한 반응을 보이지 않았습니다. 그래서 이스라엘은 이방 나라처럼 심판을 받습니다. 심판을 선언하기 위해 부름받은 아모스는, 원인이 있으면 결과가 있다고 말합니다(3-6절). 이스라엘이 죄를 지었으므로, 심판이 임하는 것은 당연하다는 뜻입니다.

4장 왜 귀부인들의 제사를 받지 않으시는가?

1-13 북이스라엘의 귀부인들은 사회적 약자들을 돌보지 않았습니다. 도리어 그들을 학대하고 압제했습니다(1절). 그들은 오직 개인의 쾌락만을 위해 살았습니다(1절). 놀라운 것은 그들이 이런 악을 행하면서도 정기적으로 하나님께 제사를 드렸다는 사실입니다(4-5절). 아마 그들은 하나님께 제사를 드리기만 하면, 그들의 죄가 사해진다고 믿었던 것 같습니다. 하지만 하나님은 타락한 자들의 예배를 받지 않으십니다. 하나님은 이웃에게 악을 행하면서 하나님 앞에서만 거룩한 척하는 자들에게 속지 않으십니다. 결국 북이스라엘의 귀부인들은 도살장으로 끌려가는 짐승처럼 노예가 되어 끌려가게 될 것입니다(3절).

5장 왜 하나님은 북이스라엘 백성들의 예배를 받지 않으시는가?

1-27 하나님이 북이스라엘 백성들의 예배를 받지 않겠다고 하십니다(22절). 심지어 그들의 찬양 소리가 듣기 싫다고 하십니다(23절). 도리어 북이스라엘 백성들을 심판하겠다고 하십니다(18절). 이는 그들이 정의롭지 않은 삶을 살았기 때문입니다(24절). 그들은 가난한 자들에게 부당한 세금을 거두었고(11절), 힘없는 자들에게 억울한 판결을 내렸습니다(12절). 이처럼 하나님이 원하시는 예배는 일상의 삶과 괴리된 예배가 아닙니다. 하나님은 우리가 가정과 직장에서도 예배하는 마음으로 살기를 원하십니다. 하나님은 우리의 구원이 예배의 자리뿐만 아니라 삶의 자리에서도 드러나기를 원하십니다.

6장 왜 지도자들에게 재앙이 닥치는가?

1-14 하나님은 지도자들에게 재앙이 닥칠 것이라고 하십니다(1절). 코끼리 상아로 침대를 만들 정도로 사치스러운 삶을 살면서, 어려움을 겪는 이웃의 아픔에는 눈을 감았기 때문입니다(4-6절). 주목할 부분은 하나님이 그들의 예배를 평가하는 장면입니다. 하나님은 그들의 찬양이 노래를 지절거리는 것에 불과하다고 하십니다(5절). 진심이 전혀 담겨 있지 않은 찬양이라는 뜻입니다. 지금도 6일 동안은 하나님과 전혀 상관없는 삶을 살다가, 주일 하루만 열심히 찬양하는 자들이 있습니다. 하나님은 그런 찬양을 받지 않으십니다.

회복될 이스라엘

7장 왜 하나님은 다림줄 환상을 보여 주시는가?

1-6 하나님이 두 가지 환상을 통해 자신의 계획을 보여 주십니다(1-6절). 들판을 덮는 메뚜기 환상과 큰 바다를 삼키는 불 환상은, 하나님의 심판이 임박했음을 뜻합니다. 그런데 아모스가 간절히 기도하자 심판을 거두겠다고 하십니다. 이것이 기도의 능력입니다. 성도의 기도에는 역사를 바꾸는 힘이 있습니다. **7-17** 하나님은 북이스라엘에 내리고자 하셨던 심판을 유예해 주셨습니다. 그

들을 사랑하셨기 때문입니다. 하지만 북이스라엘은 여전히 자신들의 죄를 회개하지 않았습니다. 그래서 하나님은 다림줄 환상을 통해 말씀하십니다(7-9절). 다림줄은 측량의 도구입니다. 하나님이 북이스라엘 백성들의 삶을 꼼꼼하게 측량하셔서 행위대로 벌하시겠다는 뜻입니다.

8장 왜 말씀의 기근이 더 무서운가?

1-14 히브리어로 여름 과일은 '카이츠', 종말은 '케츠'입니다. 비슷한 발음을 이용하여 북이스라엘의 종말이 임박했음을 표현한 언어유희입니다. 하나님이 사랑하는 당신의 백성을 심판하시는 이유는 그들의 악행이 도를 넘었기 때문입니다. 북이스라엘은 가난한 자들이 살 수 없는 사회 구조를 만들었습니다(4절). 그들은 돈에만 관심을 두었기에 장사를 할 수 없는 월삭과 안식일이 어서

빨리 지나가기를 원했습니다. 그 결과 말씀의 기근이 임합니다(11절). 언뜻 보기엔 양식의 기근이 더 무서워 보이지만, 사실은 말씀의 기근이 더 무서운 심판입니다. 말씀을 듣지 못하면 하나님의 뜻을 알 수 없고, 하나님의 뜻을 알지 못하면 죄에서 돌이킬 수 없습니다. 그래서 말씀의 기근은 최종적인 심판 선언입니다.

9장 왜 하나님은 제단 곁에 서시는가?

1-10 하나님이 제단 곁에 서십니다(1절). 원래 제단은 은혜를 상징하지만, 여기서는 심판을 상징합니다. 가난한 자들을 억압하고 착취하는 삶을 살았던 자들에게, 제단은 은혜의 자리가 아니라 심판의 자리가 될 것입니다. 하지만 심판의 날에도 의인들에겐 소망이 있습니다. 하나님이 이스라엘을 체질한다는 것(9절)은, 의인과 악인을 구분한다는 뜻입니다. 하나님은 심판의 날에도 의인들

을 보호하실 것입니다(10절). **11-15** 하나님이 다윗의 무너진 장막을 일으키겠다고 하십니다(11절). 다윗 후손 가운데 한 왕을 세우시겠다는 약속입니다. 이 왕은 예수님을 의미합니다. 언젠가 북이스라엘은 멸망하여 사라지겠지만, 예수님이 통치하시는 하나님의 나라는 영원할 것입니다.

한눈에 보는 오바댜

핵심	하나님께서 에돔을 심판하심 (1:1-18)	하나님께서 이스라엘을 도우심 (1:19-21)
주제	세상 나라의 일시적인 승리	하나님 나라의 궁극적인 승리
장소	이스라엘과 에돔	
기간	대략 주전 586-539년	

저자: 오바댜

이름 외에는 알려진 것이 없다. 만약 본문에 기록된 사건이 예루살렘이 멸망하던 시기에 발생했다면 예레미야와 동시대에 사역했을 것이다. 실제로 오바댜 1-9절은 예레미야 49:7-9, 49:14-16과 매우 유사하다.

기록 목적

에돔과 이스라엘은 아브라함의 후손으로서, 야곱과 에서를 조상으로 둔 형제 국가다. 두 나라의 갈등은 오래전부터 예고되어 있었다. 형 에서는 동생 야곱의 속임수에 넘어가 장자의 권리를 팔았고, 그때부터 동생을 시기했다. 이 적대감은 후손에게도 이어졌고, 바벨론의 침공 때 절정에 달했다. 에돔은 남유다를 돕기는커녕, 바벨론의 침공을 도왔다. 오바댜 선지자는 형제 국가 에돔의 배신과 교만을 정죄하기 위해 본서를 기록했다.

통독 길잡이

본문의 핵심은 에돔에 임할 하나님의 심판이다. 에돔 심판이 이스라엘의 회복으로 연결된다는 점에서 당신 백성을 향한 하나님의 사랑의 행위다. 따라서 이 책은 세상 나라가 일시적으로 승리하는 것처럼 보일지라도 궁극적인 승리는 하나님 나라에 있음을 보여준다. 고난받는 성도들은 오바댜서를 통해 현재의 고통을 하나님께서 알고 계시며, 그들을 위해 일하고 있음을 확신할 수 있다.

형제를 배반한 에돔

1장 왜 에돔은 교만했는가?

1-9 에돔은 이스라엘과 예루살렘 성전을 공격하면서도 두려워하지 않았습니다. 세일산과 아라비아 사막이 천연 요새가 되어 주었기 때문입니다. 에돔은 천연 요새 때문에 교만했지만(3절), 하나님이 무너뜨리시지 못할 요새는 없습니다. 하나님은 바벨론을 통해 에돔을 심판하실 것입니다. **10-21** 에서 후손인 에돔은 야곱 후손인 이스라엘을 미워했습니다. 심지어 다른 이방인들과 함께 예루살렘을 약탈했습니다(11절). 하나님은 그 행위를 지켜보시고, 이제 심판을 선언하십니다. 에돔은 형제 국가인 이스라엘이 도움을 구할 때, 긍휼을 베풀지 않은 것 때문에 하나님의 심판을 받았습니다. 혹시 우리도 형제의 어려움에 눈을 감고 있지는 않은지 깊이 생각해 보아야 합니다.

한눈에 보는 요나

핵심	요나를 구원하신 하나님 (1-2장)	니느웨를 구원하신 하나님 (3-4장)
사건	도망가는 요나 추격하시는 하나님 요나를 살리신 하나님	순종하는 요나 요나의 설교 니느웨의 회개
주제	하나님에게서 피할 수 있는 곳은 없다	하나님의 구원은 이방인에게도 열려 있다
장소	지중해 바다	앗수르의 수도 니느웨
기간	대략 주전 760년	

저자: 요나

주인공 요나가 저자라는 것이 전통적인 견해다. 요나의 이름은 왕하 14:25에 한 번 더 언급된다. 거기서 그는 북 이스라엘에 임할 하나님의 은혜를 예언하는 사람으로 소개된다.

기록 목적

요나는 자신의 경험을 통해, 하나님께서 모든 나라와 민족을 사랑하신다는 사실을 가르치고자 했을 것이다.

통독 길잡이

요나의 경험을 풍유나 비유로 보아야 한다는 주장이 있다. 풍유란 어떤 주제를 전하기 위한 가상적인 이야기이며, 비유는 진리를 전하기 위해 지어낸 짧은 이야기다. 하지만 요나의 경험을 가상적인 것이나 지어낸 것으로 볼 만한 어떠한 근거도 없다. 예수님께서 요나의 경험을 역사적 사실로 간주하신 것을 볼 때(마 12:39-42), 본서의 이야기는 실제 있었던 사건으로 보아야 한다. 어떤 학자들은 사람이 물고기 배 속에서 생존하는 것이나 식물이 단 기간에 급성장하는 것이 불가능하다는 이유로 본서의 신빙성에 의문을 제기한다. 하지만 그런 질문은 하나님께서 초자연적으로 역사하실 수 있는 분임을 애초에 고려하지 않은 것이다. 우리는 하나님의 주권 속에서 이 모든 일들이 가능하다고 믿는다.

니느웨의 회개

1장 왜 요나는 다시스로 도망가는가?

1-17 요나는 앗수르 수도 니느웨로 가라는 하나님의 명령을 무시합니다(3절). 니느웨 사람들이 회개할지도 모른다는 두려움 때문이었습니다. 그는 니느웨 사람들이 계속 죄를 짓다가 멸망하기를 원했습니다. 잠잠했던 바다에 폭풍이 임한 것은 요나의 잘못을 깨우치시려는 하나님의 섭리였습니다(4절). 모든 고난이 그런 것은 아니지만, 때때로 하나님은 우리의 죄를 깨닫게 하시려고 고난을 주십니다. 혹시 고난 중에 있다면, 하나님과의 관계를 점검하는 기회로 삼아야 합니다.

2장 왜 하나님은 요나를 위해 큰 물고기를 예비하셨는가?

1-10 요나는 니느웨에 하나님의 심판이 임하기를 원했습니다. 그들이 악한 민족이라고 생각했기 때문입니다. 그렇다면 요나 역시 심판을 받아야 합니다. 하나님의 명령을 정면으로 거스른 죄인이기 때문입니다. 하지만 하나님은 자격 없는 요나를 살려 주십니다. 하나님은 죄인이 멸망하기보다 회개하기를 원하시기 때문입니다. 바로 이것이 하나님이 요나를 위해 큰 물고기를 예비하신 이유입니다. 하나님이 요나의 회개를 위해 큰 물고기를 예비하신 것처럼, 이제 니느웨의 회개를 위한 도구는 요나가 되어야 합니다.

3장 왜 요나는 니느웨 일부 지역에만 말씀을 전하는가?

1-10 요나가 도착한 니느웨는 사흘을 걸어야 할 만큼 큰 성입니다(3절). 그런데도 요나는 단 하루만 말씀을 전합니다(4절). 니느웨 전체가 아니라 일부 지역에만 말씀을 전합니다. 혹시라도 니느웨 주민들이 회개할까 봐 두려웠기 때문입니다. 결국 요나가 가장 두려워했던 사태가 발생합니다. 그가 의도적으로 일부 지역에만 말씀을 전했음에도 불구하고, 전 국가적인 회개가 일어난 것입니다. 심지어 니느웨 사람들은 금식을 선포하고, 굵은 베옷을 입을 정도로 적극적으로 회개했습니다. 이 사건이 놀라운 이유는, 니느웨 사람들이 요나의 설교를 듣고 신속하게 회개한 반면 이스라엘은 거듭되는 선지자들의 외침에도 아무런 반응을 보이지 않았기 때문입니다. 그런 점에서 니느웨의 회개는 이스라엘의 회개를 촉구하는 그림 언어입니다.

4장 왜 요나는 하나님께 계속 불순종하는가?

1-11 하나님이 니느웨에 내리고자 하셨던 심판을 거두시자, 참았던 요나의 분노가 폭발합니다. 요나는 니느웨가 멸망해야 한다고 생각했으므로 하나님의 행동을 이해할 수 없었습니다. 그런데 요나는 호박잎이 말라 버린 일에는 심각하게 반응합니다. 왜 요나는 니느웨는 심판을 받아야 하고 호박잎은 말라선 안 된다고 생각했을까요? 요나가 자기중심적으로 생각했기 때문입니다. 요나는 자신의 뜻을 가장 중요하게 생각했기 때문입니다. 그래서 요나는 하나님의 뜻을 어기고 다시스로 갔을 뿐만 아니라 니느웨 일부 지역에만 말씀을 전했던 것입니다. 세상의 중심은 우리가 아니라 하나님입니다. 우리의 뜻이 아니라 하나님의 뜻이 이루어져야 합니다. 하나님의 뜻과 우리의 뜻이 다를 때에는 겸손히 하나님께 복종해야 합니다.

한눈에 보는 미가

핵심	심판 (1-3장)	회복 (4-5장)	회개 (6-7장)
사건	사마리아에 임할 심판 유다에 임할 심판 지도자들에게 임할 심판	예루살렘의 회복	언약 위반을 꾸짖으심 배신을 꾸짖으심
주제	죄를 심판하심	회복을 약속하심	회개를 촉구하심
장소	이스라엘		
기간	대략 주전 735-710년		

저자: 미가

미가는 히스기야의 회심에 결정적인 영향을 끼친 선지자다(렘 26:17-19). 요담, 아하스, 히스기야에 이르는 약 20년 동안 사역했다(1:1). 동시대 선지자로는 이사야가 있다.

기록 목적

북이스라엘은 여로보암 2세, 남유다는 웃시야와 요담이 다스렸던 주전 8세기는 다윗과 솔로몬 시대에 버금가는 황금기였다. 아람 세력이 약해지면서 정치적으로 안정되었고, 중개 무역을 통해서는 엄청난 부를 모았다. 그러나 이것은 상당한 부패를 초래했다. 부유한 상류층은 우상을 숭배했으며, 가난한 자들을 억압했다. 선지자들은 이들의 행위를 꾸짖기는커녕 그들의 비위를 맞추기에 급급했다. 미가는 이런 상황에서 하나님의 심판을 경고하기 위해 본서를 기록했다.

통독 길잡이

미가서는 하나님의 심판과 구원을 선포하는 책이다. 그래서 당시 남유다 백성들의 죄를 고발하는 데 초점이 맞춰져 있다. 특히 가난한 자들을 억압하는 지도층의 부패를 신랄하게 고발한다. 동시에 회복의 약속도 중요하다. 미가는 유대 땅 베들레헴에서 나실 분을 통해 궁극적인 회복이 임할 것을 약속한다(5:2). 이 약속대로 그리스도는 베들레헴에서 나셨다(마 2:1).

270

진노하시는 하나님

1장   왜 미가 선지자는 들개와 타조처럼 통곡하는가?

1-7 하나님이 당신의 백성에게 오십니다(3절). 일반적으로 하나님은 당신의 백성을 보호하기 위해 찾아오십니다. 본문은 정반대입니다. 폭발하는 화산 같은 모습으로 찾아오십니다(4절). 하나님이 찾아오시는 이유가 심판이기 때문입니다. 이처럼 회개하지 않는 자들은 사랑의 하나님이 아니라 심판의 하나님을 만나게 됩니다. **8-16** 미가 선지자는 들개와 타조처럼 통곡합니다(8절). 북이스라엘이 회복 불가능할 정도로 타락했고, 남유다마저 북이스라엘의 우상 숭배에 물들었기 때문입니다(9절). 미가 선지자는 앉아서 울기만 하지 않습니다. 미가 선지자는 타락한 도시의 이름을 하나하나 부르며, 그들의 회개를 촉구합니다(10절). 우리에게도 미가 선지자의 심장이 있어야 합니다. 지금은 미가 선지자처럼 애통해하며, 교회의 회복을 위해 일하는 사람이 필요한 시대입니다.

2장   왜 남유다 백성들은 미가 선지자의 말을 거북하게 여기는가?

1-13 미가 선지자는 욕망의 노예가 된 지도자들과 남의 소유를 빼앗아 자기 배를 불리는 자들에게 엄중한 심판을 경고합니다(1-3절). 미가 선지자는 그들이 약속의 땅에서 쫓겨나게 될 것이라고 말합니다(4-5절). 남유다 백성들은 이런 심판의 메시지가 귀에 거슬렸습니다. 그래서 그들은 미가 선지자의 입을 막으려고 합니다(6절). 남유다 백성들이 미가 선지자의 말을 거북하게 여겼던 것은, 하나님 앞에서 거룩하게 사는 것보다 세상에서 쾌락을 누리는 것을 더 중요하게 여겼기 때문입니다. 바로 이것이 남유다 백성들이 참된 선지자들은 미워하고, 거짓 선지자들은 좋아했던 이유입니다.

3장   왜 미가 선지자 시대에는 거짓 선지자가 많았는가?

1-3 하나님이 이스라엘에 지도자를 세우신 것은, 그들을 통해 정의로운 나라를 만들고자 하셨기 때문입니다. 그런데 이스라엘의 지도자들은 하나님이 주신 권력으로 자기 욕망을 채우기에 급급했습니다(1-3절). 이에 하나님은 그들 앞에서 얼굴을 가리겠다고 하십니다(4절). 그들을 당신의 백성으로 여기지 않겠다는 뜻입니다. **4-12** 거짓 선지자는 하나님의 말씀이 아니라 자기 생각을 전하는 자입니다. 미가 선지자 시대에 이런 거짓 선지자가 많았다는 것(5절)은, 남유다 백성들이 하나님 말씀 듣기를 싫어했다는 증거입니다. 이런 나쁜 토양이 있었기에 거짓 선지자들이 활발히 사역할 수 있었습니다. 미가 선지자는 남유다가 총체적으로 타락했다고 말합니다(9절). 만약 지도자, 제사장, 선지자, 그중 어느 한 부류만 깨어 있었어도, 남유다의 타락과 멸망은 막을 수 있었을 것입니다. 하지만 그들은 한통속으로 악을 행했으므로 공멸의 길을 막을 수 없었습니다.

참된 목자 예수 그리스도

4장 왜 교회가 새로운 질서의 중심인가?

1-13 예루살렘 성전의 파괴를 말한 직후에(미 3:12), 끝 날에 세워질 새로운 성전을 말씀하십니다(1절). 파괴된 성전은 이스라엘의 중심이었지만, 새로운 성전은 온 세계의 중심이 될 것이며 평화의 상징이 될 것입니다(2-5절). 여기서 끝 날은 예수님의 시대를 의미합니다.[230] 예수님의 초림부터 재림까지가 끝 날입니다. 새 성전은 교회를

의미합니다.[231] 이 예언처럼 구약 질서의 중심이었던 옛 성전은 이제 사라지고 없습니다. 지금은 교회가 새로운 질서의 중심입니다. 모든 나라와 민족들이 교회로 나아와 하나님의 말씀을 듣고 있으며, 갈등과 분쟁이 있는 곳마다 교회가 들어가 평화를 개척하고 있습니다.

5장 왜 남유다에 아직 희망이 있는가?

1-15 하나님은 남유다를 심판하실 것입니다. 주된 이유 중 하나는 지도자들의 타락입니다(1절). 그들은 백성들을 하나님께로 이끌기는커녕 오히려 앞장서서 죄를 지었습니다. 하지만 희망이 없는 것은 아닙니다. 언젠가 하나님이 참된 지도자를 보내실 것이기 때문입니다. 그는 유다 지파 사람으로 베들레헴에서 출생할 것입니다(2절). 그는 사람의 모습으로 이 땅에 오지만, 그의 본질은 영원 전부터 계신 하나님입니다(2절). 그는 세상 지도자

들처럼 군사적인 방법이 아니라 십자가를 통해 평화를 이룰 것입니다(5절). 그분의 이름은 예수 그리스도입니다. 예수님은 이 땅에 새로운 공동체를 이루실 것입니다(8절). 예수님이 이루실 새로운 공동체는 교회입니다.[232] 교회는 예수님을 주님으로 믿고 따르는 새로운 공동체로서, 젊은 사자처럼 용맹하게 온 세상에 복음을 전할 것입니다(7-9절).

6장 왜 한 번의 예배로 충분하지 않은가?

1-16 하나님이 이스라엘을 법정으로 불러 세우십니다(1-5절). 율법에 따르면 누군가를 고발할 때는 두 명 이상의 증인이 필요했습니다. 이에 산과 땅이 증인으로 소환됩니다(2절). 모든 준비가 끝나자 하나님이 말씀하십니다. 하나님과 이스라엘 사이에 발생한 문제는 전적으로

이스라엘의 책임이라고 하십니다. 그러자 백성들이 미가 선지자에게 묻습니다. 하나님께 제물을 더 드리면 문제가 해결되냐고 묻습니다(6-7절). 이에 미가 선지자는 하나님이 원하시는 것은 한 번의 예배가 아니라 거룩한 일상의 삶이라고 대답합니다(8절).

7장 왜 미가 선지자는 여전히 하나님을 바라보는가?

1-20 미가 선지자는 탄식합니다. 예루살렘에서 의인을 찾아볼 수 없기 때문입니다(1-6절). 거룩한 성으로 불렸던 예루살렘은 이제 탐욕의 성으로 전락했습니다. 예루살렘은 의인 열 명이 없어서 멸망한 소돔의 전철을 피할 수 없습니다. 하지만 미가 선지자는 여전히 하나님을 바

라봅니다(7절). 사람의 능력으로는 회복이 불가능하지만, 하나님은 하실 수 있음을 믿었기 때문입니다. 이에 하나님은 출애굽의 기적을 약속하십니다(15절). 애굽에서 구원하신 것처럼 바벨론에서도 구원하신다는 뜻입니다.

한눈에 보는 나훔

핵심	임박한 니느웨의 심판 (1장)	니느웨에 임한 하나님의 심판 (2장)	니느웨가 심판받은 이유 (3장)
사건	하나님을 찬양함 니느웨의 멸망과 유다의 구원	선전 포고 멸망하는 니느웨	니느웨가 멸망한 이유 니느웨 멸망의 필연성
주제	하나님은 당신의 백성을 지키신다	하나님은 세상을 심판하신다	하나님의 심판은 정당하다
장소	유다에서 니느웨를 향해		
기간	대략 주전 660년경		

저자: 나훔

엘고스 사람이라는 것 외에는 알려진 것이 없다(1:1). 엘고스는 나훔의 고향이거나 그가 사역한 장소를 가리킬 것이다.

기록 목적

앗수르는 역사상 가장 큰 제국 중 하나다. 앗수르는 거대한 제국을 이루기 위해 수많은 나라를 침략했으며 셀 수 없이 많은 사람들을 죽이고 고문했다. 북이스라엘을 멸망시켰으며, 남유다도 멸망 직전까지 몰고 갔다. 니느웨는 이 제국의 수도로서 교만과 부도덕의 상징이었다. 나훔은 이 악한 도시를 향해, 아무리 강한 제국이라도 하나님의 심판을 피할 수 없음을 전하고자 했다.

통독 길잡이

나훔은 분량이 작고, 구조도 단순하다. 하나님은 1장에서 전쟁을 준비하시고, 2장에서 전쟁을 실행하시며, 3장에서 그 이유를 밝히신다. 나훔은 마치 종군 기자처럼 생생하게 하나님의 전쟁을 묘사한다. 나훔은 단순하게 보면 니느웨의 멸망을 예고하는 책이지만, 궁극적으로는 악한 권세 아래에서 신음하는 모든 자들에게 소망을 주는 책이다.

272

니느웨의 멸망

1장 왜 니느웨는 다시 심판 선고를 받는가?

1-15 하나님은 당신을 보복하고 진노하는 분으로 소개하십니다(2절). 하나님의 진노는 무절제한 감정의 산물이 아니라 죄를 제거하기 위한 거룩한 열정의 산물입니다. 진노의 대상은 앗수르 수도 니느웨입니다(1절). 하나님은 이미 백 년 전에 요나를 통해 심판을 선고하셨지만, 그들이 진심으로 회개하였기 때문에 심판을 유예해 주셨습니다. 하지만 다시 하나님 뜻을 거스르며 악을 행했기에, 이제는 심판을 피할 수 없게 되었습니다. 당시 앗수르는 수많은 식민지를 거느린 패권 국가였습니다. 앗수르 멸망은 상상하기 어려운 일이었습니다. 그러나 하나님은 앗수르가 타서 재가 될 것이라고 말씀하십니다(10절). 실제로 앗수르는 완전히 폐허가 되어 역사 속으로 사라졌습니다.

2장 왜 하나님은 앗수르와 싸우셨는가?

1-13 나훔은 주전 612년에 일어난 니느웨 멸망을 마치 종군 기자처럼 생생하게 묘사합니다. 사막 한가운데 건설된 니느웨는 난공불락의 요새로 여겨졌지만, 바벨론과 메대의 연합군 앞에 무력하게 쓰러지고 말았습니다. 이는 하나님이 친히 앗수르와 싸우셨기 때문입니다(13절). 하나님이 앗수르와 싸우신 이유는 크게 두 가지입니다. 첫째, 남유다를 구원하시기 위해서입니다(2절). 북이스라엘을 무너뜨린 앗수르는 남유다마저 삼키려고 하였습니다. 이에 하나님은 앗수르를 심판하셔서 당신의 백성을 구원하셨습니다. 둘째, 니느웨의 죄를 심판하시기 위해서입니다. 앗수르인들은 자신들의 욕망을 채우기 위해 수많은 나라와 민족을 약탈하였습니다(12절). 바로 이것이 하나님의 진노를 일으켰습니다.

3장 왜 하나님이 니느웨를 심판하시는 것은 정당한 일인가?

1-19 니느웨는 '거짓'과 '포악'과 '탈취'로 가득 차 있었습니다(1절). 이것은 심판의 정당성을 보증합니다. 또한 자신의 이익을 위해 이웃에게 피해를 주는 자들은 하나님의 심판을 받는다는 역사적 증거입니다. 내가 살기 위해 얼마든지 이웃을 이용할 수 있다는 세상의 원리에 물들지 말아야 합니다. 애굽은 난공불락의 요새였지만 앗수르에 의해 무너졌습니다(8절). 이제 니느웨 역시 바벨론에 의해 무너지게 될 것입니다(8-19절). 인간이 의지하는 것들은 이와 같습니다. 하나님이 심판하시면 아무리 대단한 것들도 한순간에 무용지물이 됩니다.

한눈에 보는 하박국

핵심	하박국의 질문과 하나님의 대답 (1~2장)	하박국의 찬양 (3장)
사건	하박국의 첫 번째 질문 하나님의 첫 번째 대답 하박국의 두 번째 질문 하나님의 두 번째 대답	하박국의 찬양과 기도
주제	당신의 백성이 고난당할 때 하나님은 어디에 계시는가?	찬양 받기 합당하신 하나님
장소	남유다	
기간	대략 주전 607년	

저자: 하박국

하박국에 관해 알려진 내용은 거의 없다. 예레미야와 동시대에 사역한 선지자다.

기록 목적

하박국은 하나님의 정의와 악인의 번영이 어떻게 조화를 이룰 수 있는지 의문을 가지는 자들에게 적절한 답을 제시한다.

통독 길잡이

하박국은 심각한 영적 위기를 겪었습니다. 남유다의 영적 타락에 하나님께서 무관심한 것처럼 보였기 때문입니다. 하나님께서 갈대아 사람을 통해 남유다를 심판하신다고 하자, 하박국의 고뇌는 더욱 깊어졌습니다. 이방인을 통해 하나님의 백성을 벌하시는 것은 더 불의한 일로 보였기 때문입니다. 우리 역시 이런 고민을 할 때가 있습니다. '하나님이 살아 계시다면 어떻게 이렇게 악이 창궐할 수 있는가? 하나님이 역사를 주관하시는데, 어떻게 악이 승리하고 선이 패배할 수 있는가?' 우리는 하박국을 통해 이 질문의 답을 찾게 될 것입니다.

고뇌하는 선지자와 하나님의 대답

1장 왜 하박국은 심각한 영적 갈등을 겪는가?

1-17 하박국서는 국가 차원의 예언이 전혀 없다는 점에서 매우 특이한 선지서입니다. 대신 하나님과 하박국 사이의 개인적인 대화가 본문을 채우고 있습니다. 당시 하박국은 심각한 영적 갈등을 겪고 있었습니다. 겁탈과 강포가 일상이 되고(3절), 율법을 지키는 자가 희소하며(4절), 정의가 전혀 시행되지 않는데도(4절), 하나님이 아무 조치를 취하시지 않는 것처럼 보였기 때문입니다. 그래서 하박국은 하나님께 악인들을 벌하시지 않고 침묵하시는 이유가 무엇인지를 물었습니다. 이에 하나님은 타락한 남유다 백성들을 심판하시기 위해 갈대아 사람, 즉 바벨론 군대를 예비하고 있다고 대답하셨습니다(6절). 이 대답은 하박국을 더 혼란스럽게 만들었습니다. 그래서 다시 질문합니다. "어떻게 이방 나라가 하나님의 백성을 심판하는 도구가 될 수 있습니까?"(13절)

2장 왜 거룩하게 살아가려는 노력은 헛되지 않은가?

1-20 하박국의 질문에 대한 하나님의 답변이 이어집니다. 하나님이 바벨론을 심판의 도구로 사용하셨지만, 결국 바벨론도 심판을 받을 것입니다. 다섯 번이나 "화 있을진저"가 반복되는 것은(6, 9, 12, 15, 19절), 바벨론에 임할 엄중한 심판을 보여 줍니다. 바벨론을 통해 받을 고난은 잠시이지만, 바벨론이 받을 심판은 영원합니다. 우리도 하박국과 같은 갈등을 겪을 때가 있습니다. 악을 행하면서도 평안한 자들을 볼 때입니다. 그들을 보면 죄와 싸우며 거룩하게 살려는 노력이 억울하게 느껴집니다. 하지만 그들의 평안은 한순간입니다. 때가 되면 하나님이 심판하실 것이고, 그들은 영원한 심판 아래 놓일 것입니다.

3장 왜 하박국은 바벨론의 심판을 속히 이루어 달라고 기도하는가?

1-19 이제 하박국은 바벨론을 통한 심판을 속히 이루어 달라고 기도합니다(2절). 그것이 하나님의 뜻임을 알게 되었기 때문입니다. 이제 하박국은 자기 생각과 다른 하나님의 뜻을 겸허하게 받아들일 수 있게 되었습니다. 17-18절의 고백은 참으로 중요합니다. 여기서 하박국은 포도나무에 열매가 없으며 외양간에 송아지가 없는 것 같은 완전한 멸망도 하나님 뜻이라면 받아들이고, 기뻐하겠다고 합니다. 우리는 여기서 참된 신앙의 모습을 볼 수 있습니다. 참된 신앙이란 우리의 뜻을 하나님께 강요하는 것이 아니라 하나님 뜻을 겸허하게 받아들이는 것입니다. 우리 역시 하박국처럼 "어떻게 이런 일이 일어날 수 있습니까?"라고 외칠 때가 있습니다. 그때마다 기억해야 합니다. 남유다의 악인들이 바벨론에 의해 멸망당하고, 바벨론이 페르시아에 의해 멸망당했던 것처럼, 이 세상의 모든 죄와 부정은 반드시 하나님께 심판을 받는다는 사실입니다. 우리는 하나님의 뜻이 이루어지는 날을 기다려야 합니다. 그날이 반드시 올 것을 믿어야 합니다. 의인은 믿음으로 사는 사람입니다(2:4).

한눈에 보는 스바냐

핵심	여호와의 날에 있을 심판 (1:1-3:8)	여호와의 날에 있을 구원 (3:9-3:20)
사건	온 땅에 임할 심판 유다에 임할 심판 주변국에 임할 심판 예루살렘에 임할 심판	남은 자들의 구원과 회복
주제	여호와의 날은 진노의 날이다	여호와의 날은 기쁨의 날이다
장소	남유다와 온 열방	
기간	대략 주전 630년	

저자: 스바냐

일반적으로 선지자의 족보는 아버지 이상 올라가지 않지만 스바냐의 계보는 4대를 올라간다(1:1). 이것은 스바냐가 왕족의 일원으로서 예루살렘과 왕궁에서 일어나는 일을 잘 알 수 있는 위치에 있었음을 보여 주기 위함이다.

기록 목적

스바냐서의 핵심은 여호와의 날이다. 여호와의 날은 1장에서만 13번, 전체를 통틀어 18번 언급된다. 여호와의 날은 하나님께서 강력하게 역사하시는 날이다. 남유다 백성들은 그날을 구원의 날로 생각하고 기다렸다. 스바냐 선지자는 그날이 구원의 날이 아니라 심판의 날이 될 것을 경고하기 위해 본서를 기록했다.

통독 길잡이

스바냐는 여호와의 날을 생생하게 묘사한다. 그날이 충격과 공포의 날임을 암시하기 위해서다. 그런데 그날은 기쁨의 날이기도 하다. 하나님께서 세상을 심판하시는 날, 신실한 남은 자들은 기뻐 노래할 것이다. 여호와의 날의 의미가 죄인과 의인에게 각각 다르게 적용된다는 사실을 생각하면서 읽는다면, 본서의 주제를 더 깊이 이해할 수 있다.

여호와의 날에 대한 잘못된 생각

1장 왜 스바냐 선지자는 여호와의 날이 심판의 날이라고 외쳤는가?

1-18 일반적으로 선지자들이 외친 여호와의 날은 하나님의 백성들이 이방 나라에게 승리하는 날이었습니다(사 13:9; 겔 30:3; 욜 2:1). 구원의 날이자 자유와 해방을 가져오는 날이었습니다. 남유다 백성들 역시 그렇게 믿고 있었습니다. 적어도 스바냐 선지자가 등장하기 전까지는 말입니다. 스바냐 선지자는 백성들의 잘못된 믿음에 일침을 가했습니다. 그는 여호와의 날이 승리와 자유의 날이 아니며, 오히려 분노와 고통의 날이 될 것이라고 외쳤습니다. 그 이유는 남유다의 우상 숭배와 사회 전체에 만연한 부도덕 때문입니다. 남유다는 바알과 하늘의 별과 말감을 숭배했으며(4-5절), 시장에서 장사하는 자들은 속임수를 통해 이익을 얻었습니다(11절). 바로 이러한 이유로 여호와의 날은 심판의 날이 될 수밖에 없었습니다.

2장 왜 스바냐 선지자는 주변 나라들에 대한 심판을 선언하는가?

1-3 스바냐 선지자는 거듭해서 모이라고 외칩니다(1절). 이제라도 하나님 앞에서 죄를 자백하고 용서를 구하라는 뜻입니다. 겸손한 마음으로 자비를 구하는 자들은 여호와의 날에도 구원을 얻을 것입니다(3절). **4-15** 스바냐 선지자는 남유다 주변 나라들에 대한 심판을 선언합니다. 이 심판 선언은 여호와의 날을 피하려고 이방 나라를 의지하지 말 것을 경고하는 것입니다. 아무리 강한 나라라도 하나님의 진노 앞에서는 무력할 뿐입니다. 실제로 남유다는 바벨론을 피하려고 애굽을 의지했지만, 애굽으로부터 아무런 도움을 얻지 못했습니다.

3장 왜 여호와의 날은 심판의 날인 동시에 은혜의 날인가?

1-20 여호와의 날은 심판의 날인 동시에 은혜의 날입니다. 하나님이 당신의 백성을 벌하시는 목적은 심판 그 자체가 아니라 회복이기 때문입니다. 비록 여호와의 날이 심판의 모습으로 찾아오겠지만, 지나간 이후에는 열매를 남길 것입니다. 하나님의 백성들은 우상을 섬기지 않고, 깨끗한 입술로 하나님의 이름을 부를 것입니다(9절). 겸손한 마음으로 하나님을 의지하게 될 것이고(12절) 악을 행하지 않고 거짓을 말하지 않게 될 것입니다(13절). 하나님이 당신의 백성을 사랑하시며 기뻐하시게 될 것입니다(14-17절). 이 약속은 예수님의 십자가를 통해 부분적으로 성취되었으며, 예수님이 재림하실 날에 완전히 성취될 것입니다.[233]

한눈에 보는 학개

핵심	성전을 재건하라 (1장)	두 번째 성전의 영광 (2:1-9)	부정했던 자들이 받을 복 (2:10-19)	하나님의 궁극적 승리 (2:20-23)
사건	첫 번째 책망	첫 번째 격려	두 번째 책망	두 번째 격려
주제	하나님께 우선순위를 두라			
장소	예루살렘			
기간	주전 520년 9월 1일	주전 520년 10월 21일	주전 520년 12월 24일	주전 520년 12월 24일

저자: 학개

주전 6세기에 바벨론에서 돌아온 제1차 귀환자 중 한 명이다. 스가랴와 함께 사역했다.

기록 목적

성전 재건은 이방인들의 방해로 교착 상태에 빠졌다. 사람들은 성전보다 자기 집을 세우는 데 열중했다. 이에 학개는 성전을 재건할 동기를 부여하고자 했다.

통독 길잡이

학개서는 "여호와의 말씀이 선지자 학개로 말미암아 임하니라"로 시작하는 네 개의 메시지로 구성되어 있다(1:1, 2:1, 2:10, 2:20). 각각의 메시지는 회개를 요구하는 책망과 성전에 임할 복을 상기시키는 격려로 이루어져 있다.

회복될 예루살렘

1장 왜 예상보다 수확량이 작았는가?

1-15 이스라엘 백성들은 성전을 재건할 때가 아직 이르지 않았다고 주장하며(2절), 자신들의 수확을 늘리는 일에만 힘썼습니다. 그런데 수확은 예상보다 작았고, 배고픔은 채워지지 않았습니다(6절). 이스라엘 백성들이 하나님의 일에 우선순위를 두지 않았기에 하나님이 복을 거두신 결과였습니다. 무기력한 이스라엘 백성들을 깨운 것은 학개 선지자가 전한 하나님의 말씀이었습니다(1절). 하나님의 말씀에서 힘을 얻은 자들은 오랫동안 중단했던 성전 재건 공사를 다시 시작했습니다.

2장 왜 하나님은 왕들의 보좌를 엎겠다고 하시는가?

1-19 공사를 시작한 지 한 달도 되지 않았는데, 백성들은 이내 포기할 기색을 보였습니다. 거기에는 여러 가지 이유가 있었습니다. 첫째, 솔로몬 성전의 웅장함을 보았던 사람들은 초라한 두 번째 성전에 마음이 가지 않았습니다. 둘째, 모든 것이 풍족했던 솔로몬 시대와는 달리 자원이 너무나 부족했습니다. 셋째, 주변국들은 끊임없이 공사를 방해했습니다. 이에 하나님은 두 번째 성전을 모든 나라의 보배로 채울 것이고, 이전보다 더 큰 영광으로 함께할 것이라고 말씀하십니다(7-9절). 이것은 예수님을 예고하는 말씀입니다. 예수님은 당신의 육체를 가리켜 성전이라고 하셨습니다(요 2:21). **20-23** 하나님이 스룹바벨에게 말씀하십니다. 당신이 땅을 진동시킬 것이고(21절), 왕들의 보좌를 엎을 것이라고 하십니다(22절). 이것은 하나님이 모든 나라의 주인이요, 역사의 주관자라는 뜻입니다. 따라서 주변 나라들을 두려워하지 말라는 것입니다. 지금도 마찬가지입니다. 세상은 빠르게 변하고, 사회는 혼란으로 가득합니다. 하지만 두려워할 필요는 없습니다. 우리 하나님이 통치하시기 때문입니다.

한눈에 보는 스가랴

핵심	하나님께서 지금 하시는 일 (1–8장)	하나님께서 미래에 하실 일 (9–14장)
사건	회개를 촉구함 8개의 환상 왕관을 쓴 여호수아 금식과 관련한 질문	배척받으시는 그리스도 통치하시는 그리스도
주제	하나님께서 이스라엘을 돌보신다	왕이 오신다
장소	예루살렘	
기간	성전 건축 이전 (주전 520–518년)	성전 건축 이후 (주전 480–470년)

저자: 스가랴

구약 성경에 등장하는 스가랴는 모두 29명에 이를 정도로 당시에 흔한 이름이었다. 바벨론에서 태어났으나 스룹바벨과 함께 가나안으로 돌아왔으며, 학개 선지자와 동시대에 사역했다.

기록 목적

바벨론에서 돌아온 지 거의 20년이 지났을 무렵, 대부분의 이스라엘 백성들은 이전의 열심을 잃어버렸다. 성전은 이방인들의 방해로 기초만 놓여 있었고, 예루살렘 성벽도 부분적으로만 재건되어 있었다. 특히 페르시아가 애굽과의 전쟁을 준비하기 위해 과중한 세금을 부과하자 삶은 더욱 피폐해졌다. 스가랴는 이런 이유들 때문에 낙심한 자들을 격려하고, 오실 메시아에 대한 소망을 주고자 본서를 기록했다.

통독 길잡이

스가랴서는 크게 두 부분으로 나눌 수 있다. 성전 재건을 격려하는 전반부와 오실 메시아를 예언하는 후반부다. 후반부의 내용이 오실 메시아를 너무 정확하게 표현하고 있어서, 스가랴서에는 구약의 복음서라는 별명이 붙었다. 예를 들어 9장 9절은 명백히 예수님의 예루살렘 입성을 예언하는 말씀이다. 예수님이 오시기 몇 백 년 전에 살았던 선지자가, 오실 예수님을 이렇게 구체적이고 정확하게 예언했다는 것은 실로 놀라운 일이다. 이것은 하나님께서 역사의 주인이시기 때문에 가능한 일이다.

회복될 예루살렘(1)

1장　왜 조상들이 심판받은 것을 기억해야 하는가?

1-21 하나님이 이스라엘 백성들에게 조상들을 본받지 말라고 하십니다(4절). 불순종하여 심판을 받은 조상들의 모습을 반면교사로 삼으라는 뜻입니다. 이처럼 하나님의 심판은 현재진행형입니다. 하나님은 지금도 불순종하는 자들을 심판하십니다. 이때 한 천사가 하나님께 이스라엘 백성들을 불쌍히 여겨 달라고 합니다(12절). 온 땅이 평안한 데 반해, 하나님의 백성들은 고난 중에 있었

기 때문입니다(11절). 이에 하나님은 대장장이 환상을 통해 이스라엘이 회복될 것이라고 말씀하십니다. 여기서 네 뿔은 이스라엘을 멸망하게 한 이방 나라들을 의미하고, 대장장이는 그들을 벌하시는 하나님의 능력을 의미합니다.[234] 아무리 강한 원수가 교회를 위협할지라도, 그보다 더 강한 분이 교회를 지키신다는 사실을 기억해야 합니다.

2장　왜 하나님은 측량하는 자 환상을 보여 주시는가?

1-13 측량은 건축을 위한 예비 조치입니다. 따라서 '측량하는 자 환상'은 하나님어 예루살렘을 재건하실 것을 나타냅니다. 재건될 새 예루살렘에는 두 가지 특징이 있습니다. 첫째, 새 예루살렘에는 성벽이 없습니다(4절). 둘째, 새 예루살렘 한가운데에는 하나님이 거하십니다(5절). 새 예루살렘은 신약의 교회입니다. 따라서 본문의 환상

은 다음과 같은 의미입니다. 첫째, 하나님은 교회의 성벽이십니다. 하나님이 친히 교회를 지켜 주십니다. 둘째, 하나님은 교회 안에 거하십니다. 성령 하나님은 신자 안에 거하시고(고전 3:16), 성자 하나님은 교회의 머리로서 신자들과 연합하여 계십니다(엡 1:22).

3장　왜 싹과 돌은 예수님을 상징하는가?

1-10 네 번째 환상의 주인공은 '여호수아'입니다. 그는 대제사장 직책을 맡은 자로서 이스라엘의 대표입니다. 사탄이 그를 고소하는 것은 이스라엘 전체를 고소하는 것과 같습니다. 하나님은 사탄의 고소에도 불구하고, 여호수아를 용서하시고 새 옷을 입히십니다. 하나님이 당신의 백성들을 얼마나 사랑하시는지 알 수 있는 광경입

니다. 하나님의 사랑은 한 싹과 한 돌을 통해 절정에 이를 것입니다. 싹과 돌의 역할은 세상의 죄악을 하루에 제거하는 것입니다. 그러므로 싹과 돌은 예수님을 상징합니다. 예수님의 십자가는 하나님이 우리를 사랑하신다는 가장 분명한 증거입니다(롬 5:8).

4장　왜 교회는 무너지지 않는가?

1-14 다섯 번째 환상은 해석하기 어렵습니다. 이 환상은 '과연 두 번째 성전이 완성될 수 있을 것인가?'라는 질문에 대한 대답입니다. 핵심은 6절입니다. 두 번째 성전은 반드시 완성될 것입니다. 비록 이스라엘은 힘도 없고 능

력도 없지만, 하나님의 영이 함께하시기 때문입니다. 이것은 하나님의 영, 즉 성령의 능력으로 신약 교회가 세워질 것을 의미합니다. 성령님이 함께하시기에 교회는 어떤 고난과 역경에도 무너지지 않을 것입니다.

회복될 예루살렘⑵

5장 왜 하나님은 두루마리 환상과 에바 환상을 보여 주시는가?

1-11 여섯 번째 환상은 날아가는 두루마리 환상입니다 (1-4절). 두루마리에는 죄인들에게 임할 저주가 적혀 있습니다(3절). 도둑질하는 자와 거짓 맹세하는 자들은 두루마리에 적힌 대로 심판받을 것입니다. 일곱 번째 환상은 에바 환상입니다(5-11절). 에바는 곡물의 부피를 측정하는 도구입니다. 스가랴가 그것을 보면서도 에바인 줄 몰랐던 것은, 그 형태가 심하게 왜곡되어 있었기 때문입니다. 다른 사람을 속이기 위해 가짜 에바를 사용했던 것입니다. 하나님이 에바 속 여인을 시날 땅으로 추방하신 것은 하나님이 거짓 에바와 같은 사회적 불의를 매우 미워하심을 의미합니다. 5장의 두 가지 환상에는 성전이 재건되기 전에 먼저 죄를 회개하기 원하시는 하나님의 마음이 담겨 있습니다.

6장 왜 하나님은 병거를 북쪽으로 보내시는가?

1-15 여덟 번째 환상은 네 병거 환상입니다(1-8절). 네 병거가 사방으로 다니는 것은 하나님이 온 세상을 통치하신다는 뜻입니다. 북쪽은 이스라엘을 침략한 제국들이 있던 곳입니다. 따라서 병거가 북쪽으로 가는 것은 하나님이 그 제국들을 심판하신다는 뜻입니다. 스가랴는 대제사장 여호수아에게 면류관을 씌워 줍니다. 원래 제사장은 면류관을 쓰지 않습니다. 면류관은 왕을 상징하기 때문입니다. 이것은 왕이자 제사장으로 오실 예수님을 예표하는 행위입니다. 예수님은 왕으로서 우리를 다스리시며, 제사장으로서 우리의 죄를 깨끗하게 하십니다.

7장 왜 하나님은 이스라엘의 금식이 자신과 상관없다고 하시는가?

1-14 이스라엘 백성들은 매년 5월과 7월에 금식했습니다. 5월의 금식은 성전이 5월에 무너진 것을, 7월의 금식은 그달리야 총독이 7월에 피살된 것을 기억하기 위한 것입니다. 그런데 성전이 재건되기 시작하자 금식을 계속해야 하는지 의문이 제기되었습니다. 이에 하나님은 금식을 계속하든지 말든지 자신과는 아무 상관이 없다고 하십니다. 지금껏 이스라엘 백성들이 지켜 온 금식은 하나님을 위한 것이 아니라, 자신들의 욕망을 채우는 도구에 불과했기 때문입니다(6절). 쉽게 말해서 금식을 하나님께 복 받는 수단 정도로 생각했던 것입니다. 하나님은 형식적인 금식보다 가난한 자를 돕고 배려하는 일상의 삶을 원하셨습니다(10절). 그것은 선지자들이 전한 말씀의 핵심이기도 합니다(7절). 우리가 진정으로 힘써야 할 것은 종교 행사가 아니라 거룩한 일상의 삶입니다.

8장 왜 성전과 예루살렘은 반드시 재건될 것인가?

1-23 8장은 성전과 예루살렘이 재건될 수 있을지 의문을 품었던 자들에게 주시는 말씀입니다. 하나님은 무너진 성전과 성벽을 일으켜 과거의 영광을 회복하실 것입니다(3절). 하나님은 슬픔과 애통의 절기들을 기쁨과 즐거움의 절기로 바꾸실 것입니다(19절). 이것이 사람들의 눈에는 불가능하게 보일지라도, 하나님께는 평범한 일에 불과하므로(6절) 반드시 이루어질 것입니다.

다가올 하나님 나라의 영광(1)

9장 왜 하나님은 자기 백성들에게 기뻐하라고 하시는가?

1-8 9장부터는 스가랴서의 후반부입니다. 후반부의 주제는 '다가올 하나님 나라의 영광'입니다. 그 나라는 하나님이 이스라엘의 원수들을 심판하시는 것으로 시작됩니다(1-8절). 대표적인 나라가 두로와 시돈입니다. 두로와 시돈은 해상 무역으로 어마어마한 경제력을 축적한 나라입니다. 그러나 하나님이 심판을 시작하시자 한순간에 사라지고 맙니다. **9-17** 하나님이 당신의 백성들에게 기뻐하라고 하십니다. 하나님이 친히 한 왕을 보내 주실 것이기 때문입니다. 이 왕은 겸손하여서 나귀를 타실 것입니다(9절). 이 왕은 온 세상에 평화를 주실 것입니다(눅 2:14). 이 왕은 예수님입니다. 예수님은 예루살렘에 입성하시면서 나귀를 타셨습니다(마 21:2). 예수님은 수고하고 무거운 짐 진 자들에게 쉼을 주십니다(마 11:28)

10장 왜 하나님은 이스라엘의 지도자들에게 진노하시는가?

1-12 하나님이 목자들과 숫염소들에게 진노하십니다(3절). 목자와 숫염소는 이스라엘의 지도자들을 상징합니다. 하나님이 이스라엘의 지도자들에게 진노하시는 이유는, 그들이 당신의 백성들을 우상 숭배의 길로 인도했기 때문입니다. 이제 하나님은 타락한 지도자들로부터 당신의 백성을 구출하셔서 강한 용사로 변화시키실 것입니다(1-5절). 또 흩어진 당신의 백성을 불러 모아 예전처럼 번성하게 하실 것입니다(6-12절).

11장 왜 하나님은 이스라엘의 지도자들을 심판하시는가?

1-17 하나님이 레바논 백향목과 바산의 상수리나무를 심판하십니다(1-3절). 백향목과 상수리나무는 이스라엘의 지도자를 상징합니다. 하나님이 이스라엘의 지도자들을 심판하시는 이유는, 그들이 백성들을 억압하고 착취했을 뿐만 아니라 우상의 길로 인도했기 때문입니다. 이어서 하나님은 선한 목자를 세워 주십니다(4-7절). 이 선한 목자는 예수님입니다.[235] 예수님은 선한 목자가 되셔서 당신의 양들을 돌보실 것입니다(요 10:11). 그런데 양들이 선한 목자를 거부합니다. 그들은 은 삼십을 주고 선한 목자를 떠나보냅니다(8-14절). 이것은 예수님이 배척당하고, 은 삼십에 팔릴 것을 예언한 것입니다(마 26:15).[236] 하나님은 선한 목자를 거부한 자들에게 어리석은 목자를 주실 것입니다(15-17절). 어떤 학자들은 이 예언이 로마에 대한 반란을 주도해 이스라엘을 큰 어려움에 빠뜨린 유대인 지도자들을 가리킨다고 생각합니다.[237]

다가올 하나님 나라의 영광(2)

12장 왜 하나님은 예루살렘 주민들에게 은총과 간구하는 심령을 주시는가?

1-14 스가랴 선지자는 하나님이 새 이스라엘에게 승리를 주신다고 예언합니다(3절). 새 이스라엘은 신약의 교회입니다. 따라서 이 예언은 신약의 교회가 온갖 박해를 이기고, 모든 나라와 민족에게 복음을 전파할 것이라는 뜻입니다. 스가랴 선지자는 하나님이 예루살렘 주민들에게 은총과 간구하는 심령을 주신다고 예언합니다(10절). 그때 예루살렘 주민들은 누군가를 찔러 죽인 죄를 회개할 것입니다(10절). 이것은 예루살렘 사람들이 예수님을 십자가에 못 박아 죽일 것과 사도들의 설교를 통해 예수님을 죽인 죄를 회개할 것을 나타냅니다.

13장 왜 이 샘물은 예수님과 성령님을 상징하는가?

1-9 스가랴 선지자는 하나님이 새 이스라엘에게 샘물을 주신다고 예언합니다(1절). 이 샘물은 죄와 더러움을 씻는 샘물입니다(1절). 따라서 이 샘물은 예수님과 성령님을 상징합니다. 예수님은 십자가 위에서 우리 죄를 씻으셨고, 성령님은 우리 안에서 우리를 거룩하게 하시기 때문입니다. 스가랴 선지자는 그날에 거짓 선지자와 우상 숭배자가 사라질 것이라고 예언합니다(3-6절). 이것은 예수님을 믿는 신자들에게 일어날 거룩한 변화를 의미합니다. 스가랴 선지자는 목자가 칼에 맞을 때 양들이 흩어질 것이라고 예언합니다(7-9절). 이것은 예수님이 잡히시던 밤에 제자들이 예수님을 배신할 것을 의미합니다(막 14:27).[238]

14장 왜 원수들 중에도 하나님을 경배하는 자들이 있을 것인가?

1-21 스가랴 선지자는 하나님이 친히 전사가 되실 것이라고 예언합니다(3절). 이것은 예수님의 성육신을 예고하는 말씀입니다. 예수님은 우리의 구원을 위해 친히 이 땅에 사람으로 오셨습니다. 스가랴 선지자는 하나님이 온 천하의 왕이 되실 것이라고 예언합니다(9절). 이것은 복음이 온 천하에 전파될 것을 의미합니다. 스가랴 선지자는 하나님이 이스라엘의 원수들을 심판하실 것이라고 예언합니다(12절). 이것은 교회를 핍박하는 원수들을 하나님이 심판하실 것을 의미합니다. 스가랴 선지자는 원수 중에도 하나님을 경배하는 자들이 있을 것이라고 예언합니다(16절). 이것은 하나님의 불가항력적인 은혜 때문입니다. 하나님의 은혜는 원수들의 마음도 바꾸실 수 있습니다. 실제로 교회사를 살펴보면, 교회를 대적했던 나라들이 대거 회심하는 경우가 있었습니다. 로마 제국이 대표적입니다. 로마 제국은 처음에는 기독교를 핍박했으나 이후에는 기독교를 국교로 삼았습니다.

한눈에 보는 말라기^{239}

하나님과 이스라엘의 논쟁	첫 번째 논쟁 (1:2-5)	이스라엘: 하나님은 우리를 사랑하시지 않는다. 하 나 님: 야곱을 은혜로 택한 것처럼 너희도 은혜로 택하였다.
	두 번째 논쟁 (1:6-2:9)	하 나 님: 왜 나를 멸시하느냐? 이스라엘: 우리가 언제 하나님을 멸시하였습니까? 하 나 님: 눈 먼 것, 병든 것을 바치지 않았느냐?
	세 번째 논쟁 (2:10-16)	하 나 님: 왜 율법을 어기느냐? 이스라엘: 우리가 언제 율법을 어겼습니까? 하 나 님: 이방인과 혼인하고, 본처와 이혼하지 않았느냐?
	네 번째 논쟁 (2:17-3:6)	하 나 님: 너희가 나를 괴롭게 한다. 이스라엘: 우리가 언제 하나님을 괴롭게 했습니까? 하 나 님: 나를 정의롭지 않다고 하지 않았느냐? 보라 내가 언약의 사자를 보낼 것이다.
	다섯 번째 논쟁 (3:7-12)	하 나 님: 내게로 돌아오라. 이스라엘: 어떻게 해야 돌아가는 것입니까? 하 나 님: 나의 것을 도적질하지 않는 것이다. 이스라엘: 우리가 언제 도적질하였습니까? 하 나 님: 십일조를 내지 않은 것이 나의 것을 도적질한 것이다.
	여섯 번째 논쟁 (3:13-4:3)	하 나 님: 너희가 완악한 말로 나를 대적하였다. 이스라엘: 우리가 무슨 말을 했습니까? 하 나 님: 하나님을 섬기는 것이 헛되다 하지 않았느냐!
장소		예루살렘
기간		대략 주전 432-425년

저자: 말라기

구약의 마지막 선지자였으며, 마지막 구약 성경의 저자이다. 에스라-느헤미야 시대에 활동한 것으로 추정된다.

기록 목적

유대인들은 성전을 재건하기만 하면 다윗 시대의 영광을 회복할 것이라 믿었지만, 오랜 시간이 지나도록 다윗과 같은 왕은 나타나지 않았다. 기대했던 물질적 축복도 없었다. 그러자 '하나님은 정말 우리를 사랑하시는가?'라는 의문이 확산되었다. 말라기 선지자는 이 의문에 답하기 위해 본서를 기록했다.

통독 길잡이

말라기 선지자는 백성들과 하나님의 대화라는 독특한 형식을 취한다. 당시 널리 퍼져 있던 백성들의 말을 인용한 후, 그것을 반박하는 순서로 논지를 전개한 것이다. 이것이 여섯 번 반복된다. 이런 구성은 말라기서만의 독특한 것이다.

하나님과 이스라엘의 논쟁

1장 왜 이스라엘 백성들에게 사랑이 없다고 하는가?

1-14 말라기는 하나님과 이스라엘이 논쟁하는 형태로 구성되어 있습니다. 첫 번째 논쟁(1:2-5)의 주제는 '과연 하나님이 이스라엘을 사랑하시는가?'입니다. 당시 이스라엘 백성들은 자신들이 겪고 있는 경제적인 어려움이, 하나님이 자신들을 사랑하신다면 있을 수 없는 일이라고 생각했습니다. 그러자 하나님은 야곱과 에서의 예를 드시면서, 자격 없는 야곱을 선택한 것처럼 당신이 그

들을 선택하신 것이 사랑의 증거라고 말씀하십니다. 두 번째 논쟁(1:6-2:9)의 주제는 '과연 이스라엘은 하나님을 사랑하는가?'입니다. 당시 이스라엘 백성들은 가장 가치 없는 것들을 골라 하나님께 희생 제물로 바쳤습니다(8절). 하나님을 사랑한다면 있을 수 없는 일입니다. 사실 사랑이 없는 것은 하나님이 아니라 이스라엘 백성들이었습니다.

2장 왜 한 명의 배우자만 가져야 하는가?

1-17 세 번째 논쟁(2:10-16)의 주제는 '왜 율법을 지키지 않는가?'입니다. 당시 이스라엘 백성들은 이방 신을 섬기는 자들, 즉 이방인과 혼인하였습니다. 본처를 학대하였고, 심지어 이혼을 하기도 했습니다. 우상 숭배자와 혼인한 것은 제1계명을 어긴 것이고, 본처를 학대하거나

이혼한 것은 제7계명을 어긴 일입니다. 하나님은 우리에게 단 한 명의 배우자만 허락하셨습니다. 동시에 두 명의 배우자를 둘 수는 없습니다. 사별과 같은 특별한 경우를 제외하고는, 평생 한 사람만 사랑하는 것이 하나님의 뜻입니다.

3장 왜 하나님은 정의로우신 분인가?

1-18 네 번째 논쟁(2:17-3:6)의 주제는 '과연 하나님은 정의로우신가?'입니다. 당시 이스라엘 백성들은 자신들을 억압하는 페르시아 제국을 하나님이 심판하시지 않는 것에 의문을 품고 있었습니다.[240] 하나님이 정의로우신 분이라면 있을 수 없는 일이라 여겼습니다. 이에 하나님은 '내 사자'와 '언약의 사자'를 보내겠다고 하십니다(1절). '언약의 사자'는 예수님을 의미하고, '내 사자'는 예

수님을 예비한 세례 요한을 의미합니다.[241] 하나님의 정의는 십자가에서 증명됩니다. 하나님은 독생자 예수 그리스도를 십자가에서 죽이셨습니다. 예수님이 신자들의 죄를 뒤집어쓰셨기 때문입니다. 하나님은 당신의 아들을 죽이실 정도로 죄를 미워하시는 정의의 하나님이십니다.

4장 왜 하나님은 이스라엘 백성들을 도둑으로 여기시는가?

1-6 다섯 번째 논쟁(3:7-12)의 주제는 '도둑질'입니다. 당시 이스라엘 백성들은 십일조 규례를 지키지 않았고, 하나님은 이것을 자신의 것을 도둑질한 것으로 규정하셨습니다. 여섯 번째 논쟁(3:13-4:3)의 주제는 '과연 하나님이 악인과 의인을 구분하시는가?'입니다. 당시 이스라

엘 백성들의 눈에는 악을 행하는 자들이 더 번성하는 것처럼 보였기 때문입니다. 이에 하나님은 의인들의 이름을 기념책에 기록해 놓았으며, 악인들을 위해서는 심판을 준비해 놓았다고 말씀하십니다. 하나님은 분명 악인과 의인을 구분하십니다.

신약

THE NEW TESTAMENT

한눈에 보는 마태복음

핵심	예수님의 역사적 출현 (1:1-4:11)	예수님의 갈릴리 지방 사역 (4:12-18장)	예수님의 유대 사역 (19-20장)	고난 주간 (21-27장)	부활 (28장)
사건	탄생 애굽 체류	산상 설교 천국 비유 사천 명을 먹이심 천국에 관한 가르침	여리고의 맹인을 고치심	예루살렘 입성 성전 청결 사건 체포, 심문, 죽음	대위임령
주제	왕의 출현	왕의 가르침	왕의 고난	왕의 승천	
장소	베들레헴 나사렛 애굽	갈릴리	유대		
기간	대략 주전 4년에서 주후 33년				

저자: 마태

다른 곳에서 '레위'(막 2:14; 눅 5:27)라고 불리기도 한다. 원래 로마 정부를 위한 세금 징수원이었으나 예수님의 부름을 받고 회심했다. 열두 제자 중 한 사람이다.

기록 목적

마태는 메시아를 기다리고 있던 유대인들에게, 예수님이 바로 그들이 기다리던 메시아라는 증거를 제시하기 위해 본서를 기록했다.

통독 길잡이

마태복음에는 유대인을 위한 복음서라는 별명이 있다. 유대적인 요소가 많이 포함되어 있기 때문이다. 대표적인 것이 '하나님 나라' 대신 '하늘나라'라는 용어를 사용한 것이다. 유대인들은 하나님 이름을 입에 담는 것을 불경하게 생각했으므로, '하늘'을 하나님 이름을 대신하는 용도로 사용했다. 그래서 마태복음에 나오는 천국은 모두 '하나님 나라'를 의미한다. 마태가 복음서를 배열한 방식은 매우 중요하다. 마태는 의도적으로 다섯 개(5-7장, 10장, 13장, 18장, 24-25장)의 위대한 가르침을 중심으로 복음서를 기록했다. 이것은 의도적인 것이다. 마태복음을 '새로운 모세오경'으로, 예수님은 '더 위대한 모세'로 소개하고자 했을 것이다.[242]

예수님의 탄생과 갈릴리 사역

1장 왜 마태의 족보에 다윗왕의 이름이 다섯 번이나 언급되는가?

1-17 마태의 족보에는 다윗왕의 이름이 다섯 번이나 언급됩니다. 예수님이 유대인의 왕으로 오셨음을 강조하는 것입니다. 이스라엘 역사를 14대씩 세 번으로 나누어 기술한 것은 역사가 하나님의 뜻을 따라 흘러감을 의미합니다.[243] 족보에 여자들 이름이 기록된 것은 예수님의 나라가 차별을 배제하는 평화의 나라임을 의미합니다.

원래 유대인들은 족보에 여자 이름을 기술하지 않았습니다. **18-25** 예수님은 성령의 능력으로 처녀의 몸에서 출생하셨습니다(18절). 예수님은 여자에게서 나셨기에 참 사람이시고, 성령의 능력으로 나셨기에 아담의 원죄와 상관없는 의인이십니다.

2장 왜 종교 지도자들은 헤롯의 앞잡이 노릇을 했는가?

1-12 미가 선지자의 예언대로 예수님은 베들레헴에서 나셨습니다(미 5:2). 동방 박사들은 예수님을 하나님이 보내신 구원자로 믿고 예물을 드렸습니다(11절). 하지만 이스라엘의 종교 지도자들은 미가서의 말씀을 알고 있으면서도, 예수님을 경배하지 않았습니다. 성경을 학문으로만 알았지, 순종해야 할 하나님 말씀으로는 생각하지 않았기 때문입니다. **13-23** 마태는 예수님이 애굽으로 가신 것을 '새로운 출애굽'으로 설명합니다(15절). 모

세가 이스라엘을 애굽에서 구원한 것처럼, 예수님이 당신의 백성을 죄에서 구원하신다는 뜻입니다. 마태는 예수님이 나사렛 사람이 되신 것을 선지자의 말을 이룬 것이라고 말합니다(23절). 이것은 메시아가 멸시를 받을 것이라는 예언처럼(사 53:3), 예수님이 사람들의 멸시를 받았다는 뜻입니다. 당시 나사렛 사람이라는 호칭은 멸시를 뜻했습니다(요 1:46).

3장 왜 예수님은 세례를 받으셨는가?

1-17 말라기 선지자는 메시아가 오시기 전에, 그분의 길을 예비하는 '사자'가 올 것이라고 예언했습니다(말 3:1). 그 사자가 바로 세례 요한입니다. 요한이 예수님이 오실 길을 예비한 방법은 '세례'였습니다. 세례는 죄인의 삶을 청산하고 예수님을 따르는 새로운 사람이 되겠다는 표시입니다. 그런 점에서 예수님이 세례를 받으신 것은

이해하기 어렵습니다. 예수님은 죄가 없으셔서 세례를 받으실 필요가 없기 때문입니다. 그 이유는 다음과 같습니다. 예수님은 죄를 씻기 위해서가 아니라 죄인들과 자신을 동일시하시기 위해 세례를 받으셨습니다.[244] 예수님의 세례는 죄인들을 구원하시기 위한 준비 과정이었습니다.

4장 왜 예수님은 갈릴리에서 사역을 시작하셨는가?

1-11 예수님의 40일 광야 시험은 이스라엘의 40년 광야 시험과 대조를 이룹니다.[245] 이스라엘은 광야에서 유혹에 넘어갔지만, 예수님은 광야에서 유혹을 이기셨습니다. 만약 예수님이 광야에서 범죄하셨다면, 우리의 구원은 불가능했을 것입니다. 죄인이 우리의 구원자가 될 수는 없기 때문입니다. **12-17** 예수님이 갈릴리에서 사역을 시작하신 것은 언약을 성취하시기 위해서입니다. 이사야는 메시아가 오시면 흑암에 앉은 백성들이 빛을 볼 것

이라고 예언했습니다(사 9:1-2). 이 예언대로 예수님은 소외된 갈릴리 지방 사람들에게 구원과 생명의 빛을 비춰주셨습니다. **18-25** 예수님은 제자들을 부르셨습니다. 제자들은 생업마저 포기하고 예수님을 따랐습니다. 우리도 마찬가지입니다. 우리 모두가 생업을 떠날 필요는 없지만, 하나님의 나라를 위해 무엇이든 기꺼이 포기할 수 있어야 합니다.

예수님의 산상 설교

5장 　왜 산상수훈은 예수님의 취임 연설인가?

1-16 마태복음 5-7장을 '산상수훈(山上垂訓)'이라고 합니다. 산에서 하신 말씀이라는 뜻입니다. 예수님이 산에서 제자들을 가르치신 것은, 하나님이 시내산에서 율법을 가르치신 것과 비교됩니다. 그런 점에서 산상수훈은 왕이신 예수님의 취임 연설입니다.[246] **17-48** 예수님이 율법을 완성하셨다는 말(17절)은 이제 율법이 필요 없다는 뜻이 아닙니다. 예수님 안에서 율법을 재해석해야 한다는 뜻입니다. 산상수훈이 그 실제 사례입니다. 21-26절은 살인에 대한, 27-30절은 간음에 대한, 31-32절은 이혼에 대한, 33-37절은 맹세에 대한, 38-42절은 복수에 대한, 43-47절은 이웃 사랑에 대한 예수님의 새로운 가르침입니다. 이것들은 원래부터 율법에 포함된 것이지만, 예수님 안에서 새롭게 해석되었습니다. 따라서 예수님의 가르침대로 율법을 지키는 것이 서기관과 바리새인보다 더 나은 삶, 바로 천국 백성의 삶입니다(20절).

6장 　왜 예수님은 돈을 하늘에 쌓으라고 하시는가?

1-18 우리가 사는 목적은 하나님의 영광입니다. 구제하는 목적도, 기도하는 목적도, 금식하는 목적도, 모두 다 하나님의 영광입니다. 그런데 사람들은 하나님의 영광이 아니라 자신의 영광을 위해서 살곤 합니다. 사람에게 칭찬받기 위해 구제하고(1-4절), 사람에게 인정받기 위해 기도하고(5-15절), 사람에게 높임 받기 위해 금식합니다(16-18절). 이런 자들은 하나님께 상을 받지 못합니다. **19-34** 예수님은 구제와 기도와 금식에 이어서 돈에 관해 말씀하십니다. 돈을 벌고 사용하는 것도 신앙생활의 일부입니다. 예수님은 돈을 하늘에 쌓아 두라고 말씀하십니다(20절). 돈이 있는 곳에 마음도 있기 때문입니다. 우리가 헛된 일에 돈을 사용하면, 우리의 마음은 종일 헛된 일을 생각할 것입니다. 우리가 하나님을 위해 돈을 사용하면, 우리의 마음은 종일 하나님을 생각하게 될 것입니다.

7장 　왜 거짓 교사들을 삼가야 하는가?

1-6 함부로 비판하지 말아야 합니다(1절). 옳고 그름을 판단하지 말라는 것이 아닙니다. 하나님이 우리를 자비롭게 대하신 것처럼, 우리도 다른 사람을 자비롭게 대해야 합니다. **7-12** 끈질기게 기도해야 합니다. 몇 번 기도하고 포기해서는 안 됩니다. 돌처럼 불필요한 것을 구할 때는 주시지 않겠지만, 떡처럼 필요한 것을 구할 때는 주실 것입니다(9절). 하나님은 어리석은 기도에는 응답하지 않으시지만, 지혜로운 기도에는 반드시 응답하십니다. **13-28** 거짓 교사들을 삼가야 합니다(15절). 거짓 교사들은 좁은 길을 걷지 않아도 생명을 얻을 수 있다고 미혹합니다. 하지만 쉽고 편안한 신앙생활은 없습니다(13-14절). 천국 백성의 삶은 입술로만 신앙을 고백하는 것이 아니라, 삶의 모든 영역에서 말씀에 순종하는 삶입니다. 그런 삶이 쉬울 수는 없습니다. 거짓 교사들을 분별하는 방법은 그들의 삶을 살피는 것입니다(20절). 좋은 나무가 좋은 열매를 맺듯이 좋은 교사는 순종의 열매를 맺습니다. 거짓 교사들은 그럴싸해 보이는 말을 합니다. 하지만 하나님은 말이 아니라 순종에 주목하십니다. 순종 없는 믿음은 거짓 교사들의 특징입니다.

예수님의 기적

8장　왜 한 제자는 아버지가 돌아가신 다음에 제자가 되겠다고 하는가?

1-17 예수님이 권능을 베푸신 대상은 사회적 소외 계층이었던 나병 환자(2-4절)와 이방인(5-13절)과 여성(14-15절)이었습니다. 유대인들은 이들과 상종하기를 꺼렸지만, 예수님은 그들을 친근히 대하시며 필요를 채워 주셨습니다. 예수님처럼 사는 것은 소외된 자들을 섬기며 사는 것입니다. **18-22** 예수님이 서기관에게 하신 말씀은 예수님의 제자로 사는 일이 쉽지 않다는 뜻입니다. 하지만 예수님의 제자로 사는 것은 무엇보다도 가치 있는 일입니다. 이 가치를 모르는 제자가 등장합니다. 그는 아버지가 돌아가신 후에 예수님께 헌신하겠다고 말합니다. 그는 아직까지는 예수님께 전적으로 헌신하고 싶지 않았습니다. **23-34** 예수님이 꾸짖으시니 바다가 잠잠해지고(23-27절), 예수님이 가라고 하시니 귀신들이 쫓겨납니다(28-34절). 우리 삶에도 폭풍 같은 어려움이 찾아올 수 있습니다. 갈릴리 호수의 폭풍을 잠재우신 예수님은 우리 삶의 폭풍도 잠잠하게 만드실 수 있습니다.

9장　왜 요한의 제자들은 여전히 옛 시대의 사람인가?

1-8 중풍병자는 육신의 질병을 치료하기 위해 예수님을 찾아왔습니다. 하지만 예수님은 더 심각한 질병이 있음을 아셨습니다. 영적인 질병인 죄입니다. 예수님은 중풍병자를 육적으로 고쳐 주셨을 뿐 아니라, 영적으로도 고쳐 주셨습니다. **9-38** 예수님은 세리와 죄인들을 가까이하셨습니다. 혈루증 앓는 여인을 고치셨습니다. 죽었던 소녀의 몸에 손을 대셨습니다. 그러자 유대인들은 예수님을 비판하기 시작했습니다(34절). 예수님이 정결 예법을 어긴 것으로 보였기 때문입니다. 하지만 예수님은 부정한 것에 닿아도 부정해지지 않습니다. 오히려 부정한 것을 깨끗하게 하십니다. 예수님은 죄를 고치시는 분이시기 때문입니다(2절). 9장을 상징하는 단어는 '새 포도주'와 '새 부대'입니다(17절). 새 포도주와 새 부대는 새로운 시대를 상징합니다. 새 시대가 요구하는 것은 예수님을 믿는 믿음입니다. 소녀의 아버지는 예수님이 죽은 자를 살리실 것을 믿었습니다. 혈루증 앓던 여인은 예수님을 만지기만 해도 병이 나을 것을 믿었습니다. 두 맹인은 예수님이 자신들의 장애를 고쳐 주실 것을 믿었습니다. 요한의 제자들은 정반대였습니다(14-17절). 금식과 같은 종교 행위로 자기 의를 세우기에 바빴습니다. 그들은 여전히 옛 시대를 살고 있었습니다.

10장　왜 예수님은 이방인과 사마리아인의 마을로 가지 말라고 하시는가?

1-15 예수님이 제자들에게 이방인과 사마리아인의 마을로 가지 말라고 하신 것(5절)은 이방인과 사마리아인 선교를 금하신 것이 아닙니다. 사도들은 장차 땅끝까지 복음을 전할 것이지만, 지금은 이스라엘 선교에 집중해야 할 때라고 말씀하시는 것입니다. 예수님이 금과 은을 금하시고(9절), 더 좋은 집을 찾아다니지 말라고 하신 것(11절)은 복음 전파라는 이름으로 이익을 추구하지 말라는 뜻입니다. 사역자라면, 지나친 소유욕과 탐심 때문에 복음 전파가 방해받지 않도록 특히 주의해야 합니다. **16-42** 예수님의 제자는 세상에서 어려움을 겪습니다. 하지만 두려워할 필요는 없습니다. 성령님이 고난을 극복할 지혜를 주시고(20절), 성부께서 돌보시며(30절), 성자께서 우리를 인정해 주실 것이기 때문입니다(33절).

예수님의 천국 가르침

11장   왜 세례 요한은 예수님의 정체에 의문을 품었는가?

1-30 세례 요한은 예수님의 정체에 의문을 품었습니다. 예수님이 이스라엘의 해방을 위한 시도를 전혀 하시지 않았기 때문입니다.[247] 이것이 당시 유대인들에겐 보편적인 생각이었습니다. 그들은 다윗처럼 군사적인 승리를 가져다줄 메시아를 기다렸습니다. 하지만 예수님은 정치, 경제, 군사적인 메시아가 아니라, 우리를 죄와 사망에서 건지시는 메시아이십니다. 만약 예수님이 이스라엘을 로마로부터 해방시키시기 위해 오신 분이라면, 십자가에서 죽지도 않으셨을 것입니다.

12장   왜 예수님이 아니라 바리새인들이 안식일을 어긴 사람인가?

1-50 바리새인들의 안식일은 무언가를 하거나 무언가를 하지 않는 날, 즉 어떤 제도를 지키는 날이었습니다. 제도 자체에 방점을 두었기에, 예수님도 그들이 보기에는 안식일을 어기는 죄인에 불과했습니다. 하지만 안식일의 본질은 '제도'가 아니라 '자비'입니다(7절). 안식일은 노동을 쉬면서 하나님의 자비를 경험하는 날입니다. 그런 점에서 안식일을 어긴 사람은 손 마른 사람에게 자비를 베푼 예수님이 아니라, 예수님의 치료를 비난한 바리새인들입니다. 바리새인들은 예수님을 반대하기로 뜻을 모았기 때문에(14절), 예수님의 이적을 설명할 다른 방법이 필요했습니다. 그래서 그들은 예수님의 능력이 바알세불(사탄)에게서 온 것이라고 주장했습니다. 이에 예수님은 다음과 같이 반박하셨습니다. 첫째, 사탄이 자신의 부대를 공격할 리 없다(26절). 둘째, 귀신을 쫓아내는 또 다른 사람들도 사탄의 수하란 말인가(27절)? 셋째, 당신이 베푸는 이적은 하나님의 나라가 세상에 침투하는 표적이다.

13장   왜 사람들은 예수님의 가르침에 전혀 다른 결과를 보이는가?

1-58 11장과 12장을 보면 예수님의 가르침을 들은 사람들 사이에 뚜렷한 구분이 생겼음을 알 수 있습니다. 어떤 사람들은 예수님의 제자가 되었던 반면, 어떤 사람들은 예수님의 대적자가 되었습니다. 이렇게 상반된 결과가 나타난 이유는 무엇일까요? 사람들의 마음 상태가 다르기 때문입니다(1-23절). 어떤 사람의 마음은 좋은 밭과 같지만, 어떤 사람의 마음은 돌밭과 같습니다. 그 결과 저마다 다른 결과가 나타났던 것입니다. 그렇다면 돌밭 같은 마음을 가진 사람은 교회에서 추방해야 할까요? 그렇게 해선 안 된다는 것이 '가라지 비유'입니다(24-30절). 알곡과 가라지를 구분하는 것은 마지막 날에 하나님이 하실 일이지 우리가 할 일이 아닙니다. 우리는 섣불리 누가 좋은 밭이고, 누가 나쁜 밭인지를 판단해선 안 됩니다. 겨자씨와 누룩의 비유(31-35절)는 예수님을 반대하는 사람들이 있음에도 불구하고, 결국에는 예수님이 시작한 하나님 나라가 승리할 것을 의미합니다. 그러므로 우리는 바리새인들처럼 예수님을 반대하는 편이 아니라 예수님 편에 서야 합니다. 어떤 희생을 감수하고서라도 말입니다. 그것을 강조하는 것이 천국 보화 비유, 진주 비유, 그리고 그물 비유입니다.

예수님의 갈릴리 주변 사역

14장 왜 예수님은 백성들을 억지로 돌려보내시는가?

1-36 광야에서 방황하는 무리는 출애굽한 이스라엘을 떠올리게 합니다. 광야의 이스라엘에게 만나를 공급하신 하나님처럼, 예수님도 광야의 무리에게 먹을 것을 주십니다. 오병이어의 기적이라고 불리는 이 사건은, 예수님이 만나를 내리신 하나님과 동등한 분이심을 나타냅니다. 오병이어의 기적을 본 백성들은, 예수님과 함께라면 충분히 로마 정부에 대항할 수 있다고 생각했을 것입니다.[248] 바로 이것이 예수님이 그들을 억지로 돌려보내신 이유입니다(22절). 예수님은 로마 정부가 아니라 죄와 사망의 세력과 싸우기 위해 오셨기 때문입니다.

15장 왜 예수님은 가나안 여인의 요청에 느리게 반응하시는가?

1-20 제사장들은 성전에서 손을 씻어야 했습니다(출 30:20). 바리새인들은 이 율법을 확대하여 일상생활에서도 음식을 먹기 전에 손을 씻도록 했습니다. 그리고 이와 같은 전통을 하나님이 주신 율법과 동등한 것으로 여겼습니다. 그들을 꾸짖으시는 예수님의 모습을 통해, 단지 오랫동안 지켜 온 전통이라고 해서 그것을 절대화해서는 안 됨을 알 수 있습니다. **21-39** 예수님이 가나안 여인을 대하시는 모습은 한편으로 잔인해 보입니다. 이것은 인쇄된 글자가 예수님의 말투와 표정을 담아내지 못한 결과입니다.[249] 아마 예수님은 여인의 믿음이 얼마나 진실한지 시험하려고 응답을 지체하셨을 것입니다. 그렇다면 가나안 여인의 모습은 믿음 없는 유대인들의 모습과 대비됩니다.

16장 왜 예수님은 제자들을 책망하시는가?

1-12 표적을 구하는 자들에게 요나의 표적 외에는 부여줄 것이 없다고 하십니다(1-4절). 요나의 표적이란 십자가에서 죽으시고 3일 만에 부활하실 것을 뜻합니다. 예수님은 걱정하는 제자들을 책망하십니다(5-12절). 오병이어의 기적을 베푸신 예수님을 곁에 두고도 먹을 것을 걱정했기 때문입니다. **13-28** 하나님이 베드로의 눈을 열어 예수님을 그리스도요 살아 계신 하나님의 아들로 보게 하십니다(13-20절). 그리고 예수님을 그리스도로 고백하는 제자들을 통해 교회를 세울 것을 약속하십니다(18절). 그런데 예수님의 제자가 되는 것은 쉬운 일이 아닙니다. 예수님을 따르려면, 예수님처럼 희생해야 하기 때문입니다(21-28절). 우리에겐 예수님의 제자가 되기 위해 권리와 특권을 희생할 마음이 있습니까?

17장 왜 예수님은 제자들에게 믿음이 없다고 하시는가?

1-13 예수님의 모습이 영광스럽게 변화됩니다(1-8절). 16장 28절 말씀의 성취입니다. 이어서 하나님도 예수님의 왕권을 확증하는 말씀을 하십니다(5절). 그러면서 예수님의 말씀에 순종하라고 하십니다(5절). 이것은 예수님이 16장에서 하신 말씀에 순종하라는 뜻입니다.[250] 흔히 16장을 제자의 삶을 요약했다고 해서 '제자도'라고 합니다. **14-27** 예수님이 귀신을 쫓아내지 못한 제자들을 믿음 없는 자라고 책망하십니다(14-21절). 여기서 믿음이 작다는 것은 양이 아니라 방향이 잘못되었다는 뜻입니다.[251] 아마 제자들은 귀신을 쫓아낸 과거의 경험을 의지하여 하나님께 기도하지 않았던 것 같습니다(막9:29).

예수님의 유대 사역

18장 왜 예수님은 어린아이처럼 되라고 하시는가?

1-14 제자들 사이에 누가 크냐는 다툼이 일어나자, 예수님은 '어린아이 모델'을 제시하십니다(3절). 기준은 어린아이의 성품이나 기질이 아니라 '위치'입니다. 당시 어린아이는 가장 낮은 서열의 존재였습니다. 예수님의 가르침은 가장 낮은 서열로 내려가는 것이 가장 크게 되는 것이며, 가장 낮은 서열에 있는 자를 존귀하게 대하는 것이 하나님의 뜻이라는 의미입니다(14절). **15-35** 형제가 죄를 범했을 때, 처신하는 방법입니다. 초점은 징계가 아니라 회복에 있습니다. 형제를 얻는 것이 목적이므로(15절), 최대한 은밀히 진행해야 합니다. 처음에는 일대일(15절), 그다음엔 이대일이나 삼대일(16절), 그다음이 교회에 밀하는 순서입니다. 그렇다면 몇 번이나 용서해야 할까요? 우리가 하나님께 용서 받은 만큼입니다. 그런데 우리는 측량할 수 없이 큰 용서를 받았기 때문에 다른 사람을 용서하지 못할 권리가 없습니다.

19장 왜 예수님은 부자 청년에게 모든 재산을 바치라고 하셨는가?

1-15 당시 유대인 남성들은 간단한 절차를 통해 아내와 이혼할 수 있었습니다. 신명기 24장 1절을 보면, '수치되는 일'을 발견하면 아내와 이혼할 수 있다고 되어 있는데, 여기서 '수치되는 일'을 제멋대로 적용했습니다. 이에 예수님은 결혼에 대한 하나님의 뜻을 제시합니다(창 2:24). 하나님이 결혼을 통해 한 몸 되게 하셨으므로, 불가피한 경우를 제외하고는 이혼하지 않는 것이 하나님의 뜻입니다. **16-30** 왜 예수님은 부자 청년에게 모든 재산을 바치라는 급진적인 요구를 하셨을까요? 그에게 소유란 단순한 재산이 아니었습니다. 많은 재산을 통해 안정적인 삶을 살 수 있었고, 복 받은 사람이라는 좋은 평판도 얻을 수 있었습니다. 따라서 그에게 돈은 하나님과 같았습니다. 이 청년같이 돈을 하나님처럼 생각하는 자에게 천국 문은 열리지 않습니다(마 6:24).

20장 왜 우리가 품꾼 비유에 등장하는 자격 없는 품꾼인가?

1-19 포도원 품꾼 비유의 핵심은 자격 없는 자들이 후한 대접을 받는 데 있습니다.[252] 여기서 자격 없는 자들은 바로 우리 자신입니다. 우리는 하나님께, 우리의 자격으로 받을 수 있는 것을 훨씬 넘어서는 선물을 받았습니다. 하나님의 자녀가 되고 천국 백성이 된 것은, 우리의 공로가 아니라 하나님의 선물입니다. **20-28** '세베대의 아들의 어머니'(20절)는 살로메입니다. 그녀는 예수님의 어머니 마리아와 자매였으므로, 야고보와 요한은 예수님의 사촌입니다. 그들이 혈연관계를 근거로 높은 지위를 요구한 것임을 알 수 있습니다. 이에 예수님은 자신을 본받으라고 하십니다(28절). 예수님은 섬김을 받을 권한이 있음에도 불구하고 섬기기 위해 이 땅에 오셨습니다. 교회는 가장 높은 자가 가장 낮은 자를 섬기는 새로운 공동체입니다. **29-34** 예수님이 두 맹인을 고치신 것(29-34절)은 가장 높은 자가 가장 낮은 자를 섬기는 새로운 공동체의 전형입니다. 예수님은 대중에게 배척받고 소외되었던 두 사람을 친히 찾아가셨습니다. 이것이 교회입니다.

287

예수님의 예루살렘 입성

21장 왜 예수님은 나귀를 타시는가?

1-11 언제나 걸어 다니셨던 예수님이 나귀를 타십니다(1-11절). 스가랴 선지자의 예언을 성취하시기 위한 의도적인 행위입니다(슥 9:9). 동시에 대중이 기대한 메시아가 아님을 보여 주는 상징적 행동입니다. 예수님이 정치적인 메시아였다면 나귀가 아니라 준마를 타셨을 것입니다. **12-17** 선지자들은 메시아가 성전을 회복할 것이라고 예언하였습니다(말 3:1-4; 슥 14:21). 예수님은 장사하

는 자들을 성전에서 추방하심으로써 그 예언을 성취하십니다. 이때 예수님이 저주하신 무화과나무는 겉만 화려하고 속은 썩어 버린 성전을 상징합니다. **18-46** 두 아들 비유(28-32절)와 포도원 주인 비유(33-46절)는 누가 진정한 하나님의 백성인지를 교훈합니다. 핵심은 43절입니다. '새로운 하나님의 백성'의 기준은 '혈통'이 아니라 '열매'입니다.

22장 왜 하나님은 죽은 자들을 산 자처럼 대하셨는가?

1-46 혼인 잔치 비유(1-14절)의 교훈은 앞 장의 두 비유와 동일합니다. '새로운 손님'은 '새로운 하나님의 백성'입니다. 그리고 '새로운 하나님의 백성'은 예수님을 주님으로 영접한 자들, 즉 교회입니다. 이어서 예루살렘의 기득권자들과 예수님 사이의 대결이 펼쳐집니다. 예수님은 "가이사의 것은 가이사에게" 바치라고 하심으로써 국가의 권리를 인정하십니다(롬 13:1-7). 동시에

"하나님의 것은 하나님에게" 바치라고 하심으로써 국가보다 하나님이 위에 있다고 하십니다. 국가의 요구와 하나님의 말씀이 충동할 때는 하나님의 말씀에 우선권을 두라는 뜻입니다. 부활이 없다고 하는 자들에게는, 하나님이 죽은 자들을 산 자처럼 대하신 것을 생각하라고 하십니다. 부활이 없다면 하나님이 그렇게 하실 리 없다는 것입니다.

23장 왜 예수님은 예루살렘의 지도자들이 천국 문을 닫는 자들이라고 하시는가?

1-39 예루살렘의 종교 지도자들은 가르치는 대로 행하지 않았을 뿐만 아니라, 한 가지 율법에 수많은 조항을 추가하여 다른 사람들도 율법을 지킬 수 없게 만들었습니다(1-12절). 그들의 행동은 사람들을 천국으로 인도하기는커녕 오히려 천국 문을 닫는 결과를 가져왔습니다

(13절). 이 모든 행동의 근본에는 하나님보다 사람을 더 의식한 인간적인 열정이 자리 잡고 있었습니다. 사람들의 시선을 더 중요하게 생각했기에 외적인 모습을 엄격하게 하는 데만 치중했던 것입니다.

24장 왜 예수님은 제자들에게 "보지 못하느냐"라고 물으시는가?

1-31 예수님은 성전을 자랑스럽게 여기는 제자들에게 "보지 못하느냐"라고 말씀하십니다(2절). 성전이 인간의 욕망으로 더럽혀진 것을 왜 보지 못하느냐는 것입니다. 그러면서 성전이 무너질 것과 최후의 심판을 연결 지어 말씀하십니다. 성전의 종말은 세상의 종말을 예고하는 사건이기 때문입니다.[253] 주목할 것은 제자들은 예수님께 마지막 날이 언제인지를 묻는 반면, 예수님은 제자

들에게 마지막 날을 준비하는 자세를 가르친다는 점입니다. **32-51** 때와 시기는 우리의 것이 아닙니다(36절). 예수님이 재림하시는 날을 우리는 알 수 없습니다. 하지만 그날을 준비하는 것은 우리의 책임입니다(32-51절). 최후 심판을 믿는 사람과 그렇지 않은 사람이 같은 삶을 살 수는 없습니다. 우리는 하나님의 최후 심판, 즉 하나님의 재판을 준비하며 살아야 합니다.

예수님의 죽음과 부활

25장 왜 지극히 작은 자를 섬겨야 하는가?

1-46 신랑이신 예수님이 준비하지 않은 신부들을 단호하게 거절하십니다(1-14절). 준비하지 않은 자들의 비참한 최후입니다. 그렇다면 마지막 날을 어떻게 준비해야 할까요? 하나님이 우리에게 주신 달란트, 즉 은사와 재능을 통해 열매 맺는 삶을 사는 것이 마지막 날을 준비하는 것입니다(14-30절). 그렇다면 예수님이 기대하시는 열매는 무엇일까요? 지극히 작은 자를 섬기는 것입니다(31-46절). 지극히 작은 자를 섬긴 것을, 곧 예수님을 섬긴 것으로 여기시기 때문입니다.

26장 왜 예수님은 십자가를 앞두고 두려워하시는가?

1-16 예수님이 십자가 죽음을 예고하십니다(1절). 특히 그 일이 유월절에 일어날 것이라 하심으로써(2절), 당신이 유월절 어린양이 될 것을 가르쳐 주십니다. **17-35** 예수님이 최후의 만찬을 통해 십자가의 의미를 설명하십니다. 찢겨진 빵과 흘린 포도주는 십자가에서 찢겨질 예수님의 살과 흘릴 피를 상징합니다. **36-75** 예수님이 십자가를 앞두고 크게 두려워하십니다. 고통 때문이 아니라 죄인에게 임할 하나님의 진노를 누구보다 잘 아셨기 때문입니다. 하지만 기도를 통해 두려움을 이겨 내시고, 순종할 힘을 얻으셨습니다. 반대로 제자들은 두려워서 도망갑니다. 깨어 기도하지 않은 결과였습니다(40절).

27장 왜 예수님은 빌라도의 심문을 받으셨는가?

1-44 예수님은 유다에 의해 은 삼십에 팔리시고, 종교 지도자들에 의해 빌라도에게 넘겨지셨습니다. 예수님은 우리의 구원을 위해 이 모든 수치를 견디셨습니다. 예수님이 빌라도 앞에서 받으신 심문은 사실 우리가 받아야 합니다. 예수님은 우리를 하나님 앞에 의인으로 세우시기 위해 총독 앞에 죄인으로 서셨습니다. **45-66** 예수님이 십자가 위에서 울부짖으신 것은 십자가가 하나님의 진노의 자리요, 하나님과 단절되는 자리이기 때문입니다(46절). 우리가 당해야 할 진노와 단절을 예수님이 대신 당하셨던 것입니다. 예수님이 돌아가시던 순간, 성전 휘장이 찢어지고, 무덤에서 잠자던 성도들이 살아났습니다. 이것은 예수님을 통해 하나님과 우리 사이의 장벽이 사라진 것과 부활의 소망이 허락된 것을 보여 주는 사건입니다.

28장 왜 모든 나라와 민족에게 복음을 전해야 하는가?

1-20 예수님의 시체에 기름을 바르려고 무덤을 방문한 여인들은 천사를 통해 예수님이 부활하셨다는 소식을 듣게 됩니다. 이 말씀대로 우리 주님은 다시 살아나셔서 부활의 첫 열매가 되셨습니다. 부활하신 예수님은 모든 나라와 민족에게 복음을 전하라고 하십니다. 예수님은 하늘과 땅의 권세를 가지신 왕이시기에 모든 사람이 예수님을 경배해야 하기 때문입니다.

한눈에 보는 마가복음

핵심	종의 출현 (1:1-2:12)	종에 대한 반대 (2:13-8:26)	종의 교훈 (8:27-10:52)	종에 대한 배척 (11:1-15:47)	종의 부활 (16장)
사건	세례를 받으심 시험을 받으심	바리새인들이 예수님을 반대함 친척들이 예수님을 반대함 나사렛 사람들이 예수님을 반대함	제자도와 관련한 가르침 결혼, 이혼과 관련 한 가르침	유다가 배반함 베드로가 부인함 십자가에 못 박히심	부활 승천
주제	으뜸이 되고자 하는 자는 모든 사람의 종이 되어야 한다 (막 10:45)				
장소	갈릴리와 베레아 지방			유대와 예루살렘	
기간	대략 주후 29-33년				

저자: 마가

베드로가 예수님의 말씀과 행적을 자신의 수행원이었던 마가에게 넘겨주었으며, 마가가 그 자료들을 토대로 복음서를 기록했다는 광범위한 증거가 있다. 초대 교회는 마가복음의 내용이 베드로에게서 비롯되었으므로, 사도적이고 신뢰할 만하다고 결론지었다.[254]

기록 목적

마가는 여러 가지 목적을 두고 복음서를 기록한 것으로 보인다. 첫째, 이방인들에게 복음을 전하는 것이다. 특히 염두에 둔 것은 로마다. 그래서 마가는 구약 성경을 잘 인용하지 않았다. 둘째, 고난 중에 있는 성도들을 위로하는 것이다. 아마 이 시기에 바울과 베드로를 포함한 많은 그리스도인들이 믿음 때문에 순교했을 것이다. 마가는 종으로 오셔서 고난을 견디신 예수님의 모습을 통해, 장차 있을 박해로부터 성도들을 준비시키고자 했다. 셋째, 기독교의 믿음을 변호하는 것이다. 마가는 기독교가 무엇인지 설명함으로써 기독교를 박해하는 자들이 가지고 있던 잘못된 생각을 수정하고자 했다.

통독 길잡이

마가복음은 예수님의 가르침보다 행동에 더 주안점을 두고 있으며, 행동하시는 예수님의 모습을 강조하기 위해 '즉시'라는 단어를 자주 사용한다. '종으로 오신 하나님의 아들'이라는 주제를 강조하기 위해서일 것이다.

289

안식일의 주인이신 예수님

1장 왜 세례 요한은 도시를 떠나 광야로 갔는가?

1-8 세례 요한의 사명은 예수님의 복음이 열매를 맺을 수 있도록 사람들의 마음에 회개의 씨앗을 뿌리는 일이었습니다. 그는 이 사명을 잘 감당하기 위해 도시를 떠나 광야로 갔으며(4절), 화려한 복장 대신 낙타털 옷을 입었고(6절), 일절 자신을 드러내지 않았습니다(7-8절). 우리의 사명은 무엇입니까? 우리는 주님을 위해 무엇을 하고 있습니까? **9-11** 예수님은 요한에게 세례를 받는 것을 통해 본격적으로 공생애 사역을 시작하십니다. 그런데 예수님의 사역은 예수님 혼자만의 사역이 아니었습니다. 성령 하나님은 비둘기 같은 모습으로 예수님께 임하셨고, 성부 하나님은 음성으로 예수님이 당신의 아들이심을 인준해 주셨습니다. 이처럼 우리의 구원은 삼위 하나님의 공동 사역입니다. **12-45** 예수님은 권세 있는 가르침으로 사람들을 놀라게 하시고, 더러운 귀신을 굴복시키며, 시몬의 장모를 고치시고, 갖가지 질병 앓는 사람들을 고치셨습니다. 이것을 통해 하나님의 나라가 임하였음을 가시적으로 보여 주셨습니다. 지금도 예수님께 순종하는 곳에서는 사탄의 나라가 물러나고, 하나님의 나라가 흥왕합니다. 우리가 있는 곳에는 하나님 나라의 역사가 흥왕하고 있습니까?

2장 왜 예수님은 세리와 죄인들을 가까이하시는가?

1-12 구약의 선지자들은 하나님의 이름을 빌려서 죄 용서를 선포했지만, 예수님은 당신의 권위로 죄인을 용서하십니다(1-12절). 예수님은 죄 용서의 권한을 가지신 하나님이시기 때문입니다. **13-22** 예수님이 세리와 죄인들을 불러 함께 식사하신 것은 당시로서는 충격적인 사건이었습니다. 유대인들은 세리를 민족의 배신자로 여겨 철저히 소외시켰고, 죄인들과 식사하는 것을 부정하게 여겼기 때문입니다. 하지만 예수님은 죄인들과 어울리시는 모습을 통해 당신의 사명이 죄인을 불러 정결하게 하시는 일임을 보여 주고자 하셨습니다. **23-28** 바리새인들이 안식일을 어겼다고 예수님을 비난하자, 실제로 안식일을 어긴 것은 바리새인들이라고 반박하십니다(23-28절). 하나님 안에서 쉼을 누려야 할 안식일을 갖가지 규정으로 고통스럽게 만든 장본인이 바리새인들이기 때문입니다. 혹시 우리도 바리새인들처럼 본질적이지 않은 문제를 가지고 누군가를 판단하거나 비난하지 않습니까?

3장 왜 예수님은 사람들을 피해서 물러나시는가?

1-6 예수님은 손 마른 사람을 고치는 것을 통해 안식일의 의미를 밝혀 주십니다. 안식일이란 아무것도 하지 않는 날이 아니라 선을 행하는 날입니다. **7-19** 예수님이 행하신 기적을 듣고 수많은 사람이 찾아옵니다. 그런데 예수님은 그들을 피해 물러나십니다. 예수님을 단순히 병 고치는 분으로 오해할 우려가 있었기 때문입니다.[255] 우리도 예수님처럼 사명의 본질을 잊지 말아야 합니다. 사명의 본질은 복음입니다. **20-35** 예수님은 성령을 모독하는 죄는 사하심을 얻을 수 없다고 말씀하십니다(29절). 성령 모독죄란, 본문의 서기관들처럼 예수님을 통해 나타나는 하나님의 역사를 계속해서 인정하지 않는 것을 말합니다. 단회적인 불순종이 아니라 지속적인 불순종이기에, 구원에 이를 수 없다는 뜻입니다.

들을 귀 있는 자는 들으라

4장　왜 예수님은 비유로 말씀하시는가?

1-9 예수님은 하나님 나라의 비밀을 비유로 말씀하십니다. 예수님을 영접한 사람만 예수님의 가르침을 이해할 수 있도록 하기 위함입니다. 따라서 예수님을 반대하는 자들은 예수님의 비유를 이해할 수 없습니다. 하나님 나라의 핵심은 예수님이기 때문에 예수님을 반대하는 자들이 예수님의 비유를 이해하지 못하는 것은 당연합니다. **10-34** 똑같은 말씀을 들어도, 결과는 다를 수 있다는 것이 씨 뿌리는 비유의 핵심입니다. 가만히 앉아 듣기만

해서는 열매를 맺을 수 없습니다. 사탄의 시험과 말씀에 따른 박해와 재물의 유혹을 이겨 내야 합니다. 그래야만 삼십 배, 육십 배, 백 배의 결실을 맺을 수 있습니다. **35-41** 제자들을 책망하십니다(35-41절). 하나님이신 예수님과 함께하면서도 자연의 변화를 두려워했기 때문입니다. 인생의 여러 문제 앞에서, 하나님은 우리에게 어떤 존재입니까?

5장　왜 예수님은 여인의 정체를 공개하시는가?

1-20 예수님이 귀신 들린 자를 고치신 지역은 이방인의 땅인 거라사 지방입니다. 이것은 하나님 나라의 복음이 장차 이방인에게도 전파될 것을 나타내는 사건입니다. **21-34** 예수님은 혈루증 앓던 여인의 정체를 공개하십니다. 여인의 모습을 통해 믿음이 무엇인지 가르치기 위함입니다. 혈루증을 앓는 사람은 다른 사람과의 접촉이 금지되어 있습니다(레 15:7). 이 규칙을 어기고 다른 사람에게 고의로 접촉했다가는 목숨을 잃을 수도 있습니다. 따라서 여인이 예수님의 몸에 손을 댄 것은 죽음을 각오한

행동이었고, 그것이 가능했던 것은 여인이 예수님에 대한 확고한 믿음을 가지고 있었기 때문입니다. **35-43** 예수님이 죽었던 아이에게 일어나라고 말씀하십니다. 예수님이 피조물에게 생명을 주시는 하나님이심을 드러내는 행동입니다. 아이를 살리신 이후에는 소문이 나지 않도록 조심하라고 하십니다(43절). 예수님 사역의 본질은 병 고침의 기적이 아니라 십자가의 죽음과 부활을 통해 생명을 주시는 데 있었기 때문입니다.[256]

6장　왜 예수님은 고향에서 소수의 병자만 고치시는가?

1-13 이방인에게 놀라운 이적을 베푸신 예수님이 고향에서는 소수의 병자만 고치십니다(5절). 고향 사람들이 예수님을 메시아로 믿지 않기 때문입니다(3절). 하나님은 믿는 자들을 통해 일하기를 기뻐하십니다. 혈루증 앓던 여인과 회당장 야이로가 대표적입니다. 우리가 믿음으로 반응해야 할 일은 무엇인지 생각해 봅시다. **14-29** 세례 요한이 악인의 손에 비참한 죽음을 맞이한 것은 이해하기 어렵습니다. 하지만 세례 요한의 죽음처럼

받아들이기 힘든 사건에도 하나님의 뜻과 계획이 있음을 믿어야 합니다. **30-56** 마가는 의도적으로 헤롯의 잔치와 예수님의 잔치(오병이어)를 대조한 것으로 보입니다. 세상의 잔치에는 피가 난무하지만, 하나님의 잔치에는 기쁨이 있습니다. 오병이어의 기적을 베푸신 예수님은 세상의 환호를 뒤로하고, 혼자 조용히 기도하십니다(46절). 사람들의 인정보다 하나님의 일에 집중하기를 원하셨기 때문입니다.

마가복음 7-10장

바리새인들의 누룩을 주의하라

7장 왜 예수님은 지도자들을 책망하시는가?

1-23 예수님은 지도자들의 겉과 속이 다름을 책망하십니다. 대표적인 사례가 고르반(하나님께 드렸다) 제도입니다. 그들은 고르반을 부모를 부양하지 않는 방법으로 악용했습니다. 하나님께 다 드려서 부모를 부양할 돈이 없다고 하는 방식으로 재산을 숨겼던 것입니다. 유대인들의 전통은 하나님을 잘 따르기 위한 것이 아니라 욕망을 정당화하는 수단에 불과했습니다. **24-37** 예수님의 행동은 수로보니게 여인을 모욕하는 것이 아니라, 그녀의 믿음을 공개적으로 드러내는 것입니다. 유대인이라고 해서 자동적으로 하나님의 백성이 되는 것이 아니라 수로보니게 여인 같은 믿음이 있어야 한다는 사실을 가르치시는 것입니다.

8장 왜 예수님은 이방인에게도 하늘 양식을 주시는가?

1-13 본문의 칠병이어 사건이 오병이어 사건과 다른 점은 기적이 행해진 장소가 이방인의 땅이라는 점입니다. 예수님은 이방인들에게도 하늘 양식을 베풀어 주심으로써 당신이 모든 나라와 민족의 구원자로 오셨음을 드러내십니다. **14-26** 떡이 없다고 걱정하는 제자들에게, 바리새인들의 누룩을 주의하라고 하십니다(15절). 바리새인들이 수많은 기적을 보고서도 예수님을 믿지 않았던 것처럼, 칠병이어의 기적을 눈앞에서 보고서도 먹을 것을 걱정했기 때문입니다. **27-38** 예수님을 그리스도(메시아)로 고백한 베드로 앞에서, 죽음과 부활을 말씀하십니다(31절). 베드로가 예수님을 정치적이고 군사적인 메시아로 오해하고 있었기 때문입니다(32절). 베드로는 제자가 되는 것을 성공의 길로 여겼지만, 예수님은 십자가를 지는 삶이 제자의 길이라고 하십니다(34절).

9장 왜 예수님은 귀신을 쫓아내지 못한 제자들을 책망하시는가?

1-32 예수님은 귀신을 쫓아내지 못한 제자들을 책망하십니다. 과거의 경험을 의지하여(막 6:13), 기도하지 않았기 때문입니다(29절). 승리한 경험 때문에 교만한 마음을 품을 때가 가장 위험한 순간입니다. **33-37** 예수님은 서열을 두고 다투는 제자들에게 하나님 나라의 질서를 말씀하십니다. 세상의 질서는 서열이 낮은 자가 높은 자를 섬기는 것이지만, 하나님 나라의 질서는 서열이 높은 자가 낮은 자를 섬기는 것입니다. **38-50** 예수님은 제자들이 자신들의 무리에 속하지 않은 자를 배척하는 것을 금하십니다. 편을 가르는 일은 세상의 속성이기 때문입니다. 신앙의 색채가 조금 다르다고 하여 선을 긋는 것은 하나님의 뜻이 아닙니다.

10장 왜 마가는 제자들과 바디매오를 대조하는가?

1-45 원래 신명기 24:1-4는 결혼의 신성함을 강조하는 말씀입니다. 하지만 유대인들은 본처를 버리는 근거로 사용했습니다. 하나님의 말씀마저 욕망의 도구로 삼는 인간의 타락을 볼 수 있습니다. 이에 예수님은 결혼의 본질이 한 몸 됨에 있다고 하십니다. 세상은 다르기에 헤어지지만, 교회는 다르기에 배려하고 섬겨야 합니다. **46-52** 마가는 의도적으로 제자들과 바디매오를 대조합니다. 제자들의 영적 눈이 감겨 있다는 사실을 드러내시기 위해서입니다. 제자들이 서열 싸움을 벌인 것은 영의 눈이 감겨 있었기 때문입니다. 반면 바디매오는 육의 눈은 감겨 있지만, 영의 눈은 열린 사람입니다. 부자 청년 역시 영의 눈은 감긴 사람입니다. 영원하지 않은 것 때문에 영원한 것을 버렸으니 말입니다.

너희는 강도의 소굴을 만들었도다

11장 왜 예수님은 열매 없는 무화과나무를 저주하시는가?

1-11 예수님은 스가랴 선지자의 예언대로(슥 9:9) 나귀를 타고 예루살렘에 입성하십니다. 대중이 기대한 정치적이고 군사적인 왕이었다면 화려한 말을 타셨겠지만, 자신을 희생하여 백성을 살리는 겸손한 왕이시기에 나귀를 타셨습니다. **12-14** 예수님이 열매 없는 무화과나무를 저주하신 것은 참 이상한 일입니다. 아직 열매 맺을 때가 아니기 때문입니다(13절). 열매 없는 무화과나무는 유대인들의 영적 상태를 상징합니다. 예수님은 무화과나무 저주를 통해 열매 없는 유대인들에게 경고의 메시지를 보내셨습니다. **15-33** 예수님은 성전을 향해 강도의 소굴이라고 하십니다. 원래 성전 상인들과 환전상들은 멀리서 온 순례자들의 예배를 돕는 봉사자였습니다. 그런데 시간이 지나면서 돈을 벌기 위한 장사치로 변절했습니다. 예수님은 하나님을 경배하는 마음 대신, 인간의 욕망이 가득 차 있다는 뜻으로 강도의 소굴이라고 하셨던 것입니다.

12장 왜 바리새인들의 행동은 하나님의 뜻에 어긋나는가?

1-12 포도원 주인은 하나님을, 농부들은 예루살렘의 종교 지도자들을 상징합니다. 주인이 농부들을 진멸하고 다른 사람에게 포도원을 맡긴 것은, 하나님이 예루살렘의 지도자들을 심판하시고, 그들의 지위를 사도들과 이방인들에게 넘기실 것을 예고하는 것입니다.[257] **13-44** 바리새인들은 종교적인 이유로 세금을 반대했고, 헤롯당은 정치적인 이유로 찬성했습니다. 누구를 지지하든지 예수님의 선택은 한쪽의 반대에 직면할 것입니다. 이에 예수님은 "가이사의 것은 가이사에게, 하나님의 것은 하나님께 바치라"(17절)고 하십니다. 하나님이 정부와 왕을 세우셨기에 하나님께 드린다는 생각으로 세금을 내라는 뜻입니다.[258] 바리새인처럼 세금 납부를 거부하는 것은 왕을 세우신 하나님의 뜻에 어긋나며, 헤롯당처럼 왕에게만 충성하는 것은 그 위에 계신 하나님께 불순종하는 행위라는 뜻입니다.

13장 왜 예수님은 성전을 멸망받을 돌 더미로 보시는가?

1-2 제자들이 자랑스러워했던 성전이지만, 예수님 보시기에는 멸망받을 돌 더미에 지나지 않았습니다. 성전의 화려한 외관 속에 인간의 욕망이 가득했기 때문입니다. **3-37** 성전이 무너질 때를 묻는 제자들에게, 성전의 마지막과 세상의 마지막을 함께 말씀하십니다. 즉, 성전의 멸망은 세상의 마지막을 예표하는 사건입니다. 예수님은 천재지변과 전쟁이 마지막 날의 징조라고 하십니다(8절). 이 두 가지는 항상 있었던 일이므로, 매일매일을 종말처럼 살라는 권면입니다. 또는 마지막 날이 가까울수록 재난의 빈도가 증가한다는 의미일 수도 있습니다.[259] 복음이 만국에 전파되어야 끝이 온다는 것은, 예수님의 초림과 재림 사이의 기간이 온 세상에 복음이 전파되는 은혜의 시기임을 의미합니다. 마지막 날을 준비하는 성도의 사명은 땅끝까지 복음을 전하는 것입니다.

그가 살아나셨고 여기 계시지 아니하니라

14장 왜 예수님은 십자가의 죽음을 두려워하시는가?

1-9 여인이 예수님께 비싼 향유를 부었던 것은 예수님이 누구신지를 알았기 때문이요, 제자들이 여인의 헌신을 책망했던 것은 예수님이 누구신지를 몰랐기 때문입니다(3-9절). 예수님은 하나님의 아들이십니다. 값비싼 향유도 예수님께는 부족합니다. **10-31** 누가 예수님을 배반할지 묻자 "나와 함께 그릇에 손을 넣는 자"라고 말씀하십니다(20절). 일종의 은어로서, 유다만 알 수 있는 표현입니다. 유다를 간접적으로 거론하신 이유는 마지막 순간까지 유다가 회개하기를 원하셨기 때문입니다. **32-72** 예수님이 십자가를 앞두고 하신 일은 기도였습니다. 기도 없이는 십자가를 감당할 수 없다고 생각하셨습니다. 하지만 베드로는 기도는 하지 않으면서, 예수님을 버

리지 않겠다고 호언장담합니다(37절). 물론 진심이었겠지만, 결과적으론 허풍이 되고 말았습니다. 기도로 준비하지 않는다면, 우리가 하는 일의 결과도 이와 같을 것입니다. 주목할 부분은 십자가 죽음 앞에서 예수님이 크게 두려워하셨다는 점입니다(34절). 그 이유는 다음과 같습니다. 순교자들은 죽음의 순간에 하나님과 더 가까워졌습니다. 그들은 하나님의 위로의 대상이었습니다. 하지만 예수님은 하나님으로부터 내쳐졌습니다. 순교자가 아니라 진노의 대상으로 십자가에 달리셨기 때문입니다.[260] 예수님이 두려워하신 것은 죽음 그 자체가 아니라 하나님과의 단절이었습니다.

15장 왜 우리는 성전을 통해 하나님께 나가지 않는가?

1-32 제6시는 우리 시각으로 오후 12시입니다(33절). 한낮에, 그것도 세 시간 동안 어둠이 임한 것은, 자연현상으로 볼 수 없습니다. 어둠은 하나님의 심판을 상징합니다(욜 2:1-2; 암 5:20).[261] 이것은 하나님이 사람들에게 주시는 메시지로서, 예수님의 죽음이 자연적인 죽음이 아니라 하나님의 뜻을 이루는 과정임을 보여 줍니다. **33-**

47 성전 휘장이 찢어집니다(38절). 성전을 통해 하나님께 나아갔던 옛 시대가 끝나고, 예수님을 통해 하나님께 나아가는 새 시대가 열렸다는 신호입니다.[262] 이제 우리는 성전이자 대제사장이신 예수님을 힘입어 담대히 하나님께 나아갑니다(요 2:21; 히 2:17).

16장 왜 세상은 예수님의 부활을 솟아오르는 햇빛으로 축하하는가?

예수님의 죽음을 흑암으로 슬퍼하던 세상이, 예수님의 부활을 솟아오르는 햇빛으로 축하합니다(2절). 빛과 어둠의 대조는, 예수님의 죽음과 부활이 죄와 사망을 몰아냈음을 나타내는 은유적인 표현입니다. 예수님의 부활을 모르는 세 여인이 예수님의 무덤을 찾아갑니다. 예수님의 시체에 향품을 바르기 위해서입니다(1절). 그런다고 소망이 생기는 것은 아닙니다. 예수님의 부활만이 진정한 소망입니다. 예수님의 부활을 믿는 사람은 아무리

어려운 상황에서도 소망을 품을 수 있습니다. 부활하신 예수님은 갈릴리에서 제자들을 만나 주십니다(7절). 제자들은 예수님을 배신하고 도망갔지만, 예수님은 그들을 먼저 찾아오셨습니다. 이것이 우리를 향한 하나님의 사랑입니다. 승천하신 예수님은 '하나님 우편'에 앉으셨습니다(19절). '하나님 우편'은 왕의 지위를 상징합니다. 우리가 믿는 예수님은 온 세상의 왕이십니다.

한눈에 보는 누가복음

핵심	예수님의 탄생과 성장 (1-2장)	예수님의 갈릴리 사역 (3:1-9:50)	예루살렘을 향한 예수님의 여정 (9:51-19:27)	예수님의 예루살렘 사역 (19:28-21:38)	예수님의 고난과 부활 (22-24장)
사건	세례 요한 출생 천사들의 노래	백부장의 종을 고치심 과부의 아들을 살리심	나병환자를 고치심 어린아이들을 환영하심 삭개오를 구원하심	지도자들과의 논쟁	최후의 만찬 빌라도의 재판 십자가의 죽음 부활
주제	인자가 온 것은 잃어버린 자를 찾아 구원하려 함이니라 (눅 19:10)				
장소	이스라엘	갈릴리	이스라엘	예루살렘	
기간	대략 주전 4년에서 주후 33년				

저자: 누가

누가는 사도 바울의 선교 팀 일원이었다. 안디옥 사람이었고, 직업은 의사였다. 신약 성경 저자 중 유일하게 이방인이다. 그는 사도행전의 저자이기도 하다.

기록 목적

1차적인 목적은 데오빌로에게 예수님을 소개하는 것이다(1:1-4). '데오빌로 각하'라는 호칭으로 미루어 볼 때, 그의 사회적 신분은 매우 높았을 것이다. 2차적인 목적은 데오빌로와 같은 이방인 신자들과 모든 그리스도인들에게 예수님이 잃어버린 당신의 백성을 찾으러 오신 분이심을 알리는 데 있다.

통독 길잡이

누가는 예수님이 여자, 어린아이, 그리고 가난한 자들에게 보인 특별한 관심을 강조한다. 당시 이런 사람들은 가치 없는 존재로 여겨졌지만, 예수님께는 잃어버린 당신의 백성이었다. 누가는 성령의 강력한 임재를 강조한다. 이런 강조점은 누가의 두 번째 저작인 사도행전까지 이어진다. 누가는 기도를 강조한다. 누가복음에는 예수님이 기도하시는 장면이 총 아홉 차례 등장하는데, 이 중 일곱 개가 누가복음에만 기록된 것이다.

294
10월 21일

예수님의 탄생과 성장

1장　왜 하나님은 사가랴에게 아들을 주시는가?

1-25 누가는 자신의 복음서가 "이루어진 사실"이라고 말합니다(1절). 누가복음은 지어낸 이야기가 아닙니다. 누가복음은 하나님이 실제로 하신 일입니다. 가장 먼저 소개되는 인물은 사가랴와 엘리사벳입니다. 사가랴와 엘리사벳은 종교 지도자들이 타락하고 왕(헤롯)은 폭정을 행하던 시기를 살았습니다. 두 사람은 나이가 많도록 자녀가 없었습니다. 하지만 좌절하지 않고 누구보다 신실하게 살았습니다(6절). 하나님은 이런 자들을 통해서 예수님의 오심을 준비하셨습니다. 하나님은 사가랴의 간구를 듣고서, 사가랴에게 아들을 주겠다고 하십니다(13절). 그런데 사가랴는 아들을 주신다는 약속을 믿지 않습니다. 그 이유는 사가랴가 아들을 달라고 기도하지 않았기 때문입니다. 사가랴는 이스라엘의 회복을 위해 기도했고(16절), 하나님은 그 기도의 응답으로 세례 요한을 주셨습니다.[263] **26-80** 예수님은 마리아의 능력이 아니라 성령의 능력으로 잉태되셨습니다(35절). 이로써 예수님은 참사람으로 나셨지만, 보통 사람들과 구별되십니다. 이것은 죄 없이 나셔서 죄인을 구원하시기 위함입니다.

2장　왜 하나님은 예수님의 탄생 소식을 목동들에게 가장 먼저 알리시는가?

1-7 예수님은 베들레헴에서 나셨습니다. 이로써 미가 선지자의 예언이 성취되었습니다(미 5:2). 요셉과 마리아가 베들레헴으로 간 이유는, 로마 황제가 세금 징수를 위한 인구 조사를 시행했기 때문입니다(1절). 하나님은 당신의 뜻을 이루기 위해 로마 황제를 사용하셨습니다. **8-21** 예수님의 탄생 소식을 가장 먼저 들은 것은 목동이었습니다(8절). 목동은 당시 가장 천대받던 존재였습니다. 예수님이 이루실 하나님 나라는 목동 같은 자들을 배척하거나 제외하지 않는 나라임을 보여 주는 사건입니다. **22-52** 예수님의 탄생을 알게 된 또 다른 사람들이 있습니다. 시므온과 안나입니다. 두 사람은 모두 나이가 많도록 메시아를 기다리며 기도했다는 공통점이 있습니다. 사가랴와 엘리사벳, 시므온과 안나. 모두 나이가 많고 약한 사람들입니다. 하나님은 이들의 기도를 통해 당신의 뜻을 이루셨습니다. 가장 강력한 힘은 기도입니다.

3장　왜 세례 요한은 어떤 자들을 독사의 자식이라고 하는가?

1-22 1-2절을 통해 당시 이스라엘이 정치·종교적으로 매우 어두운 시기였음을 알 수 있습니다. 이 어두운 시대를 밝힌 한 줄기 빛은, 세례 요한에게 임한 '하나님의 말씀'이었습니다(2절). 소망 없는 시대를 새롭게 하는 유일한 능력은 하나님의 말씀입니다. 요한의 세례는 형식적인 세례가 아니라 구체적인 회개를 요구하는 '회개의 세례'입니다(3절). 요한은 어떤 사람들을 독사의 자식이라고 비난했는데(7절), 이는 그들이 행동의 변화 없이 세례받기만 원했기 때문입니다. **23-38** 누가의 족보는 예수님이 역사적 인물이라는 증거입니다. 예수님은 신화적 인물이 아니라 실제 사람으로 오셔서 사람으로 사신 분입니다. 하나님으로는 죽을 수 없고, 사람으로는 죽음을 이길 수 없기에 하나님이자 사람으로 오신 분이 예수님입니다.

예수님의 갈릴리 사역(1)

4장   왜 우리는 아담이 전가한 원죄와 상관없는가?

1-13 인류의 첫 번째 대표인 아담은 사탄의 시험을 이기지 못하고 모든 인류를 비참하게 만들었습니다. 아담은 인류에게 원죄를 전가했습니다. 하지만 우리는 아담이 전가한 원죄와 상관없습니다. 두 번째 대표로 오신 예수님이 사탄의 시험을 이기시고(1-13절), 그 공로를 우리에게 전가해 주셨기 때문입니다. 이제 우리의 머리(대표)는 시험에 실패한 아담이 아니라 시험에서 이기신 예수님

입니다(엡 1:22). **14-44** 성령의 권능으로 사탄의 시험을 이기신 예수님(1절)은 성령의 능력으로 갈릴리에서 사역하셨고(14절), 성령의 능력으로 복음을 전하셨습니다(18절). 성령의 능력을 입으신 예수님처럼, 우리도 성령의 능력을 의지하며 살아야 합니다. 겸손히 기도하며 신실하게 말씀을 의지할 때, 성령으로 충만한 인생이 됩니다.

5장   왜 예수님은 나병 환자를 만지고도 부정해지지 않는가?

1-11 이사야 선지자가 하나님의 영광을 보았을 때, 그의 첫 번째 반응은 죄를 고백하는 일이었습니다(사 6:5). 베드로의 반응도 동일합니다. 베드로가 갑자기 죄를 고백한 것(8절)은 예수님에게서 하나님의 영광을 보았기 때문입니다. **12-26** 예수님이 나병 환자에게 손을 대신 것은 당시로서는 받아들이기 어려운 행동입니다(13절). 율법에 따르면 나병 환자와 접촉하는 사람은 본인도 부정하게 되기 때문입니다(레 13장). 그런데 예수님은 부정하

게 되기는커녕 오히려 나병 환자를 깨끗하게 하셨습니다. 이는 예수님이 생명의 근원이시기 때문입니다. 이제 율법을 통해 깨끗하게 되는 것이 아니라 예수님을 통해 깨끗하게 되는 새로운 시대가 열렸습니다. **27-39** 예수님은 배척받던 세리와 죄인을 불러 식사 교제를 나누십니다. 그들을 고치시기 위함입니다(32절). 교회의 사명은 죄인을 멀리하는 것이 아니라 죄인을 고치는 일입니다.

6장   왜 예수님은 가난한 자를 복되다고 하시는가?

1-11 바리새인들은 율법을 잘 지키기 위해 세밀한 규정을 만들었습니다. 안식일에 이삭을 자르지 않는 것도 그중 하나였습니다. 하지만 바리새인들은 율법의 본질인 사랑은 행하지 않았습니다. 도리어 미움과 증오에 가득차서 예수님을 죽이려고 했습니다. 율법은 하나님과 사람을 사랑하는 방법임을 잊지 말아야 합니다. **12-19** 예수님은 기도하셨습니다(12절). 열두 사도를 세우시기 위해서입니다. 예수님이 중요한 결정을 내리시기 위해 밤을 새우며 기도하신 것처럼, 우리도 중요한 결정 앞에서 최선을 다해 기도해야 합니다. **20-49** 본문은 마태복음의 산상수훈과 매우 유사합니다. 차이점이 있다면 마태

는 산에서 가르치신 것으로 기록한 반면, 누가는 평지에서 가르치신 것으로 기록하고 있다는 점입니다(17절). 이는 성경에 오류가 있는 것이 아니라 예수님이 각각 다른 장소에서 유사한 내용을 설교하셨기 때문입니다.[264] 예수님의 교훈은 참 특이합니다. 예수님은 가난한 자, 굶주린 자, 핍박받는 자를 복 있는 사람이라고 하십니다(20-26절). 그 이유는 가장 큰 복이 예수님이기 때문입니다. 예수님이 필요 없다고 생각할 만큼 부유한 것은 복이 아니라 저주입니다. 반대로 나사로 같은 사람은 살아서는 거지였지만, 죽어서는 천국 백성이 되었으므로 그의 가난은 저주가 아니라 복이었습니다.

예수님의 갈릴리 사역(2)

7장　왜 세례 요한은 예수님이 그리스도이신지 묻는가?

1-17 은혜에는 두 가지 경로가 있습니다. 첫째, 구하는 자의 믿음입니다. 본문의 백부장처럼 적극적으로 믿는 자에게 은혜가 임합니다(1-10절). 둘째, 하나님의 긍휼입니다. 예수님은 먼저 과부를 찾아가 긍휼을 베푸셨습니다(11-17절). 종합하면, 믿음으로 구하는 것도 필요하지만, 결국에는 모든 것이 하나님의 긍휼입니다. **18-35** 세례 요한은 예수님이 정말 그리스도이신지를 묻습니다(19절). 그리스도가 오시면 로마를 몰아내고 새로운 국가를 세우실 줄 알았는데, 예수님은 그런 시도를 전혀 하지 않으셨기 때문입니다. 이에 예수님은 당신이 선지자들의 예언대로 행하고 있다고 말씀하십니다(22절). 성경을 알았다면, 당신이 그리스도라는 것도 알았을 것이라는 뜻입니다. 세례 요한조차 성경보다 자신의 기대를 앞세웠다는 사실은 놀랍습니다. 이것은 우리도 자주 하는 실수입니다. **36-50** 죄인으로 소문날 만큼 큰 죄를 지은 여인도 용서를 받습니다. 이처럼 하나님은 진심으로 회개하는 자를 거절하지 않으십니다. 대신 용서를 받은 자에겐 사랑의 책임이 따릅니다(47절). 우리도 마찬가지입니다. 죄를 용서를 받았으므로 다른 사람의 잘못을 용서하며 살아야 합니다.

8장　왜 거라사 지방 사람들은 예수님을 배척하는가?

1-18 땅에 떨어진 씨 비유에는 두 가지 중요한 의미가 있습니다. 첫째, 복음을 깨닫는 것은 사람의 능력이 아니라 하나님의 은혜입니다(10절). 둘째, 복음을 깨달은 자에겐 희생하고 인내하여 열매를 맺을 책임이 있습니다(15절). 이후에 이어지는 사건들은 두 번째 부분을 강조하는 사례입니다. **19-56** 거라사 지방 사람들은 귀신을 쫓아내는 예수님의 능력을 보았습니다. 하지만 돼지 떼가 몰사하는 일이 다시 있을까 두려워 예수님을 배척합니다. 경제적인 손해 때문에 복음을 거부한 것입니다. 반대로 혈루증을 앓던 여인은 자신의 질병이 발각되면 죽을 수 있었음에도 예수님께 나아갔고(40-48절), 회당장은 딸이 이미 죽었으니 헛수고 그만하라는 비난을 무릅쓰고 예수님을 붙들었습니다(49-56절). 이처럼 희생하고 인내하는 자에게 하나님의 은혜가 임합니다.

9장　왜 예수님은 제자들을 맨손으로 파송하시는가?

1-9 제자들을 맨손으로 파송하십니다(3절). 하나님을 위해서 일하는 자들에게 하나님의 은혜가 임하기 때문입니다(마 6:33). **10-45** 광야에서 이스라엘을 먹이신 것처럼, 빈 들에서 오천 명을 먹이십니다(17절). 예수님이 생명의 양식을 주시는 메시아임을 나타내는 이적입니다. 오병이어 사건은 예수님에 대한 오해를 일으킬 수 있었습니다. 그래서 예수님은 부연 설명을 하십니다(18-27절). 예수님의 제자가 되는 길은 오병이어 사건처럼 먹을 것이 풍부한 길이 아니라, 자기를 부인하고 십자가의 길을 걷는 삶입니다. 자기를 부인한다는 것은 자기 손해를 감수하고서라도 하나님의 뜻을 따르는 것을 의미합니다. **46-62** 예수님의 가르침을 이해하지 못한 제자들은 누가 큰지를 두고 다툽니다(44-48절). 이에 예수님은 가장 작은 자가 가장 큰 자라고 하십니다. 다스리는 사람이 아니라 섬기는 사람이 크다는 뜻입니다. 실제로 예수님은 우리를 살리시기 위해 십자가에서 죽기까지 낮아지셨습니다(빌 2:8).

예루살렘으로 가는 길에 있었던 일들(1)

10장 왜 선교를 떠나는 제자들에게 어린양처럼 사역하라고 하시는가?

1-24 칠십 명의 제자를 보내시면서 어린양과 같아야 한다고 하십니다(3절). 기독교의 전도가 힘으로 강요하는 방식이어서는 안 된다는 뜻입니다.[265] 여벌의 신발을 가지지 말라는 것(4절)은 오직 하나님만 의지하라는 것이고, 집을 옮기지 말라는 것(7-8절)은 더 좋은 조건을 찾아다니지 말라는 뜻입니다. 예수님은 선교 여행을 마치고 돌아온 제자들에게 사탄이 번개같이 떨어지는 것을 보았다고 하십니다. 제자들의 선교 사역으로 사탄의 영향력이 감소했다는 뜻입니다. 복음을 받아들이는 자들에겐 사탄이 이전 같은 영향력을 행사할 수 없습니다. **25-42** 율법 교사는 이웃이 누구인지를 물었습니다(29절). 매우 부적절한 질문입니다. 이 질문대로라면 이웃과 이웃이 아닌 사람, 사랑해야 할 사람과 사랑하지 않아도 되는 사람이 구분되기 때문입니다. 예수님의 사마리아인 비유는 아무런 관계가 없는 사람도 이웃으로 여기고 사랑하라는 뜻입니다.

11장 왜 예수님의 제자로 살기 원하는 자는 개인주의를 극복해야 하는가?

1-4 예수님이 제자들에게 기도를 가르쳐 주십니다. 예수님이 가르치신 기도는 흔히 주기도문으로 불리지만, 제자들에게 가르치신 기도라는 점에서 '제자의 기도'가 더 적절합니다.[266] 예수님의 제자로 살기 원한다면, 이 내용을 따라 기도해야 합니다. '아버지의 이름'은 하나님의 평판을, '나라'는 하나님의 통치를, '일용할 양식'은 살아가는 데 필요한 모든 것을, 죄 사함은 지속적인 용서를, '시험'은 사탄의 유혹을 의미합니다. 이 기도의 특징은 개인을 위한 기도가 아니라 공동체를 위한 기도라는 점입니다. 제자도의 핵심은 개인주의를 극복하는 것입니다. **5-13** 5-8절은 인색한 사람과 달리 긍휼이 많으신 하나님께 꾸준하게 기도할 것을 가르치고, 9-13절은 기도가 삶의 일부, 즉 습관이 되어야 함을 교훈하십니다. **14-54** 예수님에 대한 부정적인 반응이 이어집니다. 예수님을 사탄의 동료라 하고(14-26절), 메시아로 인정하기에는 표적이 충분하지 않다고 하고(29-32절), 전통을 지키지 않는다고 비난합니다(37-41절). 마지막 날에는 예수님이 아니라 이들이 정죄를 받을 것입니다(31-32절).

12장 왜 세상에는 형제간에도 다툼이 끊이지 않는가?

1-12 사람을 두려워 말고, 하나님만 두려워해야 합니다(9절). 하나님보다 사람을 의식하면 예수님의 제자로 살 수 없습니다. **13-34** 우리의 행복을 결정하는 것은 재산이 아니라 하나님과의 관계입니다(15절). 세상에 참된 기쁨이 없는 이유는 소유가 행복을 결정한다고 믿기 때문입니다. 그래서 세상에는 형제간에도 다툼이 끊이지 않습니다(13절). 하지만 하나님을 아버지로 믿는 성도들은 부족한 중에도 염려하지 않습니다(22절). **35-48** 예수님의 제자는 항상 깨어 있어야 합니다(40절). 마지막 심판을 염두에 두고 살아야 합니다. 예수님은 마지막 날에 우리에게 주신 은사와 소유를 하나님의 영광을 위해 사용했는지 점검하실 것입니다. **49-59** 예수님은 화평이 아니라 분쟁을 위해 오셨습니다(51절). 신앙을 지키기 위해서 사람과 분쟁하는 것도 각오해야 한다는 뜻입니다.

예루살렘으로 가는 길에 있었던 일들(2)

13장   왜 회당장은 예수님을 정죄하는가?

1-9 예수님은 재난을 통해 제자들의 회개를 촉구하십니다(1-5절). 우리도 마찬가지입니다. 우리 주위에서 일어나는 재난을 보면서 회개의 기회로 삼아야 합니다. 하지만 모든 불행이 죄의 결과는 아니므로, 섣불리 판단하지 말아야 합니다(2절). **10-30** 예수님은 한 여인을 귀신에게서 해방시켜 주셨습니다(12절). 여인은 18년 만에 귀신에게서 자유를 얻었습니다(11절). 응당 함께 기뻐해야 할 일입니다. 하지만 그 모습을 지켜본 회당장은 오히려 예수님을 정죄합니다. 안식일에 병자를 고쳤다는 이유 때문입니다. 매정한 회당장의 모습은 유대인들의 위선을

잘 보여 줍니다. 유대인들은 율법을 잘 지킨다고 생각했지만, 사실 그들에게 율법의 핵심인 사랑은 없었습니다. **31-35** 헤롯이 예수님을 죽이려고 합니다(31절). 사람들은 예수님께 피하라고 합니다. 하지만 예수님은 당신의 생명보다 당신의 사명을 더 중요하게 생각하십니다(33절). 그리고 닥쳐올 당신의 고난보다 예루살렘 주민들의 영적 타락을 더 슬퍼하십니다(34절). 이것이 우리를 향한 주님의 마음입니다. 우리가 배워야 할 하나님의 마음입니다.

14장   왜 예수님은 안식일에 병자를 치료하시는가?

1-6 예수님은 의도적으로 안식일에 병자를 치료하십니다. 안식일은 아무 일도 하지 않는 날이 아니라 선을 행하는 날이라는 사실을 가르치시기 위해서입니다. **7-14** 사람들이 서로 높은 자리에 앉으려고 합니다. 이것을 보신 예수님은 자기를 낮추는 자가 진정 높은 자리라고 하십니다(7-11절). 하나님이 보시기에 높은 사람은 보이지 않는 곳에서 희생하며 섬기는 사람입니다. **15-24** 예수님의 잔치 비유입니다. 이 비유의 핵심은 전혀 예상하지 못했던 사람들이 잔치 자리에 앉아 있다는 점입니다.

이것은 당연히 천국에 들어갈 것이라고 생각했던 자들 중에도, 천국에 들어가지 못할 자가 있다는 엄중한 경고입니다.[267] **25-35** 예수님이 제자의 자격을 말씀하십니다. 예수님을 따르는 무리에 속해 있다고 해서 자동적으로 예수님의 제자가 되는 것은 아닙니다(25절). 예수님의 제자는 예수님을 위해 목숨까지 포기하는 사람입니다(26절). 예수님을 위해 소중한 것을 희생하지 않는 사람은 예수님의 제자가 아닙니다.

15장   왜 예수님은 세 가지 비유를 말씀하시는가?

1-32 사람들은 예수님을 비판했습니다. 예수님이 죄인들을 가까이하셨기 때문입니다. 이에 예수님은 세 가지 비유를 말씀하십니다. 잃은 양 비유, 잃은 드라크마 비유, 잃은 아들 비유입니다. 세 가지 비유의 공통된 주제는 잃은 것을 다시 찾은 기쁨입니다. 목자는 잃어버린 양을 찾고 기뻐합니다. 주인은 잃어버린 돈을 찾고 기뻐합니다. 아버지는 잃어버린 아들을 찾고 기뻐합니다. 따라

서 이 비유의 핵심은 죄인을 멀리하는 것이 아니라 변화시키는 것이 하나님의 뜻이라는 데 있습니다. 하나님은 잃어버린 사람들을 다시 찾을 때 크게 기뻐하시기 때문입니다. 따라서 우리 역시 잃어버린 자들을 다시 찾기 위해 노력해야 합니다. 하나님을 떠난 자들을 돌이키기 위해 노력해야 합니다.

예루살렘으로 가는 길에 있었던 일들(3)

16장 왜 예수님은 바리새인들을 책망하시는가?

1-13 예수님은 청지기가 지혜롭다고 칭찬하십니다. 청지기가 사람들의 마음을 얻는 일에 재물을 사용했기 때문입니다. 따라서 청지기 비유가 주는 교훈은 하나님의 영광을 위해 재물을 사용해야 한다는 것입니다. 특히 사람들의 마음을 얻기 위해, 사람들을 하나님께 인도하기 위해 재물을 사용하라는 것입니다. **14-18** 예수님이 바리새인들을 책망하십니다. 하나님과 재물을 동시에 섬길 수 있다고 주장했기 때문입니다. 하지만 지나치게

많은 재산은 하나님의 영광을 위해 물질을 사용하지 않았다는 증거입니다. 하나님과 재산을 겸하여 섬길 수 없습니다(13절). **19-31** 재물에 관한 가르침 뒤에, 부자와 나사로 비유가 등장합니다. 하나님보다 재물을 더 사랑한 결과를 보여 주는 것입니다.[268] 하나님보다 돈을 더 사랑한 사람들은 다음 세상에서 비극적인 결과를 맞이할 것입니다.

17장 왜 예수님은 하나님 나라가 이미 임했다고 하시는가?

1-10 예수님이 믿음의 공동체 안에서 지켜야 할 규율을 말씀하십니다. 첫째, 나 때문에 믿음이 연약한 지체들이 죄를 짓지 않도록 해야 합니다(1-2절). 말과 행동을 조심하라는 뜻입니다. 둘째, 누군가가 죄를 범하거든 그냥 두지 말고 꾸짖어야 하며, 회개할 때는 몇 번이든 용서해야 합니다(3-4절). 셋째, 공동체 안에서 어떤 일을 했다고 해서 대단한 일을 한 것처럼 생각할 것이 아니라, 주님의

종으로서 당연히 해야 할 일을 했다고 생각해야 합니다 (7-10절). **11-37** 바리새인들은 로마 정부를 몰아내는 혁명을 통해 하나님 나라가 임한다고 믿었습니다. 이에 예수님은 이미 하나님의 나라가 임했다고 하십니다. 하나님 나라의 왕이신 예수님이 그들 가운데 계시기 때문입니다(21절).[269] 지금도 하나님 나라는 예수님을 주님으로 인정하는 자들을 통해 확장되고 있습니다.

18장 왜 하나님은 세리를 더 의롭다고 하시는가?

1-8 불의한 재판관은 과부의 끈질긴 요구 때문에 어쩔 수 없이 그녀의 부탁을 들어주었습니다. 하지만 하나님은 우리의 기도를 기뻐하시는 분입니다. 따라서 포기하지 말고, 끝까지 인내하며 기도해야 합니다(1-8절). **9-14** 바리새인의 기도에는 자신이 잘한 것만 있고, 세리의 기도에는 자신을 불쌍히 여겨 달라는 것만 있습니다(9-14절). 하나님은 스스로 의롭다고 믿은 바리새인보다, 스스로 죄인이라고 여긴 세리를 더 의롭다고 하셨습니다. **15-17** 세리와 같은 사람이라야 어린아이를 받아들일 수 있습니다. 자신 역시 어린아이처럼 무가치한 존재라는 것을 알기 때문입니다. 제자들이 어린아이를 거

부했던 것은 바리새인 같은 마음이 있었기 때문입니다. **18-30** 예수님은 자신을 희생한 제자들에게 현세와 내세의 복을 약속하십니다(30절). 하나님이 갚아 주실 것을 믿고, 희생하고 섬기는 것을 두려워하지 말아야 합니다. **31-34** 예수님은 앞으로 당하실 고난을 말씀하십니다. 하지만 제자들은 도무지 알아듣지 못합니다. 희생과 고난보다는 성공과 번영에 마음을 두었기 때문입니다. **35-43** 맹인은 필사적으로 예수님을 부릅니다. 부자 관원과 달리 예수님께만 소망을 두었기 때문입니다. 우리 역시 예수님께만 소망을 두어야 합니다. 예수님이 우리 문제의 진정한 해결자이심을 믿어야 합니다.

예수님의 예루살렘 사역

19장 왜 삭개오는 전적으로 변화되었는가?

1-10 앞서 예수님은 부자가 하나님 나라에 들어가는 것이 매우 어렵지만, 하나님은 하실 수 있다고 말씀하신 바 있습니다(눅 18:27). 삭개오의 회심이 그 증거입니다. 삭개오는 세금을 거두어 로마에게 바치는 과정에서 엄청난 이득을 취하던 사람, 다시 말해 돈을 하나님처럼 여긴 사람이었습니다. 그런데 삭개오의 가치관은 전적으로 변화되었습니다. 삭개오는 돈보다 하나님을 더 중요하게 여기는 사람이 되었습니다(18절). 이것은 하나님의 은혜가 삭개오에게 임했기 때문입니다. 이처럼 하나님은 원하시는 누구든지 구원하실 수 있습니다. 하나님은 택하신 자를 구원하실 수 있는 전능하신 분입니다. **11-48** 당시 유대인들은 당장 하나님 나라가 완성될 것처럼 생각했습니다(11절). 이에 예수님은 하나님 나라가 완성되기까지는 시간이 걸린다는 것을 은 열 므나 비유를 통해 가르치십니다. 이 비유의 핵심은 예수님이 다시 오시기까지는 적지 않은 시간이 걸릴 것이고, 제자들은 그동안 예수님을 위해 열매를 맺어야 한다는 것입니다.

20장 왜 예수님은 가이사의 것은 가이사에게, 하나님의 것은 하나님께 바치라고 하시는가?

1-18 예루살렘의 지도자들이 예수님의 권위가 어디서 왔는지를 묻습니다(2절). 이에 예수님은 포도원 농부 비유를 말씀하십니다. 비유에 등장하는 종은 하나님이 보내신 선지자들을, 주인의 아들은 예수님을, 포도원은 예루살렘을, 농부들은 유대인들을 의미합니다. 포도원 농부 비유의 결론은 예수님의 권위는 하나님으로부터 왔다는 것과 예수님의 권위를 인정하지 않은 예루살렘은 하나님의 심판을 받는다는 것입니다. 실제로 예루살렘은 주후 70년에 로마에게 멸망당했습니다. **19-47** 예루살렘의 지도자들은 예수님을 곤경에 빠뜨리기 위해 로마에 세금을 내는 것이 정당하냐고 묻습니다. 만약 세금을 내는 것이 정당하다고 하면 백성들의 민심을 잃게 될 것이고, 정당하지 않다고 하면 로마의 처벌을 받게 될 것입니다. 이에 예수님은 가이사의 것은 가이사에게, 하나님의 것은 하나님께 바치라고 하십니다. 로마에게 세금을 내되, 인생의 진정한 주인은 하나님이라는 사실을 잊지 말라는 뜻입니다.[270]

21장 왜 우리는 고난을 참을 수 있는가?

1-4 예수님은 과부가 헌금하는 모습을 지켜보시고 칭찬하십니다. 액수는 작았지만, 전부를 헌금했기 때문입니다. 과부가 전부를 헌금할 수 있었던 것은, 자신의 생명이 돈이 아니라 하나님께 달려 있다고 믿었기 때문입니다. 과부는 돈이 아니라 하나님을 의지한 사람이었습니다. **5-38** 예수님은 성전이 무너질 것이라고 하십니다. 참 성전이신 예수님을 거부했기 때문입니다. 제자들은 성전을 세상의 중심으로 여겼기 때문에, 성전의 멸망을 곧 세상의 멸망으로 오해할 우려가 있었습니다. 그래서 예수님은 성전의 종말과 세상의 종말은 다르다고 하시면서 종말의 징조를 말씀해 주십니다(9절). 주목할 부분은 예수님의 강조점이 종말의 날짜가 아니라 종말을 기다리는 자세에 있다는 점입니다. 예수님이 다시 오시기까지 제자들은 세상에서 고난을 당할 것입니다(12절). 하지만 예수님은 재림하셔서 고난당한 제자들에게 영원한 상급을 주실 것입니다(19절). 따라서 종말은 신자들이 고난을 견딜 수 있는 근거입니다. 우리가 고난을 참는 것은 하나님이 마지막 날에 갚아 주실 것을 믿기 때문입니다.

예수님의 죽음과 부활

22장　왜 베드로는 다시 믿음을 회복할 수 있었는가?

1-23 사탄이 유다에게 들어간 것(3절)은 유다가 먼저 자신을 내주었기 때문입니다. 성경은 사탄을 경계하고(벧전 5:8), 그에게 틈을 주지 말라고 경고합니다(엡 4:27). 유다는 돈에 눈이 멀었고(요 12:6), 사탄은 그 욕망의 틈을 놓치지 않았습니다. 혹시 우리도 이익에 눈이 멀어 하나님을 배반하고 있지 않은지 돌아보아야 합니다. **24-71** 예수님이 유월절 식사를 통해 당신의 죽음을 준비하십니다. 이것은 유월절 양의 실체가 예수님임을 나타냅니다. 양의 피를 문설주에 바른 사람들이 죽음을 면했던

것처럼(출 12:13), 예수님 피의 공로를 믿는 사람은 영원한 죽음을 면하게 됩니다. 예수님은 사탄이 베드로를 시험할 것을 아시고, 그를 위해 기도하셨습니다(32절). 베드로가 예수님을 배반한 이후에 다시 믿음을 회복할 수 있었던 것은 전적으로 예수님의 기도 덕분입니다. 지금도 예수님은 우리를 위해 기도하십니다(히 7:25). 연약한 우리가 믿음을 지킬 수 있는 것은 예수님의 기도 덕분입니다.

23장　왜 유대 군중은 예수님을 죽이라고 소리치는가?

1-56 유대 정부에는 죄인을 사형시킬 권한이 없었습니다. 그래서 유대인들은 빌라도의 손으로 예수님을 죽이기 위해 정치적인 죄목을 만들어 냅니다(2절). 빌라도는 유대인들의 고발이 사실이 아님을 알았지만, 자신의 정치적인 입지를 위해 예수님께 사형을 선고합니다. 결국 죄 있는 바라바는 풀려나고, 죄 없는 예수님은 죽음을 맞이합니다. 이것은 예수님의 죽음이 우리를 대신한 대속적인 죽음임을 보여 주는 사건입니다. 일주일 전만 해도 예수님을 환영했던 군중이 이제는 예수님을 죽이라고

소리칩니다. 예수님이 자신들을 로마로부터 독립시켜 줄 정치적인 메시아가 아님을 알았기 때문입니다. 소리치는 군중 속에 슬퍼하는 여인들이 있었습니다(27절). 예수님은 그녀들에게 나무 비유를 말씀하십니다(31절). 푸른 나무는 예수님을, 마른 나무는 유대인을 상징합니다(31절). 하나님이 죄 없는 자기 아들도 아끼지 않으셨다면, 타락한 유대인들을 심판하실 때는 상황이 얼마나 심각하겠느냐는 뜻입니다.[271]

24장　왜 제자들은 엠마오로 향하는가?

1-12 무덤을 찾은 여인들은 빈 무덤을 보고 근심합니다(4절). 부활에 대한 예수님의 말씀을 믿지 않았기 때문입니다. 그들은 빈 무덤을 부활의 증거로 생각하지 않았습니다. 제자들도 마찬가지입니다(11절). 우리도 마찬가지입니다. 말씀을 듣기만 할 것이 아니라, 말씀이 이루어질 것을 믿어야 합니다. **13-35** 어떤 제자들은 예루살렘을 떠나 엠마오로 갑니다(13절). 사실 그들이 가야 할 곳은

엠마오가 아니라 갈릴리입니다. 예수님이 그곳에서 만나자고 하셨기 때문입니다(마 26:32). 이 제자들 역시 말씀을 듣기만 할 뿐 믿지는 않았습니다. **36-53** 예수님은 부활의 몸을 입고 제자들을 찾아오셨습니다. 부활하신 예수님의 몸은 유령 같은 몸이 아니라 제자들이 만질 수 있고, 생선도 드실 수 있는 온전한 몸이었습니다. 우리도 언젠가 이렇게 부활하게 될 것입니다.

한눈에 보는 요한복음

핵심	성육신 이전의 예수님 (1:1–1:18)	성육신하신 예수님 (1:19–19장)	부활하신 예수님 (20–21장)
사건	예수님의 창조 사역 예수님의 구원 사역	일곱 개의 표적 1. 물을 포도주로 바꾸심 2. 왕의 신하의 아들을 고치심 3. 다리 저는 사람을 고치심 4. 오천 명을 먹이심 5. 물 위를 걸으심 6. 맹인을 고치심 7. 나사로를 살리심	도마의 신앙 고백 내 양을 먹이라!
주제	예수님은 창조주 하나님이시다	예수님은 하나님의 아들이시다	예수님이 생명을 주신다
장소	이스라엘		
기간	영원 전	대략 주전 4년–주후 33년	

저자: 사도 요한

본문에서 "예수께서 사랑하시는 그 제자"(13:23, 19:26)로 불린다. 그리고 흔히 사도 요한으로 불린다. 세배대와 살로메의 아들인데, 살로메는 마리아와 자매이므로, 요한과 예수님은 사촌 지간이다. 살로메는 이 관계를 근거로 아들에게 높은 지위를 달라고 요청하기도 했다(마 20:20-21). 요한과 야고보는 성격이 불같아서 예수님은 두 사람을 '보아너게', 즉 '천둥의 아들'로 부르셨다(막 3:17). 원래 세례 요한의 제자였으나, 후에 예수님의 부름을 받고 열두 제자 중 한 명이 되었다. 베드로, 야고보와 더불어 예수님을 가장 가까이에서 보필했으며, 최후까지 예수님 곁을 지켰다. 요한복음, 요한일·이·삼서, 그리고 요한계시록을 기록했다.

기록 목적

예수님이 하나님의 아들 그리스도이심을 믿게 하고, 또 그 이름을 힘입어 생명을 얻게 하기 위해서다(요 20:31).

통독 길잡이

요한복음의 핵심은 예수님이 누구신가 하는 데 있다. 요한은 이것을 예수님이 말씀하신 일곱 번의 "나는 … 이다"라는 진술을 통해 설명한다. 첫째, 예수님은 생명의 떡이다(6:35). 둘째, 예수님은 세상의 빛이다(8:12). 셋째, 예수님은 양의 문이다(10:7). 넷째, 예수님은 양을 위해 목숨까지 바치는 선한 목자다(10:11). 다섯째, 예수님은 부활이요 생명이다(11:25). 여섯째, 예수님은 하나님께로 갈 수 있는 유일한 길이요 진리요 생명이다(14:6). 일곱째, 예수님은 참포도나무다(15:1).

태초에 말씀이 계시니라

1장　왜 세례 요한은 예수님이 성령 세례를 주시는 자라고 말하는가?

1-18 예수님은 하나님이십니다(1절). 예수님은 창조주이십니다(3절). 예수님은 생명을 주는 빛이십니다(4절). 그래서 예수님을 영접하는 자들은 구원을 얻고, 하나님의 자녀가 됩니다(12절). 예수님을 구원자로 영접하는 믿음은 하나님의 선물입니다(13절). **19-34** 요한복음에는 예수님의 증인들이 많이 등장합니다. 세례 요한이 대표적입니다. 사람들은 세례 요한에게 "네가 누구냐"라고 질문합니다(19절). 혹시 메시아가 아니냐는 질문입니다. 이에 세례 요한은 자신은 메시아를 준비하는 자라고 대답합니다(23절). 그러자 사람들은 메시아도 아닌데 왜 세례를 주느냐고 질문합니다(25절). 이때 세례 요한은 기회를 놓치지 않고 예수님을 소개합니다. 세례 요한은, 자신은

물세례를 주는 자이고, 예수님은 성령 세례를 주시는 분이라고 말합니다(33절). 세례 요한은 물세례를 통해 신자들이 예수님을 영접하게 할 뿐이지만, 예수님은 성령으로 신자들을 거듭나게 하셔서 영원한 생명을 얻게 하신다는 뜻입니다. **35-51** 예수님이 제자들을 부르십니다. 예수님은 제자들에게 "나를 따르라"라고 말씀하십니다(43절). 이것은 모든 것을 버리고, 예수님를 따르라는 뜻입니다. 실제로 제자들은 모든 것을 버리고 예수님을 따랐습니다. 바로 이것이 제자도입니다. 예수님의 제자는 신앙을 성공의 도구로 여기는 사람이 아니라, 예수님을 위해 희생하는 사람입니다.

2장　왜 예수님은 물을 포도주로 바꾸시는가?

1-12 요한복음에는 예수님이 누구신지를 보여 주는 일곱 가지 표적이 등장합니다. 물을 포도주로 바꾸신 것은 그중 첫 번째 표적입니다. 정결 의식을 위해 준비한 물은 유대교를 상징하고, 잔치의 기쁨을 위해 준비한 포도주는 예수님이 이루실 새 시대를 상징합니다. 따라서 예수님이 물을 포도주로 바꾸신 것은, 옛 시대를 끝내시고 새 시대를 여신다는 뜻입니다. 이제 예수님은 유대교라는 물을 기독교라는 포도주로 변화시키실 것입니다.[272] **13-25** 유대교 지도자들은 먼 곳에서 오는 순례자들을 위해

제사에 사용할 짐승을 성전에서 판매했습니다. 이 제도는 시간이 지나자, 유대교 지도자들의 배를 불리는 이익 수단으로 변질되었습니다. 이에 예수님은 성전에서 장사하는 행위를 중단시키십니다(15절). 그리고 자신이 3일 만에 성전을 세운다고 하십니다. 이것은 성전이신 예수님이 3일 만에 부활하실 것을 의미합니다. 예수님의 말씀대로 이제 우리는 '건물 성전'이 아니라 '예수 성전'을 통해 하나님과 교제합니다.

3장　왜 세례 요한은 예수님을 시기하지 않는가?

1-21 예수님이 니고데모에게 거듭나야 한다고 말씀하십니다(3절). 거듭난다는 말의 원뜻은 '위로부터 태어나다'입니다. 땅에서 태어나는 자연적 출생이 아니라 하나님의 성령에 의해 새로운 사람이 되어야 한다는 뜻입니다. 성령의 역사는 바람과 같습니다(8절). 바람이 원하는 대로 불고 어디서 어디로 가는지 알 수 없듯이, 성령님도 주권적으로 신비하게 역사하십니다. 우리가 믿고 성

장한 것은 바람처럼 역사하신 성령님 때문입니다. **22-36** 이제 사람들은 요한이 아니라 예수님께 세례를 받으려고 갑니다(26절). 그러자 요한의 제자들은 예수님을 시기합니다. 하지만 세례 요한은 예수님을 시기하지 않습니다. 세례 요한은 자신의 위치를 알았기 때문입니다. 세례 요한은 자신의 위치가 예수님의 사역을 준비하는 것, 바로 거기까지라는 것을 알았습니다(30절).

내가 주는 물은 영생하도록 솟아나는 샘물이 되리라

4장   왜 예수님은 여인에게 영원한 생수를 주겠다고 하시는가?

1-54 4절을 직역하면 '반드시 사마리아를 통과하셔야 했다'입니다. 예수님은 어쩌다가 사마리아로 가신 것이 아니라 목적을 가지고 가셨습니다. 예수님의 목적은 사마리아 여인입니다. 당시 유대인과 사마리아인은 서로 반목하는 사이였으므로, 이 만남은 사회적 금기를 깨뜨리는 행동입니다. 이는 예수님이 사람 사이의 담을 허물기 위해 오셨음을 보여 줍니다(엡 2:14).예수님은 물을 갈망하는 여인에게 영원한 생수를 주겠다고 하십니다(14절). 오직 예수님만 인간의 목마름을 근본적으로 해결하는 영생을 주신다는 뜻입니다. 예수님을 선지자로 생각한 사마리아 여인(19절)은 예배의 장소를 질문합니다(20절). 당시 유대인과 사마리아인이 예배 장소를 두고 싸웠기 때문입니다. 유대인은 예루살렘에서, 사마리아인은 그리심산에서 각각 예배를 드렸습니다. 이에 예수님은 "영과 진리로 예배"해야 한다고 하십니다(23절). 영과 진리는 모두 예수님을 의미합니다. 예수님이 성령을 보내시고, 예수님이 진리이시기 때문입니다.[273] 이제 참된 예배의 기준은 장소가 아니라 예수님입니다. 예수님 안에서, 예수님을 통해 드리는 예배가 참된 예배입니다.

5장   왜 유대인들은 예수님을 메시아로 인정하지 않는가?

1-18 안식일은 하나님 안에서 안식을 누리는 날입니다. 그런데 그 안식일에 38년 된 병자가 병으로 신음하고 있었던 것은 안식 없는 유대교의 허무함을 상징적으로 보여 주는 사건입니다. 이제 예수님은 병자를 고치심으로써 새로운 시대가 시작되었음을 알리십니다. **19-29** 왜 안식일에 일하냐고 따지는 자들에게 아버지가 일하시니 아들도 일한다고 하시고, 죽은 자를 살리는 권세와 심판하는 권세가 당신에게 있다고 하십니다. 이처럼 예수님은 성부 하나님과 본질이 동일하시고 능력과 영광이 동등하신 분입니다. **30-47** 예수님은 자신을 메시아로 인정하지 않는 자들에게 세 가지 증거를 제시합니다. 첫째, 하나님이 예수님을 메시아로 증거하셨습니다(37절). 둘째, 세례 요한이 예수님을 메시아로 증거했습니다(33절). 셋째, 구약 성경이 예수님을 메시아로 예언하고 있습니다(39절). 그럼에도 불구하고 유대인들은 예수님을 메시아로 인정하지 않았습니다. 그 이유는 유대인들이 하나님의 영광을 추구하지 않고, 사람의 영광을 추구했기 때문입니다(41절). 개인적인 영광을 추구하는 데 정신이 팔려서 예수님을 믿지 못했던 것입니다.

6장   왜 예수님은 당신의 살과 피를 먹고 마시라고 하는가?

1-21 예수님은 표적을 통해 당신이 누구신지를 보여 주십니다. 6장에는 두 가지 표적이 등장합니다. 오병이어는 예수님이 생명을 주시는 생명의 떡임을 나타내고, 물 위를 걸으신 사건은 예수님이 자연 만물을 다스리시는 하나님임을 나타냅니다. **22-51** 사람들은 예수님을 애타게 찾았지만, 올바른 목적을 가진 것은 아니었습니다(26절). 그들은 죄 사함을 위한 메시아가 아니라 배고픔을 해결해 줄 메시아를 찾았습니다. 우리가 예수님을 믿는 목적은 무엇입니까? 우리는 올바른 목적을 가지고 있습니까? **52-71** 예수님은 당신의 살과 피를 먹고 마시라고 하십니다(53절). 예수님의 십자가 죽음이 우리를 위한 대속의 죽음임을 믿으라는 뜻입니다. 광야에서 만나를 먹은 자들은 모두 죽었지만, 예수님을 믿는 자들은 영생을 얻습니다.

304

나는 세상의 빛이니

7장 왜 유대인들은 반석에 물을 부었는가?

1-36 7장의 배경은 초막절입니다(2절). 유대인들은 광야에서 지낸 40년을 기념하기 위해 초막절을 지켰습니다. 초막절은 8일 동안 이어졌는데, 마지막 8일째를 제외하고 7일 동안, 반석에 물을 붓는 의식을 행했습니다. 여기에는 크게 두 가지 의미가 있습니다. 첫째, 광야에서 반석을 뚫고 물을 주신 하나님의 은혜를 기념하는 것이고, 둘째, "그날에 생수가 예루살렘에서 솟아"날 것(슥 14:8)이라고 했던 스가랴 선지자의 예언이 성취되기를 바라는 것입니다. 유대인들에게 초막절은 생명의 물이신 메시아를 기다리는 절기였습니다.[274] **37-53** 초막절 행사 8일째에 예수님은 군중을 향해 말씀하십니다. 예수님을 믿는 자는 그 배에서 생수가 흘러나온다고 하십니다(38절). 이것은 예수님이 '생명의 물을 주시는 메시아'라는 뜻입니다. 실제로 예수님은 신자들에게 성령을 주셔서, 스가랴 선지자의 예언을 성취하셨습니다(39절).

8장 왜 예수님은 당신이 세상의 빛이라고 하시는가?

1-11 서기관들과 바리새인들이 예수님을 시험하기 위해 음행 중에 잡힌 여자를 끌고 옵니다(3절). 만약 예수님이 그녀를 돌로 치라고 한다면 로마법을 위반하는 것이 됩니다. 로마는 식민지 백성들이 사형 집행하는 것을 허락하지 않았기 때문입니다. 그렇다고 그녀를 그냥 놓아 주라고 한다면 모세의 율법을 어기는 것이 됩니다(신 22:24). 이에 예수님은 죄 없는 자가 먼저 돌로 치라고 하십니다(7절). 그러자 사람들은 그 장소를 떠납니다. 예수님의 말씀을 듣고, 양심의 찔림을 받았기 때문입니다. 모든 사람이 떠난 후, 예수님은 그녀를 용서하시면서 다시는 죄를 범하지 말라고 하십니다. 예수님의 용서는 단순한 용서가 아니라 회복을 위한 용서입니다. 예수님의 사랑을 경험한 여인은 죄와 싸우는 삶을 살았을 것이 분명합니다. **12-20** 유대인들은 초막절에 반석에 물을 붓는 것과 함께 성전 뜰에 커다란 등불을 밝혀 두었습니다. 광야에서 이스라엘을 인도한 불기둥을 기념하기 위해서입니다. 그러므로 예수님이 초막절에 "나는 세상의 빛이니"라고 말씀하신 것은 예수님이 불기둥과 같은 존재라는 뜻입니다.[275] 이스라엘이 불기둥을 따랐던 것처럼, 이제 예수님을 따라야 한다는 것입니다. **21-30** 예수님은 당신이 하나님이라 하시고, 예수님을 하나님으로 믿지 않으면 영원한 심판을 받는다고 하십니다(24절). 하지만 유대인들은 예수님을 믿지 않았습니다. 그들의 마음이 죄로 말미암아 어두워졌기 때문입니다. 우리도 기도와 말씀으로 깨어 있지 않으면, 마음이 어두워져서 하나님과 상관없이 살 수 있음을 명심해야 합니다. **31-59** 예수님은 진리를 아는 자만 참 자유를 얻을 수 있다고 하십니다(32절). 이 진리는 예수님입니다(요 14:6). 그러므로 예수님을 믿는 자들은 참 자유를 얻은 자들입니다. 예수님을 믿는 자들은 죄와 사망의 권세에서 벗어나 자유를 얻습니다.

나는 양의 문이라

9장 왜 유대인들이 진짜 맹인인가?

1-12 예수님과 일행은 한 맹인을 보게 됩니다. 제자들은 예수님께 맹인으로 태어난 것이 누구의 죄 때문인지를 묻습니다(2절). 제자들은 불행이 죄의 결과라고 생각하고 있었던 것입니다. 이에 예수님은 맹인으로 태어난 것이 죄와 상관없으며, 오히려 하나님의 역사를 드러내기 위한 수단이라고 하십니다(3절). 실제로 맹인은 예수님의 전능하심을 드러내는 통로가 됨으로써 하나님께 영광을 돌렸습니다. **13-34** 맹인이었던 자는 예수님을 메시아로 인정합니다(30절). 하지만 유대인들은 예수님을 메시아로 인정하지 않습니다. 그 점에서 진짜 맹인은 유대인들이었습니다. 영적 맹인인 유대인들은 맹인이었던 자를 유대인 공동체에서 추방합니다(34절). 맹인이었던 자가 공동체에서 추방당한 것은 예수님을 메시아로 믿었기 때문입니다. 이처럼 참된 신자는 세상에서 고난받기 쉽습니다. 하지만 고난 때문에 예수님을 부인하는 자는 유대인들과 같은 영적 맹인입니다. **35-41** 예수님은 한때 맹인이었다가 이제는 공동체에서 추방당한 자를 찾아가십니다. 예수님은 맹인이었던 자에게 각별한 관심을 보여 주십니다. 바로 이것이 고난받는 의인을 향한 하나님의 사랑입니다. 참된 신자는 세상에서 고난받기 쉽지만, 그때마다 하나님은 특별한 은혜와 위로를 더하여 주십니다.

10장 왜 예수님은 당신이 선한 목자라고 하시는가?

1-21 예수님은 양의 문이십니다(7절). 예수님을 통해서만 하나님 나라에 들어갈 수 있기 때문입니다. 예수님은 선한 목자이십니다(11절). 예수님은 당신의 백성을 위해 생명까지 내어 주시기 때문입니다(15절). 양은 목자의 음성을 듣습니다(3절). 예수님의 말씀을 믿는 사람은 하나님의 백성이요, 그렇지 않으면 하나님의 백성이 아닙니다. 따라서 9장의 맹인은 하나님의 백성이요, 바리새인들은 하나님의 백성이 아닙니다. **22-42** 유대인들이 예수님께 그리스도이신지를 묻습니다(24절). 예수님은 이미 여러 차례 당신이 그리스도라고 말씀하신 바 있습니다(요 4:26, 9:37). 따라서 유대인들이 예수님을 믿지 못했던 것은 증거가 부족해서가 아닙니다. 그들이 예수님의 양이 아니었기 때문입니다(26절). 예수님께 속한 사람은 성령으로 거듭난 사람이며, 오직 그들만이 예수님을 믿을 수 있습니다(요 3:3). 유대인들의 질문에 예수님은 당신 안에 아버지가 계시고 아버지 안에 당신이 계신다고 대답하십니다(38절). 예수님은 그리스도이실 뿐만 아니라, 성부와 동등하신 하나님이라는 뜻입니다. 이것은 삼위일체의 근거가 되는 말씀입니다.

나는 부활이요 생명이니

11장 왜 예수님은 나사로의 무덤 앞에서 슬퍼하셨는가?

1-16 예수님은 나사로를 사랑하셨지만, 즉시 이동하지 않으시고 이틀 동안 지체하셨습니다(6절). 그 이틀은 나사로의 가족들에게 심각한 고통의 시간이었습니다. 그러나 예수님께는 뜻이 있었습니다. 나사로의 죽음을 통해 생명과 부활의 메시지를 전하시는 일입니다. 지금도 마찬가지입니다. 뜻 없는 고통은 없습니다. 우리가 겪는 어려움에도 하나님의 뜻이 있음을 기억해야 합니다. **17-27** 예수님은 나사로를 살리시기 위해 유대로 가고자 하시지만(7절), 제자들은 다시 유대로 가기를 두려워합니다. 유대 지방에는 예수님을 반대하는 세력이 많기 때문입니다(8절). 이에 예수님은 빛 가운데 다니는 것이 가장 안전한 삶이라고 하십니다(9-10절). 하나님의 뜻에 순종

하는 것이 가장 안전한 삶이라는 뜻입니다.[276] **28-44** 예수님은 나사로의 무덤 앞에서 눈물을 흘리십니다. 왜 예수님은 나사로가 살아날 것을 아시면서 눈물을 흘리셨을까요? 예수님이 우신 것은 나사로의 죽음 때문이 아니라 죄가 가져온 비참한 결과 때문입니다.[277] 예수님은 당신의 백성들이 죄와 사망의 권세 아래서 고통 받는 것을 슬퍼하셨습니다. **45-57** 가야바는 사회의 안정을 위해 예수님을 죽이자고 합니다(50절). 놀라운 것은 그것조차도 하나님의 계획에 포함된 일이라는 점입니다(52절). 이처럼 악인들의 음모도 하나님의 섭리를 벗어날 수 없습니다. 하나님은 가장 작은 미물도 통치하시고, 가장 은밀한 사건도 통제하십니다.

12장 왜 예수님은 유월절 전에 예루살렘에 가려고 하시는가?

1-11 예수님은 유월절이 다가오자 예루살렘으로 가려고 하십니다(1절). 십자가의 죽음을 통해 유월절의 진정한 의미를 성취하시기 위해서입니다. 예수님은 우리 대신 죽으신 유월절 어린양이십니다. **12-19** 예수님은 왕이십니다. 하지만 사람들이 기대하는 정치적이고 군사적인 왕은 아니십니다. 그래서 예수님은 군마가 아니라 나귀를 타십니다(14절). 이제 곧 예수님의 정체가 드러나면, 백성들은 폭도로 변해 예수님을 죽이라고 외칠 것입니다. 우리도 마찬가지입니다. 세속적인 성공을 위해 예수님을 따른다면, 본문의 유대인들과 다를 바 없습니다. **20-36** 예수님이 영광을 얻을 때가 다가왔다고 하십니다(23절). 이 영광은 십자가의 죽음을 의미합니다(33절). 십자가의 죽음이 영광스러운 이유는 하나님의 뜻에 순

종하는 죽음이기 때문입니다. 따라서 가장 영광스러운 삶은 죽기까지 순종하는 삶입니다. 예수님은 우리에게도 이런 삶을 요구하십니다(24-26절). 불이익이 예상된다고 해서 순종하지 않는 삶은 제자의 삶이 아닙니다. **37-50** 예수님은 많은 표적을 보여 주셨습니다(37절). 예수님이 메시아라는 증거는 차고 넘쳤습니다. 그럼에도 불구하고 유대인들은 예수님을 구원자로 영접하지 않았습니다. 이에 예수님은 당신을 거절한 것은 곧 하나님을 거절한 것이라고 하십니다. 왜냐하면 예수님을 믿는 것이 곧 하나님을 믿는 것이기 때문입니다(44절). 따라서 예수님을 거절한 사람들은 마지막 날에 하나님의 심판을 받을 것입니다.

너희도 서로 발을 씻어 주는 것이 옳으니라

13장 왜 예수님은 제자들의 발을 씻어 주시는가?

1-20 예수님이 제자들의 발을 씻겨 주시겠다고 하자 베드로가 당황스러워 합니다. 고대 중동 지방에서 다른 사람의 발을 씻어 주는 행위는 주로 종이 하는 일이었기 때문입니다. 예수님은 이것을 통해 신자가 어떻게 살아야 하는지를 교훈하고자 하셨습니다(14절). 세상은 섬김을 받는 사람을 복되다고 말하지만, 하나님 보시기에는 다른 사람을 섬기는 사람이 진정 복 있는 사람입니다(17절). 심지어 예수님은 십자가에서 죽기까지 우리를 섬겨 주셨습니다. 그렇다면 우리 역시 섬기는 삶을 사는 것이 마땅합니다. **21-30** 유다가 떠나가던 순간은 밤이었습니다(30절). 이것은 시간을 나타내는 동시에 유다의 영적 상태를 말하는 것이기도 합니다.[278] 예수님보다 돈을 더 사랑한 유다의 영적 상태는 깜깜한 밤이었습니다. 그의

마음에는 빛이신 예수님이 없었습니다. 예수님이 없었으므로 생명도 없었고, 그래서 더욱 돈에 집착했습니다. 지금 우리의 마음은 어떻습니까? 예수님이 중심에 자리 잡고 있습니까? 예수님이 비춰 주시는 생명의 빛이 있습니까? **31-35** 이제 곧 예수님은 하늘로 가시게 됩니다. 그렇게 되면 아무도 예수님을 볼 수 없습니다. 그래서 예수님은 서로 사랑하라고 말씀하십니다(34절). 신자들이 서로 사랑하는 모습을 통해 세상이 예수님을 볼 수 있기 때문입니다. **36-38** 베드로는 절대로 예수님을 배신하지 않겠다고 합니다. 하지만 이제 곧 베드로는 예수님을 배신할 것입니다. 대단한 구호를 외치는 것보다 작은 것이라도 실제로 실천하는 것이 더 중요합니다.

14장 왜 예수님이 약속하신 거처를 그리스도와의 연합으로 보기도 하는가?

1-31 예수님이 우리를 위해 거처를 예비한다고 하십니다(2절). 거처를 예비해서 우리와 함께 사신다고 합니다(3절). 예수님이 우리와 함께 사시기 위해 예비하신 거처는 무엇일까요? 일반적으로 이 거처는 부활 이후에 영원히 거할 천국으로 이해됩니다. 하지만 또 다른 견해도 있습니다. 이 처소를 장소가 아니라 '그리스도와의 연합'으로 보는 것입니다.[279] 이렇게 보는 근거는 예수님이 처소를 준비하겠다고 하신 이후에 성령님을 말씀하시기 때문입니다(16절). 우리 안에는 성령님이 거하십니다. 그런데 성령님은 예수의 영이기도 합니다(행 16:7). 그래서 우리 안에 성령님이 거하시는 것은, 곧 예수님이 우리

안에 거하시는 것이기도 합니다. 예수님은 성령을 보낸다고 하시면서, 성령님이 어떤 분인지를 설명하십니다. 일차적으로 성령님은 진리의 영이십니다(17절). 성령님이 하시는 주된 사역이 진리를 깨닫게 하는 일이라는 뜻입니다. 불신자들은 진리를 깨닫지 못합니다. 그들 안에 성령님이 계시지 않기 때문입니다. 하지만 신자들은 진리를 깨닫습니다. 그들 안에 성령님이 거하시기 때문입니다. 이처럼 우리의 구원은 전적으로 예수님 덕분입니다. 예수님이 우리를 위해서 죽으시고, 예수님이 우리에게 성령님을 보내주신 덕분입니다.

나는 포도나무요 너희는 가지라

15장 왜 예수님을 떠나서는 아무런 열매를 맺지 못하는가?

1-8 예수님은 포도나무요, 우리는 가지입니다(5절). 그래서 예수님을 떠나서는 아무런 열매를 맺지 못합니다. 이 열매는 구원을 의미합니다. 모든 인간은 구원을 얻기에 전적으로 무능력합니다. 구원의 시작과 진행과 완성에 있어서 절대적으로 필요한 것은 예수님과의 연합입니다.[280] 믿음으로 예수님과 연합되지 않은 사람은 절대로 구원을 얻을 수 없습니다. 물론 예수님과 연합되지 않은 사람이 일시적으로 교회의 회원이 되기도 합니다. 하지만 결국에는 참된 신자가 아님을 스스로 드러내게 됩니다. 종말에 그들은 버려지고, 불탈 것입니다(6절). **9-17** 대부분의 사람이 하나님의 계명을 무거운 짐으로 생각합니다. 그러나 예수님은 계명에 순종하는 것이 기쁨에 이르는 길이라고 하십니다(11절). 계명이 무겁게 느껴지는 것은 사랑이 없기 때문입니다. 예수님이 우리를 위해 기쁘게 죽으실 수 있었던 것은 우리를 사랑하셨기 때문입니다(9절). 따라서 계명을 지키기 싫은 사람은 사랑이 없는 사람입니다. 그런 사람은 속히 회개해야 합니다. **18-27** 세상은 예수님을 미워했습니다(18절). 따라서 세상은 예수님의 제자들도 미워할 것입니다. 그래서 고난을 당하는 신자들은 고난의 시간에 다음을 기억해야 합니다. 첫째, 우리가 고난을 당하는 것은 우리가 예수님의 제자라는 증거입니다(19절). 둘째, 우리는 고난에도 불구하고 복음을 전해야 합니다. 성령님은 우리가 복음을 증거할 수 있도록 힘을 주실 것입니다(26절).

16장 왜 예수님은 당신이 떠나는 것이 더 유익하다고 하시는가?

1-33 예수님은 당신이 떠나는 것이 더 유익하다고 하십니다(7절). 떠남은 죽음과 부활과 승천에 이르는 일련의 과정을 의미합니다. 이것이 더 유익한 이유는 예수님이 죽으시고 부활하셔서만 우리가 구원받을 수 있기 때문입니다. 그리고 예수님이 승천하셔서 하나님 우편에 앉으셔야만 성령님을 보내실 수 있기 때문입니다(요 7:39). 예수님이 인간의 몸을 입고 이 땅에 계실 때는, 한 번에 한 장소에서만 사역하실 수 있었습니다. 하지만 승천하신 이후에는, 성령님을 통해 모든 신자 가운데 거하실 수 있습니다. 결과적으로 복음이 온 세상에 전파되기 위해 예수님은 떠나셔야 했습니다.[281] 성령님이 오셔서 하시는 일은 크게 세 가지입니다(8절). 죄에 대하여, 의에 대하여, 심판에 대하여 깨닫게 하시는 일입니다. 성령님은 죄를 깨닫게 하시되, 특별히 예수님을 믿지 않는 것이 가장 큰 죄임을 깨닫게 하십니다(9절). 성령님은 예수님만이 의의 기준이 되시며, 인간의 의는 하나님 앞에 무가치함을 깨닫게 하십니다(10절). 성령님은 믿는 자들을 구원하셔서, 믿지 않는 자들이 이미 심판을 받고 있음을 깨닫게 하십니다(11절).

우리와 같이 그들도 하나가 되게 하옵소서

17장 왜 우리는 교회의 하나 됨을 힘써 지켜야 하는가?

1-26 17장은 예수님의 고별 기도이며, 흔히 대제사장의 기도라고 불립니다. 이 기도는 크게 세 부분으로 나눌 수 있습니다. 첫째, 예수님 자신을 위한 기도(1-8절), 둘째, 제자들을 위한 기도(9-19절), 셋째, 장차 예수님을 믿게 될 성도들을 위한 기도입니다(20-26절). 예수님 자신을 위한 기도의 핵심은 십자가의 죽음을 통해 하나님 아버지를 영화롭게 하시는 것입니다(1절). 예수님은 죽기까지 순종하는 것을 통해 하나님을 영화롭게 하셨습니다. 동시에 자신도 영화롭게 되셨습니다(5절). 하나님을 영화롭게 하는 길, 그리고 우리가 영화롭게 되는 길은 하나님께 순종하는 삶입니다. 제자들을 위한 기도의 핵심은 두 가지입니다. 첫째, 제자들이 하나가 되는 것이고(11절), 둘째, 악에 빠지지 않는 것입니다(15절). 그러므로 이 두 가지는 바른 교회의 핵심입니다. 바른 교회는 서로를 하나로 여기는 교회이고, 세상과 구별된 거룩한 교회입니다. 장차 믿음을 가지게 될 성도들을 위한 기도의 핵심 역시 하나가 되는 것입니다(21절). 세상은 미움과 증오와 다툼으로 분열되어 있습니다. 이런 세상 속에서 교회가 일치된 모습을 보여 주는 것은, 그 자체로 강력한 전도입니다(23절). 따라서 우리는 최선을 다해, 교회 공동체의 하나 됨을 지켜야 합니다.

18장 왜 예수님은 순순히 체포되시는가?

1-27 예수님은 힘이 없어서 잡히신 것이 아닙니다. 오히려 힘이 없는 것은 예수님을 잡으려는 자들이었습니다(6절). 예수님은 자신을 잡으려는 자들로부터 충분히 벗어나실 수 있었지만, 하나님의 영광과 우리의 구원을 위해 자발적으로 죽음을 향해 걸어가셨습니다. 예수님은 잡히시던 순간에도 제자들을 먼저 생각하셨습니다(8절). 예수님을 버리고 도망가는 제자들의 모습과 상당히 대조적입니다. **28-40** 예수님은 빌라도 앞에서도 당당하셨습니다. 당신의 죽음이 하나님을 영화롭게 하는 것임을 아셨기 때문입니다. 반면 베드로는 문을 지키는 여종 앞에서도 비겁하기 그지없습니다. 단지 살아남는 것이 그의 목표였기 때문입니다. 예수님은 빌라도에게 당신의 나라가 세상에 속한 나라가 아니라고 하십니다(36절). 예수님은 세상의 왕권을 가진 왕이 아니라 하나님 나라의 왕권을 가진 왕이라는 뜻입니다. 그래서 하나님 나라는 칼과 창이 아니라 진리를 전하는 자들을 통해 확장됩니다. 과거에 힘으로 기독교 제국을 세우려고 시도한 자들이 있었습니다. 십자군 전쟁이 대표적입니다. 그것은 하나님 나라가 아닙니다. 우리 한 명 한 명이 진리의 말씀에 순종할 때, 바로 그곳이 하나님 나라입니다.

310

내 양을 치라

19장 왜 요한은 예수님이 십자가를 지신 시간을 구체적으로 기록하는가?

1-16 예수님은 유월절 낮 12시에 십자가를 지셨습니다 (14절). 요한이 시간을 언급하는 이유는, 이때가 바로 예루살렘에서 유월절 양을 제물로 바치는 시간이기 때문입니다.[282] 유월절 양의 피로 이스라엘이 애굽에서 구원을 얻었던 것처럼 예수님의 피로 신자들은 죄에서 구원을 얻습니다. **17-27** 빌라도는 예수님의 머리 위에 "나사렛 예수 유대인의 왕이라"고 적힌 패를 붙입니다(19절). 그것도 히브리, 로마, 헬라, 삼 개 국어로 말입니다. 빌라도는 무심코한 행동이었겠지만, 이로써 예수님의 십자가는 비참한 죽음이 아니라 예수님의 왕 되심이 온 세상

에 선포되는 사건이 됩니다.[283] **28-37** 예수님은 마지막으로 "다 이루었다"는 말씀을 남기시고 돌아가십니다 (30절). 십자가의 죽음을 통해 우리의 구원을 다 이루셨다는 뜻입니다. 따라서 예수님의 십자가는 비참한 죽음이 아니라 영광스러운 죽음입니다. 예수님의 죽음은 패배가 아니라 승리입니다. **38-42** 니고데모는 예수님의 장례를 위해 무려 백 리트라나 되는 몰약을 사용합니다. 이렇게 많은 몰약은 왕의 장례에나 사용되었습니다.[284] 아마 니고데모는 예수님의 장례를 왕처럼 치르기 위해 자신의 전 재산을 사용했을 것입니다.

20장 왜 예수님은 제자들에게 평강을 선포하시는가?

1-18 무덤은 예수님을 가둘 수 없었습니다. 예수님의 몸을 감쌌던 두건과 세마포도 마찬가지입니다. 사탄이 예수님을 죽이기 위해 사용한 무기들은 예수님의 부활 앞에 모두 다 무용지물이 되었습니다. **19-31** 부활하신 예수님이 제자들에게 평강을 선포하십니다(19절). 예수님의 죽음과 부활을 믿는 신자들은 세상 사람들은 알지 못하는 참된 평안을 누리기 때문입니다. 이제 예수님은 제

자들을 세상으로 파송하십니다(21절). 성부가 성자를 세상으로 보내신 것처럼, 성자도 우리를 세상으로 보내십니다. 예수님이 성부에게 온전히 순종하신 것처럼, 우리도 예수님께 온전히 순종함이 마땅합니다. 우리는 언제 어디서나, 예수님의 보냄을 받은 사명자임을 잊지 말아야 합니다.

21장 왜 예수님은 베드로 앞에서 과거의 상황을 재현하시는가?

1-25 제자들은 밤이 새도록 아무것도 잡지 못했습니다. 하지만 예수님의 말대로 오른편에 그물을 던지자 셀 수 없이 많은 물고기가 올라옵니다. 이것은 베드로가 예수님의 부름을 받았던 상황을 재현한 것입니다(눅 5:4-11).[285] 오래전 예수님이 베드로에게 사람을 낚는 어부가 되라고 하셨던 것을 다시 일깨우는 것입니다. 예수님이 피우신 숯불은 베드로가 예수님을 부인하던 상황의 재

현입니다(요 18:18).[286] 지금까지 베드로에게 숯불은 배신의 상징이었지만, 이제부터 숯불은 용서의 상징이 됩니다. 예수님이 베드로에게 '네가 나를 사랑하느냐'고 세 번 물으신 것은 베드로가 예수님을 세 번 부인하던 상황의 재현입니다.[287] 이것들은 모두 베드로가 이전의 실패를 극복하도록 돕는 것입니다.

한눈에 보는 사도행전

핵심	예루살렘 사역 (1–7장)	유대와 사마리아 사역 (8–12장)	땅끝 사역 (13–28장)
사건	예수님의 승천 오순절 성령 강림 일곱 집사 선출 스데반의 순교	빌립의 사마리아 선교 빌립의 에디오피아 내시 선교 사울의 회심	바울의 갈라디아 선교 바울의 그리스 선교 바울의 에베소 선교 바울의 로마 선교
주제	오직 성령이 너희에게 임하시면 너희가 권능을 받고 예루살렘과 온 유대와 사마리아와 땅끝까지 이르러 내 증인이 되리라 하시니라 (행 1:8)		
장소	예루살렘	유대와 사마리아	땅끝
기간	주후 33–35년	주후 35–48년	주후 48–62년

저자: 누가

누가는 사도 바울의 선교팀 일원이었다. 안디옥 사람이었고, 직업은 의사였다. 바울의 사역을 곁에서 지켜보았으므로, 이렇게 상세하게 바울의 선교 사역을 묘사할 수 있었을 것이다.

기록 목적

누가는 두 권(누가복음과 사도행전)의 성경을 기록했으며, 두 권 모두 데오빌로에게 헌정했다. 두 권 모두 데오빌로에게 예수님을 소개하기 위해 기록한 책이라 할 수 있다. 누가복음이 예수님의 지상 사역이라면, 사도행전은 예수님의 천상 사역이다.

통독 길잡이

사도행전의 핵심 주제는 증인이다. 예수님은 땅끝까지 복음을 전하는 증인이 되라 하셨고, 제자들은 그 말씀에 순종했다. 제자들의 사역은 예루살렘에서 유대로, 유대에서 사마리아로, 사마리아에서 그리스로 점차 확대된다. 우리는 사도행전 어디서나 성령의 역사를 발견하게 되는데, 그런 점에서 사도행전은 성령 행전이라 할 만하다.

311
11월 7일

땅끝까지 이르러 내 증인이 되리라

1장 왜 맛디아를 새로운 사도로 선출하는가?

1-5 예수님은 제자들에게 당장 사역을 시작하지 말고, 아버지께서 약속하신 것을 기다리라고 하십니다(4절). 이는 성령 세례를 말합니다(5절). 하나님이 성령님을 통해 주시는 은혜와 능력이 있어야만, 복음 전파의 사역을 감당할 수 있기 때문입니다. **6-11** 제자들이 예수님께 하나님 나라가 언제 완성되는지 묻습니다. 이에 예수님은 때와 시기는 말씀하지 않으시고, 다만 증인이 되라고 말씀하십니다(6-8절). 하나님 나라는 예수님의 재림을 통해 완성됩니다. 우리는 그때가 언제인지 알 수 없고, 알 필요도 없습니다. 하나님이 원하시는 것은, 지금 여기에서, 복음의 증인으로 사는 일입니다. **12-26** 사도들은 맛디아를 새로운 사도로 선출합니다. 사도의 수가 부족해서가 아닙니다. 그렇다면 사도가 죽을 때마다 새로운 사도를 세웠을 것입니다. 맛디아를 새로운 사도로 선출한 이유는 12라는 숫자가 가지는 상징성 때문입니다. 신약의 12사도는 구약의 12지파를 대체하는 상징적 의미를 가집니다.[288] 구약 시대에는 이스라엘 12지파가 하나님의 백성이었지만, 신약 시대에는 12사도를 통해 세워진 교회가 하나님의 백성입니다. 이러한 상징성 때문에 사도의 수를 12명으로 정한 것입니다. 주의할 것은 사도의 직분이 임시직이라는 점입니다. 사도들의 역할은 초대 교회 이후로 종결되었습니다. 사도들은 새로운 사도를 세우지 않고, 장로를 세웠습니다. 현대 교회에는 사도의 직분이 있을 수 없습니다.

2장 왜 성령님은 오순절에 강림하셨는가?

1-13 성령님은 오순절날 교회에 강림하셨습니다(1절). 오순절은 곡식의 첫 열매를 바치는 절기입니다. 따라서 성령님이 오순절에 교회에 강림하신 것은, 교회가 성령님의 첫 열매라는 뜻입니다.[289] 성령님이 임하시자 사람들은 여러 족속의 말로 '하나님의 큰 일'을 말하기 시작합니다(4절). 이것은 언어가 혼잡해지기 시작한 바벨탑의 저주를 푸신 사건입니다(창 11:8-9).[290] 또한 모든 나라와 민족이 하나님의 백성이 될 것을 예고하는 사건입니다. **14-47** 어떤 사람들은 '오순절 성령 강림 사건'을 보며 제자들이 술에 취했다고 조롱합니다. 이에 베드로는 술에 취한 것이 아니라 요엘 선지자의 예언이 성취된 것이라고 말합니다. 요엘 선지자는 장차 모든 계층의 사람들이 하나님의 성령을 받을 것이라고 예언한 바 있습니다(욜 2:8).

3장 왜 베드로는 돈을 구걸하는 앉은뱅이에게 복음을 전하는가?

1-10 기도하기 위해 성전에 올라가던 베드로는 성전 입구에서 돈을 구걸하던 앉은뱅이를 보게 됩니다. 이에 베드로는 돈이 아니라 복음을 전합니다. 앉은뱅이에게 돈보다 중요한 것은 예수님을 믿는 일이었기 때문입니다. 기적을 체험한 앉은뱅이는 자신이 회복된 것이 부활하신 예수님의 능력 때문인 것을 알고 예수님의 제자로 변모합니다. **11-26** 기적을 본 사람들이 베드로를 주목한 것은 당연한 일입니다. 그래서 베드로는 자신의 권능이 아니라 부활하신 예수님의 권능 때문임을 밝혀, 사람들의 시선을 자신이 아니라 예수님께로 돌립니다(12절). 베드로는 예수님이 받아야 할 영광을 가로채지 않았습니다.

이 생명의 말씀을 백성에게 말하라

4장　왜 구원을 받기 위해 오직 예수님만 의지해야 하는가?

1-22 예수님은 십자가의 죽음을 통해 건축자들의 버린 돌처럼 되셨지만, 부활을 통해 집 모퉁이의 머릿돌처럼 되셨습니다(11절). 그래서 예수님의 이름을 통해서만 구원에 이를 수 있습니다(12절). 세상은 예수님 안에만 구원이 있다는 기독교의 신앙을 독선적이라고 비판합니다. 그럴지라도 이 진리를 붙들어야 합니다. 예수님 외에 다른 구원자를 주시지 않았기 때문입니다(12절). **23-31** 제자들은 고난이 사라지기를 기도하지 않습니다. 대신 고난 속에서도 담대히 복음을 증언할 수 있기를 기도

합니다. 고난 속에서도 하나님의 능력이 나타나기를 기도합니다(29-30절). 이것이 고난을 대하는 신자의 자세입니다. **32-37** 흔히 성령 충만을 특별한 능력과 재능으로 생각하곤 합니다. 하지만 성경이 말하는 성령 충만은 자비와 긍휼입니다. 성령에 사로잡힌 초대 교회는 아낌없이 재물과 물질을 나누었습니다(32-35절). 서로를 돌아보는 교회, 서로를 사랑하는 교회, 서로를 섬기는 교회. 이런 교회가 성령 충만한 교회입니다.

5장　왜 하나님은 아나니아와 삽비라를 죽음으로 벌하시는가?

1-11 아나니아와 삽비라는 성도들을 속인 죄로 죽임을 당합니다. 거짓말의 대가가 죽음이라니 가혹하게 보이기도 합니다. 하지만 이들의 가식적인 행동을 그냥 두었다가는 이제 막 시작된 교회의 거룩함이 근본부터 허물어질 수 있었습니다. 그리고 이들의 행동은 단순한 거짓말이 아니라, 바나바처럼 존경을 받기 위한 계획적인 범

죄였습니다(행 4:36-37). **12-42** 사도들은 복음을 전한 것 때문에 감옥에 갇힙니다. 그런데 풀려나자마자 또다시 복음을 전합니다. 그 이유는 두 가지입니다. 첫째, 사도들은 복음 때문에 고난받는 것을 영광스럽게 여겼기 때문입니다(41절). 둘째, 사도들은 고난을 참된 신자의 증거로 여겼기 때문입니다(마 5:10).

6장　왜 사도들은 경건한 사람을 직분자로 선출하는가?

1-34 초대 교회는 유대계 그리스도인과 헬라계 그리스도인으로 나누어져 있었습니다. 그런데 어떤 이유에서인지 헬라계 그리스도인들이 구제 대상에서 빠지는 일이 발생합니다. 이에 사도들은 새로운 직분자를 선출하는 방식으로 문제를 해결합니다. 사도들은 본연의 임무인 말씀과 기도에 전념하고, 구제 사역에 전념하는 집사

를 따로 세우기로 한 것입니다. 그런데 직분자를 선출하는 기준이 세상의 일꾼을 뽑는 것과 다릅니다. 사도들이 세운 기준은 성령과 지혜가 충만한 사람입니다(3절). 사도들은 단순히 일을 잘하는 사람이 아니라 경건한 사람을 세우고자 했습니다. 하나님이 깨끗한 사람을 통해서 일하기를 기뻐하시기 때문입니다(딤후 2:20-21).

주예수여 내 영혼을 받으시옵소서

7장　왜 유대인들은 귀를 막고 스데반에게 달려드는가?

1-60 유대인들이 스데반을 고발한 내용은 크게 두 가지입니다. 첫째, 성전을 모독했다는 것이고, 둘째, 모세를 모독했다는 것입니다(행 6:13-14). 아마도 스데반은 예수님이 참된 성전이시며(요 2:21), 예수님이 모세의 율법을 완성하셨다는 말씀을 전했던 것 같습니다(마 5:17). 이에 스데반은 두 가지 측면에서 유대인들의 주장을 반박합니다. 첫째, 유대인들의 생각처럼 하나님은 성전에만 계신 분이 아니라는 것입니다. 유대인들은 하나님이 성전에만 거하신다고 생각하여 성전 자체를 신성시했습니다. 그러나 하나님은 메소보다미아에 있던 아브라함을 찾아가셨고(2절), 광야에 있던 모세를 찾아가셨습니다(30절). 하나님은 성전에만 거하시는 분이 아니라는 증거

입니다. 둘째, 모세의 율법을 어긴 것은 오히려 유대인이라는 것입니다. 그들은 조상 때부터 지금에 이르기까지 계속해서 모세의 율법을 어겼습니다. 그들은 모세의 지도력을 거부했고(39절), 금송아지를 만들었으며(41절), 수많은 우상을 섬겼습니다(43절). 결정적으로 하나님의 아들 예수 그리스도를 죽였습니다(52절). 스데반이 이스라엘 역사를 통해 유대인들의 죄를 고발하자, 유대인들은 양심의 가책을 느꼈습니다(54절). 하지만 회개하지 않았습니다. 도리어 귀를 막고 스데반에게 달려들었습니다(57절). 귀를 막은 것은 양심의 소리를 듣지 않으려는 악의적인 행동입니다. 결국 스데반은 죽음을 맞이합니다.

8장　왜 하나님은 사마리아 성도들의 성령 세례를 가시적으로 보여 주시는가?

1-40 예루살렘 교회에 임한 큰 박해는 오히려 복음이 전파되는 계기로 작용합니다(1절). 쫓겨난 성도들은 사마리아에서 복음을 전하기 시작했고, 이로써 사도행전 1장 8절의 말씀이 성취됩니다. 사마리아인들의 회심은 예루살렘 성도들에게 충격적인 일이었습니다. 적어도 그때까지는, 사마리아인은 하나님의 백성이 될 수 없다고 생각했기 때문입니다. 그래서 예루살렘의 사도들은 베드로와 요한을 파견합니다(14절). 사마리아인들의 회심이 진짜인지를 확인하기 위해서입니다. 하나님은 사마리아인들의 회심이 진짜라는 것을 알리시기 위해 사

마리아 성도들에게 성령이 임하시는 장면을 가시적으로 보여 주십니다. 성령이 임하시는 장면을 눈으로 확인한 베드로와 요한은 사마리아인들도 하나님의 백성이라는 것을 확신하게 됩니다. 따라서 사마리아인들이 예수님을 믿은 이후에 또다시 성령을 받은 것은 반복적인 사건이 아니라 일회적인 사건입니다. 칼뱅은 성령님이 사마리아인들에게 가시적으로 임하시기 이전에, 이미 성령님이 사마리아인들 안에 내주하셨다고 주장합니다. 성령님이 임하셔야만 중생할 수 있고, 중생해야만 예수님을 믿을 수 있기 때문입니다(요 3:5).[291]

나는 네가 박해하는 예수라

9장 왜 아나니아는 만나기 싫었던 바울을 만나는가?

1-9 하늘에서 내려온 빛이 자신을 비추었을 때, 사울은 그 빛과 음성의 정체가 하나님이라고 생각했을 것입니다. 그런 점에서 "나는 네가 박해하는 예수라"(5절)라는 대답은 사울에게 큰 충격이었을 것이 분명합니다. 바울은 지금까지 한 번도 예수님을 하나님이라고 생각하지 않았기 때문입니다. **10-19** 하나님은 아나니아에게 바울과의 만남을 준비하라고 하십니다. 하지만 아나니아는 바울을 만나고 싶어 하지 않습니다. 바울이 예루살렘 교회를 핍박한 사실을 잘 알고 있기 때문입니다. 그러나 아나니아는 결국 바울을 만납니다. 하나님의 뜻이라면, 하기 싫은 일도 해야 한다는 것을 알았기 때문입니다. **20-43** 예수님을 만난 이후 바울의 삶은 즉각 변화됩니다. 자신이 핍박했던 성도들과 교제할 뿐만 아니라(19절), 예수님이 하나님의 아들이심을 선포합니다(20절). 이처럼 예수님을 만난 사람에게는, 이전과 이후가 있습니다. 우리는 예수님을 만난 이후, 어떻게 달라졌는지 생각해 봅시다.

10장 왜 하나님은 베드로에게 부정한 짐승을 먹으라고 하시는가?

1-48 하나님이 베드로에게 부정한 짐승을 먹으라고 하십니다(13절). 여기서 부정한 짐승은 유대인들이 부정하게 생각했던 이방인을 상징합니다.[292] 따라서 하나님이 베드로에게 부정한 짐승을 먹으라고 하신 것은, 이제 이방인도 예수님을 믿기만 하면 하나님의 백성이 될 수 있는 새로운 시대가 열렸다는 사실을 알려 주시는 것입니다(28절). 보자기 환상을 통해 새로운 시대가 열렸음을 어렴풋이 보여 주신 하나님은, 이제 성령 세례를 통해 확실한 증거를 보여 주십니다. 고넬료의 집에 모여 있던 이방인들이 체험한 성령의 역사는, 이전에 마가의 다락방에서 기도하던 유대인 신자 120명에게 임한 성령의 역사와 동일합니다. 이로써 베드로는 하나님이 이방인과 유대인을 동등하게 대우하심을 알게 됩니다.[293] 이제 예수님을 믿기만 하면 신분과 혈통에 상관없이 누구든지 구원을 받는 시대가 열린 것입니다. 베드로는 고넬료가 자신을 숭배하는 자세를 취하자 극구 만류합니다(25-26절). 예수님이 받아야 할 영광을 자신이 가로채선 안 된다는 사실을 알았기 때문입니다. 사람들이 우리를 높일 때, 어떻게 반응하고 있습니까? 혹시 하나님이 계셔야 할 자리에 대신 앉아 있지는 않습니까?

영생을 주시기로 작정된 자는 다 믿더라

11장   왜 유대인들은 베드로를 비난하는가?

1-18 유대인 신자들은 이방인들도 예수님을 영접했다는 소식을 듣습니다. 하지만 그들은 기뻐하기는커녕 오히려 베드로가 이방인과 교제한 것을 비난합니다. 당시 유대인들은 유대인만 하나님의 백성이라는 편견에 사로잡혀 있었기 때문입니다. 이에 베드로는 하나님이 자신의 편견을 내려놓도록 환상을 보여 주신 것과 고넬료를 만나도록 섭리하신 것을 설명합니다. 그리하여 유대인 신자들도 이방인들의 회심이 하나님 뜻인 것을 인정하게 됩니다. 19-30 교회에 대대적인 박해가 가해집니다(19절). 하지만 초대 교회 신자들은 위기를 기회로 바꿉니다. 그들은 박해가 없는 먼 곳으로 가서 복음을 전합니다. 그 결과 유대 지방에 한정되어 있던 복음이 이방인들에게도 전파됩니다. 그 첫 열매가 안디옥교회입니다. 이후에 안디옥 교회는 이방인 선교의 전초 기지로 성장합니다.

12장   왜 베드로는 철통같은 감옥에서 구출되었는가?

1-19 처음에는 유대 백성들이 교회를 핍박했습니다. 그런데 교회가 성장하고 복음이 전파되자, 헤롯이 핍박에 가담합니다(1-4절). 교회를 반대하는 일에 세상은 언제나 한 편입니다. 세상의 핍박에 대한 교회의 대응책은 기도였습니다. 고난이 엄습하자 많은 신자가 한자리에 모였고(12절), 한마음으로 간절히 기도했습니다(5절). 그 결과 베드로는 철통같은 감옥에서 구출됩니다. 특이한 것은 그때가 유월절 기간이라는 점입니다(3절). 유월절은 하나님의 백성이 애굽에서 구출된 날입니다. 20-25 하나님이 헤롯을 벌하십니다. 헤롯이 하나님의 영광을 가로챘기 때문입니다(23절). 이처럼 모든 일이 성공적으로 진행되고, 사람들의 이목이 집중되는 순간이 가장 위험한 시간입니다. 교만하여 하나님의 영광을 가로챌 수 있기 때문입니다.

13장   왜 안디옥교회는 하나가 될 수 있었는가?

1-12 안디옥교회의 지도자들은 출신과 신분이 다 달랐습니다(1절). 민족과 신분을 중시하던 시대에, 이처럼 다양한 사람들이 한마음으로 섬기기란 쉽지 않았을 것입니다. 그런 점에서 안디옥교회는 다른 사람들을 배려하고 존중하는 교회였음이 분명합니다. 하나님의 영광을 위해 나와 다른 사람을 배려하고 존중하는 공동체, 바로 이것이 교회입니다. 13-23 바울의 선교 팀이 버가에 이르렀을 때, 마가 요한이 선교 팀에서 이탈하는 사건이 발생합니다. 이후에 바울이 마가의 선교 팀 합류를 거절했던 것을 보면(행 15:38), 잘못된 동기로 선교 팀을 빠져나갔음을 알 수 있습니다. 팀원이 이탈하는 어려움이 있었지만, 바울의 선교 팀은 계속 앞으로 나아갔고, 거침없이 복음을 전했습니다. 바울이 전한 복음을 다음과 같이 정리할 수 있습니다. 첫째, 하나님이 예수님을 약속하셨다(17-25절). 둘째, 예수님이 십자가에서 죽으시고 부활하셨다(26-37절). 셋째, 예수님을 믿는 자는 구원을 얻지만 믿지 않는 자는 멸망을 당한다(38-41절).

주예수를 믿으라 그리하면 너와 네 집이 구원을 받으리라

14장   왜 바울은 자신을 신처럼 숭배하는 자들에게 격분하는가?

1-7 바울과 바나바가 이고니온에서 복음을 전합니다. 그러자 복음에 대한 두 가지 반응이 나타납니다(4절). 어떤 이들은 복음을 받아들이는 반면, 어떤 이들은 복음을 대적합니다. 이것은 이상한 일이 아닙니다. 세상은 예수님에 대해서도 같은 반응을 보였습니다. 어떤 사람은 예수님을 영접하는 반면, 어떤 사람들은 예수님을 대적했습니다. 그러므로 장애물이 있다고 복음 전하기를 포기해서는 안 됩니다. 복음을 대적하는 사람이 있는 반면, 복음을 받아들이는 사람도 있을 것입니다. **8-28** 바울과 바나바가 루스드라에서 복음을 전합니다. 사람들은 바울이 행한 기적을 보고, 바울 일행을 신처럼 숭배합니다. 그러자 바울은 격분합니다(14절). 선교의 목적은 하나님의 영광이고, 선교의 열매를 사람이 취할 수 없기 때문입니다. 바울과 바나바는 이 사실을 알고 있었기에, 자신들을 신처럼 숭배하는 자들을 만류합니다. 그리고 그들을 자신이 아니라 하나님께로 인도합니다(15절).

15장   왜 안디옥교회에 큰 다툼이 일어났는가?

1-41 할례를 받아야만 구원을 받는다고 주장하는 자들 때문에 안디옥교회에 큰 다툼이 일어납니다(1-2절). 할례는 유대인을 상징하는 의식이므로, 기독교 신자가 되기 위해서는 먼저 유대인이 되어야 한다는 주장입니다.[294] 안디옥교회는 이방인 중심의 교회였기 때문에 이것은 안디옥교회의 존립을 위협하는 중차대한 사건이었습니다. 그리하여 안디옥교회는 예루살렘에 있는 사도와 장로들에게 이 문제를 의뢰합니다. 그리하여 최초의 교회 회의인 예루살렘 회의가 개최되었고, 결과는 다음과 같습니다. 첫째, 하나님이 베드로를 통해 이방인도 하나님의 백성에 포함된다는 것을 알려 주셨다(7-11절). 둘째, 하나님이 바울과 바나바의 선교 사역을 통해 이방인 중에서도 열매를 맺으셨다(12절). 셋째, 이방인의 구원은 이미 하나님의 계획 속에 포함된 일이다(16-18절). 그러므로 유대인이 아닌 이방인도 구원을 받을 수 있다.

16장   왜 바울은 디모데에게 할례를 행하는가?

1-5 바울은 할례를 받아야만 구원을 받는다는 주장에 반대했습니다. 그런데 바울은 디모데에게 할례를 행합니다. 디모데가 유대인이기 때문입니다. 만약 디모데가 이방인이었다면 바울은 디모데에게 할례를 행하지 않았을 것입니다. 하지만 디모데는 유대인이기 때문에, 디모데가 할례를 행하지 않고서는 유대인 선교가 불가능했습니다. 따라서 디모데의 할례는 타협이 아니라 유대인 선교를 위한 희생이었습니다. **6-40** 바울은 소아시아 지역에 복음을 전하려 했지만, 하나님의 뜻은 유럽 지역에 있었습니다. 이에 바울은 오랫동안 준비해온 소아시아 전도를 내려놓고 유럽으로 떠납니다. 바울은 꿈에도 몰랐겠지만, 이 선택은 훗날 유럽 전역이 복음화되는 나비 효과를 일으킵니다. 바울의 생각보다 하나님의 지혜가 더 옳았던 것입니다.

이 예수가 곧 그리스도라

17장　왜 아덴에 도착한 바울은 분노하는가?

1-9 바울이 데살로니가에서 설교하자 많은 사람이 바울을 따르기 시작합니다. 이것은 유대인들의 시기심을 불러일으킵니다. 그들은 바울이 자신들보다 더 큰 영향력을 행사하는 것을 두고 볼 수 없었습니다. 그들에게는 진리보다 명예와 권력이 더 중요했습니다. 유대인들은 하나님의 종을 자처했지만, 실상은 사탄의 종이었습니다. **10-15** 베뢰아 사람들은 데살로니가 사람들과 달랐습니다. 그들의 관심은 진리에 있었습니다. 그들은 무엇이 진리인지 알기 위해 날마다 성경을 묵상했습니다(11절). **16-34** 아덴에 도착한 바울은 몹시 분노합니다. 하나님께 드려야 할 영광을 수많은 우상들이 가로채고 있었기 때문입니다(16절). 그래서 그는 회당에서든, 장터에서든 사람을 만나기만 하면 복음을 전합니다. 하나님만 영광 받으시기를 원했기 때문입니다.

18장　왜 바울은 고린도에 오랫동안 머물렀는가?

1-28 바울은 거점 도시들을 순회하는 방식으로 복음을 전했습니다. 그래서 한 도시에 오래 머무르는 경우가 거의 없었습니다. 그런 점에서 고린도에 1년 6개월이나 머문 것은 매우 특별한 사례입니다(16절). 그렇다면 바울이 고린도에 오랫동안 머무른 이유는 무엇일까요? 고린도가 지내기 편했기 때문일까요? 그렇지 않습니다. 다른 지역처럼 고린도의 유대인들도 일심으로 바울을 대적했습니다(12절). 그럼에도 불구하고 바울이 고린도에 오랫동안 머무른 것은, 그것이 하나님의 뜻이라고 믿었기 때문입니다. 하나님은 바울에게 고린도에 택하신 백성이 많다고 말씀하셨습니다(10절). 그래서 바울은 이례적으로 1년 6개월이나 머물며 복음을 전한 것입니다. 이처럼 바울은 머물거나 떠나는 것을 임의로 결정하지 않았습니다. 자기 마음대로 시작하거나, 자기 마음대로 중단하지 않았습니다. 좀 더 머물고 싶어도 하나님의 뜻이라면 서둘러 떠났고, 떠나고 싶어도 하나님의 뜻이라면 참고 머물렀습니다. 갈리오 총독의 재판은 기독교 역사에서 매우 중요한 의미를 가집니다(12-17절). 당시 유대교는 로마 제국이 공인한 공식 종교였지만, 기독교에는 불법적이고 이단적이라는 딱지가 붙어 있었습니다. 그래서 유대인들은 기독교는 공인되지 않은 종교이므로, 로마법에 따라서 금지되어야 한다고 주장했습니다. 그런데 갈리오 총독은 "너희 법에 관한 것이면 너희가 스스로 처리하라"는 말로 재판을 중단시킵니다(15절). 사실상 기독교와 유대교를 하나의 종교로 본 것입니다. 이것은 기독교에 상당히 유리한 판결입니다. 이로써 기독교도 유대교처럼 로마법의 보호를 받는 공식 종교라는 선례가 마련되었습니다.[295]

나의 생명조차 귀한 것으로 여기지 아니하노라

19장   왜 바울은 예루살렘으로 가려고 하는가?

1-7 에베소에 도착한 바울은 요한의 가르침만 알고 예수님은 모르는 사람들을 만납니다. 예수님을 모른다면 기독교에 관해 아무것도 모르는 것이나 마찬가지기에, 바울은 그들에게 예수님을 전합니다. 이때 하나님은 방언과 예언 같은 성령의 역사를 통해 바울의 가르침이 옳다는 것을 확증해 주십니다. **8-12** 회당에서 석 달 동안 가르친 바울은 유대인들의 방해를 피해 두란노 서원으로 이동합니다. 무려 2년 동안 이어진 말씀 사역을 통해 소아시아 전역에 복음이 전파됩니다(10절). 만약 회당에서만 사역했다면, 유대인들에게만 복음이 전해졌을 것입니다. 하지만 누구나 찾아올 수 있었던 두란노 서원에서 사역한 결과, 헬라인들도 복음을 듣게 됩니다(10절). 유대인들의 방해가 오히려 복음이 널리 전파되는 계기로 작용한 것입니다. **13-20** 병을 고치고 귀신을 쫓아낸 바울과 달리, 스게와의 일곱 아들은 귀신을 쫓아내지 못했습니다. 그 이유는 무엇일까요? 그들은 예수님께 순종하려는 마음 없이, 예수님을 이용하기만 하려는 자들이었기 때문입니다. 따라서 그들이 전파하는 예수님의 이름은 한낱 주문에 지나지 않았습니다. 하나님은 그런 자들을 통해 당신의 능력을 나타내시지 않습니다. **21-28** 21절을 직역하면, '바울이 예루살렘에 가는 것을 성령 안에서 결심했다.'입니다. 사역지를 에베소에서 예루살렘으로 옮기는 것은 쉬운 선택이 아닙니다. 당시 에베소에는 기독교로 개종한 회심자들이 많았지만, 예루살렘은 바울을 반대하는 유대인들로 가득 차 있었습니다. 그럼에도 바울이 예루살렘으로 가기로 결정한 것은, 그것이 하나님 뜻이라는 확신을 성령님이 주셨기 때문입니다(21절).

20장   왜 바울은 에베소를 떠나기 전에 장로들을 만나는가?

1-16 바울이 사람들을 모아 말씀을 강론한 날은 "그 주간의 첫날" 즉, 예수님이 부활하신 주일입니다(7절). 죽었던 예수님이 다시 살아난 날에, 죽었던 유두고가 다시 살아난 것입니다. 이로써 성도들은 예수님의 부활을 더욱 확실히 믿게 되었을 것입니다. **17-38** 이제 바울은 예루살렘에 가기로 굳게 결심합니다(22절). 결박과 환난이 예고되었음에도 예루살렘으로 향하는 이유는, 그것을 자신의 사명으로 여겼기 때문입니다(24절). 바울은 생명보다 사명을 더 중요하게 생각하는 사람이었습니다. 바울은 에베소를 떠나기에 앞서, 에베소의 장로들과 마지막 만남을 가집니다(17절). 앞으로 에베소교회에 일어날 수 있는 문제들을 미리 경고하기 위해서입니다. 교회를 사랑하는 마음이 없다면 할 수 없는 행동입니다. 바울의 가르침에서 강조되는 것은 지도자의 역할입니다. 바울은 지도자가 받는 것보다 주는 것을 더 기뻐해야 한다고 말합니다. 실제로 바울은 주는 것이 더 복되다는 가르침을 몸소 실천해 왔습니다(35절). 그래서 그의 가르침에는 권위가 있었고, 장로들은 그와의 헤어짐을 몹시 슬퍼했습니다(38절). 우리는 어떻습니까? 받는 것보다 주는 것을 더 가치 있게 생각합니까?

예루살렘에서 죽을 것도 각오하였노라

21장   왜 성령님은 바울이 당할 시련을 미리 알려 주시는가?

1-16 성령님이 바울이 당할 고난을 미리 알려 주신 것(4, 11절)은 바울이 예루살렘으로 가는 것을 막으려는 의도가 아닙니다.[296] 바울은 성령 안에서 예루살렘으로 가는 것을 결정했습니다(행 20:22). 따라서 성령님의 경고는 바울을 말리는 것이 아니라 준비시키는 것입니다. 바울이 당할 고난을 알게 된 지인들은 바울이 예루살렘으로 가는 것을 극구 만류합니다(12절). 하지만 바울은 주님을

위해 죽을 것도 각오했다고 하면서, 형제들의 간곡한 요청을 단호히 거절합니다. 바울은 사명 수행을 목숨보다 중요하게 여겼기 때문입니다. **17-40** 예상했던 대로 바울이 예루살렘에 도착하자마자 시련이 찾아옵니다. 바울은 성전을 더럽혔다는 모함을 받고 붙잡힙니다. 하지만 이 사건을 계기로 바울의 로마 선교가 시작됩니다. 하나님은 악을 선으로 바꾸시는 분입니다.

22장   왜 유대인들은 바울의 해명에도 불구하고, 바울을 죽이라고 외치는가?

1-30 바울은 천부장을 통해 유대인들에게 말할 기회를 얻습니다. 바울은 성전 뜰에 모인 유대인들에게 유대교에 충실했던 자신의 과거를 말합니다. 그리고 다메섹으로 가는 길에 부활하신 예수님을 만난 경험을 이야기합

니다. 이것은 바울이 유대인과 율법과 성전을 비방하지 않았다는 충분한 증거입니다. 하지만 유대인들은 바울을 죽이라고 목청을 높입니다. 그들의 목적은 사실 확인이 아니라 바울에게 분노하는 것이기 때문입니다.

23장   왜 바울 암살 시도가 사전에 발각되는가?

1-11 바울은 아나니아를 회칠한 담이라고 부릅니다(3절). 위선자라는 뜻입니다. 바울은 아나니아가 대제사장인지 몰랐다고 합니다(5절). 아나니아 같은 사람이 대제사장이라는 사실을 믿을 수 없다는 뜻입니다. 바울은 아나니아가 대제사장인줄 알았다면 그를 비방하지 않았을 것이라고 합니다(5절). 아나니아를 참된 대제사장으로 인정할 수 없다는 뜻입니다. 이처럼 바울은 잘못된 것을 잘못되었다고 말하는 사람이었습니다. 바울은 권력이 두려워서 아부하는 사람이 아니었습니다. 바울은 오직 하나님 한 분만을 두려워했습니다(11절). 바울

은 유대인들의 모함 때문에 억울한 감옥살이를 합니다. 하지만 이를 통해 당시 세계의 중심이었던 로마에서 복음을 전할 기회를 얻게 됩니다. 억울하게 구속되었지만, 거기에도 하나님의 뜻이 있었습니다. **12-35** 예수님은 승천하시면서 제자들과 항상 함께하신다고 약속하셨습니다(마 28:20). 이제 그 약속이 성취되고 있습니다. 바울을 암살하려는 시도가 사전에 발각되고, 로마 천부장이 바울을 보호해 준 것은 예수님이 바울과 함께하셨기 때문입니다.

내가 가이사께 상소하노라

24장　왜 벨릭스는 죄 없는 바울을 감옥에 가두는가?

1-27 유대인들은 바울을 고소하기 위해 달변가인 더둘로를 앞세웁니다(1절). 더둘로는 지극히 과장된 말로 바울을 모함합니다. 요지는 다음과 같습니다. 첫째, 바울은 온 천하를 다니며 유대 사회에 소란을 일으킨다(5절). 둘째, 바울은 로마 정부가 인정하지 않은 이단 종교의 우두머리다(5절). 셋째, 바울은 성전을 더럽혔다(6절). 이에 바울은 다음과 같이 대답합니다. 첫째, 나는 예루살렘에 12일밖에 머물지 않았다. 그런데 어떻게 유대 사회에 소란을 일으킬 수 있는가(11절)? 둘째, 나는 율법과 선지자의 글을 다 믿는 사람이므로 이단이 아니다(14

절). 셋째, 나는 성전에서 아무런 소동을 일으키지 않았다(18절). 이처럼 바울은 자신의 무죄를 입증했고, 벨릭스 역시 바울의 무죄를 확신했습니다. 하지만 벨릭스는 유대인들의 민심을 얻기 위해 무려 2년 동안이나 바울을 가둡니다(27절). 이 2년은 바울에게 어떤 의미였을까요? 우리는 알 수 없습니다. 어쩌면 바울도 몰랐을 것입니다. 하지만 거기에도 하나님의 뜻이 있었음은 확실합니다. 길이 보이지 않을 때는 묵묵히 기다리는 것이 하나님의 뜻입니다.

25장　왜 바울은 로마로 가는 것이 하나님의 뜻임을 확신하게 되었는가?

1-27 신임 총독으로 베스도가 부임합니다. 베스도는 바울에게 예루살렘에서 재판을 받겠냐고 묻습니다. 이에 바울은 기다렸다는 듯이 로마로 가서 황제에게 재판을 받겠다고 합니다(11절). 바울은 2년이나 이어진 감옥 생활을 통해 재판 받을 권리를 이용해 로마로 가는 것이

하나님의 뜻임을 확신하게 되었습니다(행 23:11). 고통스런 시간 속에서도 하나님의 뜻을 찾기 위해 기도한 결과일 것입니다. 우리는 어떻습니까? 힘들고 어려운 순간이 찾아오면 원망부터 하지 않습니까? 사실은 그때가 가장 하나님의 뜻을 찾기 위해 노력해야 할 시간입니다.

26장　왜 바울은 자신의 억울함을 해명하지 않고 예수님을 전하는가?

1-32 바울은 아그립바왕에게 증언할 기회를 얻습니다. 바울은 아그립바왕에게, 다메섹 사건을 통해 예수님을 핍박하는 자에서 예수님의 종으로 변화되었다고 말합니다. 그러면서 아그립바왕도 부활하신 예수님을 믿으라고 권합니다. 만약 바울의 목표가 감옥에서 석방되는 것이었다면, 바울은 자신의 억울함을 해명하는 데 그쳤

을 것입니다. 하지만 바울은 예수님을 전하기 위해 최선을 다합니다. 이것은 바울의 삶의 목적이 하나님의 영광이었기 때문입니다. 예수님을 전하는 것이 최고의 우선순위였기 때문입니다. 우리는 어떻습니까? 우리 역시 하나님의 영광을 위해 살아갑니까? 예수님을 전하는 것이 최고의 우선순위입니까?

말씀하신 그대로 되리라고 하나님을 믿노라

27장 왜 바울은 생사가 오가는 순간에도 두려워하지 않는가?

1-44 드디어 바울은 로마로 가는 배를 탑니다. "로마에서도 증언하여야 하리라"(행 23:11)는 말씀의 성취입니다. 그런데 바울은 출발 시기에 문제가 있다는 지적을 합니다(9절). 금식하는 절기가 끝나는 9월 말에서 10월 초는 배가 좌초할 위험이 많아 항해를 자제하는 시기이기 때문입니다. 하지만 백부장은 바울의 말을 무시합니다(11절). 그로 말미암아 바울과 선원들은 광풍을 만나 좌초 직전에 이릅니다. 생사가 오가는 순간입니다. 하지만 바울은 그토록 어려운 환경에서도 두려워하지 않습니다. 오히려 선원들을 위로합니다. 하나님이 천사를 통해 바울을 격려하셨기 때문입니다(23절). 하나님은 바울의 안전을 약속하셨고, 바울은 하나님의 약속을 믿었습니다. 결국 바울 일행이 탄 배는 안전하게 멜리데섬에 도착합니다. 하나님의 약속대로 배에 타고 있던 276명 모두가 안전하게 구조됩니다. 우리의 인생에도 폭풍 같은 위기가 찾아올 수 있습니다. 그때 우리가 바라보아야 하는 것은, 사람도 아니고, 돈도 아닙니다. 하늘에 계신 하나님입니다. 신실하게 하나님만 의지하는 자들을 하나님은 결코 혼자 두지 않으십니다.

28장 왜 바울은 멜리데섬에서 안전했는가?

1-15 바울은 멜리데섬에서 안전했습니다. 하나님이 바울을 위해 멜리데섬의 원주민들을 예비하셨기 때문입니다(2절). 바울은 로마에서도 안전했습니다. 하나님이 바울을 위해 믿음의 형제들을 예비하셨기 때문입니다(15절). 비록 바울은 죄수의 신분이지만, 하나님은 바울이 어디로 가든지 따뜻한 환대를 받도록 하셨습니다. 우리가 주님을 위해 헌신할 때, 하나님은 우리의 필요를 채워 주십니다. 바울은 독사의 독을 스스로 치료할 뿐 아니라 멜리데 지도자의 부친과 섬사람들의 병을 고쳐 주었습니다. 이로써 바울의 일행들은 바울이 증언한 하나님이 살아 계신 하나님이심을 알게 되었을 것입니다. **16-31** 드디어 로마에 도착한 바울은 "그리스도에 관한 모든 것을 담대하게 거침없이" 가르칩니다(31절). 로마가 바울의 몸을 가눌 수는 있었어도, 바울이 전하는 복음을 가둘 수는 없었습니다. 하지만 모든 사람이 바울이 전한 복음을 받아들인 것은 아닙니다. 어디서나 바울을 반대하는 자가 있었듯이 로마에서도 마찬가지였습니다(24절). 이처럼 복음을 증언하는 삶에는 늘 반대가 뒤따릅니다. 그러므로 반대를 두려워하지 말고 기회가 되는 대로 복음을 전해야 합니다.

한눈에 보는 로마서

핵심	인류의 보편적인 죄 (1장-3:20)	하나님의 의 (3:21-5장)	은혜의 통치 (6-8장)	이스라엘의 위치 (9-11장)	거룩한 삶 (12-16장)
사건	이방인의 죄 유대인의 죄 온 인류의 죄	그리스도 안에서 믿음을 통해 의롭다 함을 받음 아브라함의 믿음	죄의 지배에서 벗어남 율법의 정죄에서 벗어남 성령으로 살아감	이스라엘이 하나님의 구원을 거부함 이스라엘을 향한 하나님의 뜻	삶으로 열매 맺는 믿음 약한 자와 강한 자 사이의 상호 용납
주제	어떻게 구원을 받는가? (1-11장)				어떻게 살아야 하는가? (12-16장)
장소	고린도에서 기록				
기간	대략 주후 57년				

저자: 바울

바울은 '작은 자'라는 뜻이다. 사울이라고도 한다. 바울은 헬라식 이름이며, 사울은 유대식 이름이다. 베냐민 지파 출신이며, 유대인인 동시에 로마 시민권자였다. 회심하기 전에는 당대 최고의 랍비였던 가말리엘 문하에서 수학했으며, 철저한 바리새인이요, 유대교 신자였다. 기독교인을 박해하는 데 앞장섰으며, 스데반 집사의 죽음에도 영향을 미쳤다. 기독교인들을 체포하기 위해서 다메섹으로 가던 중 부활하신 예수님을 만나 회심했다. 그때 예수님께 이방인의 사도로 부름받았다. 1차 선교 여행을 통해 소아시아 지방에 복음을 전했으며, 2차 선교 여행을 통해 헬라 지방에 복음을 전했고, 3차 선교 여행 때는 주로 에베소에 머물렀다. 네로 황제 때 순교를 당한 것으로 알려져 있으며, 로마서에서 빌레몬서까지 모두 13개의 서신서를 기록했다. 이것들을 바울서신이라고 한다. 흔히 로마서, 고린도전후서, 갈라디아서를 4대 서신, 에베소서, 빌립보서, 골로새서, 빌레몬서를 옥중서신, 디모데전후서, 디도서를 목회서신으로 구분한다.

기록 목적

일반적으로 로마서는 다음 세 가지 목적을 가지고 기록된 것으로 알려져 있다. 첫째, 유대인 신자들과 이방인 신자들 사이의 갈등을 봉합하기 위해. 둘째, 로마교회가 바울의 스페인 선교를 위한 전초 기지가 되어 줄 것을 부탁하기 위해. 셋째, 한 번도 직접 만난 적이 없는 로마교회 성도들에게 복음을 체계적으로 설명하기 위해.

통독 길잡이

로마서는 기독교 역사에서 매우 중요한 역할을 했다. 그 유명한 아우구스티누스를 회심시킨 것이 로마서였으며, 종교 개혁자 마르틴 루터의 눈을 뜨게 한 것도 로마서였고, 존 웨슬리의 열정적인 전도 사역에 불을 지른 것도 로마서였다. 종교 개혁자들 역시 로마서를 중시했는데, 심지어 하이델베르크 요리문답은 로마서의 순서를 따라 기술된 것으로 알려져 있다. 이는 바울이 기독교의 핵심 진리들을 로마서를 통해 설명했기 때문이다. 로마서에서 다루는 주제들은 다음과 같다. 죄, 율법, 심판, 믿음, 행위, 은혜, 칭의, 성화, 예정, 그리스도의 사역, 성령의 사역, 교회, 유대인의 위치와 미래, 그리스도인의 의무, 그리스도인의 자유 등등이다. 로마서가 이토록 위대한 주제들을 다양하게 다루고 있기 때문에, 로마서를 제대로 이해하기만 하면 성경 전체를 조망하는 통찰력을 가질 수 있다.

오직 의인은 믿음으로 말미암아 살리라

1장 왜 죄가 가장 심각한 문제인가?

1-7 바울은 로마 방문 계획을 밝히면서, 먼저 복음이 무엇인지를 설명합니다. 복음의 기원은 하나님께 있으므로 복음은 절대적인 진리입니다(2절). 복음의 핵심은 하나님의 아들이 인간의 몸으로 오셔서, 죽으시고 부활하신 것입니다(3-4절). **8-32** 하나님을 알 만한 것이 모든 만물에 새겨져 있지만(20절), 사람들은 의도적으로 하나님을 배반했고 타락했습니다(21-23절). 그 결과 죄에 물들어 비참한 삶을 살게 되었습니다(24-32절). 대표적인 것이 성적인 부패입니다. 사람들은 가난이나 외로움 등이 가장 심각한 문제라고 생각하지만, 사실 가장 심각한 문제는 죄의 문제입니다. 죄의 문제를 해결하지 않은 사람은 하나님의 진노와 심판을 받기 때문입니다(18절).

2장 왜 유대인도 하나님의 심판을 받는가?

1-16 유대인들은 이방인들이 심판을 받을 죄인이라고 판단했습니다(1절). 그러면서 자신들은 하나님의 백성이기에 무슨 일을 해도 하나님의 심판을 받지 않는다고 생각했습니다. 하지만 유대인도 하나님의 심판을 피할 수 없습니다. 유대인들도 이방인들처럼 죄를 짓고 있기 때문입니다(1절). 하나님은 모든 사람을 차별 없이 공정하게 대우하시는 분입니다(11절). 하나님은 혈통과 관계없이 선을 행하는 자에게는 영생을 주시고, 악을 행하는 자에게는 심판을 내리십니다(7-8절). 따라서 악을 행한 유대인들이 심판을 받는 것은 당연한 일입니다. **17-29** 유대인들은 할례가 구원의 조건이라고 생각했습니다. 하지만 바울은 몸의 할례가 아니라 마음의 할례를 받아야 한다고 말합니다(29절). 마음의 할례란 성령의 내적인 역사를 말합니다.[297] 이제 몸이 아니라 마음에 할례를 받은 사람이 하나님의 백성입니다(17-29절).

3장 왜 하나님은 예수 믿는 자를 의롭다고 하시는가?

1-31 그렇다면 유대인에게는 특권이 전혀 없을까요(1절)? 유대인에게는 율법이라는 특권이 있습니다(2절). 하지만 율법을 가지고 있다고 해서 자동으로 구원을 받지는 못합니다. 율법은 죄를 깨닫게 할 뿐, 의롭게 하지는 않기 때문입니다(20절). 그래서 이방인과 마찬가지로 유대인도 하나님의 심판을 피할 수 없습니다(9절). 그런데 예수님을 통해 대반전이 일어났습니다. 예수님은 하나님이 예비하신 새로운 '의'입니다(21절). 예수님을 믿으면 누구든지 의롭다 함을 얻습니다(22절). 우리가 받아야 할 하나님의 진노를, 화목 제물이신 예수님이 대신 받으셨기 때문입니다(25절).

4장 왜 바울은 아브라함을 말하기 시작하는가?

1-25 바울은 아브라함을 말하기 시작합니다. 유대인들이 자랑스럽게 생각한 아브라함도 믿음으로 의롭다 함을 얻은 사람이기 때문입니다. 아브라함은 구약의 신자들도 믿음으로 의롭다 함을 얻었다는 증거이기 때문입니다. 아브라함은 자기 나이가 백 세나 되었고, 사라가 불임의 상태에 있었음에도, 자손을 주신다는 하나님의 약속을 믿었습니다. 하나님은 아브라함의 믿음을 보시고 그를 의롭다고 하셨습니다(3절).

의에게 종으로 내주어 거룩함에 이르라

5장 왜 예수님 한 분의 희생으로 모든 신자가 의롭다 함을 얻는가?

1-11 이제 바울은 예수님을 믿어 의롭다 함을 얻은 결과를 설명합니다(1-11절). 의롭다 함의 열매는 하나님과의 관계 회복입니다(1절). 하나님께 사랑받는 존재가 된 것입니다(8절). **12-21** 이어서 바울은 예수님 한 분의 희생이 어떻게 모든 신자에게 효력을 미치는지를 설명합니다.

그것은 대표성의 원리 때문입니다. 아담 한 사람 때문에 모든 사람이 죄인이 된 것은 아담이 모든 사람의 대표이기 때문입니다(12절). 예수님도 마찬가지입니다. 예수님은 모든 신자의 대표입니다. 그래서 예수님을 믿는 신자들은 예수님 때문에 의롭다 함을 얻습니다(18절).

6장 왜 믿음으로 의롭다 함을 얻는데도 마음껏 죄를 지어선 안 되는가?

1-23 행위가 아니라 믿음으로 의롭다 함을 얻는다면, 마음껏 죄를 지어도 될까요(1절)? 그럴 수 없습니다(2절). 믿음이란 단순히 예수님을 아는 지식이 아니라, 새로운 존재로 다시 태어나는 영적인 거듭남이기 때문입니다(4절). 신자는 세상 사람들과 전혀 다른 존재입니다. 신자는 새 생명을 가진 하나님의 백성입니다(6절). 신자는 믿음으로 새로운 사람이 되었으므로 새로운 삶을 사는 것이 마땅합니다. 예를 들어 자신이 경찰임을 아는 사람은 당연히 범죄와 싸울 것입니다. 자신이 소방관임을 아는 사람은 당연히 화마와 싸울 것입니다. 마찬가지로 자신이 예수님과 연합한 존재이고, 하나님의 종이라는 사실을 아는 사람은 당연히 죄와 싸워야 합니다(11절).

7장 왜 우리는 탄식한 후에 곧 감사하는가?

1-25 과거에는 우리 힘으로 율법을 지켜야 했습니다. 바울은 이것을 "우리가 육신에 있을 때에는"이라고 표현합니다(5절). 하지만 신자가 된 이후로는 성령님이 도와주십니다. 바울은 이것을 "영의 새로운 것으로" 섬기는 것이라고 말합니다(6절). 다시 말해서 이제 우리는 선을 행하는 방법이 달라졌습니다. 과거에는 우리 힘으로 선을 행해야 했지만, 이제는 성령의 능력으로 선을 행합니다. 그렇다고 우리가 모든 율법을 지킬 수 있는 것은 아닙니다. 우리는 율법이 좋은 것임을 알면서도, 실제로는 자주 율법을 범합니다(15절). 그래서 탄식합니다(24절). 하지만 탄식은 곧 깊은 감사로 이어집니다(25절). 우리의 구원이 율법이 아니라 그리스도를 믿는 믿음에 달려 있음을 알기 때문입니다.

8장 왜 우리는 고난을 두려워할 필요가 없는가?

1-39 이제 우리는 영원한 사망 선고를 받지 않습니다(1절). 우리가 받아야 할 정죄를, 예수님이 십자가에서 대신 받으셨기 때문입니다. 이제 우리는 하나님을 두려워할 필요가 없습니다. 예수님을 믿는 자에게 하나님은 진노의 하나님이 아니라, '아버지 하나님'이시기 때문입니다(14-17절). 그런데 하나님의 자녀들은 반드시 고난을 받는다고 합니다(17절). 그럴지라도 두려워할 필요는 없습니다. 어떤 고난도 하나님의 섭리와 상관없이 일어나지 않기 때문입니다(28절). 그리고 그 무엇도 우리와 하나님의 관계를 끊을 수 없기 때문입니다(39절).

누구든지 주의 이름을 부르는 자는 구원을 받으리라

9장 왜 바울은 유대인들 때문에 근심하는가?

1-33 바울은 유대인들 때문에 근심합니다(1절). 유대인들이 하나님의 백성이라는 착각에 사로잡혀 예수님을 믿지 않기 때문입니다. 그러면서 바울은 하나님의 백성에 대한 정의를 새롭게 합니다. 이제는 유대인이 아니라 예수님을 믿는 자들이 하나님의 백성입니다(8절). 그리고 바울은 이스라엘 민족의 사례를 통해 하나님의 주권적인 선택을 설명합니다. 누가 하나님의 백성이 되는지는 하나님의 주권적인 선택에 달려 있습니다(10-18절). 긍휼히 여길 자를 긍휼히 여기고, 불쌍히 여길 자를 불쌍히 여기는 권한은 하나님의 것입니다(15절). 그 누구도 하나님의 주권적인 선택에 이의를 제기할 수 없습니다. 그것은 마치 그릇이 토기장이를 향해 왜 나를 이런 모양으로 만들었냐고 따지는 것과 같습니다(19-29절).

10장 왜 복음을 전하는 자의 역할이 중요한가?

1-21 그렇다면 유대인들은 버림받아 구원의 가능성을 잃어버린 것일까요? 그렇지 않습니다. 여전히 바울은 유대인들의 구원을 위해 기도합니다(1절). 하나님이 이방인을 차별하지 않으시는 것처럼, 하나님은 유대인도 차별하지 않으십니다(12절). 유대인도 예수님을 믿기만 하면 구원을 얻습니다(11절). 그래서 바울은 복음을 전하는 자의 역할이 중요하다고 말합니다(14절). 누구든지 예수님을 믿으면 구원을 얻지만(13절), 예수님을 믿기 위해서는 복음을 들어야 하기 때문입니다. 생각해 봅시다. 우리는 복음을 전하기 위해 얼마나 노력하고 있습니까? 또 복음을 전하는 자들을 얼마나 돕고 있습니까?

11장 왜 유대인은 완전히 버림받은 것이 아닌가?

1-36 바울은 하나님이 유대인을 완전히 버리시지 않았다고 말합니다(1절). 그 증거가 바울입니다(1절). 바울은 유대인이지만 하나님의 백성으로 선택되었습니다. 엘리야 시대도 마찬가지입니다. 그때 모든 사람이 하나님을 떠난 것처럼 보였지만, 그중에도 하나님의 택함을 받은 7천 명의 신실한 백성들이 있었습니다(4절). 따라서 때가 되면 유대인 중에도 예수님을 영접하는 자들이 생겨날 것입니다(25-26절). 바울은 "온 이스라엘이 구원을 받으리라"고 기록하고 있는데(26절), 이것은 언젠가 매우 많은 유대인이 회심할 것을 예고합니다.[298]

12장 왜 바울은 삶을 설명하는가?

1-21 지금까지 은혜를 설명한 바울은, 이제부터 삶을 설명합니다. 은혜받은 자에게는 세상 사람들과 구별된 삶이 요구되기 때문입니다(2절). 핵심은 영적 예배입니다(1절). 영적 예배의 구체적인 내용은 다음과 같습니다. 첫째, 교회를 위해 은사를 사용하는 것입니다(3-8절). 하나님은 각 사람에게 서로 다른 은사를 주셨습니다. 모든 성도가 자신의 은사를 가지고 다른 성도를 섬길 때, 교회는 건강하게 성장할 수 있습니다. 둘째, 서로 사랑하는 것입니다(9-21절). 성도는 교회의 형제자매를 사랑해야 하고(10-13절), 자신을 미워하는 자도 사랑해야 하며(14-16절), 모든 사람을 사랑하도록 노력해야 합니다(17-21절).

사나 죽으나 우리가 주의 것이로다

13장   왜 정부의 권력에 복종해야 하는가?

1-14 정부의 권력은 하나님이 주신 것입니다(1절). 하나님은 정부를 통해 당신의 백성을 보호하십니다. 예를 들어 유대인들이 바울을 죽이려 할 때, 바울을 보호한 것은 로마 정부였습니다. 그러므로 그리스도인은 국가의 정책에 성실하게 반응해야 합니다. 대표적인 것이 납세의 의무입니다(7절). 그런데 시민의 의무를 다하는 것으로 모든 것을 했다고 생각해서는 안 됩니다. 거기서 좀 더 나가야 합니다. 그것은 바로 사랑입니다(8-10절). 바울은 사랑의 빚 외에는 아무 빚도 지지 말라고 합니다(8절). 사람에게 빌린 물질의 빚은 갚을 수 있지만, 하나님에게 진 사랑의 빚은 영원토록 갚을 수 없다는 뜻입니다.[299] 우리는 모두 예수님의 희생을 빚지고 있기에, "이만큼 사랑했으면 됐어!"라고 말할 수 없습니다.

14장   왜 바울은 고기와 포도주를 먹지 않겠다고 하는가?

1-23 교회 안에서 어떤 일을 할 때, 서로의 생각이 달라 갈등이 발생할 수 있습니다. 그때는 복음의 본질을 훼손하지 않는 범위에서 서로를 존중해 주어야 합니다(1-12절). 자존심을 내세우며 끝까지 상대방과 각을 세우는 것은 올바르지 않습니다. 그런 사람에게 바울은 자존심을 위해 살지 말고, 주님을 위해 살라고 권면합니다(8절). 심지어 바울은 모든 음식이 다 깨끗하다고 생각하지만(20절), 믿음이 연약한 자가 실족할 수 있으므로 고기와 포도주를 먹지 않겠다고 합니다(21절). 우리도 이런 자세를 본받아야 합니다.

15장   왜 우리는 우리와 다른 사람을 이해하고 용서해야 하는가?

1-13 바울은 서로를 이해하고 용서하라고 말합니다(7절). 로마교회 안에서 유대인과 이방인 사이에 갈등이 있었기 때문입니다. 유대인과 이방인은 서로 다른 사고방식을 가지고 있기에 갈등을 겪는 것은 당연한 일입니다. 그렇기에 로마교회 신자들은 예수님을 기억해야 합니다. 예수님이 우리를 이해하고 용서해 주셨다면, 우리도 다른 사람을 이해하고 용서하는 것이 당연합니다. **14-33** 바울은 지금껏 이방인을 위해 어떤 일을 했는지를 설명한 후에(14-21절), 앞으로의 계획을 밝힙니다(22-33절). 바울은 지금까지의 사역에 만족하지 않고, 로마를 지나 서바나(스페인)까지 가고 싶어 합니다. 바울은 로마교회가 바울의 선교 사역에 동역해 주기를 바랍니다.

16장   왜 바울은 동역자들을 소개하는가?

1-27 바울은 동역자들을 소개합니다. 그 이유는 바울 외에도 복음을 위해 헌신한 자들이 있음을 알리기 위해서입니다. 뵈뵈는 바울의 보호자가 되었고(1절), 브리스길라와 아굴라는 자신들의 가정을 예배 처소로 내주었고(3-5절), 안드로니고와 유니아는 바울과 감옥까지 함께하였고(7절), 더디오는 바울의 편지를 대신 써 주었고(22절), 가이오는 교회를 위해 물질을 희생했습니다(23절). 이제 그들의 이름은 성경에 기록되어 영원토록 귀감이 되고 있습니다. 우리는 어떤 모양으로 복음을 위해 희생할 수 있을까요? 우리의 삶은 후대 그리스도인들에게 어떻게 기억될까요?

한눈에 보는 고린도전서

핵심	교회의 분쟁 (1-4장)	교회의 음행 (5-6장)	교회 안의 난제들 (7-16장)
사건	고린도교회의 분열	근친상간 매춘 결혼	시장에서 파는 우상의 제물 성만찬 방언 부활
주제	교회는 하나가 되어야 한다	교회는 거룩해야 한다	교회는 진리를 따라 살아야 한다
장소	에베소에서 기록		
기간	대략 주후 56년		

저자: 바울

바울은 '작은 자'라는 뜻이다. 사울이라고도 한다. 바울은 헬라식 이름이며, 사울은 유대식 이름이다. 베냐민 지파 출신이며, 유대인인 동시에 로마 시민권자였다. 회심하기 전에는 당대 최고의 랍비였던 가말리엘 문하에서 수학했으며, 철저한 바리새인이요, 유대교 신자였다. 기독교인을 박해하는 데 앞장섰으며, 스데반 집사의 죽음에도 영향을 미쳤다. 기독교인들을 체포하기 위해서 다메섹으로 가던 중 부활하신 예수님을 만나 회심했다. 그때 예수님께 이방인의 사도로 부름받았다. 1차 선교 여행을 통해 소아시아 지방에 복음을 전했으며, 2차 선교 여행을 통해 헬라 지방에 복음을 전했고, 3차 선교 여행 때는 주로 에베소에 머물렀다. 네로 황제 때 순교를 당한 것으로 알려져 있으며, 로마서에서 빌레몬서까지 모두 13개의 서신서를 기록했다. 이것들을 바울서신이라고 한다. 흔히 로마서, 고린도전후서, 갈라디아서를 4대 서신, 에베소서, 빌립보서, 골로새서, 빌레몬서를 옥중서신, 디모데전후서, 디도서를 목회서신으로 구분한다.

기록 목적

바울은 알려지지 않은 첫 번째 편지를 고린도교회에 보냈다(5:9). 이 편지의 내용은 주로 음행에 관한 것이었다(5:1-13). 이후에 바울은 고린도교회 성도들이 자신의 편지를 오해하고 있다는 것과 다양한 문제들로 혼란을 겪고 있음을 알게 된다. 이에 바울은 그들의 행위가 복음에서 벗어났다는 것을 경고하고, 그들이 제기한 문제들에 답하기 위해 고린도전서를 기록했다.

통독 길잡이

고린도전서는 고린도교회가 당면한 여러 가지 문제들에 대한 바울의 답변이다. 그래서 이 성경을 깊이 묵상하는 것을 통해 성경대로 사는 것은 어떤 것인지를 배울 수 있다. 바울은 1-4장에서는 성도의 분열에 대해, 5-6장에서는 성도의 관계에 대해, 7장에서는 결혼과 이혼에 대해, 8-10장에서는 성도의 자유에 대해, 11장에서는 성찬에 대해, 12-14장에서는 예배에 대해, 15장에서는 부활에 대해 말한다. 바울은 이처럼 다양한 상황을 복음과 관련지어 설명함으로써, 복음이란 우리의 삶 전체임을 강조한다.

326

자라게 하시는 이는 하나님뿐이니라

1장　왜 예수님만 자랑해야 하는가?

1-31 바울은 고린도교회에 분쟁이 있다는 소식을 듣습니다. 다른 지도자를 지지하는 성도들끼리 파벌을 형성한 것입니다. 이에 바울은 그들을 강하게 책망하며, 교회란 무엇인지를 설명합니다. 교회는 예수님의 몸입니다. 따라서 교회를 분열시키는 것은 곧 예수님의 몸을 분열시키는 것입니다(13절). 바울은 분열의 원인이 교만임을 알았습니다. 그래서 하나님의 부르심을 받은 자들은 모두 다 미련하고 연약한 존재임을 강조합니다(26절). 자격이 있어서 구원받은 사람은 없습니다. 모든 신자는 은혜로 구원받은 사람입니다. 오직 은혜로 구원받은 사람들이 자기를 자랑하는 것은 모순입니다(29절). 그래서 우리는 오직 예수님만을 자랑해야 합니다(31절).

2장　왜 바울은 성령의 능력을 강조하는가?

1-16 바울은 고린도에서 전도할 때, 자신의 언변을 의지하지 않았습니다(1절). 대신 성령님의 능력을 의지했습니다(4절). 다시 말해서 고린도교회 성도들이 회심한 것은 그들의 자격과 능력 때문이 아닙니다. 그들이 똑똑하거나 착해서 믿은 것이 아니라 하나님의 능력 때문입니다(5절). 바울이 성령의 능력을 강조하는 이유는 고린도교회의 분열을 치유하는 해결책이 '겸손'이기 때문입니다. 혹시 우리는 자신의 신앙과 선행을 자랑하고 있지 않습니까? 우리의 회심과 거룩은 "성령의 나타나심과 능력" 때문입니다(4절). 그래서 오직 하나님께만 영광을 돌려야 합니다.

3장　왜 고린도교회는 모든 영광을 하나님께 돌려야 하는가?

1-9 바울은 고린도교회 성도들이 "육신에 속한 자"라고 책망합니다(3절). 자신이 선호하는 지도자를 따라 분열되었기 때문입니다(4절). 이에 바울은 분쟁의 원인이 된 지도자들의 역할을 설명합니다. 바울은 씨를 뿌렸고 아볼로는 물을 주었습니다. 자라게 하신 분은 하나님이십니다(6-7절). 하나님이 자라게 하시지 않았다면, 바울과 아볼로의 역할은 아무 의미가 없습니다. 바울과 아볼로는 하나님이 사용하신 도구일 뿐입니다. 그러므로 고린도교회는 모든 영광을 하나님께 돌려야 합니다. **10-23** 교회의 터는 예수님이십니다(11절). 아무리 대단한 사람도 예수님을 대신할 수 없습니다. 그러므로 교회는 사람을 중심으로 하나가 되는 것이 아니라 예수님을 중심으로 하나가 되어야 합니다. 하나님은 마지막 날에 예수님을 기준으로 우리를 평가하실 것입니다(11-15절). 우리가 자신의 영광을 위해 살았는지, 아니면 예수님의 영광을 위해서 살았는지를 평가하실 것입니다. 그러므로 우리는 예수 중심의 교회, 예수 중심의 삶을 살아야 합니다.

4장　왜 바울은 자신이 겪은 고난을 말하는가?

1-21 바울은 계속해서 지도자에 대한 그릇된 인식을 바로잡기 위해 노력합니다. 교회의 지도자는 주인이 아니라 하나님의 일꾼입니다(1절). 교회의 지도자는 주인이신 하나님께만 충성하는 사람입니다(2절). 그러므로 자기 입맛대로 어떤 지도자를 선호하거나 반대로 무시해서는 안 됩니다(3-4절). 이어서 바울은 자신이 얼마나 심한 고난을 받았는지 말합니다(10-13절). 이는 자신을 자랑하는 것이 아닙니다. 자신처럼 그리스도만 높이는 삶을 본받으라는 것입니다(16절).

너희 몸으로 하나님께 영광을 돌리라

5장   왜 바울은 회개하지 않는 신자를 교회 안에 그대로 두어서는 안 된다고 하는가?

1-13 당시 고린도교회에는 세상 사람들도 놀랄 만한 성적인 문제가 있었습니다. 어떤 성도가 아버지의 아내, 즉 양어머니와 불륜을 저지른 것입니다(1절). 이것은 율법이 금하는 행동입니다(레 18:8). 이에 바울은 고린도교회가 이 문제를 엄격하게 처리하지 않은 것에 분개합니다(2절). 작은 누룩이 반죽을 크게 부풀리는 것처럼, 한 사람의 죄가 온 교회에 퍼져 결국은 공동체 전체에 심각한 영향을 미칠 수 있기 때문입니다(6절). 그러면서 바울은 음행하는 자들과 단절하라고 말합니다(10절). 이것은 세상 사람들과 담을 쌓으라는 것이 아닙니다. '죄인의 친구'라는 별명을 가지셨던 예수님처럼(눅 7:34), 교회는 죄인에게도 복음을 전하기 위해 노력해야 합니다. 바울의 주장은 죄를 회개하지 않는 신자를 교회 안에 그대로 두어서는 안 된다는 뜻입니다. 교회가 내부의 죄를 해결하지 못한 상태로, 세상에 선한 영향력을 행사할 수 없기 때문입니다.

6장   왜 바울은 교회 문제를 세상 법정에 맡기는 자들을 책망하는가?

1-11 바울은 사소한 문제들조차 교회 안에서 해결하지 않고, 세상 법정에서 해결하려는 자들을 책망합니다(1절). 국가의 사법 제도를 믿지 말라는 뜻이 아니라 교회의 영적 권위가 실추되지 않도록 노력하라는 말입니다. 교인끼리 싸우는 모습이 재판 과정을 통해 세상에 생중계되면, 세상은 교회를 불신하게 될 것입니다. 그래서 예수님은 "네 오른편 뺨을 치거든 왼편도 돌려" 대라고 하셨습니다(마 5:39). 하나님의 영광을 위해 손해 보는 편을 택하라는 뜻입니다. **12-20** 바울은 고린도교회의 무율법주의자들을 책망합니다. 그들은 예수님이 모든 죄를 해결해 주셨으므로 율법을 어겨도 상관없다고 주장했습니다. 물론 구원받은 신자에게는 자유가 있습니다(갈 5:1). 그런데 신자의 자유란 선을 행할 수 있는 자유이지, 죄를 지을 수 있는 자유가 아닙니다. 특히 성적인 범죄는 자기 몸에 강한 자극을 남기기 때문에 벗어나기가 상당히 어렵습니다(18절). 따라서 습관적이고 반복적인 성범죄를 짓고 있다면 하나님께 간절히 기도해야 합니다. 경우에 따라서는 목회자나 전문 기관의 도움을 받아야 합니다.

7장   왜 바울은 이혼을 금하는가?

1-40 당시 고린도교회에는 결혼에 관한 두 가지 극단의 주장이 대립하고 있었습니다. 한 부류는 성도의 자유를 주장하며 음란하게 행동했고, 또 다른 부류는 금욕을 주장하며 독신을 주장했습니다. 이에 바울은 일반적으로는 결혼을 하는 것이 바람직하다고 말합니다(2절). 그것이 성적인 유혹을 이기는 데 더 좋기 때문입니다(2절). 하지만 결혼과 독신 가운데 원래부터 더 좋은 것은 없습니다. 결혼의 은사를 받은 사람은 결혼을 하고, 독신의 은사를 받은 사람은 독신으로 사는 것이 하나님의 뜻입니다(7절). 더 중요한 것은 결혼을 하든지 독신으로 살든지 간에 하나님의 영광을 위해 헌신하는 것입니다. 이어서 바울은 이혼을 금지합니다. 결혼의 주도권은 남녀가 아니라 하나님께 있기 때문입니다. 하나님이 짝지어 주신 것을 사람이 나누어선 안 됩니다(마 19:6).

328

모든 것이 가하나 모든 것이 유익한 것은 아니요

8장   왜 신자는 술과 담배를 멀리해야 하는가?

1-13 고린도교회는 바울에게 우상에게 바쳐진 제물을 먹어도 되는지 질문했습니다. 이에 바울은 다음과 같이 답변합니다. 첫째, 우상은 실체가 없으므로(5절), 우상에게 바쳐졌다고 해서 그 음식에 어떤 변화가 생기지 않는다. 따라서 그리스도인은 어떤 음식이든 먹을 수 있다(8절). 둘째, 하지만 지식보다 사랑이 중요하다(1절). 그리스도인은 어떤 음식이든 먹을 수 있지만, 그것이 믿음이 연약한 자들에게 시험거리가 된다면 절제해야 한다. 따라서 바울의 답변은 연약한 신자들의 신앙을 위해 우상에게 바쳐진 제물을 먹지 말라는 것입니다. 한국 교회에서 주로 문제가 되는 것은 술과 담배입니다. 술과 담배가 구원과 상관없다는 것은 지식입니다. 그런데 술과 담배가 다른 성도들에게 시험거리가 될 수 있기에 절제하는 것은 사랑입니다. 성도는 지식보다 사랑을 추구해야 합니다(13절).

9장   왜 바울은 사도의 권리를 주장하지 않았는가?

1-27 앞에서 바울은 형제를 사랑하기 위해 자신을 희생하라고 말했습니다. 이제 바울은 자신의 사례를 예로 듭니다. 바울은 사도로서 당연히 누릴 수 있는 권리들을 희생했습니다. 대표적인 것이 후원을 받을 권리(4절)와 일하지 않고 사역에 전념할 수 있는 권리입니다(6절). 바울이 이러한 권리들을 하나도 주장하지 않은 것은 고린도 성도들을 사랑했기 때문입니다. 하지만 바울은 이것이 일반적인 원칙이 되어서는 안 된다고 말합니다. 군인과 농부가 수고의 대가를 취하듯이(7절), 복음을 위해 수고한 사람들도 적절한 보상을 받는 것이 보편적인 원칙입니다(11절). 바울이 고린도교회를 위해 희생했지만, 돌아온 것은 오해와 편견이었습니다. 바울이 사도의 권리를 누리지 않고 자신을 희생하자, 사람들은 바울이 사도가 아니라서 권리를 누리지 않는 것이라고 주장하기 시작했습니다(1-3절). 어쩌면 우리에게도 이런 억울한 일이 생길 수 있습니다. 그때마다 우리를 사랑하시되 끝까지 사랑하신 예수님을 생각하며 시련을 이기시기 바랍니다(요 13:1).

10장   왜 바울은 고린도 성도들에게 우상 숭배의 죄를 경고하는가?

1-33 하나님은 이스라엘 백성들이 광야를 지나는 동안, 하늘에서 내려온 만나와 반석에서 나온 물로 먹이셨습니다(3-4절). 이스라엘 백성들은 하나님의 놀라운 은혜를 경험했습니다. 하지만 이스라엘 백성들은 큰 은혜를 받은 후에 하나님의 심판으로 멸망했습니다(5절). 바울은 이러한 일이 지금도 일어날 수 있다고 말합니다. 고린도교회가 하나님께 큰 은혜를 받은 뒤에도 죄를 짓고 심판 받을 수 있다는 것입니다. 바울은 특히 우상 숭배의 죄를 경고합니다(14절). 당시 고린도에는 여러 신전이 세워져 있었고, 해상 무역의 중심지답게 우상 숭배의 문화가 만연해 있었기 때문입니다. 이에 바울은 우상 숭배가 하나의 문화라 하더라도 거기에 참여하는 것은 귀신과 교제하는 것이라고 경고합니다(20절).

사랑이 없으면 내가 아무것도 아니요

11장　왜 신자는 자발적으로 자신을 낮추어야 하는가?

1-16 당시 고린도교회에는 남녀평등을 주장하며, 남자처럼 머리를 짧게 자르는 여성들이 있었습니다(5절). 이에 바울은 남자와 여자를 구분하는 것이 하나님의 뜻이라고 주장하며, 남자와 여자의 가시적인 구분을 지우려는 행위에 반대를 표합니다.[300] 여자의 머리는 남자이고, 남자의 머리는 예수님이며, 예수님의 머리는 하나님입니다(3절). 성자와 성부는 동등하시지만, 성자는 자발적으로 성부께 복종하셨습니다. 마찬가지로 남자와 여자는 동등하지만, 아내가 남편에게 복종하는 것이 하나님이 세우신 질서입니다. 그렇다고 남편에게 권한만 있는

것은 아닙니다. 예수님이 교회를 사랑하시듯, 남자는 아내를 사랑해야 합니다(25절). 아내는 남편을 존경하고 남편은 아내를 사랑하는 가정에 하나님의 나라가 임합니다. **17-34** 고린도교회에는 또 다른 갈등도 있었습니다. 부유한 성도들이 가난한 성도들을 차별한 것입니다(20-22절). 차별은 교회의 본질을 훼손하는 행위입니다. 자발적으로 자신을 낮추는 것이 건강한 교회의 표지이기 때문입니다(마 18:4). 따라서 학력이나 지위 등으로 다른 성도를 부끄럽게 만들지 않도록 조심해야 합니다.

12장　왜 다른 사람의 은사를 부러워하지 말아야 하는가?

1-31 당시 고린도의 이방 종교는 무아지경에 빠지는 것을 신령한 것으로 주장했습니다. 고린도교회의 신자들 중에도 그런 경험을 한 사람들이 있었습니다(1-2절). 이에 바울은 성령의 역사에 대한 바른 기준을 제시합니다. 성령의 역사는 언제나 예수님을 주라고 인정하는 방향으로 진행됩니다(3절). 또 언제나 교회에 유익이 됩니다(7절). 그러므로 지극히 개인적인 경험이나 교회에 해가 되는 재능은 성령의 은사가 아닙니다. 그리고 성령의 은

사는 몸의 기능이 각각 다른 것과 같습니다(12-31절). 한 몸에 심장만 여러 개 있다면, 그 몸은 곧 죽게 될 것입니다. 마찬가지로 하나님은 각각의 성도들에게 저마다 다른 은사를 주셨습니다. 그러므로 다른 사람의 은사를 부러워하기보다는 하나님이 자신에게 주신 은사를 감사하게 생각해야 합니다. 또 그 은사를 통해 교회를 섬기는 데 최선을 다해야 합니다.

13장　왜 바울은 사랑을 15개의 동사로 설명하는가?

1-13 12장에서 은사를 설명한 바울은 13장에서 사랑을 설명합니다. 하나님이 신자에게 은사를 주신 목적이 사랑이기 때문입니다. 하나님이 우리에게 주신 은사는 하나님과 이웃을 사랑하는 도구입니다. 바로 이것이 자신의 은사를 자랑하거나 다른 사람의 은사를 시기하지 말

아야 할 이유입니다. 특이한 점은 바울이 사랑을 15개의 동사로 설명하고 있다는 점입니다. 사랑은 추상적인 감정이 아니라 구체적인 행동이기 때문입니다. 마음으로만 사랑하는 것은 '연민'입니다. 사랑은 반드시 행동으로 증명되어야 합니다.

그리스도께서 잠자는 자들의 첫 열매가 되셨도다

14장   왜 바울은 예언의 은사를 더 중요하게 생각했는가?

1-40 당시 고린도교회에는 방언을 지나치게 강조하며 다른 사람들의 은사를 무시하는 사람들이 있었습니다. 이에 바울은 은사를 사용하는 목적이 교회의 덕을 세우는 것, 즉 교회를 유익하게 하는 것임을 무려 여섯 차례에 걸쳐서 강조합니다(3, 4, 5, 12, 17, 26절). 물론 바울이 방언을 금하는 것은 아닙니다(39절). 하지만 바울은 방언은 개인에게 유익하지만 예언은 교회 전체에 유익하므로, 방언보다는 예언을 하라고 권면합니다(3-5절). 여기서 말하는 예언은 미래를 내다보는 것이 아니라 설교나 가르침의 은사를 말합니다.[301] 바울은 다른 사람보다 방언을 더 잘할 수 있었지만, 그보다는 사람들이 이해할 수 있도록 말하는 것을 더 선호했습니다(18-19절). 바울은 은사를 교회를 섬기는 도구로 생각했기 때문입니다. "여자는 교회에서 잠잠하라"는 표현은 교회에서 여성의 발언을 일절 금하는 것이 아닙니다(34절).[302] 이것은 아마도 방언과 관련되어 교회에 혼란을 초래한 여성들을 염두에 둔 것 같습니다.

15장   왜 우리는 신자의 부활을 확신하는가?

1-58 당시 고린도교회에는 예수님의 부활은 믿으면서도 성도의 부활은 믿지 않는 자들이 있었습니다(12절). 이에 바울은 예수님의 부활이 성도의 부활을 보증하는 것임을 설명합니다(13-14절). 예수님은 부활의 첫 열매입니다(20절). 어떤 나무에 첫 번째 열매가 열린 것은 두 번째, 세 번째 열매도 맺힐 것을 보증하는 일입니다. 마찬가지로 예수님이 부활하신 것은 우리도 부활한다는 확실한 증거입니다. 바울이 고난을 무릅쓰고 사명을 감당한 것은 부활을 믿었기 때문입니다(32절). 만약 부활을 믿지 않았다면, 바울이라도 '한 번뿐인 인생 먹고 마시자'는 식으로 살았을 것입니다. 지금의 삶이 전부가 아닙니다. 죽음이 끝이 아닙니다. 예수님이 재림하실 때 죽은 자는 살아날 것입니다(51절). 그때까지 살아 있는 자들은 순식간에 변화될 것입니다(52절). 그리하여 썩지 않고, 죽지 않는 부활의 몸을 입을 것입니다(53절).

16장   왜 바울은 예루살렘교회를 도우라고 권면하는가?

1-24 바울은 편지를 마무리하면서 경제적인 어려움을 겪고 있는 예루살렘교회를 도우라고 권면합니다(1-3절). 당시 고린도교회는 분열의 문제, 성적인 문제, 고발의 문제, 우상 숭배의 문제, 은사의 문제 등으로 힘든 상황이었습니다. 그럼에도 예루살렘교회를 도우라고 한 것은 이웃 교회의 어려움에 동참하는 것이 교회의 중요한 사명이기 때문입니다.

한눈에 보는 고린도후서

핵심	바울의 사역에 대한 변론 (1–7장)	성도들을 위한 모금 (8–9장)	바울의 사도직에 대한 변론 (10–13장)
사건	계획 변경 해명 살아 있는 추천서	마게도냐교회들의 본 예수님의 본	약함을 자랑함
주제	바울의 사역이 사도의 증거다	형제를 도우라	바울의 약함이 사도의 증거다
장소	마게도냐에서 기록		
기간	대략 주후 56년		

저자: 바울

바울은 '작은 자'라는 뜻이다. 사울이라고도 한다. 바울은 헬라식 이름이며, 사울은 유대식 이름이다. 베냐민 지파 출신이며, 유대인인 동시에 로마 시민권자였다. 회심하기 전에는 당대 최고의 랍비였던 가말리엘 문하에서 수학했으며, 철저한 바리새인이요, 유대교 신자였다. 기독교인을 박해하는 데 앞장섰으며, 스데반 집사의 죽음에도 영향을 미쳤다. 기독교인들을 체포하기 위해서 다메섹으로 가던 중 부활하신 예수님을 만나 회심했다. 그때 예수님께 이방인의 사도로 부름받았다. 1차 선교 여행을 통해 소아시아 지방에 복음을 전했으며, 2차 선교 여행을 통해 헬라 지방에 복음을 전했고, 3차 선교 여행 때는 주로 에베소에 머물렀다. 네로 황제 때 순교를 당한 것으로 알려져 있으며, 로마서에서 빌레몬서까지 모두 13개의 서신서를 기록했다. 이것들을 바울서신이라고 한다. 흔히 로마서, 고린도전후서, 갈라디아서를 4대 서신, 에베소서, 빌립보서, 골로새서, 빌레몬서를 옥중서신, 디모데전후서, 디도서를 목회서신으로 구분한다.

기록 목적

예루살렘교회를 위한 연보를 부탁하고, 자신의 사도 됨을 해명하기 위해 본서를 기록했다.

통독 길잡이

바울이 고린도전서를 보낸 다음에, 자칭 사도라 하는 거짓 교사들이 고린도교회에 침투했다. 그들은 바울이 정식 사도가 아니며, 겉과 속이 다른 자라고 음해하였다(1:18). 이 소식을 들은 바울은 일명 '눈물의 편지'로 불리는 서신을 고린도교회에 보냈다. 이 서신은 현재 전해지지 않는다. 이후에 바울은 디도를 통해 눈물의 편지가 소기의 성과를 거두었다는 소식을 듣게 된다(7:5-9). 고린도교회는 바울의 편지를 받은 후 거짓 사도들을 추방하고, 자신들의 죄를 회개했던 것이다. 고린도후서는 그 이후에 보내진 편지다. 본서에서 바울이 자신의 사역과 은사를 적극적으로 자랑하는 것은 그가 교만해서가 아니다. 바울이 참된 사도라는 것이 입증되어야만 바울이 전한 복음도 참된 복음으로 인정되기 때문이다.

환난 중에 있는 자들을 능히 위로하게 하시는 이시로다

1장   왜 하나님은 바울이 환난을 겪게 하셨는가?

1-24 바울이 겪은 여러 가지 환난은 고린도교회 성도들을 혼란스럽게 했습니다. 바울이 하나님이 세우신 사도라면, 저렇게 어려움을 겪지 않을 것이라고 생각했기 때문입니다. 이에 바울은 자신이 겪은 고난의 의미를 설명합니다. 첫째, 하나님이 나에게 환난을 주신 것은 환난 중에 있는 자들을 위로하기 위한 것이다(4절). 둘째, 내가 겪은 환난은 그리스도의 발자취를 따라가는 것이다

(5절). 바울의 주장처럼 우리가 겪은 고난은 같은 고난을 겪는 자들을 위로하는 데 유익한 도구가 될 수 있습니다. 예를 들어 한 번도 가난을 경험해 보지 않은 사람은, 가난한 자들의 마음을 위로하기 어려울 것입니다. 그리고 성도의 환난은 이상한 일이 아닙니다. 예수님도 환난을 겪으셨을 뿐만 아니라, 예수님이 직접, 생명으로 향하는 길은 좁은 길이라고 하셨기 때문입니다(마 7:13-14).

2장   왜 바울은 고린도 성도들을 직접 만나지 않고, 대신 편지를 보냈는가?

1-4 당시 고린도교회에는 바울이 고린도 방문을 취소한 것을 두고, 바울이 겉과 속이 다른 자라고 음해하는 자들이 있었습니다. 이에 바울은 고린도 방문을 취소한 이유가 고린도교회를 아끼기 때문이었다고 말합니다(고후 1:23-24). 고린도 교인들을 직접 만나게 되면 호되게 야단칠 수밖에 없는 상황이 두려웠기 때문입니다(1-4절). 그래서 바울은 직접 대면하기보다는 눈물의 편지를 보내

는 편을 택한 것입니다(4절). **5-17** 바울을 음해하던 자들 가운데 다시 회개한 자들이 있었습니다. 바울은 그들을 내쫓으라고 말하지 않고, 오히려 그들에게 사랑을 나타내라고 권면합니다(8절). 바울의 관심은 자신의 유익이 아니라 교회의 평화였기 때문입니다. 우리도 이렇게 교회를 사랑할 수 있어야 합니다. 교회를 위해 자신을 희생할 수 있어야 합니다.

3장   왜 바울에겐 글로 쓴 추천서가 필요하지 않았는가?

1-18 당시 고린도교회에는 바울이 진짜 사도라는 것을 입증할 수 있는 추천서를 요구하는 자들이 있었습니다. 이에 바울은 자신에겐 글로 쓴 추천서가 필요 없다고 말합니다. 글로 쓴 추천서 대신, 성령으로 쓴 추천서가 있었기 때문입니다(3절). 그것은 바로 고린도교회 성도들입니다. 만약 바울이 사도가 아니라면, 그리고 바울이 전한 복음이 참된 복음이 아니라면, 결코 성령의 역사가 고

린도교회 안에 나타나지 않았을 것입니다. 그리고 고린도교회 성도들이 성령의 사람으로 변화되지도 않았을 것입니다. 변화된 고린도교회 성도들이야말로 바울이 사도라는 가장 강력한 증거였습니다. 우리도 마찬가지입니다. 우리는 변화된 삶을 통해 우리가 그리스도인임을 증명할 수 있어야 합니다.

속사람은 날로 새로워지도다

4장   왜 하나님은 질그릇 같은 바울에게 사명을 맡기셨는가?

1-18 바울은 낙심하지 않는다고 말합니다(1절). 바울에게 사명을 맡기신 하나님이, 사명을 감당할 힘도 함께 주실 것을 믿었기 때문입니다(1절). 바울이 낙심하지 않는 또 다른 이유는, 바울이 하나님을 위해 헌신할 때 겉사람은 점점 낡아질지라도 속사람은 날로 새로워질 것을 믿었기 때문입니다(16절). 이처럼 바울의 목표는 겉모습을 아름답게 하는 것이 아니라 영혼을 거룩하게 하는 것이었습니다. 그런데 고린도교회에는 바울의 겉모습을 두고 비난하는 자들이 있었습니다. 이에 바울은 질그릇 같은 몸에 보배로운 복음을 지니는 것이 하나님의 뜻이라고 말합니다(7절). 그럴 때, 복음의 영광이 바울이 아니라 하나님께 돌아가기 때문입니다.

5장   왜 바울은 연약한 몸으로 그토록 위대한 사명을 감당할 수 있었는가?

1-21 바울이 질그릇처럼 연약한 몸을 가지고도 사명을 잘 감당한 비결은 무엇일까요? 첫째, 부활을 믿었기 때문입니다(1절). 다음 세상에서 하나님과 영원히 함께할 것을 알았기 때문입니다. 둘째, 마지막 날에 모든 사람이 예수님의 심판대 앞에 서게 될 것을 알았기 때문입니다(10절). 하나님이 신자들의 행위를 따라 상급을 주실 것을 믿었기 때문입니다. 셋째, 하나님을 두려워했기 때문입니다(11절). 하나님 앞에서 죄짓는 것을 부끄럽게 생각했기 때문입니다. 넷째, 예수님의 사랑을 알았기 때문입니다(14절). 예수님이 자신을 위하여 죽으신 것을 알았기에 바울은 예수님을 위해 헌신할 수 있었습니다.

6장   왜 바울은 자신의 약함을 부끄러워하지 않는가?

1-18 바울 시대의 지도자들은 자신의 강함을 자랑했습니다. 그런데 바울은 자신의 약함을 자랑합니다(4-7절). 자신의 약함을 통해 하나님의 강함이 드러나기 때문입니다. 이 시대의 지도자들도 마찬가지입니다. 저마다 자신의 강함을 자랑하며 사람들의 인정을 받으려고 합니다. 하지만 진정한 강함은 자신의 약함을 인정하고, 하나님을 의지하는 데 있습니다. 이어지는 바울의 고백은 신자의 역설입니다(9-10절). 신자는 무명한 자 같으나 유명한 자요, 죽은 자 같으나 산 자요, 근심하는 자 같으나 항상 기뻐하는 자요, 가난한 자 같으나 부요한 자입니다. 겉으로는 약해 보이지만, 그 안에 하나님의 생명이 있고, 하나님의 능력이 함께하기 때문입니다. 그래서 우리는 약함을 부끄러워하지 않습니다. 우리의 약함을 통해 하나님의 강함이 드러나기 때문입니다.

하나님은 즐겨 내는 자를 사랑하시느니라

7장   왜 하나님이 주시는 근심은 구원을 이루는가?

1-16 바울은 디도가 전해 준 소식을 듣고 크게 기뻐합니다. 디도를 통해 고린도교회가 바울의 권면을 받아들였으며, 여전히 바울을 신뢰한다는 사실을 알게 되었기 때문입니다(7절). 바울이 보낸 편지 때문에, 바울과 고린도교회가 멀어질 수도 있었습니다. 하지만 하나님은 바울과 고린도교회가 가까워지게 하셨습니다. 이처럼 하나님은 근심을 기쁨으로 바꾸어 주시는 분입니다(5절). 그래서 바울은 세상 근심은 사망을 이루지만, 하나님이 주시는 근심은 구원을 이룬다고 말합니다(10절). 하나님의 일을 하다가 겪는 어려움은 하나님이 친히 해결해 주시기 때문입니다.

8장   왜 신자는 어려운 신자를 도와야 하는가?

1-24 고린도교회는 여러 부분에서 풍성한 교회였습니다. 그래서 바울은 섬기는 일에도 풍성하라고 말합니다. 예루살렘교회를 물질로 섬기는 일에 열심을 내라는 뜻입니다. 바울의 권면처럼 신자는 어려운 이웃을 돕는 것이 마땅합니다. 예수님이 먼저 우리에게 낮아짐과 희생의 본을 보여 주셨기 때문입니다(9절). 예수님이 우리를 위해 당신을 희생하신 것을 믿는다면, 우리 역시 어려운 이웃을 위해 물질적으로 희생하는 것이 당연합니다. 바울은 이것을 평균의 원리로 설명합니다(13절). 광야에서 만나를 더 많이 거둔 사람이 더 적게 거둔 사람에게 나누어 주었던 것처럼(15절), 경제적으로 넉넉한 신자는 경제적으로 어려운 신자를 돕는 것이 하나님의 뜻입니다(14절).

9장   왜 헌금은 자발적으로 해야 하는가?

1-15 아가야(고린도) 성도들이 예루살렘 성도들을 위해 헌금을 작정했다는 소식은 마게도냐 성도들을 자극했습니다(2절). 그리하여 마게도냐 성도들은 힘에 지나도록 예루살렘 성도들을 위해 헌금했습니다(고후 8:2). 그런데 만약 고린도 성도들의 작정이 말로만 그칠 경우, 마게도냐 성도들은 마음의 상처를 받을 것이 분명합니다. 그래서 바울은 미리 고린도에 사람을 보내 예루살렘을 위한 특별 헌금을 준비하도록 했습니다(5절). 이어서 바울은 헌금의 자세와 유익을 설명합니다. 헌금은 자발적으로 해야 합니다(7절). 하나님은 억지로 내거나 마지못해 내는 것을 기뻐하지 않으시기 때문입니다. 그리고 헌금할 때는 하나님의 은혜를 생각해야 합니다(8절). 하나님은 우리가 착한 일을 하도록 은혜를 베푸시는 분입니다. 힘써 구제하고 헌금할 때, 하나님이 채워 주십니다.

334
11월 30일

내가 약한 것을 자랑하리라

10장 왜 바울은 외모를 보지 말라고 말하는가?

1-18 바울을 대적하는 자들은 바울의 외모를 비판했습니다. 그들은 바울이 편지로만 권위가 있을 뿐, 실제로는 약하고, 말도 어눌하다고 비난했습니다(10절). 이에 바울은 외모를 보지 말라고 말합니다. 신자의 무기는 외모가 아니라 하나님의 능력이기 때문입니다(4절). 그래서 바울은 사람을 판단할 때, 외모를 보지 말고, 그 사람이 예수님께 속했는지를 보라고 합니다(7절). 외모가 아니라 예수님과의 관계를 보고 그 사람을 판단하라는 뜻입니다. 하나님은 외모가 아니라 내면을 보십니다(삼상 16:7). 우리도 외적으로 드러난 것을 보고 사람을 판단하지 말아야 합니다.

11장 왜 바울은 텐트 만드는 일을 하면서 고린도 성도들을 섬겼는가?

1-33 바울은 고린도 성도들을 온유하게 대했습니다. 바울은 고린도 성도들에게 경제적인 부담을 주지 않으려고 직접 텐트 만드는 노동을 했습니다. 이것은 모두 고린도 성도들을 그리스도의 신부로 준비하려는 노력의 일환이었습니다(1-2절). 그에 반해 고린도의 거짓 교사들은 마치 주인이 종을 부리듯 고린도 성도들을 대했습니다(20절). 고린도 성도들을 이익의 대상으로 삼았습니다(20절). 그런데도 고린도 성도들은 참 목자인 바울을 버리고, 거짓 교사를 따랐습니다. 지금도 안타까운 일은 반복되고 있습니다. 거짓 교사를 추종하고, 참된 교사를 핍박하는 성도들은 지금도 존재합니다. 참된 목회자를 분간할 수 있는 안목을 주시도록 기도해야 합니다.

12장 왜 바울은 자신의 질병을 자랑하는가?

1-21 자신을 자랑하는 거짓 교사들을 향해 바울은 자신의 낙원 체험을 말합니다(1-6절). 하나님이 계신 낙원을 직접 체험한 것은, 거짓 교사들은 하지 못한 신비한 체험이었습니다. 그런데 바울은 한 번도 낙원 체험을 자랑하지 않았습니다. 자신의 경험을 자랑하는 일은 하나님께 영광이 되지 않기 때문입니다. 도리어 바울은 자신의 질병을 자랑합니다(7-10절). 당시 바울은 심각한 질병을 앓고 있었습니다(7절). 바울이 자신의 약함을 자랑한 것은 자신이 약하면 약할수록 하나님의 능력이 더욱 드러나기 때문입니다. 우리는 무엇을 자랑하는지 생각해 봅시다. 하나님입니까, 우리 자신입니까?

13장 왜 바울은 회개하지 않는 자들을 용서하지 않는가?

1-4 바울은 고린도교회를 다시 방문하게 되면 회개하지 않는 자들을 용서하지 않겠다고 말합니다(2절). 죄를 용인하는 것은 사랑이 아니기 때문입니다. 교회는 권징을 통해 거룩해집니다. **5-13** 바울은 고린도 성도들에게 자신을 시험하라고 말합니다(5절). 자신에게 참된 믿음이 있는지 점검하라는 뜻입니다. 참된 신자라면 응당 믿음의 열매가 있기 마련입니다. 그런데 고린도 성도 상당수는 믿음의 열매가 없었습니다. 따라서 고린도 성도들의 우선순위는 바울을 의심하는 것이 아니라 자신의 믿음을 점검하는 일이었습니다.

한눈에 보는 갈라디아서

핵심	복음을 변호함 (1–2장)	복음을 설명함 (3–4장)	복음을 적용함 (5–6장)
사건	거짓 교사들을 저주함 사도권을 변호함	율법의 속박 복음의 자유	성령의 열매
주제	바울이 전한 복음은 하나님께 받은 것이다	복음은 참된 자유를 준다	성령의 능력으로 복음에 합당한 삶을 살 수 있다
장소	남 갈라디아 지방에 보낸 서신이라면 수리아 안디옥에서 기록했을 것이다 북 갈라디아 지방에 보낸 서신이라면 에베소 또는 마게도냐에서 기록했을 것이다		
기간	남 갈라디아 지방에 보낸 서신이라면 주후 49년경에 기록했을 것이다 북 갈라디아 지방에 보낸 서신이라면 주후 53–56년경에 기록했을 것이다		

저자: 바울

바울은 '작은 자'라는 뜻이다. 사울이라고도 한다. 바울은 헬라식 이름이며, 사울은 유대식 이름이다. 베냐민 지파 출신이며, 유대인인 동시에 로마 시민권자였다. 회심하기 전에는 당대 최고의 랍비였던 가말리엘 문하에서 수학했으며, 철저한 바리새인이요, 유대교 신자였다. 기독교인을 박해하는 데 앞장섰으며, 스데반 집사의 죽음에도 영향을 미쳤다. 기독교인들을 체포하기 위해서 다메섹으로 가던 중 부활하신 예수님을 만나 회심했다. 그때 예수님께 이방인의 사도로 부름받았다. 1차 선교 여행을 통해 소아시아 지방에 복음을 전했으며, 2차 선교 여행을 통해 헬라 지방에 복음을 전했고, 3차 선교 여행 때는 주로 에베소에 머물렀다. 네로 황제 때 순교를 당한 것으로 알려져 있으며, 로마서에서 빌레몬서까지 모두 13개의 서신서를 기록했다. 이것들을 바울서신이라고 한다. 흔히 로마서, 고린도전후서, 갈라디아서를 4대 서신, 에베소서, 빌립보서, 골로새서, 빌레몬서를 옥중서신, 디모데전후서, 디도서를 목회서신으로 구분한다.

기록 목적

고린도교회와 마찬가지로 갈라디아 지방에도 거짓 교사들이 침투했다. 그들은 바울의 사도권에 의문을 제기하는 동시에, 할례와 같은 유대교 의식을 행해야만 구원을 받을 수 있다고 주장했다. 상당수 교인들이 거짓 교사들의 가르침에 미혹되었으므로, 바울은 자신의 사도권과 복음을 강력하게 변증해야 했다.

통독 길잡이

갈라디아서의 강조점은 크게 네 가지다. 첫째, 할례를 받아야만 구원을 얻는 것이 아니라는 것이다(5:2). 당시 할례는 이방인이 유대교에 가입하는 의식이었다. 유대계 그리스도인들은 기독교로 회심한 이후에도 할례를 필수적인 단계로 주장했다. 둘째, 오직 믿음을 통해서만 구원에 이르는 의를 얻을 수 있다는 것이다(2:16). 이것을 '이신칭의'라 한다. 셋째, 그리스도인에게는 율법과 전통에 구속받지 않는 자유가 있다는 것이다(5:1). 죄에서 자유하게 하는 것은 율법과 전통이 아니라 그리스도를 믿는 믿음이다. 넷째, 성령의 능력으로 중생한다는 것이다(5:16). 그리스도인들은 성령을 통해 하나님의 뜻대로 살아갈 능력을 공급받는다.

다른 복음은 없나니

1장　왜 바울의 사도성을 의심해서는 안 되는가?

1-24 당시 갈라디아교회의 거짓 교사들은 바울의 사도권과 바울이 전한 복음을 인정하지 않았습니다. 갈라디아교회는 신생 교회였으므로, 미성숙한 성도들이 대부분이었습니다. 그 결과 적지 않은 성도들이 거짓 교사들의 가르침에 미혹되었습니다. 이에 바울은 두 가지를 강조합니다. 첫째, 자신이 사도가 된 것은 스스로 택한 것이 아니라 하나님의 주권적인 선택에 따른 것이다(1절). 둘째, 자신이 전한 복음은 스스로 만들어 낸 것이 아니라 하나님에게서 온 것이다(11절). 종합하면 바울의 사도권은 신적인 기원을 가지고 있으므로, 바울의 사도성을 의심해서는 안 됩니다. 바울이 전한 복음도 마찬가지입니다. 바울은 은혜 구원을 가르쳤지만, 거짓 교사들은 행위 구원을 가르쳤습니다. 갈라디아 성도들에게는 행위 구원이 훨씬 합리적으로 들렸을 것입니다. 그리고 할례를 받으면 자동으로 구원을 받는다는 것도 매력적인 주장으로 보였을 것입니다. 하지만 다른 복음은 없습니다. 성경이 말하지 않는 복음을 가르치는 자는, 설령 천사라 할지라도 저주를 받을 것입니다(8-9절).

2장　왜 바울은 베드로를 책망하는가?

1-10 바울의 사도권이 의심을 받았던 것은 바울이 예루살렘에 근거를 둔 다른 사도들과 달리 주로 이방인을 대상으로 사역했기 때문입니다. 이에 바울은 자신이 예루살렘의 사도들에게 공식적으로 인정을 받았다고 말합니다(9절). **11-21** 베드로는 이방인과 식사하는 자리를 피했습니다. 이방인과 거리를 두는 유대인의 전통 때문입니다. 이것은 매우 잘못된 행동입니다. 예수님이 오신 이후로 유대인과 이방인의 담은 사라졌기 때문입니다. 유대인이 믿음으로 의롭다 함을 얻듯, 이방인도 믿음으로 의롭다 함을 얻습니다. 따라서 유대인과 이방인은 예수님 안에서 하나입니다. 바로 이것이 바울이 베드로를 책망한 이유입니다.

3장　왜 바울은 갈라디아 성도들을 책망하는가?

1-29 바울은 갈라디아 성도들을 어리석은 자라고 책망합니다(1절). 성령 안에서 누리는 자유를 율법의 속박으로 바꾸려 했기 때문입니다. 갈라디아 성도들이 성령을 받은 것은 율법을 지킨 결과가 아니라 예수님을 믿은 결과였습니다(2절). 그런데도 다시 율법으로 돌아간다고 하니 바울은 참으로 답답했을 것입니다. 이에 바울은 아브라함을 통해 믿음으로 의롭게 되는 것을 논증합니다. 하나님이 아브라함을 의롭다고 하신 것은 그의 행위가 아니라 믿음 때문이었습니다(6-9절). 그렇다면 율법의 역할은 무엇일까요? 율법의 기능은 죄를 깨닫게 하는 데 있습니다. 만약 율법이 없었다면 우리는 죄인인지 몰랐을 것이고, 죄를 해결하기 위해 예수님을 믿지도 않았을 것입니다. 그래서 바울은 율법이 우리를 예수님께로 인도하는 초등 교사라고 말합니다(24절).

336

너희는 성령을 따라 행하라

4장   왜 이삭이 아브라함의 유업을 상속받았는가?

1-20 바울은 율법 아래 있는 자와 예수님 아래 있는 자를 비교합니다. 우리는 율법에 속한 종이 아니라 예수님께 속한 하나님의 자녀입니다(5절). 애초에 예수님의 공로로 하나님의 자녀가 되었기 때문에, 율법을 지키지 못했다고 하나님의 자녀라는 자격을 박탈당하지 않습니다. **21-31** 바울은 아브라함의 아내인 사라와 하갈을 통해 복음을 설명합니다. 아브라함의 유업을 상속받은 것

은 이스마엘이 아니라 이삭입니다. 그 이유는 이삭이 사라에게 속했기 때문입니다. 우리의 구원도 마찬가지입니다. 우리가 하나님의 자녀 된 것은 예수님께 속했기 때문이지, 율법을 지켰기 때문이 아닙니다. 우리가 받은 복은 철저히 은혜로 이루어진 것이지, 우리의 행위 때문이 아닙니다.

5장   왜 신자가 율법을 지켜야 하는가?

1-26 아무도 율법을 다 지킬 수 없습니다. 율법으로 구원을 얻는 것은 무거운 짐입니다(1절). 그런데 예수님이 우리 대신 율법의 요구를 충족해 주셨습니다(2절). 우리가 지고 있던 무거운 짐을 대신 져 주셨습니다. 그러므로 다시 율법으로 돌아가는 것은 예수님의 공로를 욕되게 하는 일입니다(3-4절). 그렇다면 예수님을 믿는 사람은 율법과 상관없이 살아도 될까요? 그렇지 않습니다. 반드시 율법을 지켜야 합니다. 하지만 율법을 지키는 이유와

목적에 차이가 있습니다. 과거에는 구원받기 위해 율법을 지켰다면, 이제는 사랑하기 위해 율법을 지켜야 합니다(13-14절). 율법은 하나님과 이웃을 사랑하는 방법이기 때문입니다. 그리고 우리가 사랑하기 위해 노력할 때, 성령님이 우리를 도우십니다(16-26절). 여전히 우리에겐 타락한 본성이 있지만, 성령의 능력을 의지하는 자는 하나님과 이웃을 사랑할 수 있는 능력을 얻습니다.

6장   왜 바울은 거짓 교사들을 책망하는가?

1-5 바울은 교회가 죄인을 다루는 방법을 말합니다. 바울은 양극단을 경계하라고 합니다. 교회는 죄를 은폐해서도 안 되고, 죄를 공개적으로 비판해서도 안 됩니다. 대신 은밀하게 죄인을 권면하고, 죄인이 잘못된 행동에서 돌아서도록 도와주어야 합니다. **6-10** 바울은 물질의 나눔을 말합니다. 성도들은 설교자를 물질적으로 후원해야 합니다(6절). 또 교회 안에 어려운 신자가 있다면 우

선순위로 도와주어야 합니다(10절). **11-18** 마지막으로 바울은 갈라디아교회의 거짓 교사들을 책망합니다. 거짓 교사들은 신자들의 구원에는 관심이 없었습니다. 그들의 목적은 성도들의 관심과 인기였습니다(13절). 바울은 달랐습니다. 바울의 목적은 그리스도의 십자가였습니다. 하나님의 영광만이 바울이 사는 목적이었습니다.

한눈에 보는 에베소서

핵심	그리스도인의 위치 (1–3장)	그리스도인의 삶 (4–6장)
사건	구원을 찬양함 그리스도인의 위치	교회의 하나 됨 가정과 직장의 삶 영적 전투
주제	그리스도인의 특권	그리스도인의 책임
장소	로마	
기간	대략 주후 60–61년	

저자: 바울

바울은 '작은 자'라는 뜻이다. 사울이라고도 한다. 바울은 헬라식 이름이며, 사울은 유대식 이름이다. 베냐민 지파 출신이며, 유대인인 동시에 로마 시민권자였다. 회심하기 전에는 당대 최고의 랍비였던 가말리엘 문하에서 수학했으며, 철저한 바리새인이요, 유대교 신자였다. 기독교인을 박해하는 데 앞장섰으며, 스데반 집사의 죽음에도 영향을 미쳤다. 기독교인들을 체포하기 위해서 다메섹으로 가던 중 부활하신 예수님을 만나 회심했다. 그 때 예수님께 이방인의 사도로 부름받았다. 1차 선교 여행을 통해 소아시아 지방에 복음을 전했으며, 2차 선교 여행을 통해 헬라 지방에 복음을 전했고, 3차 선교 여행 때는 주로 에베소에 머물렀다. 네로 황제 때 순교를 당한 것으로 알려져 있으며, 로마서에서 빌레몬서까지 모두 13개의 서신서를 기록했다. 이것들을 바울서신이라고 한다. 흔히 로마서, 고린도전후서, 갈라디아서를 4대 서신, 에베소서, 빌립보서, 골로새서, 빌레몬서를 옥중서신, 디모데전후서, 디도서를 목회서신으로 구분한다.

기록 목적

에베소는 로마에서 동방으로 진입하는 중요한 통로였다. 이런 지정학적 위치 때문에 에베소는 정치와 상업, 그리고 우상 숭배의 중심지가 되었다. 특히 에베소에는 아데미 신전이 있었다. 그 유명한 파르테논 신전보다 무려 네 배나 더 큰 이 신전은 7대 불가사의 중 하나로 꼽힌다. 에베소서는 바로 이곳에 살았던 성도들에게 보낸 편지다. 바울은 그들이 과거의 삶을 청산하고, 새로운 삶을 살기를 원했다.

통독 길잡이

에베소서는 서신서의 여왕으로 불린다. 그만큼 심오한 진리를 담고 있어서다. 에베소서가 주로 다루는 주제는 '하나님은 어떤 계획을 가지고 우리를 구원하셨는가?', '하나님은 어떤 목적을 가지고 온 세상을 다스리는가?' 하는 것이다. 우리는 이 중요한 질문에 대한 답을 에베소서에서 찾을 수 있다. '교회의 하나 됨'과 교회와 가정과 직장에서의 성도의 삶에 관한 것도 에베소서가 중요하게 다루는 주제다.

337

그는 우리의 화평이신지라

1장　왜 하나님은 창세전에 우리를 선택하셨는가?

1-3 하나님이 우리에게 복을 주십니다. 그런데 예수님을 통해서 주십니다(3절). 따라서 예수님을 떠나서는 구원이 없을 뿐만 아니라 신령한 복도 없습니다. **4-7** 하나님은 창세전에 우리를 선택(예정)하셨습니다(4절). 우리를 거룩하게 하시고 하나님의 자녀가 되게 하셔서 거저 주시는 은혜를 찬송하도록 하시기 위함입니다(5-6절). 따라서 우리가 사는 목적은 하나님의 은혜에 보답하는 것입니다. **8-14** 하나님은 우리에게 비밀을 알려 주셨습니다(9절). 그 비밀은 예수님 안에서 만물이 통일된다는 것입니다. 이것은 깨어진 관계들이 예수님을 통해 회복된다는 뜻입니다.[303] 예수님은 십자가의 죽음을 통해 하나님과 인간, 인간과 인간 사이의 장벽을 허무셨습니다(엡 2:16). **15-23** 바울은 에베소 성도들을 위해 기도합니다. 핵심은 에베소교회가 성령으로 충만하게 되는 것입니다(17절). 에베소교회가 성령으로 충만할 때, 하나님의 은혜를 더 깊고 풍성하게 알 수 있기 때문입니다.

2장　왜 예수님은 세상의 평화인가?

1-10 허물과 죄로 죽었던 우리가 다시 살아난 것은 하나님의 긍휼 때문입니다(1절). 우리 삶에 하나님의 은혜가 없었다면, 우리는 여전히 불신자처럼 살았을 것이고, 하나님과 분리되어 있었을 것입니다(2-3절). 하나님이 우리에게 이런 은혜를 베푸신 것은 단지 우리만 위한 것이 아닙니다. 하나님은 우리를 통해 앞으로 오는 세대도 당신의 은혜를 경험하기 원하십니다(7-9절). 따라서 우리는 다른 누군가에게 하나님의 은혜를 전하기 위해 노력해야 합니다. **11-22** 예수님은 십자가의 죽음을 통해 이방인과 유대인이 하나 되게 하셨습니다(13절). 그래서 예수님은 세상의 평화입니다(14절). 따라서 신자는 다른 사람을 차별해서는 안 됩니다. 하지만 오랫동안 교회는 성별과 인종과 경제력에 따라 사람을 차별해 왔습니다. 우리는 교회의 실패를 답습하지 말아야 합니다.

3장　왜 우리는 교회의 하나 됨을 위해 노력해야 하는가?

1-21 하나님은 바울에게 이방인의 사도라는 사명을 주셨습니다. 바울이 이 사명을 감당하기란 쉽지 않았습니다. 바울은 이방인에게 복음을 전하기 위해 수많은 고난을 겪었습니다. 그런데 바울은 이 사명을 은혜로 고백합니다(2절). 하나님을 위해 일할 수 있다는 것이 바울에겐 은혜였습니다. 바울은 하나님이 하나 된 교회를 통해 당신의 지혜를 나타내신다고 말합니다(10절). 갈등하고 분쟁하던 유대인과 이방인이 교회 안에서 하나가 된 것은, 하나님이 승리하셨고 앞으로도 승리하실 것이라는 증거입니다. 이처럼 교회의 하나 됨은 하나님의 능력을 세상에 알리는 표적입니다. 우리는 무엇보다도 교회의 하나 됨을 위해 노력해야 합니다.

성령이 하나 되게 하신 것을 힘써 지키라

4장　왜 교회의 직분을 중요하게 생각해야 하는가?

1-32 바울은 구원받은 신자가 어떻게 살아야 하는지를 설명합니다. 첫째, 신자는 교회의 하나 됨을 지켜야 합니다(1-6절). 교회의 하나 됨을 지키기 위해서 겸손해야 하고, 온유해야 하며, 오래 참아야 합니다(2절). 둘째, 신자는 교회의 직분을 중요하게 생각해야 합니다(7-12절). 직분은 하나님이 교회에 주신 선물이기 때문입니다(8절). 직분자들은 성실하게 직분을 수행하고 성도들은 직분자들을 존중할 때, 교회는 건강한 공동체로 성장하게 됩니다(12절). 셋째, 신자는 하나님을 믿지 않는 불신자들과 달라야 합니다(13-32절). 불신자들은 하나님을 거부하며 방탕하고 욕심 가득한 삶을 살아갑니다(18-19절). 하지만 신자들은 거짓말 대신 참된 말을, 도둑질 대신 구제에 힘써야 합니다.

5장　왜 신자는 저질 농담을 멀리해야 하는가?

1-33 바울은 하나님을 본받고(1절), 예수님처럼 사랑하라고 말합니다(2절). 주목할 것은 신자의 기준이 예수님이라는 점입니다. 신자는 세상 기준이 아니라 예수님이라는 기준을 따라서 살아야 합니다. 예수님을 닮아가고, 예수님처럼 되는 것이 신자의 목표입니다. 따라서 신자는 음행, 탐욕, 음란하고 어리석은 말, 저질 농담을 멀리해야 합니다(3-5절). 세상이 허용하는 것도 신자는 멀리해야 합니다. 신자의 기준은 예수님이기 때문입니다. 신자는 가정에서도 거룩해야 합니다. 그래서 바울은 남편과 아내의 역할을 설명합니다. 아내는 남편에게 복종해야 합니다(22-24절). 하나님이 남편을 아내의 머리로 세우셨기 때문입니다. 남편의 어떠함 때문이 아니라 하나님 때문에 남편에게 복종해야 합니다. 남편은 예수님이 교회를 사랑하신 것처럼 아내를 사랑해야 합니다(25-30절). 남편은 아내를 위해 자신을 희생해야 하고, 아내의 행복을 위해 최선을 다해야 합니다.

6장　왜 신자는 하급자를 함부로 대해서는 안 되는가?

1-9 신자는 부모님께 순종해야 합니다(1-3절). 부모의 권위가 하나님에게서 왔기 때문입니다. 하나님의 뜻에 어긋나는 것을 제외하고는 대부분 부모의 의견을 따르는 것이 하나님의 뜻입니다. 신자는 자녀를 노엽게 해서는 안 됩니다(4절). 잔소리나 비난으로 자녀의 마음에 좌절감과 분노를 심지 말고, 하나님의 말씀으로 양육해야 합니다. 신자는 예수님을 섬기듯이 상급자를 섬겨야 합니다(5-8절). 형식적으로 하지 말고, 예수님께 하듯이 성실하고 정직하게 해야 합니다. 상급자도 마찬가지입니다. 하나님 앞에서는 상급자와 하급자의 구분이 없습니다(9절). 따라서 신자는 하급자를 함부로 대해서는 안 됩니다. **10-24** 신자의 진짜 대적은 마귀와 악한 영들입니다. 그들은 실재하는 세력입니다. 그들과 싸우기 위해서는 진리, 의로움, 평화의 복음, 믿음, 구원, 하나님의 말씀, 그리고 기도로 무장해야 합니다.

한눈에 보는 빌립보서

핵심	바울의 상황 (1장)	성도의 희생 (2장)	성도의 기쁨 (3장)	성도의 평화 (4장)
사건	바울의 투옥 빌립보교회의 선물 복음의 진전	그리스도의 희생 디모데의 희생 에바브로디도의 희생	육체를 신뢰하지 말라 그리스도를 알라	바울의 감사 바울의 만족
주제	죽는 것도 유익하다!	그리스도의 마음을 품으라!	주 안에서 기뻐하라!	평강의 하나님께서 함께하신다!
장소	로마의 감옥			
기간	대략 주후 62년			

저자: 바울

바울은 '작은 자'라는 뜻이다. 사울이라고도 한다. 바울은 헬라식 이름이며, 사울은 유대식 이름이다. 베냐민 지파 출신이며, 유대인인 동시에 로마 시민권자였다. 회심하기 전에는 당대 최고의 랍비였던 가말리엘 문하에서 수학했으며, 철저한 바리새인이요, 유대교 신자였다. 기독교인을 박해하는 데 앞장섰으며, 스데반 집사의 죽음에도 영향을 미쳤다. 기독교인들을 체포하기 위해서 다메섹으로 가던 중 부활하신 예수님을 만나 회심했다. 그때 예수님께 이방인의 사도로 부름받았다. 1차 선교 여행을 통해 소아시아 지방에 복음을 전했으며, 2차 선교 여행을 통해 헬라 지방에 복음을 전했고, 3차 선교 여행 때는 주로 에베소에 머물렀다. 네로 황제 때 순교를 당한 것으로 알려져 있으며, 로마서에서 빌레몬서까지 모두 13개의 서신서를 기록했다. 이것들을 바울서신이라고 한다. 흔히 로마서, 고린도전후서, 갈라디아서를 4대 서신, 에베소서, 빌립보서, 골로새서, 빌레몬서를 옥중서신, 디모데전후서, 디도서를 목회서신으로 구분한다.

기록 목적

당시 바울은 로마의 감옥에 갇혀 있었다. 이 일은 많은 신자들을 실족하게 했다. 복음을 위해 헌신한 결과치고는 너무 비참했기 때문이다. 빌립보 교인들도 마찬가지였다. 이에 바울은 고난 가운데서도 기뻐할 수 있다는 것과 그것이야말로 하나님을 영광스럽게 하는 일임을 설명하고자 본서를 기록했다.

통독 길잡이

빌립보서에서 가장 중요한 주제는 기쁨이다. 기쁨을 의미하는 헬라어 '카라'는 5번, '기뻐하라'는 동사는 11번 등장한다. 감옥에 수감된 죄수의 신분이면서도 기뻐할 수 있었던 이유는 무엇일까? 바로 그것이 바울이 전하고자 하는 메시지다. 바울은 오는 세대의 그리스도인들도 바울처럼 고난받을 것을 알았고, 그들에게 고난 중에도 기뻐할 수 있는 근거를 설명하고자 했다. 바울은 상황과 관계없이 기뻐할 수 있는 비결을 그리스도라고 말한다. 성도는 그리스도를 개인적으로 알아 가고, 그분을 의지하고, 그분의 섭리를 신뢰하는 것을 통해 항상 기뻐할 수 있다.

339

주 안에서 기뻐하라

1장 왜 바울이 갇힌 후에도, 복음은 계속 전파되었는가?

1-30 바울이 감옥에 갇혔다는 소식 때문에 빌립보 성도들을 근심하고 있었습니다. 당시 바울을 대체할 만큼 영향력 있는 사람은 없었습니다. 따라서 복음 전파 사역이 후퇴하는 것은 당연한 수순이었습니다. 그런데 바울은 정반대의 소식을 전합니다. 바울의 수감은 오히려 로마 군인들에게 복음이 전해지는 계기가 되었습니다(12-13

절). 더욱이 어떤 성도들은 바울이 수감되었다는 소식에 자극을 받아 더욱 열심히 복음을 전했습니다(14절). 심지어 어떤 사람들은 바울에 대한 시기심 때문에 경쟁적으로 복음을 전했습니다(15-18절). 바울은 매였지만, 복음은 매이지 않았습니다. 하나님은 상황과 관계없이 일하시기 때문입니다.

2장 왜 바울은 자신의 삶을 후회하지 않는가?

1-30 대다수 사람들은 성공하거나 안정적으로 사는 것을 인생의 목표로 삼습니다. 그런 기준으로 보면, 바울의 삶은 전혀 본받을 만한 삶이 아닙니다. 세상이 볼 때 바울의 삶은 성공과는 거리가 멀고 지극히 불안정한 삶이기 때문입니다. 하지만 바울은 자신의 삶을 후회하지 않습니다. 바울은 세상과 다른 기준을 가지고 있었기 때문

입니다. 바울의 목표는 예수님을 닮는 것이었습니다. 하나님의 지위에서 사람의 지위로 내려오신 것, 당신의 백성을 구원하기 위해 십자가에 죽기까지 당신을 낮추신 것이야말로 바울의 목표였고, 기준이었습니다(6-8절). 우리는 어떤 목표와 기준을 가지고 있습니까? 예수님을 닮고, 예수님처럼 사는 것이 우리의 목표입니까?

3장 왜 바울은 감옥에서도 기뻐했는가?

1 바울은 감옥에서도 기뻐했습니다. 예수님 때문입니다(1절). 예수님은 기쁨의 원천입니다. 예수님과 친밀히 교제하는 성도는 어떤 상황에서도 기뻐할 수 있습니다. **2-9** 바울은 개들을 삼가라고 합니다(2절). 할례를 받아야 구원을 얻을 수 있다고 주장하는 자들을 조심하라는 뜻입니다. 의롭다 함을 얻기 위해서 예수님을 믿는 믿음만으로 충분합니다. 할례를 비롯해서 혈통과 지위 그 무엇도 우리를 의롭게 만들지 않습니다(4절). **10-21** 바울은

자신의 업적은 전혀 생각하지 않고, 앞만 보고 달렸습니다(13절). 이는 그가 하나님이 주실 상을 바라보았기 때문입니다(14절). 하나님이 주시는 상이 무엇인지는 확실하지 않습니다. 하지만 하나님이 신실한 신자를 위해 상을 예비하셨다는 사실은 분명합니다. 세상이 주는 잠깐의 유익이 아니라, 하나님이 주실 영원한 상을 바라보며 우리에게 주어진 삶을 성실하게 살아가야 합니다.

4장 왜 바울은 극심한 어려움 속에서도 만족할 수 있었는가?

1-10 바울은 "주 안에 서라"고 말합니다(1절). 어떤 어려움이 있든지 신앙으로 이겨 내라는 뜻입니다. 그러기 위해서는 교회의 하나 됨이 필수적입니다. 그래서 바울은 당시 갈등을 겪고 있던 두 지도자의 화해를 종용합니다(2절). **11-23** 바울은 어떤 처지에서도 만족했습니다(13

절). 바울이 극심한 어려움 속에서도 만족할 수 있었던 것은 능력 주시는 하나님을 신뢰했기 때문입니다(13절). 우리가 아무리 어려운 상황 속에 있어도 하나님은 능히 우리를 도와주실 수 있습니다. 힘들다고 불평하기보다 하나님의 능력을 구해야 합니다.

한눈에 보는 골로새서

핵심	그리스도의 우월성 (1-2장)	그리스도인의 삶 (3-4장)
사건	그리스도는 만물의 주님 그리스도는 구속의 주님	하늘을 생각하는 삶 새로운 관계
주제	그리스도께서 우리를 지으셨고 구원하셨다	우리는 그리스도를 위해 살아야 한다
장소	로마에서 기록	
기간	대략 주후 60-61년	

저자: 바울

바울은 '작은 자'라는 뜻이다. 사울이라고도 한다. 바울은 헬라식 이름이며, 사울은 유대식 이름이다. 베냐민 지파 출신이며, 유대인인 동시에 로마 시민권자였다. 회심하기 전에는 당대 최고의 랍비였던 가말리엘 문하에서 수학했으며, 철저한 바리새인이요, 유대교 신자였다. 기독교인을 박해하는 데 앞장섰으며, 스데반 집사의 죽음에도 영향을 미쳤다. 기독교인들을 체포하기 위해서 다메섹으로 가던 중 부활하신 예수님을 만나 회심했다. 그때 예수님께 이방인의 사도로 부름받았다. 1차 선교 여행을 통해 소아시아 지방에 복음을 전했으며, 2차 선교 여행을 통해 헬라 지방에 복음을 전했고, 3차 선교 여행 때는 주로 에베소에 머물렀다. 네로 황제 때 순교를 당한 것으로 알려져 있으며, 로마서에서 빌레몬서까지 모두 13개의 서신서를 기록했다. 이것들을 바울서신이라고 한다. 흔히 로마서, 고린도전후서, 갈라디아서를 4대 서신, 에베소서, 빌립보서, 골로새서, 빌레몬서를 옥중서신, 디모데전후서, 디도서를 목회서신으로 구분한다.

기록 목적

바울은 그리스도의 우월성과 충분성을 공격하는 이단으로부터 골로새교회를 보호하기 위해 본서를 기록했다.

통독 길잡이

골로새교회에 유대주의와 영지주의가 혼합된 이단이 침투하게 된다. 이들은 할례와 제사를 주장할 뿐 아니라 그리스도가 육체로 오셨음을 부인했다. 에바브라를 통해 이 소식을 들은 바울은 골로새교회의 성도들을 위해 서신을 작성한다. 바로 골로새서다. 골로새서의 강조점은 크게 네 가지다. 첫째, 그리스도는 모든 피조물보다 탁월하시다(1:15). 둘째, 하나님은 그리스도를 통해 역사하신다(1:20-22). 셋째, 신자들은 그리스도 안에서 부활에 동참한다(3:1-4). 넷째, 신자들은 그리스도 안에서 점점 성장해야 한다(3:5-4:6).

340

땅의 것을 생각하지 말라

1장 왜 바울은 예수님이 어떤 분이신지를 구체적으로 설명하는가?

1-29 당시 골로새교회에는 예수님을 아는 지식이 충분하지 않은 자들이 있었습니다. 그래서 바울은 예수님이 어떤 분이신지를 상세하게 설명합니다. 예수님은 우리를 세상 나라에서 사랑의 나라로 옮기셨습니다(13절). 예수님은 우리에게 죄 사함을 주셨습니다(14절). 예수님은 우리에게 하나님을 보여 주십니다(15절). 예수님은 창조주이시자 창조의 목적이십니다(16절). 예수님은 교회의 머리이십니다(18절). 예수님은 하나님과 우리 사이의 화해자이십니다(19-22절).

2장 왜 예수님을 아는 지식으로 충분하지 않은가?

1-7 예수님을 아는 지식을 얻는 것으로는 참된 신자가 될 수 없습니다. 참된 신자가 되기 위해서는 예수님의 종이 되어야 하기 때문입니다(6절). 예수님을 주인으로 섬기는 종이 될 때, 비로소 참된 신자가 될 수 있습니다. 사소한 부분에서도 예수님의 뜻을 따르고 항상 예수님께 감사하며 삶을 살 때, 비로소 참된 신자라 할 수 있습니다(7절). 바울은 예수님 안에 모든 충만이 있다고 말합니다(9절). 예수님께 무한한 능력과 권위가 있다는 뜻입니다.[304] 따라서 우리가 완전해지는 것은 돈과 권세와 명예를 얻을 때가 아닙니다. 예수님을 주님으로 믿고 따를 때 완전해집니다. 예수님의 종이 되어, 예수님께 복종하며 사는 것이 가장 완전한 삶입니다.

3장 왜 신자는 다른 사람을 함부로 대해서는 안 되는가?

1-17 바울은 신자가 어떻게 살아야 하는지를 설명합니다. 신자는 땅의 것을 생각하지 말고, 위의 것을 추구해야 합니다(2절). 부동산과 주식과 성공이 아니라, 하나님의 영광과 복음과 신앙에 마음을 두어야 합니다. 신자는 옛사람을 죽여야 합니다(5절). 악한 습관과 생각들을 버려야 합니다. 신자는 하나님께 받은 사랑을 이웃에게 베풀어 주어야 합니다(12절). 어려운 이웃에게 긍휼과 자비를 베풀어야 합니다. **18-25** 바울은 신자의 인간관계를 설명합니다. 신자는 자신보다 연소하거나 지위가 낮은 사람이라고 해서 함부로 대해서는 안 됩니다. 하나님은 우리가 모든 사람을 하나님 대하듯 하기를 원하십니다(23절).

4장 왜 바울은 자신을 위해서 기도를 부탁하는가?

1-18 바울은 3장에서 성도의 삶을 설명한 다음, 곧바로 기도에 힘쓰라고 권면합니다(2절). 기도 없이는 거룩한 삶을 살 수 없기 때문입니다. 또 바울은 자신을 위해서도 기도를 부탁합니다(3절). 하나님의 은혜 없이는 복음을 전할 수 없기 때문입니다. 바울이 안부를 전하는 명단에 마가가 포함된 것이 특이합니다(10절). 마가는 바울의 1차 선교 여행 때 바울과 갈등을 겪었던 사람이지만(행 15:37-39), 이후에 화해한 것 같습니다.

한눈에 보는 데살로니가전서

핵심	데살로니가 성도들을 생각함 (1–3장)	데살로니가 성도들을 교훈함 (4–5장)
사건	데살로니가 성도들을 칭찬함 데살로니가 성도들을 위해 기도함	하나님을 기쁘시게 하는 삶 예수님의 재림
주제	고난을 견디는 신앙	재림을 기다리는 신앙
장소	고린도에서 기록	
기간	대략 주후 51년	

저자: 바울

바울은 '작은 자'라는 뜻이다. 사울이라고도 한다. 바울은 헬라식 이름이며, 사울은 유대식 이름이다. 베냐민 지파 출신이며, 유대인인 동시에 로마 시민권자였다. 회심하기 전에는 당대 최고의 랍비였던 가말리엘 문하에서 수학했으며, 철저한 바리새인이요, 유대교 신자였다. 기독교인을 박해하는 데 앞장섰으며, 스데반 집사의 죽음에도 영향을 미쳤다. 기독교인들을 체포하기 위해서 다메섹으로 가던 중 부활하신 예수님을 만나 회심했다. 그때 예수님께 이방인의 사도로 부름받았다. 1차 선교 여행을 통해 소아시아 지방에 복음을 전했으며, 2차 선교 여행을 통해 헬라 지방에 복음을 전했고, 3차 선교 여행 때는 주로 에베소에 머물렀다. 네로 황제 때 순교를 당한 것으로 알려져 있으며, 로마서에서 빌레몬서까지 모두 13개의 서신서를 기록했다. 이것들을 바울서신이라고 한다. 흔히 로마서, 고린도전후서, 갈라디아서를 4대 서신, 에베소서, 빌립보서, 골로새서, 빌레몬서를 옥중서신, 디모데전후서, 디도서를 목회서신으로 구분한다.

기록 목적

데살로니가는 마게도냐 지방의 수도였고, 지정학적 위치 때문에 무역과 철학의 중심지였다. 주로 대도시 사역에 집중했던 관례대로 바울의 선교 팀은 이곳에 자리 잡았다. 그런데 그들은 겨우 며칠만 데살로니가에 머물렀다. 유대인들의 박해가 심각했기 때문이다(행 17:5-8). 예정보다 빨리 데살로니가를 떠난 바울 일행은 이후에 디모데를 다시 보내 현지의 상황을 파악했다. 결과는 상당히 긍정적이었다. 대부분의 성도들이 고난 속에서도 믿음을 잃지 않고 있었다. 하지만 문제도 상당했다. 어떤 성도들은 먼저 죽은 지체가 부활에 참여하지 못하는 것은 아닌지 두려워하고 있었고, 어떤 성도들은 종말에 대한 두려움 때문에 노동을 중단하여 다른 성도들의 짐이 되고 있었다. 이에 바울은 그들의 신앙을 격려하고, 잘못된 믿음을 교정하기 위해 본서를 기록했다.

통독 길잡이

바울 일행이 예정보다 빨리 떠나야 했을 만큼 데살로니가는 박해가 심각한 곳이었다. 그래서 데살로니가전서에는 데살로니가 성도들을 위로하고 독려하는 바울의 마음이 곳곳에 묻어 있다. 바울은 특별히 그리스도의 재림이라는 주제로 그들을 격려하고자 했다. 데살로니가전서는 그리스도의 재림을 그 어떤 성경보다 상세하게 묘사하고 있다.

하나님의 뜻은 이것이니 너희의 거룩함이라

1장　왜 데살로니가 성도들은 택함을 받은 자임이 분명한가?

1-10 바울은 하나님께 감사합니다(2절). 데살로니가 성도들이 많은 환난 가운데서도 믿고 인내하는 삶을 살았기 때문입니다(6절). 그리고 이것은 데살로니가 성도들이 하나님께 택함을 받았다는 증거였습니다(4절). 하나님이 당신의 자녀로 택하시고, 지켜 주시지 않았다면 데살로니가 성도들은 환난 가운데서 믿음을 지킬 수 없었을 것입니다.

2장　왜 바울은 자신이 어떤 자세로 사역했는지를 설명하는가?

1-20 데살로니가 성도들은 일찍 데살로니가를 떠난 바울 일행에 섭섭한 마음을 가지고 있었습니다.[305] 이에 바울은 자신이 데살로니가에서 어떤 자세로 사역했는지를 설명합니다. 바울은 사람의 영광을 얻기 위해 아첨하지 않았습니다(5-6절). 권위를 주장하기보다는 유모처럼 온유하게 행동했습니다(7-8절). 아무에게도 폐를 끼치지 않으려고 밤낮으로 일했습니다. 이처럼 바울은 진심으로 데살로니가 성도들을 사랑했습니다.

3장　왜 바울은 데살로니가를 다시 방문하지 않았는가?

1-13 바울은 유대인들의 박해로 어쩔 수 없이 데살로니가를 떠났습니다. 이후에 바울은 다시 데살로니가를 방문하려 했지만, 그때마다 사탄의 방해가 있었습니다(살전 2:18). 그래서 바울은 디모데를 대신 보냈습니다. 데살로니가에 다녀온 디모데는, 데살로니가 성도들이 믿음을 굳게 지키고 있으며 바울을 보고 싶어 한다는 소식을 전해 주었습니다. 이에 바울은 크게 기뻐하면서 데살로니가 성도들을 위해 기도합니다(11-13절). 바울은 멀리 있는 데살로니가 성도들에게 기도밖에 해 줄 것이 없었겠지만, 기도야말로 가장 강력한 사역입니다.

4장　왜 바울은 죽음 때문에 슬퍼하지 말라고 하는가?

1-12 바울은 거룩한 삶을 매우 구체적으로 설명합니다. 하나님은 우리가 거룩하게 살기를 원하시기 때문입니다(7절). 바울은 거룩한 삶을 위해 음란을 버리고, 아내를 존중하며, 이웃을 해롭게 하지 말라고 말합니다(3-6절). 또한 성실하게 돈을 벌고(11-12절), 그 돈으로 형제를 섬기라고 말합니다(9절). 주목할 것은 바울이 거룩한 삶을 종교 행위가 아니라 일상의 행위로 설명한다는 점입니다. 신자의 거룩은 교회당 밖에서도 증명되어야 합니다. **13-18** 바울은 사별의 문제로 힘들어하는 자들에게 슬퍼하지 말라고 합니다. 신자에게 영원한 이별은 없기 때문입니다. 예수님이 재림하시는 날에 죽은 자들이 먼저 일어나 예수님을 영접할 것이고, 이후에 살아 있는 자들도 공중에서 주님과 형제들을 만나게 될 것입니다.

5장　왜 바울은 예수님이 도둑같이 오신다고 말하는가?

1-28 바울은 예수님이 재림하시는 날짜를 묻는 자들에게, 그날은 도둑같이 온다고 말합니다. 재림의 날짜는 하나님만 아시기 때문입니다(마 24:36). 바울은 미래를 알려 주는 대신 현재를 어떻게 살아야 하는지를 설명합니다. 미래는 하나님의 것이지만, 현재는 우리의 것이기 때문입니다. 우리는 성도 간에 화목해야 하며, 모든 사람에게 오래 참아야 하고, 항상 선을 행해야 하며, 항상 기뻐하고, 항상 기도하며, 항상 감사해야 합니다(12-18절). 이것이 우리를 향하신 하나님의 뜻입니다(18절).

한눈에 보는 데살로니가후서

핵심	낙심한 성도들을 격려함 (1장)	재림을 설명함 (2장)	잘못된 행동을 바로잡음 (3장)
사건	감사와 위로	재림 전에 있을 일들	게으른 자들을 향한 책망
주제	재림의 날은 구원의 날이다	재림 전에 불법의 사람이 나타난다	그리스도인은 성실하게 자기 일을 해야 한다
장소	고린도에서 기록		
기간	대략 주후 51년		

저자: 바울

바울은 '작은 자'라는 뜻이다. 사울이라고도 한다. 바울은 헬라식 이름이며, 사울은 유대식 이름이다. 베냐민 지파 출신이며, 유대인인 동시에 로마 시민권자였다. 회심하기 전에는 당대 최고의 랍비였던 가말리엘 문하에서 수학했으며, 철저한 바리새인이요, 유대교 신자였다. 기독교인을 박해하는 데 앞장섰으며, 스데반 집사의 죽음에도 영향을 미쳤다. 기독교인들을 체포하기 위해서 다메섹으로 가던 중 부활하신 예수님을 만나 회심했다. 그때 예수님께 이방인의 사도로 부름받았다. 1차 선교 여행을 통해 소아시아 지방에 복음을 전했으며, 2차 선교 여행을 통해 헬라 지방에 복음을 전했고, 3차 선교 여행 때는 주로 에베소에 머물렀다. 네로 황제 때 순교를 당한 것으로 알려져 있으며, 로마서에서 빌레몬서까지 모두 13개의 서신서를 기록했다. 이것들을 바울서신이라고 한다. 흔히 로마서, 고린도전후서, 갈라디아서를 4대 서신, 에베소서, 빌립보서, 골로새서, 빌레몬서를 옥중서신, 디모데전후서, 디도서를 목회서신으로 구분한다.

기록 목적

바울이 데살로니가전서를 보냈음에도 데살로니가교회의 문제는 해결되지 않았다. 거기에다 어떤 사람들은 바울의 이름으로 그리스도가 이미 재림하셨다는 소문을 퍼뜨렸다. 이에 바울은 다시 한 번 서신을 보낸다. 그것이 데살로니가후서다.

통독 길잡이

바울은 데살로니가전서를 통해 성실하게 자기 일을 하는 것이 성도의 책임이라고 말했다. 이는 종말을 두려워하며 아무 일도 하지 않는 게으른 자들이 데살로니가교회 안에 있었기 때문이다. 그런데 그들은 여전히 무위도식하는 삶을 중단하지 않고 있었다. 이에 바울은 다시 한 번 게으른 자들을 책망하며 그들의 생활 방식을 고칠 것을 권면한다. 그리고 바울은 주님이 재림하셨다는 소식을 듣고 혼란에 빠진 성도들을 위해, 그날에 있을 일들을 좀 더 구체적으로 설명한다.

환난을 받게 하는 자들에게는 환난으로 갚으시고

1장   왜 데살로니가 성도들은 환난 중에도 믿음을 지킬 수 있었는가?

1-12 당시 데살로니가 성도들은 극심한 환난을 겪고 있었습니다. 그럼에도 그들은 믿음과 신앙을 지켰습니다. 이는 성부와 성자로부터 오는 은혜와 평강이 있었기 때문입니다(2절). 세상은 돈과 명예와 권력으로부터 은혜와 평강이 온다고 믿습니다. 하지만 참된 은혜와 평강은 예수님을 통해 하나님과의 관계를 회복한 자들만 누릴 수 있습니다. 바울은 하나님의 자녀를 핍박한 자들이 공의로운 심판을 받을 것이라고 말합니다(5-10절). 하나님을 위해 고난을 당하면 하나님이 갚아 주십니다.

2장   왜 표적과 기사를 행하는 자를 무조건 믿어서는 안 되는가?

1-17 당시 데살로니가교회에는 예수님이 이미 재림하셨다고 주장하는 자들이 있었습니다(1-2절). 이에 바울은 불법의 사람이 나타나 하나님의 자녀들을 미혹하기 전에는 예수님이 재림하시지 않는다고 말합니다(3절). 불법의 사람은 다른 곳에서는 적그리스도로 불립니다(요일 2:18, 22, 4:3). 적그리스도는 자신을 모든 신 위에 높일 뿐만 아니라 심지어 자신을 하나님이라고 주장할 것입니다(4-5절). 또한 적그리스도는 사탄의 능력을 의지하여 능력과 표적과 기사를 행할 것입니다(9-10절). 그러므로 주위에 표적과 기사를 행하는 사람이 있더라도, 그가 참된 복음에 기초하고 있지 않다면 경계해야 합니다. 그렇다면 적그리스도가 등장하지 못하도록 막고 있는 존재는 누구일까요(6-7절)? 여기에는 다양한 이론이 있습니다. 대표적인 것이 하나님의 성령과 천사 미가엘입니다.[306] 또 로마 제국과 바울이라는 주장도 있습니다.[307] 하지만 무엇도 확실하지 않습니다. 분명한 것은 그 이면에 하나님의 능력과 섭리가 있다는 것입니다.[308]

3장   왜 바울은 일하지 않는 자들을 질책하는가?

1-18 바울은 예수님의 재림에 몰두하여 일상의 삶을 내팽개친 자들을 강하게 질책합니다(6절). 게으르게 살아가는 자들 때문에 다른 성도들이 어려움을 겪었기 때문입니다(8절). 그러면서 자신의 삶을 모범으로 제시합니다(7-9절). 바울은 말씀 사역자였음에도 공동체에 피해를 주지 않으려고 밤낮으로 천막 만드는 일을 했고, 그것으로 생계를 유지했습니다. 이처럼 종말을 준비하는 것은 기도원에 들어가 기도만 하는 것이 아닙니다. 부름받은 위치에서 성실하게 사는 것이 종말을 준비하는 자세입니다.

한눈에 보는 디모데전서

핵심	복음 (1장)	직분 (2-3장)	거짓 가르침 (4장)	교회 (5장)	목회 (6장)
사건	거짓 교사들 참된 복음	감독의 자격 집사의 자격	거짓 가르침 식별하기	과부를 존대하라 장로를 존경하라 상전을 존경하라	디모데를 향한 권면
주제	다른 교훈을 가르치지 말라	선한 일을 사모하라	망령되고 허탄한 신화를 버리라	직분자를 대하는 법	목회자를 향한 권면
장소	마게도냐에서 기록				
기간	대략 주후 62-63년				

저자: 바울

바울은 '작은 자'라는 뜻이다. 사울이라고도 한다. 바울은 헬라식 이름이며, 사울은 유대식 이름이다. 베냐민 지파 출신이며, 유대인인 동시에 로마 시민권자였다. 회심하기 전에는 당대 최고의 랍비였던 가말리엘 문하에서 수학했으며, 철저한 바리새인이요, 유대교 신자였다. 기독교인을 박해하는 데 앞장섰으며, 스데반 집사의 죽음에도 영향을 미쳤다. 기독교인들을 체포하기 위해서 다메섹으로 가던 중 부활하신 예수님을 만나 회심했다. 그때 예수님께 이방인의 사도로 부름받았다. 1차 선교 여행을 통해 소아시아 지방에 복음을 전했으며, 2차 선교 여행을 통해 헬라 지방에 복음을 전했고, 3차 선교 여행 때는 주로 에베소에 머물렀다. 네로 황제 때 순교를 당한 것으로 알려져 있으며, 로마서에서 빌레몬서까지 모두 13개의 서신서를 기록했다. 이것들을 바울서신이라고 한다. 흔히 로마서, 고린도전후서, 갈라디아서를 4대 서신, 에베소서, 빌립보서, 골로새서, 빌레몬서를 옥중서신, 디모데전후서, 디도서를 목회서신으로 구분한다.

기록 목적

로마에서 풀려난 바울이 제4차 전도 여행을 떠날 때, 거짓 교사들이 에베소교회에 침투했다. 이에 바울은 영적인 아들 디모데를 에베소교회에 파송하여 문제를 해결하려 했다. 그리고 자신이 다시 돌아오지 못할 경우를 대비해 목회 방침을 적은 편지를 보냈다. 그 편지가 바로 디모데전서다.

통독 길잡이

아마 디모데를 파송하는 바울의 마음은 아들을 전쟁터로 보내는 아버지의 마음과 같았을 것이다. 이제 디모데는 거짓 교사들과의 한판 싸움을 시작할 것이기 때문이다. 이때 바울은 디모데의 손에 강력한 무기 하나를 쥐어 주었다. 바로 복음이다. 바울은 디모데에게 오직 복음을 무기로 싸울 것을 권면한다. 디모데가 복음을 성실하게 전하기만 하면, 반드시 복음의 열매가 맺힌다는 것이다. 이 진리는 이 시대의 사역자들에게도 유효하다. 교회의 가장 강력한 무기는 복음이다.

다른 교훈을 가르치지 말며

1장   왜 바울은 참된 복음만 전하라고 하는가?

1-11 당시 에베소교회의 가장 심각한 문제는 거짓 교사들이었습니다. 그들은 참된 복음이 아니라 신화와 족보에 관한 것을 가르쳤습니다(3-4절). 이런 '다른 복음'은 구원에 이르는 지식과 성장이 아니라 불필요한 논쟁만 생산할 뿐이었습니다(4절). 이에 바울은 디모데에게 참된 복음만 전할 것을 권면합니다. 순수한 복음만이 청결한 마음과 선한 양심과 거짓 없는 사랑의 열매를 만들어 내기 때문입니다(5절). 우리는 교회 안에서 어떤 주제를 나누고 있습니까? 혹시 불필요한 논쟁을 일삼고 있지 않습니까? 세상적인 주제를 내려놓고, 진리를 배우고 익히는 데 집중해야 합니다. **12-20** 바울은 자신이 경험한 복음의 영광을 설명합니다(12-17절). 복음을 통해 자신의 삶이 180도 변화된 것처럼, 복음을 성실하게 전하면 에베소 교인들도 변할 것을 강조하는 것입니다. 우리는 무엇으로 사람을 변화시키려 합니까? 가장 강력한 무기는 복음입니다.

2장   왜 바울은 국가 지도자를 위해 기도하라고 하는가?

1-15 바울은 디모데에게 모든 사람을 위해 기도하되, 특별히 국가 지도자를 위해 기도하라고 합니다(2절). 국가의 권위가 바르게 행사될 때, 교회의 권위도 보호를 받을 수 있기 때문입니다. 실제로 바울이 유대인들의 공격으로부터 살아남을 수 있었던 것은 로마 정부의 공권력 때문이었습니다. 오늘날에도 이슬람 국가에서는 타종교가 무력으로 교회를 핍박하는 일이 종종 발생합니다. 우리는 그런 나라의 지도자들을 위해 기도해야 합니다. 11-15절은 많은 논쟁을 일으키는 구절입니다. 이 단락의 핵심은 여자들이 교회 안에서 남자의 지도력에 복종해야 한다는 뜻입니다. 이 말씀을 그 시대의 문화로 보는 교회는 여자에게도 목사 안수를 주지만, 모든 시대에 통용되는 보편적인 권면으로 보는 교회는 여자에게 목사 안수를 주지 않습니다. 그런데 바울이 아담과 하와의 사례를 예로 드는 것으로 보아(13-14절), 특정 시대의 문화가 아니라 하나님의 창조 질서로 보아야 할 것 같습니다. 그렇다고 여자가 남자보다 열등하다는 의미는 아닙니다. 이것은 다만 기능의 구별로 보아야 합니다. 여자는 다른 역할로 교회를 섬길 수 있고, 그것도 충분히 가치 있는 일입니다.

3장   왜 바울은 직분자를 세우라고 말하는가?

1-16 바울은 디모데에게 직분자를 세우라고 말합니다. 교회는 직분자의 봉사를 통해 건강하게 성장하기 때문입니다. 바울은 먼저 감독의 자격을 설명합니다. 감독(목사와 장로)의 자격 가운데 핵심적인 것은 가정을 잘 다스리는 것입니다(4절). 교회를 돌보는 것은 가족을 돌보는 것과 같기 때문입니다. 감독이 한 아내의 남편이어야 한다는 것(2절)은 한 번에 두 아내를 두는 음란한 사람은 교회의 지도자가 될 수 없다는 뜻입니다. 집사는 돈에 욕심을 내지 않는 사람이어야 합니다(8절). 집사는 교회의 재정을 관리하며 구제하고 봉사하는 직분이기 때문입니다.

감사함으로 받으면 버릴 것이 없나니

4장   왜 바울은 복음을 가르치는 일에 최선을 다하라고 하는가?

1-16 바울은 금욕주의자들을 경계하라고 말합니다. 바울이 경계하는 금욕주의자들은 혼인과 음식을 부정하게 여기는 자들입니다(3절). 금욕을 강조하는 것은 이단들의 특징입니다. 무엇이든 하나님의 영광을 위해 사용하면 선하고, 개인의 욕망을 위해 사용하면 악합니다(4-5절). 원래부터 선하거나, 원래부터 악한 것은 없습니다. 바울은 바른 복음을 가르칠 때 '좋은 일꾼'이 만들어진다고 합니다(6절). 그러므로 교회는 복음을 가르치는 일에 최선을 다해야 합니다. 바울은 육체의 연습은 약간의 유익이 있지만, 경건의 훈련은 현재와 미래 모두에 유익하다고 말합니다(8절). 우리는 육체의 건강을 위해 노력하는 것만큼, 영혼의 건강을 위해 노력하고 있습니까?

5장   왜 바울은 직분자를 세울 때 신중하라고 말하는가?

1-25 바울은 디모데에게 가족을 돌보듯 교회 공동체를 돌보라고 합니다(1-2절). 교회는 그리스도의 피를 나누어 가진 영적인 가족이기 때문입니다. 실제로 예수님도 육신의 어머니 마리아를 육신의 형제가 아니라 영적 가족인 교회에 맡겼습니다(요 19:27). 교회가 영적 가족이라면, 교회 안에 경제적인 어려움을 겪는 사람이 없도록 돕는 것은 당연한 일입니다. 당시 여자의 경제 활동이 제한되어 있었기 때문에 남편을 잃은 여성들은 물질적인 어려움을 겪었습니다. 이에 바울은 교회가 그들을 도와주어야 한다고 말합니다(3절). 이어서 바울은 교회가 설교자들의 생계를 보장해 주어야 한다고 말합니다(17절). 설교자들이 영적 양식을 공급하기 위해서는 성도들이 물질의 양식을 공급해 주어야 하기 때문입니다(18절). 그리고 바울은 경솔히 안수하지 말라고 합니다(22절). 직분자를 세울 때 신중하라는 뜻입니다. 교회는 직분자의 봉사를 통해 영적으로 건강하게 성장합니다. 직분자의 자질은 교회의 영적 성장과 밀접하게 연관되어 있습니다. 따라서 교회는 세상이 일꾼을 세우는 기준이 아니라, 성경이 말하는 기준을 따라 신중하게 직분자를 선출해야 합니다.

6장   왜 바울은 상전을 공경하라고 하는가?

1-21 바울은 상전을 공경하라고 합니다(1-2절). 그래야 우리가 믿는 하나님의 이름이 비방을 당하지 않기 때문입니다. 따라서 신자들은 직장을 선교지로 생각해야 합니다. 직장에서 모범적인 일꾼이 되기 위해 노력해야 합니다. 바울은 거짓 교사들을 주의하라고 합니다(3-5절). 거짓 교사들은 다툼을 좋아하고 돈을 사랑합니다. 따라서 거짓 교사들이 활개를 칠 때 교회는 어려움을 겪습니다. 바울은 자족하는 마음을 가지라고 합니다(6-8절). 자족하는 마음이란 필요한 것은 하나님이 주신다는 믿음입니다. 이런 믿음을 가진 사람은 물질이 적어도 감사할 수 있습니다. 하지만 자족할 줄 모르는 사람들은 돈만 추구하다가 하나님을 잃어버리게 됩니다(9-10절). 그래서 교회는 부자들을 권면해야 합니다(17-19절). 교회는 부자들이 그들의 재물을 선한 사업에 쓰도록 권면해야 합니다. 그것이야말로 그들의 미래를 준비하는 일이기 때문입니다.

한눈에 보는 디모데후서

핵심	인내하라 (1–3장)	시험을 견디라 (4장)
사건	디모데의 믿음에 대한 감사 디모데의 책임 배교의 날이 다가옴	말씀을 전하라 임박한 바울의 죽음
주제	복음과 함께 고난을 받으라!	면류관을 사모하라!
장소	로마의 감옥	
기간	대략 주후 67년	

저자: 바울

바울은 '작은 자'라는 뜻이다. 사울이라고도 한다. 바울은 헬라식 이름이며, 사울은 유대식 이름이다. 베냐민 지파 출신이며, 유대인인 동시에 로마 시민권자였다. 회심하기 전에는 당대 최고의 랍비였던 가말리엘 문하에서 수학했으며, 철저한 바리새인이요, 유대교 신자였다. 기독교인을 박해하는 데 앞장섰으며, 스데반 집사의 죽음에도 영향을 미쳤다. 기독교인들을 체포하기 위해서 다메섹으로 가던 중 부활하신 예수님을 만나 회심했다. 그때 예수님께 이방인의 사도로 부름받았다. 1차 선교 여행을 통해 소아시아 지방에 복음을 전했으며, 2차 선교 여행을 통해 헬라 지방에 복음을 전했고, 3차 선교 여행 때는 주로 에베소에 머물렀다. 네로 황제 때 순교를 당한 것으로 알려져 있으며, 로마서에서 빌레몬서까지 모두 13개의 서신서를 기록했다. 이것들을 바울서신이라고 한다. 흔히 로마서, 고린도전후서, 갈라디아서를 4대 서신, 에베소서, 빌립보서, 골로새서, 빌레몬서를 옥중서신, 디모데전후서, 디도서를 목회서신으로 구분한다.

기록 목적

바울이 처음 로마에 왔을 때는 가택 연금 상태였다. 면회도 자유로웠고, 생활 환경도 나쁘지 않았다. 디모데후서를 쓸 때는 두 번째 감금 상태였는데, 이때는 어둡고 축축한 지하 감옥에 있었던 것으로 알려져 있다. 처음 감금 때는 다시 풀려날 것이란 확신을 가지고 있었지만, 두 번째 투옥되었을 때는 죽음을 짐작하고 있었던 것으로 보인다. 그래서 디모데후서는 디모데에게 남긴 바울의 유언이나 마찬가지다. 이 시기에 대부분의 동역자들이 바울을 떠났다(1:15). 아마 계속되는 시련에 끝까지 동참하기란 쉽지 않았을 것이다. 그런 시기였기에 변함없이 곁을 지켜 준 디모데는 바울에게 매우 특별한 존재였다. 바로 그것이 마지막 서신을 디모데에게 보낸 이유일 것이다. 바울은 자신이 죽은 후, 자신의 사역을 디모데가 이어 가길 원했다. 그런 점에서 디모데후서는 목회자를 위한 서신이다. 하지만 목회자만을 위한 성경은 아니다. 디모데후서를 통해 교회와 목회에 대한 올바른 기준을 발견할 수 있기 때문이다.

통독 길잡이

바울은 고난이 주님께 헌신하고자 하는 자들이 보편적으로 경험하는 일이라고 말한다(1:8, 2:3, 3:12). 고난은 특별한 일이 아니다. 또 다른 강조점은 성경이다. 목회자는 성경을 가르치고 전파하는 일에 최선을 다해야 한다(2:15, 3:15-17, 4:1-2). 반면 거짓 가르침은 교회에 치명적인 결과를 가져오므로 단호하게 대처해야 한다(2:16-17, 3:7, 4:3-5). 우리는 디모데후서를 통해 사역자의 자격이 고난을 두려워하지 않는 것과 성경에 능한 것임을 알 수 있다.

경건하게 살고자 하는 자는 박해를 받으리라

1장 왜 바울은 디모데에게 부끄러워하지 말라고 하는가?

1-18 바울은 디모데에게 부끄러워하지 말라고 합니다(8절). 아마 디모데는 복음 때문에 감옥에 갇힌 바울로 말미암아 복음 사역에 회의를 느꼈던 것 같습니다. 이에 바울은 자신은 복음 때문에 당하는 고난을 부끄러워하지 않는다고 말합니다(12절). 고난에도 하나님의 뜻이 있기 때문입니다(12절). 그러면서 바울은 "아름다운 것을 지키라"고 말합니다. 아름다운 것은 복음을 의미합니다. 복음 때문에 고난을 당할지라도 복음 전하기를 포기하지 말라는 뜻입니다.

2장 왜 바울은 감옥에서도 절망하지 않았는가?

1-26 바울은 신자가 병사, 선수, 농부가 되어야 한다고 말합니다. 병사는 지휘관을 위해 헌신하며(4절), 선수는 규칙을 준수하며(5절), 농부는 곡식을 수확합니다(6절). 따라서 신자는 하나님을 위해 헌신하고, 말씀에 순종하며, 하나님이 주실 은혜를 기대해야 합니다. 당시 바울은 감옥에 갇혀 있었습니다. 하지만 바울은 절망하지 않았습니다. 바울은 매여 있지만, 하나님의 말씀은 매이지 않기 때문입니다(9절). 따라서 교회는 어떤 일보다 말씀을 가르치고 전하는 일에 힘써야 합니다. 그러면 그때부터 말씀이 살아 역사할 것입니다. 그래서 디모데가 힘써야 하는 일은 말다툼이 아니라 진리의 말씀을 옳게 분별하는 일입니다(14-15절). 교회의 지도자는 불필요한 논쟁을 삼가고, 성경을 올바르게 가르치는 일에 최선을 다해야 합니다.

3장 왜 교회는 성경을 읽고 가르치는 일에 힘써야 하는가?

1-17 말세의 시기는 알 수 없지만, 말세의 증상은 분명합니다. 사람들은 하나님과 이웃보다 자기를 더 사랑하게 될 것입니다(1-4절). 실제로는 경건하지 않으면서 겉으로만 경건한 척할 것입니다(5절). 말세를 견디는 방법은 성경을 굳게 붙잡는 것입니다(15-17절). 하나님은 성경을 가까이하는 신자들에게 구원에 이르는 지혜를 주실 것입니다. 하나님은 성경을 통해 우리를 교훈하시고, 책망하시고, 바르게 하시고, 의롭게 하실 것입니다. 그러므로 교회가 가장 힘써야 하는 사역은 성경을 읽고 연구하는 일입니다.

4장 왜 바울은 디모데에게 속히 자기 곁으로 오라고 하는가?

1-8 바울이 고난 가운데서도 복음 사역을 성실하게 감당할 수 있었던 것은 종말에 있을 예수님의 심판을 믿었기 때문입니다(1절). 바울은 이 세상에서 편하게 살기보다 다음 세상에서 예수님이 주실 상을 기대했습니다. **9-18** 바울은 디모데에게 속히 자기 곁으로 오라고 말합니다(9절). 바울의 동역자 가운데 상당수가 바울을 떠났기 때문입니다. 이제 바울 곁에는 누가 한 사람만 남아 있었습니다(11절). **19-22** 당시 바울은 죽음을 앞두고 있었습니다. 바울은 마지막으로 떨어져 있는 동역자들에게 안부를 전합니다. 바울은 죽음을 눈앞에 두고서도 복음의 동역자들을 생각했습니다. 바울에겐 복음이 전부였습니다.

한눈에 보는 디도서

핵심	직분 (1장)	선행 (2–3장)
사건	경건한 장로 선출 거짓 교사 책망	건전한 교리 선한 일
주제	경건한 지도자를 세우라	건전한 교리를 실천하라
장소	아마 고린도에서 기록했을 것이다	
기간	대략 주후 63년	

저자: 바울

바울은 '작은 자'라는 뜻이다. 사울이라고도 한다. 바울은 헬라식 이름이며, 사울은 유대식 이름이다. 베냐민 지파 출신이며, 유대인인 동시에 로마 시민권자였다. 회심하기 전에는 당대 최고의 랍비였던 가말리엘 문하에서 수학했으며, 철저한 바리새인이요, 유대교 신자였다. 기독교인을 박해하는 데 앞장섰으며, 스데반 집사의 죽음에도 영향을 미쳤다. 기독교인들을 체포하기 위해서 다메섹으로 가던 중 부활하신 예수님을 만나 회심했다. 그때 예수님께 이방인의 사도로 부름받았다. 1차 선교 여행을 통해 소아시아 지방에 복음을 전했으며, 2차 선교 여행을 통해 헬라 지방에 복음을 전했고, 3차 선교 여행 때는 주로 에베소에 머물렀다. 네로 황제 때 순교를 당한 것으로 알려져 있으며, 로마서에서 빌레몬서까지 모두 13개의 서신서를 기록했다. 이것들을 바울서신이라고 한다. 흔히 로마서, 고린도전후서, 갈라디아서를 4대 서신, 에베소서, 빌립보서, 골로새서, 빌레몬서를 옥중서신, 디모데전후서, 디도서를 목회서신으로 구분한다.

기록 목적

바울의 선교 여행 결과 그레데 지방에도 교회들이 세워졌다. 바울은 그곳에 오래 머물 수 없었으므로 대신 디도를 남겨 두었다. 그런데 이곳에도 거짓 교사들이 침투한다. 아마도 그들은 믿음으로 구원을 받기 때문에 행위에 신경 쓸 필요가 없다고 주장했던 것 같다. 그래서 바울은 선한 행실의 중요성을 강조하는 서신을 보내야 했다. 바로 그 서신이 디도서다.

통독 길잡이

디도서의 강조점은 크게 세 가지다. 첫째, 복음은 반드시 경건한 삶을 낳는다(2:14). 둘째, 참된 믿음은 행위로 증명된다(1:16). 셋째, 반드시 경건한 사람을 직분자로 세워야 한다(1:5-9).

선한 일을 열심히 하는 하나님의 백성이 되라

1장 왜 바울은 지도자 자격을 엄격하게 규정하는가?

1-16 바울은 디도를 그레데교회의 목회자로 세웁니다. 그러면서 디도에게 지도자를 잘 세울 것을 당부합니다. 지도자의 조건은 책망할 것이 없고, 성적으로 순결하며, 방탕하지 않고, 믿음의 자녀를 두었으며, 급히 분 내지 않고, 술을 멀리하며, 불의의 이익을 탐하지 않고, 나그네를 대접하며, 선행을 좋아하고, 절제하는 사람입니다(5-9절). 지도자 자격을 엄격하게 규정하는 이유는, 교회의 지도자가 사회적으로 비판받을 경우 교회의 복음 전파가 심각한 타격을 받기 때문입니다. 바울은 참된 지도자의 모습을 설명한 후 거짓 교사들의 정체를 폭로합니다. 둘 사이의 차이점을 대조하기 위해서입니다. 거짓 교사들의 특징은 말과 행동이 다른 것입니다. 그들은 가르치는 대로 살지 않습니다(16절). 이런 자들은 믿음의 가정을 세우기는커녕, 오히려 가정을 붕괴시킬 것입니다(11절). 입으로만 신앙을 말하고, 삶으로는 부인하는 자들을 경계해야 합니다. 그리고 우리가 그런 사람이 되지 않도록 조심해야 합니다.

2장 왜 우리는 불신자들과 말과 행동에서 구별되어야 하는가?

1-15 거짓 교사들의 특징은 입으로만 신앙을 말하고, 삶으로는 실천하지 않는 것입니다. 그래서 바울은 각자의 위치와 역할에 따라 어떤 삶을 살아야 하는지를 설명합니다(1-10절). 목회자는 바른 교훈을 가르쳐야 합니다(1절). 사람들이 듣고 싶어 하는 말이 아니라 하나님이 전하라고 하신 말씀을 전해야 합니다. 연장자는 선한 행실로 연소자의 본이 되어야 합니다(2-4절). 젊은 여자는 가정을 잘 돌보고 남편에게 복종해야 합니다(5절). 젊은 남자는 말과 행동을 절제해야 합니다(6-8절). 좋은 주인이 보기에 믿을 만한 사람이 되어야 합니다(9-10절). 이어서 바울은 모든 신자의 보편적인 책임을 말합니다. 하나님이 우리에게 은혜를 주신 목적은 우리가 세상 정욕을 버리고 경건한 삶을 사는 것입니다(11-14절). 따라서 우리는 은혜를 받은 사람답게, 불신자들과 구별된 말과 행동에 힘써야 합니다.

3장 왜 이단과 논쟁하는 일을 피해야 하는가?

1-15 바울은 계속해서 은혜를 받은 자의 삶을 설명합니다. 바울은 두 가지 관계를 기준으로 신자의 삶을 설명합니다. 첫째, 국가와의 관계입니다. 신자는 국가의 권위를 부정해서는 안 됩니다. 지도자의 권세는 하나님이 주신 것입니다. 따라서 신자는 국가 지도자들의 권위에 순종해야 합니다(1절). 둘째, 이웃과의 관계입니다. 신자는 모든 사람에게 온유해야 합니다. 아무도 비방하지 말아야 하고, 다투지 말아야 합니다(2절). 바울은 마지막으로 디도가 피해야 할 것을 경고합니다. 첫째, 무익하고 헛된 논쟁을 피해야 합니다(9절). 둘째, 이단을 피해야 합니다(10절). 열매 없는 논쟁으로 열정과 시간을 낭비하기보다는 말씀을 사모하는 공동체를 섬기는 일이 더 중요하기 때문입니다.

한눈에 보는 빌레몬서

핵심	용서(1장)
사건	바울의 감사 바울의 호소
주제	그리스도인의 자발적 용서와 사랑
장소	로마
기간	대략 주후 60–61년

저자: 바울

바울은 '작은 자'라는 뜻이다. 사울이라고도 한다. 바울은 헬라식 이름이며, 사울은 유대식 이름이다. 베냐민 지파 출신이며, 유대인인 동시에 로마 시민권자였다. 회심하기 전에는 당대 최고의 랍비였던 가말리엘 문하에서 수학했으며, 철저한 바리새인이요, 유대교 신자였다. 기독교인을 박해하는 데 앞장섰으며, 스데반 집사의 죽음에도 영향을 미쳤다. 기독교인들을 체포하기 위해서 다메섹으로 가던 중 부활하신 예수님을 만나 회심했다. 그때 예수님께 이방인의 사도로 부름받았다. 1차 선교 여행을 통해 소아시아 지방에 복음을 전했으며, 2차 선교 여행을 통해 헬라 지방에 복음을 전했고, 3차 선교 여행 때는 주로 에베소에 머물렀다. 네로 황제 때 순교를 당한 것으로 알려져 있으며, 로마서에서 빌레몬서까지 모두 13개의 서신서를 기록했다. 이것들을 바울서신이라고 한다. 흔히 로마서, 고린도전후서, 갈라디아서를 4대 서신, 에베소서, 빌립보서, 골로새서, 빌레몬서를 옥중서신, 디모데전후서, 디도서를 목회서신으로 구분한다.

기록 목적

바울은 도망친 노예 오네시모를, 빌레몬이 용서해 줄 것을 부탁하기 위해 본서를 기록했다.

통독 길잡이

바울은 초대 교회의 지도자였고, 빌레몬은 골로새교회의 지도자였다. 바울에게는 빌레몬이 오네시모를 용서하도록 강권할 권위가 있었다. 하지만 바울은 정중하게 부탁한다. 기독교의 사랑은 강압이 아니라 자발적으로 행해져야 하기 때문이다. 이것이 기독교다. 기독교의 희생, 용서, 화해는 모두 자발성에 기초해야 한다.

그를 영접하기를 내게 하듯 하라

1장 왜 바울은 오네시모를 빌레몬에게 돌려보내는가?

1-25 오네시모는 빌레몬의 노예였고, 빌레몬은 골로새 교회의 지도자였습니다. 오네시모는 몰래 빌레몬에게서 도망쳤는데, 로마법에 따르면 사형을 당할 수도 있었습니다. 어떤 일로 감옥에 갇힌 오네시모는 우연히 바울을 만나 회심하게 됩니다. 원래부터 빌레몬을 알고 있던 바울은 오네시모가 빌레몬의 노예였던 것을 알고, 다시 돌아갈 것을 권면합니다. 오네시모와 빌레몬이 복음 안에서 화해하기를 원했기 때문입니다. 우리가 주목할 부분은 바울이 빌레몬에게 자발적인 용서를 부탁한다는 점입니다. 바울은 자신의 지위를 이용해서 용서를 강권

할 수 있었지만, 그렇게 하지 않았습니다. 기독교의 용서는 예수님의 은혜에 빚진 자들이 자발적으로 하는 것이지, 강요와 강제로 하는 것이 아니기 때문입니다. 하나님은 우리에게 용서를 강제하시지 않습니다. 하나님은 우리가 누군가를 자발적으로 용서하기를 온유한 심정으로 기다리십니다. 하지만 하나님께 받은 은혜를 생각한다면, 우리는 누구든지 자발적으로 용서해야 합니다. 아무도 우리에게 강제하지 않지만, 지금 우리가 자발적으로 용서해야 할 사람은 누구입니까?

한눈에 보는 히브리서

핵심	하나님의 아들이신 그리스도 (1–3장)	대제사장이신 그리스도 (4–9장)	그리스도인의 삶 (10–13장)
사건	선지자보다 뛰어난 그리스도 천사보다 뛰어난 그리스도 모세보다 뛰어난 그리스도	그리스도의 제사장직	그리스도인의 믿음 그리스도인의 인내
주제	그리스도는 누구와도 비교할 수 없이 크시다	그리스도의 제사는 완전하다	그리스도인은 믿고, 인내해야 한다
장소	미정		
기간	대략 주후 64–68년		

저자: 확실하지 않음 (바울 또는 바나바. 아볼로라는 주장도 있다.)

기록 목적

바울은 주로 유대교 회당을 중심으로 사역했으므로, 초기 기독교인은 대부분 유대교에서 개종한 자들이었다. 그런데 유대인들이 바울을 핍박한 데서 알 수 있듯이, 유대교에서 기독교로 개종하는 것은 엄청난 핍박을 감수하는 일이었다. 실제로 핍박을 견디지 못하고 다시 유대교로 돌아가는 자들도 적지 않았다. 이것이 히브리서의 배경이다. 히브리서는 다시 유대교로 돌아가려는 자들에게는 경고를, 핍박을 견디는 자들에게는 위로를 전하려는 목적으로 기록되었다.

통독 길잡이

히브리서의 저자는 알려져 있지 않은 반면, 수신자는 명확하다. 히브리서는 기독교와 유대교 사이에서 갈등하던 유대계 신자들을 위해 기록된 서신이다.[309] 당시 유대교에서 기독교로 개종한 자들은 예배 형태와 관련하여 큰 혼란을 겪었다. 지금껏 그들은 눈에 보이는 성전에서, 눈에 보이는 제사를 통해 하나님을 예배했다. 그런데 그리스도인이 된 후로는 건물로서의 성전과 피의 제사가 필요 없다는 가르침을 받았다. 하지만 성전과 제사에 대한 집착은 한순간에 사라지지 않았다. 그들은 천 년 넘게 성전에서 피의 제사를 드린 유대인의 후손이었다. 성전과 제사는 그들이 지켜 온 신앙의 전체와도 같았다. 기독교로 개종했지만, 그래도 성전과 피의 제사가 없는 기독교는 뭔가 부족해 보였다. 그래서 하나님은 알 수 없는 누군가의 손을 통해 성전과 제사보다 탁월한, 심지어 모세나 천사와도 비교할 수 없는 그리스도를 기록하게 하셨다. 우리는 히브리서 묵상을 통해 그리스도께서 당신의 몸으로 단 한 번에 드리신 제사가 얼마나 위대하며 놀라운 것인지 알게 될 것이다.

348

예수를 깊이 생각하라

1장　왜 예수님께만 충성해야 하는가?

1-14 유대계 그리스도인들은 기독교로 개종한 이후에도, 자신들의 신앙을 확신하지 못했습니다. 유대교에 너무 깊이 물들어 있었기 때문입니다. 그래서 저자는 예수님을 설명합니다. 예수님이 기독교 신앙의 핵심이기 때문입니다. 예수님은 창조주 하나님이시요(2절), 하나님의 아들이시요(5절), 온 세상의 통치자이십니다(7-9절). 하나님의 수종자인 천사와는 비교할 수 없는 분이십니다. 그렇다면 오직 예수님만 예배하며, 예수님께만 충성하는 것이 당연합니다.

2장　왜 예수님은 사람이 되셨는가?

1-18 유대교에서 기독교로 개종한 자들은 성자 하나님이 사람이 된 것과 고난받으신 것을 이해할 수 없었습니다. 그래서 저자는 성자께서 사람이 되시고 고난받으신 이유가 있다고 말합니다. 바로 죽음의 권세 아래 고통받는 자들을 해방시키시는 것입니다(10-16절). 이어서 저자는 예수님이 우리의 어려움을 이해하신다고 말합니다(18절). 친히 사람이 되셨고, 고난을 겪으셨기 때문입니다. 따라서 우리는 어떤 어려움이든 하나님께 아뢸 수 있습니다. 예수님은 우리의 구원자이실 뿐만 아니라 우리의 위로자이시기도 합니다.

3장　왜 모세보다 예수님을 따라야 하는가?

1-19 유대교는 모세를 중요하게 생각했습니다. 그래서 기독교로 개종한 유대인 중에는 예수님보다 모세를 더 중요하게 생각하는 자들이 있었습니다. 이에 저자는 모세는 하나님의 종이지만(5절), 예수님은 하나님의 아들이시라고 말합니다(6절). 종과 아들 가운데 누구를 따라야 할까요? 답은 명확합니다.

4장　왜 다시 유대교로 돌아가는 자들에게는 안식이 없는가?

1-16 저자는 유대인들의 핍박이 두려워서 다시 유대교로 돌아가려는 자들에게, 진정으로 두려워할 분은 유대인이 아니라 하나님이라고 말합니다(1절). 다시 유대교로 돌아가는 자들은 결코 안식을 얻지 못할 것입니다(1절). 안식에 이르는 길은 단 하나, 예수님을 주님으로 영접하는 것밖에 없기 때문입니다(3절).

5장　왜 예수님을 떠나서는 죄 사함을 받을 수 없는가?

1-14 대제사장은 아무나 마음대로 할 수 없습니다. 하나님이 친히 불러 주셔야 합니다(4절). 예수님도 마찬가지입니다. 예수님이 우리의 대제사장이 되신 것도 스스로 취하신 것이 아니라 하나님의 부름에 근거한 일입니다(5절). 그러므로 하나님이 직접 세우신 대제사장(예수님)을 떠나서는 죄 사함이 있을 수 없습니다.

다시 죄를 위하여 제사드릴 것이 없느니라

6장   왜 기독교를 떠나서 유대교로 돌아가서는 안 되는가?

1-20 바울은 기독교와 유대교 사이에서 갈등하는 자들에게 엄중한 경고의 메시지를 전합니다. 만약 영적인 빛을 받고(세례 교육),[310] 하늘의 은사를 맛보고, 성령에 참여하고, 선한 말씀과 내세의 능력을 맛보고도 기독교를 떠난 자들(4-5절)은 예수님을 다시 십자가에 못 박은 것이나 마찬가지이므로 결코 구원을 받지 못할 것입니다(6절).

7장   왜 예수님은 참 대제사장인가?

1-28 유대교에서는 레위 지파 중에서도 아론의 후손만 대제사장이 될 수 있었습니다. 예수님은 유다 지파에 속했으므로, 예수님께 대제사장의 자격이 있는지 의심하는 자들이 있었습니다. 이에 저자는 하나님이 레위 지파 밖에서 제사장을 세우신 사례를 설명합니다. 바로 멜기세덱입니다(1절). 멜기세덱은 제사장이었지만, 레위 지파가 아니었습니다. 만약 구약의 제사장 제도로 구원받을 수 있었다면, 하나님이 당신의 아들을 새로운 대제사장으로 세우실 필요가 없었을 것입니다(28절). 예수님 이전의 제사장들은 예수님을 가리키는 희미한 그림자에 불과합니다. 예수님은 당신의 몸으로 단 한 번에 완전한 제사를 이루신 참 대제사장이십니다(27절).

8장   왜 새 언약의 중보자이신 예수님을 믿어야 하는가?

1-13 예수님은 새 언약의 중보자이십니다(6절). 옛 언약에서는 짐승을 제물로 바쳐서 일시적인 죄 사함만 얻을 수 있었다면, 새 언약에서는 예수님을 믿는 믿음을 통해 영원한 죄 사함을 얻을 수 있습니다. 그렇다면 옛 언약과 새 언약 가운데 무엇을 선택해야 할까요?

9장   왜 예수님은 건물 성전보다 탁월하신가?

1-28 옛 언약의 시대에는 건물 성전을 통해 하나님을 만날 수 있었습니다(1-5절). 하지만 옛 언약에는 한계가 있었습니다. 아무 때나 하나님을 만날 수 있는 것이 아니라, 대제사장만 일 년에 한 번 지성소에서 하나님을 만날 수 있었습니다(7절). 하지만 지금은 신자라면 누구든지, 그리고 언제든지 하나님을 만날 수 있습니다. 예수님이 당신의 피로 하나님과 우리 사이의 벽을 허무셨기 때문입니다. 따라서 예수님은 건물로서의 성전보다 훨씬 탁월하십니다.

형제 사랑하기를 계속하라

10장 왜 율법은 예수님의 그림자인가?

1-18 율법은 죄를 해결할 수 없습니다. 율법은 우리의 죄를 해결하지 않고, 깨닫게 할 뿐입니다. 그래서 율법은 예수님의 그림자입니다(1절). 예수님의 희생 제사는 구약의 희생 제사와 다릅니다. 예수님이 십자가에서 드리신 제사는, 우리의 죄를 근원적으로 모두 해결했습니다. 그러므로 우리는 두 가지를 기억해야 합니다. 이제 우리는 죄의 권세에서 완전히 해방되었습니다. 우리에게 영원한 사망은 없습니다. 둘째, 그러므로 우리는 죄인들과 다르게 살아야 합니다. 죄와 상관없는 사람처럼 살아야 합니다. **19-39** 예수님은 대제사장이실 뿐만 아니라 심판주이시기도 합니다. 따라서 예수님을 믿지 않은 자들은 마지막 날에 예수님의 심판을 받을 것입니다(30절).

11장 왜 저자는 구약의 신자들을 소개하는가?

1-40 저자는 믿기 힘든 상황에서도 믿었던 구약의 신실한 성도들을 소개합니다. 아벨은 믿음으로 제사를 드렸고(4절), 에녹은 믿음으로 하나님과 동행했습니다(5절). 노아는 믿음으로 방주를 지었고(7절), 아브라함은 믿음으로 보지 못한 땅을 향해 나갔습니다(8절). 사라는 믿음으로 자식을 얻었고(11절), 아브라함은 믿음으로 아들을 바쳤습니다(17절). 모세의 부모는 믿음으로 모세를 낳았고(23절), 모세는 믿음으로 자기 백성과 함께 고난받는 것을 선택했습니다(26절). 저자가 구약의 신자들을 소개하는 이유는 그들을 본받기 위해서입니다. 구약 신자들은 옛 언약 안에서도 신실한 믿음을 가졌습니다. 그렇다면 새 언약 안에 있는 우리는 더욱 확고하게 믿어야 합니다.

12장 왜 하나님은 우리를 징계하시는가?

1-29 믿음의 경주에는 장애물이 많습니다. 고난이라는 장애물입니다. 그래서 저자는 우리에게 구름 같은 증인들을 소개합니다(1절). 11장에서 소개한 믿음의 사람들이 바로 구름 같은 증인들입니다. 우리는 구약 신자들의 삶에서 자극을 받아 믿음의 경주를 계속할 수 있습니다. 이제 저자는 고난의 본으로 예수님을 소개합니다(2절). 예수님은 십자가의 고난을 참으셨습니다. 그러므로 우리도 믿음의 경주에서 필연적으로 겪기 마련인 고난을 무서워하지 말아야 합니다. 때때로 하나님은 우리를 징계하기도 하십니다. 그것은 우리를 미워하셔서가 아닙니다. 우리가 하나님의 자녀이기 때문이고(6절), 하나님의 징계를 통해 더욱 거룩해지기 때문입니다(10절).

13장 왜 저자는 예수님의 구속을 설명하는가?

1-17 저자는 구약의 희생 제사를 그리워하는 자들에게, 이제 우리가 드려야 할 제사는 선을 행하고, 서로 나누어 주는 것이라고 말합니다(16절). 구체적으로는 형제를 사랑하고 손님을 대접하는 것(1절), 복음 때문에 고난받는 자들을 돕는 것(3절), 결혼을 귀하게 여기고 불륜을 행하지 않는 것(4절), 돈을 사랑하지 않고 만족하는 것(5절) 등입니다. **18-25** 저자는 마지막으로 예수님이 행하신 구속을 설명합니다. 이제 신자의 삶은 옛 언약에 속한 성전과 제사를 그리워하는 것이 아니라, 새 언약을 이루신 그리스도를 찬양하는 것임을 강조하기 위해서입니다.

한눈에 보는 야고보서

핵심	믿음의 시험 (1장)	행위 없는 믿음 (2–4장)	믿음의 결과 (5장)
사건	성도의 시련 인내의 보상	부유한 자를 편애함 공동체를 파괴하는 죄들	부자들을 향한 경고 고난 중의 인내
주제	듣고 행하는 자가 되라	행위 없는 믿음은 죽은 믿음이다	주께서 강림하시기까지 길이 참으라
장소	예루살렘에서 기록했을 것이다		
기간	대략 주후 46–49년		

저자: 예수님의 동생 야고보

야고보는 초대 교회의 지도자였다. 제1차 예루살렘 회의에서 의장 역할을 맡았으며(행 15:13), 교회의 기둥으로 불렸다(갈 2:9). 원래 야고보는 예수님을 믿지 않았으나 부활하신 예수님을 목격한 이후로 예수님의 증인이 되었다(고전 15:7). 전승에 따르면 주후 62년에 유대인들에 의해 성전에서 던져진 후 돌과 곤봉에 맞아 죽었다고 한다.

기록 목적

교회에 가해진 박해와 핍박으로 말미암아 성도들은 점차 세속적인 생활 방식에 물들게 되었다(1:27, 4:4). 이에 예루살렘교회의 지도자였던 야고보는 믿음을 실천하는 것의 중요성을 강조하기 위해 본서를 기록하게 되었다.

통독 길잡이

흔히 야고보서는 로마서와 비교되지만, 야고보서가 로마서와 대조적인 내용을 담고 있는 것은 아니다. 야고보서와 로마서는 모순되지 않고 상호 보완적이다. 로마서는 '칭의'가 있다면 '행위'도 있을 것이라고 말하는 반면, 야고보서는 '행위'가 없다면 '칭의'도 없었음이 틀림없다고 말한다.

351

행함이 없는 믿음은 그 자체가 죽은 것이라

1장 왜 고난 중에도 기뻐해야 하는가?

1-27 야고보서는 흩어진 신자들(1절), 즉 삶의 터전을 잃고 방황하는 신자들에게 전해진 위로와 격려의 말씀입니다. 야고보는 현재 상황에서도 기뻐해야 한다고 말합니다(2절). 시험을 인내하는 자는 하나님으로부터 좋은 것을 받기 때문입니다(3-4절). 하지만 욕심 때문에 받는 시험은 상관없습니다(13-16절). 그런 시험은 우리를 넘어뜨릴 뿐입니다. 그리고 시험 중이라도, 이웃을 돌보는 책임에 무관심해선 안 됩니다. 고난 중에도 말을 조심하고, 더 어려운 이웃을 섬겨야 합니다(26-27절).

2장 왜 하나님은 아브라함을 의롭다고 하셨는가?

1-13 교회는 남녀노소와 빈부귀천의 구분 없이 서로를 한 형제로 여기는 공동체입니다(5절). 따라서 교회 안에서는 차별이 없어야 합니다(1절). 만약 교회가 가난한 자를 업신여기고 부자들을 존대한다면, 하나님을 떠나 돈의 권세에 굴복하는 것입니다(6절). **14-26** 하나님이 아브라함을 의롭다고 하신 것은 행함을 통해 믿음이 증명되었기 때문입니다. 이처럼 믿음이 있다면, 행함도 따라오기 마련입니다. 반대로 행함이 없다면 믿음도 없다는 증거입니다. 성경은 이런 믿음을 죽은 믿음이라고 합니다(26절).

3장 왜 말에 신중해야 하는가?

1-18 다른 사람보다 조금 더 안다고 해서 가르치려고 들어서는 안 됩니다(1절). 누구나 말에 실수가 많기 때문입니다(2절). 가능하면 적게 말하는 것을 훈련해야 합니다. 혀는 작지만 그 결과는 엄청납니다(3-8절). 작은 불씨가 숲 전체를 태우는 것처럼, 작은 혀가 교회 전체를 무너뜨릴 수 있습니다. 그래서 한마디 말도 신중하게 해야 합니다. 말을 조심하되, 특히 형제를 저주하는 말을 금해야 합니다(9-12절). 하나님은 형제를 저주하는 입에서 나오는 찬양을 받지 않으십니다(10절).

4장 왜 기도가 응답되지 않는가?

1-12 싸움과 다툼은 욕심 때문에 생겨납니다(1-3절). 기도가 응답되지 않는 것도 욕심 때문일 수 있습니다. 우리 안에 자리 잡은 욕심을 정직하게 살펴보고 회개해야 합니다. **13-17** 장사를 잘하는 한 사람이 있습니다. 이 사람은 돈을 많이 버는 법을 압니다. 하지만 하나님이 인생의 주관자이심을 알지 못합니다. 이 사람은 짧은 인생에서는 성공할 수 있겠지만, 영원에 이르는 구원에는 성공할 수 없습니다. 영원한 삶을 위해, 이 짧은 인생을 하나님의 뜻대로 살아가야 합니다.

5장 왜 부자들이 심판을 받는가?

1-20 부자들이 심판을 받는다고 합니다(1-6절). 단지 부자라서가 아니라 하나님이 주신 재물을 하나님 뜻대로 사용하지 않았기 때문입니다. 고난 중에도 기도하라고 합니다(13절). 기도만이 고난을 이길 힘이기 때문입니다. 어려움과 문제가 있습니까? 하나님께 기도하되, 특히 죄 용서를 위해 기도해야 합니다(15절).

한눈에 보는 베드로전서

핵심	성도의 구원 (1장)	성도의 순종 (2장)	성도의 고난 (3-5장)
사건	구원을 찬양함	국가와 가정에서의 순종	그리스도인의 고난과 섬김
주제	성도는 나그네다	그리스도께서도 고난받으셨다	고난 중에도 거룩하게 살라
장소	아마 로마에서 기록했을 것이다		
기간	대략 주후 63-64년		

저자: 베드로

본명은 시므온이다. 시몬이라고도 한다. 시므온은 유대식 이름이고, 시몬은 헬라식 이름이다. 예수님은 시므온에게 게바라는 새 이름을 지어 주셨다. 게바는 반석이라는 뜻이며, 헬라어로 번역하면 베드로다. 벳새다 출신의 어부이며(막 1:16), 후에 가버나움에서 생활했다(마 8:5). 사도 안드레와 형제지간이며, 야고보, 요한과 더불어 예수님을 가장 가까이에서 보필했다. 베드로는 정규 교육을 받지 못했지만, 명실공히 초대 교회의 최고 지도자였다. 그의 설교를 통해 예루살렘에서만 적어도 8천 명 이상이 회심했다(행 2:41, 4:4). 전승에 따르면, 네로 황제의 대박해 때 체포되어 십자가에 거꾸로 매달려 순교한 것으로 알려져 있다.

기록 목적

원래 로마는 기독교를 유대교의 한 종파로 인정했다. 하지만 시간이 지나면서 조금씩 박해를 가하기 시작하다가, 네로 황제 때는 기독교인이라는 이유만으로 고문하거나 죽이는 것까지 허용하게 된다. 이것은 주후 64년에 발생한 로마 화재의 원인이 기독교인들 때문이라는 소문이 돌면서 정점에 달하게 된다. 기독교 신자들이 콜로세움에서 사자의 먹이로 던져진 것도 이 시기다. 베드로는 점점 거세지는 핍박을 목도하는 가운데, 고난당하는 성도들을 위로하고, 박해자들 앞에서도 그리스도인답게 처신할 것을 권면하기 위해 본 서신을 기록했다.

통독 길잡이

베드로는 믿음 때문에 고난받는 것을 담대하게 받아들이라고 말한다. 그리스도께서도 그렇게 사셨기 때문이다. 그런데 베드로는 거기서 한 걸음 더 나아간다. 단지 고난을 담대하게 받아들일 뿐만 아니라 고난 중에도 거룩하게 살아야 한다고 말한다. 그것이 하나님의 부르심에 합당한 삶이다. 베드로전서의 수신자들은 로마 제국의 공격을 받았다. 그렇다면 우리는? 우리는 세속화의 공격을 거세게 받고 있다. 그런 점에서 베드로전서는 타락한 세상에서 거룩하게 살아가는 지혜에 대한 말씀이다.

육체의 정욕을 제어하라

1장   왜 고난 중에 예수님을 바라보아야 하는가?

1-25 베드로전서의 수신자는 박해받던 신자들입니다. 베드로는 그들에게 여러 가지 시험 속에서도 기뻐할 수 있는 비결을 말합니다(6절). 그 비결은 '산 소망'이신 예수님을 바라보는 것입니다(3절). 예수님을 바라보는 순간, 우리 유업이 하늘에 있음을 알 수 있기 때문입니다(4절). 그러므로 우리는 이 땅을 보며 한탄할 것이 아니라 하늘을 보며 찬양해야 합니다(3절). 그리고 하늘에 속한 사람답게 거룩하게 살아야 합니다(13-25절).

2장   왜 하나님은 우리를 어둠에서 빛으로 불러내셨는가?

1-25 하나님은 우리를 어둠에서 빛으로 불러내셨습니다. 그리하여 우리는 하나님의 백성, 왕 같은 제사장, 거룩한 나라, 하나님의 소유가 되었습니다(9절). 하나님이 우리에게 이런 은혜를 베푸신 목적은 우리가 하나님의 은혜를 선포하는 것입니다. 따라서 우리는 고난 중에도 우리의 사명을 잊지 말아야 합니다. 우리는 고난 중에도 하나님의 은혜를 찬양해야 합니다. 예수님은 고난받는 자들의 모범입니다(21-24절). 예수님은 아무 죄가 없으시면서도, 하나님의 뜻을 이루기 위해 고난받으셨습니다. 고난 중에 있다면, 예수님의 고난을 묵상하기 바랍니다.

3장   왜 가족을 전도하기 위해서 말과 행동을 조심해야 하는가?

1-22 지금까지 세상에서의 거룩함을 설명하던 베드로는, 이제부터 가정에서의 거룩함을 말합니다. 만약 불신 가족과 함께 사는 성도라면, 말과 행동을 조심해야 합니다. 하나님이 그의 거룩한 행동을 구원의 도구로 사용하시기 때문입니다(1-2절). 거룩한 삶이란 외모를 꾸미는 삶에서 내면을 꾸미는 삶으로의 전환을 의미합니다(3-4절). 따라서 우리는 외모보다 영혼에 더 깊은 관심을 가져야 합니다.

4장   왜 베드로는 고난을 즐거워하라고 하는가?

1-19 예수님의 재림을 기다리는 지금이 바로 종말입니다(7절). 지금이 종말임을 아는 사람과 그렇지 않은 사람은 같은 삶을 살 수 없습니다. 그런 점에서 성도의 삶은 불신자와 달라야 합니다. 그래서 베드로는 뜨겁게 사랑하고, 서로를 대접하고, 서로 봉사하라고 말합니다(8-9절). 그리고 베드로는 고난을 이상하게 여기지 말고, 도리어 즐거워하라고 말합니다(12-13절). 고난은 우리가 하나님의 백성이라는 증거요, 고난을 견디는 것은 예수님을 닮아 가는 과정이기 때문입니다.

5장   왜 젊은 성도들은 지도자에게 복종해야 하는가?

1-14 베드로는 마지막으로 지도자들의 역할을 설명합니다. 교회의 지도자는 성도들을 억지로 지배하려 들지 말고, 선한 모범을 통해 서서히 변화시켜야 합니다(2-3절). 그것은 매우 힘들고, 시간도 오래 걸리는 일이지만, 마지막 날 상급이 보장된 선행입니다(4절). 베드로는 젊은 성도들에게 교만한 마음을 품지 말고, 겸손히 지도자에게 복종하라고 말합니다(5절). 어느 시대나 세대 차이는 있기 마련입니다. 어른 세대의 지도력이 마음에 들지 않는다고 불순종하는 것은 하나님의 뜻이 아닙니다. 참고 인내하면 언젠가는 하나님의 뜻이 이루어질 것입니다(6절).

한눈에 보는 베드로후서

핵심	성도의 성품 (1장)	거짓 교사들을 책망 (2장)	그리스도의 재림 (3장)
사건	하나님의 능력 능력 있는 삶	거짓 교사들의 영향 거짓 교사들의 특징 거짓 교사들의 심판	주님은 오래 참으신다 재림은 확실하다
주제	부르심에 합당하게 살라	거짓 교사들을 경계하라	그리스도에게까지 자라나라
장소	아마 로마에서 기록했을 것이다		
기간	대략 주후 64-66년		

저자: 베드로

본명은 시므온이다. 시몬이라고도 한다. 시므온은 유대식 이름이고, 시몬은 헬라식 이름이다. 예수님은 시므온에게 게바라는 새 이름을 지어 주셨다. 게바는 반석이라는 뜻이며, 헬라어로 번역하면 베드로다. 벳새다 출신의 어부이며(막 1:16), 후에 가버나움에서 생활했다(마 8:5). 사도 안드레와 형제지간이며, 야고보, 요한과 더불어 예수님을 가장 가까이에서 보필했다. 베드로는 정규 교육을 받지 못했지만, 명실공히 초대 교회의 최고 지도자였다. 그의 설교를 통해 예루살렘에서만 적어도 8천 명 이상이 회심했다(행 2:41, 4:4). 전승에 따르면, 네로 황제의 대박해 때 체포되어 십자가에 거꾸로 매달려 순교한 것으로 알려져 있다.

기록 목적

베드로전서와 후서는 수신자가 동일하다(3:1). 베드로후서 역시 고난 중에 있던 그리스도인들에게 보내진 편지다. 고난이 지속되면서 초대 교회 안에는 그리스도의 재림을 부정하는 자들이 생겨났다. 그들은 거룩한 삶의 가치도 부정했다. 이에 베드로는 재림의 확실성을 변증하고, 거룩한 삶을 촉구하기 위해 본서를 기록했다.

통독 길잡이

베드로는 자신의 죽음이 임박했음을 알고 있었다(1:13-14). 베드로후서는 일종의 유언이다. 여기서 베드로는 거짓 교사들의 타락한 삶을 하나님께서 반드시 심판하실 것을 강조한다. 지금도 세상은 거룩하게 살려는 성도의 노력을 조롱한다. 하지만 거룩한 삶은 결코 무의미하지 않다. 하나님은 타락한 세상은 심판하실 것이고, 거룩한 성도들에겐 약속하신 상을 주실 것이다.

353

12월 19일

성경의 모든 예언은 사사로이 풀 것이 아니니

1장 왜 성경을 사사로이 해석해서는 안 되는가?

1-11 당시 교회 내부에는 거짓 교사들이 침투해 있었습니다. 그 결과 이단 사상에 미혹된 성도들이 적지 않았습니다. 그래서 베드로는 네 가지를 강조합니다. 첫째, 지식을 강조합니다(2절). 예수님을 아는 바른 지식을 가질 때, 은혜와 평강을 누릴 수 있습니다. 둘째, 거룩한 성품을 강조합니다(4절). 참된 신자는 타락한 정욕을 버리고 거룩을 추구해야 합니다. 셋째, 성장을 강조합니다(5-9절). 참된 신자는 성장하기 위해 끝없이 노력해야 합니다. 넷째, 부르심을 확신해야 합니다(10-11절). 하나님이 우리를 구원으로 부르셨음을 확신해야 합니다.

12-21 거짓 교사들의 가르침은 지어낸 이야기입니다. 하지만 베드로가 전한 복음은 그가 직접 보고 들은 진리입니다(16-18절). 따라서 성도들은 거짓 교사들이 아니라 베드로의 가르침에 귀를 기울여야 합니다. 그러면서 베드로는 성경을 사사로이 해석하지 말라고 합니다(20절). 성경을 주관적으로 해석하는 것은 이단의 특징입니다. 진리의 가치는 새로 발견하는 것이 아니라 보존하는 데 있습니다. 새로운 해석을 찾기보다 교회가 오랫동안 지켜 온 신앙고백을 가까이해야 합니다.

2장 왜 더러운 정욕과 육체의 쾌락을 즐기는 자는 참된 목자가 아닌가?

1-22 베드로는 거짓 교사들의 특징을 열거하면서 그들을 경계할 것을 권면합니다. 예수님을 부인하는 것(1절), 더러운 정욕을 가진 것(10절), 육체의 쾌락을 즐기는 것(13절), 음란한 눈을 가진 것(14절), 불의의 이익을 사랑하는 것(15-16절) 등이 거짓 교사들의 특징입니다. 만약 이런 삶을 살면서 회개하지 않는다면, 그들은 절대 참된 목자가 아닙니다. 그리고 베드로는 거짓 교사들의 가르침에 많은 사람이 미혹될 것이라고 말합니다(2절). 그러므로 대중적 인기는 참된 목사의 기준이 될 수 없습니다.

3장 왜 예수님은 아직 재림하지 않으시는가?

1-18 베드로는 주님의 재림과 최후의 심판을 부정하는 자들의 주장을 반박합니다. 거짓 교사들은 세상이 창조 이래 지금까지 그대로 있었던 것처럼 앞으로도 그대로 있을 것이라고 주장했습니다(4절). 세상의 최후와 온 세상에 임할 심판 같은 것은 없다는 뜻입니다. 이에 베드로는 주님의 재림이 더딘 것은 당신의 백성이 한 사람도 예외 없이 구원받기를 원하시는 하나님의 뜻 때문이라고 말합니다(9절). 당신의 백성이 회개하기를 기다리며 심판을 연기하고 계시다는 뜻입니다. 그리고 때가 되면 주님은 도둑이 오는 것같이 갑자기 오실 것입니다. 그러므로 아직 때가 되지 않았다고 생각하며 방탕하게 사는 자들은 심판을 면하지 못할 것입니다.

한눈에 보는 요한일서

핵심	성도의 교제의 기초 (1–2장)	성도의 교제의 실천 (3–5장)
사건	빛이신 하나님 대언자 그리스도	죄는 불법이다 영을 분별하라 서로 사랑하라
주제	성도는 삼위 하나님 안에서 서로 교제해야 한다	그리스도를 아는 사람은 계명을 지킨다
장소	에베소에서 기록	
기간	대략 주후 90년	

저자: 사도 요한

흔히 사도 요한으로 불린다. 사도 야고보와 형제지간이다. 요한과 야고보는 성격이 불같아서 예수님은 두 사람을 '보아너게', 즉 '천둥의 아들'로 부르셨다(막 3:17). 원래 세례 요한의 제자였으나, 후에 예수님의 부름을 받고 열두 제자 중 한 명이 되었다. 베드로, 야고보와 더불어 예수님을 가장 가까이에서 보필했으며, 최후까지 예수님 곁을 지켰다. 요한복음과 요한일·이·삼서를 기록했다.

기록 목적

사도 요한은 그리스도의 성육신을 부정한 영지주의자들의 교리를 반박하고, 거짓 교사들로부터 성도들을 보호하기 위해 본서를 기록했다.

통독 길잡이

1세기 후반에 이르러, 예수님으로부터 직접 가르침을 받았던 사람들은 대부분 생을 마감했다. 사도 요한은 12제자 가운데 마지막 생존자였다. 그러자 거짓 교사들이 교회 안에 침투하기 시작했다. 그중 초대 교회에 가장 심각한 피해를 끼친 것은 영지주의자들이었다. 이들은 영혼은 선하고 육체는 악하기 때문에 하나님께서 육체를 입으시는 것은 불가능하다고 주장했다.[311] 또 육신은 원래 악한 것이므로 방탕한 삶을 사는 것이 구원에 영향을 끼치지 않는다고 가르쳤다.[312] 영지주의자들의 주장은 성도 간의 사랑의 책임을 약화시켰고, 공동체에 균열을 일으켰다. 이에 사도 바울은 성도 간 사랑의 교제가 얼마나 중요한지를 삼위 하나님의 성품을 근거로 설명한다. 건강한 공동체를 세우려는 자들에게, 요한일서는 올바른 기준을 제시해 줄 것이다.

우리의 손으로 만진 바라

1장 왜 요한은 예수님을 손으로 만져 보았다고 말하는가?

1-10 영지주의자들은 예수님의 성육신을 부정했습니다. 또 영혼과 육체가 구분되어 있다는 이원론적 세계관에 근거하여 매우 방탕한 삶을 살았습니다. 이에 사도 요한은 다음과 같이 말합니다. 첫째, 나는 예수님을 손으로 만져 보았다(1절). 이것은 예수님이 성육신 하셨음을 부정하는 자들에게 주는 사도 요한의 대답입니다. 둘째, 빛이신 하나님과 교제한다고 하면서 어둠에 속한 행동을 하는 자들은 거짓말쟁이다(5-6절). 이것은 영지주의자들의 방탕한 삶을 비판하는 것입니다.

2장 왜 사도 요한은 형제 사랑을 특히 강조하는가?

1-29 사도 요한은 거룩한 삶의 중요성을 강조합니다. 신자들이 영지주의자들의 방탕한 삶을 본받지 않게 하려는 것입니다. 예수님은 우리의 죄 때문에 죽으셨습니다(1-2절). 우리의 죄는 예수님이 대신 죽으셔야 할 만큼 심각한 문제입니다. 그러므로 신자들은 거룩한 삶에 힘쓰는 것이 마땅합니다. 그것이야말로 하나님을 진정으로 아는 것입니다(3절). 여기서 하나님을 '아는 것'은 지식적 앎이 아니라, 행동으로 입증되는 앎을 말합니다. 사도 요한은 특히 형제 사랑을 강조합니다(7-11절). 형제 사랑은 우리가 하나님의 백성이라는 증거이기 때문입니다(10절).

3장 왜 우리는 교회의 형제자매를 사랑해야 하는가?

1-10 우리는 하나님의 놀라운 사랑을 받아 하나님의 자녀가 되었습니다(1절). 우리는 언젠가 자녀의 자격으로 하나님을 만나게 될 것입니다(2절). 그러므로 우리는 죄를 멀리하고(4절), 깨끗한 삶을 살기 위해 노력해야 합니다(3절). 만약 계속해서 죄를 짓고 회개하지 않는다면, 그는 하나님의 백성이 아니라 사탄의 백성입니다(8절).

11-24 우리는 특히 교회의 형제자매를 사랑해야 합니다(11절). 그 이유는 다음과 같습니다. 첫째, 우리가 서로 사랑하는 것은 우리가 구원받은 자라는 증거이기 때문입니다(14절). 둘째, 예수님이 우리를 위해 목숨을 버리셨기 때문입니다(16절).

4장 왜 신자들은 서로 사랑해야 하는가?

1-21 사도 요한은 영을 분별하라고 말합니다(1절). 누군가가 하나님의 말씀을 전한다고 할 때, 그것이 정말 하나님에게서 온 것인지 잘 생각하라는 뜻입니다. 이어서 서로 사랑하라고 말합니다. 우리가 서로 사랑할 때, 세상은 우리의 모습을 보면서 하나님이 사랑이심을 알게 될 것입니다(12절).

5장 왜 사도 요한은 예수님이 물과 피로 임했다고 말하는가?

1-21 영지주의자들은 예수님의 신성과 인성을 구분했습니다. 그래서 십자가에서 죽으신 분은 인간 예수이지, 하나님이 아니라고 주장했습니다. 이에 사도 요한은 예수님이 하나님의 아들이심을 언급한 후(5절), 예수님이 물과 피로 임했다고 말합니다(6절). 여기서 물은 세례를, 피는 십자가의 죽음을 의미합니다.[313] 예수님의 죽음은 평범한 죽음이 아니라 우리의 죄를 해결하기 위한 신적인 죽음이라는 뜻입니다.

한눈에 보는 요한이서

핵심	계명 안에 거하라 (1-6절)	거짓 교사들을 피하라 (7-13절)
사건	인사 진리 안에서 행함 사랑 안에서 행함	거짓 교사들을 피하라 거짓 교사들과 인사조차 하지 마라
주제	계명을 실천하라	진리를 지키라
장소	에베소에서 기록	
기간	대략 주후 90년경	

저자: 사도 요한

흔히 사도 요한으로 불린다. 사도 야고보와 형제지간이다. 요한과 야고보는 성격이 불같아서 예수님은 두 사람을 '보아너게', 즉 '천둥의 아들'로 부르셨다(막 3:17). 원래 세례 요한의 제자였으나, 후에 예수님의 부름을 받고 열두 제자 중 한 명이 되었다. 베드로, 야고보와 더불어 예수님을 가장 가까이에서 보필했으며, 최후까지 예수님 곁을 지켰다. 요한복음과 요한일·이·삼서를 기록했다.

기록 목적

영지주의자들이 일으킨 혼란과 갈등은 사도 요한이 요한일서를 보낸 이후에도 좀처럼 해결되지 않았다. 이에 사도 요한은 좀 더 엄중한 경고의 메시지를 보내기로 한다. 바로 그것이 요한이서다.

통독 길잡이

흔히 사랑이라고 하면 조건 없는 사랑을 떠올린다. 물론 아무도 배제하지 않고, 차별하지 않는 것은 사랑의 중요한 속성이다. 하지만 진리를 부정하고, 의도적으로 부인하는 자들은 또 다른 문제다. 사도 요한은 그리스도의 성육신을 부인하는 자들과는 인사조차 하지 말라고 한다(1:10-11). 우리가 이단에게 호의를 베푸는 것은 마치 그들의 주장을 인정하는 것처럼 오해를 일으킬 수 있기 때문이다. 누군가를 사랑하는 것만큼 진리를 분별하는 것도 중요하다.

355

서로 사랑하자

1장　왜 이단을 집에 들이면 안 되는가?

1-13 초대 교회에 가장 심각한 해악을 끼친 이단은 영지주의였습니다. 그들은 육체의 타락이 영혼의 성결에 영향을 끼치지 않는다고 주장했습니다. 그 결과 서로에게 무관심한 성도들을 양산했습니다. 이에 사도 요한은 계명의 핵심이 형제 사랑이라고 말합니다(5-6절). 지금도 신앙을 지식 차원으로 생각하는 사람들이 있습니다. 그것은 참된 신앙이 아닙니다. 예수님을 믿는 것은 예수님을 주로 믿는 것이요, 예수님을 주로 믿는 것은 예수님의 제자가 되는 것입니다. 예수님의 제자라면 응당 예수님의 삶을 뒤따라야 하고, 예수님처럼 형제를 사랑해야 합니다. 그리고 사도 요한은 영지주의자들로부터 신자들을 보호하기 위해 다음과 같이 권면합니다. 이단과는 인사도 하지 말고, 그들을 집에 들이지도 말라는 것입니다(10-11절). 이단들이 세력을 확장하기 위해 집집마다 돌아다니며, 거짓 복음을 전하기 때문입니다.

한눈에 보는 요한삼서

핵심	가이오를 칭찬함 (1–8절)	디오드레베를 책망함 (9–15절)
사건	가이오의 신실함	디오드레베의 거만함
주제	형제 그리스도인을 도우라!	타락한 그리스도인을 권징하라!
장소	에베소에서 기록	
기간	대략 주후 90년경	

저자: 사도 요한

흔히 사도 요한으로 불린다. 사도 야고보와 형제지간이다. 요한과 야고보는 성격이 불같아서 예수님은 두 사람을 '보아너게', 즉 '천둥의 아들'로 부르셨다(막 3:17). 원래 세례 요한의 제자였으나, 후에 예수님의 부름을 받고 열두 제자 중 한 명이 되었다. 베드로, 야고보와 더불어 예수님을 가장 가까이에서 보필했으며, 최후까지 예수님 곁을 지켰다. 요한복음과 요한일·이·삼서를 기록했다.

기록 목적

당시 복음 사역자들은 한 지역에 머물지 않고, 새로운 지역에 교회를 세우기 위해 자주 옮겨 다녔다. 그들은 체류 비용을 주로 지역 신자들에게 의존했다. 지역 신자들의 호의는 복음 사역의 필수적인 요소였다. 사도 요한은 순회 사역자들을 대하는 태도가 점점 인색해지는 환경 속에서, 가이오가 순회 사역자들을 환대해 줄 것을 요청하기 위해 본서를 기록했다.

통독 길잡이

사도 바울은 사역 비용을 자체 조달하기 위해 밤낮으로 일했다. 하지만 그것은 일반화시킬 수 있는 경우가 아니다. 실제로 사도 바울도 빌립보교회를 비롯한 여러 교회로부터 사역비를 후원받았다. 또 교회가 사역자에게 사례를 지급하는 것이 정당하다고 설명한 바 있다(딤전 5:18). 그런 점에서 사도 요한이 가이오에게 순회 전도자 후원을 요청한 것은 결코 부당한 일이 아니다.

선한 것을 본받으라

1장   왜 디오드레베는 순회 전도자들의 사역을 방해했는가?

1-4 가이오가 진리 안에서 행하는 것은 사도 요한에게 큰 기쁨이 되었습니다(3절). 우리와 하나님의 관계도 동일합니다. 하나님은 우리의 순종을 크게 기뻐하십니다. **5-8** 가이오는 순회 전도자들을 잘 섬겼습니다. 이에 사도 요한은 가이오의 봉사가 진리를 위하는 일이라고 말합니다(8절). 지금도 마찬가지입니다. 선교사들이 진리를 전파하기 위해서는 선교사들을 물질로 섬기는 자들이 있어야 합니다. **9-15** 가이오와 달리 디오드레베는 순회 전도자를 섬겨 달라는 사도 요한의 말을 거절했습니다. 심지어 순회 전도자들의 사역을 방해했습니다. 순회 전도자들 때문에 자신의 지도력이 흔들릴 것을 우려했기 때문입니다(9-10절). 디오드레베는 교회의 직분을 봉사의 자리가 아니라 명예와 권세를 누리는 자리로 생각했던 것입니다.

한눈에 보는 유다서

핵심	거짓 교사 (1–16절)	참된 신자 (17–25절)
사건	거짓 교사들의 모습 거짓 교사들의 정체	거짓 교사에 대한 대책
주제	거짓 교사들은 심판을 받을 것이다	성도들은 인내해야 한다
장소	알 수 없음	
기간	알 수 없음	

저자: 유다 (예수님의 육신의 동생이며, 야고보서를 기록한 야고보와 형제이다.)

"야고보의 형제인 유다"가 이 서신서의 저자이다(1:1). 여기서 언급하는 야고보는 초대 교회의 지도자이며, 예수님의 형제인 야고보가 분명하다. 따라서 이 서신서의 저자 역시 예수님의 형제 유다일 것이다. 아마 유다는 의도적으로 자신을 낮추기 위해서 자신이 예수님의 형제임을 밝히지 않았을 것이다.

기록 목적

유다는 거짓 교사들의 가르침으로부터 교회를 보호하기 위해 본서를 기록했다.

통독 길잡이

유다서의 주제는 단순하다. 거짓 교사들을 경계하라는 것이다. 그들은 주로 영지주의자들로 추정된다. 유다서는 교회를 거짓 진리로부터 보호하는 것이 얼마나 중요한 일인지를 잘 보여준다.

사도들이 미리 한 말을 기억하라

1장   왜 개인의 꿈을 진리처럼 생각해서는 안 되는가?

1-7 유다서는 교회에 은밀하게 침투한 거짓 교사들에게 경각심을 가지게 하고, 교회가 영적 전투에서 승리하게 하려는 목적으로 기록되었습니다(4절). 초대 교회에 거짓 교사들이 은밀하게 침투한 것처럼, 지금 우리 교회에도 은밀히 자리 잡은 이단이 있을 수 있습니다. 어쩌면 거짓 교사들에게 미혹당하는 미성숙한 성도들이 있을 수도 있습니다. 교회는 항상 이단을 주의하고 경계해야 합니다. **8-16** 유다는 꿈꾸는 사람들을 주의하라고 말합니다(8절). 여기서 꿈꾸는 자들이란, 자신의 꿈을 진리처럼 생각하는 자들을 뜻합니다.[314] 교회의 보편적 기준은 하나님의 말씀인 성경뿐입니다. 꿈과 같은 주관적인 것은 기준이 될 수 없습니다.

한눈에 보는 요한계시록

핵심	일어난 일 (1장)	일어나고 있는 일 (2-3장)	일어날 일 (4-22장)
사건	예수님의 모습	일곱 교회의 모습	두루마리를 떼는 어린양 나팔을 부는 천사 용을 물리치는 여자의 아들 하나님의 진노 짐승들과 용의 패배 새 하늘과 새 땅
주제	그리스도께서 왕으로 다스리신다	그리스도께서 교회와 함께하신다	그리스도께서 승리하신다
장소	밧모섬에서 기록		
기간	대략 주후 95-96년		

저자: 사도 요한

흔히 사도 요한으로 불린다. 사도 야고보와 형제지간이다. 요한과 야고보는 성격이 불같아서 예수님은 두 사람을 '보아너게', 즉 '천둥의 아들'로 부르셨다(막 3:17). 원래 세례 요한의 제자였으나, 후에 예수님의 부름을 받고 열두 제자 중 한 명이 되었다. 베드로, 야고보와 더불어 예수님을 가장 가까이에서 보필했으며, 최후까지 예수님 곁을 지켰다. 요한복음과 요한일·이·삼서를 기록했다.

기록 목적

사도 요한은 로마 제국과 유대인들의 핍박을 견뎌야 했던 초대 교회 성도들을 위로하고 격려하기 위해 본서를 기록했다.

통독 길잡이

로마 황제들은 자신들을 주님으로 섬길 것을 요구했다. 교회는 이 부당한 요구에 거의 유일하게 불복종한 집단이었다. 교회의 주님은 그리스도 한 분밖에 없었기 때문이다. 그 결과 교회는 역사상 유례없는 시련과 핍박을 당하게 된다. 이러한 핍박은 도미티아누스 황제 치하에서 절정에 달한 것으로 알려져 있다. 그는 그리스도인들을 검투사와 사자가 있는 원형 경기장에 던져 넣었다. 신실한 그리스도인들은 로마 시민들의 구경거리가 되어 비참하게 죽음을 맞이했다. 그리스도인이라는 이유 하나만으로 화형을 당하거나 십자가에 달리기도 했다. 핍박이 심해지자, 신실했던 성도들의 믿음도 바람 앞의 촛불처럼 흔들렸다. 이때 하나님은 승천하신 그리스도가 로마 황제보다 크다는 것과 성도들의 고난조차 하나님의 뜻 안에 있다는 것과 환난에도 끝이 있다는 것을 알려 주기 원하셨다. 그래서 천사들을 통해 반드시 일어날 일들을 요한에게 알려 주셨다(1:1). 그것이 요한계시록이다.

예수 그리스도의 계시

1장   왜 요한계시록은 사도 요한이 임의로 작성한 것이 아닌가?

1-20 요한계시록은 하늘로부터 임한 예수님의 말씀입니다(1절). 어떤 사람들의 주장처럼 고대 문헌을 짜깁기한 것이나, 사도 요한이 임의로 작성한 것이 아닙니다. 사도 요한이 가장 먼저 본 것은 승천하신 예수님의 영광스러운 모습입니다. 발에 끌리는 옷은 대제사장적 권위를(13절),[315] 가슴의 금띠는 왕과 같은 위엄을(13절),[316] 머리와 털이 희다는 것은 정결함을(14절),[317] 눈이 불과 같다는 것은 모든 것을 감찰하는 능력을(14절),[318] 발이 주석 같다는 것은 통치의 견고함을(15절),[319] 많은 물소리와 같은 음성은 장엄함을 의미합니다.[320] 교회를 상징하는 일곱 촛대 사이에 예수님이 계시다는 것은 예수님이 교회를 보호하신다는 것을,[321] 입에서 나오는 검은 예수님이 말씀으로 교회를 다스리고 있음을 의미합니다(16절).[322]

2장   왜 본문은 모든 교회에 주신 하나님의 말씀인가?

1-29 2-3장은 예수님이 소아시아 일곱 교회에게 하신 말씀입니다. 하지만 단지 일곱 교회에게만 하신 말씀은 아닙니다. 일곱은 완전수로서, '전체'를 상징하기 때문입니다. 그러므로 일곱 교회에게 주신 말씀이란, 모든 교회에게 주신 말씀을 의미합니다. 예수님은 에베소교회를 향해서는 이단을 물리친 것에 대한 칭찬과 처음 사랑을 잃어버린 것에 대한 책망을, 서머나교회를 향해서는 환난 가운데 있지만 영적으로는 부요한 교회라는 격려를, 버가모교회를 향해서는 안디바가 순교하는 상황에서도 믿음을 잃지 않은 것에 대한 칭찬과 니골라당의 교훈을 배격하지 않은 것에 대한 책망을, 두아디라교회를 향해서는 많은 사업을 하는 것에 대한 칭찬과 이세벨을 권징하지 않은 것에 대한 책망을 하십니다. 각각의 교회에 임한 칭찬과 책망은 나름대로 의미가 있겠지만, 핵심은 예수님이 모든 교회의 상황과 형편을 세세하게 아셨다는 것입니다. 이 사실은 초대 교회 성도들에게 큰 위로가 되었을 것입니다.

3장   왜 사데교회는 실제로는 죽은 교회인가?

1-22 책망과 격려의 말씀이 계속됩니다. 예수님은 사데교회를 향해서는 온전한 행위를 회복하라는 책망을, 빌라델비아교회를 향해서는 어려운 환경에서도 신앙을 지킨 것에 대한 칭찬을, 라오디게아교회를 향해서는 믿음이 좋다는 착각에 빠진 것을 책망하십니다. 사데교회는 교회라는 이름은 가졌지만, 실제로는 죽은 교회라는 평가를 받습니다. 각종 모임과 행사가 있었지만, 그 안에 하나님의 은혜와 성령의 역사가 없었기 때문입니다.[323]

천상예배

4장 왜 하나님은 하늘 보좌를 보여 주셨는가?

1-11 하나님은 사도 요한에게 하늘 보좌를 보여 주셨습니다. 보좌는 통치를 의미합니다. 따라서 하늘 보좌 환상은 하나님이 하늘에서 온 세상을 다스리신다는 것과 하나님의 권위가 로마 황제보다 크시다는 것을 의미합니다. 이 환상은 로마 황제의 핍박 아래 있던 성도들에게 큰 위로가 되었을 것입니다.[324] 하나님의 보좌를 이십사 장로와 네 생물이 둘러싸고 있습니다. 이십사 장로는 구약 시대 열두 지파와 신약 시대 열두 제자를 합한 것으로서, 구약과 신약의 교회 전체를 의미합니다.[325] 그리고 네 생물은 지상에서 가장 탁월한 존재를 의미합니다.[326] 모든 세대의 교회와 지상에서 가장 탁월한 생물들이 하나님을 찬양하는 모습은 하나님의 권세가 로마 황제와는 비교할 수 없이 크다는 것을 뜻합니다. 실제로 초대 교회 성도들은 우주의 왕이신 하나님께 복종하기 위해 로마 황제에게 굴복하지 않았습니다.

5장 왜 하나님은 어린양 환상을 보여 주셨는가?

1-14 오직 어린양만이 봉인된 두루마리를 해제할 수 있습니다. 어린양은 예수님이고, 두루마리는 하나님의 영원한 계획입니다.[327] 하나님이 어린양 환상을 보여 주신 이유는 다음과 같습니다. 첫째, 예수님이 역사의 중심이심을 알려 주는 것입니다. 역사는 예수님을 기준으로 흘러갑니다. 실제로 하나님 나라는 예수님의 초림으로 시작되었고(막 1:15), 예수님의 재림으로 완성될 것입니다(계 11:15). 둘째, 예수님이 역사의 주관자이심을 알려 주는 것입니다. 예수님은 당신의 뜻대로 온 세상을 다스리시고(마 16:28), 마지막 날에는 온 세상을 심판할 것입니다(요 5:22).

일곱 두루마리 환상

6장   왜 하나님은 일곱 두루마리 인 환상을 보여 주시는가?

1-17 예수님이 두루마리의 인을 떼실 때마다 하나님의 영원한 계획이 하나씩 드러납니다. 그런데 이것은 요한이 본 환상의 순서이지 역사의 순서가 아니므로, 이 순서를 따라 종말의 시간을 계산하려 해서는 안 됩니다.[328] 첫째 인 환상은 예수님의 승리를,[329] 둘째 인 환상은 성도의 시련과 고난을,[330] 셋째 인 환상은 기근을,[331] 넷째 인 환상은 사망을 의미합니다.[332] 이 네 가지 환상은 역사의 순서가 아니라 교회가 역사 속에서 겪게 될 일입니다.[333] 따라서 두루마리 인 환상은 고난을 겪는 성도들에게, 성도의 고난조차 하나님의 뜻과 계획 안에 있음을 알려 주는 것입니다. 다섯째 인 환상은 순교자들과 하나님의 대화입니다. 순교자들이 피의 복수를 요구하자, 하나님은 순교자의 수가 더 차야 한다고 하십니다. 이것은 복음이 더 널리 전파되어 택함을 받은 백성들이 모두 구원을 받은 후에야 세상의 마지막이 온다는 뜻입니다. 여섯째 인 환상은 마지막 심판 날의 모습입니다.[334] 지금은 세상 권세 잡은 자들이 성도들을 핍박하고 있지만, 마지막 날에는 하나님의 심판 앞에서 두려워 떨 것을 보여 줍니다.

7장   왜 십사만 사천인가?

1-17 요한은 일곱째 인 환상을 보기 전에 인침을 받은 십사만사천 명을 봅니다. 인을 친다는 것은 도장을 찍는다는 것으로 소유권을 주장하는 행위입니다. 그렇다면 하나님의 소유인 십사만사천은 누구일까요? 십사만사천은 구약의 교회를 상징하는 열두 지파, 신약의 교회를 상징하는 열두 제자, 그리고 전체를 의미하는 천을 각각 곱한 숫자입니다(12 × 12 × 1000 = 144,000). 그러므로 십사만사천은 하나님께 택함을 받은 모든 성도의 총합입니다.[335] 초대 교회 성도들은 이 환상을 통해, 비록 이 땅에서는 비참한 죽음을 당할지라도, 영광스러운 하나님 나라가 자신들을 기다린다는 사실을 깨달았을 것입니다. 그리하여 담대하게 죽음을 맞이할 수 있었을 것입니다.

일곱 나팔 환상

8장　왜 하나님은 네 개의 나팔 환상을 보여 주시는가?

1-13 일곱째 인 환상은 일곱 나팔 환상으로 이어집니다 (1절). 일곱 인 환상 이후에 일곱 나팔 환상이 시작된다고 해서 두 환상 사이에 시간적 순서가 있는 것은 아닙니다.[336] 이미 여섯째 인 환상이 세상의 마지막을 보여 주었기 때문입니다. 따라서 각각의 환상은 예수님이 재림하시기 전에 있을 일들을 점진적이고 반복적으로 보여 주는 것입니다. 하나님은 성도들의 기도를 들으시고(3-4절), 그 기도에 대한 응답으로 세상을 심판하십니다(5절). 이 환상은 계시의 전달자인 사도 요한에게 큰 의미가 있

었을 것입니다. 비록 밧모섬이라는 외딴 섬에 유배된 신세지만, 이곳에서도 기도를 통해 하나님의 역사에 협력할 수 있음을 깨달았을 것이기 때문입니다. 8장에는 네 개의 나팔 환상이 기록되어 있습니다. 각각 우박과 불, 피로 변한 물, 쓴 물, 흑암 재앙으로 이어집니다. 이것은 하나님이 자연재해를 통해 심판하심을 나타낼 수 있습니다.[337] 우리는 인간의 한계를 넘어서는 자연재해를 볼 때마다 그것이 하나님의 경고일 수 있음을 생각해야 합니다.

9장　왜 마귀들은 하나님의 백성에게 손끝 하나 댈 수 없는가?

1-21 천사가 다섯째 나팔을 불자 황충이 나타나 사람들을 괴롭게 합니다. 하지만 황충도 하나님께 인침을 받은 자들은 해하지 못합니다. 여기서 황충은 마귀의 역사를 의미합니다.[338] 제아무리 마귀가 강력해도 그들의 능력에는 한계와 제한이 있습니다. 마귀들은 하나님이 보호하시는 자들에게는 손끝 하나 댈 수 없습니다. 여섯째 나

팔을 불자 유브라데에 있던 네 천사가 풀려납니다. 유브라데는 하나님의 백성들을 억압했던 앗수르와 바벨론이 있던 곳입니다. 그러므로 이들은 하나님 나라를 대적하는 악한 세력입니다.[339] 이것은 마귀들의 역사가 하나님의 심판임을 의미합니다.

10장　왜 두루마리는 입에서는 달았지만, 배에서는 썼는가?

1-11 10장의 천사는 예수님이시거나 예수님의 권위를 대변하는 천사일 것입니다. 그리고 천사가 요한에게 준 두루마리는 복음을 의미합니다. 이 두루마리는 입에서

는 달았지만, 배에서는 썼습니다. 복음은 구원하는 능력이라는 점에서 달지만(롬 1:16), 고난을 수반한다는 점에서 쓰다는 뜻입니다(딤후 1:8).

362

교회의 시련과 승리

11장 왜 하나님은 두 증인 환상을 보여 주시는가?

1-19 두 증인은 교회를 의미합니다.[340] 두 증인의 승리와 죽음과 부활은, 교회가 세상의 공격을 받아 거의 죽을 지경에 이르더라도 결국에는 승리할 것을 의미합니다. 예수님이 성전의 안과 밖을 측량하라고 하십니다. 여기서 성전 안에 있는 자들은 시련 속에서도 믿음을 지킨 진짜 성도를, 성전 밖에 있는 자들은 시련 때문에 믿음을 버린 가짜 성도를 의미합니다.[341] 그러므로 이 환상은 하나님

이 심판과 구원의 경계를 확정한다는 뜻입니다. 하나님은 마지막 날에 참된 성도는 구원하시고, 거짓 성도는 심판하실 것입니다. 천사의 찬송은 하나님 나라의 결말을 보여 줍니다. 사탄의 나라가 승리하는 것처럼 보일 때도 있지만, 결국에는 하나님의 나라가 승리할 것입니다. 이 찬송은 로마 제국의 핍박 아래 있던 성도들에게 큰 위로가 되었을 것입니다.

12장 왜 하나님은 여자와 용 환상을 보여 주시는가?

1-6 여자는 교회를, 아이는 그리스도를, 용은 사탄을 상징합니다.[342] 여자가 광야에서 겪는 일들은 교회의 고난을 의미하고, 여인이 보호를 받는 것은 하나님이 고난 중에 있는 교회와 함께하심을 의미합니다.[343] **7-12** 7-12절은 사탄의 기원을 보여 줍니다. 사탄은 타락한 천사들과

함께 반역을 꾀했으나, 결국 실패하여 땅으로 추방된 존재입니다. 계시록에는 삼 년 반이란 기간이 자주 등장하는데, 이것은 완전함을 의미하는 칠의 절반으로서, 고난을 의미합니다. 한 때와 두 때와 반 때(14절), 마흔두 달(계 13:5) 모두 같은 의미입니다.[344]

13장 왜 하나님은 짐승 환상을 보여 주시는가?

1-18 바다에서 올라온 짐승은 로마 황제를 상징합니다.[345] 로마 황제는 자신을 신으로 인정하지 않는 자들을 핍박했습니다. 이 환상은 어떤 시련 속에서도 황제 숭배 사상에 동참하지 말 것을 경고하는 것입니다. 땅에 올라온 짐승은 거짓 선지자를 상징합니다.[346] 이들은 예수님의 선지자처럼 행동하지만, 사실은 사탄의 종입니다(11절). 666에 대한 해석은 매우 분분합니다. 어떤 사람은 이

것을 몸에 이식하는 생체칩, 일명 베리칩을 의미한다고 주장하지만, 성경적인 근거가 전혀 없습니다. 문맥으로 볼 때, 당시 로마 제국의 통치자였던 도미티아누스 황제와 황제 숭배 사상을 경고하는 것으로 보아야 합니다.[347] 6은 완전함을 의미하는 7보다 하나가 부족한 숫자로 인간을 의미합니다.[348]

세상에 임할 심판

14장 왜 우리는 어떤 경우에도 하나님을 떠나지 말아야 하는가?

1-20 환난을 견딘 성도들이 하나님을 찬양합니다(1-5절). 교회가 이 세상에서는 환난을 당하지만, 하늘에서는 영원한 복락을 누립니다. 하나님은 고난을 견딘 성도들에게 하늘 상급으로 갚아 주십니다(13절). 세상은 정반대입니다. 악인들의 피가 천육백 스다디온에 퍼지게 될 것입니다. 천육백은 동서남북을 상징하는 4와 많다는 의미의 100을 곱한 것으로서 온 천하를 의미합니다(4 × 4 × 100 = 1,600).[349] 악인들의 피가 온 천하에 퍼진다는 것은 그들을 향한 하나님의 진노가 매우 크다는 의미입니다. 따라서 우리는 어떤 경우에도 하나님을 떠나서는 안 됩니다.

15장 왜 최후 심판은 홍해 사건처럼 묘사되는가?

1-8 일곱 인 환상과 일곱 나팔 환상이 끝난 후, 일곱 대접 환상이 시작됩니다. 이 순서는 요한이 본 환상의 순서이지, 역사의 순서가 아닙니다. 각각의 환상 속에 이미 세상의 종말이 포함되어 있기 때문입니다. 15장은 일곱 대접 심판에 대한 예고편입니다. 하나님의 최후 심판은 마치 홍해 사건처럼 묘사됩니다. 불이 섞인 유리 바다는 애굽 군대를 심판한 홍해를, 이긴 자들은 애굽을 탈출한 이스라엘을 연상시킵니다(2절). 이것은 최후 심판 날에 신자들은 이스라엘처럼 구원을 얻을 것이지만, 불신자들은 애굽 군대처럼 심판을 받을 것을 의미합니다.

16장 왜 여섯째 대접 환상은 큰 강 유브라데에 쏟아지는가?

1-21 첫째 대접 환상은 황제 숭배에 참여한 자들이 받을 심판을,[350] 둘째에서 넷째 대접 환상은 바다와 강과 해에 대한 심판으로 각각 자연계를 통한 하나님의 심판을 보여 줍니다. 마지막 때가 가까울수록 하나님의 심판을 상징하는 압도적인 자연재해가 더 빈번하게 발생할 것임을 알려 주는 것입니다. 다섯째 대접 재앙은 짐승의 보좌에 쏟아집니다. 이것은 적그리스도에 대한 심판을 의미합니다.[351] 여섯째 대접 재앙은 큰 강 유브라데에 쏟아집니다. 이곳은 바벨론과 앗수르가 있던 곳이므로, 교회를 핍박한 자들이 받을 심판을 의미합니다.[352]

세상의 최후

17장 　 왜 짐승의 몸에 하나님을 모독하는 이름이 가득한가?

1-18 음녀는 하나님을 대적하고 교회를 핍박하는 세상을 상징합니다(1-2절).[353] 하나님은 음녀와 같은 세상에 진노하시며, 마지막 날에 그 진노를 쏟아 부을 것입니다. 붉은 빛 짐승 역시 세상을 상징합니다(3-6절).[354] 짐승의 몸에 하나님을 모독하는 이름이 가득하다는 것은, 당시 로마 황제들이 자신들을 신격화한 것을 의미합니다.[355]

이미 망한 다섯 왕은 고대 바벨론, 앗수르, 신 바벨론, 페르시아, 그리스를 각각 상징합니다.[356] 그렇다면 지금 있는 왕은 로마일 것입니다. 그런데 로마도 결국은 망할 것이고, 또 다른 나라가 나타나겠지만, 그 나라도 결국 망하게 될 것입니다. 이것은 하나님의 나라와는 달리 세상 나라는 유한하고 허망함을 의미합니다.

18장 　 왜 하나님은 세상의 모든 죄를 지켜보시는가?

1-24 하나님이 바벨론을 심판하십니다. 바벨론은 타락한 세상을 상징합니다. 그런데 하나님이 세상을 심판하시는 것을 슬퍼하는 자들이 있습니다(9, 11, 19절). 이들은 타락한 세상에서 기득권을 누렸던 자들입니다. 당시에는 로마 황제이며, 오늘날에는 악한 권세자들과 재력가들로 볼 수 있습니다. 악한 자들이 기득권을 누리는 것

때문에 하나님의 존재를 부인하는 자들이 있습니다. 하지만 하나님은 세상의 모든 죄를 지켜보고 계십니다. 마지막 날에 낱낱이 드러내시고 심판하시기 위해서입니다. 기득권을 누리는 세상을 부러워하기보다 우리 안에 자리 잡은 죄와 싸우기 위해 최선을 다해야 합니다.

19장 　 왜 하나님은 최후 심판의 모습을 보여 주시는가?

1-21 19장은 네 개의 환상으로 이루어져 있습니다. 첫째 환상은 어린양의 혼인 잔치입니다(1-10절). 하나님이 세상을 심판하신 후에, 어린양이신 예수님과 교회 사이에 완전하고 영원한 교제가 있을 것을 알 수 있습니다.[357] 둘째 환상은 백마 탄 자의 전투입니다(11-16절). 이것은 예수님의 통치와 심판을 상징합니다.[358] 이 환상은 부활하여 승천하신 예수님이 온 세상을 통치하고 계심을 의미합니다. 셋째 환상은 심판 날에 있을 큰 잔치입니다(17-18절). 시체가 된 세상을 먹기 위해 새들이 모여드는 모

습에서, 하나님의 심판이 매우 두렵고 엄중할 것임을 알 수 있습니다. 넷째 환상은 짐승과 거짓 선지자의 최후입니다(19-21절). 짐승은 교회를 핍박한 세상을, 거짓 선지자는 거짓 진리를 선포한 자들을 상징합니다.[359] 초대 교회 성도들은 로마 황제의 압제와 황제에게 절하라는 거짓 선지자들의 핍박을 받았습니다. 하지만 하나님이 보여 주신 최후 심판의 모습을 통해 세상에 굴하지 않을 용기를 얻었을 것입니다.

세상의 종말과 하나님 나라

20장 왜 용이 결박되었는가?

1-15 20장은 세 개의 환상으로 이루어져 있습니다. 첫째 환상은 용의 결박입니다(1-6절). 이것은 예수님의 십자가로 말미암아 사탄의 세력이 제한되었음을 의미합니다.[360] 사탄이 잠깐 놓인다는 것은 마지막 날이 다가올수록 사탄의 핍박이 더 거세질 것을 의미합니다.[361] 둘째 환상은 최후의 전쟁입니다(7-10절). 사탄은 바다의 모래처럼 많은 세력을 규합하여 하나님과 교회를 대적하려 하겠지만, 결국에는 완전히 망하고 말 것입니다. 셋째 환상은 최후의 심판입니다(11-15절). 하나님을 믿지 않은 자들은 그들의 행위에 따라 영원한 심판을 받고, 신실한 그리스도인들은 그들의 행위에 따라 영원한 구원을 받을 것입니다.

21장 왜 천국에는 금과 보석이 많다고 하는가?

1-27 하나님의 심판으로 세상 역사는 종말을 맞이하고, 거룩한 성 새 예루살렘이 하늘에서 내려옵니다. 거룩한 성 새 예루살렘은 완성된 하나님의 나라를 상징합니다. 그곳에는 눈물도, 사망도, 애통도, 아픔도 없습니다(4절). 대신 순수한 금과 보석들로 가득합니다. 금과 보석은 천국의 탁월함을 상징합니다. 그중에서도 최고의 보물은 하나님 당신입니다. 우리는 완성된 하나님 나라에서 하나님을 가까이하며 살 것입니다(3절). 하나님과 영원히 사는 것, 이것이 우리가 누릴 가장 큰 은혜이자 상급입니다. 새 예루살렘에 들어가지 못할 자들이 있습니다. 두려워하는 자들, 믿지 않는 자들, 흉악한 자들, 살인자들, 음행한 자들, 점술가들, 우상 숭배자들, 거짓말 한 자들 등입니다(8절). 이들은 지속적으로 죄를 지으며 회개하지 않은 자들을 상징합니다.

22장 왜 성경에서 무언가를 더하거나 빼지 말라고 하는가?

1-21 요한계시록의 마지막 권면은 핍박과 시련 속에서도 예수님의 재림을 기다리며 하나님의 말씀을 굳게 지키라는 것입니다(7절). 또 성경에 무언가를 더하거나 빼지 말라는 것입니다. 성경 한 자 한 자를 하나님의 말씀으로 믿고, 순종하라는 뜻입니다. 재림을 기다리는 삶은, 곧 성경에 순종하는 삶입니다. 한 해 동안 성경과 함께 행복하셨나요? 행복했으리라 믿습니다. 성경은 하나님의 말씀이기 때문입니다. 이제 새로운 한 해가 시작됩니다. 새로운 시작도 성경과 함께라면, 당신이 어떤 상황과 환경 속에 있든지, 하나님이 주시는 은혜를 누릴 수 있을 것입니다. 당신의 새로운 시작을 응원합니다.

부록

부록 1 하나님께서 애굽에 내리신 심판

이적의 내용	애굽의 우상
1. 모세의 뱀이 바로의 뱀을 삼킴	이집트의 수호신 와디에트
2. 나일강이 피로 바뀜	나일강의 신 하피
3. 개구리가 창궐함	개구리 모양의 여신 헤케트
4. 티끌이 이가 됨	사막의 신 세트
5. 파리가 가득함	파리 형상의 신 우치아트
6. 가축이 죽음	황소 모양의 신 아피스
7. 악성 종기가 생김	질병을 예방하는 신 쉐크메트
8. 우박이 내림	하늘의 여신 누트
9. 메뚜기가 땅을 덮음	곡식을 지켜 주는 신 세라피아
10. 흑암이 땅에 임함	빛의 신 레
11. 장자가 죽음	가정의 수호신 타우르트

부록 2 십계명

십계명	순종해야 할 내용	순종해야 할 이유
제1계명	다른 신을 금함	여호와께서 이스라엘을 구원하셨기 때문에(출 20:2)
제2계명	형상을 금함	하나님을 가시적으로 나타내는 것은, 하나님의 영광을 하찮게 만들 수 있기 때문에(출 20:4-5)
제3계명	하나님의 이름을 함부로 사용하는 것을 금함	하나님의 뜻과 상관없는 목표를 위해 하나님의 이름을 사용하는 것은 하나님의 영광과 존엄에 대한 심각한 모욕이기 때문에(출 20:7)
제4계명	안식일을 사사로이 보내는 것을 금함	안식일은 하나님의 창조를 기념하는 날이기 때문에(출 20:11) 안식일은 하나님의 구원을 기념하는 날이기 때문에(신 5:15)
제5계명	부모를 공경해야 함	부모는 하나님을 대리하는 존재이기 때문에(신 6:6-7)
제6계명	불법적인 살인을 금함	사람이 하나님의 형상이기 때문에(창 9:6)
제7계명	간음을 금함	무절제한 성생활이 공동체를 파괴하기 때문에(레 18장)
제8계명	도둑질을 금함	창조주이신 하나님께서, 각 사람에게 청지기적인 재산권을 나눠 주셨기 때문에(잠 11:24-28)
제9계명	거짓 증거를 금함	진실을 왜곡하는 것은 이웃의 평판을 훼손하고, 공동체의 갈등을 심화시키기 때문에
제10계명	탐내는 것을 금함	욕망의 지배를 받는 것은, 제1계명을 명백히 어기는 것이며, 다른 계명들도 불순종하게 만들기 때문에(골 3:5; 엡 5:5)

* 베이커 성경 주석(부흥과개혁사) 참고

절기	시기	의미
안식일 (1–3절)	매주 (토요일)	창조 및 안식
유월절 (4–8절)	봄 (3–4월)	무교절이라고도 한다. 출애굽의 구원을 기념하는 날이다. 첫째 날과 일곱째 날에 거룩한 성회로 모이고, 그 기간 동안 누룩 없는 빵만 먹어야 한다.
초실절 (9–14절)	봄 (3–4월)	첫 수확을 하나님께 드림으로써 만물의 주인이 하나님이심을 고백하고 감사하는 절기다.
칠칠절 (15–22절)	봄 (초실절 이후 50일째)	맥추절이라고도 하며, 처음 익은 열매를 하나님께 드리는 날이다. 신약 성경에서는 오순절로 불린다. 가난한 자를 돕는 것도 칠칠절의 의미에 포함된다(22절).
나팔절 (23–25절)	가을 (9월 말)	새해가 시작되었음을 나팔을 불어 알리는 절기다.
속죄일 (26–32절)	가을 (9–10월)	속죄일에 관한 구체적인 내용은 레위기 16장에 잘 설명되어 있다. 여기서는 노동을 쉬는 것이 강조되고 있다.
초막절 (33–36절)	가을 (10월)	일주일간 지켜야 하는데, 이 기간에는 집을 나와 천막에서 지내야 한다. 출애굽과 광야 생활을 기념하고 기억하기 위해서다.

언약의 단계	언약의 내용	언약의 머리말
첫 번째 단계 (14–17절)	하나님은 계명을 미워하는 것을 곧 하나님 자신을 미워하는 것으로 여기신다.	그러나 너희가 내게 청종하지 아니하여
두 번째 단계 (18–20절)	만약 계속해서 불순종한다면, 비가 내리지 않을 것이다. 여기서 일곱 배(18절)는 완전한 심판을 상징한다.	그렇게까지 되어도 내게 청종하지 아니하면
세 번째 단계 (21–22절)	여전히 하나님을 거스르는 사람은 들짐승에게 피해를 입을 것이다.	나를 거슬러 내게 청종하지 아니할진대
네 번째 단계 (23–26절)	그럼에도 하나님께 돌아오지 않으면 칼과 염병의 저주를 받을 것이며, 심지어 대적에게 넘겨지게 될 것이다.	이런 일을 당하여도 너희가 내게로 돌아오지 아니하고 내게 대항할진대
다섯 번째 단계 (27–39절)	저주의 마지막 단계로서, 이방 나라의 포로가 될 것이다.	이같이 될지라도 내게 청종하지 아니하고 내게 대항할진대

서원에 관하여(민 30장)

서원의 형태	서원을 이행하는 방법
남자의 서원(1-2절)	남자가 여호와께 서원하였으면 반드시 지켜야 한다.
여자의 서원(3-5절)	아버지가 반대한다면 지키지 않아도 된다. 결혼하기 전까지는 아버지의 권위 아래 있기 때문이다.
결혼을 앞둔 여자의 서원(6-8절)	남편 될 사람이 반대한다면, 그 서원을 지키지 않아도 용서받을 수 있다.
결혼 후 혼자 된 여자의 서원(9절)	이들은 누구의 권위 아래에도 있지 않으므로, 서원한 것을 반드시 지켜야 한다.
결혼한 여자의 서원(10-16절)	남편은 아내의 서원을 취소시킬 수 있다. 하지만 시간이 지난 후에 아내의 서원을 반대한다면, 서원을 지키지 않은 것에 대한 처벌은 남편이 받아야 한다.

부록 6 **모세의 노래(신 32장)**

본문	주제	핵심 구절
1-14절	은혜	그는 반석이시니 그가 하신 일이 완전하고 그의 모든 길이 정의롭고 진실하고 거짓이 없으신 하나님이시니 공의로우시고 바르시도다(4절).
15-18절	타락	그런데 여수룬이 기름지매 발로 찼도다 네가 살찌고 비대하고 윤택하매 자기를 지으신 하나님을 버리고 자기를 구원하신 반석을 업신여겼도다(15절).
19-35절	심판	그러므로 여호와께서 보시고 미워하셨으니 그 자녀가 그를 격노하게 한 까닭이로다(19절).
36-43절	회복	이제는 나 곧 내가 그인 줄 알라 나 외에는 신이 없도다 나는 죽이기도 하며 살리기도 하며 상하게도 하며 낫게도 하나니 내 손에서 능히 빼앗을 자가 없도다(39절).

※ 신 32:30 하나가 천을 쫓으며: 하나님이 도우시면 숫자는 무의미하다.

부록 7 **에스라 4장에 등장하는 페르시아 왕들**

본문	왕	기간
5절	고레스	주전 539-530년
5절	다리오	주전 522-486년
6절	아하수에로(크세르크세스)	주전 486-465년
7-23절	아닥사스다	주전 464-424년
24절	다리오 제2년에 성전 공사 재개	주전 520년

※ 5절에 등장하는 다리오와 24절에 등장하는 다리오는 동일 인물입니다. 아하수에로왕과 아닥사스다왕은 다리오 이후의 인물이지만, 이방인의 박해라는 본문의 주제를 강조하기 위해 삽입된 것으로 보입니다.

미주

1 웨인 그루뎀 외 다수, 『ESV STUDY BIBLE』, (서울: 부흥과개혁사, 2014), 79.

2 존 스텍 외 다수, 『NIV STUDY BIBLE』, (서울: 예장, 2008), 7.

3 D. A. 카슨 외 다수, 『성경신학 스터디 바이블』, (서울: 복있는사람, 2021), 58.

4 웨인 그루뎀 외 다수, 『ESV STUDY BIBLE』, (서울: 부흥과개혁사, 2014), 83.

5 브루스 B. 바턴 외 다수, 『에브리데이 스터디 바이블』, (서울: 성서유니온, 2021), 42.

6 브루스 B. 바턴 외 다수, 『에브리데이 스터디 바이블』, (서울: 성서유니온, 2021), 43.

7 존 맥아더, 『맥아더 성경주석』, (서울: 아바서원, 2015), 87.

8 존 월튼 외 다수, 『IVP성경배경주석』, (서울: IVP, 2008), 89.

9 존 스텍 외 다수, 『NIV STUDY BIBLE』, (서울: 예장, 2008), 55

10 존 스텍 외 다수, 『NIV STUDY BIBLE』, (서울: 예장, 2008), 50.

11 웨인 그루뎀 외 다수, 『ESV STUDY BIBLE』, (서울: 부흥과개혁사, 2014), 144.

12 D. A. 카슨 외 다수, 『IVP성경주석(구약)』, (서울: IVP, 2005), 132

13 D. A. 카슨 외 다수, 『성경신학 스터디 바이블』, (서울: 복있는사람, 2021), 122.

14 브루스 B. 바턴 외 다수, 『에브리데이 스터디 바이블』, (서울: 성서유니온, 2021), 46.

15 존 맥아더, 『맥아더 성경주석』, (서울: 아바서원, 2015), 106.

16 웨인 그루뎀 외 다수, 『ESV STUDY BIBLE』, (서울: 부흥과개혁사, 2014), 162

17 D. A. 카슨 외 다수, 『성경신학 스터디 바이블』, (서울: 복있는사람, 2021), 145.

18 D. A. 카슨 외 다수, 『IVP성경주석(구약)』, (서울: IVP, 2005), 148.

19 존 월튼 외 다수, 『IVP성경배경주석』, (서울: IVP, 2008), 116.

20 각각의 우상에 관해서는 일치하는 주장이 없다. 이 표는 주로 『맥아더 성경주석』과 빅터 해밀턴의 『오경개론』을 참고하였다.

21 D. A. 카슨 외 다수, 『성경신학 스터디 바이블』, (서울: 복있는사람, 2021), 160.

22 존 스텍 외 다수, 『NIV STUDY BIBLE』, (서울: 예장, 2008), 98.

23 빅터 해밀턴, 『오경개론』, (고양: 크리스챤 다이제스트, 2007), 218.

24 브루스 B. 바턴 외 다수, 『에브리데이 스터디 바이블』, (서울: 성서유니온, 2021), 151.

25 빅터 해밀턴, 『오경개론』, (서울: 크리스챤 다이제스트, 2007), 237.

26 D. A. 카슨 외 다수, 『IVP성경주석(구약)』, (서울: IVP, 2005), 155.

27 D. A. 카슨 외 다수, 『성경신학 스터디 바이블』, (서울: 복있는사람, 2021), 182.

28 개리 버지 외 다수, 『베이커 성경주석 구약편』, (서울: 부흥과개혁사, 2016), 86.

29 브루스 B. 바턴 외 다수, 『에브리데이 스터디 바이블』, (서울: 성서유니온, 2021), 160.

30 D. A. 카슨 외 다수, 『IVP성경주석(구약)』, (서울: IVP, 2005), 163.

31 D. A. 카슨 외 다수, 『성경신학 스터디 바이블』, (서울: 복있는사람, 2021), 199.

32 존 맥아더, 『맥아더 성경주석』, (서울: 아바서원, 2015), 144.

33 D. A. 카슨 외 다수, 『성경신학 스터디 바이블』, (서울: 복있는사람, 2021), 204.

34 D. A. 카슨 외 다수, 『IVP성경주석(구약)』, (서울: IVP, 2005), 168.

35 개리 버지 외 다수, 『베이커 성경주석 구약편』, (서울: 부흥과개혁사, 2016), 100.

36 브루스 B. 바턴 외 다수, 『에브리데이 스터디 바이블』, (서울: 성서유니온, 2021), 175.

37 D. A. 카슨 외 다수, 『IVP성경주석(구약)』, (서울: IVP, 2005), 177.

38 존 스텍 외 다수, 『NIV STUDY BIBLE』, (서울: 예장, 2008), 147.

39 브루스 B. 바턴 외 다수, 『에브리데이 스터디 바이블』, (서울: 성서유니온, 2021), 189.

40 D. A. 카슨 외 다수, 『성경신학 스터디 바이블』, (서울: 복있는사람, 2021), 229.

41 브루스 B. 바턴 외 다수, 『에브리데이 스터디 바이블』, (서울: 성서유니온, 2021), 189.

42 존 스텍 외 다수, 『NIV STUDY BIBLE』, (서울: 예장, 2008), 164.

43 D. A. 카슨 외 다수, 『IVP성경주석(구약)』, (서울: IVP, 2005), 189.

44 D. A. 카슨 외 다수, 『IVP성경주석(구약)』, (서울: IVP, 2005), 190.

45 웨인 그루뎀 외 다수, 『ESV STUDY BIBLE』, (서울: 부흥과개혁사, 2014), 267.

46 개리 버지 외 다수, 『베이커 성경주석 구약편』, (서울: 부흥과개혁사, 2016), 117.

47 존 월튼 외 다수, 『IVP성경배경주석』, (서울: IVP, 2008), 183.
48 웨인 그루뎀 외 다수, 『ESV STUDY BIBLE』, (서울: 부흥과개혁사, 2014), 272.
49 D. A. 카슨 외 다수, 『성경신학 스터디 바이블』, (서울: 복있는사람, 2021), 250.
50 웨인 그루뎀 외 다수, 『ESV STUDY BIBLE』, (서울: 부흥과개혁사, 2014), 276.
51 D. A. 카슨 외 다수, 『IVP성경주석(구약)』, (서울: IVP, 2005), 206.
52 D. A. 카슨 외 다수, 『IVP성경주석(구약)』, (서울: IVP, 2005), 209.
53 빅터 해밀턴, 『오경개론』, (고양: 크리스챤 다이제스트, 2007), 380.
54 『ESV STUDY BIBLE』의 절기 해설을 주로 참고하였다.
55 웨인 그루뎀 외 다수, 『ESV STUDY BIBLE』, (서울: 부흥과개혁사, 2014), 289.
56 D. A. 카슨 외 다수, 『성경신학 스터디 바이블』, (서울: 복있는사람, 2021), 283.
57 D. A. 카슨 외 다수, 『성경신학 스터디 바이블』, (서울: 복있는사람, 2021), 296.
58 존 스텍 외 다수, 『NIV STUDY BIBLE』, (서울: 예장, 2008), 223.
59 개리 버지 외 다수, 『베이커 성경주석 구약편』, (서울: 부흥과개혁사, 2016), 152.
60 개리 버지 외 다수, 『베이커 성경주석 구약편』, (서울: 부흥과개혁사, 2016), 153
61 존 스텍 외 다수, 『NIV STUDY BIBLE』, (서울: 예장, 2008), 227.
62 웨인 그루뎀 외 다수, 『ESV STUDY BIBLE』, (서울: 부흥과개혁사, 2014), 342.
63 존 스텍 외 다수, 『NIV STUDY BIBLE』, (서울: 예장, 2008), 241.
64 존 월튼 외 다수, 『IVP성경배경주석』, (서울: IVP, 2008), 232.
65 웨인 그루뎀 외 다수, 『ESV STUDY BIBLE』, (서울: 부흥과개혁사, 2014), 359.
66 개리 버지 외 다수, 『베이커 성경주석 구약편』, (서울: 부흥과개혁사, 2016), 162.
67 존 월튼 외 다수, 『IVP성경배경주석』, (서울: IVP, 2008), 236.
68 D. A. 카슨 외 다수, 『IVP성경주석(구약)』, (서울: IVP, 2005), 270.
69 웨인 그루뎀 외 다수, 『ESV STUDY BIBLE』, (서울: 부흥과개혁사, 2014), 392.
70 웨인 그루뎀 외 다수, 『ESV STUDY BIBLE』, (서울: 부흥과개혁사, 2014), 399.
71 D. A. 카슨 외 다수, 『성경신학 스터디 바이블』, (서울: 복있는사람, 2021), 370.
72 개리 버지 외 다수, 『베이커 성경주석 구약편』, (서울: 부흥과개혁사, 2016), 183.
73 D. A. 카슨 외 다수, 『성경신학 스터디 바이블』, (서울: 복있는사람, 2021), 378.
74 웨인 그루뎀 외 다수, 『ESV STUDY BIBLE』, (서울: 부흥과개혁사, 2014), 416.
75 존 월튼 외 다수, 『IVP성경배경주석』, (서울: IVP, 2008), 282.
76 웨인 그루뎀 외 다수, 『ESV STUDY BIBLE』, (서울: 부흥과개혁사, 2014), 436.
77 웨인 그루뎀 외 다수, 『ESV STUDY BIBLE』, (서울: 부흥과개혁사, 2014), 450.
78 존 스텍 외 다수, 『NIV STUDY BIBLE』, (서울: 예장, 2008), 321.
79 D. A. 카슨 외 다수, 『성경신학 스터디 바이블』, (서울: 복있는사람, 2021), 428.
80 존 스텍 외 다수, 『NIV STUDY BIBLE』, (서울: 예장, 2008), 325.
81 D. A. 카슨 외 다수, 『성경신학 스터디 바이블』, (서울: 복있는사람, 2021), 453.
82 웨인 그루뎀 외 다수, 『ESV STUDY BIBLE』, (서울: 부흥과개혁사, 2014), 496.
83 웨인 그루뎀 외 다수, 『ESV STUDY BIBLE』, (서울: 부흥과개혁사, 2014), 510.
84 존 월튼 외 다수, 『IVP성경배경주석』, (서울: IVP, 2008), 355.
85 D. A. 카슨 외 다수, 『IVP성경주석(구약)』, (서울: IVP, 2005), 364.
86 존 월튼 외 다수, 『IVP성경배경주석』, (서울: IVP, 2008), 355.
87 웨인 그루뎀 외 다수, 『ESV STUDY BIBLE』, (서울: 부흥과개혁사, 2014), 535.
88 빅터 해밀턴, 『역사서개론』, (고양: 크리스챤 다이제스트 , 2005), 202.
89 웨인 그루뎀 외 다수, 『ESV STUDY BIBLE』, (서울: 부흥과개혁사, 2014), 546.
90 개리 버지 외 다수, 『베이커 성경주석 구약편』, (서울: 부흥과개혁사, 2016), 264.
91 웨인 그루뎀 외 다수, 『ESV STUDY BIBLE』, (서울: 부흥과개혁사, 2014), 562.
92 존 월튼 외 다수, 『IVP성경배경주석』, (서울: IVP, 2008), 400.
93 존 스텍 외 다수, 『NIV STUDY BIBLE』, (서울: 예장, 2008), 409.

94 존 월튼 외 다수, 『IVP성경배경주석』, (서울: IVP, 2008), 407.

95 빅터 해밀턴, 『역사서개론』, (고양: 크리스챤 다이제스트 , 2005), 286.

96 웨인 그루뎀 외 다수, 『ESV STUDY BIBLE』, (서울: 부흥과개혁사, 2014), 591.

97 웨인 그루뎀 외 다수, 『ESV STUDY BIBLE』, (서울: 부흥과개혁사, 2014), 605.

98 빅터 해밀턴, 『역사서개론』, (고양: 크리스챤 다이제스트 , 2005), 343.

99 존 스텍 외 다수, 『NIV STUDY BIBLE』, (서울: 예장, 2008), 448.

100 웨인 그루뎀 외 다수, 『ESV STUDY BIBLE』, (서울: 부흥과개혁사, 2014), 630.

101 D. A. 카슨 외 다수, 『성경신학 스터디 바이블』, (서울: 복있는사람, 2021), 609.

102 웨인 그루뎀 외 다수, 『ESV STUDY BIBLE』, (서울: 부흥과개혁사, 2014), 646.

103 개리 버지 외 다수, 『베이커 성경주석 구약편』, (서울: 부흥과개혁사, 2016), 327.

104 개리 버지 외 다수, 『베이커 성경주석 구약편』, (서울: 부흥과개혁사, 2016), 329.

105 브루스 B. 바턴 외 다수, 『에브리데이 스터디 바이블』, (서울: 성서유니온, 2021), 545.

106 존 월튼 외 다수, 『IVP성경배경주석』, (서울: IVP, 2008), 512.

107 웨인 그루뎀 외 다수, 『ESV STUDY BIBLE』, (서울: 부흥과개혁사, 2014), 735.

108 존 스텍 외 다수, 『NIV STUDY BIBLE』, (서울: 예장, 2008), 544.

109 빅터 해밀턴, 『역사서개론』, (고양: 크리스챤 다이제스트 , 2005), 559.

110 존 월튼 외 다수, 『IVP성경배경주석』, (서울: IVP, 2008), 541.

111 웨인 그루뎀 외 다수, 『ESV STUDY BIBLE』, (서울: 부흥과개혁사, 2014), 747.

112 존 스텍 외 다수, 『NIV STUDY BIBLE』, (서울: 예장, 2008), 560.

113 존 스텍 외 다수, 『NIV STUDY BIBLE』, (서울: 예장, 2008), 562.

114 웨인 그루뎀 외 다수, 『ESV STUDY BIBLE』, (서울: 부흥과개혁사, 2014), 763.

115 존 맥아더, 『맥아더 성경주석』, (서울: 아바서원, 2015), 393.

116 D. A. 카슨 외 다수, 『성경신학 스터디 바이블』, (서울: 복있는사람, 2021), 728.

117 웨인 그루뎀 외 다수, 『ESV STUDY BIBLE』, (서울: 부흥과개혁사, 2014), 773.

118 D. A. 카슨 외 다수, 『IVP성경주석(구약)』, (서울: IVP, 2005), 515.

119 웨인 그루뎀 외 다수, 『ESV STUDY BIBLE』, (서울: 부흥과개혁사, 2014), 827.

120 D. A. 카슨 외 다수, 『성경신학 스터디 바이블』, (서울: 복있는사람, 2021), 787.

121 웨인 그루뎀 외 다수, 『ESV STUDY BIBLE』, (서울: 부흥과개혁사, 2014), 859.

122 웨인 그루뎀 외 다수, 『ESV STUDY BIBLE』, (서울: 부흥과개혁사, 2014), 883.

123 웨인 그루뎀 외 다수, 『ESV STUDY BIBLE』, (서울: 부흥과개혁사, 2014), 928.

124 D. A. 카슨 외 다수, 『IVP성경주석(구약)』, (서울: IVP, 2005), 567.

125 개리 버지 외 다수, 『베이커 성경주석 구약편』, (서울: 부흥과개혁사, 2016), 437.

126 웨인 그루뎀 외 다수, 『ESV STUDY BIBLE』, (서울: 부흥과개혁사, 2014), 944.

127 D. A. 카슨 외 다수, 『성경신학 스터디 바이블』, (서울: 복있는사람, 2021), 902.

128 R. C. 스프로울 외 다수, 『개혁주의 스터디 바이블』, (서울: 부흥과개혁사, 2017), 767.

129 R. C. 스프로울 외 다수, 『개혁주의 스터디 바이블』, (서울: 부흥과개혁사, 2017), 777.

130 웨인 그루뎀 외 다수, 『ESV STUDY BIBLE』, (서울: 부흥과개혁사, 2014), 975.

131 R. C. 스프로울 외 다수, 『개혁주의 스터디 바이블』, (서울: 부흥과개혁사, 2017), 811.

132 D. A. 카슨 외 다수, 『IVP성경주석(구약)』, (서울: IVP, 2005), 619.

133 D. A. 카슨 외 다수, 『IVP성경주석(구약)』, (서울: IVP, 2005), 627.

134 D. A. 카슨 외 다수, 『IVP성경주석(구약)』, (서울: IVP, 2005), 638.

135 R. C. 스프로울 외 다수, 『개혁주의 스터디 바이블』, (서울: 부흥과개혁사, 2017), 858.

136 R. C. 스프로울 외 다수, 『개혁주의 스터디 바이블』, (서울: 부흥과개혁사, 2017), 859.

137 존 스텍 외 다수, 『NIV STUDY BIBLE』, (서울: 예장, 2008), 787.

138 D. A. 카슨 외 다수, 『IVP성경주석(구약)』, (서울: IVP, 2005), 651.

139 존 스텍 외 다수, 『NIV STUDY BIBLE』, (서울: 예장, 2008), 802.

140 존 스텍 외 다수, 『NIV STUDY BIBLE』, (서울: 예장, 2008), 802.

141 D. A. 카슨 외 다수, 『IVP성경주석(구약)』, (서울: IVP, 2005), 654.

142 존 스텍 외 다수, 『NIV STUDY BIBLE』, (서울: 예장, 2008), 837.

143 R. C. 스프로울 외 다수, 『개혁주의 스터디 바이블』, (서울: 부흥과개혁사, 2017), 904.

144 존 스텍 외 다수, 『NIV STUDY BIBLE』, (서울: 예장, 2008), 855.

145 웨인 그루뎀 외 다수, 『ESV STUDY BIBLE』, (서울: 부흥과개혁사, 2014), 1098.

146 D. A. 카슨 외 다수, 『IVP성경주석(구약)』, (서울: IVP, 2005), 682.

147 존 스텍 외 다수, 『NIV STUDY BIBLE』, (서울: 예장, 2008), 883.

148 R. C. 스프로울 외 다수, 『개혁주의 스터디 바이블』, (서울: 부흥과개혁사, 2017), 929.

149 존 맥아더, 『맥아더 성경주석』, (서울: 아바서원, 2015), 556.

150 존 스텍 외 다수, 『NIV STUDY BIBLE』, (서울: 예장, 2008), 903.

151 존 스텍 외 다수, 『NIV STUDY BIBLE』, (서울: 예장, 2008), 908.

152 R. C. 스프로울 외 다수, 『개혁주의 스터디 바이블』, (서울: 부흥과개혁사, 2017), 950.

153 존 스텍 외 다수, 『NIV STUDY BIBLE』, (서울: 예장, 2008), 920.

154 웨인 그루뎀 외 다수, 『ESV STUDY BIBLE』, (서울: 부흥과개혁사, 2014), 1149.

155 존 스텍 외 다수, 『NIV STUDY BIBLE』, (서울: 예장, 2008), 930.

156 웨인 그루뎀 외 다수, 『ESV STUDY BIBLE』, (서울: 부흥과개혁사, 2014), 962.

157 존 스텍 외 다수, 『NIV STUDY BIBLE』, (서울: 예장, 2008), 934.

158 존 스텍 외 다수, 『NIV STUDY BIBLE』, (서울: 예장, 2008), 938.

159 존 스텍 외 다수, 『NIV STUDY BIBLE』, (서울: 예장, 2008), 943.

160 존 스텍 외 다수, 『NIV STUDY BIBLE』, (서울: 예장, 2008), 968.

161 R. C. 스프로울 외 다수, 『개혁주의 스터디 바이블』, (서울: 부흥과개혁사, 2017), 988.

162 R. C. 스프로울 외 다수, 『개혁주의 스터디 바이블』, (서울: 부흥과개혁사, 2017), 989.

163 웨인 그루뎀 외 다수, 『ESV STUDY BIBLE』, (서울: 부흥과개혁사, 2014), 1187.

164 존 스텍 외 다수, 『NIV STUDY BIBLE』, (서울: 예장, 2008), 984.

165 존 스텍 외 다수, 『NIV STUDY BIBLE』, (서울: 예장, 2008), 986.

166 존 스텍 외 다수, 『NIV STUDY BIDLE』, (서울: 예장, 2008), 987.

167 존 스텍 외 다수, 『NIV STUDY BIBLE』, (서울: 예장, 2008), 989.

168 존 스텍 외 다수, 『NIV STUDY BIBLE』, (서울: 예장, 2008), 991.

169 R. C. 스프로울 외 다수, 『개혁주의 스터디 바이블』, (서울: 부흥과개혁사, 2017), 1023.

170 웨인 그루뎀 외 다수, 『ESV STUDY BIBLE』, (서울: 부흥과개혁사, 2014), 1262.

171 웨인 그루뎀 외 다수, 『ESV STUDY BIBLE』, (서울: 부흥과개혁사, 2014), 1262.

172 웨인 그루뎀 외 다수, 『ESV STUDY BIBLE』, (서울: 부흥과개혁사, 2014), 1263.

173 존 스텍 외 다수, 『NIV STUDY BIBLE』, (서울: 예장, 2008), 1010.

174 R. C. 스프로울 외 다수, 『개혁주의 스터디 바이블』, (서울: 부흥과개혁사, 2017), 1077.

175 R. C. 스프로울 외 다수, 『개혁주의 스터디 바이블』, (서울: 부흥과개혁사, 2017), 1077.

176 R. C. 스프로울 외 다수, 『개혁주의 스터디 바이블』, (서울: 부흥과개혁사, 2017), 1078.

177 R. C. 스프로울 외 다수, 『개혁주의 스터디 바이블』, (서울: 부흥과개혁사, 2017), 1078.

178 R. C. 스프로울 외 다수, 『개혁주의 스터디 바이블』, (서울: 부흥과개혁사, 2017), 1078.

179 웨인 그루뎀 외 다수, 『ESV STUDY BIBLE』, (서울: 부흥과개혁사, 2014), 1283.

180 R. C. 스프로울 외 다수, 『개혁주의 스터디 바이블』, (서울: 부흥과개혁사, 2017), 1097.

181 존 오스월트, 『NIV 적용주석: 이사야』, (서울: 한국성서유니온선교회, 2007), 101.

182 웨인 그루뎀 외 다수, 『ESV STUDY BIBLE』, (서울: 부흥과개혁사, 2014), 1319.

183 웨인 그루뎀 외 다수, 『ESV STUDY BIBLE』, (서울: 부흥과개혁사, 2014), 1324.

184 존 스텍 외 다수, 『NIV STUDY BIBLE』, (서울: 예장, 2008), 1093.

185 웨인 그루뎀 외 다수, 『ESV STUDY BIBLE』, (서울: 부흥과개혁사, 2014), 1338.

186 R. C. 스프로울 외 다수, 『개혁주의 스터디 바이블』, (서울: 부흥과개혁사, 2017), 1148.

187 김경섭 외 다수, 『프리셉트 성경』, (서울: 프리셉트, 2013), 991.

188 R. C. 스프로울 외 다수, 『개혁주의 스터디 바이블』, (서울: 부흥과개혁사, 2017), 1165.
189 R. C. 스프로울 외 다수, 『개혁주의 스터디 바이블』, (서울: 부흥과개혁사, 2017), 1167.
190 R. C. 스프로울 외 다수, 『개혁주의 스터디 바이블』, (서울: 부흥과개혁사, 2017), 1168.
191 R. C. 스프로울 외 다수, 『개혁주의 스터디 바이블』, (서울: 부흥과개혁사, 2017), 1175.
192 개리 버지 외 다수, 『베이커 성경주석 구약편』, (서울: 부흥과개혁사, 2016), 740.
193 개리 버지 외 다수, 『베이커 성경주석 구약편』, (서울: 부흥과개혁사, 2016), 743.
194 R. C. 스프로울 외 다수, 『개혁주의 스터디 바이블』, (서울: 부흥과개혁사, 2017), 1218.
195 R. C. 스프로울 외 다수, 『개혁주의 스터디 바이블』, (서울: 부흥과개혁사, 2017), 1223.
196 존 스텍 외 다수, 『NIV STUDY BIBLE』, (서울: 예장, 2008), 1193.
197 R. C. 스프로울 외 다수, 『개혁주의 스터디 바이블』, (서울: 부흥과개혁사, 2017), 1248.
198 R. C. 스프로울 외 다수, 『개혁주의 스터디 바이블』, (서울: 부흥과개혁사, 2017), 1252.
199 웨인 그루뎀 외 다수, 『ESV STUDY BIBLE』, (서울: 부흥과개혁사, 2014), 1467.
200 R. C. 스프로울 외 다수, 『개혁주의 스터디 바이블』, (서울: 부흥과개혁사, 2017), 1283.
201 웨인 그루뎀 외 다수, 『ESV STUDY BIBLE』, (서울: 부흥과개혁사, 2014), 1490.
202 R. C. 스프로울 외 다수, 『개혁주의 스터디 바이블』, (서울: 부흥과개혁사, 2017), 1313.
203 웨인 그루뎀 외 다수, 『ESV STUDY BIBLE』, (서울: 부흥과개혁사, 2014), 1504.
204 웨인 그루뎀 외 다수, 『ESV STUDY BIBLE』, (서울: 부흥과개혁사, 2014), 1505.
205 웨인 그루뎀 외 다수, 『ESV STUDY BIBLE』, (서울: 부흥과개혁사, 2014), 1530.
206 존 스텍 외 다수, 『NIV STUDY BIBLE』, (서울: 예장, 2008), 1297.
207 R. C. 스프로울 외 다수, 『개혁주의 스터디 바이블』, (서울: 부흥과개혁사, 2017), 1340.
208 R. C. 스프로울 외 다수, 『개혁주의 스터디 바이블』, (서울: 부흥과개혁사, 2017), 1340.
209 D. A. 카슨 외 다수, 『IVP성경주석(구약)』, (서울: IVP, 2005), 1000.
210 D. A. 카슨 외 다수, 『IVP성경주석(구약)』, (서울: IVP, 2005), 1000.
211 R. C. 스프로울 외 다수, 『개혁주의 스터디 바이블』, (서울: 부흥과개혁사, 2017), 1360.
212 R. C. 스프로울 외 다수, 『개혁주의 스터디 바이블』, (서울: 부흥과개혁사, 2017), 1360.
213 R. C. 스프로울 외 다수, 『개혁주의 스터디 바이블』, (서울: 부흥과개혁사, 2017), 1360.
214 존 스텍 외 다수, 『NIV STUDY BIBLE』, (서울: 예장, 2008), 1341.
215 R. C. 스프로울 외 다수, 『개혁주의 스터디 바이블』, (서울: 부흥과개혁사, 2017), 1389.
216 R. C. 스프로울 외 다수, 『개혁주의 스터디 바이블』, (서울: 부흥과개혁사, 2017), 1393.
217 웨인 그루뎀 외 다수, 『ESV STUDY BIBLE』, (서울: 부흥과개혁사, 2014), 1612.
218 웨인 그루뎀 외 다수, 『ESV STUDY BIBLE』, (서울: 부흥과개혁사, 2014), 1615.
219 웨인 그루뎀 외 다수, 『ESV STUDY BIBLE』, (서울: 부흥과개혁사, 2014), 1625.
220 R. C. 스프로울 외 다수, 『개혁주의 스터디 바이블』, (서울: 부흥과개혁사, 2017), 1429.
221 웨인 그루뎀 외 다수, 『ESV STUDY BIBLE』, (서울: 부흥과개혁사, 2014), 1625.
222 웨인 그루뎀 외 다수, 『ESV STUDY BIBLE』, (서울: 부흥과개혁사, 2014), 1625.
223 웨인 그루뎀 외 다수, 『ESV STUDY BIBLE』, (서울: 부흥과개혁사, 2014), 1628.
224 R. C. 스프로울 외 다수, 『개혁주의 스터디 바이블』, (서울: 부흥과개혁사, 2017), 1432.
225 존 스텍 외 다수, 『NIV STUDY BIBLE』, (서울: 예장, 2008), 1385.
226 웨인 그루뎀 외 다수, 『ESV STUDY BIBLE』, (서울: 부흥과개혁사, 2014), 1640.
227 고려신학대학원 교수회, 『요한계시록 주석』, (서울: 대한예수교장로회 총회출판국, 2009), 123.
228 R. C. 스프로울 외 다수, 『개혁주의 스터디 바이블』, (서울: 부흥과개혁사, 2017), 1452.
229 존 스텍 외 다수, 『NIV STUDY BIBLE』, (서울: 예장, 2008), 1410.
230 R. C. 스프로울 외 다수, 『개혁주의 스터디 바이블』, (서울: 부흥과개혁사, 2017), 1516.
231 D. A. 카슨 외 다수, 『IVP성경주석(구약)』, (서울: IVP, 2005), 1135.
232 R. C. 스프로울 외 다수, 『개혁주의 스터디 바이블』, (서울: 부흥과개혁사, 2017), 1518.
233 R. C. 스프로울 외 다수, 『개혁주의 스터디 바이블』, (서울: 부흥과개혁사, 2017), 1546.
234 R. C. 스프로울 외 다수, 『개혁주의 스터디 바이블』, (서울: 부흥과개혁사, 2017), 1561.

235 R. C. 스프로울 외 다수, 『개혁주의 스터디 바이블』, (서울: 부흥과개혁사, 2017), 1572.

236 R. C. 스프로울 외 다수, 『개혁주의 스터디 바이블』, (서울: 부흥과개혁사, 2017), 1573.

237 R. C. 스프로울 외 다수, 『개혁주의 스터디 바이블』, (서울: 부흥과개혁사, 2017), 1573.

238 R. C. 스프로울 외 다수, 『개혁주의 스터디 바이블』, (서울: 부흥과개혁사, 2017), 1575.

239 고려신학대학원 김성수 교수의 강의안을 참고했다.

240 R. C. 스프로울 외 다수, 『개혁주의 스터디 바이블』, (서울: 부흥과개혁사, 2017), 1586.

241 웨인 그루뎀 외 다수, 『ESV STUDY BIBLE』, (서울: 부흥과개혁사, 2014), 1791.

242 존 스텍 외 다수, 『NIV STUDY BIBLE』, (서울: 예장, 2008), 4

243 R. C. 스프로울 외 다수, 『개혁주의 스터디 바이블』, (서울: 부흥과개혁사, 2017), 1605.

244 R. C. 스프로울 외 다수, 『개혁주의 스터디 바이블』, (서울: 부흥과개혁사, 2017), 1609.

245 R. C. 스프로울 외 다수, 『개혁주의 스터디 바이블』, (서울: 부흥과개혁사, 2017), 1609.

246 존 스텍 외 다수, 『NIV STUDY BIBLE』, (서울: 예장, 2008), 14.

247 개리 버지 외 다수, 『베이커 성경주석 신약편』, (서울: 부흥과개혁사, 2018), 41.

248 D. A. 카슨 외 다수, 『IVP성경주석(신약)』, (서울: IVP, 2005), 117.

249 D. A. 카슨 외 다수, 『IVP성경주석(신약)』, (서울: IVP, 2005), 119.

250 D. A. 카슨 외 다수, 『IVP성경주석(신약)』, (서울: IVP, 2005), 122.

251 D. A. 카슨 외 다수, 『IVP성경주석(신약)』, (서울: IVP, 2005), 123.

252 D. A. 카슨 외 다수, 『IVP성경주석(신약)』, (서울: IVP, 2005), 127.

253 웨인 그루뎀 외 다수, 『ESV STUDY BIBLE』, (서울: 부흥과개혁사, 2014), 1898.

254 웨인 그루뎀 외 다수, 『ESV STUDY BIBLE』, (서울: 부흥과개혁사, 2014), 1915.

255 웨인 그루뎀 외 다수, 『ESV STUDY BIBLE』, (서울: 부흥과개혁사, 2014), 1925.

256 웨인 그루뎀 외 다수, 『ESV STUDY BIBLE』, (서울: 부흥과개혁사, 2014), 1930.

257 R. C. 스프로울 외 다수, 『개혁주의 스터디 바이블』, (서울: 부흥과개혁사, 2017), 1710.

258 웨인 그루뎀 외 다수, 『ESV STUDY BIBLE』, (서울: 부흥과개혁사, 2014), 1949.

259 웨인 그루뎀 외 다수, 『ESV STUDY BIBLE』, (서울: 부흥과개혁사, 2014), 1951.

260 존 맥아더, 『맥아더 성경수석』, (서울. 아바시원, 2015), 1041.

261 존 맥아더, 『맥아더 성경주석』, (서울: 아바서원, 2015), 1046.

262 존 맥아더, 『맥아더 성경주석』, (서울: 아바서원, 2015), 1047.

263 R. C. 스프로울 외 다수, 『개혁주의 스터디 바이블』, (서울: 부흥과개혁사, 2017), 1710.

264 R. C. 스프로울 외 다수, 『개혁주의 스터디 바이블』, (서울: 부흥과개혁사, 2017), 1751.

265 웨인 그루뎀 외 다수, 『ESV STUDY BIBLE』, (서울: 부흥과개혁사, 2014), 2006.

266 웨인 그루뎀 외 다수, 『ESV STUDY BIBLE』, (서울: 부흥과개혁사, 2014), 2008.

267 웨인 그루뎀 외 다수, 『ESV STUDY BIBLE』, (서울: 부흥과개혁사, 2014), 2018.

268 마이클 윌코크, 『누가복음 강해』, (서울: IVP, 2008), 219.

269 데이브 비어만 외 2인, 『누가복음』, (서울: 성서유니온, 2009), 654.

270 데이브 비어만 외 2인, 『누가복음』, (서울: 성서유니온, 2009), 738.

271 웨인 그루뎀 외 다수, 『ESV STUDY BIBLE』, (서울: 부흥과개혁사, 2014), 2043.

272 브루스 밀른, 『요한복음 강해』, (서울: IVP, 1995), 80.

273 브루스 밀른, 『요한복음 강해』, (서울: IVP, 1995), 113.

274 닐 윌슨 외 3인, 『요한복음』, (서울: 성서유니온, 2009), 275.

275 닐 윌슨 외 3인, 『요한복음』, (서울: 성서유니온, 2009), 292.

276 웨인 그루뎀 외 다수, 『ESV STUDY BIBLE』, (서울: 부흥과개혁사, 2014), 2083.

277 웨인 그루뎀 외 다수, 『ESV STUDY BIBLE』, (서울: 부흥과개혁사, 2014), 2084.

278 R. C. 스프로울 외 다수, 『개혁주의 스터디 바이블』, (서울: 부흥과개혁사, 2017), 1863.

279 닐 윌슨 외 3인, 『요한복음』, (서울: 성서유니온, 2009), 464.

280 R. C. 스프로울 외 다수, 『개혁주의 스터디 바이블』, (서울: 부흥과개혁사, 2017), 1868.

281 닐 윌슨 외 3인, 『요한복음』, (서울: 성서유니온, 2009), 520.

282 웨인 그루뎀 외 다수, 『ESV STUDY BIBLE』, (서울: 부흥과개혁사, 2014), 2104.

283 R. C. 스프로울 외 다수, 『개혁주의 스터디 바이블』, (서울: 부흥과개혁사, 2017), 1881.

284 닐 윌슨 외 3인, 『요한복음』, (서울: 성서유니온, 2009), 610.

285 닐 윌슨 외 3인, 『요한복음』, (서울: 성서유니온, 2009), 641.

286 닐 윌슨 외 3인, 『요한복음』, (서울: 성서유니온, 2009), 643.

287 닐 윌슨 외 3인, 『요한복음』, (서울: 성서유니온, 2009), 647.

288 존 스토트, 『사도행전 강해』, (서울: IVP, 1992), 59.

289 존 스토트, 『사도행전 강해』, (서울: IVP, 1992), 65.

290 존 스토트, 『사도행전 강해』, (서울: IVP, 1992), 73.

291 존 칼빈, 『사도행전 주석』, (서울: 성서원, 2003), 321.

292 존 스토트, 『사도행전 강해』, (서울: IVP, 1992), 216.

293 존 스토트, 『사도행전 강해』, (서울: IVP, 1992), 223.

294 존 스토트, 『사도행전 강해』, (서울: IVP, 1992), 284.

295 존 스토트, 『사도행전 강해』, (서울: IVP, 1992), 357.

296 존 스토트, 『사도행전 강해』, (서울: IVP, 1992), 397.

297 존 스토트, 『로마서 강해』, (서울: IVP, 1996), 116.

298 존 스토트, 『로마서 강해』, (서울: IVP, 1996), 403.

299 존 스토트, 『로마서 강해』, (서울: IVP, 1996), 466.

300 R. C. 스프로울 외 다수, 『개혁주의 스터디 바이블』, (서울: 부흥과개혁사, 2017), 2043.

301 웨인 그루뎀 외 다수, 『ESV STUDY BIBLE』, (서울: 부흥과개혁사, 2014), 2256.

302 R. C. 스프로울 외 다수, 『개혁주의 스터디 바이블』, (서울: 부흥과개혁사, 2017), 2052.

303 R. C. 스프로울 외 다수, 『개혁주의 스터디 바이블』, (서울: 부흥과개혁사, 2017), 2118.

304 웨인 그루뎀 외 다수, 『ESV STUDY BIBLE』, (서울: 부흥과개혁사, 2014), 2352.

305 웨인 그루뎀 외 다수, 『ESV STUDY BIBLE』, (서울: 부흥과개혁사, 2014), 2362.

306 웨인 그루뎀 외 다수, 『ESV STUDY BIBLE』, (서울: 부흥과개혁사, 2014), 2375.

307 R. C. 스프로울 외 다수, 『개혁주의 스터디 바이블』, (서울: 부흥과개혁사, 2017), 2186.

308 R. C. 스프로울 외 다수, 『개혁주의 스터디 바이블』, (서울: 부흥과개혁사, 2017), 2186.

309 웨인 그루뎀 외 다수, 『ESV STUDY BIBLE』, (서울: 부흥과개혁사, 2014), 2419.

310 R. C. 스프로울 외 다수, 『개혁주의 스터디 바이블』, (서울: 부흥과개혁사, 2017), 2254.

311 D. A. 카슨 외 다수, 『IVP성경주석(신약)』, (서울: IVP, 2005), 762.

312 D. A. 카슨 외 다수, 『IVP성경주석(신약)』, (서울: IVP, 2005), 762.

313 웨인 그루뎀 외 다수, 『ESV STUDY BIBLE』, (서울: 부흥과개혁사, 2014), 2506.

314 웨인 그루뎀 외 다수, 『ESV STUDY BIBLE』, (서울: 부흥과개혁사, 2014), 2521.

315 고려신학대학원 교수회, 『요한계시록 주석』, (서울: 대한예수교장로회 총회출판국, 2009), 36.

316 고려신학대학원 교수회, 『요한계시록 주석』, (서울: 대한예수교장로회 총회출판국, 2009), 36.

317 고려신학대학원 교수회, 『요한계시록 주석』, (서울: 대한예수교장로회 총회출판국, 2009), 36.

318 고려신학대학원 교수회, 『요한계시록 주석』, (서울: 대한예수교장로회 총회출판국, 2009), 36.

319 고려신학대학원 교수회, 『요한계시록 주석』, (서울: 대한예수교장로회 총회출판국, 2009), 36.

320 고려신학대학원 교수회, 『요한계시록 주석』, (서울: 대한예수교장로회 총회출판국, 2009), 36.

321 고려신학대학원 교수회, 『요한계시록 주석』, (서울: 대한예수교장로회 총회출판국, 2009), 36.

322 고려신학대학원 교수회, 『요한계시록 주석』, (서울: 대한예수교장로회 총회출판국, 2009), 36.

323 고려신학대학원 교수회, 『요한계시록 주석』, (서울: 대한예수교장로회 총회출판국, 2009), 51.

324 고려신학대학원 교수회, 『요한계시록 주석』, (서울: 대한예수교장로회 총회출판국, 2009), 61.

325 고려신학대학원 교수회, 『요한계시록 주석』, (서울: 대한예수교장로회 총회출판국, 2009), 62.

326 고려신학대학원 교수회, 『요한계시록 주석』, (서울: 대한예수교장로회 총회출판국, 2009), 63.

327 고려신학대학원 교수회, 『요한계시록 주석』, (서울: 대한예수교장로회 총회출판국, 2009), 66.

328 고려신학대학원 교수회, 『요한계시록 주석』, (서울: 대한예수교장로회 총회출판국, 2009), 71.

329 고려신학대학원 교수회, 『요한계시록 주석』, (서울: 대한예수교장로회 총회출판국, 2009), 72.
330 고려신학대학원 교수회, 『요한계시록 주석』, (서울: 대한예수교장로회 총회출판국, 2009), 73.
331 고려신학대학원 교수회, 『요한계시록 주석』, (서울: 대한예수교장로회 총회출판국, 2009), 74.
332 고려신학대학원 교수회, 『요한계시록 주석』, (서울: 대한예수교장로회 총회출판국, 2009), 74.
333 고려신학대학원 교수회, 『요한계시록 주석』, (서울: 대한예수교장로회 총회출판국, 2009), 75.
334 고려신학대학원 교수회, 『요한계시록 주석』, (서울: 대한예수교장로회 총회출판국, 2009), 77.
335 고려신학대학원 교수회, 『요한계시록 주석』, (서울: 대한예수교장로회 총회출판국, 2009), 80.
336 고려신학대학원 교수회, 『요한계시록 주석』, (서울: 대한예수교장로회 총회출판국, 2009), 85.
337 고려신학대학원 교수회, 『요한계시록 주석』, (서울: 대한예수교장로회 총회출판국, 2009), 87.
338 고려신학대학원 교수회, 『요한계시록 주석』, (서울: 대한예수교장로회 총회출판국, 2009), 91.
339 고려신학대학원 교수회, 『요한계시록 주석』, (서울: 대한예수교장로회 총회출판국, 2009), 96.
340 고려신학대학원 교수회, 『요한계시록 주석』, (서울: 대한예수교장로회 총회출판국, 2009), 104.
341 고려신학대학원 교수회, 『요한계시록 주석』, (서울: 대한예수교장로회 총회출판국, 2009), 105.
342 고려신학대학원 교수회, 『요한계시록 주석』, (서울: 대한예수교장로회 총회출판국, 2009), 118.
343 고려신학대학원 교수회, 『요한계시록 주석』, (서울: 대한예수교장로회 총회출판국, 2009), 119.
344 고려신학대학원 교수회, 『요한계시록 주석』, (서울: 대한예수교장로회 총회출판국, 2009), 120.
345 고려신학대학원 교수회, 『요한계시록 주석』, (서울: 대한예수교장로회 총회출판국, 2009), 124.
346 고려신학대학원 교수회, 『요한계시록 주석』, (서울: 대한예수교장로회 총회출판국, 2009), 128.
347 고려신학대학원 교수회, 『요한계시록 주석』, (서울: 대한예수교장로회 총회출판국, 2009), 131.
348 고려신학대학원 교수회, 『요한계시록 주석』, (서울: 대한예수교장로회 총회출판국, 2009), 131.
349 고려신학대학원 교수회, 『요한계시록 주석』, (서울: 대한예수교장로회 총회출판국, 2009), 139.
350 고려신학대학원 교수회, 『요한계시록 주석』, (서울: 대한예수교장로회 총회출판국, 2009), 145.
351 고려신학대학원 교수회, 『요한계시록 주석』, (서울: 대한예수교장로회 총회출판국, 2009), 147.
352 고려신학대학원 교수회, 『요한계시록 주석』, (서울: 대한예수교장로회 총회출판국, 2009), 147.
353 고려신학대학원 교수회, 『요한계시록 주석』, (서울: 대한예수교장로회 총회출판국, 2009), 152.
354 고려신학대학원 교수회, 『요한계시록 주석』, (시울: 대한예수교장로회 총회출판국, 2009), 153.
355 고려신학대학원 교수회, 『요한계시록 주석』, (서울: 대한예수교장로회 총회출판국, 2009), 153.
356 고려신학대학원 교수회, 『요한계시록 주석』, (서울: 대한예수교장로회 총회출판국, 2009), 156.
357 고려신학대학원 교수회, 『요한계시록 주석』, (서울: 대한예수교장로회 총회출판국, 2009), 171.
358 고려신학대학원 교수회, 『요한계시록 주석』, (서울: 대한예수교장로회 총회출판국, 2009), 172.
359 고려신학대학원 교수회, 『요한계시록 주석』, (서울: 대한예수교장로회 총회출판국, 2009), 176.
360 고려신학대학원 교수회, 『요한계시록 주석』, (서울: 대한예수교장로회 총회출판국, 2009), 180.
361 고려신학대학원 교수회, 『요한계시록 주석』, (서울: 대한예수교장로회 총회출판국, 2009), 183.

참고 도서

D. A. 카슨 외 다수, 『IVP성경주석(구약)』, 서울: IVP, 2005

D. A. 카슨 외 다수, 『IVP성경주석(신약)』, 서울: IVP, 2005

R. C. 스프로울 외 다수, 『개혁주의 스터디 바이블』, 서울: 부흥과개혁사, 2017

개리 버지 외 다수, 『베이커 성경주석 구약편』, 서울: 부흥과개혁사, 2016

　　　　　　　　『베이커 성경주석 신약편』, 서울: 부흥과개혁사, 2018

고려신학대학원 교수회, 『요한계시록 주석』, 서울: 대한예수교장로회 총회출판국, 2009

기독교문서선교회편집부, 『새성경사전』, 서울: CLC, 1996

김경섭 외 다수, 『프리셉트 성경』, 서울: 프리셉트, 2008

닐 윌슨 외 3인, 『요한복음』, 서울: 성서유니온, 2009

데이브 비어만 외 2인, 『누가복음』, 서울: 성서유니온, 2009

로버트 치즈홀름, 『예언서개론』, 서울: 크리스챤 다이제스트, 2006

마이클 윌코크, 『누가복음 강해』, 서울: IVP, 2008

브루스 밀른, 『요한복음 강해』, 서울: IVP, 1995

빅터 해밀턴, 『역사서개론』, 서울: 크리스챤 다이제스트, 2005

　　　　　　『오경개론』, 서울: 크리스챤 다이제스트, 2007

월터 엘웰, 로버트 야부르 공저, 『최신신약통론』, 서울: 크리스챤, 2006

웨인 그루뎀 외 다수, 『ESV STUDY BIBLE』, 서울: 부흥과개혁사, 2014

유진 피터슨, 『메시지』, 서울: 복있는사람, 2016

이승구, 『성경신학과 조직신학』, 서울: SFC, 2018

조나단 에드워즈, 『구속사』, 서울: 부흥과개혁사, 2007

존 맥아더, 『맥아더 성경 주석』, 서울: 아바서원, 2015

존 스텍 외 다수, 『NIV STUDY BIBLE』, 서울: 예장, 2008

존 스토트, 『사도행전 강해』, 서울: IVP, 1992

　　　　　『로마서 강해』, 서울: IVP, 1996

　　　　　『에베소서 강해』, 서울: IVP, 2007

존 오스월트, 『NIV 적용주석: 이사야』, 서울: 한국성서유니온선교회, 2007

존 월튼 외 다수, 『IVP성경배경주석』, 서울: IVP, 2008

D. A. 카슨 외 다수, 『성경신학 스터디 바이블』, 서울: 복 있는 사람, 2021

브루스 B. 바턴 외 다수, 『에브리데이 스터디 바이블』, 서울: 성서유니온, 2021

존 칼빈, 『사도행전 주석』, 서울: 성서원, 2003